# CONTRATOS MERCANTIS

Thiago Ferreira Cardoso Neves

# CONTRATOS MERCANTIS

2ª Edição

Revista, atualizada e ampliada

GZ
EDITORA
Rio de Janeiro
2018

2ª edição - 2018



CIP - Brasil. Catalogação-na-fonte.
Sindicato Nacional dos Editores de Livros, RJ.

N428c
2. ed.

Neves, Thiago Ferreira Cardoso

Contratos mercantis / Thiago Ferreira Cardoso Neves. - 2. ed., rev., atual. e ampl. - Rio de Janeiro: LMJ Mundo Jurídico, 2018.
616 p.; 24 cm.

Inclui bibliografia e índice
ISBN 978-85-9524-049-0

1. Contratos - Brasil. 2. Direito comercial - Brasil. I. Título.

18-51937
CDU: 347.7(81)



GZ EDITORA

e-mail: contato@editoragz.com.br
www.editoragz.com.br
Av. Erasmo Braga, 299 - sala 202 - 2º andar
Centro - Rio de Janeiro - RJ - CEP 20010-170
Tels.: (0XX21) 2240-1406 / 2240-1416 - Fax: (0XX21) 2240-1511

Impresso no Brasil
Printed in Brazil

*Disse-lhe Jesus: "Eu sou o caminho, e a verdade, e a vida. Ninguém vem ao Pai senão por mim".*
*Jo 14:6.*

*"O Direito serve à vida: é regramento da vida. É criado por ela e, de certo modo, a cria".*
*Pontes de Miranda*

# Sumário

# Prefácio

O Professor Thiago Ferreira Cardoso Neves, com este novo livro, versando sobre contratos mercantis, se insere, em definitivo, entre os mais festejados e competentes juristas da nova geração.

Um de meus maiores orgulhos profissionais foi o de ter sido seu professor, tendo logo percebido suas excepcionais qualidades de pesquisador atento e minucioso, razão pela qual o incentivei, após a conclusão de seu curso, a prosseguir nos estudos do Direito, na sua área preferida, que é o direito empresarial.

A certeza que me ficou de seu futuro brilhante, que enriqueceria, por certo, as letras jurídicas brasileiras, levou-me a aprovar, com louvor, a tese de conclusão de seu curso, na Escola da Magistratura do Rio de Janeiro, versando sobre a polêmica discussão quanto ao início da personalidade, razão pela qual recomendei sua publicação, do que resultou seu primeiro livro, por todos elogiado, e que já serve de referência para o estudo do tema.

Para satisfação de seus já fieis leitores, entre os quais me incluo, surge agora este novo livro, que é a continuação natural de uma carreira que já nasceu marcada pelo êxito.

O trabalho ora entregue ao público aborda, com competência, os contratos mercantis cada vez mais celebrados, em decorrência da vertiginosa evolução do direito empresarial, e por certo será fonte permanente e confiável de consulta e citação.

Supre-se, assim, uma deficiência doutrinária, o que muito ajudará estudantes, advogados e magistrados.

O que se percebe, facilmente, com a simples leitura do elaborado texto, é que o Prof. Thiago Neves é destas raras pessoas que conseguem conciliar o dogmatismo do jurista com o pragmatismo dos advogados, pelo que a linguagem utilizada é a todos acessível, seja qual for o segmento em que atuem, na área do direito.

A comunidade jurídica fica a dever ao Prof. Thiago Neves um extraordinário serviço, assim como seus incontáveis alunos, que o admiram como mestre moderno e dedicado.

Só nos resta, agora, formular os mais sinceros e efusivos votos para que sua carreira prossiga, com novos trabalhos, o que constituirá poderosa ferramenta para que se possa construir um novo Brasil, oxigenado pelos princípios fundamentais que passaram a informar a ordem jurídica brasileira.

Muito mais eloquente que minhas palavras, será a leitura do livro. Vamos, ansiosos, a ela.

***SYLVIO CAPANEMA DE SOUZA***

# Apresentação

Para um professor, aceitar o convite de um ex-aluno para fazer a apresentação de sua obra de estreia não é tarefa fácil. O coração balança entre duas alegrias — a de ser tributário de uma honraria que por certo não merece e a de saber que dali para a frente o aluno vai andar com as próprias pernas.

Foi essa a sensação que experimentei quando Thiago me confiou essa empreitada. Thiago não foi um aluno qualquer, não é uma pessoa qualquer e não é um autor qualquer. Foi um dos melhores alunos que tive na EMERJ e dentre tantos milhares com quem tive a felicidade de conviver em quase vinte anos de magistério. Focado, questionador, intelectualmente inquieto, muitas das suas dúvidas acadêmicas expostas durante as aulas eram também minhas e me fizeram rever diversas teses que eu supunha provisoriamente definitivas e quase todas aquelas que eu julgava definitivamente provisórias. Essas dúvidas me ajudaram a corrigir o rumo, aclarar as conclusões, acordar melhor do que estive na aula do dia anterior. Era evidente para mim que eu estava diante de um pensador excepcional. Nunca disse a ele diretamente, mas apostei no seu talento desde a primeira aula. Tão logo concluiu a EMERJ, Thiago inscreveu-se numa monitoria e provou o que eu dizia a ele: que iria longe, ao que ele respondia, com conhecida modéstia, "Quem dera, professora! Quem dera!".

Li, de uma penada, o livro de Thiago, já agora professor muito requisitado nos cursos preparatórios, nas Universidades e no mercado profissional, e com quem divido módulos de trabalho, ideias, inquietações e as agruras do Magistério. Posso afiançar que se trata de trabalho maduro, sereno, comedido e vanguardeiro ao mesmo tempo. Thiago trata de temas espinhosos, que os doutores normalmente evitam, e esgarça com tanta facilidade os árduos segredos dos contratos mercantis que é impossível não admitir que estamos diante de um mestre precoce, de alguém que sabe a que veio e que veio para marcar seu nome no disputado mercado da literatura jurídica.

Vendo esse autor brilhante caminhar com as próprias pernas e tendo a certeza de que contribuí de algum modo para o sucesso que se avizinha, olho para trás e digo para mim mesma, decerto para calmar minhas feridas:

— Valeu a pena!

***MÔNICA GUSMÃO***

# Nota do autor à 2ª Edição

O longo intervalo de tempo entre a primeira e esta segunda edição fez com que a obra tivesse ficado, frente às inúmeras mudanças legislativas e jurisprudenciais, bastante desatualizada.

Por essa razão, fez-se necessária uma ampla e profunda revisão dos capítulos, acompanhada de uma atenta pesquisa legislativa e jurisprudencial, a fim de trazer para o livro os novos aspectos e entendimentos vigentes.

Como exemplo, é possível citar o novo Código de Processo Civil de 2015, que exerceu forte influência sobre os aspectos processuais das ações em que se discutem os direitos decorrentes dos diversos contratos examinados neste livro, assim como o caso da alienação fiduciária em garantia, cujas leis 13.043/2014 e 13.465/2017 promoveram grandes alterações em seu regime legislativo, assim influenciando entendimentos doutrinários e jurisprudenciais.

Além da atualização, esta edição também foi ampliada com a discussão de novos aspectos até não enfrentados, como a possibilidade, ou não, de invocação do instituto da onerosidade excessiva nos contratos de franquia e o exame da cláusula de raio nos contratos de *shopping center*.

Sem prejuízo desses pontos, também se incluiu, em tópicos próprios, os contratos de alienação fiduciária em garantia de bens imóveis e de *leasing* imobiliário, tendo sido acrescido, ainda, um novo capítulo atinente ao contrato de *know-how*, ainda muito pouco examinado pela doutrina pátria.

Espera-se, pois, com esta nova edição, que tenham sido reparadas as falhas da edição anterior, atendendo-se, ainda, aos anseios da comunidade jurídica e, particularmente, dos meus alunos, para quem são destinados os meus escritos.

Rio de Janeiro, outono de 2018.

# Nota do autor à 1ª edição

Foram 04 anos entre leituras, pesquisas, escrita, digitação e revisão. Foi um trabalho árduo, e que não seria possível sem a força de Deus. E isso porque, como um ser humano comum, tenho inúmeras limitações, as quais me impuseram grandes dificuldades para conseguir fazer esse projeto chegar ao final. Mas, graças ao infinito amor e compaixão de Deus, que me concedeu, e ainda concede, inúmeras bênçãos, pude completar essa caminhada, pois sozinho, certamente, não poderia fazê-lo.

Este livro é a realização de um desejo que há muito acalentava, de suprir uma lacuna existente no meio doutrinário acerca dos contratos mercantis, negócios jurídicos esses que ganham cada vez mais destaque na sociedade.

Nos tempos de aluno da Escola da Magistratura do Estado do Rio de Janeiro senti grande dificuldade no estudo da matéria. Mas, esse entrave não se devia à falta de material. A bibliografia que pode ser lida ao final desta obra comprova que é grande a quantidade de trabalhos doutrinários que abordam os contratos empresariais. Ocorre que, a grande maioria dos livros é voltada a contratos específicos, sendo difícil encontrar, concentrado em uma única obra, todos os principais contratos mercantis existentes.

E é isso que este livro se propõe a fazer. Pretendi, com ele, fazer uma abordagem objetiva, expondo as características principais de cada contrato a partir da doutrina e jurisprudência pátria, sem deixar de expor minha opinião naquilo que se mostra mais relevante e divergente, e muito menos deixar de enfrentar as questões práticas mais tormentosas.

Trata-se, diante desse propósito, de um livro que estará sempre em construção, pois as relações comerciais são dinâmicas, sempre surgindo situações novas, as quais precisam ser debatidas e enfrentadas. Para isso, também conto com a ajuda de meus queridos alunos, que sempre trazem, em sala de aula, questões que me instigam a pensar e tentar dar uma solução para os problemas propostos.

Este livro, sem sombra de dúvidas, é dedicado a Deus, por Sua companhia e pelo Seu conforto nos momento de dificuldade. Por me ajudar a compreender as situações mais críticas da vida e me mostrar qual é o melhor caminho a seguir: Ele próprio.

Mas, essa caminhada não é fácil, nem para mim e nem para ninguém. E quando ela se mostra árdua, difícil, Ele não se contenta em mostrar a melhor saída. Ele estende Suas fortes mãos e nos conduz em segurança.

Por isso, o testemunho público que eu gostaria de dar a todos é que a conclusão deste projeto só foi possível graças ao meu Senhor. Reconheço, no entanto, que as diversas situações da vida nos mostra que é até possível vencer sem Jesus Cristo. Há inúmeros exemplos de pessoas que chegam lá mesmo distantes de Deus. E a resposta para isso está na própria Palavra do Senhor, que nos diz que o sol brilha para todos, sejam bons, sejam maus, assim como a chuva também cai para todos aqueles que habitam no mundo[1]. Só que isso não significa que Jesus é dispensável, porque segundo a Sua própria palavra, Ele é a verdade, a vida, e o único caminho para a salvação.

1 Mateus 5:45.

Portanto, tenham certeza de que, com Ele, a caminhada será sempre muito melhor, muito mais fácil, muito mais agradável, e com um destino certo.

Que Deus abençoe a todos.

Rio de Janeiro, verão de 2012.

# 1

# Alienação Fiduciária em Garantia

Vivemos em uma sociedade de consumo, em que a ânsia por adquirir produtos e serviços domina os indivíduos. A oferta é ampla, com propagandas que invadem o imaginário dos consumidores, que se veem tentados a comprar tudo o que se anuncia nos veículos de comunicação e se apresenta nas vitrines das lojas.

Entretanto, muitos desses bens estão fora do alcance da grande maioria das pessoas por seu elevado valor, o que impede a sua aquisição à vista ou em poucas prestações, não sendo possível ao fornecedor do produto conceder grandes parcelamentos, pois ficaria descapitalizado, uma vez que terá alienado a coisa, mas não terá recebido o preço total.

O mesmo se dá com os empresários que necessitam adquirir bens para o exercício da sua atividade, como, por exemplo, maquinários e veículos, os quais têm, na grande maioria dos casos, um alto preço.

Por conta disso, as instituições financeiras encontram espaço para a oferta de seus inúmeros produtos e serviços de crédito, oportunizando a aquisição desses objetos de desejo e necessidade das pessoas, empresárias ou não.

E um desses produtos é o financiamento, inserido no conceito de mútuo bancário, em que a instituição concede crédito para a aquisição de bens duráveis, como carros e imóveis.

Em muitos casos, e a depender do valor do empréstimo concedido, a instituição financeira, a fim de atrair um maior número de clientes, facilita essa concessão de crédito, até dispensando a comprovação de renda e, consequentemente, o recebimento de uma garantia.

No entanto, na maioria das situações a dispensa de garantias não é possível, ante o risco de inadimplemento, de modo que as instituições financeiras exigem, para a concessão do crédito, a apresentação de uma garantia idônea e suficiente à satisfação de seu crédito.

É nesse cenário que se apresenta o contrato de alienação fiduciária em garantia, em que a instituição financeira reclama, para a concessão do empréstimo, o recebimento da própria coisa adquirida, como garantia para o caso de inadimplemento.

Assim, diminuem-se os riscos de não satisfação do crédito, no caso de inadimplemento, pois o próprio bem será utilizado para a quitação da dívida, assegurando, pois, o cumprimento da obrigação.

Daí se infere a relevância do estudo deste instituto, que tem importante repercussão social, o que passaremos a fazer agora.

## 1. CONCEITO

A conceituação de um instituto jurídico é sempre peculiar a cada doutrinador, que apresenta a sua definição a partir das características que acredita serem as mais importantes. Entretanto, com a alienação fiduciária em garantia, apesar da divergência existente quanto à sua natureza jurídica, como veremos no tópico seguinte, a doutrina costuma apresentar um conceito com poucas variações.

A primeira definição que merece citação é a do Professor Fran Martins que ressalta, na alienação fiduciária em garantia, a relação jurídica creditícia anterior à sua contratação: "Consiste a alienação fiduciária em garantia a operação em que, recebendo alguém financiamento para a aquisição de bem móvel durável, aliena esse bem ao financiador, em garantia de pagamento da dívida contraída."[1]

Já o Ministro do STF José Carlos Moreira Alves apresenta, com impressionante poder de síntese, um conceito que mais se aproxima daquilo que pensamos ser mais importante destacar no contrato de alienação fiduciária em garantia. Segundo ele, a alienação fiduciária é o "negócio jurídico bilateral, que visa a transferir a propriedade de coisa móvel com fins de garantia (*propriedade fiduciária*)".[2]

Pondo um fim às citações, não se poderia deixar de transcrever o conceito elaborado por Caio Mário da Silva Pereira, que vê a alienação fiduciária como a propriedade fiduciária regulada no Código Civil: "Inscrevendo-se como 'direito real de garantia', cuja conceituação genérica vem estabelecida acima (nº 346, *supra*, v. IV), pode-se definir a propriedade fiduciária, antes do Código Civil de 2002 nomeada alienação fiduciária em garantia, '*como a transferência, ao credor, do domínio e posse indireta de uma coisa, independentemente de sua tradição efetiva, em garantia de pagamento de obrigação a que acede, resolvendo-se o direito do adquirente com a solução da dívida garantida*'".[3]

A partir de todos esses conceitos, cabe-nos apresentar o nosso, a partir da visão que temos do que é mais relevante no instituto.

---

1 MARTINS, Fran. *Contratos e obrigações mercantis*. 15. ed. Rio de Janeiro: Forense, 2001. p. 183.

2 ALVES, José Carlos Moreira. *Da alienação fiduciária em garantia*. 2. ed. Rio de Janeiro: Forense, 1975. p. 37.

3 PEREIRA, Caio Mário da Silva. *Instituições de direito civil*. Direitos reais. v. IV. Rio de Janeiro: Forense, 2004. p. 426.

Definimos a alienação fiduciária em garantia como o negócio jurídico fiduciário por meio do qual o devedor-fiduciante transfere ao credor-fiduciário, em confiança e com fins de garantia, a propriedade de coisa móvel ou imóvel, sob a condição resolutiva de lhe ser devolvida quando ocorrido o evento, futuro e incerto, definido pelas partes.

Definido o instituto, passamos ao exame da sua natureza jurídica.

## 2. NATUREZA JURÍDICA

Questão que suscita grandes controvérsias é sobre a natureza jurídica da alienação fiduciária. Discute-se, fundamentalmente, se a alienação fiduciária é um contrato ou se é, ela própria, um direito real de garantia.

Uma primeira corrente doutrinária[4] sustenta que a alienação fiduciária é um direito real de garantia que, com o advento do Código Civil de 2002, passou a ser nomeada de propriedade fiduciária, colocando-se ao lado do penhor, da hipoteca e da anticrese.

Um dos defensores desse entendimento é o Professor Caio Mário da Silva Pereira que, antes de concluir que a natureza da alienação fiduciária é a de um direito real de garantia, afirma que ela é um negócio jurídico condicional[5]. Em princípio, parece haver uma contradição em suas lições, pois sustenta, em primeiro lugar, que a alienação fiduciária é um negócio jurídico condicional para, posteriormente, defini-la como um direito real de garantia. Ocorre que, em verdade, essa contradição é apenas aparente.

O que o professor Caio Mário quer afirmar e, consequentemente, o que se defende nessa primeira corrente é que, como explicita Flávio Tartuce, a alienação fiduciária não é, propriamente, um contrato. Ela é, na verdade, um direito real que se instrumentaliza por um contrato[6],

---

4 PEREIRA. *Instituições...* Op. cit. p. 426; SOUZA, Sylvio Capanema. Considerações sobre a cumulação das garantias pessoais e reais na alienação fiduciária. *Revista da EMERJ*, nº 17, p. 53-57, 2002; MELO, Marco Aurélio Bezerra de. *Direito das coisas.* Rio de Janeiro: Lumen Juris, 2007. p. 463.

5 PEREIRA. *Instituições...* Op. cit. p. 426.

6 TARTUCE, Flávio. *Direito Civil.* Teoria geral dos contratos e contratos em espécie. v. 3. 5. ed. Rio de Janeiro: Forense; São Paulo: Método, 2010. p. 411. É essa também a lição do emérito Prof. Marco Aurélio Bezerra de Melo, ao afirmar que "a alienação fiduciária em garantia se estrutura em um contrato que, uma vez registrado no cartório competente, tem o poder de constituir um direito real de garantia. Estruturalmente, é contrato, e no campo dos efeitos jurídicos é direito real de garantia após o devido registro no cartório competente" (MELO. Op. cit. p. 465).

assim como ocorre, por exemplo, com outras espécies de direito real de garantia como a hipoteca e o penhor.

Portanto, segundo essa parcela da doutrina, a alienação fiduciária em garantia tem natureza de um direito real, e um direito real instrumentalizado por um contrato.

Entretanto, uma segunda corrente da doutrina[7], a qual nos filiamos, sustenta que a alienação fiduciária é um negócio fiduciário, um contrato através do qual o devedor transfere a propriedade resolúvel de um bem ao credor com o fim de garantia. Esse contrato, no entanto, faz constitui um direito real de garantia, que é a propriedade fiduciária.[8]

---

7 CHALHUB, Melhim Namem. *Negócio fiduciário*. 4. ed. Rio de Janeiro: Renovar, 2009, p. 158; RIZZARDO, Arnaldo. *Contratos*. 9. ed. Rio de Janeiro: Forense, 2009. p. 1.312; RESTIFFE NETO, Paulo; RESTIFFE, Paulo Sérgio. *Garantia fiduciária*: direito e ações. Manual teórico e prático com jurisprudência. 3. ed. São Paulo: Revista dos Tribunais, 2000. p. 313; GOMES, Orlando. *Alienação fiduciária em garantia*. 2. ed. São Paulo: Revista dos Tribunais, 1971. p. 18.

8 Sustenta o professor Fran Martins que a alienação fiduciária em garantia tem natureza de um negócio condicional, ao afirmar que se trata, "evidentemente, de uma venda condicional, mas é inegável que, se bem que se aproxime de vários outros contratos, a alienação fiduciária em garantia tem características próprias, pelo fato de ser feita a alienação da coisa pelo devedor, mas ser *resolúvel* a transferência do domínio, o que significa que, uma vez paga, no modo ajustado, a dívida contraída, *perde o credor aquele domínio que lhe fora transferido apena em garantia*" (MARTINS. Op. cit. p. 184). Nessa linha de entendimento, há que se ressaltar o posicionamento do Professor José Carlos Moreira Alves. Em sua visão, a alienação fiduciária é contrato, mas que tem como objetivo servir de título à constituição da propriedade fiduciária, ou seja, teria um caráter meramente instrumental, como ocorre, por exemplo, com o contrato de penhor, que apenas serve de título para constituição de um direito real. Senão vejamos: "A alienação fiduciária em garantia é, tão-somente, o contrato que serve de título à constituição da propriedade fiduciária, que – esta, sim – é a garantia real criada, em nosso direito, pelo art. 66 da Lei n° 4.728, modificado, posteriormente, pelo Decreto-lei n° 911. Portanto, como ocorre no sistema jurídico brasileiro com as garantias reais até então conhecidas, há, de um lado, o contrato que serve de título a ela (contrato de penhor, contrato de hipoteca, contrato de anticrese, alienação fiduciária em garantia), e, de outro, a garantia real cujo título é um desses contratos (o penhor, a hipoteca, a anticrese, a propriedade fiduciária)." Ao defender seu entendimento, faz ainda o professor uma veemente crítica àqueles que veem a alienação fiduciária em garantia como um direito real. Segundo ele, "os autores que se têm ocupado, em nosso país, com a alienação fiduciária em garantia não fazem, com a necessária nitidez, distinção que é indispensável para o estudo sistemático desse instituto jurídico. Dão eles a impressão de que a alienação fiduciária em garantia é nova forma de garantia real que foi introduzida em nosso direito para atender às necessidades de proteção do crédito, não satisfatoriamente tutelado pelas já existentes: o penhor, a hipoteca e a antricrese. E daí nascem erros inadmissíveis, pois, em verdade, a alienação fiduciária não é modalidade de

De fato, a alienação fiduciária é uma espécie contratual típica, regulada por lei, e que constitui um direito real, que é a propriedade fiduciária, não consistindo, ela própria, em um direito real, e isso porque ela não se encerra em uma mera relação de direito real.[9]

Na alienação fiduciária, além da relação de direito real em que o devedor-fiduciante transfere a propriedade de uma coisa ao credor-fiduciário com escopo de garantia, há uma relação obrigacional em que o credor-fiduciário se obriga a dar ao bem uma determinada destinação e, uma vez cumprida a obrigação principal – como o pagamento integral do empréstimo –, deve restituí-lo ao devedor-fiduciante ou a um terceiro indicado no pacto fiduciário. Assim, constitui-se em uma relação contratual e, em sendo o contrato fonte das obrigações, também se vislumbra neste negócio fiduciário uma relação obrigacional.

E este negócio jurídico, uma vez cumpridas as formalidades impostas pela lei, constitui uma propriedade fiduciária, de modo que, pode-se concluir que a alienação fiduciária não se confunde com a propriedade fiduciária, sendo, na verdade, uma das formas de sua constituição, tal qual ocorre com outras espécies de negócio fiduciário, como a cessão fiduciária de crédito, por exemplo.

garantia real, tal qual não o são, por exemplo, o contrato de penhor e o contrato de hipoteca. O penhor e a hipoteca é que são espécies de garantia real" (ALVES. Op. cit. p. 32-33). A esses contratos que servem de título à constituição de um direito real, o Professor Moreira Alves chamou de *contratos de direito das coisas*, uma vez que são acordos de vontade que produzem efeitos reais. Para ele, tais contratos não são contratos obrigacionais, que criam, extinguem ou modificam obrigações, pois não se situam no campo do direito obrigacional, mas sim no do direito das coisas. No entanto, reconhece ele uma diferença entre a alienação fiduciária e os demais contratos de direito das coisas. Segundo o ministro do STF, a "alienação fiduciária em garantia, ao contrário do que sucede com os contratos de penhor, anticrese e hipoteca, não visa à constituição de direitos reais limitados, mas à transferência do direito de propriedade limitado pelo escopo de garantia" (Ibidem. pp. 38-39).

9 É esse também o entendimento dos Profs. Paulo Restiffe Neto e Paulo Sérgio Restiffe: "A alienação fiduciária em garantia encerra em sua unidade dois elementos distintos: um de ordem obrigacional (do devedor), relacionado com o pagamento da dívida decorrente do financiamento; e outro de direito real, consistente na alienação da coisa, que se transfere ao financiador em garantia do cumprimento da obrigação de pagar toda a importância final do financiamento" (RESTIFFE NETO; RESTIFFE. Op. cit. p. 313).

Desse modo, por encerrar uma relação obrigacional ajustada por um contrato, não nos parece que a alienação fiduciária possa ostentar a natureza de um direito real,[10] mas sim uma natureza contratual.[11]

Embora defendamos a natureza contratual da alienação fiduciária, não é possível deixar de explorar, com um pouco mais de profundidade, a propriedade fiduciária que emana do negócio jurídico, pois ela traz importantes repercussões no âmbito dos direitos das partes do contrato. Por isso, e aproveitando o fato de que parcela relevante da doutrina afirma ser a alienação fiduciária um direito real, vamos examinar a propriedade fiduciária no tópico referente à natureza jurídica do instituto.

## 2.1. Propriedade fiduciária

Quanto à propriedade fiduciária, ela se constitui a partir de uma relação jurídica fiduciária, como aquelas decorrentes do contrato de alienação fiduciária em garantia, com o fim de garantir a satisfação do crédito. Ela é, portanto, um direito real de garantia.

Mas, diferentemente do que ocorre com os demais direitos reais de garantia ditos comuns, como o penhor, a hipoteca e a anticrese, que recaem sobre coisa alheia, a propriedade fiduciária recai sobre coisa própria.

Naquelas espécies de direitos reais, o devedor conserva a propriedade do bem, de modo que a garantia do credor recai sobre uma coisa que integra o patrimônio daquele. Já na propriedade fiduciária decor-

---

10 Há que se observar, ainda, a existência de posicionamento na doutrina, como o do professor Irineu Mariani, no sentido de que o contrato de alienação é um contrato misto, híbrido, pois resulta da combinação de elementos de diversos contratos, como de alienação – venda –, financiamento e depósito (MARIANI, Irineu. *Contratos empresariais*. Porto Alegre: Livraria do Advogado, 2007. p. 70-71). Ousamos discordar desse posicionamento. Como já explicitado, o contrato de alienação fiduciária é um contrato típico, regulamentado por lei. Os contratos mistos são espécie do gênero contrato atípico, isto é, "*contrato misto* é o que resulta da combinação de elementos de diferentes contratos, formando nova espécie contratual não esquematizada em lei" (GOMES. Op. cit. p. 121), se subdividindo em contratos atípicos propriamente ditos e contratos mistos. Portanto, se o contrato de alienação fiduciária é um contrato regulado por lei, desde a edição da Lei nº 4.728/66, cremos não ser possível classificá-lo como um contrato atípico misto.

11 Da jurisprudência do STJ também é possível extrair a conclusão de que a alienação fiduciária tem natureza contratual, consoante redação dos Enunciados nºs 28 ("O *contrato de alienação fiduciária* em garantia pode ter por objeto bem que já integrava o patrimônio do devedor" – destacamos) e 284 ("A purga da mora, nos *contratos de alienação fiduciária*, só é permitida quando já pagos pelo menos 40% (quarenta por cento) do valor financiado" – destacamos) da sua súmula de jurisprudência dominante.

rente da alienação fiduciária, a garantia de satisfação do crédito recai sobre uma coisa que é de propriedade do próprio credor, ou seja, é um direito real de garantia sobre coisa própria,[12] uma vez que o credor passa a ser proprietário do bem dado em garantia.[13]

E isso porque, o devedor, para obter o crédito, se obriga a transferir a propriedade da coisa ao credor, com o único fim de constituir uma garantia. É esta, pois, a grande vantagem da propriedade fiduciária, uma vez que, sendo o credor titular do direito de propriedade do bem dado em garantia, caso o devedor fique inadimplente, poderá ele facilmente retomar e alienar o bem[14] a fim de obter a quantia necessária à satisfação do seu crédito.

Para finalizar, e ainda dentro do exame da natureza jurídica e, mais especificamente, da propriedade fiduciária, é imperioso examinarmos como ela é adquirida, isto é, o modo de aquisição dessa propriedade.

### *2.1.1. Aquisição da propriedade fiduciária*

O ordenamento jurídico brasileiro diferencia título de aquisição e modo de aquisição. No caso dos direitos reais, a diferença é nítida: o título de aquisição é o contrato, e o modo de aquisição é o registro ou a tradição.

O nosso ordenamento não atribui aos contratos efeito translativo de direito real, ou eficácia real, pelo o quê a mera celebração do contrato, por si só, não é capaz de transferir o direito real.[15]

Faz-se necessária, assim, a prática de um determinado ato que materialize essa transmissão,[16] que é a tradição e o registro.[17]

Para a aquisição de direitos reais sobre bens imóveis exige-se o registro, o que se extrai do art. 1.227 do Código Civil, enquanto que para a aquisição dos direitos reais sobre bens móveis basta a mera tradição,

12 Nesse sentido, vale citar RIZZARDO. *Contratos*. Op. cit. p. 1.314; CHALHUB. Op. cit. p. 156; TARTUCE, Flávio; SIMÃO, José Fernando. *Direito Civil*. Direito das coisas. v. 4. 2. ed. Rio de Janeiro: Forense; São Paulo: Método, 2010. p. 525

13 "Em distinção marcante relativamente aos outros direitos reais que se constituem em coisa alheia (o credor tem o direito de garantia mas não tem a propriedade), a propriedade fiduciária, pelo fato mesmo de sua constituição, recai sobre coisa que é então do domínio do credor, passando este a proprietário dela automaticamente" (PEREIRA. *Instituições...* Op. cit. p. 426).

14 Depende essa alienação da retomada do bem pelo credor que, não obstante ter a propriedade, não tem a posse direta da coisa, que fica em mãos do devedor.

15 GOMES. *Alienação fiduciária...* Op. cit. p. 72.

16 PEREIRA. *Instituições...* Op. cit. p. 118.

17 ALVES. Op. cit. p. 42.

conforme prevê o art. 1.226 do diploma civil, que consiste na entrega efetiva da coisa.

No entanto, quanto à propriedade fiduciária, a regra acima transcrita, particularmente no que toca os bens móveis, não é aplicável. Isso porque o § 1º do art. 1.361 do Código Civil prevê que se constitui a propriedade fiduciária dos bens móveis com o registro do contrato no cartório de títulos e documentos, de modo que, segundo a lei, não basta a mera tradição para a transmissão do direito.

Por esse tratamento diferenciado dado pelo legislador, nasceu na doutrina uma controvérsia sobre a forma de aquisição da propriedade fiduciária dos bens móveis.

Para parcela da doutrina,[18] a transmissão da propriedade do bem e, consequentemente, a constituição e aquisição da propriedade fiduciária, se dá com a tradição, mesmo no caso dos bens móveis. Todavia, a tradição, no caso da propriedade fiduciária, não é real, e sim ficta, haja vista que não há a entrega da coisa ao credor-fiduciário, mas, tão somente, a transmissão da posse indireta, conservando o devedor-fiduciante a posse direta.

Por essa razão, diz-se que a tradição se dá pelo instituto do *constituto possessorio*, em que o proprietário transmite a propriedade sem, no entanto, entregar efetivamente a coisa, isto é, a sua posse direta. O transmitente, assim, deixa de possuir a coisa em seu próprio nome para possuir em nome do adquirente. O alienante conserva a posse direta do bem, mas, por força de uma cláusula contratual, a cláusula *constituti*, transfere a posse indireta ao adquirente.[19]

Há, todavia, parcela da doutrina[20], a qual nos filiamos, que sustenta que o modo de aquisição da propriedade fiduciária, independentemente da natureza do bem, é o registro. A propriedade fiduciária, assim como a hipoteca e o penhor, é um direito real e, como tal, oponível a terceiros, atribuindo ao seu titular o direito de sequela, que permite ao proprie-

18 PEREIRA. *Instituições...* Op. cit. p. 427; RIZZARDO. *Contratos*. Op. cit. p. 1.316; GOMES. *Alienação...* Op. cit. p. 72; RESTIFFE NETO; RESTIFFE. Op. cit. p. 320.

19 Nessa esteira, afirma o Prof. Caio Mário que, mesmo diante da redação do art. 1.361, não houve quebra ou exceção ao princípio de que a transferência da coisa móvel se dá pela tradição, especialmente porque não se exige, para tal, a efetiva entrega da coisa. Portanto, segundo o entendimento do saudoso professor, no caso da propriedade fiduciária, a tradição é ficta, operando igualmente o efeito translativo que só ocorreria, como regra, com a tradição real (PEREIRA. *Instituições...* Op. cit. p. 426-427).

20 ALVES. Op. cit. p. 55-59; CHALHUB. Op. cit. p. 168-169; MARIANI. Op. cit. p. 68-69; OLIVEIRA, James Eduardo. *Código Civil anotado e comentado*. Doutrina e jurisprudência. Rio de Janeiro: Forense, 2009. p. 1.005-1.006.

tário-fiduciário perseguir a coisa onde quer que ela esteja e na mão de quem injustamente a possua.

Por essa razão, não há que se falar em propriedade fiduciária, como direito real, antes do registro que lhe outorga o atributo da oponibilidade *erga omnes*. Antes deste, o contrato de alienação fiduciária é apenas título de constituição da propriedade, que depende, para o seu nascimento, do registro no órgão competente.

Além disso, há outro argumento que torna difícil o argumento da possibilidade de dispensa do registro para a constituição da propriedade fiduciária: a previsão expressa do § 1º do art. 1.361 do Código Civil, que dispõe que "*constitui-se* a propriedade fiduciária com o registro do contrato, celebrado por instrumento público ou particular, que lhe serve de título, no Registro de Títulos e Documentos do domicílio do devedor, ou, em se tratando de veículos, na repartição competente para o licenciamento, fazendo-se a anotação no certificado de registro".

Então, segundo a lei civil, a propriedade fiduciária de bens móveis se constitui com o registro, sendo o órgão competente para tal, regra geral, o Registro de Títulos e Documentos do domicílio do devedor-fiduciante. Disso se extrai que a propriedade fiduciária só se constitui com o registro do contrato no Registro de Títulos e Documentos.[21]

Mas, apesar de todos esses argumentos, na jurisprudência do STJ prevalece o entendimento de que o registro tem mero caráter de publicidade, ou seja, visa o registro apenas dar publicidade ao negócio, produzindo efeitos perante terceiros.[22] Não é, pois, condição para a transferência do bem e, tampouco, requisito de validade do negócio. Este apenas não será oponível a terceiro, como se extrai do enunciado nº 92[23] da súmula de jurisprudência da Corte Superior.[24]

Questão também polêmica, ainda dentro do estudo da forma de aquisição da propriedade fiduciária, diz respeito ao registro do contrato de alienação fiduciária quando o bem alienado for um veículo automotor.

Segundo dispõe o já citado § 1º do art. 1.361 do Código Civil, quanto aos veículos automotores, constitui-se a propriedade fiduciária com o

---

21 MARIANI. Op. cit. p. 69.

22 Ver REsp 1412529 / SP. Rel. Min. Paulo de Tarso Sanseverino. Rel. p/ Acórdão Min. Marco Aurélio Bellizze. Terceira Turma. DJe 02/03/2016.

23 Súmula 92: "A terceiro de boa-fé não é oponível a alienação fiduciária não anotada no certificado de registro de veículo automotor."

24 É esse, ainda, o entendimento de Arnoldo Wald: "Para eficácia perante terceiros, deve o contrato ser levado a Registro de Títulos e Documentos, mas o contrato, mesmo não registrado, é válido entre as partes." WALD, Arnoldo. *Direito civil*. Contratos em espécie. 18. ed. São Paulo: Saraiva, 2009. p. 35.

registro do contrato na repartição competente para o seu licenciamento, devendo ser feita a anotação no certificado de registro do bem.

Como é possível perceber, dispensou a lei o registro no cartório de Registro de Títulos e Documentos, bastando para o caso da alienação fiduciária de veículos automotores o registro no órgão competente para o seu licenciamento - o DETRAN, dispensa essa que, por óbvio, acabou por interferir na esfera econômica dos titulares desses cartórios.

Como cediço, os cartórios têm natureza privada, sendo fruto de delegação do Poder Público, consoante dispõe o art. 236 da Constituição Federal, de modo que os serviços notariais e de registro são exercidos em caráter privado. Como consequência, o particular delegatário tem a atividade notarial e registral como a sua atividade econômica e, inegavelmente, profissional. Por essa razão, não há dúvidas de que a retirada da competência para registro dos contratos de alienação fiduciária de veículos automotores dos cartórios de Registro de Títulos e Documentos fez com que os delegatários deixassem de auferir lucros com essa operação.

Tal exclusão, todavia, não foi uma novidade do Código Civil. Já era ela prevista nos arts. 11 e 18 da Medida Provisória nº 1.925-5/2000, que afastava o registro da alienação fiduciária de veículos automotores dos cartórios de Registro de Títulos e Documentos, retirando deles essa atribuição, fato esse que levou a Associação dos Notários e Registradores do Brasil - ANOREG a ajuizar uma ação direta de inconstitucionalidade perante o Supremo Tribunal Federal, a ADI 2150-8/DF, sob o argumento de que o Registro de Títulos e Documentos tem exclusividade quanto ao registro de quaisquer contratos, por força do art. 236 da Constituição Federal, que dispõe que "os serviços notariais são exercidos em caráter privado, por delegação do Poder Público".

A ADI, entretanto, foi julgada improcedente no Supremo Tribunal Federal sob o argumento de que a previsão legal apenas prevê modalidade peculiar de registro.[25] O ilustre Ministro Sepúlveda Pertence, em seu voto, utilizou interessante argumento: conforme a Lei Fundamental, o excepcional é a atividade de registro público ser exercida em caráter privado, mediante delegação. A regra, então, é a de que o registro deve ser feito por órgão público. Então, quem pode delegar, pode não delegar. E foi isso que o legislador fez ao prever o registro público dos contratos de alienação fiduciária envolvendo veículos em um órgão público.[26]

25 Ver ADI 2.150-8. Tribunal Pleno. Rel. Min. Ilmar Galvão. *DJ* 29/11/2002.

26 Voto Ministro Sepúlveda Pertence: "Sr. Presidente, o excepcional na Constituição é a atividade de registros públicos ser exercida, conforme art. 236, em caráter privado, mediante delegação do poder público. Quem pode delegar pode não delegar. Foi o que fez a lei, com relação aos veículos, como deveria ter feito

Posteriormente, a questão voltou a ser debatida quando da entrada em vigor do Código Civil de 2002, com o seu art. 1.361, § 1º. Ela teve repercussão geral reconhecida no âmbito do STF, que entendeu ser constitucional o mencionado dispositivo, sob o fundamento de que é suficiente o registro do contrato no órgão de licenciamento do veículo, dispensando o registro no cartório de títulos e documentos.[27]

Com essa decisão, sequer é possível sustentar a possibilidade ou necessidade de duplo registro, ou seja, que seja feito o registro tanto no órgão competente para licenciamento do veículo, quanto no cartório de títulos e documentos, e isso porque o Código Civil estabelece que a propriedade fiduciária se constitui com o registro do contrato no Registro de Títulos e documentos, *ou*, em se tratando de veículo, na repartição competente para o seu licenciamento.

A lei civil, a utilizar o termo *ou* para tratar do regime de registro, afastou, para os veículos automotores, o registro no cartório de títulos e documentos. Ademais, o art. 66, § 1º, da Lei nº 4.728/65, que exigia o registro no Registro de Títulos e Documentos em qualquer hipótese de alienação fiduciária, foi revogado pela Lei nº 10.931/04, excluindo-se, assim, a obrigatoriedade de registro nessa repartição.

Desse modo, caso não seja feito o registro naquele órgão, e não passe a constar a anotação no certificado de registro do veículo, presumir-se-á a boa-fé do terceiro que vier a adquirir o bem no curso da vigência do contrato de alienação fiduciária, não sendo oponível a ele esse negócio jurídico de garantia,[28] nos termos do já mencionado Enunciado 92 da súmula de jurisprudência dominante do Superior Tribunal de Justiça.

Como consequência, não lhe poderá ser tomado o bem pelo credor fiduciário, mesmo no caso de mora do devedor fiduciante que omitiu, do terceiro, a existência do contrato de alienação fiduciária.

## 3. SUJEITOS

O contrato de alienação fiduciária em garantia envolve três sujeitos, que são o devedor-fiduciante, o credor-fiduciário e fornecedor do bem a ser dado em garantia. Não obstante, apenas dois deles são partes, efe-

a Constituição, transformando em atividade pública o registro público. Acompanho o relator." Disponível em: <http://redir.stf.jus.br/paginador/paginador.jsp?docTP=AC&docID=375341>.

27 Ver RE 611639 RG / RJ. Rel. Min. Marco Aurélio. Tribunal Pleno. DJ 21/10/2015.

28 RIZZARDO. *Contratos.* Op. cit. p. 1.321.

tivamente, do negócio jurídico, que são o devedor-fiduciante e o credor-fiduciário, como se demonstrará.

## 3.1. Devedor-Fiduciante

O primeiro sujeito, e parte, do contrato de alienação fiduciária é o devedor-fiduciante que, na maioria das vezes, é um consumidor. É ele quem contrai o empréstimo, que geralmente é o CDC – Crédito Direito ao Consumidor, para a aquisição do bem e, posteriormente, o aliena como forma de garantia para o caso de inadimplemento.

Questão importante no que toca ao devedor-fiduciante diz respeito à natureza da pessoa que pode ostentar essa condição. Sob esse aspecto, podemos afirmar que qualquer pessoa natural com capacidade, bem como qualquer pessoa jurídica que seja proprietária de um bem que possa ser alienado e, consequentemente, dado em garantia, pode ser devedor-fiduciante em contrato de alienação fiduciária em garantia.[29]

## 3.2. Credor-Fiduciário

Já o segundo sujeito, e também parte do contrato de alienação fiduciária em garantia, é o credor-fiduciário, que é aquele que concede o empréstimo para a aquisição do bem pelo devedor-fiduciante, e que o recebe como garantia do adimplemento da obrigação.

Assim como no caso do devedor-fiduciante, questão importante diz respeito à natureza da pessoa que pode ser credor-fiduciário.

Antes do advento do Código Civil de 2002 e da Lei nº 10.931/04, que alterou dispositivos da Lei nº 4.728/65 e do DL nº 911/69, prevalecia o entendimento de que a contratação da alienação fiduciária era restrita às instituições financeiras ou outras pessoas expressamente autorizadas por lei, como no caso dos consórcios, cuja celebração do contrato é autorizada pelo art. 7º da Lei nº 5.768/71.

Alguns argumentos eram lançados para afirmar essa privatividade. Primeiro, a atividade financeira de financiamento e de contratação de

29 CHALHUB. Op. cit. p. 163. Há que se ressaltar o posicionamento do saudoso mestre Orlando Gomes, para quem o único legitimado a alienar um bem fiduciariamente em garantia é quem obtém, como consumidor, crédito de uma financeira (GOMES, Orlando. *Alienação...* Op. cit. p. 54), o que é criticado por José Carlos Moreira Alves, que argumenta que, a prevalecer essa tese, não seria possível utilizar a alienação fiduciária quando aquele que contrair o empréstimo for um comerciante adquirindo bens para o exercício de sua atividade (ALVES. Op. cit. p. 70), pois nesse caso há uma relação empresarial, e não consumerista, o que impediria a utilização do contrato de alienação fiduciária em garantia.

mútuo bancário é privativa das instituições financeiras ou de outras pessoas expressamente autorizadas por lei, sob a autorização e fiscalização do Banco Central do Brasil, consoante dispõe o art. 18 e seus parágrafos, da Lei nº 4.595/64, a qual trata do Sistema Financeiro Nacional.

Então, sendo a alienação fiduciária um negócio jurídico pactuado para a garantia da satisfação do crédito em contrato de empréstimo bancário, e sendo este um contrato privativo das instituições financeiras e demais pessoas expressamente autorizadas por lei a celebra-lo, entendia-se que apenas essas podiam celebrar o contrato de alienação fiduciária.

Havia, no entanto, outros argumentos diretamente relacionados às leis que regulavam com exclusividade o contrato de alienação fiduciária que fortaleciam a tese.

A Lei nº 4.728/65 e o DL nº 911/69, com suas redações originais, restringiam a alienação fiduciária às instituições financeiras. Essa conclusão decorria de uma interpretação sistemática delas.

A Lei nº 4.728/65 disciplina o mercado financeiro e de capitais, e sua Seção XIV, antes da alteração promovida pela Lei nº 10.931/04, tinha como título a expressão *Alienação fiduciária em garantia*.

Entendia-se, então, que se o instituto da alienação fiduciária, de um modo geral, era tratado na lei que disciplina o mercado de capitais, ele era restrito a esse mercado e às pessoas autorizadas a nele operar, como as instituições financeiras, na forma do art. 3º, III, da lei.

Quanto ao DL nº 911/69, que trouxe fundamentalmente o procedimento de retomada do bem dado em alienação fiduciária, tem ele como objetivo, segundo a sua exposição de motivos, dar maiores garantias às operações realizadas pelas instituições financeiras.

Portanto, ante esses fatos, prevalecia o entendimento de que apenas as instituições financeiras e demais pessoas expressamente autorizadas por lei, como os consórcios, podiam adquirir bens fiduciariamente. Era essa, inclusive, a posição que prevalecia no âmbito do Supremo Tribunal Federal,[30] bem como em parcela da doutrina.[31]

---

30 Ver RE 92736/PR. Rel. Min. Thompson Flores. Primeira Turma. *DJ* 12/8/1980; RE 89729/SP. Rel. Min. Xavier de Albuquerque. Primeira Turma. *DJ* 5/11/1979.

31 O Prof. Melhim Namem Chalhub assim sustentava antes do advento da Lei nº 10.931/04 e do Código Civil de 2002. Também segundo Orlando Gomes, "a posição de fiduciário é reservada, nesse negócio translativo, às sociedades de crédito e financiamento autorizadas a funcionar pelas autoridades monetárias do país". GOMES. *Alienação...* Op. cit. p. 54.

Não obstante, mesmo antes do advento da Lei nº 10.931/04 e do Código Civil, havia entendimento de que a operação não era restrita às instituições financeiras.[32]

Como exemplo, citava-se o disposto no art. 6º do DL nº 911/69, que prevê que o avalista, fiador ou terceiro interessado que pagar a dívida do alienante ou devedor se sub-rogará, de pleno direito, no crédito e na garantia constituída pela alienação fiduciária. Tal previsão permite, "assim, taxativamente, que um terceiro, que não instituição financeira, se constitua, excepcionalmente, em credor fiduciário, posição que, pela interpretação estrita que se tem dado à lei, só poderia ser ocupada por uma sociedade financeira".[33]

Atualmente, com o advento das já citadas Leis nºs 10.931/04 e 10.406/02 – Código Civil –, a questão parece ter sido superada.

A Lei nº 10.931/04 promoveu alterações na Seção XIV da Lei nº 4.728/65, inclusive em seu próprio título, que hoje é *Alienação Fiduciária em Garantia no Âmbito do Mercado Financeiro e de Capitais*, ou seja, a Seção XIV da Lei nº 4.728/65, com o advento da Lei nº 10.931/04, passou a regular apenas a alienação fiduciária no âmbito do mercado financeiro e de capitais, cujo procedimento para retomada do bem é aquele previsto no DL nº 911/69.

Daí se conclui que há a possibilidade de celebração de alienação fiduciária em garantia no âmbito do mercado financeiro e de capitais e fora dele. Na primeira, o credor-fiduciário será, obrigatoriamente, uma instituição financeira. Já na segunda, a posição de credor-fiduciário poderá ser ocupada por qualquer pessoa natural ou jurídica, não havendo qualquer impedimento ou restrição legal.

No tocante à alienação fiduciária fora do âmbito do mercado de capitais, ela está regulada no Código Civil, nos arts. 1.361 a 1.368-A, no Capítulo IX do Título III do Livro III do Código Civil, que é o livro do Direito das Coisas. É o capítulo da Propriedade Fiduciária.

Esse é o posicionamento de parcela da doutrina[34] que reconhece a existência de um gênero, que corresponde à alienação fiduciária em garantia de bem móvel, do qual decorrem duas espécies: a alienação fi-

---

32 Nesse sentido, José Carlos Moreira Alves (ALVES. Op. cit. p. 72-73) e Fran Martins (MARTINS. Op. cit. p. 187).

33 MARTINS. Op. cit. p. 187.

34 "Assim, hoje em dia, a regra geral sobre propriedade fiduciária está no Código Civil, sendo que continuam em vigor o art. 66-B da Lei n. 4.728/65, com a redação dada pela Lei n. 10.931/2004 e o Decreto-Lei n. 911/69, nas partes não expressamente revogadas pelas leis posteriores." WALD, Arnoldo. *Direito civil*. Contratos em espécie. 18. ed. São Paulo: Saraiva, 2009. p. 28.

duciária *comum*, prevista no CC/02 (arts. 1.361 a 1.368-A), e a alienação fiduciária *especial*, prevista na Lei nº 4.728/65 (art. 66-B, acrescido pelo art. 55 da Lei nº 10.931/04) e no DL nº 911/69.[35]

## 3.3. Fornecedor do bem

Por fim, o último sujeito envolvido na relação é o fornecedor do bem, embora não seja parte, propriamente, do contrato. É ele que aliena a coisa ao devedor-fiduciante, que servirá de garantia para o adimplemento do empréstimo celebrado para a própria aquisição do bem.

Como é possível perceber, o contrato de alienação fiduciária envolve uma tríplice relação: primeiro, o devedor-fiduciante celebra um contrato de compra e venda de um bem com o fornecedor. Mas, para poder pagar o preço, ele precisa celebrar com o credor-fiduciário um contrato de mútuo visando a aquisição daquele bem. Por fim, o devedor o aliena ao credor como garantia do adimplemento da dívida contraída.[36]

Em regra, todos esses negócios são celebrados em um mesmo momento e lugar, que é a loja do fornecedor, o que gera, muitas vezes, uma confusão para o indivíduo, que pensa que todas essas relações são um

35 MARIANI. Op. cit. p. 75. É esse também o posicionamento do emérito professor Melhim Chalhub: "A controvérsia foi solucionada com a entrada em vigor do novo Código Civil e da Lei nº 10.931/2004, pois, de uma parte, o Código possibilita a utilização generalizada dessa figura, para garantia de quaisquer negócios jurídicos, e não apenas como garantia dos financiamentos concedidos pelas entidades financeiras ou para as hipóteses previstas de maneira restritiva pela legislação especial, e, de outra parte, a Lei nº 10.931/2004 estabelece características especiais para o contrato de alienação fiduciária de que seja parte entidade financeira intitulando a Seção XIV da Lei nº 4.728/65 de 'Alienação Fiduciária em Garantia no âmbito do Mercado Financeiro e de Capitais'" (CHALHUB. Op. cit. p. 164).

36 Nesse sentido, vale a pena transcrevermos a lição dos Profs. Paulo Restiffe Neto e Paulo Sérgio Restiffe que tão bem explicitam esse complexo de relações: "Como só transmite quem tem (art. 756 do CC), explica-se por que nas vendas de bens figura como adquirente o consumidor, aquele que é destinatário do financiamento direto (fiduciante), de modo que a compra mercantil (ou civil) é feita à vista, mediante intervenção de financeira, que paga, em nome do comprador, o valor da compra ao vendedor, que se exclui da relação típica que então nasce entre usuário e financiador. O vendedor não transaciona com o financiador a dinheiro para este revender a prazo ao consumidor. Há uma compra e venda entre o vendedor e o consumidor e a seguir uma transmissão de caráter peculiar, com fim de segurança, entre o financiado (devedor fiduciante) e o financiador (credor fiduciário). Neste segundo momento, quando surge o financiamento, é que se depara com o negócio jurídico (pacto adjeto) denominado alienação fiduciária em garantia, que tem sua causa no negócio subjacente, de natureza civil ou mercantil" (RESTIFFE NETO, Paulo; RESTIFFE, Paulo Sérgio. *Garantia fiduciária*: direito e ações. Manual teórico e prático com jurisprudência. 3. ed. São Paulo: Revista dos Tribunais, 2000, p. 314-315).

único contrato, o que não é verdade, como veremos no tópico 5.5 deste capítulo.

## 4. OBJETO

O objeto natural do contrato de alienação fiduciária são os bens infungíveis, pois é da essência destes e do próprio contrato a devolução da própria coisa dada em garantia.[37]

Quanto aos bens fungíveis, eles são aqueles que, nos termos do art. 85 do Código Civil, podem ser substituídos por outros da mesma espécie, qualidade e quantidade, ou seja, admitem a sua substituição, permitindo que seja devolvida coisa diversa daquela dada.

Se na alienação fiduciária há a obrigação de restituir a própria coisa dada em garantia, conclui-se que a fungibilidade é incompatível com a alienação. E isso porque, caso venha a se admitir a substituição do bem, ele só servirá à garantia do credor se a posse plena se mantiver em suas mãos, ou seja, tanto a posse direta quanto a indireta deverão se concentrar nas mãos do credor, uma vez que é da natureza dos bens fungíveis a sua disponibilidade. E se o bem é disponível, corre-se o risco de ser esvair a garantia. Portanto, só terá o credor efetivamente uma garantia se conservar a sua posse direta.

Conclui-se, pois, que a alienação fiduciária de bem fungível contraria princípio inerente ao negócio fiduciário, que é o do desdobramento da posse, ou seja, o fiduciante, ao alienar o bem ao fiduciário, conserva a posse direta do bem, transmitindo-lhe apenas a indireta.

No entanto, com o advento da Lei nº 10.931/04, que introduziu o art. 66-B na Lei nº 4.728/65, não há mais como haver dúvidas, uma vez que o § 3º do citado dispositivo prevê expressamente que é admitida a alienação fiduciária de coisa fungível.

Nesse caso, todavia, prevê a lei que, salvo disposição em contrário, na alienação fiduciária de bem fungível, as posses direta e indireta deverão estar concentradas nas mãos do credor, ou seja, a lei exige que o credor tenha a posse direta e indireta do bem, admitindo-se, contudo, que o contrato preveja de modo diverso, com o desdobramento da posse.

Frise-se que, por estar prevista apenas na Lei nº 4.728/65, uma vez que o Código Civil, em seu art. 1.361, admite apenas a propriedade fiduciária de bem infungível, a alienação fiduciária de bem fungível está adstrita ao âmbito do mercado financeiro e de capitais.

---

37 A infungibilidade, inclusive, é prevista no *caput* do art. 1.361 do Código Civil, que prevê que se considera fiduciária a propriedade resolúvel de coisa móvel *infungível* que o devedor, com escopo de garantia, transfere ao credor.

Ainda no tocante a essa questão, há que se ressalvar posicionamento existente na doutrina e na jurisprudência no sentido de que a constituição da propriedade fiduciária sobre coisa fungível deve se revestir de cautelas, não sendo admissível quando o bem for comerciável, consumível, ou de estoque do devedor,[38] conforme precedentes da Corte Superior.[39]

## 5. CARACTERÍSTICAS

### 5.1. Formalidade

O contrato de alienação fiduciária é um contrato formal, exigindo a lei a forma escrita, através de instrumento público ou particular e, não obstante posicionamento em contrário, realização do registro. Como já dito anteriormente, o registro é importantíssimo por razões de segurança jurídica, pois na sua ausência não terá o contrato eficácia contra terceiros de boa-fé. Portanto, a ausência do registro frustra a própria finalidade do contrato.

Além de ser escrito, todo o contrato de alienação fiduciária deve conter os requisitos do art. 1.362 do Código Civil, que são: o total da dívida, ou sua estimativa; o prazo, ou a época do pagamento; a taxa de juros, se houver; e a descrição da coisa objeto da transferência, com elementos indispensáveis à sua identificação.

Frise-se que, quanto ao último requisito, da identificação precisa do bem, este se restringe à alienação fiduciária comum prevista no Código Civil, que limita o objeto do contrato aos bens infungíveis.

Quanto à alienação fiduciária especial, deve o contrato preencher requisitos específicos previstos no *caput* do art. 66-B da Lei nº 4.728/65, que são: a taxa de juros, que nesse caso não é facultativa, uma vez que se trata de contrato ligado a mútuo bancário; a cláusula penal; o índice de atualização monetária, se houver; e as demais comissões e encargos.

Portanto, não se admite contrato de alienação fiduciária sob a forma verbal ou sem a presença desses requisitos específicos.

---

38 CHALHUB. Op. cit. p. 166.

39 Nesse sentido, ver os seguintes julgados: REsp 97952/MS. Terceira Turma. Rel. Min. Ari Pargendler. *DJ* 8/5/2000; REsp 2431/SP. Quarta Turma. Rel. Min. Athos Carneiro. *DJ* 10/9/1990.

## 5.2. Resolubilidade da propriedade e transitoriedade da sua transmissão

O devedor-fiduciante transmite a propriedade ao credor-fiduciário de forma transitória, isto é, apenas enquanto perdurar o contrato de financiamento, o que leva à aquisição, pelo credor, de uma propriedade resolúvel.

Propriedade resolúvel é aquela que se resolve pelo implemento de uma condição ou pelo advento de um termo, com efeito *ex tunc*,[40] consoante dispõe o art. 1.359[41] do Código Civil, ou seja, tem eficácia retroativa, como se jamais tivesse ocorrido a alienação.

Como cediço, é possível subordinar um direito a uma condição, ou a um termo, que são elementos acidentais dos negócios jurídicos, inseridos neles pela vontade das partes. Influenciam esses elementos na eficácia dos negócios jurídicos.

A condição é um elemento inserido pelas partes no negócio jurídico, influenciando na sua produção de efeitos. Trata-se de um evento futuro e incerto, que pode ter efeito suspensivo ou resolutivo.

A condição suspensiva é aquela inserida no negócio condicionando o início da sua eficácia a um evento futuro e incerto, ou seja, enquanto não ocorrido esse evento, o negócio fica com sua eficácia suspensa, não produzindo efeitos imediatos.

Já a condição resolutiva é aquela que, uma vez inserida no negócio, subordina a continuidade da produção de efeitos a um evento futuro e incerto, isto é, enquanto não implementada a condição, o negócio jurídico continua a produzir efeitos. Entretanto, uma vez implementada, resolve-se o negócio, cessando os seus efeitos.

E é isso que ocorre na propriedade fiduciária decorrente do contrato de alienação fiduciária. O credor-fiduciário é proprietário sob condição resolutiva, isto é, o seu direito de propriedade só existe enquanto perdurar a obrigação. Uma vez cumprida a obrigação, com o pagamento do débito decorrente do contrato de mútuo bancário, cessa a sua propriedade, que retorna plena às mãos do devedor-fiduciante.[42]

---

40 PEREIRA. Op. cit. p. 98.

41 "Art. 1.359. Resolvida a propriedade pelo implemento da condição ou pelo advento do termo, entendem-se também resolvidos os direitos reais concedidos na sua pendência, e o proprietário, em cujo favor se opera a resolução, pode reivindicar a coisa do poder de quem a possua ou detenha".

42 Como leciona Arnaldo Rizzardo, assume o credor o "dever de restituir o bem uma vez paga a dívida. O pagamento atua como condição resolutiva, pondo termo à propriedade resolutiva" (RIZZARDO. Op. cit. p. 1.314).

Portanto, a alienação fiduciária é contratada apenas para a garantia do cumprimento das obrigações do devedor, permanecendo o credor com o domínio da coisa enquanto a obrigação não for inteiramente cumprida.

Há, pois, duas obrigações: a do devedor de pagar a dívida, e a do credor de restituir a coisa assim que a dívida for paga. Satisfeitas as obrigações, as partes retornam ao *status quo ante*.

Importante frisar é que o implemento da condição resolutiva tem eficácia *ex tunc*, ou seja, a resolução se opera com efeito retroativo, como se jamais tivesse havido a transmissão da propriedade. Por essa razão, ocorrido o evento condicionante, volta o devedor a ser proprietário pleno da coisa, podendo reivindicá-la contra qualquer um que a detenha injustamente, bem como se revogam quaisquer direitos reais concedidos na pendência do implemento da condição.

Por força dessa devolução automática da propriedade às mãos do devedor, há quem defenda que na alienação fiduciária há a transmissão da propriedade ao credor-fiduciário sob condição resolutiva, e a atribuição ao devedor-fiduciante de um direito aquisitivo sob condição suspensiva, havendo um nítido desdobramento da propriedade.[43]

Discordamos desse entendimento. Em verdade, pensamos que o devedor-fiduciante não tem um direito aquisitivo, ainda que sob condição suspensiva. Tem ele uma expectativa de direito, uma expectativa de "readquirir" a propriedade caso pague integralmente a dívida. Essa "reaquisição", no entanto, é automática. Implementada a condição resolutiva da propriedade do credor-fiduciário, o devedor-fiduciante automaticamente readquire a propriedade plena da coisa, independentemente de qualquer outro ato.

Frise-se, ainda, que nosso ordenamento não reconhece a possibilidade de desdobramento do direito de propriedade,[44] em que o credor-fiduciário se tornaria titular de uma propriedade sob condição resolutiva, e o devedor-fiduciante titular de um direito de propriedade sob condição suspensiva.

Ao alienar o bem ao credor, o devedor transfere a propriedade do bem. O ordenamento pátrio não adotou a tese da doutrina alemã do desdobramento da propriedade, em que se concebem dois direitos de propriedade distintos, um tendo como titular o fiduciante, e outro tendo

43 CHALHUB. Op. cit. p. 172.

44 Também para Arnoldo Wald é inadmissível o reconhecimento de uma dupla propriedade, existindo, tão somente, uma única propriedade exclusiva do credor "que se extingue com o pagamento do débito e então se transfere automaticamente ao devedor" (WALD. Op. cit. p. 30).

como titular o fiduciário. Nosso ordenamento reconhece, tão somente, a possibilidade do desdobramento da posse.

Salientamos, ainda, posicionamento na doutrina no sentido de que há, na alienação fiduciária, uma promessa de compra e venda pendente de uma condição suspensiva, que é o pagamento integral do preço.[45]

Ousamos também discordar desse entendimento, por não vermos na alienação fiduciária uma avença entre as partes em que o devedor-fiduciante promete adquirir o bem ao final do contrato, e tampouco o credor-fiduciante se compromete a vende-lo.

O que há nessa relação é, tão somente, uma propriedade resolúvel por força de lei – art. 1.361, *caput*, CC –, pendente do implemento de uma condição, que é o pagamento final do preço pelo devedor.

A resolução da propriedade do credor, decorrente do implemento da condição, bem como de todos os direitos reais concedidos na sua pendência, é um efeito natural da propriedade sob condição resolutiva, como se infere do art. 1.359 CC,[46] não havendo que se falar em um contrato de promessa de compra e venda sob condição suspensiva.

## 5.3. Limitação da propriedade

O fiduciário adquire uma propriedade resolúvel e limitada. Limitada porque ele só vai poder exercer as suas faculdades de proprietário nos limites do objetivo buscado com a celebração do contrato de alienação fiduciária.

No Direito Romano sustentava-se o absolutismo e a ausência de limites da propriedade,[47] ou seja, a propriedade era tida como um direito absoluto, oponível contra todos e em quaisquer circunstâncias, sendo livre o *dominus* para com ela fazer o que quisesse. Todavia, os próprios romanistas viam a possibilidade, em casos especiais, de limitação da propriedade como, por exemplo, na instituição de servidões.

Portanto, desde as épocas mais remotas, já se reconhecia a possibilidade de limitação do direito de propriedade. Hoje, vemos inúmeras hipóteses em que isso ocorre, desde imposições constitucionais, como no caso da função social da propriedade, até limitações impostas pela vontade das partes, como ocorre nos casos de inserção de cláusulas de

45 WALD. Op. cit. p. 30.

46 "Art. 1.359. Resolvida a propriedade pelo implemento da condição ou pelo advento do termo, entendem-se também resolvidos os direitos reais concedidos na sua pendência, e o proprietário, em cujo favor se opera a resolução, pode reivindicar a coisa do poder de quem a possua ou detenha."

47 PEREIRA. Op. cit. p. 102.

inalienabilidade, impenhorabilidade e incomunicabilidade. Nessas situações, as limitações atingem diretamente o exercício das faculdades inerentes à propriedade, como o direito de usar, gozar e dispor.

Tais limitações só são possíveis graças a uma característica inerente à propriedade, que é a elasticidade. A limitação da propriedade, ou a possibilidade de se limitar o exercício das faculdades por seu titular, decorre do princípio da elasticidade, que significa a capacidade de expansão ou compressão da propriedade.[48]

Assim, na instituição de alguns direitos reais para determinados fins, como o de garantia, por exemplo, admite-se que sejam reduzidos os atributos inerentes à propriedade até o limite de um conteúdo mínimo necessário para o exercício do direito pelo proprietário, a fim de que se conserve o conteúdo essencial da propriedade,[49] mas obstaculizando eventual exercício abusivo das faculdades pelo seu titular.

É isso que ocorre na instituição da propriedade fiduciária na alienação fiduciária em garantia, em que a limitação é imposta pela própria lei para atender aos fins de garantia, comprimindo o conteúdo da propriedade do credor, que só pode exercer as faculdades a ela inerentes nos limites da finalidade da transferência do bem. Cessada a causa que exigia a garantia, cessa a compressão, e a propriedade volta ao seu estado pleno.[50]

Assim, implementada a condição, ou seja, pago integralmente o preço pelo devedor-fiduciante, a propriedade se consolida plena em suas mãos, cessando a limitação, assim como esta também cessará, tornando-se plena a propriedade nas mãos do credor-fiduciário, caso se verifique o inadimplemento absoluto da obrigação pelo devedor.

---

48 Como leciona o mestre Moreira Alves: "Salientam os autores modernos que o direito de propriedade não é a soma das faculdades jurídicas que o formam o seu conteúdo, mas, sim, uma unidade orgânica distinta dessas faculdades, tanto que pode sofrer limitações de tal ordem que seu conteúdo se reduz a mero título jurídico, como sucede quando se constitui uma enfiteuse. Isso não obstante, o direito de propriedade persiste, e, com o desaparecimento dessas limitações, readquire, automaticamente, o seu conteúdo anterior. A esse fenômeno tem-se dado a denominação de *elasticidade da propriedade* (*Elasticität des Eigenthums*), porquanto esse direito real, por ação de pressão exterior, tem suas faculdades jurídicas reduzidas, mas, no instante em que o elemento descompressor desaparece, ele volta a apresentar o seu conteúdo com a amplitude originária, de modo automático, e, portanto, independentemente de qualquer ato que as reintegre nele, o que seria necessário se tivesse perdido tais faculdades" (ALVES. Op. cit. p. 122).

49 CHALHUB. Op. cit. p. 103.

50 ALVES. Op. cit. p. 123.

Portanto, a limitação do direito de propriedade do credor não só é legítima, como necessária, sendo inerente à propriedade oriunda do contrato de alienação fiduciária em garantia. Dessa forma, não pode o fiduciário livremente usar, gozar e dispor da coisa, como se fosse titular de uma propriedade plena e ilimitada, devendo observar as limitações impostas pelo cunho, tão somente, garantidor do direito real de que é titular.

## 5.4. Constituição de um patrimônio de afetação

A propriedade fiduciária decorrente do contrato de alienação fiduciária integra um patrimônio de afetação. Desta forma, celebrado o contrato de alienação fiduciária, é constituído um *patrimônio separado*, o qual será composto pelo direito de propriedade exercido sobre o bem entregue em garantia.

Contudo, Antes de prosseguirmos no exame desta característica, é preciso entender o que é um patrimônio e, consequentemente, um patrimônio de afetação, a fim de que possamos verificar em que contexto o direito de propriedade sobre o bem dado em garantia se insere nesse patrimônio.

O patrimônio consiste em um conjunto de direitos e obrigações, suscetíveis de apreciação econômica, que representa o ativo e o passivo de uma pessoa. Seus elementos, no entanto, como ressalta a doutrina, não são as coisas, haja vista que o patrimônio tem natureza de universalidade de direito, e a universalidade de direito é um complexo de relações jurídicas. Então, o patrimônio é composto pelas relações jurídicas de uma pessoa, dotadas de valor econômico.[51]

Por essa razão, é correto dizer que é o direito de propriedade, e não o bem em si, que integra o patrimônio do sujeito. Não obstante, por questões didáticas, é costume se afirmar que um determinado bem integra o patrimônio, e não o direito sobre esse bem.

Tem o patrimônio uma relevância ímpar: é com ele que a pessoa irá responder pelas suas obrigações. É o patrimônio de cada pessoa que irá responder pelas dívidas por ela contraídas. Há muito que o devedor não responde com o seu próprio corpo pelo cumprimento das obrigações com as quais se comprometeu a cumprir, remetendo essa responsabilização aos tempos mais remotos.[52] Com efeito, são os bens que inte-

---

51 CHALHUB. Op. cit. p. 68. Na lição de Orlando Gomes, "toda pessoa tem direitos e obrigações pecuniariamente apreciáveis. Ao complexo desses direitos e obrigações denomina-se *patrimônio*" (GOMES, Orlando. *Introdução ao direito civil*. 18. ed. Rio de Janeiro: Forense, 2001. p. 202).

52 Como leciona Sylvio Capanema de Souza, "No ano de 428 a.C., surgiu a *Lex Poetelia Papiria* que desvinculou a obrigação do corpo do devedor, mudando a história de humanidade, pois, com algumas poucas exceções, os bens do devedor

gram o patrimônio do devedor que irão responder pelas dívidas por ele contraídas.

E é nesse contexto que ingressa o patrimônio de afetação e a propriedade fiduciária. Quando da afetação de um patrimônio a um determinado fim, apenas os direitos e bens que o integram é que irão responder pelas obrigações correspondentes à finalidade para a qual ele foi criado, o que significa dizer que o bem dado em garantia só responde pelas obrigações inerentes ao negócio que deu origem a essa garantia.

Segundo lição de Milena Donato Oliva, o patrimônio de afetação constitui "o núcleo patrimonial pertencente a um sujeito que convive ao lado do patrimônio geral deste, submetido à disciplina jurídica própria, condizente com a finalidade a que se destina e que o unifica".[53]

Consiste, pois, o patrimônio de afetação em uma separação patrimonial decorrente de encargos impostos a determinados bens, passando a ter uma destinação especial. Tais bens, ou relações jurídicas, seriam autônomos e independentes em relação a outros núcleos patrimoniais, a fim de realizar o fim especial a que se destinam.

Isso significa que o patrimônio afetado está a salvo das mãos dos credores de outras relações mantidas pelo titular do patrimônio, que não se vinculam àquela que deu origem à separação patrimonial.

O dinamismo das relações obrigacionais, a sua evolução e a necessidade de surgimento de mais segurança nessas relações impulsionaram a ideia da afetação, a qual permite o surgimento de patrimônios especiais em que há uma disposição de determinados bens de servir a um fim desejado, acarretando, como consequência, uma limitação da ação dos credores.

Esses bens afetados a uma determinada finalidade ou a uma destinação específica são dotados de uma autonomia necessária à realização desse fim, e recebem uma *blindagem* contra a ação de credores estranhos às obrigações inerentes a aqueles fins para os quais foi afetado o patrimônio.

Em outras palavras, o patrimônio de afetação tem um regime de responsabilidade próprio, só respondendo os bens que o compõem pelas obrigações que deram origem à afetação, não respondendo esses bens pelas obrigações gerais do seu titular, às quais incumbirá ao patrimônio

---

passaram a servir como garantia de suas obrigações" (SOUZA, Sylvio Capanema. *Coletânea de textos CEPAD: Direito das obrigações*. Rio de Janeiro: Espaço Jurídico, 2003. p. 9-10).

53 OLIVA, Milena Donato. *Patrimônio separado* – herança, massa falida, securitização de créditos imobiliários, incorporação imobiliária, fundos de investimento imobiliário, *trust*. Rio de Janeiro: Renovar, 2009. p. 218-219.

geral responder. O patrimônio de afetação, então, serve como garantia dos credores relacionados com a obrigação que deu origem à afetação.

Poder-se-ia questionar a legitimidade da separação de um patrimônio em razão dessa restrição, uma vez que os demais credores não poderiam excutir os bens integrantes desse patrimônio afetado.

No entanto, essa restrição decorre do próprio fim a que se destina o patrimônio de afetação, não sendo propriamente uma limitação de responsabilidade, pois como leciona Milena Donato, "não é dado confundir limitação de responsabilidade com segregação patrimonial. As hipóteses de limitação de responsabilidade são previstas em lei para afastar certos bens integrantes do patrimônio do devedor da ação executiva dos credores, como no caso do bem de família, ou dos bens impenhoráveis previstos no Código de Processo Civil. O patrimônio afetado, por outro lado, surge com vistas à realização de determinado escopo, para cujo alcance serve de garantia somente aos credores pertinentes com a finalidade de sua unificação, de modo que se verifica diferenciação do objeto de garantia dos credores, não já limitação de responsabilidade atinente ao conteúdo deste objeto".[54]

E isso se torna bem nítido no caso da alienação fiduciária em garantia. Como já examinamos, a aquisição da propriedade do bem pelo credor-fiduciário tem como objetivo a instituição de uma garantia da dívida contraída pelo devedor-fiduciante.

Então, esse bem dado em garantia fica em separado, não podendo ser tocado por outros credores do devedor-fiduciante em decorrência de outras dívidas por ele contraídas, e tampouco por credores do credor-fiduciário, haja vista que o bem passa a integrar, a partir da celebração do contrato de alienação fiduciária, o seu patrimônio separado.

Isso porque, além de ser esse bem uma garantia do fiduciário, essa propriedade fiduciária, uma vez implementada a condição, se consolidará nas mãos do fiduciante. Tem ela, pois, uma finalidade específica. Para exemplificar, e como decorrência desse caráter peculiar da propriedade fiduciária que exsurge do contrato de alienação fiduciária em garantia, já decidiu o STJ não ser possível a usucapião do bem dado em garantia, na medida em que ele integra um patrimônio especial destinado a um fim determinado.[55]

A partir dessa constatação é possível afirmar, com segurança, que a relação decorrente do contrato de alienação fiduciária em garantia faz

54 OLIVA. Op. cit. p. 231-232.

55 Ver REsp 881270/RS. Rel. Min. Luis Felipe Salomão. Quarta Turma. *DJe* 19/3/2010.

surgir um patrimônio de afetação, e isso se evidencia mais fortemente na falência.

Imaginemos que o credor-fiduciário tenha sua falência decretada. Agora imaginemos as consequências ruinosas que isso poderia trazer aos consumidores, devedores-fiduciantes, adquirentes dos bens duráveis que integram o patrimônio do credor-fiduciário como garantia da dívida contraída para a aquisição do próprio bem.

Caso esses bens compusessem o patrimônio geral do credor-fiduciário, poderiam eles, em tese, ser arrecadados pelo Administrador Judicial para a formação da massa falida objetiva, e ser alienados para o posterior pagamento das dívidas e satisfação dos demais credores do credor-fiduciário falido. Seriam os devedores-fiduciantes desapossados dos bens, só podendo reclamar, posteriormente, perdas e danos contra um devedor falido, com todas as suas peculiaridades e dificuldades. Em sendo titulares de um crédito em face do falido, integrariam o quadro de credores com o mero *status* de credores quirografários.

Todavia, integrando a propriedade fiduciária um patrimônio de afetação, o regime a que se submete é diverso, não se lhe aplicando a regra da arrecadação do bem para a formação da massa falida. Por isso, não há outra razão para a própria Lei nº 11.101/05 excluir os bens que constituem um patrimônio de afetação dos efeitos da falência.

Dispõe o art. 119, IX, da Lei de Falências que "os patrimônios de afetação, constituídos para cumprimento de destinação específica, obedecerão ao disposto na legislação respectiva, permanecendo seus bens, direitos e obrigações separados dos do falido até o advento do respectivo termo ou até o cumprimento de sua finalidade, ocasião em que o administrador judicial arrecadará o saldo a favor da massa falida ou inscreverá na classe própria o crédito que contra ela remanescer".

Assim, falindo o credor-fiduciário não se extingue a relação jurídica oriunda do contrato de alienação fiduciária, assumindo a massa falida a posição antes ocupada pelo falido. O contrato, então, seguirá seu curso normal.

Ainda na hipótese de falência do credor-fiduciário, caso fique o devedor em mora, caberá à massa falida, representada pelo Administrador Judicial, iniciar o procedimento para retomada do bem, ajuizando a ação cabível perante o juízo competente, que não será o juízo universal e indivisível da falência, por força do disposto na parte final do *caput* do art. 76 da Lei nº 11.101/05, que excepciona as ações nas quais a massa figurar como autora ou litisconsorte ativa. Nesse caso, "observam-se as disposições gerais sobre competência, respeitada a condição jurídica daqueles contra quem a massa irá litigar".[56]

Retomado o bem pelo inadimplemento do devedor-fiduciante, a propriedade se consolida nas mãos do credor-fiduciário falido, devendo o bem ser arrecadado para venda e pagamento das dívidas da massa.

Se com a venda for obtido valor maior do que o devido pelo fiduciante, será ele credor do saldo, devendo habilitar seu crédito na falência como credor quirografário.

Já na hipótese de o falido ser o devedor-fiduciante, a questão não é solucionada pela Lei de Falências, mas sim pelo DL nº 911/69, o qual possui regra expressa em seu art. 7º.

Neste caso, fica assegurado ao credor-fiduciário o direito de requerer a restituição do bem que, uma vez retomado, deverá ser alienado observando o procedimento do próprio DL nº 911/69, ou seja, o valor apurado servirá à satisfação de seu crédito e, havendo saldo credor em favor do devedor-fiduciante, o *quantum* será entregue à massa falida.

Na hipótese de restar saldo devedor, deverá o credor-fiduciário habilitar seu crédito na falência, no entanto, como credor quirografário, haja vista que não é mais titular de nenhuma garantia, consoante dispõe o art. 83, VI, *b*, da Lei nº 11.101/05.

Tendo sido, contudo, proposta ação de busca e apreensão antes da falência do devedor-fiduciante, divergia a doutrina, antes da vigência da Lei nº 11.101/05, sobre o prosseguimento, ou não, da ação especial.

Segundo noticia Melhim Chalhub, parcela da doutrina entendia que a ação de busca e apreensão restava prejudicada com a decretação da quebra, caso em que o credor deveria requerer a restituição do bem no juízo da falência. Entendia, ainda, outra parcela da doutrina, que a ação deveria prosseguir no juízo em que a ação havia sido intentada, pois o crédito não se sujeitaria a rateio e a ação visaria uma coisa certa.[57]

Atualmente, com o advento da Lei de Recuperação e Falência, entendemos que diante da redação do art. 6º da Lei nº 11.101/05, que dispõe que a decretação da falência suspende o curso da prescrição e de todas as ações e execuções em face do devedor, ressalvadas apenas aquelas expressamente previstas em lei, a ação de busca e apreensão não pode prosseguir, devendo o credor-fiduciário, proprietário do bem, requerer sua restituição na forma dos arts. 7º do DL nº 911/69, e 85 e seguintes da

56 ANDRIGHI, Fátima Nancy. *Comentários à nova lei de falência e recuperação de empresas*: Lei nº 11.101 de 9 de fevereiro de 2005. Coordenadores Oscar Brina Corrêa Lima e Sérgio Mourão Corrêa Lima. Rio de Janeiro: Forense, 2009. p. 504.

57 CHALHUB. Op. cit. p. 217.

Lei nº 11.101/05. Tudo isso, porém, ocorrerá caso seja aplicado integral e exclusivamente o disposto no art. 7º do DL nº 911/69.

Sem prejuízo, embora entendamos que essa solução é tecnicamente correta, sob a ótica processual, pensamos que, do ponto de vista prático, a melhor saída é compatibilizar a regra do art. 7º do DL nº 911/69 com aquela do art. 117 da Lei nº 11.101/05.

Segundo este último dispositivo, os contratos bilaterais não se resolvem pela falência, podendo o administrador judicial cumprir o contrato, caso o cumprimento reduza ou evite o aumento do passivo da massa falida, ou se for necessário à manutenção e preservação de seus ativos.

Vê-se, pois, que a falência não resolve, de pleno direito, o contrato de financiamento bancário e de alienação fiduciária, e tampouco confere ao credor-fiduciário, automática e imediatamente, o direito de retomar o bem.

Em nome de um interesse público maior como, por exemplo, a maximização do ativo do falido, ou até mesmo o não aumento do seu passivo, autoriza a lei que o administrador judicial prossiga com o cumprimento do contrato, o que é do interesse de ambas as partes contratantes.

Na hipótese, pensamos que o melhor interesse do credor não seja o de retomar o bem, pois corre o risco de, assim o fazendo, não obter o valor integral de seu crédito quando da sua alienação a terceiro, pois esta deve se dar judicialmente, e a experiência nos mostra que a alienação judicial sempre se dá por valor muito abaixo daquele de avaliação. Deste modo, e como o interesse do credor é, por certo, o crédito – valor financiado mais os juros – oriundo do contrato de financiamento garantido pelo contrato de alienação fiduciária em garantia, para ele é mais vantajoso prosseguir com o contrato, recebendo os valores das parcelas.

Por outro lado, também não é do interesse do devedor perder o bem e aumentar seu passivo, pois com a retomada do bem e o não pagamento das prestações poderá ser considerada, pelo credor, como vencida antecipadamente a dívida, em decorrência da aplicação do art. 2º, § 3º, do DL nº 911/69. De modo contrário, se não houver a retomada da coisa, não necessariamente se terá o vencimento antecipado da dívida, pois com a decretação da falência, e aplicando-se o art. 117 da Lei nº 11.101/2005, os contratos bilaterais não se resolvem automaticamente com a decretação da falência.

Portanto, deve haver uma compatibilização entre o art. 7º do DL nº 911/69 e o art. 117 da Lei nº 11.101/05, só se admitindo a retomada do bem com a resolução do contrato pelo credor-fiduciário, quando da falência do devedor-fiduciante, na hipótese de o Administrador Judicial optar por não cumprir o contrato de financiamento garantido pelo contrato de alienação fiduciária.

Por fim, na hipótese de recuperação judicial do devedor-fiduciante, observar-se-á o disposto no art. 49, § 3º, da Lei nº 11.101/05, ou seja, o crédito do credor-fiduciário não se submeterá à recuperação judicial, prevalecendo os direitos de propriedade sobre a coisa e as condições contratuais, observando-se a legislação específica.

Há que se frisar que se o bem objeto do contrato de alienação fiduciária for essencial à atividade empresarial do devedor-fiduciante em recuperação, o bem não poderá ser retomado pelo credor-fiduciário pelo prazo de 180 dias previsto no art. 6º, § 4º, da Lei nº 11.101/05.

Tudo isso se corrobora pelo novo art. 6º-A do DL nº 911/69, incluído pela Lei nº 13.043/2014, o qual prevê que "O pedido de recuperação judicial ou extrajudicial pelo devedor nos termos da Lei nº 11.101, de 9 de fevereiro de 2005, não impede a distribuição e a busca e apreensão do bem".

Isso significa que, com a recuperação judicial ou extrajudicial do devedor-fiduciante, o credor-fiduciário poderá propor, sem qualquer impedimento, a ação de busca e apreensão. No entanto, a efetivação da medida dependerá da observância da essencialidade do bem, de modo que, se este for essencial ao exercício da atividade do devedor, a retomada deverá aguardar o prazo de suspensão de 180 dias das ações e execuções em face do empresário em recuperação. Ultrapassado o prazo, contudo, o bem poderá ser retomado pelo credor. Há que se frisar que, conforme precedentes do Superior Tribunal de Justiça, a decisão acerca da essencialidade, ou não, do bem, compete ao Juízo da Falência, o qual poderá, inclusive, decidir por prolongar o referido prazo.[58]

Todas essas limitações ao exercício do direito do credor-fiduciário se justificam pelo princípio da preservação da empresa e, assim, pela necessidade de manutenção da atividade empresarial do devedor, a fim de viabilizar o cumprimento do plano de recuperação, com a consequente restauração da saúde financeira do empresário.

## 5.5. Acessoriedade

O contrato de alienação fiduciária, ante o seu caráter de garantia, é um contrato acessório ao contrato de financiamento para aquisição de um bem.[59]

---

58 Ver REsp 1.660.893 / MG. Rel. Ministra Nancy Andrighi. Terceira Turma. DJe 14/08/2017.

59 Segundo o já exaustivamente citado Prof. Melhim Namem Chalhub, a propriedade fiduciária é que é um direito acessório, pois ela é "constituída com a precípua finalidade de assegurar o cumprimento de obrigação, que, em geral, corresponde à satisfação de um direito de crédito, que é o principal". CHALHUB. Op. cit. p. 156. Já a emérita professora Cláudia Lima Marques defende a alienação fiduciária como

Em regra, o contrato de financiamento celebrado é o CDC – Crédito Direito ao Consumidor –, que é uma modalidade de financiamento que visa financiar o próprio consumidor na aquisição de bem um durável.[60]

Por este contrato, ss recursos são entregues pela financeira diretamente ao consumidor para que ele possa pagar o valor do bem ao vendedor, de modo que o consumidor torna-se devedor da instituição financeira que lhe concedeu o empréstimo. A financeira, em contrapartida, recebe o bem adquirido pelo consumidor, em alienação fiduciária, como garantia do pagamento do financiamento.

Por essa razão, discordamos, com a devida vênia, do entendimento de parcela da doutrina de que o contrato de alienação fiduciária teria a natureza de contrato misto,[61] reunindo elementos da compra e venda, financiamento e depósito.

Em verdade, o contrato de alienação fiduciária não é um contrato de mútuo, pois não há nele nenhum caráter de financiamento para aquisição do bem. A alienação fiduciária é uma mera transferência da coisa para fins de garantia. O empréstimo ou financiamento é um contrato diverso do contrato de alienação fiduciária, com o qual este mantém uma relação de acessoriedade.

Por isso, entendemos que no caso do contrato de alienação fiduciária, associado à compra e venda do bem e o financiamento, em uma coligação contratual. Contratos coligados são aqueles que se encontram em uma relação de dependência unilateral ou recíproca. Essa relação de dependência unilateral ou recíproca quer designar, na lição de Francisco Paulo De Crescenzo Marino, "as hipóteses em que um ou todos os contratos sofrem os efeitos da coligação".[62]

Os contratos coligados exsurgem da necessidade de celebrar dois ou mais contratos para o atingimento das finalidades econômicas e negociais desejadas. As partes, para atingir um determinado fim econômi-

---

"um pacto acessório ao da compra e venda para a caracterização como contrato de consumo". MARQUES, Claudia Lima. *Contratos no Código de Defesa do Consumidor:* o novo regime das relações contratuais. 5. ed. São Paulo: Revista dos Tribunais, 2006. p. 584.

---

60 Como leciona o saudoso mestre Orlando Gomes, trata-se de "um negócio jurídico estipulado pela financeira, sem intermediários nem intervenientes, com o próprio consumidor. É o *genuíno crédito direto ao consumidor*, aquêle em que os recursos, para que possa pagar ao vendedor, lhe são proporcionados diretamente" (GOMES. *Alienação fiduciária...* Op. cit. p. 2-3).

61 MARIANI. Op. cit. p. 70-71.

62 MARINO, Francisco Paulo De Crescenzo. *Contratos coligados no direito brasileiro.* São Paulo: Saraiva, 2009. p. 99.

co, coligam, encadeiam dois ou mais contratos, de forma que, sem um deles, não é possível obter o resultado almejado.

Há, na coligação, a celebração de contratos autônomos em que se aplicam as regras jurídicas que regem cada um deles. Tais contratos, todavia, são reunidos para a obtenção de um único negócio, isto é, há a "utilização de vários contratos para a realização de uma mesma operação econômica".[63]

Já os contratos mistos são espécies de contratos atípicos compostos por elementos de diversos contratos, formando um único contrato novo, autônomo e independente de todos aqueles que lhe emprestaram as suas características ou elementos. Há, portanto, nos contratos mistos uma unidade contratual, e não a reunião de diversos contratos.

Por essa razão, o contrato de alienação fiduciária não deve ser qualificado como um contrato misto, uma vez que é ele um contrato típico. E esse contrato típico integra uma coligação contratual.

Assim, tem-se uma coligação entre os contratos de alienação fiduciária, compra e venda e financiamento, pois todos são celebrados conjuntamente visando um fim comum que é a venda financiada do bem com a instituição de uma garantia.

Há uma interdependência entre tais contratos, isso porque, se não houvesse a compra e venda, não haveria um porquê de se celebrar o contrato de financiamento; e se não houvesse o financiamento, não seria necessária a alienação do bem com o fim de garantir aquele contrato.

Na jurisprudência recente vem prevalecendo este entendimento,[64] que tem importante consequência quando do exame das ações de responsabilidade civil por vício do produto – defeito do bem adquirido e dado em garantia –, além das ações que visam a rescisão dos negócios celebrados, como se verá a seguir.

Diversas situações práticas podem ocorrer nesses casos, mas exporemos as duas mais comuns.

A primeira hipótese é aquela em que o adquirente do bem reclama a existência de vício do produto, além de eventual indenização por danos materiais e/ou morais caso este defeito apresentado lhe cause algum dano, situação em que o vício do produto se "converterá" em fato do produto por defeito de qualidade.

Neste caso, o único legitimado passivo é o fornecedor do bem durável, uma vez que a relação envolvendo a compra do bem para consumo é, exclusivamente, entre o consumidor e o vendedor, sendo que a institui-

63 KONDER, Carlos Nelson. *Contratos conexos*: grupos de contratos, redes contratuais e contratos coligados. Rio de Janeiro: Renovar, 2006. p. 95.

64 Ver STJ. AREsp 1.246.094 / SP. Rel. Ministro Moura Ribeiro. DJ 05/03/2018.

ção financeira responde apenas por fatos inerentes ao serviço de crédito, o que não é a hipótese. É deste modo, inclusive, que vem entendendo a jurisprudência.[65]

Ainda sobre esta questão, é preciso frisar que, apesar de o proprietário do bem ser o credor-fiduciário, é o consumidor-devedor-fiduciante quem utiliza o bem e detém a expectativa de obter a propriedade plena da coisa viciada após o adimplemento do contrato de mútuo, razão pela qual é ele o legitimado ativo para a propositura da ação. Mesmo com a alienação do bem à instituição financeira, o devedor-fiduciante permanece sendo o consumidor e adquirente do bem. Na pior das hipóteses, pode ele ser considerado um consumidor de fato, ainda que o registro do bem não figure em seu nome, pois, apesar de ter alienado o bem à instituição financeira, permanece usufruindo a coisa.

Levando-se, ainda, em consideração que o credor-fiduciário, proprietário do bem, não pode ser compelido a ajuizar a ação, haja vista que o direito de ação é um direito subjetivo público, cuja faculdade de exercê-lo pertence ao titular, tem o consumidor-devedor-fiduciante legitimidade e interesse em propô-la.

Por outro turno, será legitimado passivo exclusivo o credor-fiduciário se for reclamado vício no contrato de financiamento, envolvendo o próprio credor-fiduciário e o devedor-fiduciante, como no caso de inclusão indevida nos cadastros de inadimplentes pelo suposto não pagamento de alguma parcela, de modo que o fornecedor do bem não deve responder por eventuais danos decorrentes por falha na prestação de serviço de crédito da instituição bancária.

Há, porém, outras hipóteses em que, em razão do elevado grau do vício, ou da inércia do fornecedor em saná-lo, o consumidor-devedor-fiduciante não só poderá reclamar a existência de defeito no bem e a indenização por danos – materiais ou morais – sofridos em decorrência deste, como também poderá pleitear a rescisão dos contratos.

Trata-se de uma faculdade do consumidor por força do que dispõem os incisos do § 1º do art. 18 do Código de Proteção e Defesa do Consumidor, ou seja, não solucionado pelo fornecedor o vício no prazo de 30 dias, tem o consumidor direito à substituição do produto, abatimento proporcional do preço ou a rescisão do contrato com a devolução da quantia paga. Tais faculdades poderão, ainda, ser exercidas de imediato, nos termos do § 3º do art. 18 do mesmo *codex*, em razão da extensão

65 Ver STJ; REsp 1.014.547 / DF. Rel. Ministro João Otávio de Noronha. Quarta Turma. DJe 07/012/2009. Decisão divulgada no Informativo 404 do Superior Tribunal de Justiça.

do vício, ou se a substituição das partes viciadas puder comprometer a qualidade ou características do produto, ou diminuir-lhe o valor.

Optando o devedor-fiduciante pela rescisão do contrato de compra e venda do bem, haverá necessariamente um litisconsórcio passivo entre o credor-fiduciário e o fornecedor do produto, ante a coligação dos contratos de compra e venda, financiamento e alienação fiduciária[66]. Isso porque a resolução do negócio – a compra e venda do bem – importará, inexoravelmente, na resolução do contrato de mútuo e de alienação fiduciária,[67] na medida em que ele não poderá permanecer pagando pelo financiamento de um bem que terá que ser devolvido ao fornecedor.

Neste caso, caberá ao consumidor reclamar do fornecedor a rescisão do contrato de compra e venda, com a devolução da coisa, bem como reclamar do credor-fiduciário a rescisão do contrato de financiamento com a devolução das parcelas pagas.

Ao credor-fiduciário caberá, em ação própria, exigir do vendedor do bem o valor por ele recebido como pagamento do preço do produto. Isso porque, como regra, nessas contratações, todos os contratos são celebrados no mesmo momento e na própria loja do fornecedor do produto. O consumidor sequer chega a receber o valor contratado de mútuo, que é pago pela financeira diretamente ao vendedor do bem.

Caso o consumidor tenha dado ao vendedor algum valor a título de arras, sinal ou entrada, caberá a ele também pleitear deste a devolução dessa quantia.

66 O litisconsórcio será necessário em duas hipóteses: quando houver expressa disposição de lei; ou quando a natureza da relação jurídica exigir a participação de todas as partes no processo, sob pena de ineficácia da decisão. Na hipótese ventilada, o litisconsórcio é necessário em razão da natureza da relação jurídica. Como leciona o emérito professor e Desembargador do Tribunal de Justiça do Estado do Rio de Janeiro, Alexandre Freitas Câmara, pode ocorrer que uma "relação jurídica tenha uma natureza tal que imponha a presença de todos os seus sujeitos no processo, sob pena de ineficácia da sentença de mérito. Trata-se do que a doutrina denomina *relação jurídica incindível*, assim entendidas as relações jurídicas de direito material indivisíveis, ou seja, aquelas relações jurídicas em que eventuais decisões judiciais que a seu respeito sejam proferidas deverão produzir efeitos sobre todos os seus sujeitos, o que torna indispensável a presença de todos eles no processo" (CÂMARA, Alexandre Freitas. *Lições de Direito Processual Civil*. 24. ed. São Paulo: Atlas, 2013. p. 191). Na hipótese, apesar de serem diversas as relações jurídicas, o resultado pretendido pelo consumidor reclama o "chamamento" ao processo de todos os envolvidos, sob pena de o provimento jurisdicional final ser ineficaz, isto é, não atingir o efeito prático pretendido.

67 Ver TJRJ. Apelação Cível 0001093-28.2004.8.19.0042 (2005.001.50560). Des. Maria Ines Gaspar. Julgamento: 1/2/2006. Décima Sétima Câmara Cível.

# 6. AÇÕES DECORRENTES DO CONTRATO DE ALIENAÇÃO FIDUCIÁRIA

## 6.1. Ação de busca e apreensão

O contrato de alienação fiduciária em garantia é previsto, em nosso ordenamento, em diversos corpos legislativos. Temos, na legislação pátria, o art. 66-B da Lei nº 4.728/65 e o DL nº 911/69, que tratam da alienação fiduciária no âmbito do mercado financeiro e de capitais, bem como quando o crédito tiver natureza fiscal ou previdenciária, na forma do art. 8º-A do DL nº 911/69. Há, ainda, as regras previstas nos arts. 1.361 a 1.368-A do Código Civil, que tratam genericamente da propriedade fiduciária, não se restringindo às hipóteses subsumidas à Lei nº 4.728/65 e ao DL nº 911/69, ou seja, as normas previstas no Código Civil sobre a propriedade fiduciária não se limitam à aplicação da alienação fiduciária prevista nas leis especiais.

Como já tivemos a oportunidade de examinar, o Código Civil regulamenta a propriedade fiduciária e dispõe sobre normas gerais sobre alienação fiduciária em garantia, ou seja, trata da alienação fiduciária *geral* ou *genérica*, que é denominada por parcela da doutrina de *alienação fiduciária civil comum paritária*,[68] que constitui a *propriedade fiduciária geral paritária*.[69]

Tal espécie de alienação fiduciária leva esse nome porque o contrato é celebrado, de modo geral, por partes iguais,[70] ou seja, opera-se no plano horizontal, enquanto a alienação fiduciária especial, denominada por alguns de *mercadológica fiscal-previdenciária*,[71] opera-se no plano vertical, "em garantia de dívida para com sujeitos integrantes do sistema bancário-creditício, financiadores da aquisição de bens duráveis (objetos infungíveis), com extensão depois para consórcios, e agora *ex lege* para garantia de créditos fiscais e previdenciários (estes *ex vi* do novo art. 66-B da Lei 4.728 e do art. 8º-A, do Dec.-lei 911/1969); abrangendo, ainda, o ônus dominial, as subspécies de alienação fiduciária sobre bens fungíveis e cessão fiduciária de direitos sobre coisas móveis e títulos de crédito, com regras peculiares inscritas no novo § 3º do art. 66-B, da Lei de Mercado de Capitais".[72]

68 RESTIFFE NETO; RESTIFFE. *Alienação fiduciária*... Op. cit. p. 32.

69 RESTIFFE NETO; RESTIFFE. *Alienação fiduciária*... Op. cit. p. 22.

70 RESTIFFE NETO; RESTIFFE. *Alienação fiduciária*... Op. cit. p. 23.

71 Idem.

72 RESTIFFE NETO; RESTIFFE. *Alienação fiduciária*... Op. cit. p. 22.

Por trazer normas gerais, o Código Civil é aplicável a quaisquer contratos de alienação fiduciária, sendo que naqueles regulados por leis especiais, o Código Civil tem aplicação subsidiária, desde que com elas não conflite, consoante dispõe a parte final do seu art. 1.368-A.

Dúvidas, contudo, surgem quanto à possibilidade de aplicação subsidiária das regras processuais especiais, previstas no DL nº 911/69, aos contratos celebrados fora do âmbito de mercado financeiro e de capitais, ou seja, no âmbito da alienação fiduciária comum paritária, especialmente no que toca à ação de busca e apreensão. Questiona-se se seria possível o seu manejo em qualquer espécie de alienação fiduciária, ou se estaria ela limitada à alienação fiduciária prevista em lei especial. Contudo, antes de enfrentar esta controvérsia, faz-se necessário identificar a ação de busca e apreensão prevista em lei especial.

A ação de busca e apreensão do DL nº 911/69 não se confunde, por exemplo, com as medidas cautelares admitidas pela lei processual, e tampouco com as demais espécies de busca e apreensão previstas no ordenamento jurídico brasileiro.

É ela uma ação principal e definitiva, com nítido caráter satisfativo, como se infere do art. 3º, § 8º do DL nº 911/69, o qual prevê que "A busca e apreensão prevista no presente artigo constitui processo autônomo e independente de qualquer procedimento posterior". Caracteriza-se, ainda, por ser uma ação real, pois visa assegurar um direito real. Por essa razão, o credor pode manejá-la em face de qualquer um que estiver na posse do bem, mesmo que não seja o devedor, e isso por força do direito de sequela, que é um dos atributos dos direitos reais.

Visa esta ação de busca e apreensão a recuperação do bem pelo seu proprietário, que é o credor-fiduciário, nos casos de mora ou inadimplemento da obrigação pelo devedor-fiduciante, consolidando-se a propriedade plena do bem em seu patrimônio para que possa aliená-lo e, desta forma, satisfazer o seu crédito.

Sendo uma ação especial, prevista em legislação especial, questiona-se se ela é aplicável a quaisquer contratos de alienação fiduciária, ou se ela se restringe ao contrato regido pela Lei nº 4.728/65, em seu art. 66-B, e pelo DL nº 911/69. Ou seja, a dúvida é se o procedimento de retomada do bem previsto no DL nº 911/69 é aplicável em todo e qualquer contrato de alienação fiduciária, ou se ele se restringe à alienação fiduciária especial.

Para parcela da doutrina,[73] entendimento com o qual pactuamos, a ação de busca e apreensão prevista no DL nº 911/69 só é aplicável aos contratos celebrados para a garantia do crédito de natureza fiscal ou

73 CHALHUB. Op. cit. p. 195-197.

previdenciário, ou no caso de ter sido contratada no âmbito do mercado financeiro e de capitais, e isso por expressa previsão do art. 8º-A do DL nº 911/69, que prevê que "o procedimento judicial disposto neste Decreto-Lei aplica-se exclusivamente às hipóteses da Seção XIV da Lei nº 4.728, de 14 de julho de 1965, ou quando o ônus da propriedade fiduciária tiver sido constituído para fins de garantia de débito fiscal ou previdenciário".

Há, todavia, quem entenda que é possível a aplicação subsidiária do DL nº 911/69 à alienação fiduciária tratada genericamente no Código Civil, ou seja, é possível manejar a ação de busca e apreensão quando o contrato de alienação fiduciária for celebrado sob as regras do Código Civil, isto é, fora do âmbito do mercado financeiro e de capitais, e dos contratos para garantia do crédito de natureza fiscal ou previdenciária.[74]

Segundo essa parcela da doutrina, por força do que dispõe o art. 1.364 do Código Civil, vencida a dívida o credor deve proceder à venda judicial ou extrajudicial do bem. Ocorre que, a lei civil não trouxe regras procedimentais sobre o assunto. Assim, para que possa ser alienado o bem, é preciso que ele seja retomado pelo credor, o que se dá com o manejo ação de busca e apreensão.[75]

Segundo lição de Arnaldo Rizzardo, o art. 8º-A do DL nº 911/69, ao prever que o procedimento judicial é aplicável exclusivamente ao âmbito do mercado financeiro e de capitais, e para garantia do crédito fiscal ou previdenciário, está apenas excluindo a sua incidência sobre a alienação fiduciária de bens imóveis. E como o Código Civil trata da alienação fiduciária de bens móveis infungíveis, é possível aplicar a busca e apreensão do DL nº 911/69 à alienação fiduciária *comum* prevista na lei civil.[76]

Ousamos, contudo, discordar deste entendimento. Isso porque, se o legislador quisesse excluir do procedimento do DL nº 911/69 apenas a alienação fiduciária de bens imóveis, ele o teria feito expressamente, como o fez ao prever, de maneira taxativa, que tal procedimento só é aplicável às hipóteses da Seção XIV da Lei nº 4.728/65, ou quando o ônus da propriedade fiduciária tiver sido constituído para fins de garantia de débito fiscal ou previdenciário.

Então, se também fosse a intenção do legislador estender o procedimento do DL nº 911/69 a todas as hipóteses de alienação fiduciária, exceto a que envolva bens imóveis, crê-se que ele o teria feito expres-

74 RIZZARDO. Op. cit. p. 1.330; RESTIFFE NETO; RESTIFFE. *Alienação fiduciária...* Op. cit. p. 21; FIGUEIRA JÚNIOR, Joel Dias. *Ação de busca e apreensão em propriedade fiduciária*. São Paulo: Revista dos Tribunais, 2005. p. 90.

75 RIZZARDO. Op. cit. p. 1.328-1.330.

76 RIZZARDO. Op. cit. p. 1.330.

samente, como o fez em relação às hipóteses da Seção XIV da Lei nº 4.728/65 e aos créditos fiscais e previdenciários.

Há que se frisar que o art. 8º-A do DL nº 911/69 foi incluído pela Lei nº 10.931/04, a mesma que alterou o título da Seção XVI da Lei nº 4.728/65 para *Alienação Fiduciária em Garantia no Âmbito do Mercado Financeiro e de Capitais*, e que também acrescentou o art. 1.368-A ao Código Civil. Então, se o legislador quisesse aplicar o procedimento da lei especial à alienação fiduciária comum, o teria feito no próprio dispositivo que acresceu ao Código Civil com a Lei nº 10.931/04.

Por essa razão, entendemos que a *mens legis* foi de restringir o procedimento do DL nº 911/69 à alienação fiduciária no âmbito do mercado financeiro e de capitais, e não de ampliar sua aplicação a todas as hipóteses de alienação fiduciária de bens móveis.

Sem prejuízo, há, ainda, na doutrina quem apresente diversos argumentos para defender a aplicação subsidiária do procedimento especial previsto no DL nº 911/69 à alienação fiduciária comum, ou geral, do Código Civil.

Segundo os Profs. Paulo Restiffe Neto e Paulo Sérgio Restiffe, o Código Civil não traz, por óbvio, regras processuais aplicáveis a essa nova garantia contratual da fidúcia paritária. Diante disso, e da inexistência de lei que vede a aplicação supletiva das ações previstas no DL nº 911/69, e havendo identidade de objetos da garantia fiduciária, isto é, tanto o Código Civil quanto o DL nº 911/69 tratam da garantia fiduciária de bens infungíveis, "não há razão lógica para discriminação excludente do uso do processo legal para um deles em situações de igualdade, tanto mais que a função instrumental de efetividade do processo não pode ser desconsiderada pelo operador do direito".[77]

Ademais, ainda segundo eles, "a ausência de disciplina processual sobre a fidúcia civil paritária dá ensejo à aplicação supletiva, por via de integração útil, do direito fiduciário mercadológico compatível (art. 4º da LICC), em obediência ao princípio constitucional da jurisdicionalidade (art. 5º, XXXV, da CF), que vinha corporificado no antigo texto do art. 75 do Código Civil de 1916 ('A todo o direito corresponde uma ação que o assegura'), reafirmado no art. 189 do Código Civil ('Violado o direito, nasce para o titular a pretensão')".[78]

Então, segundo esse entendimento, em nome do princípio da inafastabilidade do controle do Poder Judiciário, insculpido no art. 5º, XXXV, da Constituição Federal, há que se aplicar sempre o procedimento do DL

77 RESTIFFE NETO; RESTIFFE. *Alienação fiduciária...* Op. cit. p. 46.

78 RESTIFFE NETO; RESTIFFE. *Alienação fiduciária...* Op. cit. p. 46-47.

nº 911/69, sob o risco de o direito previsto no Código Civil ficar sem uma ação que o assegure.

Também ousamos discordar desses argumentos. O Código Civil, como mesmo salientam os Profs. Paulo Restiffe Neto e Paulo Sérgio Restiffe, obviamente não traz regras processuais. E isso é a regra, uma vez que ele é um diploma que traz normas de direito material, e não de direito processual. E a não previsão de regras processuais no Código Civil, para um instituto nele previsto, não significa que elas devem ser buscadas, como regra, em leis especiais, e muito menos quando a lei especial diz que o seu procedimento é exclusivo a determinadas hipóteses não abrangidas pelo próprio Código Civil.

O DL nº 911/69, em seu já exaustivamente citado art. 8º-A, exclui, ainda que implicitamente, a aplicação do seu procedimento especial à garantia fiduciária do Código Civil. Esta conclusão, contudo, não significa que o direito previsto no Código Civil ficará sem uma ação que o assegure. Ante a exclusão da lei especial, há que se buscar a solução processual em outro local. E essa solução existe e está prevista no Código de Processo Civil vigente, a partir de seu art. 560, que é a ação de reintegração de posse, a qual, inclusive, é aquela manejada quando do inadimplemento em contratos de arrendamento mercantil, em que o credor também é proprietário do bem, assim como ocorre com a alienação fiduciária. Portanto, é essa ação perfeitamente aplicável à garantia fiduciária do Código Civil.

Ressalte-se, ainda, que pelas regras de integração e de solução de conflito de normas, uma norma especial não deve ser aplicada subsidiariamente a uma norma geral, mas, ao contrário, é a norma geral que se aplica subsidiariamente à norma especial, quando esta for insuficiente para a solução do caso, e não conflitar com a lei especial. Em verdade, as leis especiais são editadas com o propósito de regular situações especiais, e não as gerais, por conta do princípio da especialidade, o qual também determina que lei especial não revoga, e nem altera, lei geral.[79]

79 É o que dispõe o art. 2º, § 2º, da LINDB: "Art. 2º [...] § 2º A lei nova, que estabeleça disposições gerais ou especiais a par das já existentes, não revoga nem modifica a lei anterior" Essa regra nada mais é do que a consagração do princípio da especialidade. Segundo leciona Maria Helena Diniz, a "disposição especial não revoga a geral, nem a geral revoga a especial, senão quando a ela se referir alterando-a explícita ou implicitamente. Para que haja revogação será preciso que a disposição nova, geral ou especial, modifique expressa ou insitamente a antiga, dispondo sobre a mesma matéria diversamente. Logo, lei nova geral revoga a geral anterior, se com ela conflitar. A norma geral não revoga a especial, nem a nova especial revoga a geral, podendo com ela coexistir (*'Lex posterior generalis non derogat speciali'*, *'legi speciali per generalem non abrogatur'*), exceto se disciplinar de modo diverso

No presente caso, mesmo que se entendesse de forma diversa, ou seja, pela aplicação subsidiária da lei especial, não há omissão que justifique a aplicação do DL nº 911/69. O Código Civil não deve prever regras processuais, e sim o Código de Processo Civil, o qual prevê, como mencionado anteriormente, a ação cabível para a hipótese, que é a reintegração de posse.

E por prever uma ação adequada e eficaz, não há que se falar em aplicação integrativa do DL nº 911/69, na forma do art. 4º da LINDB, e tampouco em violação ao art. 5º, XXXV, da Constituição Federal, pois há uma ação, perfeitamente cabível, que não impede a postulação da parte em juízo, não lhe causa nenhum prejuízo, e assegura perfeitamente o direito, inclusive com a possibilidade de obtenção de liminar.

Outro aspecto a ser observado é que o Código Civil trata genericamente da propriedade fiduciária, que não se limita à alienação fiduciária em garantia, como já tivemos a oportunidade de observar. Portanto, também não se poderia falar em ofensa à isonomia constitucional, pois são hipóteses diversas, as quais não necessariamente precisam se submeter ao mesmo regime.

Há, ainda, quem defenda a aplicação da ação de busca e apreensão à garantia fiduciária prevista no Código Civil a partir de uma interpretação histórica e teleológica.[80] Segundo este entendimento, houve um grave equívoco redacional no art. 8º-A do DL nº 911/69, e esse problema teve origem nas emendas legislativas ao Projeto de Lei nº 3.065/04, que se converteu na Lei nº 10.931/04.

Tal projeto de lei admitia o procedimento do DL nº 911/69 para os arts. 66 e 66-A da Lei nº 4.728/65, que estavam inseridos na Seção XIV da Lei, a qual se intitulava como *Da Alienação Fiduciária*, ou seja, o título da seção levava a crer que ele regulamentava genericamente o instituto da alienação fiduciária de um modo geral.

Ocorre que, com as emendas legislativas e a promulgação da Lei nº 10.931/04, foram revogados os arts. 66 e 66-A da Lei nº 4.728/65, bem como foi alterado o título da Seção XIV da mencionada lei, que passou a se chamar *Da Alienação Fiduciária no Âmbito do Mercado Financeiro e de Capitais*, além de ter sido criado o art. 8º-A do DL nº 911/69, que restringiu o procedimento especial do Decreto-lei à alienação fiduciária

a matéria normada, ou se revogar expressamente (*Lex specialis derogat legi generali*)." DINIZ, Maria Helena. *Lei de Introdução ao Código Civil Brasileiro interpretada*. 14. ed. São Paulo: Saraiva, 2009. p. 79.

80 FIGUEIRA JÚNIOR. Op. cit. p. 88-90.

prevista na Seção XIV da Lei nº 4.728/64, e para garantia de créditos fiscais ou previdenciários, impedindo a sua incidência sobre as demais espécies de garantia fiduciária.

Mas, ainda segundo o entendimento anteriormente mencionado, as modificações promovidas pelas emendas legislativas não se coadunam com a intenção do próprio legislador, refletida na exposição de motivos da Lei nº 10.931/04, que demonstrou a vontade de ampliar a aplicação do procedimento previsto no DL nº 911/69.

A conclusão a que chega essa parcela da doutrina é que o legislador disse menos do que pretendia com a redação final do art. 8º-A do DL 911/69, razão pela qual devem ser aplicadas as regras processuais do Decreto-lei também às hipóteses de garantia fiduciária reguladas no Código Civil.

Não obstante reconhecermos a relevância dos argumentos, ainda assim discordamos desse entendimento. Ora, o processo legislativo constitucional admite emendas e alterações a texto de projetos de lei até a sua conversão em lei. Isso faz parte do próprio processo democrático, em que as leis, antes de sua promulgação e sanção, são amplamente debatidas pelos parlamentares. Na hipótese do Projeto de Lei nº 3.065/2004, foi observado regularmente o processo constitucional, tendo sido a Lei nº 10.931/04 promulgada com a redação que ainda se encontra vigente. Ainda, não se vislumbra, nos dispositivos por ela modificados ou acrescidos, nenhum erro redacional, e tampouco se infere que o legislador tenha dito menos do que queria.

Certo é que as leis, após a sua promulgação, passam a ter vida própria, ou seja, se desprendem da causa que as originou, e até das intenções mais íntimas daqueles que as elaboraram, aplicando-se, assim, indistinta e abstratamente a todas as hipóteses que nelas se enquadrem.

No caso da Lei nº 10.931/04, não é possível concluir, a nosso sentir, que o legislador disse menos do que queria. A redação do art. 8º-A do DL nº 911/69 em nenhum momento deixa transparecer isso. Ao contrário, o dispositivo prevê expressamente, sem nenhum termo dúbio, que "o procedimento judicial disposto neste Decreto-lei aplica-se exclusivamente às hipóteses da Seção XIV da Lei n. 4.728, de 14 de julho de 1965, ou quando o ônus da propriedade fiduciária tiver sido constituído para fins de garantia de débito fiscal ou previdenciário", redação esta que, a nosso sentir, não dá margem a interpretação diversa.

Quanto à exposição de motivos da Lei nº 10.931/04, em nenhum momento se demonstra a intenção do legislador em prever a aplicação ampliativa do DL nº 911/69, mas, ao contrário, expressa ela a intenção de dar mais garantia e celeridade ao procedimento de retomada e venda do bem pelas instituições financeiras que fornecem créditos.[81]

---

81 "Exposição de Motivos da Lei nº 10.931/04. Em. nº 00027/2004 - MF. Brasília, 3 de março de 2004. Excelentíssimo Senhor Presidente da República, Submeto à elevada consideração de Vossa Excelência a proposta de envio ao Congresso Nacional do Projeto de Lei em anexo, que 'Dispõe sobre o patrimônio de afetação de incorporações imobiliárias, Letra de Crédito Imobiliário, Cédula de Crédito Imobiliário, Cédula de Crédito Bancário, altera o Decreto Lei nº 911, de 1º de outubro de 1969, as Leis nº 4.591, de 16 de dezembro de 1964, nº 4.728, de 14 de julho de 1965 e nº 10.406, de 10 de janeiro de 2002, e dá outras providências'. 2.A importância do bom funcionamento do mercado de crédito brasileiro para o desenvolvimento da economia nacional é um fato incontestável. A adequada disponibilização de recursos creditórios, de maneira eficiente e a um baixo custo, é essencial não só para viabilizar a produção, com implicações diretas sobre a geração de emprego e renda, mas também para o fomento à poupança e ao investimento, ou mesmo para a solução de problemas de natureza social relacionados à habitação, saneamento básico, dentre outros. 3. Há o entendimento de que a legislação em vigor que trata das operações de crédito de maneira geral e de outras matérias correlatas carece de dispositivos que reduzam a insegurança econômica e jurídica dessas operações, criando óbices ao bom funcionamento do mercado e à garantia do mutuário. Essa deficiência legal tem, na prática, os efeitos de limitar o acesso ao crédito, de reduzir os recursos disponibilizados e de elevar o custo das operações, em prejuízo do todo social e, em particular, do cidadão comum, tomador do crédito. Além disso, como ilustrado em diversos casos do passado, muitas vezes essa insegurança jurídica implica o não cumprimento da entrega devida do imóvel financiado ao mutuário ou, ainda, a entrega a um custo maior do que o inicialmente contratado. 4. É com o objetivo de promover o acesso ao crédito em maior volume, a um custo mais baixo, de maneira eficiente e em condições economicamente viáveis, em especial, no segmento do financiamento imobiliário, que são apresentadas as alterações ora consolidadas no Projeto de Lei em tela. 5. Inicialmente, destacamos a proposta de aperfeiçoamento no instituto do patrimônio de afetação estabelecido pela Medida Provisória 2.221, de 04 de setembro de 2001, mediante a criação de regime especial de tributação para as incorporações imobiliárias. 6. Cabe lembrar que o instituto do patrimônio de afetação tem como objetivo conferir segurança ao mutuário e à toda cadeia de financiamento imobiliário, reduzindo os riscos de falência da incorporadora e permitindo que, caso esse fato eventualmente ocorra, os próprios mutuários possam dar continuidade ao respectivo empreendimento. Por um lado, a maior segurança proporcionada ao adquirente de imóvel na planta irá aumentar a demanda por imóveis residenciais novos, estimulando dessa forma a construção civil. Por outro lado, a maior segurança proporcionada de que a obra terá continuidade mesmo em caso de falência da incorporadora irá aumentar o fluxo de recursos para o financiamento imobiliário, inclusive a um menor custo. 7. A necessidade de criação do regime especial de tributação para as incorporações imobiliárias afetadas decorre da regra em vigor no âmbito da Medida Provisória 2.221, que impõe a responsabilização solidária dos adquirentes de imóveis pela dívida fiscal da empresa incorporadora, sistemática essa que praticamente inviabiliza a aplicação do instituto do patrimônio de afetação. O novo regime prevê uma tributação simplificada, com a alíquota única de 7% sobre a receita bruta mensal da incorporação afetada, englobando o IRPJ, PIS/PASEP, CSLL e COFINS. Além da questão tri-

O que se evidencia, portanto, é a intenção do legislador de facilitar o

butária, está-se também propondo outros ajuste que visam, principalmente, a garantir ao mutuário mecanismos de fiscalização sobre a incorporação. 8. Ainda no âmbito do crédito imobiliário, propomos também aperfeiçoamentos no que concerne ao pagamento dos valores incontroversos e controversos referentes a contratos de financiamento imobiliário. O art. 18 da MP nº 2.223, de 4 de setembro de 2001, já dispõe sobre a possibilidade de cassação da medida liminar em caso de não pagamento de valores incontroversos das parcelas mensais de encargos bem como de tributos e taxas condominiais incidentes sobre o imóvel objeto de financiamento. Entretanto, a ausência de discriminação a priori dos valores controversos e incontroversos, bem como o caráter facultativo que lhe foi atribuído na MP, tem prejudicado a eficácia desse dispositivo. 9.Nesse sentido, propõe-se a introdução de novo dispositivo, complementar ao anterior. No novo procedimento, a suspensão do pagamento de obrigações pelo mutuário ficará condicionada à discriminação dos valores que se julgam controversos, sendo que os valores incontroversos deverão continuar sendo pagos normalmente, ficando a critério do juiz a constituição ou não de depósito judicial dos valores considerados controvertidos. Com isso, procura-se evitar ações judiciais que visem apenas à procrastinação do pagamento do crédito e de outros encargos relativos ao imóvel, o qual gera significativos prejuízos ao mercado de financiamento imobiliário como um todo. 10.Além das medidas no âmbito do financiamento imobiliário, estão sendo propostos também aperfeiçoamentos no âmbito do crédito bancário. No caso da Cédula de Crédito Bancário (CCB), normatizada pela MP nº 2.160-25, de 23 de agosto de 2001, cuja criação visa a facilitar e agilizar a negociação de créditos bancários em geral, seja no mercado secundário, seja securitizados na forma de recebíveis, e, com isso, desenvolver as próprias operações primárias de crédito, são propostas alterações com o objetivo de tornar a CCB mais flexível e consistente do ponto de vista operacional e jurídico, de modo a estimular o seu uso mais amplo. Vale mencionar, em especial, a proposição de dispositivo que estabelece multa pela apuração errônea do valor devido, conferindo ao mutuário salvaguarda contra excessos que venham a ser praticados pelo credor, em geral instituição bancária. 11. Em relação à alienação fiduciária de bens móveis, notadamente de veículos automotores, foi constatada a dificuldade de se concretizar a venda após a retomada do bem em posse do mutuário inadimplente. Vale ressaltar que, no regime de alienação fiduciária, o credor é o proprietário do bem desde a concessão do crédito até seu pagamento integral. Não obstante, no período de vigência do crédito, o mutuário mantém a posse direta do bem, assim como seu usufruto. A transferência em definitivo da propriedade ao mutuário só ocorre com o pagamento integral do crédito tomado. 12. Na hipótese de inadimplência do mutuário, a legislação em vigor já permite ao credor ou proprietário fiduciário a retomada do bem e sua venda. Ocorre, todavia, que, a despeito desse dispositivo vir sendo cumprido no caso dos bens móveis em geral, o mesmo não tem ocorrido no caso de veículos automotores, para os quais tem ocorrido a retomada do bem pelo credor fiduciário, mas este não consegue vendê-lo, pois a transferência do registro nas repartições de trânsito competentes vem sendo negada. Entre outras consequências, criou-se uma extensa frota de automóveis ociosos e em processo de deterioração, situação essa economicamente indesejável e ineficiente, configurando total desperdício de recursos. 13. Dessa forma, as alterações propostas ao Decreto-Lei nº 911, de 1º de outubro de 1969, procedimento para as instituições financeiras, que é uma das tendências das atuais legislações. Com isso, fomenta-se o crédito, uma vez que, possuindo as instituições financeiras mais garantias para a recuperação do crédito concedido, sentem-se elas mais estimuladas a concedê-lo.

Tal constatação se evidencia, por exemplo, com o exame da Lei de Recuperação e Falência, a Lei nº 11.101/05, que "promoveu" o credor com garantia real para o 2º lugar do quadro geral de credores do seu art. 83, bem como previu um procedimento mais célere e eficaz para a satisfação dos créditos, antecipando a fase de realização do ativo, que ocorre antes mesmo da formação do quadro geral de credores, tão logo seja juntado aos autos da falência o auto de arrecadação dos bens. Trata-se de medidas que visam diminuir o *Risco Brasil*.[82]

objetivam agilizar a venda do bem retomado, sem prejuízo ao mutuário, inclusive propiciando-lhe uma forma mais célere de quitação de sua dívida. Ademais, a fim de prevenir abusos por parte do credor fiduciário, foi estabelecida pesada multa, caso se constate irregularidades na venda pela instituição credora do bem alienado fiduciariamente, sem prejuízo de ação de perdas e danos futura. Com isso, garante-se ao mutuário a salvaguarda de receber o equivalente monetário do bem indevidamente alienado, mas também a compensação por qualquer dano que a venda do bem possa lhe ter provocado. 14. Por fim, estão sendo propostas também alterações ao Novo Código Civil brasileiro, Lei nº 10.406, de 10 de janeiro de 2002, as quais visam, primeiramente, a compatibilizar o instituto da propriedade fiduciária com o disposto na legislação específica que trata da alienação fiduciária de bens móveis, DL 911/69, e de bens imóveis, instituída pela Lei 9.514, de 20 de novembro de 1997. 15. Ademais, elimina-se a exigência de anuência do cônjuge na prestação de aval, o que se encontra mais em conformidade com a prática comercial corrente. 16. O pedido de tramitação especial em regime de urgência, nos termos do § 1º do art. 64 da Constituição Federal, para o Projeto de Lei apresentado justifica-se pela premente necessidade de vigência dos novos dispositivos propostos, dos quais depende o bom funcionamento do mercado de crédito e considerando a importância desse no processo de retomada que a economia brasileira vivencia neste ano. Nesse sentido, é crucial assegurar, ainda nos primeiros meses de 2004, as condições que viabilizem esse processo de retomada e sobre as quais estará fundado o crescimento econômico sustentável nos anos vindouros. 17. São essas, Senhor Presidente, as razões pelas quais submeto à consideração de Vossa Excelência a presente proposta de envio ao Congresso Nacional do Projeto de Lei, na forma anexa. Respeitosamente, ANTONIO PALOCCI FILHO Ministro de Estado da Fazenda."

82 Tal expressão emerge do Risco País, que é um índice denominado *Emerging Markets Bond Index Plus* (EMBI+) e mede o grau de "perigo" que um país representa para o investidor estrangeiro. Quanto mais dificultosa for a recuperação do crédito, com maiores chances de "calote", maior é o risco país. Este indicador se concentra nos países emergentes. Na América Latina, os índices mais significativos são aqueles relativos às três maiores economias da região: Brasil, México e Argentina.

Por essa razão, é imperioso concluir que a lei visou privilegiar as instituições financeiras, restringindo o procedimento ao âmbito do mercado financeiro e de capitais. Se isso é o mais adequado, ou mais justo, não nos cabe aqui discutir. Todavia, foi esse o objetivo da lei.

Então, há que prevalecer a redação expressa da lei, não cabendo à doutrina, a nosso sentir, derrogá-la ou modificá-la, mesmo que a entenda não adequada ou justa.

Assim, conclui-se que a ação de busca e apreensão é restrita aos casos em que o crédito, cuja garantia fiduciária foi instituída, for contratado no âmbito do mercado financeiro e de capitais, ou quando o crédito a ser garantido tiver natureza fiscal ou previdenciária.

Feito esse exame prévio acerca do alcance das disposições do DL nº 911/69, passaremos à análise procedimental da ação de busca e apreensão, iniciando-se pelo exame das questões processuais preliminares, particularmente a legitimidade das partes.

### *6.1.1. Legitimidade das partes*

A primeira questão a ser examinada, no âmbito da ação de busca e apreensão, é a legitimidade das partes, ou seja, quem pode propor a ação de busca e apreensão e em face de quem ela pode ser proposta.

Quanto à legitimidade para a sua propositura, isto é, quem pode ser o autor da ação, temos o credor-proprietário-fiduciário como parte a figurar no polo ativo da demanda, conforme dispõe o art. 3º do DL nº 911/69.[83] Este é, como regra geral, o legitimado para a propositura da demanda, na medida em que ele é o titular do crédito e, consequentemente, da garantia dada para a sua satisfação.

Além dele, também poderá propô-la o avalista, o fiador, ou o terceiro interessado que, tendo pago a dívida, se sub-rogou nos direitos do credor, o que se extrai do exame do art. 6º do DL nº 911/69.[84]

No que toca ao legitimado passivo, ou seja, aquele em face de quem a ação poderá ser proposta, controverte-se na doutrina sobre quem pode ser o réu da ação de busca e apreensão.

Também segundo o art. 3º do DL nº 911/69, o proprietário-fiduciário poderá requerer contra o devedor ou o terceiro que esteja na posse

83 "Art. 3º O proprietário fiduciário ou credor poderá, desde que comprovada a mora, na forma estabelecida pelo § 2º do art. 2º, ou o inadimplemento, requerer contra o devedor ou terceiro a busca e apreensão do bem alienado fiduciariamente, a qual será concedida liminarmente, podendo ser apreciada em plantão judiciário."

84 "Art. 6º O avalista, fiador ou terceiro interessado que pagar a dívida do alienante ou devedor, se sub-rogará, de pleno direito no crédito e na garantia constituída pela alienação fiduciária."

do bem a busca e apreensão da coisa alienada fiduciariamente. Portanto, da dicção do dispositivo em comento, extrai-se que os legitimados passivos para a ação de busca e apreensão são aqueles que estiverem na posse do bem, que pode ser o próprio devedor, ou o terceiro estiver com a coisa em seu poder.[85]

A dúvida que exsurge, acerca da legitimidade passiva, e que suscita controvérsias, diz respeito ao terceiro, não devedor, e que está na posse do bem, na medida em que ele não é parte do contrato de alienação fiduciária celebrado com o credor.

Nesta questão, como observa Melhim Chalhub, "a inclusão de um terceiro como legitimado passivo para a ação de busca e apreensão, apesar de suscitar controvérsias, por não integrar a relação de direito material decorrente do contrato de alienação fiduciária, justifica-se em razão do direito de sequela que constitui um dos principais atributos dos direitos reais; por isso, o credor poderá buscar o bem em mãos de quem o detenha, seja o próprio devedor ou terceiros".[86]

Então, por ser a ação de busca e apreensão uma ação real, que visa a efetivação de um direito real – a propriedade fiduciária – dotado de sequela, o credor pode perseguir a coisa em face de quem quer que a detenha injustamente.

Todavia, há na doutrina entendimento em sentido contrário, afirmando que apenas o devedor é o legitimado passivo para a ação de busca e apreensão, e não o terceiro, por não figurar ele na relação jurídica de direito material. Segundo este entendimento, o único legitimado passivo é o devedor, por ser o único que mantém com o credor um vínculo jurídico. Isso, contudo, não retiraria a possibilidade de implementar a medida contra terceiro. E isso porque, se após o ajuizamento da ação verificar-se que o bem está em poder de terceiro, poderá ele ser retomado ainda assim, por força do direito de sequela. E neste caso, sendo retomada a coisa, abrir-se-á ao terceiro a via dos embargos de terceiro, através do qual ele poderá defender seus interesses contra o ato de apreensão judicial.[87]

Então, segundo esse entendimento, o terceiro não é, propriamente, legitimado para figurar no polo passivo da ação de busca e apreensão, mas a efetivação da apreensão pode ser feita contra ele. A ação, entretanto, deve ser sempre manejada em face do devedor-fiduciante, e, não se o bem nas mãos do devedor, poderá se buscar o terceiro que a tiver em seu poder para apreendê-la, isto é, a medida judicial poderá

85 FIGUEIRA JÚNIOR. Op. cit. p. 81.

86 CHALHUB. Op. cit. p. 197-198.

87 RESTIFFE NETO; RESTIFFE. *Garantia...* Op. cit. p. 313

ser efetivada contra o terceiro, mas jamais poderá ser proposta a ação em face de quem não mantém com o credor uma relação jurídica de direito material.

Em que pese a autoridade dos argumentos, ousamos deles discordar. E isso porque a propriedade fiduciária, por consistir em um direito real, tem oponibilidade *erga omnes*, ou seja, é um direito absoluto, podendo ser exercido em face de todos. Nesta esteira, o sujeito passivo do direito são todas as pessoas da sociedade que violem o direito do titular. Assim, ao deter injustamente a posse do bem, o terceiro possuidor mantém com o credor uma relação jurídica que autoriza o manejo da ação em face dele. Por essa razão, entendemos que a ação de busca e apreensão pode, sim, ser ajuizada em face do terceiro.[88]

### 6.1.2. A liminar na ação de busca e apreensão

Prosseguindo no exame do procedimento da ação de busca e apreensão, a próxima e importante questão a ser examinada é a da liminar na ação de busca e apreensão, a qual suscita inúmeras controvérsias.

Quando da sua propositura poderá o credor formular, na própria petição inicial, pedido liminar de busca e apreensão do bem, o qual será deferido, segundo dispõe o *caput* do art. 3º do DL nº 911/69, se comprovada a mora ou o inadimplemento do devedor.[89]

Então, condição para o deferimento da liminar é a comprovação da mora ou inadimplemento do devedor, o que, conforme previsão do art. 2º, § 2º, do DL nº 911/69, com a nova redação dada pela Lei nº 13.043/2014, se dá pelo simples envio de carta registrada com aviso de recebimento para o endereço do devedor, através, obviamente, dos Correios.

A redação dada pela Lei nº 13.043/2014 ao mencionado dispositivo superou antiga questão acerca da formalidade da comprovação da mora do devedor, tornando mais simples e célere o procedimento. Segundo a redação original do art. 2º, § 2º, do DL nº 911/69, "A mora decorrerá do

---

88 Tal raciocínio se extrai do art. 1.228 do Código Civil, que prevê que faculta ao proprietário usar, gozar e dispor da coisa, bem como reavê-la do poder de quem a injustamente detenha, qualquer que seja a pessoa. Assim, outra saída não há que, tendo o credor ciência de que o bem está em poder de terceiro, deverá manejar a ação em face deste, e não do devedor.

89 Segundo o Prof. Joel Dias Figueira, a concessão de liminar não é um poder-dever do juiz, mas é uma "questão da liberdade de opção decisória fundada em convencimento motivado" (FIGUEIRA JÚNIOR. Op. cit. p. 126), no sentido de que, comprovada a versão do credor, o julgador fica a ela vinculado, "não ficando a concessão subordinada a critério subjetivo que, nesse caso, substitui-se pelo objetivo" (ibidem, p. 133).

simples vencimento do prazo para pagamento e *poderá ser comprovada por carta registada expedida por intermédio de Cartório de Títulos e Documentos ou pelo protesto do título, a critério do credor*".

Da redação original, é possível perceber que era exigido do credor, para a comprovação da mora do devedor e, assim, poder obter a liminar de busca e apreensão, o envio de carta registrada pelo Cartório de Títulos e Documentos, ou o protesto do título, o que tornava mais burocrático e oneroso o procedimento.

No entanto, com o advento da Lei nº 13.043/2014, passou-se a prever que "A mora decorrerá do simples vencimento do prazo para pagamento e poderá ser comprovada por carta registrada com aviso de recebimento, não se exigindo que a assinatura constante do referido aviso seja a do próprio destinatário."

Com efeito, a partir da entrada em vigor da lei editada em 2014, um simples envio de correspondência registrada, com aviso de recebimento e dirigida ao endereço do devedor, é suficiente para a comprovação da mora, pelo quê está dispensada a intervenção do Cartório de Títulos e Documentos ou o protesto do título.

A redação atual do art. 2º, § 2º, do DL nº 911/69 também superou severa controvérsia que dizia respeito à necessidade, ou não, de recebimento pessoal da correspondência pelo devedor, ou se bastava a comprovação de que a carta havia sido remetida para o endereço do devedor constante do contrato, ainda que outra pessoa viesse a recebê-la e a assinar o aviso de recebimento.

Por ser omissa a lei, em sua redação original, havia controvérsia sobre a questão. Parcela da doutrina, assim como alguns precedentes dos tribunais, afirmava ser necessário o recebimento pessoal do comunicado pelo devedor, que deveria, ele próprio, assinar o comprovante de recebimento da notificação, para que fosse comprovada a mora. De modo contrário, havia entendimento no sentido de que bastava o envio da correspondência para o endereço do devedor, ainda que ele pessoalmente não a recebesse, a fim de que houvesse a comprovação da mora.

No entanto, com a redação atual não é mais possível se manter a controvérsia, na medida em que, pelo texto vigente, está expressamente dispensado o recebimento pessoal da comunicação pelo devedor, bastando ao credor comprovar que enviou a correspondência para o endereço constante do contrato.

Como já sustentávamos anteriormente, sempre nos pareceu mais razoável exigir apenas a comprovação do envio da carta para o endereço do devedor constante do contrato, sem a necessidade do seu recebimento pessoal. E isso porque, entendimento contrário poderia criar graves prejuízos ao credor, pois se teria um grande risco de tornar a necessidade de comprovação da mora por este recebimento pessoal como uma prova diabólica, isto é, impossível ou muito difícil de ser produzida.

Isso porque há situações em que é instransponível a dificuldade do credor de comprovar que o devedor efetivamente recebeu em mãos a notificação quando, por exemplo, a correspondência é recebida pelo funcionário do edifício em que reside o devedor, por uma empregada doméstica, pelo cônjuge, ou até mesmo quando o próprio devedor, de má-fé, apõe assinatura diversa no recebimento.

Seria simples para o devedor, a fim de obstar o cumprimento da liminar, alegar que não houve a comprovação da mora por não ter recebido a correspondência, prejudicando, assim, o direito do credor.

Por isso, em boa hora veio a mudança legislativa, acompanhando uma tendência que também se verifica, por exemplo, nas regras para citação em processos judiciais, como se vê das disposições constantes do Código de Processo Civil de 2015 que, por exemplo, admite que nos casos de condomínios edilícios é válido o recebimento do mandado pelo funcionário da portaria, consoante o disposto no seu art. 248, § 4º.[90]

É por essa razão que os tribunais vêm aplicando, para a comprovação da mora nos contratos de alienação fiduciária em garantia, a teoria da expedição, exigindo do credor apenas a demonstração de que a notificação foi expedida para o endereço do devedor constante do contrato, dispensando-se sua notificação pessoal ou mesmo protesto do título, como se infere do teor do Enunciado nº 55 da súmula de jurisprudência dominante do Tribunal de Justiça do Estado de Rio de Janeiro,[91] bem como de precedentes do Superior Tribunal de Justiça.[92]

Outra questão a merecer atenção, no que toca às condições para o deferimento da liminar, diz respeito à natureza da mora na alienação fiduciária. O legislador, ao exigir a comprovação da mora ou inadimplemento mediante o envio de correspondência para o devedor, fez surgir uma dúvida acerca da natureza daquela, de modo que se questiona se,

90 Art. 248. Deferida a citação pelo correio, o escrivão ou o chefe de secretaria remeterá ao citando cópias da petição inicial e do despacho do juiz e comunicará o prazo para resposta, o endereço do juízo e o respectivo cartório. [...] § 4º Nos condomínios edilícios ou nos loteamentos com controle de acesso, será válida a entrega do mandado a funcionário da portaria responsável pelo recebimento de correspondência, que, entretanto, poderá recusar o recebimento, se declarar, por escrito, sob as penas da lei, que o destinatário da correspondência está ausente.

91 Súmula 55, TJRJ. "Na ação de busca e apreensão, fundada em alienação fiduciária, basta a carta dirigida ao devedor com aviso de recebimento entregue no endereço constante do contrato, para comprovar a mora, e justificar a concessão de liminar."

92 Ver AgInt nos EDcl no AREsp 792.444 / MS. Rel. Ministro Marco Buzzi. Quarta Turma. DJe 11/05/2018.

por conta da exigência legal, a mora é *ex re* ou é ela *ex persona*. Mas, para entender a questão, é preciso definir, por certo, o que é uma mora *ex re* e o que é uma mora *ex persona*.

A mora é *ex re* se ela se constituir pelo mero descumprimento de obrigação, positiva e líquida, pelo devedor no seu termo, ou seja, o mero não cumprimento da obrigação no termo já constitui o devedor em mora, conforme dispõe o *caput* do art. 397 do Código Civil.[93]

Será, no entanto, *ex persona* a mora se a obrigação não tiver termo, hipótese em que o devedor será constituído em mora mediante interpelação judicial ou extrajudicial, como reza o parágrafo único do mesmo art. 397 do Código Civil.[94]

Na alienação fiduciária, e mais especificamente no contrato de financiamento garantido pela alienação fiduciária, o devedor-fiduciante se obriga a pagar importância certa em dinheiro, comumente dividido em parcelas, nas datas previamente estabelecidas no contrato. Portanto, a dívida é positiva, líquida e tem termo certo.

O não cumprimento da obrigação no termo constitui, por si só, o devedor em mora. É o que dispõe o art. 2º, § 2º, primeira parte, do DL nº 911/69, ao prever que *a mora decorrerá do simples vencimento do prazo para pagamento*. Vemos, pois, que a mora é *ex re*, conforme já decidiu o Superior Tribunal de Justiça em diversos precedentes.[95]

Então, para fins de constituição em mora, o simples não pagamento das prestações no prazo já torna o devedor inadimplente, independentemente da adoção de qualquer medida extrajudicial.

No entanto, para fins de obtenção da liminar na ação de busca e apreensão, o legislador entendeu não ser suficiente a mera ocorrência da mora. Para o deferimento da liminar e a efetivação da busca e apreensão do bem, o DL nº 911/69 exige, em seu art. 2º, § 2º, bem como no seu art. 3º, *caput*, que a mora seja comprovada pela expedição de carta registrada com aviso de recebimento.

Essa exigência, contudo, não transmuda a natureza da constituição da mora, ou seja, a exigência legal não faz a mora *ex re* se transformar em mora *ex persona*. Trata-se apenas de um requisito legal para o deferimento da liminar e efetivação da busca e apreensão do bem.[96]

---

93 "Art. 397. O inadimplemento da obrigação, positiva e líquida, no seu termo, constitui de pleno direito em mora o devedor."

94 "Art. 397. [...] Parágrafo único. Não havendo termo, a mora se constitui mediante interpelação judicial ou extrajudicial."

95 Ver REsp 1.292.182 / SC. Quarta Turma. Rel. Ministro Luis Felipe Salomão. *DJe* 16/11/2016.

96 É esse, também, o entendimento de Marco Aurélio Bezerra de Melo: "Entrementes, essa mora *ex re* (art. 397, *caput*, CCB), para fins de deferimento de liminar em

Esse entendimento está corroborado no Enunciado nº 72 da súmula de jurisprudência do STJ, e nos precedentes que fundamentaram sua edição. Segundo o mencionado enunciado, "a comprovação da mora é imprescindível à busca e apreensão do bem alienado fiduciariamente". Portanto, para a efetivação da busca e apreensão liminar é imprescindível a comprovação da mora, entendimento esse já firmado por precedentes do Superior Tribunal de Justiça.[97]

Assim, a comprovação da mora pela comunicação por carta registrada apenas é exigível para o deferimento da liminar, o que é compreensível, pois uma vez deferida a medida antecipatória, o devedor será desapossado do bem antes de qualquer manifestação sua. Com a prévia notificação, o devedor estará inequivocamente ciente da mora e do risco de vir a perder o bem liminarmente.

Além do mais, confere-se ao devedor uma última oportunidade extrajudicial de quitar o seu débito e não sofrer o constrangimento do ajuizamento de uma ação para a retomada do bem.

Por essa razão, é legítima a exigência legal, que tem um caráter de proteção do devedor em mora ou inadimplente.

Ainda no que toca à notificação para fins de comprovação da mora, é dispensável a indicação do valor do débito, consoante dispõe o Enunciado nº 245 da súmula de jurisprudência dominante do Superior Tribunal de Justiça.[98]

E isso se justifica porque a mora é *ex re*, ou seja, decorre do mero não cumprimento da obrigação no prazo certo, sendo a notificação um mero instrumento da sua comprovação, e não da sua constituição, razão pela qual se exige apenas, quando do envio da correspondência, que se faça referência ao contrato inadimplido.[99]

A última questão sobre a liminar na ação de busca e apreensão, e que merece comentários, é a possibilidade do seu cumprimento em sede

busca e apreensão, precisa ser comprovada na forma da prescrição legal dos artigos 2º, § 2º, e 3º do Dec.-lei nº 911/69 e reafirmado no Verbete nº 72 da jurisprudência predominante no Superior Tribunal de Justiça: 'a comprovação da mora é imprescindível à busca e apreensão do bem alienado fiduciariamente'." MELO. Op. cit. p. 474.

97 Ver AgInt no AREsp 876.487/PR. Rel. Ministro Marco Aurélio Bellizze. Terceira Turma. *DJ* 26/09/2016.

98 Súmula 245. "A notificação destinada a comprovar a mora nas dívidas garantidas por alienação fiduciária dispensa a indicação do valor do débito."

99 É esse o entendimento exposto pelo Ministro do Superior Tribunal de Justiça Cesar Asfor Rocha em seu voto vencido no julgamento do REsp 64.624/RS. Disponível em: <https://ww2.stj.jus.br/websecstj/cgi/revista/REJ.cgi/IMGD?seq=277905&nreg=199500205939&dt=20001120&formato=PDF>.

de plantão judiciário. Com o advento da Lei nº 13.043/2014, passou-se a admitir, na parte final do art. 3º do DL nº 911/69, a apreciação e deferimento da medida liminar em sede de plantão judiciário.

Tal previsão visa, por certo, afastar o entendimento comum em sede de plantão judiciário dos Tribunais, que apenas admite o deferimento de liminares em casos excepcionalíssimos, como, por exemplo, a negativa de planos de saúde em admitir a internação ou a realização de cirurgias de pacientes, ou nos casos de prisão em flagrante. Assim, com a previsão legal expressa, os magistrados devem examinar o pedido de busca e apreensão com maior atenção, não devendo negá-los sumariamente.

Ainda assim, pensamos que o deferimento da liminar de busca e apreensão em plantão judiciário é excepcionalíssima, e apenas deve ser admitida quando houver indícios de que o devedor está tentando ocultar o bem objeto da apreensão.

E isso porque, o plantão judiciário limita a sua atividade aos horários em que não há expediente forense, o que se dá, como regra, nas horas de descanso das pessoas, isto é, após as 18:00hs, e nos finais de semana e feriados. Portanto, o cumprimento de medidas judiciais nestes horários sempre deve se dar excepcionalmente, quando houver risco de dano irreparável, sob pena de violação da paz e do sossego do indivíduo, especialmente no seu lar.

Ora, os interesses patrimoniais do credor não podem, como regra, se sobrepor aos interesses existenciais do devedor, sob pena de violação da dignidade humana. Portanto, entendemos que o exame e o deferimento da liminar da busca e apreensão em sede de plantão judiciário deve se dar com extrema cautela.

### *6.1.3. Defesa do devedor*

Após a comprovação da mora, do deferimento da liminar, e do seu cumprimento, ou seja, após a efetivação da busca e apreensão, prevê o § 3º do art. 3º do DL nº 911/69 que o devedor deverá apresentar resposta no prazo de 15 dias.[100]

Quanto à resposta, a primeira observação a ser feita é que o DL nº 911/69 não fala em citação. Então, imaginemos a hipótese em que não tenha sido deferida, ou tampouco requerida, a liminar. Não dispõe o decreto-lei que o devedor será citado para responder no prazo de 15 dias. Dispõe a legislação que, cumprida a liminar, o devedor tem prazo de 15

100 "Art. 3º [...] § 3º O devedor fiduciante apresentará resposta no prazo de quinze dias da execução da liminar".

dias para responder. Questiona-se, pois, como fica a situação na hipótese de inexistência de liminar.

É induvidoso que deve haver a citação do devedor, requerida, ou não, a liminar. Caso não haja liminar, será ele citado para responder no prazo de 15 dias, e caso haja o requerimento com o posterior deferimento e cumprimento da liminar, o devedor deve ser citado concomitantemente à intimação do seu cumprimento, contando-se o prazo de 15 dias para responder da data da juntada do mandado de citação aos autos do processo, nos termos do art. 231, I e II, do Código de Processo Civil, o qual se aplica subsidiariamente ao DL nº 911/69, ante a sua omissão.

A citação, por certo, é imprescindível, pois ela é o ato pelo qual o réu é convocado a integrar a relação processual, conforme previsão expressa do art. 238 do Código de Processo Civil, de modo que ela é essencial para o prosseguimento válido do processo, não se aperfeiçoando a relação processual enquanto não a ocorrer.

No que toca à defesa propriamente dita, com o advento da Lei nº 10.931/04, que alterou diversos dispositivos do DL nº 911/69, não há mais a previsão de que o devedor é cientificado para contestar. Hoje, fala-se em resposta. Portanto, houve uma ampliação do rol das modalidades de resposta cabíveis, não se limitando mais apenas à contestação.

A matéria a ser deduzida na contestação também não é mais restrita como o era outrora. A redação original do art. 3º, § 2º, do DL nº 911/69 previa que a contestação era limitada à alegação de pagamento do débito vencido ou o cumprimento das obrigações contratuais. A limitação, contudo, com o advento da Lei nº 10.931/04, não mais existe.

Portanto, tem o devedor, atualmente, direito ao pleno exercício da ampla defesa, podendo alegar quaisquer matérias processuais ou substantivas a fim de bloquear a pretensão autoral.

Não obstante tal ampliação, questiona-se se é possível o manejo de todas as espécies de defesa previstas em lei, ou se haveria alguma restrição, especialmente no que tange à reconvenção.

Para parcela da doutrina, a reconvenção a plenamente cabível nas ações de busca e apreensão. Neste sentido, e segundo Joel Dias Figueira, "a Lei 10.931/2004 tornou plenária a ação especial de busca e apreensão fundada em propriedade fiduciária, até então demanda sumária, permitindo, assim, a ampliação do espectro da lide, seja no plano cognitivo ou probatório".[101]

É possível, pois, segundo este entendimento, a reconvenção, haja vista que, com o advento da Lei nº 10.931/04, as discussões na ação de busca e apreensão acerca da relação deduzida em juízo passaram a ser

101 FIGUEIRA JÚNIOR. Op. cit. p. 166-167.

amplas. Contudo, exige-se "para a admissibilidade dessa contra-ação é que a pretensão do réu possua algum liame (conexão ou continência) com a ação principal (demanda originária) ou mesmo com o fundamento da defesa, nos termos em que foi articulada na contestação".[102]

No entanto, noticia Melhim Chalhub a existência de posicionamento em sentido contrário. Segundo ele, outros entendem "ser inadmissível a reconvenção por se tratar de ação que se postula uma tutela jurisdicional diferenciada, bem como por causa das regras processuais especiais que não se limitam à fase postulatória, como, por exemplo, a sentença com efeito meramente devolutivo, que são incompatíveis com os efeitos da reconvenção".[103]

A nosso sentir deve ser admitida a reconvenção. Isso porque a reconvenção é o exercício, pelo réu, do direito de ação dentro do processo principal em que o autor originário exerceu o seu direito de ação.[104] Trata-se de um contra-ataque em que o réu-reconvinte, com base em matéria conexa à ação principal, formula sua pretensão.

Por razões de efetividade, economia processual e celeridade, e em observância ao princípio da razoável duração do processo, previsto no art. 5º, LXXVIII, da Constituição, que também poderíamos chamar de princípio do tempo razoável para a solução dos conflitos, deve a reconvenção ser admitida.

É induvidoso que o princípio da razoável duração do processo tem como objetivo a solução de conflitos em tempo razoável, e não o fim rápido do processo em si, enquanto instrumento. A não admissão da reconvenção pode até encurtar o tempo da ação de busca e apreensão, mas postergará a solução do conflito, pois abrirá a possibilidade de discussão de questões conexas em outra ação que, inclusive, por ser prejudicial, interferirá no andamento e na conclusão da ação de busca e apreensão.

Assim, em respeito ao princípio disposto no art. 5º, LXXVIII, da Constituição, por nós interpretado como o princípio do tempo razoável para a solução dos conflitos, deve ser admitida a reconvenção na ação de busca e apreensão.

Ademais, como também salienta o já citado professor catarinense Joel Dias Figueira Júnior, a Lei nº 10.931/04 ampliou a cognição da ação de busca e apreensão, admitindo a plena e ampla discussão das matérias que envolvem o contrato de alienação fiduciária. Portanto, nada obsta

102 FIGUEIRA JÚNIOR. Op. cit. p. 169.

103 CHALHUB. Op. cit. p. 198.

104 NEVES, Daniel Amorim Assumpção. *Manual de direito processual civil*. 2. ed. São Paulo: Método, 2012. p. 343.

que o réu apresente reconvenção para discutir, no mesmo processo, essas matérias.

Como exemplo, veremos em momento posterior que, cumprida a liminar, a propriedade do bem se consolida nas mãos do credor no prazo de cinco dias, podendo a coisa ser vendida de imediato.

Imaginemos, então, que a defesa do réu seja a inexistência de mora ou inadimplemento, de modo que a notificação e posterior apreensão liminar do bem foram indevidas, em decorrência de um erro, ou falha, no sistema eletrônico do autor-credor que não computou os pagamentos das parcelas efetuados pelo réu-devedor. Tal exemplo é uma hipótese comuníssima na prática.

Questionamos, então, se não seria mais célere, e até mais justo, que o devedor, no mesmo processo da ação de busca e apreensão, demonstre esses fatos e reclame, em reconvenção, eventual pretensão de indenização por danos morais pelo grave constrangimento sofrido. Parece-nos que sim. Por essa razão, concluímos ser cabível a reconvenção.

### 6.1.4. Consolidação da propriedade e purgação da mora

Prosseguindo no estudo do procedimento da ação de busca apreensão, questão importantíssima é aquela prevista no § 1º do art. 3º do DL nº 911/69, segundo o qual, cinco dias após a execução da liminar de busca e apreensão, a propriedade e a posse plena se consolidam no patrimônio do credor-fiduciário, que, como consequência, poderá alienar o bem, até mesmo extrajudicialmente.

Então, uma vez apreendido o bem, poderá o credor aliená-lo até mesmo extrajudicialmente, desde que transcorridos cinco dias do cumprimento da liminar. Questiona-se, neste caso, se é possível ao devedor adotar alguma medida para impedir, ou reverter, essa situação. É neste momento que se discute a possibilidade de purgação da mora pelo devedor.

A questão é de extrema relevância, pois na hipótese de se admitir a purgação da mora, deverá ela ser feita dentro desse prazo de cinco dias, uma vez que, após o seu transcurso, o credor já terá a propriedade plena do bem, inclusive podendo aliená-lo para a satisfação do seu crédito, o que faria eventual purgação perder a sua eficácia.

Inicialmente, há que se esclarecer que purgar a mora significa eliminar os seus efeitos, ou seja, é fazer retornar o credor ao *status quo ante*, como se nunca tivesse havido atraso. Na medida em que a mora é o atraso culposo no cumprimento da obrigação, a sua purgação se dará mediante o ressarcimento do credor pelos danos a ele causados em razão desse atraso.

A purgação da mora, todavia, só é possível quando o cumprimento da obrigação ainda for útil para o credor, uma vez que, não sendo mais interessante para ele seu o cumprimento, não há como apagar os efeitos do atraso, pois o vínculo jurídico não mais existirá, configurando-se, assim, o inadimplemento absoluto.

Então, a premissa que deve ser firmada acerca da purgação da mora é: só há que se falar em discussão acerca do cabimento da purgação da mora se o cumprimento da obrigação ainda for útil para o credor. Caso esteja configurado o inadimplemento absoluto, ainda que a lei autorize a purgação da mora no contrato de alienação fiduciária, ela não será possível.

É neste ponto que outra questão também se revela importante, especialmente para o reconhecimento da existência da mora e, consequentemente, a necessidade de sua purgação, que é a da possibilidade, ou não, de se admitir a aplicação da teoria do adimplemento substancial aos contratos de alienação fiduciária em garantia.

Pela teoria do adimplemento substancial, tendo sido cumprido o contrato quase que em sua totalidade, e sendo a mora insignificante, não caberá a resolução do contrato, cabendo ao credor apenas exigir a cobrança daquilo que ainda for devido, bem como eventuais perdas e danos pelo atraso injustificado no cumprimento da obrigação. Esta teoria é fundamentada, especialmente, nos princípios da boa-fé e da função social do contrato, assegurando àquele que adimpliu quase com a totalidade do contrato a sua continuidade e preservação, impedindo a sua rescisão por inadimplemento.

A consequência, então, da aplicabilidade da teoria do adimplemento substancial aos contratos de alienação fiduciária em garantia, é a da impossibilidade de se retomar o bem no caso de atraso do pagamento das parcelas, cabendo ao credor-fiduciário apenas executar a dívida e pleitear eventuais perdas e danos decorrentes da mora.

Na doutrina há vozes no sentido de que a teoria do adimplemento substancial é aplicável aos contratos de alienação fiduciária em garantia, especialmente quando o devedor for um consumidor, assim impedindo a busca e apreensão e a consequente rescisão do contrato, levando, assim, à extinção do processo sem resolução do mérito por falta de interesse processual de agir. Nestas hipóteses, e segundo este entendimento, compete ao credor-fiduciário adotar medidas menos gravosas sobre o devedor, para a obtenção do valor devido, impedindo-o, assim, de retomar a coisa.[105]

---

105 Neste sentido, ROCHA, Amélia Soares da; JEREISSATI, Régis Gurgel do Amaral. O adimplemento substancial em contrato de alienação fiduciária em relação de consumo e a (im)possibilidade de ação de busca e apreensão. *Revista de Direito do Consumidor – RDC*. São Paulo, a. 25, v. 104, p. 445-470, mar.-abr./2016.

Já na jurisprudência do STJ uniformizou-se o entendimento de que a teoria do adimplemento substancial não é aplicável aos contratos de alienação fiduciária em garantia, especialmente aqueles sob regulação do DL nº 911/69, na medida em que esta teoria não tem previsão legal, e a lei especial não dá margem à sua aplicação, regulando integralmente a matéria.[106]

Em nosso entender, e em que pese o fundamento utilizado pelo STJ, os princípios da boa-fé objetiva e da função social dos contratos são aplicáveis em quaisquer casos, sendo, ou não, regido determinado contrato ou relação por lei especial, pelo quê a teoria do adimplemento substancial é perfeitamente aplicável aos contratos de alienação fiduciária em garantia, ainda que fora do âmbito das relações de consumo.

Por certo, havendo adimplemento substancial do contrato, o que deverá ser verificado concretamente, - imagine-se, por exemplo, um caso em que o devedor-fiduciante está devendo apenas a última parcela de um contrato de 48 prestações -, não é razoável a adoção de uma medida extrema como a retomada do bem, cuja alienação, inclusive, fará com o que o credor-fiduciário apure valor muito maior do que aquele devido, ainda que ele seja obrigado a entregar a diferença para o devedor. E isso porque, ainda que ele o faça, o valor apurado com a venda judicial será, por experiência prática, muito inferior àquele de avaliação, de modo que o que será devolvido ao devedor-fiduciante é infinitamente inferior ao que ele pagou, causando-lhe graves prejuízos. Portanto, não admitir a aplicação da teoria do adimplemento substancial poderá provocar efeitos desproporcionais sobre a relação e contrários aos fins do ordenamento jurídico brasileiro, de modo que entendemos que ela é perfeitamente aplicável à hipótese.

Examinada a questão da aplicação da teoria do adimplemento substancial aos contratos de alienação fiduciária em garantia, necessário se faz retomar a análise da possibilidade, ou não, da purgação da mora quando do ajuizamento da ação de busca e apreensão.

Sob a égide da redação original do DL nº 911/69, era facultado ao devedor, no prazo de três dias, e desde que tivesse pago ao menos 40% da dívida, purgar a mora. Era esse, inclusive, o entendimento sumulado pelo Superior Tribunal de Justiça no enunciado nº 284 de sua súmula de jurisprudência dominante.[107]

---

106 REsp 1.622.555/MG. Rel. Ministro Marco Buzzi. Relator para o Acórdão Ministro Marco Aurélio Bellizze. Segunda Seção. DJe 16/03/2017.

107 Súmula 284: "A purga da mora, nos contratos de alienação fiduciária, só é permitida quando já pagos pelo menos 40% (quarenta por cento) do valor financiado."

Ocorre que a redação introduzida pela Lei nº 10.931/2004, modificando substancialmente a redação original dos dispositivos do DL nº 911/69, trouxe muita divergência, trazendo dúvidas se, a partir de então, é possível, ou não, purgar a mora.

Prevê a atual redação do § 2º do art. 3º do DL nº 911/69 que, no prazo de cinco dias do cumprimento da liminar, o devedor-fiduciante poderá pagar a integralidade da dívida pendente, segundo os valores apresentados pelo credor na inicial, hipótese na qual o bem lhe será restituído livre de ônus.

Com essa redação, passou-se a questionar a possibilidade de purgação da mora em sede de alienação fiduciária em garantia, isso por conta das expressões *pagar a integralidade da dívida pendente* e *o bem lhe será restituído livre de ônus.*

Quanto à primeira expressão, fica a dúvida se essa dívida pendente se refere às parcelas vencidas e vincendas, ou tão somente às parcelas vencidas.

Ao que nos parece, essa expressão engloba as parcelas vencidas e vincendas, isso porque o § 3º do art. 2º do DL nº 911/69 prevê que a mora ou inadimplemento do devedor faculta ao credor considerar, de pleno direito, vencidas todas as obrigações contratuais.

A lei assegura essa faculdade ao credor porque a dívida oriunda do contrato de mútuo garantido pelo contrato acessório de alienação fiduciária é una. O valor contraído de empréstimo é um só, ainda que se tenha convencionado o pagamento parcelado. O parcelamento, ou melhor, a possibilidade de o devedor pagar a dívida parceladamente, é uma faculdade do credor, é uma mera liberalidade do credor que concede ao devedor uma forma de pagamento facilitada, por ele não ter meios de pagar o valor tomado de empréstimo à vista.

Aliás, só se faz necessária a celebração de um contrato de garantia, como a alienação fiduciária, porque o pagamento não é feito de imediato, a vista. Caso o devedor tivesse recursos para adquirir o bem durável à vista, não seria necessário o financiamento, com pagamento parcelado, e a constituição da garantia para o seu adimplemento.

Uma vez celebrado o contrato de financiamento, com o pagamento em parcelas periódicas, o devedor se obriga a cumpri-lo. Na hipótese de mora ou inadimplemento, tem-se por descumprido o contrato, o que autoriza o credor a considerar como vencida toda a dívida e, assim, exigir a integralidade do crédito.

Portanto, a expressão *integralidade da dívida* significa, a nosso sentir, parcelas vencidas e vincendas, como consequência do vencimento de toda a dívida referente, por óbvio, às prestações vincendas, na medida em que aquelas não pagas não precisam ser consideradas vencidas, pois já o estão.

E a segunda expressão por nós destacada, *o bem lhe será restituído livre de ônus*, apenas corrobora essa conclusão.

Ora, o bem só poderá ser restituído livre de qualquer ônus se o contrato de alienação fiduciária for quitado, com o pagamento de todas as parcelas vencidas e vincendas, o que acarretará a sua extinção e, consequentemente, a extinção do ônus real que recaía sobre o bem.

Conclui-se, pois, que a nova redação do DL nº 911/69 não prevê mais a purgação da mora, e isso porque, se ela fosse possível, quando o devedor pagasse as prestações vencidas os efeitos da mora desapareceriam, como se jamais tivesse havido atraso. Neste caso, a relação poderia prosseguir regularmente até o seu termo final natural, que é o cumprimento integral da obrigação, e o bem não lhe seria entregue livre de ônus, pois a alienação fiduciária persistiria até o pagamento integral do preço.

No entanto, e como se infere do disposto no § 2º do art. 3º do DL nº 911/69, o pagamento da integralidade da dívida encerra o vínculo contratual, extinguindo-se a obrigação e consolidando-se a propriedade plena nas mãos do devedor, uma vez que apenas dessa forma poderá ocorrer a entrega do bem livre de qualquer ônus.

Este, inclusive, é o entendimento consolidado na jurisprudência do Superior Tribunal de Justiça, que em julgamento de Recurso Especial Repetitivo no ano de 2014, firmou posicionamento no sentido de que, com o advento da Lei nº 10.931/2004, não há mais possibilidade de purgação da mora em sede de alienação fiduciária em garantia, cabendo ao devedor em mora, quando do ajuizamento da ação de busca e apreensão, pagar a integralidade da dívida.[108] Tal decisão, por ter sido proferida no âmbito de Recurso Especial Repetitivo, e por força do disposto no art. 927, III, do Código de Processo Civil.

Sem prejuízo de tudo o que se disse, e embora entendamos que a partir do advento da Lei nº 10.931/2004 não é mais possível, com fundamento no DL nº 911/69 a purgação da mora, esta não ficou absolutamente afastada.

Em verdade, é possível a purgação da mora nos contratos de financiamento com alienação fiduciária em garantia, mas não com base no DL nº 911/69, e sim com fundamento no Código Civil, mais especificamente em seus arts. 395 e seguintes.

Como vimos, o DL nº 911/69, após a alteração promovida pela Lei nº 10.931/04, restou omisso quanto à possibilidade de purgação da mora. No entanto, o Código Civil traz norma geral e expressa quanto à possibi-

108 REsp Repetitivo 1.418.593/MS. Rel. Ministro Luis Felipe Salomão. Segunda Seção. DJe 27/05/2014.

lidade de purga da mora quando a prestação ainda for útil ao credor, ou seja, quando o atraso no cumprimento da obrigação não caracterizar um inadimplemento absoluto.

A aplicação, *in casu*, da norma geral do Código Civil a essa situação específica decorre dos princípios da conservação do contrato e da função social do contrato.[109]

É induvidoso que as partes, neste caso, têm interesse na continuidade do vínculo. Primeiro porque a purga da mora é vantajosa para o devedor, pois poderá continuar com o bem mediante o pagamento apenas das parcelas vencidas.

E segundo que também é vantajoso para o credor, uma vez que ele não tem interesse em ficar com o bem, ao contrário, deve ele vendê-lo, conforme disposto no art. 1.364 do Código Civil.[110]

Ademais, o credor tem interesse em receber o seu crédito com os juros do financiamento, o que não ocorrerá se houver o vencimento antecipado da dívida. E isso porque, se houver o vencimento antecipado da dívida em razão do inadimplemento, tem o devedor-consumidor direito ao abatimento proporcional dos juros pela antecipação das parcelas vincendas, consoante imposição do art. 52, § 2º, do Código de Defesa do Consumidor.[111]

Por fim, tem ainda o credor interesse na purga da mora porque dificilmente conseguirá satisfazer o seu crédito, haja vista que, retomando e alienando o bem seminovo a terceiro, corre o risco de não recuperar o montante da dívida contraída pelo devedor-fiduciante no contrato de financiamento.

Caso o credor apure, com a venda do bem a terceiro, valor inferior ao da dívida do fiduciante, o débito persistirá, permanecendo o devedor responsável pelo saldo remanescente. Neste caso, é quase certo que o devedor-fiduciante não terá condições financeiras, e tampouco patrimônio, para solver a dívida.

Portanto, a melhor solução nos parece ser o reconhecimento da possibilidade de purgação da mora nos contratos de financiamento ga-

109 Ver TJRJ. Agravo de Instrumento 0041485-63.2009.8.19.0000. 18ª Câmara Cível. Rel. Des. Marco Aurélio Bezerra de Melo. *DJ* 10/9/2009.

110 "Art. 1.364. Vencida a dívida, e não paga, fica o credor obrigado a vender, judicial ou extrajudicialmente, a coisa a terceiros, a aplicar o preço no pagamento de seu crédito e das despesas de cobrança, e a entregar o saldo, se houver, ao devedor."

111 "Art. 52. No fornecimento de produtos ou serviços que envolva outorga de crédito ou concessão de financiamento ao consumidor, o fornecedor deverá, entre outros requisitos, informá-lo prévia e adequadamente sobre: [...] § 2º É assegurado ao consumidor a liquidação antecipada do débito, total ou parcialmente, mediante redução proporcional dos juros e demais acréscimos."

rantidos por contrato de alienação fiduciária, mas não com base no DL nº 911/69, e sim a partir da regra geral exposta no art. 401, I, Código Civil, a qual suprirá a omissão da lei especial, o que se admite por força do que dispõe o art. 4º da LINDB.[112]

Assim, é possível a purgação da mora nos contratos de alienação fiduciária em garantia, que deve se dar mediante o pagamento apenas das parcelas vencidas, com base no Código Civil.

Todavia, caso o consumidor opte pelo pagamento da integralidade da dívida, e aí compreendidas as parcelas vencidas e vincendas, ele deverá fazê-lo com base no valor apresentado pelo credor-fiduciário na inicial, conforme prevê o § 2º do art. 3º do DL nº 911/69.

Isso significa que, mesmo que o devedor-fiduciante entenda que o credor-fiduciário está cobrando valor a maior, ele não poderá depositar valor menor, mesmo que queira discutir o valor exigido pelo credor. Ele terá que efetuar o depósito do valor integral, a fim de impedir a consolidação da propriedade do bem no patrimônio do credor.

Se o devedor depositar valor menor do que o reclamado pelo credor, perderá a oportunidade de exercer a faculdade de quitar a dívida, por força da preclusão consumativa. Neste caso, o juiz rejeitará, de plano, o depósito e autorizará o levantamento imediato, pelo devedor, da quantia por ele depositada.[113]

Tem o devedor, então, a opção de purgar a mora, com fundamento no Código Civil, ou pagar a integralidade da dívida, fundada do DL nº 911/69. Em sendo assim, terá ele que informar ao juízo, em sua petição, qual das opções está exercendo, a fim de que não perca a faculdade de exercer o seu direito.

Entendemos não ser possível, por exemplo, que o devedor opte pelo pagamento integral da dívida e deposite valor a menor, pretendendo discutir o excesso do montante cobrado pelo devedor, e o juiz, verificando que o depósito foi a menor, impute o pagamento purgando a mora. Afrontaria o magistrado, dessa forma, a vontade da parte e a sua estrita limitação aos termos do pedido.

Portanto, deverá o juiz aferir, de acordo com a manifestação expressa do devedor, se aquela quantia depositada atende, ou não, aos fins pretendidos por ele.

Questão também relevante é a da eficácia da cláusula resolutória expressa, caso seja prevista no contrato de alienação fiduciária.

---

112 No mesmo sentido, Marco Aurélio Bezerra de Melo (MELO. Op. cit. p. 475-476).

113 FIGUEIRA JÚNIOR. Op. cit. p. 150.

A cláusula resolutória expressa é aquela que dá por resolvido o contrato pelo simples inadimplemento da obrigação pelo devedor, independentemente de notificação prévia. É ela aplicável, como regra, em contratos de trato sucessivo, de execução continuada.

A primeira observação a ser feita é que a inclusão desta cláusula nos contratos de mútuo e financiamento é válida, inclusive no âmbito das relações de consumo, como preceitua o art. 54, § 2°, do diploma consumerista.[114]

A segunda observação é que, como já vimos, para a comprovação da mora para fins de deferimento da liminar de busca e apreensão, é imperioso o envio da notificação dirigida ao endereço do devedor constante do contrato. Essa notificação, todavia, não desnatura a cláusula resolutória expressa, e tampouco lhe retira a eficácia. Isso porque a notificação existe apenas para comprovar a mora que já se constituiu para fins do deferimento da liminar.

Há que se ressaltar, apenas para exemplificarmos, que no contrato de alienação fiduciária de bens imóveis, a Lei n° 9.514/97 prevê que a condição resolutória do contrato só se implementa se o devedor, notificado, não purgar a mora.[115] Isso, obviamente, porque uma vez não purgada a mora, ou melhor, demonstrando o devedor que não pode, ou não quer, quitar o débito, não há mais interesse na continuidade do vínculo contratual.

Diante de tudo isso, como fica a questão? A cláusula resolutória é, de fato, válida, e terá eficácia caso o devedor, notificado para fins de comprovação da mora, não a purgue, ou não pague a integralidade da dívida no prazo de cinco dias.

Contudo, a validade e eficácia da cláusula dependem de outro requisito, além da necessidade de estarem expressamente previstas no contrato: na cláusula contratual que preveja a resolução do contrato pelo simples inadimplemento deve haver uma alternativa para o consumidor de não resolver o contrato, caso assim ele opte. Portanto, deve ser dada a alternativa, ao devedor, de continuar o vínculo, não resolvendo o contrato, em respeito ao princípio da continuidade do contrato, como prevê expressamente o § 2° do art. 54 do Código de Defesa do Consumidor.

---

114 "Art. 54. Contrato de adesão é aquele cujas cláusulas tenham sido aprovadas pela autoridade competente ou estabelecidas unilateralmente pelo fornecedor de produtos ou serviços, sem que o consumidor possa discutir ou modificar substancialmente seu conteúdo. [...] § 2° Nos contratos de adesão admite-se cláusula resolutória, desde que a alternativa, cabendo a escolha ao consumidor, ressalvando-se o disposto no § 2° do artigo anterior."

115 CHALHUB. Op. cit. p. 179.

Essa alternativa decorre da posição de vulnerabilidade, catividade e dependência do consumidor,[116] que tem a expectativa da continuidade do contrato, resguardando-lhe e protegendo-lhe contra riscos futuros, como, por exemplo, de o credor querer resolver o vínculo unilateralmente, em razão de um mero atraso no pagamento de uma prestação, sob o argumento de que não tem mais interesse na continuidade da relação contratual.

Já a possibilidade de resolver o contrato, mediante a invocação da cláusula resolutória, decorre do direito do credor de rejeitar a prestação se ela se tornar inútil para ele. Nesse caso, terá o credor o direito à resolução do contrato.

A cláusula, portanto, visa atender ao interesse de ambas as partes.

Então, uma vez não purgada a mora, ou não tendo sido paga a integralidade da dívida, o contrato se resolve, e a propriedade se consolida nas mãos do credor, tendo em vista que ele é titular de uma propriedade sob condição resolutiva, que é o pagamento integral do preço pelo devedor. Não implementada a condição, a propriedade se consolida no patrimônio do credor, e ele receberá o bem livre de qualquer ônus.

Caberá, pois, à repartição competente expedir o novo certificado de registro de propriedade do bem em nome do credor ou terceiro por ele indicado, conforme preceitua o § 1º do art. 3º do DL nº 911/69.

Consolidada a propriedade do bem em seu patrimônio, deverá o credor vendê-lo a terceiro, seja extrajudicial, seja judicialmente, a fim de satisfazer o seu crédito, salvo se houver disposição expressa em contrário no contrato.

Há que se frisar que a venda do bem a terceiro é obrigatória, ou seja, o credor não pode optar por ficar com o bem. A expressão *poderá* contida no art. 2º do DL nº 911/69 diz respeito à possibilidade de venda independentemente de leilão.

Há na doutrina quem defenda a inconstitucionalidade da venda extrajudicial do bem, independentemente de leilão, por violação ao devido processo legal.

Segundo Marco Aurélio Bezerra de Melo, a regra ofende "o artigo 5º, LIV, da CRFB, que estabelece: 'ninguém será privado da liberdade ou de seus bens sem o devido processo legal'. Entre as garantias do devido processo legal se inclui a ampla defesa e o contraditório que deve ser observado em todas as fases do procedimento. Ora, se o credor fiduciário é obrigado a alienar o bem apreendido, que o faça sob a fiscalização do Poder Judiciário ou, pelo menos, em público leilão como sucede com a alienação fiduciária em garantia de bem imóvel em que no art. 27 da Lei

116 CHALHUB. Op. cit. p. 182.

nº 9.514/97 há toda uma possibilidade de controle do devedor acerca da alienação e do produto arrecadado".[117]

Ousamos discordar de sua opinião. O devido processo legal, em seu sentido processual, significa o *devido processo*,[118] ou seja, o processo segundo a lei, com garantias mínimas, atendendo, também dessa forma, a dignidade da pessoa humana. O devido processo tem como finalidade prestigiar a segurança jurídica, garantindo o direito à tutela jurisdicional adequada, também chamado pela doutrina de *processo justo*.[119]

A simples alienação extrajudicial de um bem não torna, a nosso sentir, o processo injusto, e muito menos violador das garantias mínimas do indivíduo enquanto parte de um processo.

No caso, o DL nº 911/69 prevê um procedimento cujas partes que a ele se submetem têm prévia ciência. Não há, neste particular, em nosso entender, nenhuma violação à garantia do devedor, que possui instrumentos a serem manejados no curso do processo de busca e apreensão. Ademais, caso se vislumbre alguma irregularidade, fraude ou abuso por parte do credor na venda do bem, é induvidoso que o ato é passível de controle judicial, de impugnações que podem ser formuladas pelo deve-

117 MELO. Op. cit. p. 481.

118 É essa a nomenclatura adotada por Nelson Nery Junior. NERY JUNIOR, Nelson. *Princípios do processo na Constituição Federal*. Processo civil, penal e administrativo. 9. ed. São Paulo: Revista dos Tribunais, 2009. p. 86. É induvidoso que o devido processo não se resume à sua esfera processual. O devido processo legal também é compreendido em sua esfera material, enquanto processo justo, que confere às partes iguais poderes e armas. Como se extrai da ilustre pena do mestre Carlos Roberto Siqueira Castro, "o que se exige, pois, para satisfação do *devido processo legal* não é apenas um 'procedimento' ou um conjunto sequencial de atos judiciais conducentes a um veredito final; exige-se, isto sim, um autêntico 'processo', com todas as garantias do contraditório e da defesa, como proclamada no magistério sempre luminoso de Eduardo Couture: '*Se necesita, no ya un procedimiento, sino un proceso. El proceso no es un fin sino meio; pero es el medio insuperable de la justicia misma. Privar de las garantias de la defensa em juicio, equivale, virtualmente, a privar del derecho*'." CASTRO, Carlos Roberto Siqueira. *O devido processo legal e os princípios da razoabilidade e da proporcionalidade*. 4. ed. Rio de Janeiro: Forense, 2006. p. 34.

119 Segundo o emérito Desembargador do Tribunal de Justiça do Estado do Rio de Janeiro, o Prof. Alexandre Freitas Câmara, a "garantia de acesso à ordem jurídica justa, assim, deve ser entendida como a garantia de que todos os titulares de posições jurídicas de vantagem possam ver prestada a tutela jurisdicional, devendo esta ser prestada de modo eficaz, a fim de se garantir que a já referida tutela seja capaz de efetivamente proteger as posições de vantagem mencionadas." CÂMARA, Alexandre Freitas. *Lições de direito processual civil*. 18. ed. Rio de Janeiro: Lumen Juris, 2008. v. I, p. 36.

dor, como, por exemplo, eventual ação indenizatória caso se vislumbre algum dano.

Portanto, em princípio, e a partir de uma análise abstrata da norma em confronto com os preceitos constitucionais, não vislumbramos inconstitucionalidade no procedimento previsto no DL nº 911/69 no que diz respeito à venda extrajudicial do bem, que visa, em verdade, facilitar a alienação, com menos burocracia, evitando uma maior depreciação da coisa em razão do decurso do tempo.

Uma vez alienado o bem, se o valor apurado não for suficiente para quitar o débito, o credor promoverá a cobrança do saldo residual.

Se, no entanto, for apurado valor superior ao da dívida, remanescendo um saldo credor em favor do devedor-fiduciante após a quitação do débito, deverá o credor entregá-lo ao devedor, com a devida prestação de contas, conforme dispõe a parte final do art. 2º do DL nº 911/69, alterado pela Lei nº 13.043/2014.

Ao final da ação, sendo julgado procedente o pedido de busca e apreensão, a sentença deverá confirmar a consolidação da propriedade nas mãos do credor.

É forçoso salientar que a sentença na ação de busca e apreensão não condena o réu ao pagamento de nenhum valor. É ela uma sentença meramente declaratória, que reconhece e declara a consolidação da propriedade nas mãos do credor, pois essa já ocorreu, de pleno direito, com o inadimplemento do devedor, seguida da retomada liminar do bem e o não pagamento da dívida, pelo devedor, no prazo de cinco dias. A consolidação se dá *ope legis*, ou seja, por força da lei, não necessitando de decisão judicial. A decisão apenas confirma essa consolidação.[120]

Portanto, se resumirá a sentença a confirmar a liminar deferida e a consolidação da propriedade nas mãos do credor, pois esta não poderá ocorrer sem aquela, ou seja, não é possível consolidar a propriedade nas mãos do credor se não houver a retomada do bem.

120 É esse também o entendimento de Melhim Chalhub: "A sentença que julgar procedente o pedido tem caráter declaratório, pois não tem efeito constitutivo relativamente à consolidação da propriedade; esta resulta, de pleno direito, da verificação da condição, que corresponde à não-purgação da mora. A sentença apenas declara a consolidação. A consolidação se dá pelo simples fato da não-purgação da mora, independente de decisão judicial e assim ocorre porque a propriedade fiduciária é uma propriedade resolúvel, e sua extinção ou consolidação se opera pelo simples acontecimento do evento que caracteriza a condição sob a qual foi constituída. O credor-fiduciário é titular de um direito de propriedade sob condição resolutiva e o devedor-fiduciante é titular de um direito de propriedade sob condição suspensiva; ambas as condições estão vinculadas ao pagamento da dívida." CHALHUB. Op. cit. p. 203.

Caso não seja deferida a liminar, mas ao final se reconheça o direito à retomada do bem, determinará o juiz a busca e apreensão e, uma vez efetivada, a propriedade se consolidará, de imediato, nas mãos do credor, pois não haverá mais prazo para purgação da mora ou pagamento integral da dívida, sendo que eventual recurso interposto pelo devedor só será recebido no efeito devolutivo.[121]

Então, a ação de busca e apreensão e, consequentemente, a sentença, não visa reconhecer o direito de crédito do fiduciário, e tampouco condena o devedor-fiduciante ao pagamento da dívida. A sentença se limita a reconhecer a consolidação da propriedade do bem nas mãos do credor.

Caso seja julgado improcedente o pedido, a liminar de busca e apreensão deve ser revogada, importando na devolução do bem ao devedor, prosseguindo o contrato o seu curso normal. Deverá, por conseguinte, ser emitido novo certificado de propriedade do bem, constando o nome do devedor como devedor-fiduciante.

Na hipótese de ter sido alienada a coisa pelo credor antes da sentença, e sendo esta de improcedência, não será possível, por razões óbvias, a devolução do bem ao devedor, haja vista que ele já estará nas mãos de terceiro. Deverá, então, por força do disposto no § 6º do art. 3º do DL nº 911/69, ser aplicada multa ao credor, em favor do devedor, no montante de 50% do valor originalmente financiado, o qual deve ser atualizado.[122]

Sem prejuízo da multa, o credor deve ser responsabilizado por perdas e danos causados ao devedor em razão da venda do bem, quando não tinha o direito de fazê-lo, conforme prevê o § 7º do art. 3º do DL nº 911/69.[123] Trata-se de um risco que assume o credor ao requerer a retomada do bem e aliená-lo sem ter a certeza de que, de fato, o devedor estava em mora ou inadimplente.[124]

---

121 É o que dispõe o § 5º do art. 3º do DL nº 911/69: "§ 5º Da sentença cabe apelação apenas no efeito devolutivo" (Redação dada pela Lei nº 10.931, de 2004).

122 "§ 6º Na sentença que decretar a improcedência da ação de busca e apreensão, o juiz condenará o credor fiduciário ao pagamento de multa, em favor do devedor fiduciante, equivalente a cinquenta por cento do valor originalmente financiado, devidamente atualizado, caso o bem já tenha sido alienado" (Redação dada pela Lei nº 10.931, de 2004).

123 "§ 7º A multa mencionada no § 6º não exclui a responsabilidade do credor fiduciário por perdas e danos" (Incluído pela Lei nº 10.931, de 2004).

124 Na lição do emérito Prof. Melhim Chalhub, "[t]rata-se de responsabilidade objetiva de natureza processual. O credor responde independente de culpa, bastando a improcedência do pedido de busca e apreensão para ser aplicada a norma. O propósito da lei, nesse aspecto, é evitar a lide temerária, impondo ao credor maiores cuidados para evitar o risco do processo" (CHALHUB. Op. cit. p. 206).

Quanto ao montante da indenização, pode ele ser liquidado nos próprios autos da ação de busca e apreensão, após o trânsito em julgado, não necessitando de ajuizamento de ação autônoma, em nome dos princípios da celeridade e economia processual.

Por derradeiro, e como já tivemos a oportunidade de explicitar, prevê o § 5º do art. 3º do DL nº 911/69 que da sentença na ação de busca e apreensão, seja de procedência, seja de improcedência, cabe recurso de apelação, que será recebido apenas no efeito devolutivo.

### 6.1.5. Busca e apreensão de veículo automotor

A Lei nº 13.043/2014 trouxe inovações quanto à busca e apreensão quando o objeto desta for um veículo automotor, acrescendo cinco parágrafos ao art. 3º do DL nº 911/69, a fim de regular esta importante questão. Isso porque, na vida prática judiciária, as hipóteses mais comuns de manejo da ação de busca e apreensão são aquelas em que há mora no pagamento das parcelas do financiamento para compra de automóveis e motocicletas, de modo que em boa hora o legislador regulamentou, com detalhes, a questão.

Primeiramente, prevê o § 9º do art. 3º do DL nº 911/69 que o juiz deverá, ao deferir a busca e apreensão do veículo, já inserir no RENAVAM a informação da restrição judicial, de modo a possibilitar que os órgãos de fiscalização possam tomar as medidas cabíveis até a apreensão do veículo.

É o caso, por exemplo, de uma blitz do órgão fiscalizador, na qual poderá ser apreendido o veículo, facilitando o cumprimento da medida judicial. Por essa razão, também prevê a parte final do mencionado dispositivo que, uma vez cumprida a determinação judicial de apreensão do bem, o próprio juiz retirará a restrição do RENAVAM, pois já não mais será necessária a atuação dos órgãos fiscalizatórios.

Concomitantemente à inserção da restrição judicial no RENAVAM, prevê o § 11 do art. 3º do DL nº 911/69 que o juiz determinará a inserção do mandado de busca e apreensão no banco próprio de mandados, assim agilizando o seu cumprimento pelo Oficial de Justiça.

Já no § 10 do art. 3º do DL nº 911/69 previu-se as medidas que podem ser tomadas pelo magistrado caso ele não tenha acesso ao sistema RENAVAM para inserir a restrição na base de dados do sistema. Neste caso, prevê o novo dispositivo que o juiz *deverá* oficiar o órgão de trânsito para que este faça o registro do gravame, bem como o retire depois da apreensão do bem.

O § 12 do art. 3º do DL nº 911/69 autoriza a parte interessada a requerer diretamente ao juízo da Comarca em que o bem estiver situado, caso não seja a mesma daquela em que tramita a ação, o pedido liminar de busca e apreensão, bastando, para tal, que anexe ao requerimento a cópia da petição inicial já protocolada. Caso a liminar já tenha sido deferida pelo juiz natural, a parte interessada requererá apenas o seu cumprimento junto ao juízo da outra Comarca, caso em que também deverá apresentar, junto com o seu requerimento, cópia da decisão que deferiu a medida.

Tal previsão visa, mais uma vez, dar celeridade e efetividade ao procedimento, dispensando-se a expedição de carta precatória para o cumprimento da medida em outra Comarca, a qual poderá ser deferida, ou determinada a sua efetivação, mediante requerimento formulado diretamente ao juízo da Comarca em que o bem estiver situado.

O § 13 do art. 3º do DL nº 911/69 aplica-se aos casos em que o Oficial de Justiça, ao cumprir o mandado de busca e apreensão, não esteja acompanhado do credor-fiduciário ou do representante deste, para levar o bem à sua sede ou outro local de sua responsabilidade.

Na prática, é comum o advogado do credor-fiduciário acompanhar o cumprimento da medida e, assim, apreender o veículo, levando-o para a instituição financeira. No entanto, caso isso não ocorra, prevê o dispositivo em exame que assim que cumprido mandado, deverá o juiz ser imediatamente comunicado, para que ele, ato contínuo, intime o banco para retirar o veículo do local depositado no prazo de 48 horas.

No § 14 do art. 3º do DL nº 911/69 o legislador trouxe uma obrigação para o devedor, determinando-lhe a entrega do bem com todos os documentos que lhe são inerentes, especialmente o Certificado de Registro e Licenciamento de Veículo – CRLV e o Documento Único de Transferência. O primeiro identifica o veículo e atesta quem é o seu proprietário, permitindo a sua circulação, enquanto que o segundo confere ao proprietário a autorização para vender o bem e, consequentemente, ao adquirente o direito de registrá-lo junto ao órgão competente. Assim, fica o credor-fiduciário autorizado a circular com o veículo, inclusive levando-o ao local de depósito, bem como fica o devedor-fiduciante impedido de transferir formalmente o bem após a apreensão, protegendo o terceiro de boa-fé.

## 6.2. Ação de depósito

Com o advento da Lei nº 13.043/2014, a possibilidade do manejo da ação de depósito e consequente prisão do devedor-depositário infiel não mais subsiste. Segundo a redação original do art. 4º do DL nº 911/69, se o bem não fosse encontrado nas mãos do devedor no momento do cumprimento do mandado de busca e apreensão, o credor tinha a faculdade de requerer a conversão do pedido de busca e apreensão em ação de depósito, nos mesmos autos da ação de busca e apreensão.

No entanto, a Lei nº 13.043/2014 alterou a redação do art. 4º do DL nº 911/69 para prever que "Se o bem alienado fiduciariamente não for encontrado ou não se achar na posse do devedor, fica facultado ao credor requerer, nos mesmos autos, a conversão do pedido de busca e apreensão em *ação executiva*".

Com efeito, a possibilidade maneja da ação de busca e apreensão em ação de depósito não mais subsiste, pelo quê não se faz mais necessário discorrer sobre o tema.

Se prejuízo, é preciso observar que desde o julgamento, pelo Supremo Tribunal Federal, do HC 466.343/SP, o que ocorreu em 03 de dezembro de 2008, a ação de depósito nos contratos de alienação fiduciária em garantia caiu em desuso.

Isso porque, a grande vantagem desta medida era a possibilidade de requerer a prisão civil do devedor-fiduciante na condição de depositário infiel. Ocorre que, no julgamento do referido *habeas corpus*, o Supremo Tribunal Federal entendeu pela inconstitucionalidade desta espécie de prisão civil, razão pela qual não se afigurava mais interessante o pedido de conversão da ação de busca e apreensão em ação de depósito, pois aquela forte medida de coerção – a prisão civil – não era mais possível.

Então, no cenário atual, não se admite mais a mencionada conversão de ações e, tampouco, a prisão civil do depositário infiel em contrato de alienação fiduciária em garantia.

## 6.3. Ação de execução

Consoante dispõe o art. 5º do DL nº 911/69, pode o credor optar por obter o seu crédito mediante uma ação de execução, ao invés de ajuizar a ação de busca e apreensão ou, caso já tenha proposto a referida ação, pedir a sua conversão em execução, nos termos do art. 4º do DL nº 911/69.

Neste caso, o credor buscará tão somente a satisfação de seu crédito sobre o patrimônio geral do devedor, dispensando, pois, a garantia fiduciária decorrente do contrato de alienação fiduciária em garantia, ou seja, o credor não irá satisfazer seu crédito a partir da alienação do bem dado em garantia, deixando-o em poder do devedor.

Do mesmo modo, ao optar pela conversão da ação de busca e apreensão em ação de execução, o credor renunciará à medida já requerida, substituindo-a por outra através da qual ingressará no patrimônio do devedor para penhorar tantos bens quantos forem necessários para a satisfação do seu crédito.

Há que se destacar que tanto o pedido diretamente formulado de execução, quanto o de convolação das ações, deve ele ser feito quando o credor tiver certeza de que o devedor possui bens suficientes para a satisfação de seu crédito, uma vez que não será levado em consideração o bem alienado fiduciariamente.

Conforme prevê o *caput* do art. 5º do DL nº 911/69, na ação de execução serão penhorados tantos bens do devedor quanto forem necessários para a satisfação do crédito do credor, de modo que a integralidade do patrimônio do devedor responderá pela dívida, excluindo-se, por certo, aquele bem objeto da garantia, pois este ainda integra um patrimônio de afetação, enquanto não consolidada a sua propriedade, seja nas mãos do credor, seja nas do devedor.

## 6.4. Ação monitória

Havendo saldo devedor remanescente após a alienação do bem apreendido na ação de busca e apreensão, a ação adequada para a cobrança desse resquício é a monitória, especialmente quando a alienação for extrajudicial, sem que tenha havido prévia avaliação, e tampouco anuência do devedor, venda essa autorizada pela legislação, como já visto exaustivamente, no *caput* do art. 2º do DL nº 911/69.

Nesse caso, o saldo remanescente perde a sua liquidez. Sendo a ação monitória a ação que visa a rápida formação de um título executivo judicial para o credor que não o tem,[125] mas que possui a comprovação de seu crédito por documento escrito sem eficácia de título executivo, como prevê o art. 700 do Código de Processo Civil,[126] o seu ajuizamento conferirá mais celeridade e eficácia para a obtenção do crédito, sendo ainda menos oneroso para o devedor.

E isso porque, como prevê o art. 701 do Código de Processo Civil,[127] sendo evidente o direito do autor, o juiz deferirá, de plano, a expedição de mandado de pagamento, concedendo ao réu um prazo de 15 dias para que seja paga a quantia devida, acrescida do montante de 5% sobre o valor da causa a título de honorários advocatícios. Uma vez pago

125 CÂMARA, Alexandre Freitas. *Lições de direito processual civil*. Rio de Janeiro: Lumen Juris, 2006. v. III, p. 521.

126 "Art. 700. A ação monitória pode ser proposta por aquele que afirmar, com base em prova escrita sem eficácia de título executivo, ter direito de exigir do devedor capaz: I – o pagamento de quantia em dinheiro; II – a entrega de coisa fungível ou infungível ou de bem móvel ou imóvel; III – o adimplemento de obrigação de fazer ou de não fazer.

127 "Art. 701. Sendo evidente o direito do autor, o juiz deferirá a expedição de mandado de pagamento, de entrega de coisa ou para execução de obrigação de fazer ou de não fazer, concedendo ao réu prazo de 15 (quinze) dias para o cumprimento e o pagamento de honorários advocatícios de cinco por cento do valor atribuído à causa".

o valor no prazo concedido, estará o devedor isento do pagamento das custas processuais (art. 701, § 1º do Código de Processo Civil),[128] como forma de estímulo à quitação da dívida.

### 6.5. Ação possessória – reintegração de posse

Por fim, para o credor-fiduciário titular de propriedade fiduciária constituída fora do âmbito do mercado financeiro e de capitais, e que também não seja titular de crédito fiscal ou previdenciário, cabe-lhe manejar a ação de reintegração de posse, caso deseje reaver o bem.

Como já exposto, para esses credores não é aplicável o procedimento do DL nº 911/69, razão pela qual não será possível o manejo da ação de busca e apreensão para a retomada do bem.

Então, no caso de inadimplemento do devedor, e uma vez rescindido o contrato sem que haja a purgação da mora, não será mais legítima a sua posse sobre o bem, configurando-se, pois, o esbulho possessório que autoriza o ajuizamento da ação de reintegração de posse, a qual seguirá o rito do Código de Processo Civil a partir de seu art. 560.

## 7. ALIENAÇÃO FIDUCIÁRIA DE BENS IMÓVEIS

### 7.1. Conceito e natureza jurídica

A última questão a ser examinada sobre o contrato de alienação fiduciária em garantia é aquela em que o objeto do negócio é um bem imóvel, ou seja, a coisa que será alienada fiduciariamente, como garantia do contrato de financiamento, é um bem imóvel.

Em sua essência, esta espécie de alienação fiduciária é idêntica àquela tratada nas linhas anteriores. Entretanto, há algumas peculiaridades que devem ser examinadas, especialmente porque está se tratando, aqui, de um negócio voltado à aquisição de bens imóveis no âmbito do Sistema de Financiamento Imobiliário.

Por conta desta particularidade, o legislador trouxe algumas regras próprias para a alienação fiduciária de bens imóveis, as quais estão previstas na Lei nº 9.514/97, em seus artigos 22 a 33, ato normativo esse que tem como objeto dispor sobre o Sistema de Financiamento Imobiliário - SFI.

Logo em seu art. 22, a mencionada lei traz o conceito do instituto, reforçando a sua natureza contratual, como defendido por nós no item 2 deste capítulo. Segundo o dispositivo em comento, "a alienação fidu-

128 "Art. 701. § 1º O réu será isento do pagamento de custas processuais se cumprir o mandado no prazo".

ciária regulada por esta Lei é o negócio jurídico pelo qual o devedor, ou fiduciante, com o escopo de garantia, contrata a transferência ao credor, ou fiduciário, da propriedade resolúvel de coisa imóvel."

Vê-se, pois, que a lei é expressa em afirmar que a alienação fiduciária é o *negócio jurídico* por meio do qual se *contrata* a transferência da propriedade resolúvel de coisa imóvel com o fim de garantia. Assim, parece-nos, com tal previsão legal, que não há dúvidas da natureza contratual da alienação fiduciária.

Assim, podemos conceituar a alienação fiduciária em garantia de bens imóveis como o contrato por meio do qual o devedor-fiduciante transfere a propriedade de um bem imóvel ao credor-fiduciário, como garantia do adimplemento do empréstimo contraído para a aquisição da própria coisa.

E este contrato, para que produza seus regulares efeitos, isto é, para que promova, de fato, a transferência da titularidade do imóvel como garantia do adimplemento da obrigação, constituindo o direito real de propriedade fiduciária, deve ser registrado no Registro de Imóveis competente, averbando-se a transferência na matrícula do imóvel com o objetivo de constituição da garantia.

Observe-se, entretanto, que apesar de envolver um bem imóvel, admite o legislador a celebração do contrato por instrumento particular, não importando o valor do bem, o qual terá efeitos de escritura pública, na forma do art. 38 da lei. Trata-se, induvidosamente, de uma exceção à regra do art. 108 do Código Civil, a qual exige escritura pública nos negócios envolvendo imóveis em valor superior a 30 salários mínimos.[129]

No tocante à propriedade transferida ao credor, por certo é ela resolúvel, de modo que, uma vez implementada a condição resolutiva,

129 Interpretando o mencionado dispositivo, sustenta Melhim Chalhub que não só o contrato de alienação fiduciária pode ser celebrado por instrumento particular, como também o próprio contrato de compra e venda: "Os atos e contratos referidos na Lei nº 9.514/97, bem como aqueles resultantes da sua aplicação, poderão ser formalizados por instrumento particular. A lei não faz restrição alguma quanto às modalidades de contrato passíveis de ser formalizados mediante instrumento particular em relação à Lei nº 9.514/97; ao contrário, estende a possibilidade de formalizar por instrumento particular a todos 'os atos e contratos referidos nesta lei ou resultantes de sua aplicação.' Assim, quando resultantes da referida lei, podem ser celebrados por instrumento particular a compra e venda, a promessa de venda, a hipoteca, a caução de direitos aquisitivos, a cessão fiduciária, a alienação fiduciária, enfim, os atos e contratos relacionados à comercialização de imóveis e à constituição de garantias imobiliárias previstas na Lei nº 9.514/97 ou resultantes dela." (CHALHUB. Op. cit. p. 234)

que é o pagamento integral do preço do financiamento, a propriedade do bem retorna plena para as mãos do devedor-fiduciante, nos exatos termos do art. 25 da lei especial.[130]

Por essa razão, deverá o credor-fiduciário entregar ao devedor-fiduciante, no prazo de 30 dias a contar da data do pagamento da última parcela do financiamento, o respectivo termo de quitação, sob pena de multa equivalente a 0,5% ao mês, ou fração, sobre o valor do contrato, na forma do § 1º do mesmo art. 25 da Lei nº 9.514/97.

De posse do termo de quitação, o devedor-fiduciante o apresentará ao Oficial do Registro de Imóveis, que efetuará o cancelamento da propriedade fiduciária em nome do credor-fiduciário, de modo a torná-la plena nas mãos do devedor.

## 7.2. Sujeitos

Outra questão importante, e que não pode deixar de ser enfrentada, é a dos sujeitos do contrato de alienação fiduciária de bens imóveis. Apesar de só poderem operar no Sistema de Financiamento Imobiliário as pessoas indicadas no art. 2º da Lei nº 9.514/97 – as caixas econômicas, os bancos comerciais, os bancos de investimento, os bancos com carteira de crédito imobiliário, as sociedades de crédito imobiliário, as associações de poupança e empréstimo, as companhias hipotecárias e, a critério do Conselho Monetário Nacional, outras entidades –, para a alienação fiduciária em garantia de bem imóvel o legislador autorizou que qualquer pessoa, natural ou jurídica, integre o polo ativo e passivo do contrato.

Segundo o disposto no § 1º do art. 22 da lei especial, "a alienação fiduciária poderá ser contratada por pessoa física ou jurídica, não sendo privativa das entidades que operam no SFI". Portanto, na alienação fiduciária de bens imóveis, qualquer pessoa natural ou jurídica poderá ocupar a posição tanto de credor-fiduciário, quanto de devedor-fiduciante.[131]

130 Art. 25. Com o pagamento da dívida e seus encargos, resolve-se, nos termos deste artigo, a propriedade fiduciária do imóvel.

131 Neste mesmo sentido é o entendimento de Renan Miguel Saad: "Qualquer pessoa, natural ou jurídica, poderá ser, não só o fiduciário, mas também o fiduciante, desde que preencham os requisitos gerais para celebração de negócio jurídico, quais sejam: capacidade aparente e genérica e poderes de disposição. Por sua vez, os entes despersonalizados, tais como a massa falida, o condomínio, o espólio, etc., não poderão contratar alienação fiduciária de bens imóveis, pois, não são pessoas dotadas de personalidade jurídica, embora possa litigar, tendo capacidade judiciária." (SAAD, Renan Miguel. *A alienação fiduciária sobre bens imóveis*. Rio de Janeiro:

Tal questão é tratada, inclusive, com destaque na doutrina, em razão da forte divergência que pairava sobre o contrato de alienação fiduciária de bens móveis, como observamos no item 3 deste capítulo.

Como exemplo, vale transcrever a lição Marcelo Terra, em obra específica sobre o tema, na qual explicita que "a alienação fiduciária não é privativa das operações realizadas no âmbito do SFI, podendo ser livremente utilizada mesmo pelas pessoas (físicas ou jurídicas, empreendedoras imobiliárias ou não) que não sejam classificadas como entidades autorizadas a operar no SFI (§ único, art. 22). No regime do decreto lei nº 911/69 muito se discute se entes ou entidades não financeiras podem contratar a alienação fiduciária de bens móveis; com o texto explícito da lei nº 9.514/97 esta dúvida não existe, o que certamente induzirá a um maior desenvolvimento prático do instituto, ampliando-se o leque de sua utilização.

Assim, qualquer pessoa, física ou jurídica, pode ser o transmitente em garantia, o devedor (fiduciante), ou o credor (fiduciário) somente se lhes exigindo o requisito geral da capacidade para alienar ou para praticar atos civis.

Pela Resolução nº 2.480, de 26 de março de 1998, o Banco Central do Brasil tornou público que o Conselho Monetário Nacional resolveu esclarecer que a alienação fiduciária de coisa imóvel poderá garantir os financiamentos habitacionais no âmbito do SFH."[132]

A conclusão, então, é que deu o legislador uma liberdade irrestrita para toda e qualquer pessoa transferir fiduciariamente um bem imóvel como garantia do financiamento para a sua aquisição.

O objetivo da norma legal, ao ampliar o rol de legitimados para a contratação da alienação fiduciária, é, à toda evidência, fomentar as transações imobiliárias e, assim, possibilitar que qualquer pessoa adquira um imóvel mediante a obtenção de um empréstimo/financiamento com a entrega do próprio bem como garantia do adimplemento da obrigação.

---

Renovar, 2001. pp. 148-149). É este também o entendimento de Marco Aurélio Bezerra de Melo (MELO, Marco Aurélio Bezerra de. *Curso de Direito Civil: Direito das coisas*. v. V. São Paulo: Atlas, 2015. p. 560) e de Afranio Carlos Camargo Dantzger (DANTZGER, Afranio Carlos Camargo. *Alienação fiduciária de bens imóveis*. 3. ed. São Paulo: Método, 2010. pp. 56-57).

---

132 TERRA, Marcelo. *Alienação fiduciária de imóvel em garantia (Lei nº 9.514/97, primeiras linhas)*. Porto Alegre: Sergio Antonio Fabris Editor, 1998. p. 28. Quanto à Resolução citada pelo autor em seu texto, esta foi revogada inteiramente pela Resolução Bacen nº 2.519/1998, e seu regulamento anexo, a qual passou a admitir também a alienação fiduciária como garantia para os financiamentos habitacionais.

Sem prejuízo do que se disse, importa registrar que se exige, para tal contratação, a capacidade civil da parte, elemento esse inerente a todo e qualquer contrato, conforme o disposto no art. 104 do Código Civil, especialmente porque o objeto material deste negócio é um bem imóvel.[133]

Note-se, entretanto, que não está vedada a realização do negócio por incapaz. Ocorre que, figurando no polo da relação um incapaz, deverá ele ser representado ou assistido, dependendo do grau de incapacidade, bem como se exigirá autorização judicial para a alienação do bem em garantia.[134]

Há que se observar, ainda, que o contrato de alienação fiduciária é dinâmico, de modo que se admite a possibilidade de cessão da posição contratual por quaisquer das partes. Como consequência, poderá o credor-fiduciário ceder a terceiro a sua posição no contrato, caso em que ao cessionário serão transferidos todos os direitos e obrigações inerentes ao cedido, assim como poderá o devedor-fiduciante transferir a sua posição no contrato a outrem, o qual assumirá também os direitos e obrigações deste.

## 7.3. Objeto

Quanto ao objeto material do contrato, é ele, como já exaustivamente mencionado, um bem imóvel. Com a celebração do negócio transfere-se, para o credor-fiduciário, a propriedade de um bem imóvel, que pode ser, por exemplo, uma casa ou um apartamento, construídos ou não, ou até mesmo um mero terreno não edificado.

Veja-se que, com relação aos imóveis em construção, ou terrenos sem edificação, dispunha a redação original do art. 22 da lei especial, a qual continha um parágrafo único, que podia ser objeto do contrato de alienação fiduciária "imóvel concluído ou em construção".

---

133 O mesmo sentido é a lição de Melhim Chalhub: "Segundo os princípios gerais, devem ambas as partes ter capacidade para contratar, notadamente para dispor de seus bens, pois esse contrato encerra a transmissão da propriedade de um imóvel do devedor-fiduciante para o credor-fiduciário e, subsequentemente, a reversão da propriedade para o fiduciante, se realizada a condição, ou sua transmissão do fiduciário para terceiro (neste último caso, se se frustrar a condição a que está subordinado o negócio, a propriedade se consolida no fiduciário e este deve promover dois leilões para venda do imóvel a terceiro, para satisfação do seu crédito). Importa, portanto, que ambos os contratantes tenham capacidade para alienar". CHALHUB. Op. cit. pp. 227-228.

134 Cf. DANTZGER. Op. cit. p. 66.

Essa redação gerou inúmeras controvérsias, especialmente quanto aos terrenos sem qualquer construção, pois ante a ausência de previsão legal, entendiam alguns que estes não podiam ser objeto de contrato de alienação fiduciária em garantia, impedindo, deste modo, que construtoras e incorporadoras pudessem alienar fiduciariamente esses bens como garantia de financiamento para a construção dos edifícios.

Não obstante, prevalecia o entendimento de que, como a lei previa, no *caput* do art. 22, que o objeto do contrato eram os bens imóveis, por óbvio que o financiamento para a aquisição de um mero terreno poderia ser garantido pela alienação fiduciária, uma vez que bem imóvel, nos termos da lei civil, é o solo e tudo o que o homem, ou a natureza, lhe fizer incorporar permanentemente.[135]

Com efeito, estando o terreno contido no conceito de imóvel, era plenamente possível que ele fosse dado em garantia do financiamento.

No entanto, do ponto de vista legislativo, em razão das especificações previstas no parágrafo único do art. 22 da lei, a questão permanecia conflitante e indefinida.

Em razão dessa tormentosa controvérsia, o art. 22 da Lei nº 9.514/97 passou por inúmeras alterações, com inclusões e modificações de parágrafos, chegando à redação atual que foi dada pela Lei nº 11.481/2007, a qual se limitou a manter, no *caput* do mencionado dispositivo, que a alienação fiduciária regulada pela Lei nº 9.514/97 tem como escopo a transferência, como garantia, de coisa imóvel, não trazendo mais restrições ou especificações que antes acarretavam tantas discussões.

Assim, previu-se genericamente, como objeto do contrato, os bens imóveis, sem fazer qualquer especificação limitativa acerca da qualidade destes, de modo que a possibilidade, atualmente, é ampla quanto aos bens passíveis de alienação fiduciária imobiliária, sepultando, desta forma, a controvérsia.[136]

---

135 Código Civil, art. 79. São bens imóveis o solo e tudo quanto se lhe incorporar natural ou artificialmente.

136 Nesse sentido, é a opinião de Afranio Dantzger (DANTZGER. Op. cit. pp. 57-60) e de Marco Aurélio Bezerra de Melo, para quem "a revogação do parágrafo único do artigo 22 da Lei nº 9.514/97 pela Lei nº 11.076/2004, continuamos concordando com o Advogado Renan Miguel Saad quando diz ser possível constituir propriedade fiduciária sobre imóvel futuro, pois é comum na incorporação imobiliária serem vendidas unidades autônomas em construção e, com o regristro do Memorial de Incorporação junto ao Registro de Imóveis, estará protegido o adquirente da mesma forma quando se submete ao regime hipotecário em que tal possibilidade é expressa". (MELO. Op. cit. p. 560)

Note-se que o conceito, atualmente, é tão amplo que o Superior Tribunal de Justiça, inclusive, já decidiu que os bens imóveis por acessão intelectual, os quais eram previstos no art. 43, III do Código Civil (hoje chamados de pertenças pelo Código Civil de 2002, em seu art. 93), também podem ser objeto de alienação fiduciária.[137]

Ainda no tocante ao objeto, admitiu o legislador, também como objeto deste contrato, e nos exatos termos dos incisos do § 1º do art. 22, os quais foram acrescidos pela Lei nº 11.481/2007, os bens enfitêuticos, hipótese em que será exigível o pagamento do laudêmio, se houver a consolidação do domínio útil no fiduciário; o direito de uso especial para fins de moradia; o direito real de uso, desde que suscetível de alienação; e a propriedade superficiária.

Com a nova redação da lei especial, o legislador afastou outras inúmeras dúvidas e controvérsias, de modo que para a aquisição de todos esses direitos é possível a celebração do contrato de alienação fiduciária, transferindo-os em garantia para o credor-fiduciário.

Mas, mesmo com a solução de inúmeras controvérsias, algumas observações ainda precisam ser feitas.

A enfiteuse, não mais prevista no Código Civil de 2002 (por força do art. 2.038 do CC, não é mais possível a constituição de novas enfiteuses, sendo as já constituídas regidas pelo Código Civil de 1916), é o direito real de garantia por meio do qual o proprietário atribui a terceiro o domínio útil sobre a coisa, de modo que o enfiteuta ou o foreiro, que é aquele que recebe o bem, passa a ter todos os direitos sobre a coisa mediante o pagamento de uma pensão ou foro ao proprietário. Assim, pela enfiteuse o foreiro ou enfiteuta tem sobre a coisa a posse direta e, ainda, o direito de uso, gozo e disposição mediante a alienação por ato *inter vivos* ou *causa mortis*, tendo, entretanto, a eterna obrigação de pagar a pensão ou foro ao proprietário.

Sobre a possibilidade de alienação fiduciária em garantia de imóvel enfitêutico pairava grande controvérsia, a qual foi sanada com o advento das Leis nº 11.076/2004 e 11.481/2007.

Mas, com o advento desta última lei, inúmeros outros direitos passaram, por disposição expressa, a poder constituir objeto de alienação fiduciária, como o direito de uso especial para fins de moradia, o direito real de uso e a propriedade superficiária, devendo-se observar que a propriedade fiduciária sobre o direito real de uso e sobre a propriedade superficiária tem duração limitada ao prazo da respectiva concessão ou direito de superfície, caso tenham sido transferidos por período determinado, conforme o disposto no § 2º do art. 22 da Lei nº 9.514/97.

---

137 Ver REsp 251.427 / PA. Rel. Ministro Carlos Alberto Menezes Direito. Terceira Turma. DJ 05/03/2001.

Quanto ao direito real de superfície, este consiste em uma espécie peculiar de propriedade em que o dono do terreno concede a um terceiro o direito de construir ou plantar, por tempo determinado, de modo que se opera uma divisão entre as faculdades do domínio, uma vez que o terreno continua a pertencer ao seu proprietário, e o prédio ou a plantação a outro. Excepciona-se, assim, o princípio da acessão imobiliária, segundo o qual a coisa acedida incorpora-se ao terreno, dele não se separando.

Na propriedade superficiária há, entretanto, o desdobramento do domínio, passando a existir dois titulares: o proprietário do terreno e o proprietário da acessão. Cada uma dessas propriedades é autônoma e incomunicável em relação aos direitos e obrigações vinculadas a cada uma delas.

Com o advento da Lei nº 11.481/2007, passou-se a ser possível alienar fiduciariamente a construção, permanecendo livre de qualquer ônus o terreno sobre o qual foi ela edificada.

Por fim, há que se observar que é possível dar em alienação fiduciária imóvel gravado por outro direito real de garantia, uma vez que estando a propriedade ainda em poder do devedor, pode ele transferi-la fiduciariamente ao credor.

Entretanto, não poderá o imóvel já dado em garantia em alienação fiduciária ser objeto de nova alienação fiduciária, haja vista que, se o devedor-fiduciante não tem mais a propriedade da coisa quando a transferiu ao credor-fiduciário, não poderá dá-la a outro credor concomitantemente.

Não obstante, o enunciado 506 da V Jornada de Direito Civil do Conselho de Justiça Federal admite tal possibilidade, desde que a nova alienação recaia sobre a propriedade superveniente, que será readquirida quando do implemento da condição na primeira operação: "Estando em curso contrato de alienação fiduciária, é possível a constituição concomitante de nova garantia fiduciária sobre o mesmo bem imóvel, que, entretanto, incidirá sobre a respectiva propriedade superveniente que o fiduciante vier a readquirir, quando do implemento da condição a que estiver subordinada a primeira garantia fiduciária; a nova garantia poderá ser registrada na data em que convencionada e será eficaz desde a data do registro, produzindo efeito ex tunc."

## 7.4. Requisitos do contrato

Como já observado, segundo o disposto no art. 38 da Lei nº 9.514/97, o contrato de alienação fiduciária de bem imóvel pode ser formalizado por instrumento público ou particular, o qual deverá ser registro no Registro de Imóveis competentes, sendo que se a forma utilizada for particular, terá ela efeitos de escritura pública.

Mas, apesar da liberdade conferida pelo legislador quanto à forma do instrumento, exigiu-se, em contrapartida, determinados requisitos obrigatórios e essenciais para que o contrato sirva de título ao negócio fiduciário.

Segundo o art. 24 da Lei nº 9.514/97, são requisitos do contrato de alienação fiduciária o valor do principal da dívida; o prazo e as condições de reposição do empréstimo ou do crédito do fiduciário; a taxa de juros e os encargos incidentes; a cláusula de constituição da propriedade fiduciária, com a descrição do imóvel objeto da alienação fiduciária e a indicação do título e modo de aquisição; a cláusula assegurando ao fiduciante, enquanto adimplente, a livre utilização, por sua conta e risco, do imóvel objeto da alienação fiduciária; a indicação, para efeito de venda em público leilão, do valor do imóvel e dos critérios para a respectiva revisão; a cláusula dispondo sobre os procedimentos a ser utilizados para a venda forçada do imóvel em caso de inadimplemento do devedor, na forma do art. 27 da lei.

Em relação a um destes requisitos, uma observação precisa ser feita. A Lei nº 13.465/2017 incluiu um parágrafo único ao art. 24 para tratar da indicação do valor do imóvel para fins de venda em leilão público, dispondo que "Caso o valor mencionado pelas partes nos termos do inciso VI do caput deste artigo seja inferior ao utilizado pelo órgão competente como base de cálculo para a apuração do imposto sobre transmissão inter vivos, exigível por força da consolidação da propriedade em nome do credor fiduciário, este último será o valor mínimo para efeito de venda do imóvel no primeiro leilão".

Tal previsão tem nítido caráter protetivo, especialmente para o devedor-fiduciante, evitando-se que se convencione um valor muito inferior ao que seria o de mercado ou, ao menos, o razoável, para a venda do bem em leilão no caso de mora do devedor.

Por fim, cumpre repisar que todas essas cláusulas têm caráter obrigatório, pelo o que, se ausentes, não terá o instrumento o condão de transferir fiduciariamente o imóvel como garantia da obrigação, não sendo passível de registro pelo Oficial do RI e, consequentemente, não produzirá os efeitos previstos na lei.

## 7.5. Mora, inadimplemento absoluto, procedimento para retomada e alienação do bem e consolidação da propriedade

Como todo e qualquer contrato, a extinção natural do contrato de alienação fiduciária em garantia se dá com o cumprimento das obrigações pelas partes. Neste caso específico, tem-se um contrato de garantia, que constitui uma propriedade fiduciária, com o objetivo de assegurar a satisfação do credor no caso de inadimplemento do devedor no contrato de financiamento para a compra de um bem imóvel.

Por essa razão, e como visto no item 7.1 deste capítulo, adimplida integralmente a obrigação pelo devedor, a propriedade do credor-fiduciário se resolve, na medida em que é uma propriedade resolúvel, e se consolida definitivamente nas mãos do devedor-fiduciante.

A hipótese diversa é aquela em que devedor-fiduciante não adimple com a sua obrigação, ficando em mora ou absoluto inadimplemento. Isso ocorrendo, e do mesmo modo que temos na alienação fiduciária de bem móvel, a lei prevê um procedimento próprio para a satisfação do crédito do credor-fiduciário, inclusive com a consolidação da propriedade em seu nome.

O primeiro passo é a da constituição em mora do devedor-fiduciante. No caso do contrato de alienação fiduciária de bem imóvel, e diversamente do que se dá com a alienação fiduciária de bem móvel, a mora é *ex persona*, isto é, depende da notificação do devedor para a sua constituição,[138] como se extrai do disposto no art. 26, *caput* e parágrafos, da Lei nº 9.514/97, no qual se tem, passo-a-passo, o procedimento para a notificação e constituição em mora do devedor.

Cumpre ressaltar, entretanto, e antes do exame do referido procedimento, que há relevante posicionamento em contrário, afirmando ser *ex re* a mora, na medida em que as parcelas do financiamento têm termo certo, pelo quê a mora se constitui de pleno direito com o atraso no pagamento das prestações.[139]

Não obstante, e como dito anteriormente, a lei estabelece um longo e burocrático procedimento para a constituição em mora do devedor, contrariando a sistemática geral prevista na lei civil para a constituição em mora, assim como aquela prevista para o contrato de alienação fiduciária de bem móvel, em que a notificação do devedor se presta apenas para fins de comprovação da mora quando do pedido liminar de busca e apreensão.

Tal procedimento se justifica pela gravidade das consequências decorrentes da mora do devedor-fiduciante. Isso porque, constituído em mora, e não a purgando, perderá sumariamente o imóvel, cuja propriedade se consolidará nas mãos do credor-fiduciário. Por essa razão, previu o legislador um procedimento excepcional, tendo em vista que a perda de um bem imóvel é muito mais grave do que um móvel.

---

138 No mesmo sentido, Marco Aurélio Bezerra de Melo (MELO. Op. cit. p. 561) e Renan Miguel Saad (SAAD. Op. cit. p. 235).

139 Na lição de Melhim Chalhub, "A mora é *ex re*, na medida em que o contrato estipula termo certo para cumprimento da obrigação de pagar as prestações. Por isso mesmo, o não pagamento de alguma das prestações configura de pleno direito a mora, independente de notificação, em razão da regra do art. 397 do Código Civil. Nestas circunstâncias, a notificação do devedor tem a função de comprovar a mora, não obstante lhe dê oportunidade para purgação". CHALHUB. Op. cit. p. 323-324.

Por essa razão, e segundo o disposto no *caput* e nos §§ 1º e 2º do art. 26 da Lei nº 9.514/97,[140] vencida e não paga a dívida, no todo ou em parte, deve ser constituído em mora o devedor, após observado o prazo de carência estabelecido contratualmente pelas partes, durante o qual se admite a regularização do débito sem que se considere em mora o devedor. Ultrapassado, contudo, o prazo estabelecido, deverá ser constituído em mora, o que se dá mediante interpelação extrajudicial, através do oficial do Registro de Imóveis, na pessoa do próprio devedor-fiduciante ou de seu representante legal ou procurador regularmente constituído.

Como se vê, e ao contrário do que ocorre na alienação fiduciária de bens móveis, a intimação do devedor-fiduciante na alienação fiduciária de bens imóveis deve se dar pessoalmente na própria pessoa do devedor, ou na de seu representante legal ou procurador regularmente constituído. Além disso, e por requerimento do oficial do Registro de Imóveis, a interpelação pode se dar através do Cartório de Títulos e Documentos ou pelo correio com aviso de recebimento.[141]

Caso a tentativa de intimação seja, por duas vezes, infrutífera, não conseguindo se localizar o devedor, e havendo suspeita de que ele está se ocultando, admite-se que seja intimada qualquer pessoa da família do devedor, vizinho dele, ou o funcionário da portaria no caso de condomínios edilícios, de que no dia útil seguinte a pessoa designada pelo cartório de Registro de Imóveis para a interpelação retornará para realizá-la, aplicando-se, assim, o regime análogo à citação por hora certa previsto nos arts. 252, 253 e 254 do Código de Processo Civil.[142]

---

140 Art. 26. Vencida e não paga, no todo ou em parte, a dívida e constituído em mora o fiduciante, consolidar-se-á, nos termos deste artigo, a propriedade do imóvel em nome do fiduciário. § 1º Para os fins do disposto neste artigo, o fiduciante, ou seu representante legal ou procurador regularmente constituído, será intimado, a requerimento do fiduciário, pelo oficial do competente Registro de Imóveis, a satisfazer, no prazo de quinze dias, a prestação vencida e as que se vencerem até a data do pagamento, os juros convencionais, as penalidades e os demais encargos contratuais, os encargos legais, inclusive tributos, as contribuições condominiais imputáveis ao imóvel, além das despesas de cobrança e de intimação. § 2º O contrato definirá o prazo de carência após o qual será expedida a intimação.

141 Art. 26. § 3º A intimação far-se-á pessoalmente ao fiduciante, ou ao seu representante legal ou ao procurador regularmente constituído, podendo ser promovida, por solicitação do oficial do Registro de Imóveis, por oficial de Registro de Títulos e Documentos da comarca da situação do imóvel ou do domicílio de quem deva recebê-la, ou pelo correio, com aviso de recebimento.

142 Art. 26. § 3º-A. Quando, por duas vezes, o oficial de registro de imóveis ou de registro de títulos e documentos ou o serventuário por eles credenciado houver procurado o intimando em seu domicílio ou residência sem o encontrar, deverá, havendo suspeita motivada de ocultação, intimar qualquer pessoa da família ou, em sua falta,

Hipótese diversa é aquela em que o devedor estiver em local incerto ou inacessível. Neste caso, a tentativa de interpelação por hora certa seria, por certo, infrutífera, pelo quê previu-se, no § 4º do art. 26 da Lei nº 9.514/97, a possibilidade de a intimação se dar por edital, a requerimento do oficial do Registro de Imóveis, a qual se dará mediante publicação por 03 dias em jornal de grande circulação, tendo-se por constituído em mora o devedor a partir da última delas.[143]

Outra diferença marcante em relação ao procedimento de constituição em mora do devedor na alienação fiduciária de bem móvel, é que quando se tratar de contrato cujo objeto for um bem imóvel, a interpelação extrajudicial deverá conter o valor atualizado da dívida, acrescido dos juros convencionais, das penalidades e encargos contratuais, dos encargos legais, inclusive tributos, das contribuições condominiais e das despesas da cobrança e da própria interpelação.

Trata-se, portanto, de montante complexo, e que deve estar perfeitamente discriminado na notificação extrajudicial, sob pena de ineficácia desta, haja vista que o devedor deve estar plenamente cientificado dos valores que devem ser pagos para a purgação da mora, os quais o vincularão.

Por isso, caso o valor constante da notificação esteja, por exemplo, a menor, e for pago pelo devedor-fiduciante, não poderá o credor alegar que não houve a purgação da mora, tendo em vista que o equívoco foi por ele provocado, estando o devedor-fiduciante de boa-fé. Tal erro importará, a toda evidência, em renúncia dos valores não incluídos na comunicação.

Daí se infere a importância da interpelação extrajudicial e o seu caráter formal para a constituição em mora, na medida em que o débito é um valor complexo, de modo que o devedor deve estar plena e inequivocamente cientificado de todas as verbas devidas e o seu correspondente montante.

---

qualquer vizinho de que, no dia útil imediato, retornará ao imóvel, a fim de efetuar a intimação, na hora que designar, aplicando-se subsidiariamente o disposto nos arts. 252, 253 e 254 da Lei nº 13.105, de 16 de março de 2015 (Código de Processo Civil). § 3º-B. Nos condomínios edilícios ou outras espécies de conjuntos imobiliários com controle de acesso, a intimação de que trata o § 3º-A poderá ser feita ao funcionário da portaria responsável pelo recebimento de correspondência.

143 Art. 24. § 4º Quando o fiduciante, ou seu cessionário, ou seu representante legal ou procurador encontrar-se em local ignorado, incerto ou inacessível, o fato será certificado pelo serventuário encarregado da diligência e informado ao oficial de Registro de Imóveis, que, à vista da certidão, promoverá a intimação por edital publicado durante 3 (três) dias, pelo menos, em um dos jornais de maior circulação local ou noutro de comarca de fácil acesso, se no local não houver imprensa diária, contado o prazo para purgação da mora da data da última publicação do edital.

Uma vez notificado, o devedor-fiduciante tem 15 dias para pagar, perante o cartório de Registro de Imóveis, a integralidade do débito informado, assim purgando a mora e apagando os efeitos do atraso.

Veja-se, pois, que no caso da alienação fiduciária de bens imóveis não há dúvidas quanto à possibilidade de purgação da mora pelo devedor-fiduciante, e isso porque no *caput* do art. 26 da Lei nº 9.514/97 está expressamente previsto que o pagamento deverá corresponder às parcelas vencidas e as que se vencerem até a notificação, além dos encargos correspondentes, não abrangendo, portanto, as parcelas vincendas do contrato.

A razão para tal previsão é óbvia: uma vez que o financiamento diz respeito à compra de um bem imóvel, cujo valor se presume elevado, é certo que o devedor-fiduciante não teria condições de quitar a integralidade do contrato, de modo que, se o legislador assim previsse, ter-se-ia uma regra sem qualquer aplicação prática, pois não seria possível cumpri-la.

Além do mais, tratando da compra de um bem imóvel, que, como regra, é voltado à moradia da pessoa, os princípios da preservação do contrato e da função social ganham maior relevo e destaque, impondo-se a possibilidade de purgação da mora.

Feito o pagamento da dívida e, portanto, purgada a mora, convalescerão os vícios inerentes ao atraso, e o contrato prosseguirá regularmente. Caso a dívida venha a ser paga por um terceiro, como o fiador ou outro terceiro interessado, este se sub-rogará no crédito e na propriedade fiduciária, ocorrendo uma substituição no polo da relação contratual.

De outro modo, caso o devedor-fiduciante, ou o terceiro, não faça o pagamento no prazo previsto em lei, ter-se-á a extinção do contrato pelo inadimplemento absoluto, e a propriedade do bem imóvel se consolidará nas mãos do credor, devendo o oficial do Registro de Imóveis promover a averbação da propriedade em nome do fiduciário na matrícula do imóvel, estando, contudo, o registro condicionado à prova, pelo credor, do pagamento do imposto de transmissão inter vivos, como se extrai do disposto no art. 26, § 7º da Lei nº 9.514/97.

Na hipótese de estar alugado o imóvel, a locação poderá ser denunciada com o prazo de trinta dias para desocupação, salvo se tiver havido a concordância por escrito do fiduciário, devendo a denúncia ser feita no prazo de 90 dias a contar da data da consolidação da propriedade nas mãos do fiduciário, devendo essa situação constar expressamente em cláusula contratual específica do contrato de locação, destacando-se das demais, como determina o § 7º do art. 27 da Lei nº 9.514/97, sob pena de o devedor-fiduciante-locador vir a responder perante o locatário por perdas e danos decorrentes do despejo, ante a ausência de informação acerca da condição do imóvel.

Vê-se, pois, que o devedor-fiduciante, na condição de possuidor direto do imóvel, tem o direito de locá-lo a terceiro, auferindo renda com o bem, em que pese ter sido transferida a sua propriedade, fiduciariamente, ao credor, quando da celebração do contrato de alienação fiduciária. No entanto, consolidada a propriedade em nome do credor-fiduciário, em razão do inadimplemento do devedor, tem ele o direito de obter a posse plena do bem, mediante o despejo do inquilino.

Não obstante a propriedade do bem se consolide nas mãos do credor-fiduciário, passando a ter a sua posse plena, a lei não lhe autoriza a permanecer com o bem indefinidamente em seu patrimônio. Ao contrário, estabeleceu-se um prazo exíguo para que o credor aliene o imóvel.

Trata-se de medida que visa evitar que o credor-fiduciário, por interesses outros, crie empecilhos para que o devedor-fiduciante pague sua dívida e permaneça no imóvel. Por certo, é interesse de ambas as partes a continuidade do vínculo, na medida em que o devedor-fiduciante permanecerá com a expectativa de consolidar a propriedade em seu nome, mediante o cumprimento do contrato, e o credor-fiduciário receberá os valores com os juros e encargos previstos contratualmente, remunerando-se pelo seu investimento.

Tendo em mente este propósito, é comum que as partes esgotem todos os meios para a solução do problema do atraso, sendo que o credor só deve adotar as medidas extremas previstas em lei quando não for mais possível uma solução amigável.

Então, previu o legislador a impossibilidade de o credor-fiduciário permanecer eternamente com o bem em seu patrimônio, obrigando-o a aliená-lo como forma de desestímulo à adoção daquelas medidas.

Por essa razão, prevê o *caput* do art. 27 da Lei nº 9.514/97 que uma vez consolidada a propriedade em seu nome, o que se dá, por certo, com a correspondente averbação na matrícula do imóvel, tem o credor o prazo de 30 dias para promover o público leilão para a alienação do bem imóvel, o qual deverá ser comunicado ao devedor mediante envio de correspondência para o seu endereço constante do contrato, inclusive por *e-mail*, a qual conterá a data, horário e local do leilão.

Trata-se de modalidade extrajudicial de alienação, que deve ser pública para fins de maior publicidade e possibilidade de fiscalização e participação pelo devedor-fiduciante, que preferencialmente deverá comparecer ao ato.

A alienação, em leilão, deverá se dar pelo maior lance oferecido. Caso este seja inferior àquele mínimo estabelecido pelas partes contratualmente para alienação em leilão público, deverá ser realizado um segundo leilão nos quinze dias seguintes à realização do primeiro, o qual deverá ser comunicado ao devedor observando as mesmas formalidades anteriormente mencionadas.

Sem prejuízo, até a ocorrência do segundo leilão tem o devedor o direito de preferência na aquisição do imóvel pelo valor correspondente ao da dívida, somado a todos os encargos previstos nos §§ 2º e 2º-B do art. 27 da Lei nº 9.514/97.

Caso não exercite o seu direito, e chegar-se ao segundo leilão, neste admitir-se-á como lance vencedor o maior que for oferecido, mas desde que seja igual ou superior ao valor da dívida, das despesas, dos prêmios de seguro, dos encargos legais e das cotas condominiais devidas, no caso de imóvel em condomínio edilício.

Na hipótese de não se chegar, no segundo leilão, a este valor mínimo, vencerá o maior lance e o imóvel será arrematado, considerando-se extinta a dívida do devedor, que nada mais terá a pagar, obrigando-se o credor a lhe entregar o respectivo termo de quitação no prazo de 5 dias a contar da data da praça.

Por outro turno, se o valor da alienação for superior ao da dívida e demais encargos, deverá o credor-fiduciário entregar ao devedor-fiduciante a diferença apurada, considerando-se nela compreendido o valor da indenização de benfeitorias, dando-se recíproca quitação.

Questão importante é a faculdade conferida ao devedor de dar ao credor, desde que tenha a sua anuência, o seu direito eventual ao imóvel como pagamento da dívida, dispensando-se todo o procedimento de alienação extrajudicial, como preceitua o art. 26, § 8º, da Lei nº 9.514/97. Deste modo, acelera-se o procedimento, e o devedor estará exonerado da dívida, devendo o credor dar a ele a correspondente quitação.

Outra questão que merece ser observada é a aquela descrita no art. 30 da Lei nº 9.514/97. Segundo o mencionado dispositivo, "É assegurada ao fiduciário, seu cessionário ou sucessores, inclusive o adquirente do imóvel por força do público leilão de que tratam os §§ 1° e 2° do art. 27, a reintegração na posse do imóvel, que será concedida liminarmente, para desocupação em sessenta dias, desde que comprovada, na forma do disposto no art. 26, a consolidação da propriedade em seu nome".

Isso significa que o credor, ou quem o equivalha, terá direito, com a consolidação da propriedade, à ocupação do imóvel, de modo que poderá manejar, imediatamente, a ação de reintegração de posse, inclusive com a possibilidade de obtenção de liminar.

Nesta hipótese de retomada do bem, o devedor-fiduciante fica responsável pelo pagamento dos impostos, das taxas, das contribuições condominiais e de quaisquer outros encargos que recaiam ou venham a recair sobre o imóvel, até a data em que o fiduciário, ou o terceiro, vier a ser imitido na posse, de modo que, a partir da reintegração de posse, o devedor-fiduciante não responde mais por estes encargos, os quais não lhe podem ser imputados como dívida.

Por fim, questão controvertida acerca de todo este procedimento narrado diz respeito à validade da chamada *cláusula de perdimento* ou *decaimento*, uma vez que o credor-fiduciário, quando da alienação do bem, ou quando recebe o direito eventual sobre o imóvel como quitação da dívida, não é obrigado e restituir as parcelas pagas pelo devedor, que terá direito apenas ao termo de quitação.

Tal questionamento se torna ainda mais sensível quando se tiver uma relação de consumo, na qual incidirão as disposições do Código de Defesa do Consumidor que, expressamente, declara serem nulas de pleno direito, inclusive nas alienações fiduciárias em garantia de bens imóveis, as cláusulas que estabeleçam a perda total das prestações pagas pelo consumidor quando da resolução do contrato e a retomada do bem.

Para uma primeira parcela da doutrina, ainda nas hipóteses de relação de consumo, a cláusula de perdimento é válida na hipótese, uma vez que a Lei nº 9.514/97 é lei especial, devendo prevalecer sobre as demais. No tocante à aplicação do CDC, sustenta-se que a Lei nº 9.514/97, além de posterior, também guarda uma relação de especialidade em relação ao diploma consumerista, que seria uma lei geral das relações de consumo, de modo que aquela deve prevalecer sobre o CDC, sendo inaplicável o seu art. 53 quando trata da nulidade da cláusula de perdimento em contrato de alienação fiduciária em garantia de bens imóveis.[144]

No entanto, para uma segunda parcela da doutrina, a qual nos filiamos, a cláusula de perdimento ou decaimento, quando inserida em contrato de consumo, é inválida,[145] ainda que se trate de contrato de alienação fiduciária em garantia de bens imóveis, posição essa compartilhada na jurisprudência do Superior Tribunal de Justiça.[146]

E isso porque, havendo relação de consumo, a lei especial é o CDC, não se podendo caracterizá-la como uma lei geral. Deste modo, a Lei nº 9.514/97 não pode revogar as disposições da lei consumerista, ou prevalecer sobre elas em razão de uma suposta relação de especialidade, pelo quê só é ela plenamente aplicável, especialmente nesta situação, quando se tratar de uma relação paritária, de caráter estritamente civil ou empresarial. Ademais, nas relações de consumo tem-se a vulnerabilidade de uma das partes que, no caso, é o devedor-fiduciante, o qual está inequivocamente sujeito às imposições contratuais do credor-fiduciário, que inequivocamente terá um enriquecimento sem causa se retiver a integralidade das prestações pagas pelo consumidor.

144 Neste sentido, Afranio Carlos Dantzger (DANTZGER. Op. cit. p. 104-116) e Melhim Chalhub (CHALHUB. Op. cit. p. 300-313).

145 Neste sentido, José Guilherme Vasi Werner (SOUZA, Sylvio Capanema de; WERNER, J. G. Vasi; NEVES, Thiago F. Cardoso. *Direito do consumidor*. Rio de Janeiro: Forense, 2018. p. 188), Marco Aurélio Bezerra de Melo (MELO. Op. cit. p. 563-564) e Renan Miguel Saad (SAAD. Op. cit. p. 256-266).

146 REsp 1.132.943/PE. Rel. Ministro Luis Felipe Salomão. Quarta Turma. DJe 27/09/2013.

# 2

# Cartão de Crédito

A velocidade do crescimento da sociedade de consumo é acompanhada pelo desenvolvimento da tecnologia aplicável à celebração das operações comerciais. Métodos mais fáceis, cômodos e seguros de pagamento são reclamados pelos consumidores. A possibilidade de pagamentos a vista, ou de parcelamento imediato, sem a necessidade de emissão de títulos de crédito, torna os negócios mais atraentes para o público consumidor, bem como para os fornecedores.

Diminui-se o risco de inadimplemento, de extravio ou perda do título, bem como da insegurança que acompanha o mundo de hoje: transportar dinheiro em espécie, nos tempos atuais, é tarefa para corajosos.

A própria ameaça de fraudes, como a emissão de cheques falsos, roubados, além do afastamento de incidentes desagradáveis como a ausência de provisão de fundos em conta corrente para pagamento do título, fizeram essas formas de pagamento cair em desuso.

Por todos esses motivos é que, hodiernamente, a maioria das operações comerciais é realizada mediante a utilização de cartões de crédito, e também de débito.

E isso, induvidosamente, traz benefícios a toda a coletividade, uma vez que expande o crédito, aquece a economia, aumenta o mercado de consumo, o que reclama uma maior demanda e um aumento de produção, que leva à geração de empregos e aumento da arrecadação de impostos.

Mas esse pequeno documento plástico também não pode ser conclamado como a solução para todos os males da economia. É certo que trouxe ele inúmeros benefícios, todavia, muitos também são os males por ele causados.

O consumo desenfreado e o superendividamento[1] são fatos incontestes. A possibilidade de não desembolso imediato de dinheiro no ato da compra, bem como de infinitos parcelamentos, na maioria das vezes cria a ilusão da existência de um poder de compra que efetivamente não se tem.

---

1 Para um melhor aprofundamento do tema, recomendamos a leitura da obra *Superendividamento* – a proteção do consumidor de crédito em direito comparado brasileiro e francês, de Geraldo de Faria Martins da Costa, São Paulo: Revista dos Tribunais, 2002.

As administradoras de cartão de crédito acabam por conceder limites de crédito que não condizem com a realidade financeira do titular do cartão, que muitas vezes se vê diante de faturas cujos valores não são alcançados por seus bolsos.

E isso, ao revés, causa um caos, pois aumenta o rol de inadimplentes, de inclusões em cadastros restritivos de crédito e também de demandas judiciais visando discutir inúmeras questões.

Vê-se, pois, que o sistema de cartões de crédito não é algo simples. Deve ele ser examinado e utilizado com cautela, pois, como cediço, é o capital, infelizmente, que move o mundo, e a sua movimentação indevida pode acarretar graves consequências.

Assim, o estudo dos contratos de cartão de crédito tem grande relevância, e é com esse sentimento que passaremos a fazê-lo a partir de agora.

## 1. CONCEITO

A doutrina apresenta diversos conceitos sobre cartão de crédito, ora tratando-o como um mero objeto, ora como uma forma de pagamento, além de tratá-lo também como um negócio jurídico ou até como um sistema.

Em verdade, o cartão de crédito, em si, é um documento plástico, de tamanho padronizado, contendo uma numeração, o nome do titular, da administradora/emissora do cartão e da bandeira, além da data de validade. É, na lição do saudoso Fran Martins, um mero cartão de identificação, desprovido da característica de título de crédito.[2]

Já para Nelson Abrão, o cartão de crédito não é apenas um mero cartão de identificação. Segundo ele, o cartão de crédito é "um documento comprobatório cujo titular goza de um crédito determinado perante certa instituição financeira, o qual o credencia a efetuar compras de bens e serviços a prazo e saques de dinheiro a título de mútuo".[3]

O Prof. Paulo Maximilian, ao conceituar cartão de crédito, enfoca a característica de ser um meio para a realização de operações comerciais, afirmando que "o cartão de crédito é meio utilizado para a realização de operações comerciais, principalmente a compra e venda e a prestação de serviços, com a particularidade de o pagamento das despesas efetuadas desse modo ser realizado em uma data posterior e a uma pessoa diversa do vendedor, o emissor do cartão".[4]

2 MARTINS, Fran. *Contratos e obrigações comerciais*. 15. ed. Rio de Janeiro: Forense, 2001. p. 507.

3 ABRÃO, Nelson. *Direito bancário*. 13. ed. São Paulo: Saraiva, 2010. p. 220.

4 SCHONBLUM, Paulo Maximilian W. Mendlowicz. *Contratos bancários*. 3. ed. Rio de Janeiro: Freitas Bastos, 2009. p. 169.

O saudoso professor Waldirio Bulgarelli vislumbra o conceito de cartão de crédito sob a ótica negocial, ao afirmá-lo como "um negócio jurídico com várias facetas. Integrado por vários contratos que se desdobram entre os componentes do negócio, unifica-se pela finalidade proposta: permitir que o consumidor adquira de imediato, em determinados estabelecimentos comerciais ou de serviços, os bens e serviços de que necessita. Considerado como um todo, ajusta-se à luva, ao conceito de mecanismo jurídico, conforme o concebeu Ripert, pois, ao apertar-se o botão, tudo se processa como as partes ajustaram ou determinou a lei."[5]

Vê-se que a doutrina não é unívoca quanto ao conceito de cartão de crédito, isso porque cada um dos doutrinadores utiliza um diverso paradigma. Uns examinam-no do ponto de vista físico, enquanto um objeto representativo da relação mantida entre o titular do documento plástico e o emissor do cartão. Outros veem o cartão de crédito como um meio de pagamento, um instrumento de realização do crédito. E há aqueles que o veem como um negócio jurídico, um contrato propriamente dito, embora complexo.

Na verdade, juridicamente, o cartão de crédito é um *sistema* formado por uma rede de contratos, envolvendo diversas relações jurídicas entre diversos sujeitos, como as administradoras de cartões de crédito, as bandeiras, as credenciadoras, os fornecedores de produtos e serviços, os titulares dos cartões, bem como outras pessoas que integram essa complexa relação.

Isso porque apenas no conjunto dessas relações é que se revela a relevância jurídica dos cartões de crédito. Como explicita Waldo Fazzio, o cartão emitido pelas administradoras, inerte, sem desbloqueio e sem utilização, não tem qualificação jurídica. Todavia, no seu manejo para a celebração de operações mercantis exsurge o jurídico.[6]

Por essa razão, difícil é apresentar um conceito minudente, que contemple todas essas operações. Um conceito que tentasse explicitar todas as relações e características envolvidas no sistema de cartão de crédito se constituiria, em verdade, num livro.

Portanto, preferimos conceituar o cartão de crédito, simplificadamente, como um sistema composto por uma rede de contratos, envolvendo a filiação de fornecedores a uma empresa credenciadora vinculada a uma determinada, ou determinadas, bandeira(s), que se vincula(m) a uma administradora, geralmente uma instituição financeira, que conce-

5 BULGARELLI, Waldirio. A regulamentação dos cartões de crédito. *Revista de Direito Mercantil, Industrial, Econômico e Financeiro*, v. 14, nº 19, p. 57, 1975.

6 FAZZIO JÚNIOR, Waldo. *Cartão de crédito, cheque e direito do consumidor*. São Paulo: Atlas, 2011. p. 5.

de crédito ao titular de um documento de identificação plástico, permitindo a ele a aquisição de bens e fruição de serviços.

A partir desse conceito desenvolveremos cuidadosamente os demais aspectos desse complexo sistema de relações jurídicas.

## 2. NATUREZA JURÍDICA

Prevalece na doutrina o entendimento de que a relação jurídica decorrente do cartão de crédito tem a natureza de contrato atípico,[7] por inexistir regulamentação legal, sendo regido pelas próprias cláusulas contratuais firmadas pelas partes.

Não obstante, embora concordemos que inexiste regulamentação legal acerca do cartão de crédito, o que o tornaria, em princípio, um contrato atípico, pensamos que a realidade do sistema que o envolve impede que assim seja definida a sua natureza. Em verdade, quando se fala em cartão de crédito, do ponto de vista jurídico, tem-se uma rede contratual, não sendo possível falar em um único contrato, mesmo que misto ou complexo.

Isso porque, como expusemos no conceito de cartão de crédito, o que há é um sistema formado por diversas relações jurídicas[8] que, embora independentes, se encadeiam e formam uma verdadeira rede, sem a qual o precitado sistema inexistiria.

Por exemplo, o titular do cartão de crédito não celebra um contrato com a bandeira, mas ele depende da existência da relação jurídica da bandeira com as credenciadoras e/ou administradora do cartão, pois a inexistência desta relação, que não têm a participação do titular do documento, inviabilizaria todo o sistema.

Ainda no exemplo dado, embora o titular não possua vínculo jurídico direto com a bandeira, ele se beneficia da relação que ela mantém com a administradora do cartão e com as credenciadoras, pois é isso que possibilita que ele utilize este meio de pagamento nos estabelecimentos conveniados àquela bandeira.

---

7 FIGUEIREDO, Alcio Manoel de Sousa. *Cartão de crédito*. Questões controvertidas. Curitiba: Juruá, 2010. p. 24; Arnaldo Rizzardo entende esse negócio jurídico como contrato misto, pois compreende uma abertura de crédito e uma prestação de serviços. RIZZARDO, Arnaldo. *Contratos*. 9. ed. Rio de Janeiro: Forense, 2009. p. 1.386.

8 Nesse mesmo sentido, Waldo Fazzio Jr. afirma: "A natureza jurídica dos cartões como negócio jurídico complexo, ao mesmo tempo que resvala pela atraente via de sua atipicidade, conduz à ideia de uma conexão contratual que, sendo mais que mera coligação ou conjunto de negócios autônomos, apresenta-se como um autêntico sistema." FAZZIO JÚNIOR. Op. cit. p. 5.

Daí se vê a dificuldade de identificar o cartão de crédito como um único contrato, ainda que misto. E isso porque os contratos mistos são aquelas espécies de contratos atípicos formados por elementos de diversos outros contratos, formando uma nova *unidade contratual*, autônoma e independente em relação àqueles contratos que emprestaram as suas características para a formação desse novo negócio jurídico.

Por inexistir um único vínculo contratual, um único contrato, não é possível, a nosso sentir, caracterizar a relação decorrente dos cartões de crédito como um contrato misto.

Também entendemos que não há uma coligação contratual, não obstante parcela respeitável da doutrina assim sustentar. Para Orlando Gomes, o contrato de cartão de crédito tem "configuração própria e, para cumprir sua função instrumental, requer a coligação de vários contratos, que reclamam descrição isolada e verificação em conjunto".[9]

Tal entendimento, embora se aproxime mais da realidade, ainda não nos parecer o mais adequado.

Cremos, na verdade, que há, nesta complexa relação, uma rede de contratos porque tais formas se caracterizam pela multiplicidade de relações que formam um sistema, o que não se confunde com uma coligação contratual. Conforme lição de Rodrigo Xavier Leonardo, "na teoria das redes contratuais sobressai, especialmente, o caráter *sistemático* da ligação entre os contratos, de maneira que os eventos ocorridos em um elemento do sistema (contrato isolado) vêm a se refletir, em maior ou menor proporção, em todo o sistema".[10]

Como bem observa Carlos Nelson Konder, o conceito de rede contratual não tem o mesmo significado de coligação contratual. Segundo ele, "o que se denomina redes contratuais é um fenômeno mais amplo do que os demais conceitos já apresentados. O elemento característico para a configuração da rede é a sistematicidade. Essa sistematicidade típica das redes, contudo, tem traços bastante próprios".[11]

Prossegue, ainda, o Prof. Konder apontando as diferenças dos dois institutos: "Neste sentido, a rede tem uma estrutura diferente da cadeia. Enquanto a cadeia é vertical e linear, envolvendo um membro inicial, intermediários, e um destinatário final, com uma sucessão temporal de atos, na rede há uma complexificação e o problema deixa de ser a circu-

9 GOMES, Orlando. *Contratos*. 26. ed. Rio de Janeiro: Forense, 2009. p. 587.

10 LEONARDO, Rodrigo Xavier. *Redes contratuais no mercado habitacional*. São Paulo: Revista dos Tribunais, 2003. p. 133.

11 KONDER, Carlos Nelson. *Contratos conexos*. Grupos de contratos, redes contratuais e contratos coligados. Rio de Janeiro: Renovar, 2006. p. 127-128.

lação do produto ou serviço em sequência e passa a ser a coordenação de atividades simultâneas.

São situações em que coexistem, simultaneamente, vários contratos de um mesmo tipo ('contrato marco') ou similares, envolvendo partes distintas, os quais devem estar minimamente coordenados para que todos possam obter os benefícios econômicos não apenas do contrato do qual são partes, mas também aqueles decorrentes da existência da própria rede. A finalidade supracontratual, o interesse compartilhado existente nestes contratos aparentemente autônomos é o benefício que os integrantes da rede podem fruir para além daqueles já decorrentes dos contratos individualmente considerados."[12]

Já na coligação contratual há uma relação de dependência unilateral ou recíproca entre os contratos, em decorrência da lei, da natureza acessória de um deles ou do conteúdo contratual.[13]

As partes, na coligação contratual, para o atingimento de um fim econômico, celebram diversos contratos que, reunidos, formam uma única relação negocial. Como exemplo, podemos citar o contrato de alienação fiduciária em garantia.

Nessa relação fiduciária, examinando-a sob uma forma global, há uma coligação contratual entre os contratos de compra e venda, financiamento, e de alienação fiduciária em garantia. E isso porque há distintas relações, que se desenvolvem de forma linear, mas que inexistiriam se faltasse uma delas. Só há a necessidade de se celebrar um contrato de financiamento se houver uma compra e venda, e só há a necessidade de se celebrar um contrato de alienação fiduciária em garantia se houver um financiamento, ou melhor, um crédito dele decorrente, a ser garantido. Então, há uma relação de dependência em que a existência de um contrato, com determinadas partes – a compra e venda, por exemplo, é celebrada entre o consumidor e o fornecedor do bem –, depende da celebração de outro contrato com partes distintas – o financiamento é celebrado entre o consumidor do bem adquirido no contrato de compra e venda e a instituição financeira, sem a participação do fornecedor.

Já no sistema de cartão de crédito, as relações são autônomas, independentes, e se desenvolvem simultaneamente, e de forma complexa, viabilizando o funcionamento do sistema. Por exemplo, a relação entre a credenciadora e a bandeira não depende da existência da relação entre o titular do cartão e a administradora. É certo que, sem a existência desta última, a primeira relação não teria utilidade prática, uma vez que,

12 KONDER. Op. cit. p. 128-129.

13 MARINO, Francisco Paulo de Crescenzo. *Contratos coligados no direito brasileiro*. São Paulo: Saraiva, 2009. p. 99.

se não houver titulares de cartão de crédito, não há por que se ter uma relação entre a bandeira e a credenciadora.

Portanto, esse óbice é finalístico, ou seja, a inexistência dessas diversas relações em rede faria inexistir esse sistema, não permitindo o atingimento da finalidade a que se propõe, apesar de não haver dependência jurídica entre elas. É essa falta de utilidade prática decorrente da ausência de uma das relações que justifica a existência da rede contratual.

Vê-se, pois, que nas redes contratuais há uma maior complexidade. As diversas partes das diversas relações jurídicas celebram contratos que não são juridicamente interdependentes, mas que observados conjuntamente formam e viabilizam um sistema.

Abstratamente, até seria possível a existência dessa relação contratual de que participam a administradora, os clientes, as bandeiras, os fornecedores, e todas as demais pessoas que integram esse complexo sistema, sem que, necessariamente, se formasse uma rede de contratos, ou seja, sem a celebração de diversos contratos. Para isso, bastaria que a cada nova adesão, por exemplo, de um cliente ou de um fornecedor, todas as partes aderissem a um novo contrato, com a inclusão de uma nova parte.

Todavia, essa dificuldade prática inviabilizaria a continuidade do negócio. Imaginem que a cada indivíduo que solicitasse um novo cartão fosse necessário celebrar um novo contrato entre todos os milhares de partes, aí incluídos as bandeiras, a administradora, os lojistas e os demais titulares do cartão. Por essa razão, faz-se necessária a formação da rede.

Há, por certo, uma linha de diferenciação muito tênue entre a rede contratual e a coligação, mas é ela suficiente para diferenciá-los.[14] E é

---

14 Socorremo-nos, ainda uma vez, das lições de Carlos Nelson Konder para demonstrar as diferenças. Como ele mesmo reconhece, "a semelhança das redes contratuais com os demais conceitos já examinados está em que todas as partes se utilizam de uma pluralidade de contratos para obter uma finalidade que não se pode (ou não se deseja) obter por meio de um único contrato. Nas redes, esta finalidade é a construção e distribuição de um sobrevalor que se funda na existência do sistema e que depende do seu equilíbrio para se manter. Mas este equilíbrio não se restringe àquela correspectividade bilateral indicada pela doutrina italiana nos contratos coligados em permutação (*in funzione di scambio*); o equilíbrio aqui se expande para referir a todo o sistema, e Lorenzetti passa a tratar de uma 'reciprocidade existente entre o que cada um dos integrantes do sistema paga e o que o sistema pode satisfazer de acordo com sua racionalidade econômica'. O termo correspectividade aplica-se claramente à coligação negocial em permutação (*in funzione di scambio*), tal como abordada pela doutrina italiana, pois lá se vislumbra aquele 'nexo que liga indissoluvelmente as prestações contratuais de modo que cada uma é causa da outra'. Já no contexto das redes o que se visualiza é uma prática muito mais próxima de uma atmosfera associativa, mas a existência de um contrato plurilateral como marco inicial dá lugar a uma causa econômica que faz com os vínculos individuais funcionem como um sistema" (KONDER. Op. cit. p. 131-132).

por todas essas razões que entendemos que há, nas relações que envolvem o sistema de cartão de crédito, uma rede contratual.

## 3. SUJEITOS

### 3.1. Relação jurídica tradicional tripartite

A doutrina tradicionalmente apresenta, no sistema de cartão de crédito, uma relação tripartite, em que figuram como sujeitos o titular do cartão, a emissora/administradora do cartão de crédito e o fornecedor de produtos e serviços.[15]

Nessa visão clássica há uma triangulação fundada em dois contratos básicos: o de filiação, celebrado entre a emissora/administradora do cartão de crédito, que se identifica com a bandeira, e o fornecedor de produtos e serviços; e o de emissão, firmado entre a emissora/administradora do cartão e o titular do documento que, em regra, é um consumidor.

A partir dessa triangulação, tem-se uma relação em que a emissora do cartão, que é a própria bandeira, habilita o titular a utilizar o dinheiro plástico para a aquisição, junto ao fornecedor, de produtos e serviços de seu interesse. Já o fornecedor de produtos e serviços deve se filiar à emissora e, partir de então, se compromete a aceitá-lo como meio de pagamento.

O titular, assim, deve buscar os fornecedores filiados à emissora de seu cartão, que se comprometeram a aceitá-lo como forma de pagamento por conta do contrato de filiação, a fim de utilizá-lo para efetuar suas compras.

Essa é, segundo a doutrina tradicional, a estrutura básica das relações envolvidas no sistema de cartão de crédito. Entretanto, hodiernamente, o sistema se evidencia muito mais complexo, havendo diversos outros sujeitos envolvidos.[16] É dessa maneira que iremos, a partir de agora, examinar com maior profundidade a questão.

---

15 Assim sustentam os professores Fran Martins (MARTINS. Op. cit. p. 509), Arnaldo Rizzardo (RIZZARDO. Op. cit. p. 1.383), Nelson Abrão (ABRÃO. Op. cit. p. 220), Paulo Maximilian (SCHONBLUM. Op. cit. 174), Alcio Figueiredo (FIGUEIREDO. Op. cit. p. 25) e Carlos Alberto Bittar (BITTAR, Carlos Alberto. *Contratos comerciais*. 4. ed. Rio de Janeiro: Forense Universitária, 2005. p. 165).

16 É dessa forma que se posiciona modernamente a doutrina. FAZZIO JUNIOR. Op. cit. p. 17; IBRAHIM, Marco Antonio. Cartão de crédito. Ações propostas contra as empresas titulares das marcas (bandeiras). Ilegitimidade passiva. In: *Revista de Direito do Tribunal de Justiça do Estado do Rio de Janeiro*, nº 80, Rio de Janeiro: Espaço Jurídico, 2009.

## 3.2. Relação jurídica contemporânea

### *3.2.1. Titular do cartão*

O primeiro sujeito dessa relação complexa é o titular ou usuário do cartão. É aquele que contrata, junto à administradora ou emissora, o serviço de concessão de crédito para aquisição de bens e serviços junto aos fornecedores, através do contrato de emissão, comprometendo-se a pagar os valores em momento futuro, quando do vencimento da fatura.

Sobre essa questão, uma observação merece ser feita. A relação decorrente dos contratos de emissão e filiação traz algumas peculiaridades, especialmente no que toca à obrigação de pagar pelos bens adquiridos pelo portador do cartão. Segundo leciona Nelson Abrão, "o emissor, geralmente uma instituição financeira *lato sensu*, ou banco, é intermediário entre o titular do cartão e o fornecedor de bens ou serviços, possibilitando a aquisição destes por aquele. O emissor, em troca de determinado percentual, se compromete a efetuar os pagamentos pelo titular do cartão".[17]

Então, na sistemática dessa relação decorrente do contrato de cartão de crédito, o titular do cartão celebra com o fornecedor um contrato comum de compra e venda ou de prestação de serviços, mas quem assume a obrigação pelas operações, junto ao fornecedor, é, em regra, a administradora do documento plástico.[18]

Ao celebrar o contrato com o fornecedor, o titular "paga" o preço mediante a apresentação do cartão de crédito, que é inserido em uma maquineta, realizando-se a operação eletronicamente.

A transação entre o fornecedor e o titular é considerada a vista,[19] ainda que haja parcelamento da compra, de modo que o fornecedor dá quitação ao titular do cartão[20] uma vez autorizada a operação pela administradora do cartão de crédito, o que se dá após a inserção da senha pessoal do dono do documento plástico. Em alguns casos, após a autorização eletrônica dada pela administradora, deve o titular assinar uma boleta de papel emitida pela maquineta, cabendo ao fornecedor aferir a sua veracidade a partir da comparação entre a assinatura aposta no verso do cartão plástico e aquela aposta em um documento de identificação do consumidor.

---

17 ABRÃO. Op. cit. p. 221.

18 MARTINS. Op. cit. p.510.

19 MARTINS. Op. cit. p. 515.

20 ABRÃO. Op. cit. p. 225; MARTINS. Op. cit. p. 519.

Como consequência o titular do cartão nada mais deve ao fornecedor, que não poderá cobrar do consumidor, ainda que ele, posteriormente, deixe de pagar a fatura do seu cartão.

E isso porque, quando da celebração do contrato de emissão, o consumidor assume a obrigação de pagar à administradora pelas transações, e não ao fornecedor, enquanto que pelo contrato de filiação, o fornecedor transfere o crédito que tinha perante o consumidor – daí porque lhe dá quitação – para a administradora, que em contrapartida se obriga a adimplir a dívida do consumidor.[21]

Então, temos que, nesse complexo sistema, o titular passa a ser devedor da administradora que, consequentemente, passa a ser devedora do fornecedor, pelo o quê há uma verdadeira transferência de crédito, cuja natureza a doutrina diverge.

A obrigação assumida pela administradora de pagar ao fornecedor, ou seja, de liberar o titular do cumprimento da obrigação de pagar diretamente ao comerciante de bens e serviços, decorre do próprio contrato celebrado entre o titular e a administradora.

A administradora/emissora do cartão assume a obrigação, perante o titular, de pagar as dívidas por ele contraídas junto aos fornecedores no limite do crédito concedido. Então, a emissão do cartão implica a abertura de um crédito[22] ao titular que, em regra é limitado.

Nessa esteira, o fornecedor filiado à administradora só é obrigado a realizar a transação com o cartão de crédito dentro do limite de crédito concedido pela administradora ao titular, não podendo, assim, recusá-lo, a não ser que constate a utilização irregular do documento plástico.[23]

Mas, é induvidoso que a simples obrigação assumida pela emissora, perante o titular, de pagar suas dívidas, não é suficiente para obrigar o fornecedor a dar quitação ao portador do cartão plástico no ato da compra, ou seja, tal avença não é apta, por si só, a transferir o crédito que o fornecedor tinha contra o titular para a administradora.

---

21 SCHONBLUM. Op. cit. 181. Como leciona Fran Martins, "assim se verifica uma alteração substancial nas relações jurídicas oriundas do uso do cartão. Desse modo, o comprador (*titular*), que normalmente deveria pagar ao vendedor (*fornecedor*) deve fazer esse pagamento ao terceiro intermediário, o *emissor*. Por sua vez, o *vendedor não tem ação contra o comprador* pois, ao ser realizada a operação de venda, o *fornecedor passa a ser credor do emissor* e não do comprador. A operação funciona assim como se fosse, em relação ao comprador, uma compra à vista" (MARTINS. Op. cit. p. 515).

22 SCHONBLUM. Op. cit. 181; MARTINS. Op. cit. p. 517.

23 MARTINS. Op. cit. p. 512.

Assim, é imperioso que o fornecedor se comprometa a transferir o seu crédito à administradora, liberando o consumidor titular do cartão. Questiona-se, nesse sentido, qual é a natureza dessa transferência.

Segundo explicita Fran Martins, há quem defenda que nesse contrato uma estipulação em favor de terceiro,[24] em que a administradora é recebe o crédito que o fornecedor tinha contra o titular. Todavia, o próprio autor discorda dessa opinião.

Há quem entenda, ainda, haver um contrato *sui generis*,[25] pois a avença celebrada entre a administradora e o fornecedor, em que se acorda a transferência do crédito, não se enquadra em nenhuma hipótese legalmente prevista.

Sem prejuízo, entende-se majoritariamente na doutrina[26] que há, entre o fornecedor e a administradora, uma promessa de cessão de crédito, cuja prévia ciência tem o titular do cartão através do contrato celebrado entre ele e a administradora, suprindo-se, assim, a notificação exigida pelo art. 397, parágrafo único, do Código Civil.

E a cessão ocorrerá efetivamente quando da celebração da operação através da máquina do cartão, considerando-se notificado quando da autorização da compra com a consequente emissão da boleta.

Como consequência dessa cessão de crédito, o titular do cartão se torna devedor da administradora, que deve emitir uma fatura para pagamento.

Tal fatura deve ser emitida em tempo hábil para que o titular possa examinar as operações ali descritas e, se for caso, até mesmo contestar alguma transação que eventualmente não reconheça.

No entanto, não é isso que ocorre na prática, como alerta o saudoso Prof. Nelson Abrão.[27] As administradoras de cartão de crédito costumam remeter o documento às vésperas de seu vencimento, dificultando a adoção de medidas administrativas pelo titular.

Como consequência, eventual impugnação da transação feita pelo titular comumente impede que ele se abstenha de pagar aqueles valores de imediato, comprometendo-se a administradora a instaurar um procedimento interno para aferir a irregularidade da operação e, uma vez constatada, conceder um crédito na próxima fatura, o que se mostra abusivo, especialmente no que tange às relações de consumo, pois im-

---

24 MARTINS. Op. cit. p. 518.

25 SCHONBLUM. Op. cit. 182.

26 ABRÃO. Op. cit. p. 224-225; MARTINS. Op. cit. p. 517-518.

27 ABRÃO. Op. cit. p. 224.

põe ao consumidor vantagem manifestamente excessiva, pois o obriga a pagar antecipadamente para, só depois, se ressarcir.

Tais condutas levam ao abarrotamento do Poder Judiciário, com milhares de ações que são propostas para a contestação de compras realizadas com o cartão, mas não reconhecidas pelo titular.

Não obstante, tem o consumidor a opção de pagar apenas parcialmente o valor da fatura, observada uma quantia mínima, o que também lhe gera um ônus. Trata-se da utilização do chamado *crédito rotativo*.[28] Por meio dele, o titular paga um valor entre o mínimo e o total previsto na fatura, e a administradora "paga" o saldo remanescente até o montante integral, assim concedendo um crédito ao titular para a quitação dessa diferença por ele não paga.

Trata-se verdadeiramente de um financiamento automático, em que o saldo residual é transferido automaticamente ao crédito rotativo que, por se caracterizar como um empréstimo, sofre a incidência de juros e correção monetária.

Em verdade, quanto o titular paga, por exemplo, o valor mínimo da fatura, ele não fica inadimplente perante a instituição financeira em relação ao saldo residual. A administradora do cartão, em verdade, empresta o valor, concede um crédito para o pagamento do saldo remanescente, cobrando juros e correção monetária desse empréstimo na fatura seguinte.

É o crédito rotativo, na maioria dos casos, responsável pelo superendividamento dos consumidores, pois na fatura seguinte é cobrado do titular o valor da fatura mensal, mais a diferença da fatura anterior acrescida de juros e correção que, mensalmente, vão se transformando em uma bola de neve.

Daí porque em 2017 o Conselho Monetário Nacional, através do Banco Central, editou a Resolução nº 4.549. Nela limitou-se a utilização do crédito rotativo, o qual só pode ser usufruído pelo consumidor em um único mês. Se em determinado mês o consumidor se utilizasse dele, no mês seguinte obrigatoriamente a administradora deveria oferecer uma forma de parcelamento da dívida, com juros mais baixos do que aqueles praticados no rotativo, vedando-se ao consumidor a renovação do crédito. Tratava-se, por certo, de uma medida que visava proteger o consumidor e evitar as práticas abusivas e predatórias das administradoras de cartão de crédito que, por serem instituições financeiras, acabam por praticar juros extorsivos.

Não obstante, e de modo surpreendente, em 26 de abril de 2018 o Conselho Monetário Nacional alterou novamente o regime do crédito

28 SCHONBLUM. Op. cit. 178.

rotativo dos cartões de crédito ao editar a Resolução nº 4.655, na qual se deixou a cargo das administradoras a definição do percentual de pagamento mínimo mensal da fatura do cartão de cada cliente a partir do perfil individual de cada titular, bem como a partir da política de crédito de cada administradora. Deixou-se, ainda, à livre estipulação pelas administradoras o montante dos juros do crédito rotativo, prevendo-se apenas que estes devem estar preestabelecidos, de antemão, no contrato celebrado com cada cliente.

A nova resolução é, inequivocamente, um retrocesso, e reflete o tratamento que vem sendo dado pelos órgãos de regulação às instituições bancárias e administradoras de cartão de crédito. Aqui não se está a negar, e isso é importante observar, a importância da atividade desses empresários, mas, infelizmente, os abusos que são comumente praticados merecem um tratamento mais rigoroso, a fim de evitar excessos, o que não se resolverá com a referida resolução.

Além dos juros do crédito rotativo, outros valores são devidos pelo titular em razão da disponibilização de crédito para compras. Deve o titular remunerar a administradora pelo serviço de crédito concedido através do pagamento de um valor anual, chamado costumeiramente de *anuidade*.

Então, a anuidade é a remuneração devida pelo titular ao emissor em razão deste manter à disposição um serviço de caixa diversificado, permitindo-o efetuar compras nos mais variados estabelecimentos, bem como a efetuar saques em dinheiro em caixas eletrônicos conveniados.

Como leciona Nelson Abrão, o valor da taxa "oscila conforme o tipo de cartão, vantagens e benefícios, ao lado do tempo de filiação, e os riscos projetados, mas há ampla margem de negociação, pelo interesse de se manter o aderente naquela circunstância de recebedor do crédito, preservando o serviço por mais tempo".[29]

Portanto, há uma ampla liberdade de discussão, entre as partes, acerca do valor da anuidade, estando inserida essa questão na autonomia da vontade das partes. É comum que consumidores que utilizam largamente o cartão como meio de pagamento consigam até a isenção do pagamento dessa taxa, tornando ainda mais atraente a relação.

Ainda sobre o titular do cartão, há que se observar que ele é sempre um consumidor, ainda, que utilize o cartão para a aquisição de bens para o exercício de sua atividade empresarial. Neste último caso, o usuário do cartão será consumidor apenas perante a administradora, que lhe presta um serviço de crédito, sendo ele o destinatário final desse serviço.

29 ABRÃO. Op. cit. p. 221.

Na hipótese de não utilizar o cartão para a aquisição de bens ou serviços para o exercício de sua atividade econômica, mas apenas para o seu próprio consumo, será considerado "duplamente" um consumidor:[30] perante a administradora, em relação ao serviço de concessão de crédito; e perante o fornecedor, pelos bens ou serviços adquiridos como destinatário final, assim compreendido aquele que retira a coisa da cadeia de consumo, não a reinserindo no mercado.

No que tange à natureza jurídica da pessoa do titular do cartão de crédito, diverge a doutrina sobre a possibilidade de ser ele uma pessoa jurídica. Dúvidas não há de que é da natureza do cartão de crédito ser emitido em favor de pessoas naturais, visando ao atendimento de suas necessidades e dos membros de sua família.[31] Todavia, questiona-se se não haveria a possibilidade de sua titularização por pessoas jurídicas.

Uma primeira parcela da doutrina, à qual nos filiamos, entende ser possível a emissão de cartão de crédito em favor de pessoas jurídicas.[32] É certo, contudo, que quem irá efetivamente utilizar o cartão magnético é a pessoa natural designada pela pessoa jurídica, tanto no contrato celebrado com a emissora/administradora, quanto no contrato social, uma vez que as pessoas jurídicas não têm vontade própria, sendo imputada a sua atuação às pessoas naturais que as compõem. A pessoa jurídica, como cediço, é uma ficção, cuja personalidade é conferida pelo Direito, dando-lhe o caráter de realidade jurídica.

Pensamos, em consonância com as lições de Fran Martins, que não é necessário que conste o nome da pessoa natural no cartão de crédito, podendo conter apenas o nome da pessoa jurídica, desde que a pessoa natural tenha poderes para utilizar esse nome.[33] Então, basta que o contrato social contenha a autorização para a utilização do nome da pessoa

30 No mesmo sentido, o emérito Prof. Waldo Fazzio Junior em sua excelente obra já citada. FAZZIO JUNIOR. Op. cit. p. 17.

31 ABRÃO. Op. cit. p. 221.

32 FAZZIO JUNIOR. Op. cit. p. 17; SCHONBLUM. Op. cit. 175; MARTINS. Op. cit. p. 510.

33 Segundo Fran Martins, "em regra, o beneficiário é uma pessoa física, mas podem ser fornecidos cartões a pessoas jurídicas, que se responsabilizarão pelo pagamento ao emissor das despesas feitas por intermédio do cartão; mas essas pessoas jurídicas sempre designam uma pessoa física para utilizar o cartão, não sendo normalmente admitidos que os seus representantes legais, pelo simples fato de serem representantes, o utilizem. Na nossa opinião, isso é possível, desde que do cartão conste o nome comercial da empresa e a pessoa que utilize o cartão possa usar desse nome, ou seja, obrigar a empresa nas operações que, em nome dessa realizar. Assim, entretanto, não costuma ser feito mas, como dissemos, na nossa opinião, nada impede que tal aconteça" (MARTINS. Op. cit. p. 510).

jurídica por aquela pessoa natural, e que esta última aponha sua assinatura no verso do cartão.

Em sentido contrário, sustenta parcela da doutrina ser inadmissível a emissão de cartão de crédito em favor e em nome de pessoa jurídica.[34] Segundo Nelson Abrão, por ser individualizada a habilitação para utilização de cartões de crédito, "torna-se inviável a emissão em nome de pessoa jurídica, a não ser que esta designe uma pessoa física para utilizar-se do cartão, o que, evidentemente, faz desaparecer a emissão em tais moldes".[35]

Ainda no que tange ao titular, exige-se dele capacidade de fato para ostentar tal condição, bem como deve ter patrimônio suficiente para assumir as obrigações contraídas quando da utilização do cartão de crédito.

Não obstante, como salienta a doutrina,[36] admite-se que seja emitido o cartão para uso de uma pessoa, mas sob a responsabilidade de outra. É o caso dos cartões emitidos em favor de dependentes do titular do cartão, os chamados *cartões adicionais*.

Nesse caso, "*perante o emissor, a responsabilidade fica sendo daquele que pediu o cartão*, não do que o usou. Essa modalidade de expedição de cartões é regulada no contrato feito entre o titular e o emissor".[37]

Então, por exemplo, poderá um pai solicitar um cartão adicional para seu filho, ainda que menor de idade, estando os gastos dele sob sua responsabilidade, sendo ainda lícito, inclusive, avençar com a administradora a imposição de um limite de crédito inferior ao do titular para a utilização com o cartão adicional.

### *3.2.2. Administradora/emissora do cartão*

O segundo sujeito dessa complexa relação é a administradora/emissora do cartão de crédito. Tal sujeito consiste no empresário ou sociedade empresária que emite o cartão para o titular, concedendo a ele crédito para a aquisição de bens ou serviços. Presta a administradora um serviço de administração e gerenciamento do cartão de crédito que ela emite em favor do titular.

Como salienta Waldo Fazzio Jr., "é relevante estabelecer o significado jurídico de administradora de cartões, tendo em vista que, se a jurisprudência, em regra, trata por administradora a entidade emissora de

34 RIZZARDO. Op. cit. 1.383; ABRÃO. Op. cit. p. 221.

35 ABRÃO. Op. cit. p. 221.

36 MARTINS. Op. cit. p. 510; SCHONBLUM. Op. cit. 175-176.

37 MARTINS. Op. cit. p. 510.

cartões, há pronunciamentos judiciários atribuindo essa qualificação à credenciadora de estabelecimentos.

O fato é que, dependendo da configuração do sistema (três ou quatro partes, conforme o caso), a emissora de cartões, licenciada pela bandeira, também exerce o papel de credenciadora. Em outras formatações, a administradora é associada à credenciadora. Em outras, ainda, a credenciadora é uma pessoa jurídica constituída por bancos emissores de cartões".[38]

Vê-se, portanto, que as relações mantidas pela emissora do cartão dependerão da complexidade do sistema e quais pessoas nele figurem. Vimos que, na concepção classicamente proposta pela doutrina, em que estão presentes três sujeitos no sistema de cartão de crédito, a emissora/administradora emite o cartão ao titular, bem como credencia os fornecedores para a aceitação de seu cartão magnético.

Todavia, no sistema atual, como regra a administradora não mantém um vínculo direto com o fornecedor/lojista, mas sim com as bandeiras ou com as credenciadoras, sendo estas que mantêm relação jurídica com os comerciantes.

Questão relevante acerca das administradoras é sobre a sua qualificação. Muito se diverge sobre elas ostentarem, ou não, a condição de instituições financeiras. Tal fato tem grande importância especialmente no que tange à cobrança de juros do crédito rotativo, isso porque, entendendo ser as administradoras de cartão de crédito instituições financeiras, não estarão elas limitadas à Lei da Usura no que tange à cobrança de juros, uma vez que as instituições bancárias, conforme reiteradas decisões do Supremo Tribunal Federal e do Superior Tribunal de Justiça, não sofrem essa limitação. A questão da cobrança de juros pelas instituições financeiras já foi por nós amplamente debatida no capítulo dos contratos bancários, razão pela qual para lá remetemos o querido leitor.

A questão, como já dito, é divergente.

Há na doutrina posicionamento no sentido de que as administradoras/emissoras de cartão de crédito se caracterizam como instituições financeiras.[39]

As instituições financeiras, segundo o conceito do art. 17 da Lei nº 4.595/64, são pessoas jurídicas de direito público ou privado que têm como atividade principal ou acessória a coleta, intermediação, ou aplicação de recursos próprios ou de terceiros, em moeda nacional ou estrangeira, e a custódia de valor de propriedade de terceiros.

38 FAZZIO JUNIOR. Op. cit. p. 18.

39 SCHONBLUM. Op. cit. 174; FAZZIO JUNIOR. Op. cit. p. 18.

Segundo esse entendimento, as administradoras exercem, acessoriamente, uma atividade de intermediação financeira principalmente quando o titular do cartão não efetua o pagamento integral da fatura, o que as obriga a captar recursos no mercado para financiar o valor das despesas não pagas integralmente pelo usuário do cartão.[40]

Essa captação, segundo argumentam as administradoras, é feita mediante a utilização da cláusula-mandato. A cláusula-mandato é aquela cláusula inserida no contrato celebrado entre a administradora e o titular do cartão que a autoriza a, em nome do usuário do documento plástico, ou seja, como mandatária, obter no mercado recursos para financiamento do seu crédito. Essa sempre foi, inclusive, a justificativa usada pelas administradoras de cartão para cobrar juros extorsivos. O argumento é que os juros não eram cobrados por elas, mas sim repassados ao titular nas operações feitas pelas administradoras no mercado representando o dono do cartão.

Primeiramente, há que se frisar que tal cláusula é válida, como já reiteradamente decidido pelo Superior Tribunal de Justiça.[41] A cláusula-mandato exerce, em verdade, uma tríplice função. Na primeira delas, a administradora se compromete a honrar, junto aos fornecedores de bens e serviços, os compromissos assumidos pelo titular do cartão, ao utilizá-lo como forma de pagamento. A segunda função é aquela em que, pela aludida cláusula, a administradora está autorizada a captar no mercado, em nome do titular, os recursos para adimplir com essas obrigações assumidas por ele, bem como aquelas relativas à própria administradora quando, por exemplo, o titular não adimple, por completo, com o valor da fatura. É por conta dessa segunda função que, inclusive, legitima-se o titular a exigir da administradora de cartão de crédito uma prestação de contas acerca dos valores obtidos no mercado, bem como dos índi-

---

40 Como leciona Waldo Fazzio Jr., "as administradoras de cartão de crédito têm por atividade principal o pagamento de uma fatura que lhes for apresentada, em virtude de venda ou de prestação de serviços por terceiro a um cliente seu, sendo remunerada por comissão a cargo do comerciante conveniado e de uma taxa contratual paga pelo cliente. Entretanto, em caráter acessório, quando o cliente não paga o total da despesa efetuada em determinado período, elas financiam o valor da despesa não coberta pelo contratante do cartão. Isso significa que captam dinheiro no mercado, mediante remuneração típica das operações financeiras, a fim de fazer frente à despesa em aberto, que será oportunamente recomposta pelo cliente. Essa atividade acessória constitui tipicamente intermediação financeira, a enquadrar essas entidades no comando abstrato do dispositivo legal acima transcrito" (FAZZIO JUNIOR. Op. cit. p. 19).

41 Ver AgRg no REsp 1256866/RJ. Rel. Min. Marco Buzzi. Rel. p/ Acórdão Min. Maria Isabel Gallotti. Quarta Turma. *DJe* 24/4/2015.

ces de correção e dos juros pagos nessa captação de recursos.[42] A terceira função é controvertida, e diz respeito à possibilidade de a própria administradora emitir títulos de crédito reconhecedores de dívida em nome do titular do documento plástico, como, por exemplo, uma nota promissória, o que facilitaria à administradora a cobrança das dívidas não adimplidas pelo titular. Com relação a esta última função, a jurisprudência do STJ tem entendido que tal autorização prevista no contrato de filiação é abusiva, pois traz obrigações desproporcionais e exageradas em desfavor do consumidor, na medida em que autoriza a expedição de um título que permite a sua imediata execução e ingresso no patrimônio do devedor.[43]

Retomando a questão da qualificação das administradoras como instituições financeiras, outro argumento utilizado para afirmar essa natureza é a previsão do inciso VI do § 1º do art. 1º da Lei Complementar nº 105/01, legislação que trata do sigilo bancário. No referido dispositivo, afirma-se que são instituições financeiras, para efeitos da lei, as administradoras de cartão de crédito, de modo que se sustenta que seriam elas equiparadas às instituições financeiras por força de lei.[44]

Não obstante tais argumentos, há posicionamento, ao qual nos filiamos, em sentido contrário. Tecnicamente, as administradoras de cartão de crédito não exercem nenhuma das atividades previstas no art. 17 da Lei nº 4.595/64, pois tão somente concedem crédito ao titular do cartão para a aquisição de bens ou serviços. E a atividade típica das instituições financeiras é a captação de recursos de terceiros para a aplicação e investimento desses recursos em seu próprio nome. São elas responsáveis, principalmente, pela circulação do crédito, na medida em que captam recursos de terceiros e entregam esses mesmos recursos a outros terceiros em empréstimo, sendo que o fazem em nome próprio.

Ora, quando se celebra um contrato de mútuo com a instituição financeira, o mutuário não contrata com os demais clientes do banco como se eles fossem os mutuantes. O mutuante é a instituição financeira, o que comprova que ela celebra o contrato em nome próprio.

Quando as administradoras de cartão captam recurso no mercado para financiamento das faturas, também o fazem em nome próprio, não havendo nenhuma prova de que atuam em nome do titular, isto é, de que se utilizam da cláusula-mandato.

42 Ver EDcl no AgRg no AREsp 681962 / RJ. Rel. Min. Luis Felipe Salomão. Quarta Turma. *DJe* 16/6/2015.

43 Ver REsp 1084640 / SP. Rel. Min. Marco Buzzi. Segunda Seção. *DJe 29/09/2015*.

44 Idem.

Por essa razão, não há que se falar em intermediação do crédito, assim afastando a possibilidade de caracterização como instituições financeiras.

O Prof. Arnaldo Rizzardo ainda utiliza outro fundamento para descaracterizar essa atividade exercida pela administradora como uma atividade de intermediação de crédito exclusiva de instituições financeiras.

Reconhece ele que as administradoras de cartão de crédito captam recursos financeiros de terceiros para financiar os titulares do cartão. Mas, embora se caracterize essa atividade como uma concessão ou abertura de crédito, isso não é suficiente para caracterizá-la como instituição financeira, uma vez que as operações de crédito não são exclusivas das instituições financeiras, como se comprova pelas vendas a prazo celebradas pelos comerciantes. Nesses casos, é induvidoso que existe uma operação a crédito. Essa é uma espécie de concessão de crédito não bancário. O mútuo sim é uma operação privativa das instituições financeiras. A abertura de crédito bancário precede um mútuo, por isso que essa operação é privativa das instituições financeiras, o que não ocorre naquela feita pela administradora de cartão de crédito.[45]

Na abertura de crédito há um mútuo porque o cliente, ao utilizar o crédito, se compromete a restituir a quantia com os seus acréscimos, como os juros, por exemplo. Já na atividade exercida pelas administradoras através dos poderes conferidos pela cláusula-mandato, não há propriamente uma intermediação, pois ela age como mandatária, ou seja, em nome do próprio titular do cartão, como se fosse ele realizando a operação diretamente. Portanto, não se caracteriza, tecnicamente, como uma intermediação de crédito realizada por uma instituição financeira.

Quanto ao disposto no art. 1º, § 1º da Lei Complementar nº 105/01, o legislador, a nosso sentir, não quis transformar as administradoras de cartão de crédito em instituições financeiras.

A lei, segundo a sua própria ementa, dispõe sobre o sigilo das operações financeiras e dá outras providências. A lei complementar em exame trata do sigilo das operações financeiras. O mencionado dispositivo prevê que: "Art. 1º As instituições financeiras conservarão sigilo em suas operações ativas e passivas e serviços prestados. § 1º São consideradas instituições financeiras, para os efeitos desta Lei Complementar: [...] VI – administradoras de cartões de crédito."

O que se vê é que a lei é expressa em afirmar que aquelas pessoas ali arroladas são instituições financeiras apenas para os efeitos da Lei Complementar, ou seja, para fins de sigilo das operações financeiras. Portanto, apenas no que toca à obrigatoriedade de guardar sigilo nessas

45 RIZZARDO. Op. cit. p. 1.393.

operações é que são consideradas as administradoras como instituições financeiras. Por essa razão, entendemos que esse fundamento não é capaz de caracterizar as administradoras de cartão de crédito como instituições financeiras.

Outra peculiaridade das instituições financeiras é que elas só podem funcionar mediante autorização do Banco Central do Brasil, consoante o disposto no art. 18 da Lei nº 4.595/64, que fiscaliza a sua atividade. E as administradoras de cartão de crédito não são registradas no BACEN, e tampouco são por ele fiscalizadas, sendo essa mais outra razão para o afastamento da qualificação como instituições financeiras das emissoras de cartão de crédito.

Portanto, a nosso sentir, não são as administradoras de cartão de crédito instituições financeiras, como bem conclui o Prof. Arnaldo Rizzardo: "Na verdade, a atividade das empresas de administração de crédito não se enquadram no rol de atividades elencado no art. 17 da Lei nº 4.595".[46]

Não obstante todos esses argumentos, na jurisprudência do STJ a questão já está sedimentada. O Superior Tribunal de Justiça por reiteradas vezes decidiu que as administradoras de cartão de crédito são consideradas instituições financeiras,[47] culminando, então, na edição do Enunciado nº 283 da sua súmula de jurisprudência, que dispõe que "as empresas administradoras de cartão de crédito são instituições financeiras e, por isso, os juros remuneratórios por elas cobrados não sofrem as limitações da Lei de Usura".

Então, como já mencionado, o reconhecimento das administradoras de cartão de crédito como instituições financeiras tem relevância no que toca à possibilidade, ou não, de cobrança de juros acima do limite imposto pela Lei de Usura de 12% ao ano.

Como a jurisprudência sedimentada pelos tribunais superiores é no sentido de que as instituições financeiras não estão limitadas pela Lei da Usura,[48] reconhecer as administradoras de cartão de crédito como

46 RIZZARDO. Op. cit. p. 1.392.

47 Ver REsp 847950/MG. Rel. Min. Luis Felipe Salomão. Quarta Turma. *DJe* 2/6/2011.

48 Esse é o entendimento firmado no Enunciado nº 596 da súmula de jurisprudência do Supremo Tribunal Federal e no Enunciado nº 382 da súmula de jurisprudência do Superior Tribunal de Justiça: Súmula 596 STF. "As disposições do Decreto 22626/1933 não se aplicam às taxas de juros e aos outros encargos cobrados nas operações realizadas por instituições públicas ou privadas, que integram o Sistema Financeiro Nacional"; Súmula 382 STJ. "A estipulação de juros remuneratórios superiores a 12% ao ano, por si só, não indica abusividade."

instituições financeiras é admitir que elas possam praticar os juros que bem entenderem, estando limitadas apenas à taxa média de mercado.[49]

O próprio Prof. Arnaldo Rizzardo, mesmo sustentando que as administradoras de cartão de crédito não são instituições financeiras, reconhece que elas não se sujeitam à limitação da taxa de juros da Lei da Usura.

Isso porque, em seu entender, as administradoras de cartão de crédito não celebram com os titulares um contrato de mútuo ou empréstimo de dinheiro. Segundo ele, "a atividade das administradoras limita-se a obter fundos, ou captações, que o mercado oferece, conseguido em geral perante o mercado financeiro".[50]

Então, em verdade, quem cobra os juros é a instituição financeira que a administradora, em nome do titular, captou os recursos. Portanto, não sobreviria a limitação imposta pela Lei da Usura.

Apesar de tudo o que foi exposto, essa questão, hodiernamente, teve seu debate reduzido. Isso porque as administradoras de cartão de crédito, hoje, se revestem da natureza de instituição financeira, criando bancos com carteira de financiamento apenas para emitir e administrar os cartões, sendo que muitos bancos passaram também a emitir seus próprios cartões de crédito, adotando a carteira de banco múltiplo, por meio da qual estão autorizados a exercer diversas atividades financeiras. Frise-se que, nessa hipótese, dependem essas instituições financeiras, para atuar, de autorização do Banco Central, sendo por ele também fiscalizadas.

Dessa forma, não estão essas instituições financeiras limitadas ao patamar de juros imposto pela Lei da Usura.

### *3.2.3. Fornecedor de produtos e serviços*

O terceiro sujeito do sistema de cartão de crédito é o fornecedor de produtos e serviços. É ele que celebra o contrato de compra e venda de bens ou de fornecimento de serviços com o titular do cartão, bem como celebra o contrato de filiação diretamente com a administradora (quando a relação é tripartite clássica), ou com a bandeira, ou com a credenciadora, caso em que se credencia a utilizar o sistema de propriedade da bandeira.

Portanto, o fornecedor, dentro do sistema, pode manter vínculo com diversas pessoas. Atualmente, contudo, são raras as hipóteses em que a relação se dá dessa forma. O mais comum, hodiernamente, é que os fornecedores se filiem às bandeiras, sendo que essas últimas é que

49 Ver AgInt no AgInt no AREsp 929720 / MS. Rel. Min. Marco Aurélio Bellizze. Terceira Turma. *DJe* 1/3/2017.

50 RIZZARDO. Op. cit. p. 1.395.

mantêm vínculo com as administradoras, podendo também os fornecedores se filiar às credenciadoras ou *acquirers* que detêm uma ou mais bandeiras em sua carteira.

Nesse contrato de filiação, o fornecedor se obriga a aceitar o cartão de crédito como forma de pagamento, não podendo recusá-lo. Nesse compromisso, também não pode o fornecedor cobrar preços diferentes dos consumidores que optam por pagar com o cartão de crédito,[51] em relação àqueles que pagarão suas despesas com dinheiro e à vista.

Na prática, os fornecedores conferem "descontos" para pagamento em dinheiro, cobrando, desse modo, preços diferenciados para pagamento com cartão. O argumento utilizado pelos fornecedores é o de que pagam um percentual de suas vendas às administradoras de cartão de crédito e que, se o pagamento for efetuado a vista e em espécie, repassarão esse "desconto" pelo não pagamento da taxa aos consumidores.

Essa prática, contudo, é indevida. Isso porque a remuneração paga pelos fornecedores às administradoras de cartão de crédito decorre da obrigação contratual livremente assumida no contrato de filiação. É a remuneração devida pelo fornecedor, à emissora, pelo serviço por ela prestado.

Desse modo, se opta por aceitar o cartão de crédito como forma de pagamento, e se beneficia com um aumento da clientela – pois passa a aceitar mais uma forma de pagamento, que traz mais comodidade ao consumidor –, não pode dar um tratamento discriminatório, conferindo descontos para quem paga diretamente em dinheiro.

Ao fornecer "desconto" para pagamentos em dinheiro, em verdade está impondo aos consumidores que utilizam o cartão de crédito uma condição para a sua aceitação: a cobrança de preços mais elevados. Trata-se de uma prática abusiva prevista no art. 39, V, do CDC, qual seja, exigir do consumidor vantagem manifestamente excessiva.

Ademais, tal cobrança diferenciada viola o próprio contrato mantido com as administradoras às quais o fornecedor se filia, pois ele se compromete a aceitar o cartão como meio de pagamento, bem como a não modificar o preço dos produtos para pagamento com o cartão,[52] pois isso desestimula os titulares do documento plástico a dele se utilizar, causando prejuízos para a administradora.

A impossibilidade de cobrar preços diferenciados para compras com cartão já foi afirmada pelo Superior Tribunal de Justiça, por se ca-

51 ABRÃO. Op. cit. p. 221; MARTINS. Op. cit. p. 515.

52 Como leciona Fran Martins, "as obrigações de o fornecedor aceitar o cartão e não alterar o preço das mercadorias decorrem do contrato firmado entre esse e o organismo emissor". MARTINS. Op. cit. p. 512.

racterizar como prática abusiva contra o consumidor.[53] A mesma Corte, em outros precedentes, entendeu que essa conduta viola os incisos X e XI do art. 36 da Lei nº 12.529/2011, que trata do Sistema Brasileiro de Defesa da Concorrência, considerando infração à ordem econômica a discriminação de clientes pela forma de pagamento que se utiliza.[54]

Sem prejuízo, em dezembro de 2016, o Poder Executivo federal editou a Medida Provisória nº 764/2016, de duvidosa constitucionalidade, na qual se autorizou, expressamente, a cobrança de preços diferenciados para pagamento com cartão de crédito e em dinheiro,[55] inclusive tornando nula de pleno direito toda e qualquer cláusula contratual que venha a proibir o fornecedor de adotar esta prática.

A referida MP foi, logo em seguida, convertida na Lei Federal nº 13.455/2017, que traz idêntica redação, e padecendo da mesma inconstitucionalidade, pois contraria o sistema constitucional estabelecido para defesa do consumidor regulamentado pelo CDC.

A defesa do consumidor, como cediço, é uma imposição constitucional, com previsão nos arts. 5º, XXXII, e 170, V, da Constituição Federal. Nessa esteira, o CDC foi editado para dar concretude às disposições constitucionais, assim cumprindo o comando do art. 48 do ADCT, que determinou, quando da promulgação da Constituição, que o Congresso elaborasse um Código de Defesa do Consumidor.

O CDC, então, enquanto regulamentador da norma constitucional, estabelece em seu art. 6º, II, que é direito básico do consumidor a igualdade nas contratações, o que está em perfeita consonância com o princípio da isonomia insculpido no art. 5º da Constituição.

Desse modo, a referida lei, ao admitir tratamento diferenciado a consumidores, em razão da forma de pagamento utilizada, viola a ordem constitucional vigente, pautada no princípio da igualdade. Portanto, não se pode chegar a outra conclusão que não seja a da inconstitucionalidade da lei equivocadamente aprovada pelo Congresso.

Para agravar, a lei ainda afrontou, diretamente, a liberdade contratual e a autonomia privada quando, no parágrafo único do seu art. 1º, previu que *é nula a cláusula contratual, estabelecida no âmbito de ar-*

53 Ver REsp 1133410 / RS. Rel. Min. Massami Uyeda. Terceira Turma. *DJe* 7/4/2010.

54 Ver EREsp 1479039 / MG. Rel. Min. Humberto Martins. Segunda Turma. *DJe* 6/10/2015.

55 Art. 1º Fica autorizada a diferenciação de preços de bens e serviços oferecidos ao público, em função do prazo ou do instrumento de pagamento utilizado.
Parágrafo único. É nula a cláusula contratual, estabelecida no âmbito de arranjos de pagamento ou de outros acordos para prestação de serviço de pagamento, que proíba ou restrinja a diferenciação de preços facultada no **caput**.

*ranjos de pagamento ou de outros acordos para prestação de serviço de pagamento, que proíba ou restrinja a diferenciação de preços facultada no caput deste artigo.*

Ora, como já vimos, quando da celebração de um contrato de credenciamento, dois empresários acordam, livremente, a possibilidade de utilização do sistema de cartão de crédito como forma de pagamento. Não imposições ou sujeições, pois o comerciante não é obrigado a contratar o serviço, que tampouco pode ser considerado essencial ao exercício da sua atividade.

Muito pelo contrário, o comerciante se beneficia com o oferecimento desse serviço pois lhe possibilita atingir um maior número de consumidores, o que, como consequência, lhe traz uma maior possibilidade de auferir lucros.

Em contrapartida, a administradora de cartão de crédito vende o seu serviço e lucra com os valores cobrados, seja com um percentual sobre as compras e, em alguns casos, também com o aluguel da máquina de cartão.

Trata-se, portanto, de uma relação paritária, travada entre empresários, em que ambos visam o lucro, pelo o quê não há qualquer justificativa para o legislador prever como nula a cláusula contratual que proíba o comerciante de praticar preços diferenciados. Isso está, como dito, dentro da esfera negocial e da autonomia da vontade das partes, também afrontada nessa lei flagrantemente inconstitucional.

### 3.2.4. Bandeira

O quarto sujeito do sistema de cartão de crédito é a bandeira. São as bandeiras pessoas jurídicas transnacionais, com atuação comum perante diversas nações, "que estabelecem as regras gerais de organização e funcionamento do sistema de cartões de crédito".[56] Portanto, são elas que definem as regras do cartão e a rede de aceitação local e internacional.

A bandeira é a "marca" do cartão, é a representação da empresa que concede licença para que o fornecedor utilize o sistema de pagamentos de cartão de crédito. São elas, em verdade, as proprietárias do sistema, mas dependem de uma outra pessoa para emitir e administrar o cartão, que são as administradoras, que hoje, como regra, qualificam-se como instituições financeiras.

Dependem as bandeiras das instituições financeiras administradoras do cartão para que sejam viabilizados o financiamento do crédito e, consequentemente, o próprio funcionamento do sistema.

56 FAZZIO JUNIOR. Op. cit. p. 16.

No Brasil, as principais bandeiras são *Visa*, *Mastercard*, *Diners Club* e *Amex*, mas há outras como *Hipercard* e *Aura*.

Os fornecedores se filiam às bandeiras de maneira que os titulares dos cartões que as ostentam possam realizar as operações creditícias para a aquisição dos bens ou serviços. Mas eles, nesse sistema, não mantêm vínculo diretamente com as administradoras, celebrando contrato apenas com as bandeiras, de forma que recebem, da própria bandeira, os pagamentos referentes às compras ou serviços prestados aos titulares do cartão, percebendo tais valores já descontado o percentual inerente à remuneração da dona do sistema. Já as administradoras se beneficiam dessa relação, pois contratam com as bandeiras e, desta forma, se aproveitam da rede de fornecedores a elas afiliados.

### *3.2.5. Credenciadoras ou acquirers*

O sistema pode ter um quinto sujeito, o que hoje é cada vez mais comum, tornando-o ainda mais complexo. É a credenciadora ou *acquirer*, que é a pessoa responsável pela filiação, pelo gerenciamento e pelo relacionamento entre as bandeiras e os fornecedores.

São elas, na lição de Waldo Fazzio Jr., "operadoras ou adquirentes (*acquirers*) de licença de uso das marcas das bandeiras" que "promovem a filiação dos estabelecimentos (fornecedores empresários ou autônomos) e respondem (diretamente ou mediante terceirização) pela captura e processamento de transações, bem como pela construção e gestão da rede de aceitação, o que envolve: fornecimento dos terminais de ponto de venda ou bases operacionais para os estabelecimentos credenciados; manutenção dos terminais de captura; transmissão eletrônica das transações e trânsito dos fundos. Sua principal receita advém da cobrança das taxas de desconto e dos alugueres de equipamentos".[57]

Temos como exemplo de *acquirers* a *Cielo*, *RedeCard*, *VisaNet* e *Amex*.

Uma *acquirer* pode atender a diversas bandeiras, o que facilita em muito para os fornecedores a relação com as donas do sistema. Os fornecedores se credenciam junto a uma determinada *acquirer* e, com isso, se beneficiam das bandeiras atendidas por ele. É comum vermos, inclusive, nos mais variados meios de comunicação, propagandas das credenciadoras noticiando que suas maquinetas "aceitam" diversas bandeiras.

Nesse caso, então, o fornecedor está dispensado de celebrar contrato com cada uma das bandeiras existentes, bem como pagar aluguel das máquinas de cada uma delas. Basta celebrar um contrato com uma

57 FAZZIO JUNIOR. Op. cit. p. 17.

*acquirer* que atenda às bandeiras desejadas para que possa usufruir da cartela de clientes – os titulares do cartão – das donas do sistema.

Atualmente, inclusive, já é possível ver algumas instituições financeiras atuando como credenciadoras que aceitam diversas bandeiras, bastando que o fornecedor abra uma conta junto ao banco, pagando as respectivas taxas, além do aluguel da máquina, cujo valor é reduzido.

### *3.2.6.* Parceiros econômicos

Por fim, é possível mencionar, como sujeito da relação, os parceiros econômicos das administradoras, que a elas se associam concedendo benefícios e vantagens para um determinado grupo de pessoas titulares do cartão.

Grandes sociedades empresárias, como postos de gasolina, grandes lojas de departamento e até certas fundações, optam por se associar a administradoras para a emissão de cartões, atraindo um maior número de titulares em razão do poder e da confiabilidade de sua marca, bem como dos benefícios que são concedidos.

Em contrapartida, recebem uma remuneração das administradoras que, em regra, consiste em um percentual sobre os montantes auferidos com a utilização daquele cartão.

## 4. ESPÉCIES

São duas as espécies de cartão de crédito: os cartões de credenciamento e os cartões de crédito propriamente ditos, ou *stricto sensu*.

### 4.1. Cartões de credenciamento

Os cartões de credenciamento são aqueles emitidos pelos fornecedores em benefício dos seus clientes, possibilitando-lhes adquirir bens ou serviços com pagamento em momento posterior. Os fornecedores, então, assumem o papel de emissores.

Não são eles, propriamente, cartões de crédito. Primeiro porque não envolvem, tecnicamente, um financiamento, com a possibilidade de utilização do crédito rotativo, mas tão somente a possibilidade de compra a prazo. Há, na lição do saudoso Fran Martins, "uma simples operação de crédito pessoal, como, aliás, em todos os contratos a prazo".[58] As relações jurídicas entre as partes, assim, se reduzem a uma venda a termo.[59]

---

58 MARTINS. Op. cit. p. 514.

59 Idem.

Segundo que é composto esse "sistema" de apenas duas pessoas: o emissor, que é o próprio fornecedor de produtos e serviços, e o titular do cartão. Como explicita o Prof. Paulo Maximilian, nessas operações o emissor é "o próprio credor do comprador para essa venda".[60] Ademais, o cartão apenas pode ser utilizado nas lojas do próprio fornecedor-emissor, não havendo a possibilidade de utilizá-lo junto a outros fornecedores.

Têm tais cartões o objetivo de fidelizar clientes, concedendo-lhes maiores facilidades na aquisição dos produtos e serviços do fornecedor-emissor como, por exemplo, parcelamentos mais longos do que aqueles que poderiam ser feitos se fossem utilizados cartões de crédito *stricto sensu* como meio de pagamento.

## 4.2. Cartões de crédito propriamente ditos ou *stricto sensu*

Os cartões de crédito propriamente ditos são aqueles que possibilitam a seus titulares a utilização do cartão como meio de pagamento na aquisição de bens ou serviços junto aos mais variados fornecedores.

É certo que a utilização não é ilimitada, ficando o uso do cartão restrito aos fornecedores filiados ao sistema, todavia, dúvidas não há de que a sua utilização é muito mais ampla do que aquela possibilitada pelos cartões de credenciamento.

No sistema de cartões de crédito, por envolver uma concessão/abertura de crédito, também se admite, em quase todos os casos, que o titular efetue saques junto a caixas eletrônicos conveniados ao sistema, operação essa sobre a qual incidirão juros pela antecipação da quantia. Equipara-se a um mútuo, sobre o qual incidem juros desde a data do saque até a data do vencimento da fatura.

Na hipótese de ser a administradora do cartão uma instituição financeira, é comum a emissão de cartões múltiplos, com opção de débito e crédito, pelo que os saques são efetuados mediante a utilização do sistema de débito, não incidindo, assim, os juros inerentes ao contrato de abertura de crédito do cartão de crédito.

Todavia, se o cliente possuir um contrato de abertura de crédito - cheque especial - vinculado à sua conta corrente bancária, e estiver com o saldo de sua conta negativo, sobre o valor do saque incidirão juros. Nesse caso, pagará o cliente os juros inerentes a esse contrato, mas não aqueles inerentes ao contrato de abertura de crédito do sistema do cartão de crédito.

60 SCHONBLUM. Op. cit. 172.

As relações envolvidas no sistema dos cartões de crédito *stricto sensu* já foram por nós amplamente examinadas no tópico referente aos sujeitos, razão pela qual para lá remetemos nosso querido leitor.

Os cartões de crédito *stricto sensu* ainda se dividem em cartões de crédito não bancários e cartões de crédito bancários.

Os cartões de crédito não bancários são quase inexistentes, se limitando, hoje, ao sistema *Diners Club*.[61] Eles se caracterizam pelo fato de não envolver, no sistema, instituições financeiras.

Nessa espécie de cartão de crédito, a entidade emissora, com recursos próprios, assume uma posição de intermediação entre os titulares do cartão e os fornecedores. A relação é sempre triangular, em que a emissora habilita os titulares a utilizar o cartão junto aos fornecedores filiados à rede. A emissora, então, mantém um vínculo direto com o titular e os fornecedores.

Em contrapartida, no que tange à relação creditícia, o titular só mantém vínculo jurídico com a emissora, bem como o fornecedor também apenas com ela mantém uma relação jurídica.

Entre o titular e o fornecedor há uma simples relação de compra e venda de produtos ou de prestação de serviços, cuja operação financeira é intermediada pela emissora, que efetua o pagamento da dívida do titular ao fornecedor, assumindo o crédito.

Como é possível perceber, os cartões de crédito não bancários se estruturam em uma relação trilateral clássica, que por nós já foi enfrentada.

No que tange aos cartões de crédito bancários, constituem eles as espécies mais comuns nos tempos atuais. Consistem eles naqueles cartões em que a administradora ostenta a qualidade de instituição financeira, ou se associa a uma para administrar o seu cartão.

Segundo lição de Nelson Abrão, subdividem-se eles em cartões de pagamento e de crédito real. "Os de pagamento possibilitam a seu titular adquirir bens e serviços a pagamento diferido. Os de crédito real, além dessa vantagem, asseguram o direito de sacar quantias em dinheiro em determinadas nas agências do banco emissor."[62]

No atual sistema complexo dos cartões de crédito, prevalecem os bancários, em que há uma relação plurilateral, com diversos sujeitos, como por nós já examinado. Há apenas que se ressaltar que aquela relação jurídica trilateral, não obstante caracterizar comumente a relação de cartões de créditos não bancários, não é exclusiva deles, não havendo

61 MARTINS. Op. cit. p. 520.

62 ABRÃO. Op. cit. 227.

óbice para que a relação dos cartões de crédito bancários, embora seja esta hipótese mais rara, também se estruture em uma relação triangular.

## 5. RESPONSABILIDADE

As relações que se desenvolvem no sistema de cartão de crédito são responsáveis por milhares de conflitos que acabam por desaguar no Judiciário. Tentar-se-á, a partir de agora, examinar as questões mais comuns, buscando-se esclarecer a responsabilidade de cada dos sujeitos nesse emaranhado de relações.

A primeira questão diz respeito às hipóteses de vício do produto ou do serviço. O vício do produto ou do serviço é o defeito menos grave, que se limita ao próprio produto ou serviço, causando o seu mau funcionamento,[63] sem causar danos à pessoa do consumidor. Exemplo comum é o da geladeira que não gela.

Questiona-se, nessa hipótese, quem responde por esse vício. Uma primeira observação diz respeito à previsão dos arts. 18 e 19 do Código de Proteção e Defesa do Consumidor. Dispõem os mencionados dispositivos que os fornecedores respondem solidariamente pelo vício de quantidade e qualidade dos produtos.

Há que se definir, então, quem são esses fornecedores a que a lei impõe uma responsabilidade solidária.

A nosso sentir, quis o diploma legal abarcar todas aquelas pessoas envolvidas na cadeia de produção, distribuição e venda dos bens ou serviços. Então, no caso da venda de um produto, os fornecedores solidariamente responsáveis seriam o fabricante, o produtor, o construtor e o comerciante.

Não estariam, então, inseridos a administradora de cartão de crédito, a bandeira, a credenciadora e o parceiro econômico. Isso porque não têm eles nenhuma relação com a cadeia de produção, distribuição e venda do produto. O serviço por eles prestado é o de administração do cartão e concessão de crédito.

A mesma conclusão se aplica ao caso de fato do produto ou do serviço, que é o vício qualificado, que causa dano ao consumidor.

E na hipótese de vício no próprio serviço de crédito? Questiona-se se poderiam eles ser responsabilizados solidariamente, como no caso de uma não autorização indevida da transação, ou mesmo de um bloqueio ou cancelamento indevido do cartão de crédito.

---

63 CAVALIERI FILHO, Sergio. *Programa de direito do consumidor*. São Paulo: Atlas, 2008. p. 265.

A nosso sentir, nessas hipóteses, a responsabilidade se limitaria à administradora do cartão de crédito e ao seu parceiro econômico. Isso porque, no que tange ao serviço de crédito prestado ao titular, apenas essas pessoas mantêm com ele um vínculo jurídico, salvo se for constatado que a operação não pôde se realizar por uma falha do equipamento utilizado pelo lojista ou do seu próprio sistema de transmissão de dados.[64]

O indivíduo, ao procurar um cartão para contratar, busca aquela administradora na qual ele possui uma maior confiança, seja porque é uma instituição financeira em que ele é correntista, seja porque a marca da emissora é forte.

É o mesmo caso dos parceiros econômicos que estampam seu nome e sua marca no cartão. Como exemplo, podemos citar as montadoras de veículos, os clubes de futebol, alguns postos de gasolina e até determinadas fundações, que emprestam sua marca à empresa emissora do cartão, em troca de uma remuneração. Essas parcerias são vantajosas para ambas as partes, pois a administradora angaria mais titulares, por conta da marca do parceiro, e o parceiro aumenta sua renda.

Então, nesses casos, tanto a administradora, quanto o parceiro, são responsáveis pelos danos, mesmo que exclusivamente morais, causados ao titular.

No que toca à administradora, sua responsabilidade decorre diretamente do contrato de prestação de serviço celebrado entre ela e o titular.

Já em relação ao parceiro, sua responsabilidade decorre do fato dele se beneficiar daquele contrato mantido entre a administradora e o titular. É a teoria do risco-proveito, que pode ser sintetizada numa simples afirmação: quem tem o bônus deve arcar com o ônus, como leciona o saudoso ministro do Supremo Tribunal Federal, Carlos Alberto Menezes Direito: "Pela teoria do risco-proveito, responsável é aquele que tira proveito da atividade danosa, com base no princípio de que, onde está o ganho, aí reside o encargo, *ubi emolumentum, ibi onus*."[65]

Portanto, tanto a administradora quanto o parceiro econômico respondem solidariamente pelos danos sofridos pelo titular.

Quanto às demais pessoas, não tem o titular nenhum vínculo direto. Ele não celebra o contrato de emissão diretamente com a bandeira, e

---

64 Nesse sentido: TJRJ. Apelação Cível 0162009-04.2000.8.19.0001 (2006.001.39417). Rel. JDS. Des. Sergio Ricardo Arruda Fernandes. Quinta Câmara Cível. Julgamento: 19/9/2006.

65 DIREITO, Carlos Alberto Menezes; CAVALIERI FILHO, Sergio. *Comentários ao Novo Código Civil*. Da responsabilidade civil; das preferências e privilégios creditórios – arts. 927 a 965. v. XIII. 2. ed. Rio de Janeiro: Forense, 2007. p. 12.

muito menos com a credenciadora. Em verdade, é a administradora que mantém vínculo com a bandeira, ostentando a sua marca.

Entretanto, na jurisprudência dos tribunais a questão é divergente. Há posicionamento no sentido de que essas pessoas não têm responsabilidade pelo vício do serviço de fornecimento de crédito, pois não mantêm com o titular nenhuma relação jurídica.[66] Em sentido contrário, há julgados entendendo que a responsabilidade é solidária entre todos os sujeitos, compreendidos todos eles como fornecedores do serviço de crédito, nos termos do art. 14 do Código de Defesa do Consumidor. Aplicar-se-ia, na hipótese, a teoria da aparência, uma vez que todos os sujeitos que figuram impressos no cartão de crédito e na fatura fazem crer o consumidor que participam da cadeia creditícia.[67]

No âmbito do Superior Tribunal de Justiça, a questão também é divergente. Há precedente no sentido de que, sendo constatado que o vício é exclusivo do serviço de crédito contratado e fornecido pela administradora, a bandeira não pode ser responsabilizada.[68] Mas há também precedente imputando solidariamente a responsabilidade entre a administradora e a bandeira, uma vez que integram a cadeia de fornecimento do crédito.[69]

Questão também tormentosa diz respeito aos casos de roubo, furto ou extravio do cartão, com a sua posterior utilização fraudulenta. Diverge-se sobre de quem seria a responsabilidade nessa hipótese. Na doutrina, há vozes no sentido de que o titular do cartão é responsável pelo uso abusivo do cartão até a comunicação à administradora.[70] Segundo esse entendimento, havendo furto, roubo ou extravio do cartão, "o titular deve avisar imediatamente o emissor. A partir do momento em que este recebe o aviso, o portador se exonera".[71]

Ousamos discordar desse entendimento. Inicialmente, há que se ter em mente que em muitos casos o titular sequer sabe que foi vítima do evento. Por exemplo, no caso de extravio de cartão enviado sem a prévia solicitação do consumidor. Não tem ele como ter conhecimento do extra-

---

66 Ver TJRJ. Apelação Cível 0224584-33.2009.8.19.0001. Terceira Câmara Cível. Rel. Des. Helena Candida Lisboa Gaede. Julgamento: 28/7/2010.

67 Ver TJRJ. Apelação Cível 0007102-22.2010.8.19.0001. Décima Oitava Câmara Cível. Rel. Des. Heleno Ribeiro P. Nunes. Julgamento: 27/4/2011.

68 Ver REsp 866359/ES. Rel. Min. Nancy Andrighi. Terceira Turma. *DJe* 15/5/2009.

69 Ver, nesse sentido, os seguintes precedentes: REsp 1493031/MG. Rel. Min. Paulo de Tarso Sanseverino. Terceira Turma. *DJe* 10/3/2016; AgRg no AREsp 596237/SP. Rel. Min. Marco Aurélio Bellizze. Terceira Turma. *DJe* 12/2/2015.

70 ABRÃO. Op. cit. p. 229; SCHONBLUM. Op. cit. p. 187.

71 ABRÃO. Op. cit. p. 229.

vio. O mesmo ocorre nos casos de furto, em que a ação, como o próprio nome do delito indica, há uma ação furtiva do agente, que muitas vezes comete o crime sem ser percebido pela vítima.

Entendemos que, nesses casos, o risco do negócio é da administradora, que deve assumi-lo independentemente de comunicação do titular, e até mesmo da existência de contrato de seguro,[72] que a nosso sentir consiste em prática abusiva, pois as administradoras, que lucram assombrosamente com sua atividade, devem assumir esse risco inerente ao seu negócio. Trata-se, mais uma vez, da aplicação da teoria do risco-proveito.

O fornecedor também deve assumir esse risco, especialmente diante de sua negligência em não conferir os documentos pessoais do estelionatário que, de posse do cartão furtado ou extraviado, adquire produtos e serviços.

O mesmo ocorre nos casos de roubo. Isso porque é induvidoso que o agente, ao cometer o crime, não fica aguardando a comunicação do crime pelo titular do cartão. Ele parte, de imediato, da prática do crime de roubo contra o titular do cartão, para o de estelionato contra os fornecedores. O titular sequer tem tempo, e às vezes até meios, de comunicar imediatamente o fato às autoridades policiais e às emissoras do cartão.

Mais uma vez, aplica-se a teoria do risco à hipótese, devendo a administradora e os fornecedores assumi-los.[73]

---

72 Defende Nelson Abrão a contratação de seguro contra perda, roubo, furto ou extravio: "Compatível à conscientização do negócio envolvendo cartão de crédito, as empresas colocam à disposição seguro, que visa cobrir as hipóteses de ilicitude quando o magnético plastificado fica na posse de terceiro; isso se viabiliza por um valor módico e que interessa ao usuário mais de perto." ABRÃO. Op. cit. p. 230.

73 Nessa esteira é a doutrina de Sergio Cavalieri Filho: "Se os riscos do negócio correm por conta do empreendedor, forçoso será então concluir que, à luz do Código do Consumidor, o furto, o roubo ou o extravio do cartão de crédito é risco do empreendimento, e, como tal, corre por conta do emissor. O titular do cartão só poderá ser responsabilizado se ficar provada a sua culpa exclusiva pelo evento, consoante § 3º, II, do art. 14 do Código de Defesa do Consumidor. É constante a falta de cautela das lojas vendedoras deixando de conferir a assinatura do portador do cartão com a lançada na nota de compra, e de exigir do comprador outro documento de identificação. Daí o grande número de ações motivadas por compras feitas por cartão de crédito com assinatura grosseiramente falsificada e outras irregularidades. O titular do cartão não pode responder pelo fato culposo dos estabelecimentos comerciais filiados ao sistema por não ter com eles nenhum vínculo contratual; nessa esfera o vínculo é com o próprio emissor do cartão, perante quem deve o estabelecimento responder pela sua falta de cautela. Em suma, o risco de aceitar o cartão, sem conferir assinaturas e sem exigir qualquer outro documento, é do vendedor. Se por falta de cautela acaba vendendo mercadoria a quem não é o legítimo portador do cartão, torna-se vítima de um estelionato, cujos prejuízos deve

No âmbito do Superior Tribunal de Justiça há precedentes nesse mesmo sentido.[74]

Por fim, questão que também entendemos relevante é aquela que diz respeito ao envio de cartão sem prévia solicitação do consumidor. Trata-se de prática abusiva expressamente prevista no art. 39, III, do Código de Defesa do Consumidor, que dispõe que é vedado ao fornecedor de produtos ou serviços, dentre outras práticas abusivas, enviar ou entregar ao consumidor, sem solicitação prévia, qualquer produto, ou fornecer qualquer serviço.

Nesses casos, tem-se uma abusividade por parte da administradora do cartão porque tal conduta põe em risco o consumidor, especialmente por expô-lo à possibilidade de extravio da correspondência e, consequentemente, do cartão, que pode sujeitá-lo à condição de vítima em uma fraude por utilização indevida do plástico.

Na jurisprudência do Superior Tribunal de Justiça essa questão acabou sedimentada, culminando com a edição da súmula nº 532, a qual dispõe que "Constitui prática comercial abusiva o envio de cartão de crédito sem prévia e expressa solicitação do consumidor, configurando-se ato ilícito indenizável e sujeito à aplicação de multa administrativa".

Há que se esclarecer, todavia, que se o consumidor, ao receber o cartão, optar por desbloqueá-lo e utilizá-lo, será indevida qualquer cobrança de anuidade, uma vez que, nos termos do parágrafo único do art. 39 do Código de Proteção e Defesa do Consumidor, qualquer produto enviado ou entregue sem solicitação do consumidor equipara-se às amostras grátis, inexistindo obrigação de pagamento. Assim, eventual pagamento efetuado pelo titular como anuidade deverá ser restituído em dobro, nos termos do parágrafo único do art. 42 do diploma consumerista.

É induvidoso, contudo, que os valores referentes às compras efetuadas pelo consumidor, nesses casos, são devidos, pois caso contrário

---

suportar. Não há que se falar no caso em compra e venda, mas em crime. Nesse caso, pode o emissor do cartão, como já vimos, negar-se a pagar a dívida alegando a má utilização do cartão. Se não obstante essa exceção, prefere assumir a dívida por conveniência do seu negócio, não pode depois transferir o seu prejuízo para o titular do cartão, que não tem nenhum vínculo com o estabelecimento comercial filiado ao sistema de cartão de crédito. Os mesmos princípios devem ser aplicados nos casos de compras fraudulentas e saques criminosos em caixas eletrônicos, tão comuns em nossos dias, realizados por quadrilhas especializadas em falsificações e desvio de cartões de crédito ou eletrônicos" (CAVALIERI FILHO, Sergio. *Programa de responsabilidade civil*. 8. ed. São Paulo: Atlas, 2008. p. 406).

---

74 Ver PET no AgRg no REsp 1391029/SP. Rel. Min. Sidnei Beneti. Terceira Turma. *DJe* 17/2/2014.

estar-se-ia tutelando uma conduta ilícita, que é o enriquecimento sem causa e o abuso de direito por violação da boa-fé objetiva.

# 3

# Comissão

O exercício de uma atividade comercial profissional, que exige um profundo conhecimento dos bens, da clientela e das peculiaridades de cada localidade, não é tarefa simples. Ninguém é detentor absoluto de todas as técnicas comerciais, e tampouco detém conhecimento infinito, capaz de superar todas essas questões.

Assim, muitas vezes se faz necessário contratar alguém que, dentro de cada ramo de atividade, ou em determinadas praças, tenha a experiência e o conhecimento necessários para a comercialização, e assuma, em nome próprio, o encargo.

Por essa razão, muitos donos de negócios optam por contratar pessoas capacitadas, que gozam de bom nome e experiência no mercado, para comercializar, em nome próprio e sob sua responsabilidade, mas no interesse deles, em troca de uma remuneração, trazendo, desta forma, benefícios econômicos para ambas as partes.

Tal prática é conhecida por comissão, e é este contrato que passaremos a examinar a partir de agora.

## 1. CONCEITO

Conceituar é definir, isto é, identificar e estabelecer as características principais de determinado instituto a fim de diferenciá-lo dos demais, de modo a saber qual é o regime jurídico aplicável à hipótese.

No caso do contrato de comissão, o legislador facilitou o trabalho do intérprete, pois já estabeleceu um conceito desse negócio jurídico. Nessa esteira, o art. 693 do Código Civil conceituou o contrato de comissão como sendo aquele que tem por objeto a aquisição ou a venda de bens pelo comissário, em seu próprio nome, à conta do comitente.

Como é possível perceber, a lei civil conceituou o contrato de comissão de modo simples, mas, embora o tenha feito sem erros, deixou muito a desejar, revelando-se insuficiente. E isso porque o contrato de comissão é muito mais complexo do que o conceito legal parece demonstrar.

O dispositivo em comento iniciou o trabalho de conceituação do contrato de comissão pelo seu objeto. Nesse sentido, dispôs o legislador que o objeto do contrato é a compra e venda de bens.

Vê-se, pois, que o objeto do contrato é limitado, se resumindo à aquisição e à alienação de bens, não sendo possível se valer deste contrato, como bem salienta a doutrina, para a prática de outros negócios mercantis ou de outros negócios jurídicos em geral.[1]

Então, não deve a comissão ser contratada para a celebração de negócio jurídico diverso da compra e venda de bens, como, por exemplo, a prestação de um serviço. Caso seja contratada para fim diverso da compra e venda de bens, desnaturado estará o contrato de comissão.

Duas questões, entretanto, suscitam controvérsia: discute-se se o objeto do contrato se limita à compra e venda mercantil; e se essa compra e venda pode ter como objeto tanto bens móveis quanto imóveis.

Quanto à primeira questão, ou seja, a limitação do objeto à compra e venda mercantil, parcela da doutrina sustenta, fundada no revogado art. 165 do Código Comercial, que a comissão é restrita a negócios mercantis, ou seja, a negócios celebrados por comerciantes no exercício da sua atividade profissional. O objeto, portanto, deve ter fins comerciais.[2]

O revogado dispositivo expressamente mencionava a natureza mercantil dos negócios entabulados pelo comissário, razão pela qual aqueles que trataram do contrato em estudo sob a égide do vetusto Código Comercial não tinham dúvidas em firmar esse entendimento.

Tal entendimento foi recepcionado por respeitável parcela da doutrina que, sob a égide do Código Civil de 2002, também passou a sustentar a limitação do seu objeto aos negócios mercantis.[3]

Sem prejuízo, e após o advento do Código Civil, outra parcela da doutrina passou a sustentar a ampliação do objeto do contrato, admitindo duas espécies de comissão: a empresarial, comercial ou mercantil; e a civil.[4] Nesse sentido, se a comissão envolver negócios mercantis, e o

---

1 ASSIS, Araken de. *Contratos nominados*. Mandato, comissão, agência e distribuição, corretagem, transporte. Biblioteca de Direito Civil. Estudos em homenagem ao Professor Miguel Reale. 2. ed. São Paulo: Revista dos Tribunais, 2009. v. 2, p. 170-171.

2 Na lição de Fran Martins, o comissário deve ser comerciante, "e as *negociações que entabular devem ser mercantis*, segundo estatui o citado art. 165 do Código Comercial" (MARTINS, Fran. *Contratos e obrigações mercantis*. 15. ed. Rio de Janeiro: Forense, 2001. p. 288).

3 Segundo o emérito Prof. Arnaldo Rizzardo, a comissão é "um contrato pelo qual um comerciante assume a obrigação de realizar atos ou negócios de natureza mercantil, em favor e atendendo instruções de outra pessoa, mas agindo em seu nome, o que determina a sua responsabilidade perante os terceiros com os quais negocia" (RIZZARDO, Arnaldo. *Contratos*. 9. ed. Rio de Janeiro: Forense, 2009. p. 729).

4 Nesse sentido, Ricardo Negrão (NEGRÃO, Ricardo. *Manual de direito comercial & de empresa*. Títulos de Crédito e Contratos Empresariais. São Paulo: Saraiva, 2010. v. 2, p. 347) e José Maria Cases (CASES, José Maria Trepat. *Código Civil comentado*. Várias espécies de contrato. Comissão. Agência e distribuição. Corretagem. Transporte. Seguro. Constituição de renda. Jogo e aposta. São Paulo: Atlas, 2003. v. VIII, p. 21).

comissário for comerciante, a comissão será empresarial; mas na ausência de algum desses requisitos, a comissão será civil.[5]

Portanto, segundo esse entendimento, a diferenciação entre as espécies de comissão está na natureza da atividade exercida pelo comissário, de modo que, se a sua atividade é empresarial, o contrato será empresarial, caso contrário, será ela civil.[6]

Sobre essa questão, pensamos que o contrato de comissão não se resume às operações mercantis, e tampouco vemos utilidade prática nessa bipartição entre comissão mercantil e comissão civil.

Certo é que a comissão, com o advento do Código Civil de 2002, não se limita mais aos negócios empresariais, ou seja, aqueles celebrados por empresários no exercício da sua atividade econômica profissional com o fim de atingir a finalidade de seu negócio.

Parece-nos induvidoso que o comissário, assim como o comitente, visa o lucro, explorando, portanto, uma atividade econômica. Mas, isso não significa que essa atividade econômica deva ser exercida, necessariamente, sob a forma empresarial. Como cediço, uma atividade econômica e, consequentemente, a busca pelo lucro não é uma exclusividade das atividades empresariais.

Por essa razão, a atividade do comissário não exige a organização que caracteriza as atividades empresárias, bastando, para a qualificação do contrato de comissão, que ele a exerça em nome próprio, mas no interesse do comitente.

Outra questão divergente na doutrina diz respeito à natureza dos bens que podem ser objeto dos negócios decompra e venda a ser exercida pelo comissário. Questiona-se se a comissão está limitada aos bens móveis, ou se engloba também os bens imóveis.

Para parcela da doutrina a comissão se resume à atividade de compra e venda de bens móveis.[7] Entretanto, parece prevalecer o entendimento de que o contrato de comissão pode envolver tanto bens móveis,

5 "A comissão biparte-se em comercial e civil. Isso significa dizer que qualquer pessoa que age em nome próprio e assume a responsabilidade pela aquisição ou venda de bens, mas por conta e ordem de outra pessoa, está sujeita às regras do contrato de comissão. [...] Será então comercial a comissão que tiver por escopo a realização de negócio mercantil e desde que pelo menos o comissário seja comerciante; na falta de um desses requisitos, será ela civil" (CASES. Op. cit. p. 21).

6 Como explicita Ricardo Negrão: "A comissão será empresarial (ou mercantil, na linguagem anterior ao CC de 2022) se uma das partes contratantes exercer atividade empresarial e o contrato voltar-se ao exercício dessa atividade" (NEGRÃO. Op. cit. p. 347-348).

7 GONÇALVES, Carlos Roberto. *Direito civil brasileiro*. Contratos e atos unilaterais. São Paulo: Saraiva, 2004. v. III, p. 424.

quanto bens imóveis, bem como bens corpóreos e incorpóreos.[8] Este último entendimento nos parece ser o mais correto, uma vez que a lei não fez qualquer limitação quanto aos bens sujeitos à comissão.

Note-se que o fato de envolver bens imóveis não transforma o comissário em corretor. E isso porque, na corretagem o corretor não conclui o negócio, fazendo um mero trabalho de aproximação e intermediação das partes. Já na comissão o comissário atua em seu próprio nome, celebrando o negócio, mas sempre no interesse do comitente.

Ainda no exame do conceito do contrato de comissão, identifica a lei civil os sujeitos do contrato, que são o comissário e o comitente, os quais serão objeto de estudo no item 3 deste capítulo.

Descreveu a lei, ainda, a característica principal do contrato de comissão: uma das partes, o comissário, realiza a compra e venda de bens em nome próprio, mas por conta de outrem, o comitente, ou seja, no interesse deste. Essa característica será esmiuçada no item 5 deste capítulo, para o qual remetemos o leitor. Sem prejuízo, desde logo é preciso fazer algumas observações quanto a ela.

Primeiramente, é ela fundamental para a diferenciação do contrato de comissão de outros contratos. O Código Comercial, em seu revogado art. 165, dispunha que *a comissão mercantil é o contrato de mandato relativo a negócios mercantis, quando, pelo menos, o comissário é comerciante, sem que nesta gestão seja necessário declarar ou mencionar o nome do comitente.*

Daí se percebe que o Código Comercial tratava o contrato de comissão como uma espécie de contrato de mandato. Como noticia Fran Martins, parcela da doutrina afirmava, a partir da previsão legal, que o contrato de comissão era, na verdade, um contrato de mandato especial, pois era um mandato sem representação,[9] uma vez que na comissão o comissário não representa o comitente, pois ele atua em nome próprio, e não em nome do comitente.

No entanto, e especialmente após o advento do Código Civil de 2002, não é mais possível afirmar que o contrato de comissão se confunde com o contrato de mandato. Atualmente, prevalece na doutrina – com o que concordamos – o entendimento de que o contrato de comissão, apesar de possuir alguns pontos de contato com o contrato de mandato, deste se difere, possuindo, pois, natureza e características distintas.[10]

---

8 NEGRÃO. Op. cit. p. 350. Araken de Assis, em nota de rodapé, critica o entendimento de que a comissão se limita aos bens móveis (ASSIS. Op. cit. p. 205).

9 MARTINS. Op. cit. p. 285.

10 MARTINS. Op. cit. p. 285-286; NEGRÃO. Op. cit. p. 350; RIZZARDO. Op. cit. p. 729. O emérito Prof. Arnaldo Rizzardo resume bem as diferenças entre ambos: "Age o co-

Ao confrontá-los, é possível constatar que, na essência, a comissão e o mandato são contratos distintos. Isso porque, no contrato de comissão o comissário age em seu próprio nome, e responde pessoalmente perante terceiros pelas obrigações assumidas. Já no mandato, o mandatário age em nome do mandante, sendo que é este último que se obriga perante terceiros. O mandatário atua como se fosse o próprio mandante, enquanto o comissário atua por si mesmo, apesar de fazê-lo no interesse do comitente.

Este último aspecto é que traz uma grande peculiaridade ao contrato de comissão: o comissário age em nome próprio, mas para o comitente, ou seja, no interesse dele. O comitente é que o dono do negócio, mas ele contrata o comissário para que este, em seu próprio nome, celebre os negócios, seguindo as suas orientações.

Então, o comissário, em seu próprio nome, realiza os negócios do comitente que, como regra, jamais será conhecido pelo terceiro com quem o comissário celebrará os contratos. É essa, pois, a grande peculiaridade do contrato de comissão. Mal comparando, e aqui se destaca que a atuação do comissário é lícita, ele age como se fosse um "laranja", uma vez que contrata em seu próprio nome, mas para beneficiar e atender aos interesses do comitente.

Outra característica fundamental do contrato de comissão, embora esquecida pelo legislador em seu conceito, é o seu caráter oneroso. Tal característica, assim como a anterior, também será aprofundada no item 4 deste capítulo. No entanto, é imprescindível mencioná-la para a construção de nosso conceito.

A atividade exercida pelo comissário é sempre remunerada. E essa remuneração consiste em uma comissão sobre cada negócio celebrado, que poderá ser um percentual sobre a compra e venda, ou um valor prefixado.

Diante de tudo o que foi exposto, podemos conceituar o contrato de comissão como aquele por meio do qual uma pessoa, o comissário, celebra, em nome próprio, negócios de compra e venda de bens móveis e imóveis, mas no interesse de outrem, o comitente, mediante o pagamento de uma remuneração, a comissão.

---

missário em seu próprio nome e não em nome do comitente, embora a mando deste. Assume obrigações pessoais para com aqueles que contrata. Acrescenta Fran Martins: 'E no que tange às suas relações com o comitente poderá até o comissário assumir a responsabilidade pela solvência das pessoas com que contratar (comissão *del credere*), o que não acontece com o mandatário que, agindo por conta e em nome do mandante, responde apenas pelos atos em que sua culpa se provar'" (RIZZARDO. Op. cit. p. 729-730).

## 2. NATUREZA JURÍDICA

Já vimos que o contrato de comissão não se confunde com o contrato de mandato, apesar de vozes dissonantes na doutrina. O Código Civil de 2002, como visto, trouxe regras próprias para o contrato de comissão, de modo que ele é, sem sombra de dúvidas, um contrato autônomo,[11] típico e nominado.

É, ainda, um contrato não solene, pois "não se subordina a nenhuma forma especial prescrita em lei, bastando o consenso dos seus figurantes. Sua existência prova-se pelas regras comuns".[12] Admite-se, por essa razão, sua celebração tanto por escrito quanto pela forma verbal.

Assim, é possível classificar o contrato de comissão como consensual, provando-se a sua existência por todos os meios de prova lícitos e legítimos, como, por exemplo, os livros comerciais do comissário na hipótese de ser ele empresário, ou até mesmo eventuais correspondências trocadas entre comitente e comissário, como *e-mails*, mensagens enviadas por aplicativos de conversa, ou quaisquer outras formas de comunicação em que se possa demonstrar, de modo inequívoco, a existência da relação.

Além de ser informal, o contrato de comissão tem, como regra, prazo indeterminado,[13] permitindo, assim, uma continuidade da relação, que é pautada na confiança. Por essa razão, o contrato de comissão também é um contrato *intuito personae*,[14] ou seja, leva em consideração a pessoa do comissário, pelo o quê não pode "o comissário delegar a execução da comissão a outrem se o comitente não o autorizou expressamente; presume-se que sua escolha se deve à diligência e habilidade próprias do comissário".[15]

---

11 MARTINS. Op. cit. p. 287.

12 ASSIS. Op. cit. p. 171. É esse também o entendimento de Fran Martins (MARTINS. Op. cit. p. 289), José Maria Cases (CASES. Op. cit. p. 23), Ricardo Negrão (NEGRÃO. Op. cit. p. 348), Gustavo Tepedino (TEPEDINO, Gustavo. *Comentários ao Novo Código Civil*. Das várias espécies de contrato. Do mandato. Da comissão. Da agência e distribuição. Da corretagem. Do Transporte. Arts. 653 a 756. Sálvio de Figueiredo (Coord.). Rio de Janeiro: Forense, 2008. v. X, p. 212) e Carlos Alberto Bittar (BITTAR, Carlos Alberto. *Contratos comerciais*. 4. ed. Rio de Janeiro: Forense Universitária, 2005. p. 68).

13 Conforme Gustavo Tepedino (TEPEDINO. Op. cit. p. 212) e Carlos Alberto Bittar (BITTAR. Op. cit. p. 70).

14 Nesse sentido, José Maria Cases (CASES. Op. cit. p. 24), Araken de Assis (ASSIS. Op. cit. p. 171) e Gustavo Tepedino (TEPEDINO. Op. cit. p. 213).

15 TEPEDINO. Op. cit. p. 213. Assim também leciona José Maria Cases, ao expor "que a escolha recai sobre determinada pessoa natural ou jurídica, porque ela reúne condições julgadas especiais que a credenciam à realização do negócio, como competência, seriedade, confiança, credibilidade, etc." (CASES. Op. cit. p. 24).

Infere-se, portanto, que são fundamentais as características pessoais do comissário para a celebração do contrato de comissão. Isso porque, como já afirmado, o comissário, apesar de atuar em nome próprio, o faz no interesse do comitente. Todos os negócios do comissário são celebrados em favor do comitente, que por essa razão elege aquele que melhor lhe transmita confiança.

## 3. SUJEITOS

O contrato de comissão envolve três sujeitos, sendo que dois deles são, propriamente, partes do contrato. Como veremos adiante, do contrato de comissão se originam duas relações jurídicas, sendo uma nascida diretamente da celebração do contrato, e outra decorrente da primeira.

### 3.1. Comitente

O comitente é o primeiro sujeito do contrato. Integra ele, diretamente, o contrato de comissão. Ele é o titular dos bens que serão alienados, ou o interessado nos bens que serão adquiridos, pelo comissário. É, portanto, o dono do negócio.

No entanto, por não ter qualificação ou expertise para a melhor celebração dos negócios, o comitente procura uma pessoa, natural ou jurídica, para celebrá-los no seu interesse, ou seja, os negócios são celebrados pelo comissário para o comitente. Esse é o significado da expressão à conta do comitente prevista no art. 693 do Código Civil.[16]

É imperioso ressaltar o fato de que o comitente, apesar de dono do negócio, só mantém relação com o comissário, não mantendo com o terceiro nenhum vínculo.

### 3.2. Comissário

O comissário é a pessoa que celebra, com o comitente, o contrato de comissão. É ele quem realiza o objeto do contrato, ou seja, a compra ou venda de bens do comitente. Mas, ele o faz em nome próprio, apesar de não ser o proprietário dos bens alienados ou adquiridos, pois age sempre à conta – no interesse – do comitente.

Na venda de bens, o valor auferido pertence ao comitente, que pagará ao comissário sua respectiva remuneração. E, na compra de bens, o domínio dos bens adquiridos também é do comitente, que pagará ao comissário a remuneração acordada pela concretização do negócio.

16 "Art. 693. O contrato de comissão tem por objeto a aquisição ou a venda de bens pelo comissário, em seu próprio nome, à conta do comitente."

Questão interessante envolvendo o comissário é o fato de que ele é parte em duas relações: uma primeira, entre ele e o comitente, fundada diretamente no contrato de comissão; e uma segunda, celebrada entre ele e terceiros adquirentes ou alienantes de bens, por meio da qual o comissário adquire e aliena bens, sempre em conformidade com aquela primeira relação. E é através desta segunda relação que o objeto do contrato é realizado.

Ainda sobre o comissário, controverte-se na doutrina se ele necessário, para a sua caracterização, que ele ostente a condição de empresário.

Para uma parcela da doutrina, o comissário, seja ele pessoa natural ou jurídica, deve ser empresário,[17] e especificamente um empresário do ramo de comissão.[18] Deve ele, segundo esse entendimento, ter como atividade econômica organizada e principal a comissão, não podendo ser um empresário de outro ramo que, em atividade paralela, também realiza a comissão.

Já para outra parcela da doutrina, a qualificação do comissário como empresário é facultativa, cabendo a ele decidir pela organização econômica, ou não, de sua atividade. Nesse sentido, ele poderá, de acordo com a sua conveniência, exercer uma atividade econômica com organização empresarial, hipótese em que será ele um empresário do ramo da comissão, bem como poderá fazê-lo sem essa organização, caso em que será um não empresário, um profissional liberal ou uma sociedade simples - caso se associe a outras pessoas -, que explora a atividade de comissão.

Pensamos ser esse último o melhor entendimento, pois, como leciona Gustavo Tepedino, "a discussão perdeu relevância com a codificação atual, na esteira da unificação do direito privado. Entende-se, nos dias de hoje, que o contrato de comissão pode ser validamente celebrado para a aquisição ou venda de bens de qualquer natureza, independentemente da qualificação das partes como empresário ou sociedade empresária".[19]

Para encerrar a questão, retemos o leitor ao item 1, quando tratamos da exigência de ser a comissão uma atividade voltada aos negócios mercantis.

## 3.3. Terceiro

O terceiro sujeito presente na relação, mas que não faz parte diretamente do contrato de comissão, é o alienante, ou adquirente, dos bens

17 Conforme Fran Martins (MARTINS. Op. cit. p. 286), Arnaldo Rizzardo (RIZZARDO. Op. cit. p. 729) e Carlos Alberto Bittar (BITTAR. Op. cit. p. 67).

18 BITTAR. Op. cit. p. 67.

19 TEPEDINO. Op. cit. p. 216.

negociados pelo comissário. Como dito, ele não é parte do contrato de comissão, mas sim do negócio jurídico que se origina da relação envolvendo comitente e comissário.

Não mantém o terceiro nenhum vínculo com o comitente e, na quase totalidade dos casos, sequer sabe quem ele é, e tampouco que ele existe. Isso porque o comissário atua em nome próprio, fazendo crer ao terceiro que é ele o próprio dono do negócio. Assim, o terceiro só tem vínculo com o comissário.

## 4. CARACTERÍSTICAS

### 4.1. Duplicidade de relações

A primeira, e uma das mais fundamentais características do contrato de comissão, é que da sua celebração resultam duas relações jurídicas. Como já tivemos a oportunidade de observar, pelo contrato de comissão o comissário se compromete a adquirir ou alienar bens a terceiros, em nome próprio, mas no interesse do comitente. Então, celebrado o contrato de comissão entre o comitente e o comissário – primeira relação –, o comissário irá celebrar contratos de compra ou venda de bens com terceiros – segunda relação.

Por questões didáticas, iniciaremos o nosso estudo com a segunda relação, que é aquela travada entre o comissário e os terceiros. Essa segunda relação é, como regra, autônoma em relação à primeira, de modo que o terceiro nada pode exigir do comitente, salvo se houver previsão contratual em contrário, como se infere do exame do art. 694 do Código Civil.[20]

Não obstante, embora autônomas, as relações jurídicas travadas pelo comissário estão umbilicalmente ligadas à relação com o comitente: a segunda relação só existe se a primeira também existir. Então, há entre elas, induvidosamente, uma relação de dependência, devendo-se sempre ressaltar que o comitente é o verdadeiro dono do negócio,[21] o que retira a absoluta independência do comissário na condução do negócio, *ex vi* das limitações impostas pelo art. 695 do Código Civil.[22]

20 "Art. 694. O comissário fica diretamente obrigado para com as pessoas com quem contratar, sem que estas tenham ação contra o comitente, nem este contra elas, salvo se o comissário ceder seus direitos a qualquer das partes."

21 TEPEDINO. Op. cit. p. 210.

22 "Art. 695. O comissário é obrigado a agir de conformidade com as ordens e instruções do comitente, devendo, na falta destas, não podendo pedi-las a tempo, proceder segundo os usos em casos semelhantes."

Apesar disso, na relação com o terceiro, o comissário atua com certa independência, pois o faz em nome próprio, como se fosse o dono do negócio, de modo que deve poder adotar as técnicas e estratégias necessárias para concluí-lo. Nesse sentido, "é ele que figura no contrato, como contratante, assumindo nessa condição todas as responsabilidades perante terceiros com quem negocia".[23]

Como consequência, nessa relação o comitente não figura como parte, e tampouco nela intervém, como, por exemplo, ratificando os negócios celebrados pelo comissário. Se ele assim fizesse, estaria inevitavelmente participando do negócio, ainda que indiretamente, e, consequentemente, se vincularia a ele, integrando a relação e se responsabilizando por eventual fato ocorrido com o terceiro. Ora, quem ratifica um negócio está anuindo com ele e, inegavelmente, a ele se vinculando.[24] Por essa razão, não há, pelo comitente, nenhuma intervenção ou participação nos negócios celebrados pelo comissário.

Sem prejuízo, há na doutrina quem admita essa possibilidade de intervenção do comitente nos negócios, anuindo com eles, embora permaneça desvinculado da relação entre comissário e o terceiro. Argumenta-se, para afastar a vinculação, que essa anuência é um mero ato secundário, não gerando direitos e deveres para o comitente.[25]

Não é esse, entretanto, nosso pensamento. E isso porque, quando da celebração do negócio pelo comissário, devem permanecer o comitente e o terceiro estranhos entre si,[26] pelo o quê não deve o comitente sequer saber a identidade do terceiro e, do mesmo modo, não deve o terceiro saber da existência do comitente.

É de bom alvitre, inclusive, que o comissário não revele a identidade do terceiro para o comitente, a fim de proteger sua clientela. Agindo assim, evitará que o comitente, futuramente, o dispense e passe a nego-

23 CASES. Op. cit. p. 22.

24 No mesmo sentido, José Maria Cases (CASES. Op. cit. p. 23).

25 Segundo Gustavo Tepedino, "nada impede, todavia, que o comitente figure, eventualmente, como parte interveniente ou anuente do ajuste celebrado entre o terceiro e o comissário. Nesta hipótese, o comitente não será, da mesma forma, responsável pelo negócio avençado entre o comissário e o terceiro, limitando-se sua intervenção a aspectos secundários, já que não assume os direitos e obrigações que definem a causa do contrato, ou seja, que qualificam o negócio. Por isso mesmo, essa eventual participação do comitente no referido ajuste não desnaturaliza, só por si, o contrato de comissão, haja vista que este se qualifica pela celebração de negócio de compra e venda por uma pessoa, em nome próprio, mas à conta de outrem" (TEPEDINO. Op. cit. p. 210-211).

26 Em sintonia com o que acabamos de afirmar, CASES. Op. cit. p. 23.

ciar diretamente com os clientes. É importante, pois, que o comissário mantenha sigilo sobre esse aspecto da negociação.[27]

Igualmente, não deve o comissário revelar ao terceiro que age no interesse de outrem. Tendo em vista o fato de o contrato com o terceiro ser celebrado pelo comissário em nome próprio, é de boa cautela que a identidade e a própria existência do comitente permaneçam ocultas, haja vista que, se o objetivo é revelar a identidade do comitente, melhor seria a celebração, entre comissário e comitente, de um contrato de mandato, hipótese em que o mandatário agiria em nome do mandante, revelando, assim, a sua identidade. Por essa razão, em nosso entender, a revelação da identidade do comitente traz um problema prático, devendo, pois, permanecer oculta a sua existência.

Ocorre que, relevante parcela da doutrina[28] não vê óbice à revelação da existência e identidade do comitente e, consequentemente, do contrato de comissão, salvo nos casos de expressa proibição contida nele, caso em que estará caracterizado, se houver a revelação, um inadimplemento contratual.[29]

Segundo esse entendimento, desde que o comissário atue em nome próprio, a revelação do nome do comitente não desnatura a comissão,[30] isso porque "o vínculo contratual se mantém entre o comissário e o terceiro".[31] Ademais, em muitos casos, a divulgação da pessoa do comitente pode até favorecer a realização dos negócios do comissário, servindo como uma prática publicitária,[32] caso, obviamente, goze o comitente de bom nome na praça.

É preciso observar, entretanto, que a possibilidade de revelação da identidade não é uma regra obrigatória. E isso porque, em alguns casos, a informação acerca da identidade e da existência do comitente pode acabar por comprometer o sucesso do negócio, ou até impedir a sua realização.[33] Verificada essa situação, poderá o comissário até ser responsabilizado pelos prejuízos causados ao comitente, uma vez que sua indiscrição terá sido o fator determinante para o insucesso do negócio.

---

27 TEPEDINO. Op. cit. p. 218.

28 É o que entende José Maria Cases (CASES. Op. cit. p. 22), Araken de Assis (ASSIS. Op. cit. p. 169) e Gustavo Tepedino (TEPEDINO. Op. cit. p. 228).

29 TEPEDINO. Op. cit. p. 229.

30 ASSIS. Op. cit. p. 169.

31 TEPEDINO. Op. cit. p. 228.

32 TEPEDINO. Op. cit. p. 229.

33 CASES. Op. cit. p. 22.

Note-se, portanto, que mesmo para aqueles que admitem a revelação da existência de um contrato de comissão, tal *indiscrição* deve ser cometida *cum grano salis*, devendo o comissário ter a sensibilidade de perceber se essa revelação será vantajosa ou prejudicial ao negócio e, consequentemente, ao próprio comitente, que é a pessoa no interesse de quem ele deve agir.

Prosseguindo no exame da atuação do comissário, devemos observar que, pelo fato dele agir em nome próprio, deverá responder perante terceiros pelas obrigações que assumir, como se depreende da redação do já citado art. 694 do Código Civil, de modo que aqueles não terão direito de ação em face do comitente, e nem este em face deles, salvo se o comissário ceder seus direitos a uma das partes.

Como consequência, responderá o comissário perante o terceiro pelo pagamento do preço, no caso da compra de bens, ou pela entrega da coisa, caso o negócio consista na venda de mercadorias. Por isso, diz-se que "o risco desse contrato é inteiramente do comissário".[34]

É por essa razão que deve o comissário diligenciar para obter os valores ou os bens negociados com o terceiro, mesmo não respondendo pela insolvência deste. E isso porque, não tendo o comitente ação em face do terceiro,[35] mas sendo ele o dono do negócio, deve o comissário, que age no interesse dele, evitar que ele sofra prejuízos, zelando pelo cumprimento da avença.

Para evitar prejuízos ao comitente, deve o comissário, inclusive, diante do inadimplemento do terceiro, ajuizar a respectiva ação, tendo em vista que esta não pode ser manejada pelo comitente, pois ele não tem relação direta com o terceiro.

---

34 CASES. Op. cit. p. 23.

35 Observa Orlando Gomes a existência de corrente doutrinária que defende o manejo de ação direta pelo comitente em face do terceiro, tendo em vista que o negócio é celebrado no seu interesse: "mas prospera, na doutrina mais recente, a opinião contrária. O comitente, segundo essa corrente, exerce direito próprio quando se dirige diretamente ao terceiro para lhe exigir o pagamento do que comprou. O comissário é formalmente titular do crédito, mas pertence ele, em verdade, tanto sob o ponto de vista econômico como jurídico, ao comitente. A este corresponde, efetivamente, porque é por sua conta que o comissário age. O titular formal deve exigir ou reclamar o pagamento na condição de credor, resultante de sua posição no contrato, mas seu direito de ação não impede que o comitente promova diretamente a realização do crédito, pois a ele interessa o recebimento. Entendem alguns que, com esse procedimento, não está o comitente a exercer *ação sub-rogatória*, substituindo-se processualmente ao comissário, porque tal ação supõe a inércia do titular do direito. Age, assim, por direito próprio, embora possa o terceiro opor-lhe as exceções pessoais que poderia levantar contra o comissário" (GOMES, Orlando. *Contratos*. 26. ed. Rio de Janeiro: Forense, 2009. p. 446-447).

Frise-se que, essa obrigação de o comissário ajuizar a ação não viola o livre exercício do direito de ação consagrado constitucionalmente. E isso porque ela decorre do próprio contrato de comissão celebrado entre comitente e comissário, com o qual este último consentiu.

Sem prejuízo, caso o comissário, após empreender todos os esforços, não consiga satisfazer o crédito do comitente, ele não poderá ser responsabilizado, pois o inadimplemento está inserido no risco do negócio. Entretanto, poderá o comissário, excepcionalmente, responder pelo inadimplemento do terceiro se for incluída, no contrato de comissão, a cláusula *del credere*, o que examinaremos mais a frente.

Ainda no que toca à atuação do comissário, não pode ele agir livremente, devendo, ao contrário, observar as recomendações e orientações do comitente, uma vez que, mesmo agindo em seu próprio nome, atua o comissário por conta do comitente, visando o atingimento dos interesses deste que é o verdadeiro dono do negócio. Note-se que, como dito, ele tem autonomia para se utilizar das estratégias mercadológicas que possuir, mas sempre deverá fazê-lo nos limites e de acordo com as determinações do comitente.

Exemplo disso é a questão versada nos arts. 699 e 700 do Código Civil. Tratam esses dispositivos da possibilidade de o comissário conceder ao terceiro prazo para pagamento.

Dispõe o art. 699 do Código Civil que na omissão do contrato de comissão, presume-se o comissário autorizado a conceder ao terceiro dilação de prazo para pagamento, na conformidade dos usos do lugar em que se realizar o negócio.

Já o art. 700 do *Digesto* pátrio prevê que se houver instruções do comitente proibindo prorrogação de prazos para pagamento, ou se a dilação concedida não estiver de acordo com os usos locais, poderá o comitente exigir do comissário o pagamento imediato dos valores devidos pelo terceiro, ou poderá responsabilizá-lo pelas consequências danosas decorrentes da prorrogação de prazo não autorizada. Terá o comitente, ainda, os mesmos direitos em face do comissário caso este não comunique as dilações de prazo concedidas e quem são os seus beneficiários.

Conforme se vê do exame do art. 699 do Código Civil, na omissão do contrato de comissão poderá o comissário conceder ao terceiro prazo para pagamento, desde que observe os usos e costumes locais da praça em que o negócio se realizar. Todavia, ao conceder esses prazos, deverá, por força do que dispõe a parte final do art. 700 do mesmo Código, informar ao comitente quais foram os prazos concedidos e quem são os seus beneficiários, sob pena de ser responsabilizado por eventuais danos, ou ter exigido o pagamento imediato da quantia.

Percebe-se, pois, que no caso da concessão de prazo para pagamento, o comissário deverá revelar ao comitente a identidade do cliente.[36] Trata-se, nesse caso, de uma regra que visa a proteção do comitente, a qual prevalece sobre o direito do comissário de manter sigilo acerca da identidade dos clientes.

Então, caso deixe o comissário de prestar essas informações ao comitente, ou venha a conceder prazos em desconformidade com os usos e costumes locais, ou ainda na hipótese de desrespeito à proibição existente no contrato para concessão de prazo para pagamento, terá o comitente o direito de exigir que o comissário pague imediatamente o preço, ou poderá responsabilizá-lo pelos efeitos danosos que advenham da dilação indevidamente concedida.

Tais consequências previstas na lei objetivam desestimular o comissário a conceder dilação de prazo de pagamento, e isso porque, como observa Gustavo Tepedino, "a proibição da concessão de prazo pelo comitente pode ter fundamento no receio de que o terceiro venha a se tornar insolvente antes do adimplemento da obrigação".[37]

Por essa razão, no caso de desobediência do comissário, traz a lei como consequência uma presunção absoluta[38] de que o negócio se operou a vista. Assim, pouco adianta o comissário provar que celebrou o negócio a prazo e que o terceiro é solvente. Ainda nesses casos poderá o comitente exigir do comissário o pagamento incontinenti do preço ou, *alternativamente*, que ele responda pelas consequências da dilação concedida.

No que toca a este último aspecto, há entendimento na doutrina no sentido de que as faculdades que podem ser exercidas pelo comitente não são alternativas, e sim cumulativas, de modo que ele poderá exigir do comissário o pagamento incontinenti do preço, além da indenização pelos prejuízos decorrente da dilação de prazo de pagamento concedida ao terceiro.[39]

36 Conforme lição do Prof. Gustavo Tepedino, "percebe-se, assim, que o direito do comissário de não revelar o nome dos terceiros com quem contrata deixa de existir se há dilação no prazo para pagamento, hipótese em que as informações quanto ao crédito se tornam imprescindíveis para a tutela dos interesses do comitente" (TEPEDINO. Op. cit. p. 244).

37 TEPEDINO. Op. cit. p. 245.

38 Conforme Araken de Assis (ASSIS. Op. cit. p. 190).

39 Como explicita Araken de Assis, "ocorrendo os elementos de incidência da norma, neste particular, o art. 700 prevê duas consequências, típicas do contrato de comissão: a dívida do comissário torna-se imediatamente exigível para o comitente, respondendo o comissário, ademais, pela infração do dever do art. 696, *caput*. A alternativa entre uma e outra pretensão é apenas aparente: não se cuida de concurso eletivo, mas de cumulação sucessiva – pagamento mais perdas e danos". ASSIS. Op. cit. p. 191.

Ousamos discordar desse entendimento. O art. 700 do Código Civil utiliza, ao dispor sobre as faculdades que podem ser exercidas pelo comitente em face do comissário, o vocábulo *ou*, o que denota uma situação de alternatividade, de livre escolha do comitente. Ademais, a cumulação de ambas pode levar, inclusive, a um enriquecimento ilícito do comitente, e isso porque, optando ele, por exemplo, por exigir do comissário o pagamento imediato do preço, crê-se que não haverá dano pela dilação do prazo para pagamento, haja vista que receberá o valor a vista.

Pensamos, no entanto, que em hipóteses excepcionais é possível falar em cumulação se houver prova inequívoca da ocorrência de dano pelo simples fato de ter sido concedido o benefício ao terceiro.

Como hipótese, poderíamos pensar no caso de o comissário ocultar do comitente a realização do negócio a prazo com o terceiro e, posteriormente, ao ser descoberta a ocultação, já ter o comitente sofrido danos, embora venha a receber o valor a vista. Ainda assim, pensamos que, nesse caso, o pleito indenizatório se fundamentará não na regra do art. 700 do Código Civil, mas sim na regra geral de responsabilidade civil do contrato de comissão, prevista no parágrafo único do art. 696 do Código Civil, uma vez que terá o comissário cometido um ilícito civil contratual.

Por tudo o que se disse anteriormente, concordamos com o entendimento de que não será possível a aplicação cumulada das medidas se restar provado que o negócio a prazo, mesmo fora das orientações do comitente, ou até mesmo diante de uma proibição expressa, lhe trouxe vantagens.[40]

É o caso, por exemplo, do comissário que vende o bem com um valor superior ao que deveria ser cobrado em razão da dilação do prazo de pagamento. Se, na hipótese, a facilidade concedida ao terceiro compensou a postergação do pagamento, não há razão para o comitente exigir do comissário o preço a vista e, cumulativamente, reclamar perdas e danos, pois estes inexistem.

Assim, quanto à relação existente entre o comissário e o terceiro, são essas as observações que entendemos pertinentes.

No que tange à relação travada entre comissário e comitente, não há nenhuma participação do teceiro, pois ela diz respeito unicamente ao contrato de comissão, com a incidência das regras que regulamentam o vínculo entre aqueles sujeitos.

Dispõe o art. 697 do Código Civil que o comissário não responde pela insolvência das pessoas com quem tratar, exceto em caso de culpa, ou na hipótese de constar no contrato de comissão a cláusula *del credere* regulada no art. 698 do mesmo Código.

40 ASSIS. Op. cit. p. 191-192.

Por essa regra, o comissário, mesmo agindo em nome próprio nos negócios que celebrar com terceiros, não assume o risco pela insolvência deles, sofrendo o comitente integralmente os prejuízos por esse fato. Esse é o risco inerente a todo e qualquer negócio, e se justifica a assunção desses riscos pelo comitente porque, como já exaustivamente afirmado, é ele o dono do negócio.[41]

Por essa mesma razão, não há que se falar em dupla transferência da propriedade do bem alienado pelo comissário, ou seja, o comissário não é um revendedor, pois ele não adquire os bens do comitente para revendê-los aos terceiros, mas tem apenas a posse do imóvel para entrega-la quando da concretização do negócio. Então, a entrega dos bens do comitente ao comissário decorre do próprio contrato de comissão, ficando os bens em poder deste último em consignação.

Se o comissário viesse a adquirir os bens, os negócios celebrados passariam a lhe pertencer, pois ele seria o titular da coisa. Ademais, a compra dos bens do comitente pelo comissário levaria à desnaturação do contrato de comissão para um contrato de concessão mercantil, em que o concessionário adquire os bens do concedente para revenda.

Há, no entanto, quem admita a possibilidade de ocorrência da dupla transmissão, embora não seja essa a regra. Segundo Gustavo Tepedino, "a inexistência de dupla transferência de propriedade não tipifica a causa da comissão, isto é, embora não seja comum a sua ocorrência, a dupla transmissão pode se verificar sem ofensa ao contrato de comissão. Isso porque – repita-se ainda uma vez – o que caracteriza o contrato de comissão é a circunstância de o comissário celebrar com terceiro contrato em nome próprio, mas no interesse do comitente".[42]

Ainda em relação ao vínculo existente entre comitente e comissário, pode este último assumir a responsabilidade pela insolvência do terceiro. Para isso, deverá ser incluída, no contrato de comissão, a cláusula *del credere*.

Como já visto, a regra é que o comissário não responde pela insolvência do terceiro, consoante dicção do art. 697 do Código Civil. Todavia, prevê a parte final do dispositivo precitado que essa regra comporta duas exceções: no caso de culpa; e no caso previsto no art. 698 do mesmo Código.

No que toca à primeira hipótese, responderá o comissário se agir culposamente no exercício da sua atividade, como, por exemplo, ao

41 Como bem salienta o Prof. Ricardo Negrão, "a compra ou alienação se dá para o comitente, que é o fornecedor ou o destinatário do objeto contratado com o terceiro" (NEGRÃO. Op. cit. p. 350).

42 TEPEDINO. Op. cit. p. 211-212.

contratar com terceiro sem diligenciar minimamente acerca da situação econômica deste, ou quando é flagrante o seu estado de insolvência. Nesse caso, responderá o comissário pela insolvência do terceiro, ainda que não haja previsão contratual de tal responsabilidade, uma vez que ela decorre da própria lei.

No que tange à segunda hipótese de responsabilidade do comissário, está ela prevista no art. 698 do Código Civil. Segundo o mencionado dispositivo, se do contrato de comissão constar a cláusula *del credere*, responderá o comissário solidariamente com as pessoas com que houver tratado em nome do comitente, caso em que, salvo estipulação em contrário, o comissário tem direito a remuneração mais elevada, para compensar o ônus assumido.

A expressão *del credere* advém do italiano dar confiança, fiar, e significa que o comissário dá ao comitente a garantia da execução do contrato. Então, pela cláusula *del credere* o comissário assume solidariamente com o terceiro a responsabilidade pelo não pagamento, independentemente de culpa.

Trata-se de uma cláusula acessória ao contrato de comissão que institui a solidariedade entre o comissário e o terceiro perante o comitente,[43] garantindo, dessa forma, o cumprimento da obrigação.

Consiste ela, ainda, em um ajuste prévio entre comitente e comissário, de modo que o comissário não sabe, ao acordá-la, quais serão os terceiros cujos negócios estarão garantidos. Assim, o comissário, ao acordar a inclusão da cláusula *del credere*, não leva em conta a condição pessoal do terceiro cuja responsabilidade solidária assumirá.[44]

Vê-se, pois, que ao contratar a cláusula *del credere* o comissário incrementa o risco de sua atividade, o que autoriza, por essa razão, o aumento do valor da sua remuneração pelos negócios celebrados, aumento esse chamado de *compensação pecuniária particular*.[45]

A cláusula *del credere* tem como um de seus propósitos incentivar o comissário a agir com maior diligência na contratação com os terceiros, uma vez que ao assumir a responsabilidade solidária pelo adimplemento da obrigação, passará a ter mais cautela na escolha daqueles com quem irá contratar.

Não é imperioso, entretanto, que se pactue que a cláusula *del credere* englobe todos os negócios que serão celebrados pelo comissário. Por estar inserida na autonomia da vontade das partes, é admissível que a

43 TEPEDINO. Op. cit. p. 240.

44 MARTINS. Op. cit. p. 294.

45 NEGRÃO. Op. cit. p. 355.

cláusula envolva apenas parte deles,[46] ou até mesmo um percentual dos prejuízos do comitente.[47]

Questão controvertida no que toca à cláusula *del credere* diz respeito à possibilidade de sua incidência nos negócios celebrados a vista.

Para parcela da doutrina, a cláusula *del credere* somente se justifica nas operações a crédito ou a prazo.[48] Como explicita Fran Martins, aqueles que defendem a inadmissibilidade da cláusula nos negócios a vista justificam seu posicionamento no fato de que "sendo o pagamento feito pelo terceiro a vista, nada há que garantir quanto à sua solvabilidade. Haveria, no caso, como que um enriquecimento ilícito por parte do comissário, já que este cobra remuneração maior na comissão *del credere*, remuneração essa destinada a compensar o risco que assume pela solvência do terceiro contratante. E não havendo esse risco, já que os efeitos comprados pelo terceiro são pagos à vista, não se justificaria tal excesso de comissão".[49]

Pensamos, no entanto, assistir melhor razão àqueles que defendem a eficácia da cláusula *del credere* mesmo nos negócios a vista.[50] Segundo esse entendimento, é plenamente válida e eficaz a aplicação da cláusula nos negócios a vista.

A primeira razão para sua validade é o fato de que a cláusula é firmada previamente à celebração dos contratos com os terceiros, portanto, o comissário não sabe com quem, e nem como, irá contratar, razão pela qual não é possível admitir que a *del credere* se torne inválida ou ineficaz por conta de uma posterior celebração de um negócio a vista.

Ademais, é preciso ressaltar que, mesmo nos negócios a vista, não está eliminado o risco para o comitente,[51] e isso porque, como bem ressalta Fran Martins, a cláusula *del credere* garante a solvabilidade do terceiro, "e deve-se entender essa *solvabilidade não* apenas no sentido estrito do pagamento da obrigação, mas da sua execução. Assim sendo, o comissário *del credere* responde pela não-execução do contrato por parte de terceiro, ainda mesmo que sua não-execução se deva a caso fortuito ou de força maior".[52]

---

46 CASES. Op. cit. p. 38.

47 ASSIS. Op. cit. p. 187.

48 TEPEDINO. Op. cit. p. 240.

49 MARTINS. Op. cit. p. 295.

50 No sentido da admissibilidade da cláusula *del credere* também nos negócios a vista, Fran Martis (MARTINS. Op. cit. p. 295) e Araken de Assis (ASSIS. Op. cit. p. 187).

51 ASSIS. Op. cit. p. 187.

52 MARTINS. Op. cit. p. 295.

Exemplo prático da eficácia da cláusula nos negócios a vista seria o pagamento feito por terceiro através de cheque. O cheque é título de crédito a vista e, uma vez emitido, considera-se, em princípio, como paga a obrigação. No entanto, no momento de sua apresentação, é possível que não haja provisão de fundos para pagamento do título, o que levará, caso tenha sido o cheque apresentado pelo próprio credor da obrigação, ao inadimplemento desta. Nesse caso, responderá o comissário pelo inadimplemento graças à cláusula *del credere*, mesmo sendo o negócio a vista.

Ainda sobre a cláusula *del credere*, questiona-se sobre qual é a sua natureza jurídica. Como alertam Araken de Assis[53] e José Maria Cases,[54] alguns vislumbram na cláusula *del credere* uma natureza securitária, ou seja, para parcela da doutrina, a cláusula *del credere* é um seguro, "no qual o comissário assume a posição de segurador, recebendo como *prêmio* o valor da comissão e assumindo o risco da solvabilidade".[55]

Já para outra parcela da doutrina, como é o caso do Prof. Fran Martins, ancorado nas lições de Valdemar Ferreira, a cláusula *del credere* teria a natureza de fiança, pois a lei, ao prever a solidariedade entre o comissário e o terceiro, estatuiu uma fiança, pois o revogado art. 258 do Código Comercial de 1850 previa que toda fiança é solidária.[56]

Pensamos, no entanto, que nenhuma dessas hipóteses é adequada à qualificação da *del credere*.

Primeiro, o contrato de seguro é aquele em que, nos termos do art. 757 do Código Civil, o segurador se obriga, mediante o pagamento do prêmio, a garantir interesse legítimo do segurado, relativo a pessoa ou a coisa, contra riscos predeterminados. Ademais, segundo o parágrafo único do mesmo dispositivo, somente pode ostentar a condição de segurador, uma entidade para tal fim legalmente autorizada. No caso, o comissário não é entidade legalmente autorizada a exercer a atividade de seguro, razão pela qual não é possível reconhecer a cláusula *del credere* como um contrato de seguro.

No que tange à fiança, também pensamos que ela não se confunde com a comissão *del credere* porque, salvo nas hipóteses em que o fiador renuncia ao benefício de ordem, a sua obrigação é meramente subsidiária, e não solidária.[57] Na cláusula *del credere* não há opção para

53 ASSIS. Op. cit. p. 188.

54 CASES. Op. cit. p. 37.

55 MARTINS. Op. cit. p. 295.

56 MARTINS. Op. cit. p. 295-296.

57 GAGLIANO, Pablo Stolze; PAMPLONA FILHO, Rodolfo. *Novo curso de direito civil.* Contratos. São Paulo: Saraiva, 2008. v. IV, t. 2, p. 603.

essa responsabilização subsidiária, sendo da sua própria natureza a solidariedade.

Em verdade, como leciona parcela da doutrina, a qual nos filiamos, a cláusula *del credere* é uma simples obrigação de pagar em que o comissário se torna solidário ao terceiro.[58] Trata-se, pois, de um pacto de solidariedade,[59] em que o comissário se dispõe a responder solidariamente com o terceiro. Torna-se ele devedor por conta do próprio contrato de comissão, e não de um contrato de fiança ou seguro.[60]

Por fim, diverge-se também acerca da formalização da cláusula *del credere*. Para uma parcela da doutrina, a cláusula *del credere* deve ser formal, escrita e solene, ou seja, deve constar expressamente do contrato, não se admitindo a sua presunção.[61] Não é necessário, todavia, que conste a expressão *del credere*, podendo essa responsabilidade solidária ser manifestada através de outras expressões como, por exemplo, *garanto a execução do contrato* ou *assumo a garantia*.[62]

Já para uma segunda parcela da doutrina, não é necessário que a cláusula esteja expressa no contrato, uma vez que "a existência do pacto, na comissão, prova-se por todos os meios lícitos",[63] embora não se possa presumi-la, e tampouco extraí-la dos usos e costumes do lugar ou das circunstâncias da comissão, haja vista que a solidariedade não se presume.

## 4.2. Bilateralidade

O contrato de comissão é, inegavelmente, bilateral, uma vez que tanto o comissário quanto o comitente ocupam, simultaneamente, a dupla posição de credor e devedor. Isso significa que ambos têm direito e obrigações, em que o direito de um corresponde à obrigação do outro. Daí se infere o sinalágma do contrato. Neste tópico iremos estudar, especificamente, as obrigações do comissário e do comitente.

58 TEPEDINO. Op. cit. p. 241.

59 ASSIS. Op. cit. 188.

60 CASES. Op. cit. p. 37.

61 CASES. Op. cit. p. 36

62 NEGRÃO. Op. cit. p. 355-356.

63 ASSIS. Op. cit. p. 186. No mesmo sentido Gustavo Tepedino, para quem é possível convencionar a *del credere* de forma oral, desde que de maneira expressa, não sendo admissível a sua presunção (TEPEDINO. Op. cit. p. 242).

### 4.2.1. Obrigações do comissário

A primeira das obrigações do comissário está prevista no art. 695 do Código Civil, que prevê que o comissário é obrigado a agir de conformidade com as ordens e instruções do comitente, devendo, na falta destas, e não podendo pedi-las a tempo, agir de acordo com os usos e costumes do lugar.

Daí se infere que o comissário, mesmo negociando em seu próprio nome, não atua com plena liberdade, tendo como obrigação observar as orientações do comitente, afinal, é este o dono do negócio. Se assim não fizer o comissário, responderá por eventuais prejuízos causados ao comitente.

As orientações do comitente, segundo a doutrina, podem ser de três espécies: imperativas, em que o comitente determina, de forma imperativa, a atuação do comissário, devendo ele observar estritamente o que foi estipulado, não possuindo margem de discricionariedade; indicativas, em que o comitente estipula apenas os limites da atuação do comissário, podendo ele, assim, atuar livremente dentro dessa margem, tendo poder de decisão dentro desse enquadramento; e facultativas, em que o comitente estipula, tão somente, a natureza do negócio, podendo o comissário atuar livremente.

Não obstante, embora deva o comissário observar essas orientações, dispõe o parágrafo único do art. 695 do Código Civil que estarão justificados os atos do comissário se deles houver resultado vantagem para o comitente, bem como no caso em que não se admitindo demora na realização do negócio, e ausentes instruções específicas do comitente, o comissário agir de acordo com os usos e costumes do lugar do negócio.

Note-se, sobre essa última questão, que o parágrafo único do art. 695 abre a possibilidade de o comissário requerer instruções complementares ao comitente, especialmente quando as primeiras forem vagas e imprecisas.[64] Nesses casos de dúvida do comissário, deverá ele contatar o comitente para que este apresente esclarecimentos. Ocorre que, se o comissário não lograr êxito em obter essas informações, ou se para a concretização do negócio exigir-se um atuar imediato, sem tempo hábil para um pedido de esclarecimentos, deverá o comissário agir de acordo com os usos e costumes do lugar do negócio, hipótese em que estará isento de responsabilização.

Além dessas hipóteses de exclusão de responsabilidade, concordamos com o entendimento de parcela da doutrina no toca à possibilidade de o comissário descumprir ordens expressas do comitente se restar evi-

---

64 ASSIS. Op. cit. p. 181.

denciado que o seu cumprimento causará danos a ele.[65] Nesse caso, estará o comissário isento de responsabilidade, pois terá agido verdadeiramente no interesse do comitente, ainda que contra as suas ordens expressas.

Ainda sobre a necessidade de cumprimento das ordens do comitente, questiona-se se ele poderá se negar a aceitar o negócio celebrado pelo comissário com o terceiro, caso tenha sido concretizado em descumprimento às suas ordens e orientações.

Para parcela da doutrina,[66] o comitente pode se recusar a executar o contrato e optar por fazê-lo de acordo apenas com as instruções que deu ao comissário, hipótese em que este último responderá perante o terceiro pelos danos que a ele causar.

Já para uma segunda parcela da doutrina,[67] a qual nos filiamos, o comitente não pode se negar a aceitar a negociação feita, mesmo que o comissário não tenha observado as instruções do comitente. Isso porque, como esclarece Araken de Assis, "o negócio jurídico formado entre o comissário e o terceiro, em que pese contravindo as instruções do comitente, vale e produz efeitos. Não é dado ao comitente, conforme sustenta WALDEMAR FERREIRA, 'enjeitá-lo, por espúrio'. Em outras palavras, repele-se, firmemente, a ideia de que o negócio vincula 'exclusivamente o comissário'. Na verdade, o comitente se vincula às próprias instruções e, nos seus limites, honrará a obrigação, respondendo o comissário pelo dano".[68]

Prevê o art. 704 do Código Civil que, salvo disposição em contrário no contrato de comissão, poderá o comitente, a qualquer tempo, alterar as instruções dadas ao comissário, dando novas instruções que também atingirão os negócios pendentes.

Os motivos para as alterações podem variar, como, por exemplo, o advento de novas tecnologias ou novos métodos de negociação, mudanças no mercado, necessidade de adoção de novas técnicas para enfrentamento da concorrência, ou até mesmo um eventual insucesso da atuação do comissário. De toda forma, é livre o comitente para efetuar tais modificações, sequer necessitando justificá-las ao comissário. Por ser seu o negócio, bem como o risco pelo seu insucesso, o comitente tem o poder de conduzi-lo da maneira que melhor lhe convier, cumprindo ao comissário apenas acatar as novas orientações.

65 ASSIS. Op. cit. p. 181.

66 GOMES. Op. cit. p. 443; TEPEDINO. Op. cit. p. 232.

67 CASES. Op. cit. p. 31.

68 ASSIS. Op. cit. p. 181-182.

Ocorre que, quanto à eficácia das modificações sobre os negócios pendentes, é imperioso que o comitente diligencie para que as novas orientações cheguem ao conhecimento do comissário a tempo de que sejam implementadas, caso contrário, não poderá ser exigido dele a conclusão do negócio de acordo com as novas regras, tampouco responsabilizá-lo por eventuais prejuízos sofridos pela observância das orientações anteriores.

Ainda sobre a possibilidade de alteração das instruções, questiona-se se o comissário pode fazer jus a indenização caso as novas orientações lhe prejudiquem.

Para parcela da doutrina,[69] caso as novas orientações causem danos aos interesses do comissário, fará ele jus à indenização, podendo ainda denunciar o contrato, sem responder por perdas e danos, caso a denúncia seja menos prejudicial ao comitente do que os danos sofridos pelo comissário.

Já para uma segunda parcela da doutrina,[70] o dever de indenizar do comitente, neste caso, não se coaduna com o disposto no art. 704 do Código Civil, que autoriza a livre modificação das orientações.

Não obstante tais entendimentos, pensamos que tal questão deve ser examinada casuisticamente. Como exemplo de prejuízo que pode ser causado ao comissário, podemos citar o caso de eventuais alterações nas orientações que levem a uma diminuição da sua remuneração.[71] Nessa hipótese, o dever de indenizar dependerá da análise da existência de má-fé do comitente. Se as modificações promovidas por ele tiverem como único intuito prejudicar o comissário, ou forçá-lo a se retirar da relação contratual, dúvidas não há de que deverá o comitente indenizá-lo.[72]

Note-se, ainda, que esse dever de indenizar não se limita apenas às hipóteses de dolo do comitente. Os novos princípios que norteiam as relações jurídicas, especialmente a eticidade, não permitem esse atuar lesivo. Ora, o dever de atuar conforme a boa-fé não se limita a obstar um

---

69 TEPEDINO. Op. cit. p. 253; MIRANDA, Pontes. *Tratado de direito privado*. v. 43. § 4.727. p. 308.

70 ASSIS. Op. cit. p. 198.

71 Segundo lição do emérito Prof. Araken de Assis, "o comissário obra em nome do comitente e, nessas circunstâncias, o seu interesse subsidiário, quanto à remuneração, precisa se conformar à supremacia do interesse principal do comitente, que lhe foi confiado. Assim, as expectativas de ganhos maiores, desfeitas pela superveniência de instruções derrogatórias das anteriores, nenhuma pretensão geram ao comissário, principalmente quanto à complementação das comissões" (ASSIS. Op. cit. p. 198).

72 ASSIS. Op. cit. p. 198.

agir doloso, de má-fé. A boa-fé e seus deveres anexos exige um atuar leal, probo, honesto e que respeite as justas expectativas da outra parte.

Ainda que seja o comitente o dono do negócio, e por essa razão seus interesses devam ser atendidos primariamente, é induvidoso que o comissário diligente, que atua visando atender plenamente os anseios do comitente, tem uma justa expectativa acerca da sua remuneração.

Assim, uma mudança abrupta, especialmente em negócios pendentes, sobre os quais o comissário investiu seu esforço e dedicação, não pode ferir sua justa expectativa de perceber aquilo que foi avençado anteriormente. Não estamos aqui a falar em direito adquirido, uma vez que o negócio é pendente. Mas sim em justa expectativa, fundada nos princípios que norteiam a nova ordem jurídica implementada pelo Código Civil de 2002, e que estão em perfeita consonância com a Constituição de 1988.

Portanto, entendemos que, havendo danos ao comissário por mudanças promovidas no curso dos negócios pendentes, é induvidoso de que ele deve ser indenizado, em nome do princípio da eticidade que deve nortear todas as relações sociais.

É certo, ainda, que se as alterações levarem à existência de um novo contrato, como, por exemplo, na hipótese de mudança radical do seu objeto, poderá o comissário denunciá-lo, sem o dever de indenizar o comitente.

A segunda obrigação do comissário está prevista no *caput* do art. 696 do Código Civil, que prevê que, no desempenho de suas incumbências, o comissário é obrigado a agir com cuidado e diligência, não só para evitar qualquer prejuízo ao comitente, mas ainda para lhe proporcionar o lucro que razoavelmente se podia esperar do negócio.

Trata-se, portanto, da obrigação de agir com zelo na realização dos negócios, haja vista que eles pertencem ao comitente. Deve, pois, o comissário agir com o mesmo cuidado que teria se o negócio fosse seu. A esse dever de zelo e diligência, Gustavo Tepedino chamou de *deveres acessórios* à obrigação.

Ocorre que, a norma não se resume a exigir do comissário o zelo para evitar danos ao comitente. O zelo exigido do comissário é *qualificado*, pois reclama que o comissário atue para proporcionar ao comitente o lucro que razoavelmente se podia esperar do negócio. Assim, como leciona Ricardo Negrão, "trata-se de um *plus* em relação à administração dos negócios alheios porque se espera que o comissário tenha a exata percepção profissional do conteúdo econômico da alienação ou compra a que se propôs realizar ao comitente".[73]

73 NEGRÃO. Op. cit. p. 353.

A terceira obrigação do comissário estava prevista nos revogados arts. 170 e 171 do Código Comercial, e consiste na obrigação de conservar as coisas do comitente, bem como avisá-lo, na primeira oportunidade, de quaisquer danos que vierem a ocorrer sobre tais bens, investigando sua origem.

Tem, então, o comissário o dever de guarda e conservação dos bens do comitente que são entregues em consignação. Trata-se de uma obrigação semelhante à do depositário, tendo em vista que o comissário, ao receber as mercadorias, equipara-se àquele.

Assim, incumbe a ele adotar todas as medidas necessárias para a conservação dos bens do comitente, devendo comunicá-lo, na primeira oportunidade, acerca da ocorrência de alguma avaria, devendo, ainda, buscar a origem do dano para uma posterior responsabilização do seu causador.

Questão interessante diz respeito à necessidade, ou não, de o comissário vistoriar as mercadorias do comitente quando do seu recebimento, como previa o art. 172 do Código Comercial, que trazia como consequência a responsabilização do comissário por eventuais avarias que não estivessem discriminadas.

Embora não esteja prevista tal regra no Código Civil de 2002, cabe às partes discriminar, de forma verdadeira, o estado dos bens, seja o comitente no momento da remessa, seja o comissário no momento do seu recebimento, em nítida observância da boa-fé que deve reger toda e qualquer relação.[74]

Ressalte-se, ainda, a inexistência do dever legal de o comissário contratar seguro para os bens do comitente. A obrigatoriedade de tal contratação dependerá de expressa avença entre as partes. Como consequência, ocorrendo avarias sem que se possa imputar responsabilidade ao comissário, e não havendo seguro por ausência de ajuste no contrato, não responderá o comissário pelos danos ocorridos.

Tem o comissário, ainda, a obrigação de prestar contas ao comitente, e isso porque pertencem a este os negócios celebrados. Assim, deverá o comissário informar ao comitente os negócios concretizados, bem como realizar as cobranças em face dos terceiros.[75]

Outra questão é a ser examinada é a do parágrafo único do art. 696 do Código Civil que traz a regra geral de responsabilidade do comissário. Reza o mencionado dispositivo que responderá o comissário, salvo

74 TEPEDINO. Op. cit. p. 218.

75 TEPEDINO. Op. cit. p. 217.

motivo de força maior, por qualquer prejuízo que, por ação ou omissão, causar ao comitente.

Conclui-se, pois, que o comissário responderá pelos danos causados ao comitente no desempenho de sua atividade, excluindo-se sua responsabilidade, segundo a lei, apenas se comprovada a ocorrência de força maior, que rompe o nexo causal e exclui o dever de indenizar.

Pensamos, no entanto, a partir de uma interpretação sistemática das normas sobre responsabilidade civil do Código Civil, que o caso fortuito também exonera o comissário do dever de indenizar, pois igualmente se trata de uma causa de rompimento de nexo causal, tal qual a força maior, consoante o disposto no art. 393 do Código Civil.[76]

A doutrina[77] reconhece ainda outras causas de exclusão da responsabilidade do comissário, como o agir de boa-fé, a ratificação do negócio pelo comitente, a culpa do próprio comitente, bem como a atuação do comissário estritamente dentro das orientações do comitente – o que, a nosso sentir, pode ser inserido no seu atuar de boa-fé.

### 4.2.2. Obrigações do comitente

Quanto às obrigações do comitente, quase todas elas dizem respeito aos direitos pecuniários do comissário, direitos esses que serão examinados no item 4.3 deste capítulo.

Apesar disso, é possível citar a obrigação que tem o comitente de suportar os riscos do negócio, uma vez que ele é o seu dono. Assim, não tendo o comissário dado causa aos prejuízos sofridos pelo comitente, deverá este suportá-los.

## 4.3. Onerosidade

Dúvidas não há de que o contrato de comissão é oneroso, e isso porque ambas as partes visam obter vantagens econômicas, e a cada uma

76 Como salienta o notável Prof. Sergio Cavalieri Filho, o disposto no art. 393 do Código Civil, "embora destinado à disciplina das obrigações, esse dispositivo, por consagrar um princípio geral do direito, é aplicável não só à responsabilidade contratual como também à responsabilidade extracontratual". Prossegue, ainda, o citado autor, explicitando que ambos excluem o dever de indenizar: "Fala-se em caso fortuito ou de força maior quando se trata de acontecimento que escapa a toda diligência, inteiramente estranho à vontade do devedor da obrigação. É circunstância irresistível, externa, que impede o agente de ter a conduta devida para cumprir a obrigação a que estava obrigado. Ocorrendo o fortuito ou a força maior a conduta devida fica impedida em razão de um fato não controlável pelo agente" (FILHO, Sergio Cavalieri. *Programa de responsabilidade civil*. 10. ed. São Paulo: Atlas, 2012. p. 71).

77 MARTINS. Op. cit. p. 292; ASSIS. Op. cit. p. 182.

dessas vantagens corresponde um sacrifício, que importa na diminuição do patrimônio. Há, portanto, interesses patrimoniais recíprocos que se exteriorizam em perdas e ganhos patrimoniais na relação: o comitente entrega bens em troca do preço, ou paga um preço para a aquisição de mercadorias; e o comissário emprega sua força trabalho e investe capital em prol de uma remuneração, chamada de comissão.

A comissão do comissário é ajustada previamente entre as partes e, em regra, consiste em um percentual sobre o valor bruto da operação. Nada obsta, no entanto, que seja fixado um determinado valor para cada operação.

Há que se recordar, ainda, que havendo cláusula *del credere*, fará jus o comissário, exceto se houver disposição em contrário, a uma remuneração mais elevada que, na prática, deve consistir no dobro do valor prefixado, ou do percentual pré-ajustado, das operações não garantidas pela *del credere*.[78]

Há que se observar que, consoante o disposto no art. 701 do Código Civil, se não for estipulada no contrato a comissão, deverá ela ser arbitrada segundo os usos e costumes do lugar do contrato.

Por ser direito essencial do comissário, prevê o art. 702 do Código Civil que será devida a comissão mesmo no caso de morte do comissário, bem como nas hipóteses em que o negócio não puder ser concluído por força maior e, ante a previsão do parágrafo único do art. 393 do Código Civil, também por caso fortuito.

Nessas hipóteses, a remuneração será proporcional, salvo se, no caso de morte do comissário, o negócio já tiver sido concluído, caso em que a remuneração será devida integralmente. Há que se frisar, apenas, que no caso de falecimento do comissário a remuneração deverá ser paga aos seus sucessores.

Prevê o art. 703 do Código Civil que, ainda que o comissário tenha dado causa à sua dispensa, ele fará jus à remuneração pelos serviços úteis prestados ao comitente. Quis o legislador, ao assegurar ao comissário esse direito, impedir o enriquecimento ilícito do comitente que, beneficiado com os serviços prestados pelo comissário, ficaria isento de pagar a remuneração devida.

Há, ainda, que se ressalvar o direito que tem o comitente de exigir do comissário eventuais perdas e danos pelos prejuízos sofridos com a sua ação ou omissão causadora da rescisão contratual, nos exatos termos da parte final do art. 703 do Código Civil. É possível, inclusive, que haja uma compensação entre a remuneração devida e a indenização de-

78 TEPEDINO. Op. cit. p. 247; ASSIS. Op. cit. p. 189.

corrente dos prejuízos causados, desde que presentes os pressupostos legais para que ocorra a compensação.[79]

Segundo parcela da doutrina, o direito à percepção da remuneração pelos serviços úteis prestados poderia ser excluído em cláusula contratual previamente avençada.[80] Ousamos, todavia, discordar desse entendimento. No que toca à regra prevista no art. 703 do Código Civil, pensamos não ser ela dispositiva, e sim imperativa. E isso porque, quando a lei quis autorizar o prévio ajuste das partes, excluindo deveres legais, o fez expressamente mediante a utilização de expressões como *salvo se*, *salvo disposição em contrário*, dentre outras semelhantes, como é possível vislumbrar nos arts. 694, 698, 699, 700 e 704 do Código Civil.

No caso do art. 703, o legislador não deu margem a essa autonomia da vontade das partes. Sopesou o legislador, nesse caso, a autonomia da vontade com a função social do contrato e a vedação ao enriquecimento ilícito, entendendo que estes últimos devem prevalecer em face daquela.

Prevê o art. 705 do Código Civil, em contrapartida, o direito do comissário à cumulação da remuneração pelos serviços prestados, com a percepção de indenização por perdas e danos, no caso de ter sido ele dispensado sem justa causa. Então, se o comissário não der causa à rescisão contratual, fará ele jus, além da comissão pelos serviços prestados, à indenização pelos danos sofridos com o rompimento imotivado do vínculo.

Tais regras previstas nos arts. 703 e 705 do Código Civil comprovam a essencialidade do direito do comissário à percepção da sua remuneração, que será devida – mesmo que proporcionalmente – sempre que for prestado o serviço ao comitente.

Ainda no que diz respeito à onerosidade do contrato, dispondo qualquer uma das partes de dinheiro da outra parte, terá esta última o direito à percepção de juros. É isso o que dispõe o art. 706 do Código Civil: o comitente e o comissário são obrigados a pagar juros um ao outro; o primeiro pelo que o comissário houver adiantado para cumprimento de suas ordens; e o segundo pela mora na entrega dos fundos que pertencerem ao comitente.

O comitente é o dono do negócio. Então, cabe a ele, salvo disposição em contrário, arcar com as despesas que o comissário terá com a realização dos negócios. Caso o comitente não faça o adiantamento das despesas, terá que reembolsar o comissário pelos gastos que teve. Ocorre que

79 TEPEDINO. Op. cit. p. 251.

80 ASSIS. Op. cit. p. 195.

,esse reembolso não é simples. Sobre ele devem incidir os respectivos consectários: a correção monetária e os juros.

A correção monetária, apesar de não prevista no dispositivo legal mencionado, é apenas uma reposição pelas perdas inflacionárias, por isso, será sempre devida. Quanto aos juros, têm eles natureza compensatória e, por essa razão, contam-se da data do desembolso feito pelo comissário.[81] Haverá, contudo, incidência de juros moratórios se o comissário notificar o comitente da necessidade de reembolso, e este quedar-se inerte. Os juros, nesse caso, se contarão da data da notificação, momento em que o devedor foi constituído em mora.

Já no caso do direito de crédito do comitente, este surge no momento do vencimento da obrigação, isso porque, concluído o negócio pelo comissário, nasce o dever de prestar contas ao comitente. Vencida essa obrigação, deve o comissário entregar o crédito ao comitente, sob pena de incidência de juros e correção monetária. Na prática, é previsto contratualmente um prazo ao comissário para que isso ocorra, período no qual não correm juros.

É comum, também, a abertura de uma conta corrente ordinária, em que são lançados os créditos e débitos de ambas as partes, tornando as operações mais simples e céleres, com uma escrituração mais segura do saldo pertencente a cada um.

Há que se observar que, consoante o disposto no art. 708 do Código Civil, tem o comissário direito de retenção sobre os bens e valores do comitente que estiverem em seu poder para reembolso das despesas que tenha tido com a realização dos negócios, bem como para recebimento das comissões devidas. Acerca desse direito de retenção, diverge a doutrina sobre qual é sua a finalidade.

Segundo Gustavo Tepedino, "a retenção não importa pagamento; consiste, ao revés, em meio coercitivo para que – e até que – o pagamento seja efetuado",[82] com o que anui parcela respeitável da doutrina,[83] que entende que a retenção perdurará até a solução da dívida do comitente.[84]

Há, todavia, entendimento em sentido contrário, como de Arnaldo Rizzardo, para quem o direito do comissário à retenção serve para, "com o produto destes, pagar-se não só dos desembolsos que fez a fim de rea-

81 TEPEDINO. Op. cit. p. 257.

82 TEPEDINO. Op. cit. p. 260.

83 NEGRÃO. Op. cit. p. 354.

84 ASSIS. Op. cit. p. 203.

lizar o negócio, como também para garantir sua remuneração, a satisfação dos juros devidos e o ressarcimento das despesas efetuadas".[85]

Portanto, neste último caso, o direito de retenção serviria à satisfação do próprio crédito do comissário, com o que concordamos. A retenção, pura simples, como mero meio coercitivo, pode não ser eficaz à satisfação do credor. Ademais, a retenção de bens que se desvalorizam, e que eventualmente reclamem despesas para sua conservação, pode não ser interessante para o comissário. Assim, pensamos que devem os bens retidos servir à satisfação do próprio crédito, tornando-se um meio eficiente e eficaz de satisfação do direito de crédito.

Por fim, dispõe o art. 707 do Código Civil que o crédito do comissário, relativo a comissões e despesas contraídas, goza de privilégio geral no caso de falência ou insolvência do comitente.

O crédito com privilégio geral do comitente está previsto no art. 83, V, *c*, da Lei nº 11.101/05, e precede apenas ao crédito quirografário. No que toca a essa questão, interessante é a observação feita por Araken de Assis. O art. 83, IV, *c*, da Lei de Falências estabelece que os créditos a cujos titulares a lei confira direito de retenção sobre a coisa dada em garantia ostenta a qualidade de crédito com privilégio especial. Por essa razão, defende o autor que, ante a existência do direito de retenção do comissário, previsto no art. 708 do Código Civil, o seu crédito, na hipótese de falência do comitente, goza de privilégio especial.[86]

O raciocínio desenvolvido por ele é de uma clareza solar, e seria correto se não fosse por um pequeno detalhe previsto na Lei de Falências.

O citado art. 83, IV, *c*, da LRF trata como crédito com privilégio especial aquele em que o credor tem direito de retenção sobre bem *dado em garantia*. É certo que o art. 708 do Código Civil estabelece um direito de retenção sobre o bem o qual o comissário tem a posse para fins de comercialização. Mas, a coisa não é entregue ao comissário para fins de garantia. A *mens legis* da Lei de Recuperação e Falências visa beneficiar aquele que tem um bem dado em garantia, e não um simples possuidor de um bem com direito de retenção. Por essa razão, prevalece o disposto no Código Civil, ainda que seja lei anterior à Lei de Falências, porque o *Digesto* pátrio é norma específica sobre a matéria, e a Lei nº 11.101/05 não se enquadra exatamente na hipótese tratada na Lei Civil.

85 RIZZARDO. Op. cit. p. 734.

86 ASSIS. Op. cit. p. 202.

# 5. ESPÉCIES

## 5.1. Comissão ordinária ou com consignação

É a comissão em que o comitente deixa sob a guarda do comissário os bens que serão objeto de alienação. Não há transferência de propriedade dos bens do comitente para o comissário, ou seja, o comitente continua a exercer o domínio sobre a coisa, sendo o comissário um mero possuidor.

## 5.2. Comissão consigo mesmo

A questão sobre a possibilidade de existir contrato consigo mesmo, ou autocontrato, já foi debatida pela doutrina à exaustão no passado. Muito se discutiu, por exemplo, acerca do mandato em causa própria, pois se sustentava que não teria esse instituto validade como contrato, haja vista que não seria um negócio jurídico bilateral. Tal questão, entretanto, já foi superada, sendo plenamente admissível sua celebração.

Desse modo, na *comissão consigo mesmo* o comissário adquirirá os bens que ele mesmo vende em nome próprio. Essa venda, como já vimos, ocorre à conta do comitente.

Por essa razão, a nosso sentir, não vemos óbice para a celebração desses negócios, desde que haja expressa autorização no contrato de comissão,[87] e isso por conta do disposto no art. 117 do Código Civil, que fulmina de anulabilidade o negócio jurídico que o representante, no seu interesse ou por conta de outrem, celebre consigo mesmo, salvo se houver autorização em lei ou no contrato.

Visa a lei proteger os interesses do representado, evitando que o representante se beneficie indevidamente em razão dos poderes de representação que possui, criando circunstâncias mais favoráveis para si, em prejuízo do representado.

Sem prejuízo, há vozes na doutrina que reclamam uma maior cautela na sua execução, mesmo que autorizado pelo contrato. Para Gustavo Tepedino, mesmo havendo previsão contratual, é preciso que se verifique a inexistência de conflito de interesses em concreto, isso porque o objetivo da lei "é proteger aquele à conta de quem os atos são praticados no conflito de interesses potencialmente presente".[88] Havendo tal conflito, o negócio não será válido.

87 Para Carlos Alberto Bittar é possível a comissão consigo mesmo, bastando que não haja vedação expressa no contrato (BITTAR. Op. cit. p. 69).

88 TEPEDINO. Op. cit. p. 220-221.

# 4

# Contratos Bancários

Os bancos exercem importante função econômica e social. Na economia são os principais responsáveis pela circulação do crédito, enquanto que na sociedade se caracterizam pela sua atividade de depositário dos valores da população.

Muitas vezes tidos como vilões por conta das recorrentes ações que tramitam no Judiciário, o certo é que não é possível conceber uma sociedade economicamente desenvolvida sem a atuação das instituições bancárias.

São eles verdadeiros mobilizadores do crédito, procurando incansavelmente captar valores no mercado para aplicá-los, em seu próprio nome, visando a obtenção de lucros. E a população também depende da lucratividade dessas instituições financeiras, na medida em que, quanto mais fortes forem economicamente, mais seguras e sólidas serão suas operações, disponibilizando cada vez mais capital no mercado.

Proporcionam os bancos, ainda, através do aprimoramento da tecnologia, diversas facilidades como, por exemplo, a prestação de diversos serviços 24 horas por dia, disponibilização de pagamento de contas por meio telefônico, eletrônico e virtual, possibilidade de saques de dinheiro a qualquer hora do dia ou da noite, disponibilização de folhas de cheque através de terminais eletrônicos etc.

A atividade dos bancos, portanto, não é indiferente a ninguém, sendo raríssimas as pessoas que jamais utilizaram, ao menos uma vez na vida, um serviço bancário.

De tudo isso é possível se inferir a importância do estudo da atividade financeira dos bancos, em especial das operações bancárias, que têm larga difusão na sociedade, sendo, pois, do interesse de todos.

## 1. OS BANCOS E A ATIVIDADE BANCÁRIA

Antes de iniciarmos o estudo dos contratos em espécie, se faz necessária uma breve análise acerca dos bancos e da atividade bancária. Consoante dispõe o art. 1º da Lei nº 4.595/64, o Sistema Financeiro Nacional é constituído pelo Conselho Monetário Nacional, pelo Banco Central do Brasil, pelo Banco do Brasil, pelo Banco Nacional de Desenvolvimento e pelas demais instituições financeiras públicas e privadas.

Cada uma dessas figuras detém competências, previstas na própria lei, dentro do Sistema Financeiro Nacional, ou seja, cada uma tem a sua atribuição e a sua atividade definida pela lei.

Os bancos ou instituições bancárias são espécies de instituições financeiras e, conforme previsão do art. 17 da Lei nº 4.595/64, são elas conceituadas como as pessoas jurídicas públicas ou privadas, que têm como atividade principal ou acessória a coleta, intermediação, ou aplicação de recursos financeiros próprios ou de terceiros, em moeda nacional ou estrangeira, e a custódia de valor de propriedade de terceiros.

Portanto, e isso é importante ressaltar, os bancos não são sinônimos de instituição financeira; são os bancos espécies delas.[1] Não obstante, são eles o melhor exemplo de instituição financeira, são os que melhor se enquadram em seu conceito.[2]

Nessa esteira, também se enquadram no conceito de instituições financeiras, conforme previsão do § 1º do art. 18 da Lei nº 4.595/64, as sociedades de crédito, financiamento e investimento, as caixas econômicas, as cooperativas de crédito e as seções de crédito das cooperativas.

Além destas, prevê o parágrafo único do art. 17 da Lei nº 4.595/64 que, para efeitos desta lei, se equiparam às instituições financeiras as pessoas físicas que exerçam, de forma permanente ou eventual, qualquer das atividades referidas no *caput* do art. 17 da lei.

Tal previsão, à primeira vista, parece contrariar o sistema instituído pela própria lei. Ao examinar sistematicamente a Lei do Sistema Financeiro, essa disposição se revela imprópria, e isso porque o próprio conceito de instituições financeiras apresentado pela cabeça do art. 17 da Lei nº 4.595/64 expõe que elas são pessoas jurídicas, inclusive devendo ostentar a forma de sociedade anônimas.

Consoante o disposto no art. 25 da LSF, as instituições financeiras privadas constituir-se-ão unicamente sob a forma de sociedade anônima, além de necessitar de prévia autorização do Banco Central do Brasil para funcionar, como preceitua o *caput* do art. 18 da Lei em comento.[3]

---

1 Como leciona Arnaldo Rizzardo, o banco corresponde "à espécie do gênero da instituição financeira". RIZZARDO, Ricardo. *Contratos*. 9. ed. Rio de Janeiro: Forense, 2009. p. 1.413.

2 Como bem explicita o Prof. Ricardo Negrão, são eles, "por excelência, instituições financeiras, mas não são as únicas" (NEGRÃO, Ricardo. *Manual de direito comercial & de empresa*. Títulos de crédito e contratos empresariais. São Paulo: Saraiva, 2010. v. 2, p. 359).

3 Como leciona o saudoso Orlando Gomes, "nenhum banco pode funcionar, entre nós, sem carta-patente obtida da competente autoridade, permanecendo seu funcionamento subordinado à fiscalização e controle dos órgãos próprios do Poder Público". E prossegue, concluindo: "Deve a empresa revestir, ademais, a forma jurídica de sociedade anônima." GOMES, Orlando. *Contratos*. 26. ed. Rio de Janeiro: Forense, 2009. p. 397.

Por essa razão, parece contraditório admitir que uma pessoa natural, mesmo diante de todas essas exigências legais, possa exercer uma atividade bancária, e que ainda seja equiparada à uma instituição financeira ao fazê-lo.

Não obstante, essa contradição é apenas aparente, pois o objetivo da lei, em verdade, foi impor às pessoas naturais, que eventualmente venham a exercer alguma daquelas atividades previstas no art. 17 da Lei nº 4.595/64, a mesma responsabilização das instituições financeiras, pessoas jurídicas instituídas sob a forma de sociedade anônima e com prévia autorização do BACEN.

Então, caso uma pessoa natural, em contrariedade à lei, venha a exercer tais atividades privativas de instituições financeiras, não estará isenta de observar as obrigações e responder pelas sanções previstas na Lei nº 4.595/64.

Evita-se, assim, que uma pessoa natural, ao praticar uma atividade típica e privativa de instituição financeira, venha alegar, em sua defesa, que não pode ser responsabilizada pelo exercício dessa atividade, uma vez que não se caracteriza como instituição financeira.

Nosso pensamento, entretanto, não é compartilhado de modo uníssono pela doutrina. Para Ricardo Negrão, por exemplo, o objetivo do legislador foi alcançar "aquele que exerce *isoladamente* uma das operações de coleta, intermediação, aplicação ou custódia. A estes, a legislação submete suas operações aos mesmos rigores a que são subordinadas as instituições financeiras. Para exercer conjuntamente todas essas atividades, de forma legal, deverá submeter-se à autorização federal, sob pena de praticar a figura típica de operação irregular de instituição financeira".[4]

Vê-se que, em sua visão, é possível uma pessoa natural exercer, desde que isoladamente, uma das atividades inerentes às instituições financeiras, só não as podendo fazer conjuntamente.

Ultrapassada a questão da caracterização das instituições financeiras, importante é examinar a sua atividade. E, na análise desta, vê-se que a matéria não é menos controvertida.

Têm os bancos, como atividade principal, o comércio do crédito. Exercem eles, por excelência, a intermediação do crédito, ou seja, a coleta de capital de terceiros para concessão de crédito a outrem.[5] Mas

4 NEGRÃO. Op. cit. p. 360.

5 Segundo Maria Helena Diniz, banco ou instituição financeira é "empresa que tem por fim realizar a mobilização do crédito, mediante o recebimento, em depósito, de capitais de terceiros, e o empréstimo de importância, em seu próprio nome, aos que necessitam de capital" (DINIZ, Maria Helena. *Curso de direito civil brasileiro*. Teoria das obrigações contratuais e extracontratuais. 26. ed. São Paulo: Saraiva,

essa atividade de intermediação não é propriamente aquela de mediação, em que, por exemplo, uma pessoa faz a aproximação de duas partes para a celebração de um negócio, e tampouco exerce o banco uma atividade de representação.

Isso porque o banco, ao receber o capital de uma pessoa, não empresta esse dinheiro a outra em nome daquela, ou seja, a pessoa que deposita o seu capital no banco não mantém nenhuma relação com aquela que recebe esse mesmo numerário a título de empréstimo. O banco, em verdade, ao receber um depósito se torna o titular daquela quantia e, por essa razão, ao conceder um crédito a outrem o faz em seu próprio nome.

Por conta dessa peculiaridade, o saudoso comercialista Fran Martins sustenta não se limitar a atividade bancária à mera intermediação do crédito. Segundo ele, "os bancos não servem de meros intermediários entre os que possuem capital inativo e desejam empregá-los e os que, não dispondo momentaneamente de capital, dele precisam para atender às suas necessidades. Os bancos, nas operações e nos contratos que realizam, agem sempre em seu próprio nome. Ao receberem depósitos pecuniários, constituem-se devedores dos depositantes; assumindo a propriedade desses depósitos, empregando-os em seguida em empréstimos aos que necessitam de capital, dão esses empréstimos não em nome dos depositantes, mas em seu nome próprio, tornando-se desse modo, credores dos prestamistas.

Chamados de *intermediários do crédito*, na realidade os bancos são *mobilizadores do crédito*, agindo sempre como sujeitos das operações e dos contratos que realizam – sujeitos *ativos*, quando desses contratos e operações resulta serem os bancos os *credores*; *passivos* quando se tornam *devedores*. De qualquer modo, fazem atos de *intermediação*, procurando obter capitais disponíveis e os aplicando, em seu próprio nome, tendo sempre, nessa intermediação, o intuito de lucro".[6]

Os bancos, em verdade, detêm quatro atividades próprias, que se podem extrair do próprio conceito apresentado pelo art. 17 da Lei nº

2010. v. 3, p. 706). Ainda segundo o emérito tratadista Carvalho de Mendonça, os bancos, "sob o ponto de vista econômico, são verdadeiros intermediários do crédito, recebendo, em seu nome e por conta própria e como devedores, capitais de uns para, ainda em seu nome e por sua conta, e como credores diretos, darem a outros" (CARVALHO DE MENDONÇA, J. X. *Tratado de direito comercial brasileiro*. Dos atos do comércio. Atualizado por Ricardo Rodrigues Gama. Campinas: Russel, 2006. v. 1, p. 505).

6 MARTINS, Fran. *Contratos e obrigações comerciais*. 15. ed. Rio de Janeiro: Forense, 2001. p. 407-408.

4.595/64: a coleta, a intermediação, a aplicação de recursos financeiros e a custódia de valor de propriedade de terceiros.[7]

Sem prejuízo, é a atividade de intermediação a que possui maior destaque, pois é através dela que se dá o comércio do crédito, pois a instituição financeira coleta o capital de terceiros e o investe, seja aplicando-o no mercado, seja emprestando-o a outros, hipótese em que esse capital é remunerado por juros, taxas, comissões e outros valores cobrados pelo banco, que fazem o dinheiro ser multiplicado.

Têm os bancos, portanto, relevante função econômica e social. Ao fazer a custódia de valores de terceiros, eles garantem a segurança, a guarda do dinheiro das pessoas, sejam naturais ou jurídicas. Também fazem circular dinheiro na economia, concedendo créditos para os mais variados fins, permitindo o desenvolvimento do comércio e da indústria, bem como a aquisição de bens e serviços pelos consumidores.

Estão os bancos, então, no cotidiano de todos, e agora até dentro de nossas casas, ante o desenvolvimento tecnológico que permite a realização das mais variadas operações sem que precisemos sair do sofá, bastando que tenhamos uma linha telefônica ou um computador conectado à rede mundial de computadores.

E são algumas dessas operações bancárias que iremos examinar, operações essas que também são conhecidas como contratos bancários.[8] Antes, contudo, faz-se necessário identificar as espécies de bancos para, só assim, prosseguirmos com a análise das operações por eles praticadas.

## 2. ESPÉCIES DE BANCOS

As espécies bancárias variam de acordo com o seu objeto, ou seja, diferenciam-se os bancos pela atividade que desempenham. É preciso, no entanto, frisar que esses critérios de distinção são cada vez mais difíceis de serem vislumbrados na prática atual, uma vez que a tendência é a consolidação dos bancos múltiplos, que se caracterizam como instituições financeiras privadas ou públicas que realizam as operações ativas, passivas e acessórias das diversas instituições financeiras, por intermédio das seguintes carteiras: comercial, de investimento e/ou de

7 NEGRÃO. Op. cit. p. 361.

8 Conforme lição do saudoso mestre Fran Martins, "o Código Comercial, ao tratar dos banqueiros, se refere aos atos de comércio pelos mesmos praticados denominando-os de *operações de bancos* (arts. 119 e 120). De fato, todas essas *operações* poderão ser classificadas como contratos, já que há acordo entre as partes criando obrigações". MARTINS. Op. cit. p. 432.

desenvolvimento, de crédito imobiliário, de arrendamento mercantil e de crédito, financiamento e investimento.

Essas operações estão sujeitas às mesmas normas legais e regulamentares aplicáveis às instituições singulares correspondentes às suas carteiras. Contudo, no tocante à carteira de desenvolvimento, somente poderá ser operada por banco público.

Já os bancos múltiplos devem ser constituídos com, no mínimo, duas carteiras, sendo uma delas, obrigatoriamente, a comercial ou de investimento, e ser organizado sob a forma de sociedade anônima. As instituições com carteira comercial podem captar depósitos a vista. Na sua denominação social deve constar a expressão *Banco* (Resolução CMN 2.099, de 1994).[9]

## 2.1. Bancos de emissão

São aqueles que, além de realizar as operações comuns a todos os bancos e aquelas que fazem exclusivamente com as instituições financeiras públicas e privadas, nos termos do art. 12 da Lei nº 4.595/64, também possuem autorização para emitir notas com promessa de pagamento em dinheiro.

No Brasil, essa função é exercida pelo Banco Central do Brasil, o "banco dos bancos", que segundo o art. 10, I, da Lei nº 4.595/64 é a quem compete, privativamente, emitir moeda-papel e moeda metálica, nas condições e limites autorizados pelo Conselho Monetário Nacional.

As notas bancárias ou bilhetes emitidos pelos bancos de emissão qualificam-se como de curso livre ou ordinário, de curso legal, e de curso forçado. As de curso livre são aquelas que o credor pode deixar de aceitar como forma de pagamento. As notas de curso legal são aquelas que o credor é obrigado a aceitar como meio de pagamento, mas, em contrapartida, o banco emissor se obriga a resgatá-las contra a apresentação. Por fim, as de curso forçado são aquelas que o credor é obrigado a aceitar, mas não há a contrapartida do banco emissor, isto é, ele não se obriga a resgatá-las com a apresentação. É por essa razão que a nota de curso forçado assume o papel de verdadeiro papel-moeda. Todavia, tornar uma nota bancária como de curso forçado é medida excepcional a ser adotada apenas em períodos críticos e de crise, quando se receia que pode haver um número maciço de pedidos de reembolso.

9 A caracterização dos bancos múltiplos foi extraída do sítio eletrônico do Banco Central do Brasil no endereço <http://www.bcb.gov.br/prc/composicao/bm.asp>. Acesso em: 13 out. 2011.

## 2.2. Bancos de depósitos ou comerciais

São os bancos que têm como atividade principal o recebimento de depósitos de terceiros, com a concessão de crédito através de empréstimos bancários, antecipações, descontos etc., além de realizar serviços comuns de recebimento de pagamentos, saques de dinheiro e locação de cofres. São os bancos comuns, encontrados em todas as localidades.

## 2.3. Bancos de investimento

São instituições financeiras privadas especializadas em operações de financiamento de médio e longo prazo, empregando capital próprio ou de terceiros.

No Brasil, sua constituição e funcionamento é regulada pela Resolução nº 2.624/99 do Conselho Monetário Nacional, publicada pelo Banco Central do Brasil, que revogou a Resolução nº 18/66, que em seu art. 1º dispõe "que os bancos de investimento, instituições financeiras de natureza privada, especializadas em operações de participação societária de caráter temporário, de financiamento da atividade produtiva para suprimento de capital fixo e de giro e de administração de recursos de terceiros, devem ser constituídos sob a forma de sociedade anônima".

Tais bancos, embora tenham natureza de pessoa jurídica de direito privado, exercem verdadeira atividade de interesse público, tendo como destaque o BNDES – Banco Nacional de Desenvolvimento Econômico e Social, empresa pública dotada de personalidade jurídica de direito privado e patrimônio próprio, sujeita à supervisão do Ministro de Estado do Desenvolvimento, Indústria e Comércio Exterior, e que é o principal instrumento de execução da política de investimento do Governo Federal, tendo como objetivo primordial apoiar programas, projetos, obras e serviços que se relacionem com o desenvolvimento econômico e social do País, tudo isso nos termos seu estatuto aprovado pelo Decreto nº 4.418/02. Exerce ele, ainda, suas atividades visando a estimular a iniciativa privada, sem prejuízo de apoio a empreendimentos de interesse nacional a cargo do setor público.

## 2.4. Bancos de comércio exterior

Os bancos de comércio exterior são aqueles que têm como atividade a realização de operações que se destinam a facilitar o comércio internacional. Através dessas instituições financeiras, os comerciantes têm mais facilidade na negociação e no pagamento de mercadorias adquiridas no estrangeiro.

Como regra, esses bancos se comprometem a pagar as compras feitas junto a um comerciante no exterior, sendo a garantia as próprias mercadorias adquiridas. Para a concretização do pagamento pelo banco ao credor estrangeiro, os títulos emitidos pelo devedor devem ser apresentados à instituição financeira juntamente com o comprovante do envio das mercadorias.

Podem os bancos de exportação também exercer as demais atividades comuns dos bancos.

## 2.5. Bancos de crédito real

São os bancos que concedem empréstimos a curto ou longo prazo, mediante a dação, em garantia, de bens imóveis, todavia, também exercem as demais atividades dos bancos comuns.

## 2.6. Bancos de crédito industrial

São aqueles bancos que têm como atividade o financiamento de atividades industriais, fomentando-as, isto é, tais instituições financeiras mantêm linhas de crédito direcionadas à atividade industrial, financiando a criação, a manutenção e o desenvolvimento da indústria.

## 2.7. Bancos agrícolas

Assim como os bancos de crédito industrial, têm os bancos agrícolas uma função de fomento. Neste caso, visam esses bancos fomentar atividades agrícolas e pecuárias, mediante a concessão de empréstimos aos agricultores e criadores para o desenvolvimento de suas atividades.

No Brasil, essa função é exercida pelo Banco do Brasil que tem uma carteira especial destinada ao fomento das atividades exercidas pelos profissionais do campo, denominada de Carteira de Crédito Agrícola e Industrial.

## 2.8. Casas bancárias

Não se confundem elas com os bancos, mas também são espécies de instituições financeiras, o que as leva a serem constituídas e fiscalizadas pelo Banco Central do Brasil. Possuem um menor capital, bem como prestam um menor número de serviços, tendo sido criadas em época de menor desenvolvimento econômico, e praticamente desaparecido do cenário nacional.

## 2.9. Caixas econômicas

As caixas econômicas são instituições financeiras que se destinam a receber, em depósito, as economias populares e reservas de capitais para a sua movimentação, incentivando, assim, a poupança popular e o hábito de guardar dinheiro, fomentando, dessa forma, a economia popular. Caracterizam-se, então, como verdadeiros bancos populares, apesar de não serem, tecnicamente, uma espécie de banco.[10]

No Brasil, assumem a forma de empresas públicas, existindo a Caixa Econômica Federal no âmbito federal, cujos depósitos são garantidos pelo Governo Federal, sendo possível a criação de caixas econômicas estaduais, hipótese em que os respectivos governos estaduais é que garantirão os depósitos.

## 2.10. Cooperativas de crédito

Nos termos do Decreto nº 60.597/67, as cooperativas são sociedades de pessoas com forma jurídica própria, de natureza civil, sem finalidade lucrativa, não sujeitas a falência, organizadas para prestação de serviços ou exercício de outras atividades de interesse comum dos associados.

Não obstante se caracterizarem como sociedades simples, ou seja, não empresárias, nos termos do parágrafo único do art. 982 do Código Civil, o registro das cooperativas deve ser feito na Junta Comercial, em observância ao disposto no art. 32, II, *a*, da Lei nº 8.934/94, que é a lei que dispõe sobre Registro Público de Empresas Mercantis e atividades afins.

Mas isso não as desnatura, ou seja, apesar de registradas no RPEM, continuam a exercer uma atividade não mercantil, não empresária, não sendo o seu interesse precípuo a obtenção desmedida de lucros, embora possam perseguir finalidades econômicas no interesse de seus cooperativados.

No setor de crédito, isto é, as cooperativas que atuam com crédito, têm como objetivo oferecer a seus associados empréstimos a juros módicos, subordinando-se, como ocorre com os bancos, ao Conselho Monetário Nacional e ao Banco Central.

---

10 Essa conclusão se extrai do disposto no § 1º do art. 18 da Lei nº 4.595/64, que prevê que "além dos estabelecimentos bancários oficiais ou privados, das sociedades de crédito, financiamento e investimentos, das caixas econômicas e das cooperativas de crédito ou a seção de crédito das cooperativas que a tenham, também se subordinam às disposições e disciplina desta lei no que for aplicável, as bolsas de valores, companhias de seguros e de capitalização, as sociedades que efetuam distribuição de prêmios em imóveis, mercadorias ou dinheiro, mediante sorteio de títulos de sua emissão ou por qualquer forma, e as pessoas físicas ou jurídicas que exerçam, por conta própria ou de terceiros, atividade relacionada com a compra e venda de ações e outros quaisquer títulos, realizando nos mercados financeiros e de capitais operações ou serviços de natureza dos executados pelas instituições financeiras". Portanto, são as caixas econômicas espécies de instituições financeiras, mas não são estabelecimentos bancários.

Não podem, contudo, uma vez que não se constituem como bancos, realizar com estranhos operações que sejam peculiares às relações entre os cooperados e a sociedade, não podendo utilizar, ainda, em sua denominação social, o nome *banco*.

## 3. OPERAÇÕES BANCÁRIAS

Como vimos anteriormente, os contratos bancários também são denominados de operações bancárias. E elas são as mais variadas possíveis, a fim de atender as necessidades de seus clientes.

Essas operações se dividem em operações ativas e passivas. As operações bancárias ativas são aquelas em que o banco se torna credor do cliente, que se dá, por exemplo, no contrato de empréstimo bancário em que, uma vez entregue a quantia ao cliente, fica este último com a obrigação de restituir o montante, acrescido de juros, no prazo determinado. Já as operações bancárias passivas são aquelas em que o banco se torna devedor do cliente, como ocorre, por exemplo, no contrato de depósito bancário, contrato esse atípico em que o banco recebe o numerário em seu próprio nome, fazendo nascer um direito de crédito do correntista contra ele.

Algumas dessas operações são exclusivas das instituições financeiras, ou seja, apenas elas podem, privativamente, praticá-las. Estas são as chamadas operações bancárias típicas. Outras, entretanto, são exercidas pelas instituições financeiras, mas não em caráter privativo, de modo que podem ser executadas por outras pessoas. Tem-se, aqui, as operações bancárias atípicas.[11]

Como exemplo das primeiras, podemos citar os contratos de depósito bancário, desconto, redesconto, abertura de crédito em conta corrente bancária e o crédito documentário. Já quanto às segundas, temos como exemplo o serviço de recebimento de pagamentos, feitos por correspondentes bancários como as casas lotéricas e supermercados, cuja operação é regulada pelas Resoluções BACEN nº 3.110/2003 e 3.156/2003.

11 Como explicita o emérito Prof. Fábio Ulhoa Coelho: "As operações bancárias – isto é, todos os serviços que o banco põe à disposição dos clientes – distinguem-se, inicialmente, em duas categorias. De um lado, as *típicas* (ou *exclusivas*), que dizem respeito à atividade bancária, como legalmente definida; de outro, as *atípicas* (ou *acessórias*), pertinentes à prestação de serviços correlatos. Enquanto as primeiras apenas os bancos estão autorizados a explorar licitamente, as últimas podem sê-lo por qualquer sociedade empresária". COELHO, Fábio Ulhoa. *Curso de direito comercial*. Direito de empresa – contratos; recuperação de empresas. 11. ed. São Paulo: Saraiva, 2010. v. 3, p. 128. O Prof. Ricardo Negrão também compartilha desse entendimento. NEGRÃO, Ricardo. Op. cit. p. 361.

A questão, todavia, não é pacífica. Para Fran Martins, não haveria contratos exclusivos, privativos de instituição financeira. Segundo ele, todas as operações bancárias podem ser classificadas como contratos, e "alguns desses contratos são específicos do comércio bancário, muito embora possam, isoladamente, ser praticados por comerciantes que não banqueiros; outros são contratos comuns que, para maior facilidade dos seus clientes, os bancos realizam acessoriamente".[12]

Não obstante a divergência, importante é ter em mente que em um negócio jurídico bancário um dos sujeitos da relação sempre é um banco.[13] E tais contratos, mesmo que comuns, ao serem celebrados por bancos, se subordinam a disciplina específica, uma vez que as instituições financeiras não exercem livremente sua atividade, devendo observar as determinações do Banco Central, o qual exerce rigorosa fiscalização sobre a atividade bancária.

Assim, os contratos ditos comuns passam a ter características gerais próprias ao serem celebrados pelos bancos, pois devem se submeter ao regime imposto às instituições financeiras. Assim, se torna imperioso estudá-las, antes de adentrarmos no exame dos contratos bancários propriamente ditos.

## 3.1. Características

### *3.1.1. Atipicidade*

No direito pátrio prevalece a liberdade de contratar, o que abrange a forma e o conteúdo do contrato, como se extrai da leitura dos arts.

12 MARTINS. Op. cit. p. 432. Compartilha desse entendimento Maria Helena Diniz, para quem "esses contratos, apesar de específicos do comércio bancário, poderão ser praticados por comerciantes não banqueiros. Se efetivados sem a participação de um banco, entrarão nos seus esquemas típicos, porém só serão operações bancárias se uma das partes for um banco". DINIZ. Op. cit. p. 706.

13 Conforme lição de Orlando Gomes, os contratos bancários são os "negócios jurídicos que têm como uma das partes uma empresa autorizada a exercer atividades próprias dos bancos. Se estipulados sem a participação de um banco, eles entram nos seus esquemas típicos, salvo um ou outro que, pela substância econômica, somente se configura como operação bancária específica. Os esquemas contratuais comuns, quando inseridos na atividade própria dos bancos, sofrem modificações sob o aspecto técnico, que determinam alterações em sua disciplina. Daí a necessidade de os regular especialmente, agrupando-os sob a rubrica de *contratos bancários*. Sua disciplina passa, assim, a ser *direito especial, ratione subjecti*, embora as regras a que se subordina não lhe alterem a causa" (GOMES. Op. cit. p. 396).

421[14] e 425[15] do Código Civil. Dessa liberdade se infere que as pessoas, ao pretenderem contratar, não estão adstritas à utilização dos tipos contratuais típicos, isto é, aqueles tipos contratuais definidos em lei.[16]

Desse modo, os contratos atípicos, que são aqueles não regulados em lei, decorrem dessa liberdade de contratar, pois são aqueles "que se formam à margem dos *paradigmas* estabelecidos – como fruto da *liberdade* de *obrigar-se*".[17]

No Brasil, ao contrário de outros ordenamentos, como o italiano, por exemplo, optou-se por não se elaborar um regulamento legal dos contratos bancários, ou seja, as espécies contratuais bancárias não são disciplinadas no direito positivo brasileiro.[18] Isso se justifica pelo próprio dinamismo das relações bancárias, o que se verifica nos contratos empresariais em geral, que reclama uma maior liberdade das partes de celebrar novos negócios a partir das necessidades do mercado.

É certo, no entanto, que, por ser uma atividade fiscalizada pelo Banco Central, não têm as instituições financeiras uma total e irrestrita liberdade de contratar, estabelecendo livremente, ao seu alvedrio, as cláusulas contratuais. Essa fiscalização se justifica especialmente por conta da relevância social das atividades bancárias. São os bancos que mantêm a custódia de valores depositados pela população.

Mas, apesar dessa necessária intervenção do Estado nessa atividade eminentemente privada e empresarial, os bancos têm que ter uma margem de liberdade para celebrar os seus contratos.

Se dependessem os bancos de regulamentação legal para acompanhar o dinamismo do mercado, suas atividades estariam fadadas ao insucesso, pois é notoriamente conhecida a eterna morosidade do Poder Legislativo. Assim, muito mais simples é a regulamentação de certas matérias pelo próprio Banco Central do Brasil, que executa os planos e orientações do Conselho Monetário Nacional,[19] através de circulares e resoluções.

---

14 "Art. 421. A liberdade de contratar será exercida em razão e nos limites da função social do contrato."

15 "Art. 425. É lícito às partes estipular contratos atípicos, observadas as normas gerais fixadas neste Código."

16 GOMES. Op. cit. p. 119.

17 Idem.

18 RIZZARDO. Op. cit. p. 1.416.

19 "Lei nº 4.595/64. Art. 9º Compete ao Banco Central do Brasil cumprir e fazer cumprir as disposições que lhe são atribuídas pela legislação em vigor e as normas expedidas pelo Conselho Monetário Nacional."

A característica da atipicidade dos contratos bancários, todavia, não é acolhida uniformemente pela doutrina. O saudoso Professor baiano Orlando Gomes, acompanhado do não menos saudoso Nelson Abrão, afirmava a tipicidade de alguns contratos bancários, como o depósito bancário,[20] por exemplo.

Segundo Orlando Gomes, o contrato de depósito bancário consiste em um contrato típico, misto, formado pela conjunção de características de outros contratos, como o depósito regular e o mútuo, formando, assim, uma nova unidade contratual típica.[21]

Não obstante, ainda assim pensamos ser atípico o contrato. Isso porque a ausência de regulamentação legal afasta a sua tipicidade, requisito esse essencial para que se considere típica uma espécie contratual. Por essas razões, entendemos que uma das características gerais dos contratos bancários é a atipicidade, por não possuir uma lei os regulamentando.

### *3.1.2. Padronização*

Os contratos bancários, apesar de serem atípicos pela falta de regulamentação legal, são padronizados, chegando a possuir cláusulas uniformes para quase todas as instituições financeiras. Essa padronização, todavia, não é imposta pela lei, mas sim pelo Banco Central, haja vista que, como já mencionado, é essa autarquia federal a responsável pela regulamentação e fiscalização da atividade dos bancos.

O Banco Central, em muitas das vezes, chega mesmo a estabelecer os exatos termos dos contratos, não tendo margem para discussão por nenhuma das partes, seja o cliente, seja o próprio banco, como ocorre, por exemplo, com os contratos de conta corrente, por força da Resolução BACEN nº 2.025/1993.

---

20 GOMES. Op. cit. p. 400; ABRÃO, Nelson. *Direito bancário*. 13. ed. São Paulo: Saraiva, 2010. p. 145.

21 GOMES. Op. cit. p. 400. Todavia, nesse caso peculiar, entendemos que houve um equívoco. Isso porque o próprio Prof. Orlando Gomes, ao tratar dos contratos mistos, os define como sendo contratos atípicos, pois, para ele, "*contrato misto* é o que resulta de combinação de elementos de diferentes contratos, formando nova espécie contratual não esquematizada na lei". Das lições do próprio mestre é possível construir um silogismo: se os contratos atípicos são aqueles que não possuem regulamentação legal, e os contratos mistos consistem na combinação de elementos de contratos diversos, formando um novo contrato sem previsão em lei, conclui-se que os contratos mistos são contratos atípicos. E é essa a própria conclusão de Orlando Gomes ao afirmar que os contratos atípicos "dividem-se em *contratos atípicos propriamente ditos* e *mistos*". GOMES. Op. cit. p. 120-121.

Como leciona o Prof. Arnaldo Rizzardo, "a padronização dos contratos bancários deve-se não só às razões expostas, como à intervenção do Estado, por meio do Banco Central, na vida dos bancos. Com efeito, as circulares e resoluções do Banco Central fazem com que as operações bancárias sejam praticadas com uniformidade, chegando, muitas vezes, a determinar até a própria minuta do contrato".[22]

Dessa padronização extrai-se outra característica dos contratos bancários: são eles contratos de adesão. Os contratos de adesão são aqueles que inadmitem, ou admitem com muitas restrições, a discussão de suas cláusulas. Uma das partes apresenta o contrato já pronto, com todas as suas cláusulas, podendo a outra aderir, ou não, aos termos do contrato. Não concordando com o estipulado, não se concretizará o negócio jurídico. Caso concorde, aderirá a parte ao contrato. A parte aderente, então, não tem margem de escolha: ou aceita o contrato nos exatos termos da proposta e celebra o negócio, ou não aceita e deixa de contratar.

Questão relevante no tocante aos contratos bancários por adesão é a que diz respeito à existência de cláusulas abusivas, especialmente quando se tratar de relações de consumo. Inicialmente, é forçoso salientar que os contratos de adesão são válidos, havendo, inclusive, previsão no art. 54 do diploma consumerista. Então, o simples fato de ser celebrado um contrato cujas cláusulas são unilateralmente estipuladas pelo fornecedor de produtos e serviços não torna nulo o negócio jurídico.

O que gera nulidade é a existência de cláusulas abusivas que, no entanto, não invalidam o contrato como um todo, salvo se a exclusão da própria cláusula comprometer o cumprimento do contrato, hipótese em que não será possível salvá-lo.

Prevê o art. 51, IV, do Código de Proteção e Defesa do Consumidor que são nulas de pleno direito, entre outras, as cláusulas contratuais relativas ao fornecimento de produtos e serviços que estabeleçam obrigações consideradas iníquas, abusivas, que coloquem o consumidor em desvantagem exagerada, ou sejam incompatíveis com a boa-fé ou a equidade.

Sendo nulas de pleno direito, por violação da ordem pública, a abusividade das cláusulas pode ser reconhecida de ofício pelo juiz. Era esse, inclusive, o entendimento assente no Superior Tribunal de Justiça.[23]

Ocorre que o Tribunal da Cidadania passou a decidir, em determinado momento, de forma diametralmente oposta, culminando, no dia 22/4/2009, com a edição do Enunciado nº 381 de sua súmula de jurisprudência dominante, aplicável especialmente aos contratos bancários.

22 RIZZARDO. Op. cit. p. 1.414.

23 Ver AgRg no REsp 702524/RS. Rel. Min. Fernando Gonçalves. Quarta Turma. *DJ* 11/4/2005.

Segundo o enunciado, nos contratos bancários, é vedado ao julgador conhecer, de ofício, da abusividade das cláusulas.

Esse entendimento, todavia, parece não se coadunar com o que dispõe a lei e a própria jurisprudência do Supremo Tribunal Federal acerca da natureza da relação existente entre os bancos e seus clientes.

Segundo dispõe o art. 3º do diploma consumerista, fornecedor é toda pessoa física ou jurídica, pública ou privada, nacional ou estrangeira, bem como entes despersonalizados, que desenvolvem atividades de produção, montagem, criação, construção, transformação, importação, exportação, distribuição ou comercialização de produtos ou prestação de serviços.

O § 2º do dispositivo em comento prevê que serviço é qualquer atividade fornecida no mercado de consumo, mediante remuneração, inclusive as de natureza bancária, financeira, de crédito e securitária, salvo as decorrentes das relações de caráter trabalhista. Portanto, a atividade bancária é, na dicção do art. 3º, § 2º, do Código de Proteção e Defesa do Consumidor, um serviço.

Já o art. 2º do mesmo diploma legal dispõe que consumidor é toda pessoa física ou jurídica que adquire ou utiliza produto ou serviço como destinatário final. Em sendo os produtos e serviços oferecidos pelo banco utilizados pelo cliente em definitivo, ou seja, não sendo reutilizados pelos clientes na exploração de sua atividade profissional, caracterizar-se-ão eles como consumidores dos produtos e serviços prestados pelos bancos.

Dúvidas não há, pelo o que foi exposto, de que a relação entre os bancos e seus clientes é uma relação de consumo. E tal conclusão foi firmada pelo Supremo Tribunal Federal no julgamento da ADI nº 2.591, proposta pela Confederação Nacional do Sistema Financeiro - CONSIF, em que se discutiu a constitucionalidade da norma do art. 3º, § 2º, do Código de Defesa do Consumidor, isto é, se discutiu se era constitucional, ou não, a submissão dos bancos ao diploma consumerista. A Suprema Corte, nessa oportunidade, entendeu que as instituições financeiras estão, todas elas, submetidas à incidência das normas do Código de Defesa do Consumidor.[24]

E é induvidoso que, estando elas submetidas às normas do CDC, aplicam-se aos contratos bancários as limitações quanto à existência de cláusulas abusivas, bem como a possibilidade de reconhecimento de ofício da nulidade, haja vista que tais cláusulas são nulas de pleno direito. Então, em princípio, o Enunciado nº 381 da súmula de jurisprudência dominante do STJ só pode ser aplicado em contratos bancários celebrados em relações não consumeristas.

24 Ver ADI 2591 ED/DF. Rel. Min. Eros Grau. Tribunal Pleno. *DJ* 14/12/2006.

### 3.1.3. Onerosidade

Outra característica inerente aos contratos bancários é a sua onerosidade. Isso porque a atividade bancária é uma atividade econômica empresarial, que visa o lucro. Não há contrato bancário gratuito.

Dúvidas não há de que os bancos são sociedades empresárias, pois se enquadram no conceito do art. 966 do Código Civil,[25] ou seja, exercem atividade econômica organizada para a produção ou a circulação de bens ou serviços, entendendo-se atividade econômica organizada aquela que envolve os quatro fatores de produção: capital, trabalho, insumos e tecnologia.

Ademais, consoante dispõe o parágrafo único do art. 982 do Código Civil, independentemente de seu objeto, considera-se empresária a sociedade por ações. Uma vez que devem os bancos, obrigatoriamente, adotar a forma de sociedade anônima, espécie de sociedade por ações, nos parece induvidoso que não é possível o exercício de atividade bancária que não seja sob a forma empresarial. Esse é, como se vê, mais um argumento para a inadmissibilidade do exercício de atividade bancária por pessoa natural.

Em todos os contratos bancários, do mais simples ao mais complexo, as partes visam vantagens às quais correspondem a um sacrifício. E a esse sacrifício corresponde o proveito da outra parte. Há, pois, uma onerosidade nessa relação negocial. Desta feita, conclui-se que os contratos bancários são, por sua natureza, onerosos.

E no exame dessa característica encontramos uma questão tormentosa que é a da cobrança de juros e demais encargos da mora nas obrigações contraídas junto às instituições financeiras. Dada a sua complexidade e interesse, optamos por trata-la em tópico separado, o que faremos a seguir

#### 3.1.3.1. Os juros e demais verbas acessórias

Questão importantíssima no estudo dos contratos bancário diz respeito aos juros e demais encargos cobrados das instituições financeiras nas operações que celebra. Essa questão é histórica e está umbilicalmente ligada ao revogado, pela EC nº 40/03, § 3º do art. 192 da Constituição Federal.

Antes mesmo da Constituição Cidadã de 1988, muito se discutia acerca da existência, ou não, de limitação da taxa de juros. Com a entrada em vigor do já revogado Código Civil de 1916, e a partir da combina-

25 Considera-se empresário quem exerce profissionalmente atividade econômica organizada para a produção ou circulação de bens ou serviços.

ção de diversos dispositivos desse diploma, firmou-se o entendimento de que na ausência de previsão contratual a taxa de juros não poderia ser superior a 6% ao ano. Poderiam as partes, no entanto, convencionar valor inferior ou superior.[26]

Ocorre que a possibilidade de se convencionarem juros em valor superior levou à prática de abusos dos detentores de capital, ou seja, os que de fato detêm o poder na sociedade. O legislador, então, atento a isso, editou o Decreto nº 22.626/33, conhecido como Lei da Usura, que logo em seu art. 1º estipulou que os juros não poderiam ser superiores ao dobro da taxa prevista no Código Civil, além de expressamente vedar a sua capitalização, isto é, o anatocismo, os juros sobre juros.[27]

A questão assim perdurou até o advento da Lei nº 4.595/64, que, ao criar o Conselho Monetário Nacional, lhe atribuiu a função de limitar a taxa de juros, nos termos do art. 4º, IX.[28] E no exercício de sua função reguladora, o Conselho Monetário Nacional, através do Banco Central, editou a Resolução nº 389/76, que permitiu a cobrança de juros segundo a taxa de mercado.

Viu-se, pois, uma porta aberta para as instituições financeiras praticarem os juros que quisessem. E, nessa toada, o Supremo Tribunal

---

26 Os dispositivos que regulavam a matéria eram os arts. 1.062, 1063 e 1.262, que assim dispunham: "Art. 1.062. A taxa dos juros moratórios, quando não convencionada (art. 1.262), será de 6% (seis por cento) ao ano; Art. 1.063. Serão também de 6% (seis por cento) ao ano os juros devidos por força de lei, ou quando as parte os convencionarem sem taxa estipulada; Art. 1.262. É permitido, mas só por cláusula expressa, fixar juros ao empréstimo de dinheiro ou de outras coisas fungíveis. Esses juros podem fixar-se abaixo ou acima da taxa legal (art. 1.062), com ou sem capitalização."

27 "Art. 1º É vedado, e será punido nos termos desta lei, estipular em quaisquer contratos taxas de juros superiores ao dobro da taxa legal (Código Civil, art. 1.062). § 1º Essas taxas não excederão de 10% ao ano se os contratos forem garantidos com hipotecas urbanas, nem de 8% ao ano se as garantias forem de hipotecas rurais ou de penhores agrícolas. § 2º Não excederão igualmente de 6% ao ano os juros das obrigações expressa e declaradamente contraídas para financiamento de trabalhos agrícolas, ou para compra de maquinismos e de utensílios destinados à agricultura, qualquer que seja a modalidade da dívida, desde que tenham garantia real. § 3º A taxa de juros deve ser estipulada em escritura pública ou escrito particular, e não o sendo, entender-se-á que as partes acordaram nos juros de 6% ao ano, a contar da data da propositura da respectiva ação ou do protesto cambial."

28 "Art. 4º Compete ao Conselho Monetário Nacional, segundo diretrizes estabelecidas pelo Presidente da República: [...] IX – Limitar, sempre que necessário, as taxas de juros, descontos, comissões e qualquer outra forma de remuneração de operações e serviços bancários ou financeiros, inclusive prestados pelo Banco Central do Brasil, assegurando taxas favorecidas aos financiamentos que se destinem a promover: [...]."

Federal editou o Enunciado nº 596 da súmula de sua jurisprudência dominante, estipulando que as disposições do Decreto nº 22.626 de 1933 não se aplicam às taxas de juros e aos outros encargos cobrados nas operações realizadas por instituições públicas ou privadas, que integram o Sistema Financeiro Nacional.

Portanto, o que era admitido pelo Conselho Monetário Nacional passou a ser ratificado pelo Poder Judiciário: a livre fixação da taxa de juros pelas instituições financeiras.

Contudo, com o advento da Constituição Federal de 1988 a questão parecia que iria se alterar. Dispunha o § 3º do art. 192 da Lei Fundamental que as taxas de juros reais, nelas incluídas comissões e quaisquer outras remunerações direta e indiretamente referidas à concessão de crédito, não poderão ser superiores a 12% ao ano; a cobrança acima deste limite será conceituada como crime de usura, punido, em todas as suas modalidades, nos termos que a lei determinar.

Diante do texto da Magna Carta, passou-se a sustentar que os juros estariam novamente limitados a 12% ao ano, tal qual previa a Lei da Usura. Diante da redação, a exigência de lei se referia apenas à conceituação de usura e das suas respectivas modalidades de crime.

No entanto, o Presidente da República José Sarney, em 1988, aprovou, dando-lhe caráter normativo, o parecer SR-70 da Consultoria Geral da República que concluía pela não autoaplicabilidade do § 3º do art. 192 da Constituição, dependendo sua eficácia de superveniente norma regulamentadora, como exigia o *caput* do art. 192.

O PDT, diante do ato do Presidente da República, ajuizou ação direta de inconstitucionalidade, a ADI nº 4, impugnando o parecer, o que só foi possível por ter sido ele aprovado com caráter normativo. A Suprema Corte, no entanto, julgou improcedente a ação, entendendo ser constitucional o parecer, tanto em sua forma, quanto em seu conteúdo.[29] Portanto, ratificou novamente o Supremo Tribunal Federal o entendimento de que não há limitação de taxa de juros para as instituições financeiras.

O debate se enfraqueceu com a EC nº 40/03, que revogou o § 3º do art. 192 da Constituição Federal, bem como com a edição de novo enunciado de súmula do Supremo Tribunal Federal sobre a matéria. Em 13/10/003, editou a Suprema Corte o Enunciado nº 648, que dispõe que a norma do § 3º do art. 192 da Constituição, revogada pela EC nº 40/03, que limitava a taxa de juros reais a 12% ao ano, tinha sua aplicabilidade condicionada à edição de Lei Complementar.

29 Ver ADI 4/DF. Rel. Min. Sydney Sanches. Tribunal Pleno. *DJ* 25/6/1993.

E assim vem decidindo, reiteradamente, a Suprema Corte,[30] bem como o Superior Tribunal de Justiça,[31] culminando, agora, com a edição da súmula vinculante nº 7 que dispõe que "a norma do § 3º do art. 192 da Constituição, revogada pela Emenda Constitucional nº 40/2003, que limitava a taxa de juros reais a 12% ao ano, tinha sua aplicação condicionada à edição de Lei Complementar".

Mesmo diante disso, ainda há uma luz no fim do túnel. O Superior Tribunal de Justiça, que editou o Enunciado nº 382 de sua súmula de jurisprudência, o qual dispõe que a estipulação de juros remuneratórios superiores a 12% ao ano, por si só, não indica abusividade, tem precedentes afirmando que, não obstante não haver uma limitação legal da taxa de juros, devem os bancos, na fixação destes, observar a taxa média de mercado.[32]

Já quanto aos juros moratórios, a jurisprudência do Superior Tribunal de Justiça tem sido menos permissiva. Em relação a estes, firmou a Corte Superior o entendimento de que, nos contratos bancários não regidos por legislação específica, os juros moratórios se limitarão a 1% ao mês, como se infere do Enunciado nº 379 da sua súmula de jurisprudência.[33]

Outra questão interessante diz respeito à cobrança de juros capitalizados, ou juros sobre juros, ou ainda, simplesmente, anatocismo. A capitalização dos juros é forma de cobrança que faz aumentar exponencialmente o valor do débito. Isso porque através do anatocismo os juros não incidem apenas sobre o valor original da dívida, e sim sobre o valor aumentado pelos juros que já incidiram.

O art. 4º do Decreto nº 22.626/33 já vedava a capitalização mensal de juros, autorizando, contudo, a capitalização anual,[34] o que era reforçado pelo Enunciado nº 121 da súmula de jurisprudência do Supremo Tribunal Federal que dispõe que é vedada a capitalização de juros, ainda que expressamente convencionada.

---

30 Ver RE 493.398 AgR/GO. Min. Rel. Cármen Lúcia. Primeira Turma. *DJ* 2/2/2007.

31 Ver AgRg no REsp 1.009.512/MS. Rel. Min. Maria Isabel Gallotti. Quarta Turma. *DJe* 22/2/2011.

32 Ver AgRg no REsp 1398568/RS. Rel. Min. Ricardo Villas Bôas Cueva. Terceira Turma. *DJe* 03/10/2016.

33 "Nos contratos bancários não regidos por legislação específica, os juros moratórios poderão ser convencionados até o limite de 1% ao mês".

34 "Art. 4º É proibido contar juros dos juros; esta proibição não compreende a acumulação de juros vencidos aos saldos líquidos em conta-corrente de ano a ano."

O Código Civil de 2002, em seu art. 591, também autorizou a capitalização anual,[35] vedada, portanto, a capitalização mensal. Todavia, a Medida Provisória nº 2.170, publicada pela primeira vez em 31 de março de 2000, cuja última edição se deu em 23 de agosto de 2001 sob o nº 2.170-36, previu, em seu art. 5º, a possibilidade de capitalização de juros com periodicidade inferior a um ano.

Tal previsão vem sendo encampada pela jurisprudência do Superior Tribunal de Justiça, como se infere do enunciado nº 539 de sua súmula, que admite a capitalização com periodicidade inferior a um ano nos contratos celebrados após a edição da referida MP, e desde que haja expressa previsão contratual.[36]

No tocante à sua constitucionalidade, o Supremo Tribunal Federal já sinalizou a inocorrência de vício formal, entendendo estarem presentes os requisitos constitucionais da relevância e urgência que autorizam a sua edição, como exige o art. 62 da CRFB.[37] Quanto ao mérito da MP, esta foi questionada no Supremo através da ADI 2316, ainda pendente de julgamento.

Outra questão importante diz respeito à cobrança da malfadada comissão de permanência. A comissão de permanência é uma cobrança pactuada contratualmente, isto é, sua exigência decorre do próprio contrato, tendo sido instituída pela Resolução nº 15/66 do Conselho Monetário Nacional, hoje revogada pela Resolução nº 3.454/2007, e regulada pelas Circulares nº 77/67 e 82/67, ambas do Banco Central, as quais também se encontram revogadas atualmente. A sua definição, natureza e conteúdo, isto é, os componentes incorporados ao seu cálculo sempre foram fonte de inúmeras controvérsias, não logrando êxito a FEBRABAN, e tampouco o BACEN[38], em definir com exatidão os custos abrangidos pela comissão de permanência.

Apesar disso, com a Lei nº 6.899/81, a qual conferiu às instituições financeiras o direito à correção monetária a partir da data do débito, e

35 "Art. 591. Destinando-se o mútuo a fins econômicos, presumem-se devidos os juros, os quais, sob pena de redução, não poderão exceder a taxa a que se refere o art. 406, permitida a capitalização anual."

36 "É permitida a capitalização de juros com periodicidade inferior à anual em contratos celebrados com instituições integrantes do Sistema Financeiro Nacional a partir de 31/03/2000 (MP n. 1.963-17/2000, reeditada como MP n. 2.170-36/2001), desde que expressamente pactuada".

37 Ver RE 592377/RS. Rel. Min. Marco Aurélio. Rel. p/ Acórdão Min. Teori Zavascki. Tribunal Pleno. Julgamento: 04/02/2015.

38 Essa indefinição pode ser vista nos Pareceres PGBC nº 207/2008 e 254/2008 do Banco Central do Brasil.

com a Resolução nº 1.129/86 do Conselho Monetário Nacional, também ficaram elas autorizadas a cobrar comissão de permanência por dia de atraso, além de juros de mora.[39]

Há que se observar que na mencionada Resolução, há expressa proibição de cumulação da comissão de permanência com quaisquer verbas compensatórias, o que exclui a possibilidade de cumulação da comissão de permanência com os juros remuneratórios, como também já decidiu o Superior Tribunal Justiça em jurisprudência firmada em sua súmula nº 296.[40]

No tocante à sua cumulatividade com a correção monetária, a jurisprudência do Superior Tribunal de Justiça firmou o entendimento de que tem a comissão de permanência a finalidade de atualizar o valor da dívida, servindo, pois, de critério de atualização, assim como a correção monetária. Por ter, então, a mesma finalidade da correção monetária, a comissão de permanência não pode, na visão da Corte Superior, ser cobrada cumulativamente com ela, sob pena de verdadeiro *bis in idem*. Essa interpretação, inclusive, foi sedimentada no enunciado nº 30 da súmula de jurisprudência dominante do STJ, o qual prevê que *a comissão de permanência e a correção monetária são inacumuláveis*.

No tocante à sua cumulação com os demais encargos moratórios, como os juros moratórios e a multa, o Superior Tribunal de Justiça, também após inúmeras manifestações, sedimentou o entendimento da sua inacumulabilidade. E isso porque, segundo a própria definição da FEBRABAN, em parecer juntado aos autos do REsp nº 1.061.530/RS, a comissão de permanência é todo o encargo que o banco cobra do mutuário a partir do momento em que este se torna inadimplente.

Disso se conclui que a natureza da cláusula da comissão de permanência é tríplice: índice de remuneração do capital (juros remuneratórios), atualização da moeda (correção monetária) e compensação pelo inadimplemento (encargos moratórios).

Assim, por abranger a comissão de permanência todos esses encargos, não pode ela ser cumulável com eles, ante a proibição do *bis in*

39 A referida resolução hoje encontra-se revogada, estando vigente a Resolução CMN nº 4.558/2017, que trata dos encargos passíveis de serem cobrados pelas instituições financeiras. Segundo a atual regulamentação do Banco Central do Brasil, não há mais previsão da possibilidade de cobrança da comissão permanência, como autorizado na Resolução CMN nº 1.129/86.

40 "Os juros remuneratórios, não cumuláveis com a comissão de permanência, são devidos no período de inadimplência, à taxa média de mercado estipulada pelo Banco Central do Brasil, limitada ao percentual contratado".

*idem.*[41] Esse entendimento encontra-se pacificado no âmbito do STJ, havendo inúmeros julgados nesse sentido[42], o que levou à edição do enunciado nº 472 da súmula de jurisprudência do Tribunal, o qual dispõe que *a cobrança de comissão de permanência - cujo valor não pode ultrapassar a soma dos encargos remuneratórios e moratórios previstos no contrato - exclui a exigibilidade dos juros remuneratórios, moratórios e da multa contratual.*

Portanto, não é possível cumular a comissão de permanência com os consectários da mora como a correção monetária, juros moratórios e multa moratória, sob pena de *bis in idem.*

## 4. CONTRATOS BANCÁRIOS EM ESPÉCIE

### 4.1. Conta corrente bancária e depósito bancário

Inicialmente, é preciso esclarecer o porquê de os dois institutos estarem sendo tratados conjuntamente. Para parcela da doutrina, os contratos de conta corrente bancária e depósito bancário se confundem, optando alguns por tratá-los apenas como depósito.[43]

---

41 Essa é a conclusão do REsp 1.058.114 / RS, Relatora Min. Nancy Andrighi, Redator para Acórdão Min. João Otávio de Noronha, DJe 16/11/2010, acórdão paradigma para a matéria.

42 Ver AgRg no REsp 1247361 / RS. Ministro Ricardo Villas Bôas Cueva. Terceira Turma. DJe 10/09/2013.

43 Segundo Fábio Ulho Coelho, "o contrato veículo das operações passivas dos bancos é o depósito bancário, conhecido vulgarmente como *conta* (Rizzardo, 1990:31/32). Quando se diz que alguém abriu uma conta no banco, em termos técnicos, essa pessoa celebrou contrato de depósito bancário" (COELHO. Op. cit. p. 129). Para Ricardo Negrão, "os depósitos bancários são instrumentalizados em contratos de conta-corrente. Abre-se uma conta em estabelecimento autorizado de instituição financeira e passa-se a realizar operações de depósito, de aplicações financeiras, retiradas, transferências bancárias, débitos em conta etc." (NEGRÃO. Op. cit. p. 364). Segundo Arnaldo Rizzardo, "o depósito efetiva-se, no primeiro momento, através da abertura de conta, que o depositante passa a movimentá-la livremente, alterando continuamente o saldo na medida em que se sucedem retiradas ou os novos depósitos. A contabilização do movimento se processa pelo sistema de conta corrente" (RIZZARDO. Op. cit. p. 1.416). Segundo Carlos Alberto Bittar, "o contrato em questão denomina-se depósito, embora, na prática, se fale também em conta-corrente - que é, aliás, outra figura -, podendo o respectivo numerário, por sua fungibilidade, ser utilizado pelo banco nas operações ativas, mas sob obrigação de devolução, sempre que requisitada através de ordem própria (emissão de cheque, de ordem de pagamento ou modalidade outra de saque, como transferência de conta, aplicação financeira e outras)" (BITTAR. *Contratos comerciais.* 4. ed. Rio de Janeiro: Forense Universitária, 2005. p. 153).

Já para outra parcela da doutrina, os contratos são diferentes, sendo que o depósito que é feito para creditar valores em conta corrente não é, em verdade, um contrato autônomo, mas apenas uma entrega de dinheiro ao banco para fins de execução do próprio contrato de conta corrente.[44]

Em verdade, entendemos que existem dois contratos, o de conta corrente bancária e o contrato de depósito bancário. A prova disso é que o depósito pode ser efetuado por terceiros, creditando valores na conta corrente de outrem. É induvidoso que o terceiro celebrou contrato de depósito com o banco, mantendo com ele uma relação, inclusive, de consumo, podendo até reclamar em juízo caso ocorra algum vício do serviço.

No entanto, por entendermos que ambos os contratos estão umbilicalmente ligados, trataremos deles em um único tópico. Ao final, em tópico próprio, trataremos do contrato de depósito na forma como entende a parcela da doutrina com a qual dissentimos, bem como examinaremos o contrato de conta corrente ordinária, que não se confunde com a conta corrente bancária, enquanto contrato bancário.

### 4.1.1. Conta corrente bancária

O contrato de conta corrente bancária é o contrato pelo qual o banco presta um serviço de caixa para o cliente, obrigando-se a cumprir os negócios jurídicos solicitados pelo correntista. Há, implicitamente, um mandato.

Aberta a conta corrente, o cliente-correntista passa a movimentá-la, creditando valores através de depósitos feitos por ele ou por terceiros, ou ainda por operações feitas pelo próprio banco, como cobranças em favor do cliente, recebimento de juros, dividendos, bem como fazendo retiradas, pagamentos, ou até mesmo sofrendo descontos, como as cobranças de tarifas feitas pelo banco. A movimentação se dá, em regra, pela utilização de cheques e cartões vinculados à conta corrente.

Obviamente, para a movimentação da conta é preciso que haja fundos suficientes, ou seja, o banco só poderá exercer o seu mandato, efetuando pagamentos em nome do cliente, se houver provisão de fundos.

No contrato de conta corrente bancária é aferível a existência de crédito em favor do cliente ou em favor do banco através do saldo diário, que a doutrina denomina de saldo provisório.[45] Sendo credor o saldo em favor do correntista, o montante é livremente disponibilizado a ele, que pode utilizá-lo ao seu bel prazer.

44 ABRÃO. Op. cit. p. 254.

45 ABRÃO. Op. cit. p. 253.

Por conta do princípio da boa-fé objetiva, consagrado nos arts. 113 e 422 do Código Civil, deve o banco informar regularmente ao cliente o seu saldo provisório mediante a emissão de extratos.

A boa-fé, hodiernamente, não é vista mais como uma mera exortação ética. É ela um dever a ser observado pelas partes, uma cláusula implícita em todos os negócios e relações jurídicas. Impõe ela um atuar probo, honesto, e leal das partes na vida de relação. Corolários da boa-fé são os deveres de transparência e de informação, também chamados de deveres anexos à boa-fé.

Assim, incumbe aos bancos informar de forma clara e transparente aos clientes a situação de sua conta corrente, enviando regularmente extratos bancários para o endereço indicado pelo cliente no contrato. A não observância dessa conduta importa na prática de ato ilícito, haja vista que, nos termos do art. 187 do Código Civil, também comete ato ilícito aquele que excede os limites impostos pela boa-fé.

Infere-se, pois, que a exigência do envio regular de extratos se aplica não apenas às relações de consumo, haja vista que a boa-fé é princípio vigorante em todo o ordenamento jurídico, e previsto não só no Código de Proteção e Defesa do Consumidor, em seu art. 51, IV, como também no *Digesto* pátrio.

Questão interessante é a da penhorabilidade do saldo provisório. Respondendo o patrimônio do devedor por suas obrigações, os credores do correntista podem penhorar o saldo provisório da conta corrente, observadas, no entanto, as limitações legais quanto à impenhorabilidade de certos valores, como, por exemplo, os vencimentos, os subsídios, os soldos, os salários, as remunerações, os proventos de aposentadoria, as pensões, os pecúlios e os montepios, bem como as quantias recebidas por liberalidade de terceiro e destinadas ao sustento do devedor e de sua família, os ganhos de trabalhador autônomo e os honorários de profissional liberal, como previsto no art. 833, IV, do Código de Processo Civil de 2015. Quanto a banco, ele só pode exigir do cliente o saldo existente em seu favor após o encerramento da conta.[46]

#### *4.1.1.1. Classificação*

A conta corrente bancária é contrato consensual, informal, de trato sucessivo e bilateral.

É consensual porque não reclama a entrega de numerário para a sua concretização. Basta o mero acordo de vontades, que se exterioriza,

46 Idem.

como regra, com a assinatura do contrato de abertura de conta corrente, para a celebração do negócio jurídico.

É informal, pois não se exige uma forma prescrita em lei para a sua celebração. Os bancos, todavia, possuem, em regra, um instrumento próprio para a abertura da conta corrente, mas isso não é uma exigência legal, haja vista que o contrato de conta corrente se caracteriza como um contrato atípico, não regulamentado por lei.

A conta corrente bancária é, ainda, um contrato de trato sucessivo, que se protrai, se prolonga no tempo, ou seja, não se inicia e se encerra com a prática de um único ato. Como leciona Nelson Abrão, "o banco deve praticar uma série de operações, que se estendem no tempo".[47]

Por fim, se trata de um contrato bilateral, sinalagmático, por possuírem, cliente e banco, obrigações recíprocas.

### *4.1.1.2. Modalidades*

A primeira modalidade de conta corrente diz respeito à titularidade do correntista. A conta corrente pode ser individual ou coletiva, sendo que essa última ainda pode ser indivisível ou conjunta. A conta corrente individual é aquela titularizada por um único correntista, sendo ele o único credor dos depósitos efetuados por ele ou por terceiro, bem como dos demais valores creditados na conta, além de ser responsável perante o banco pelas operações que realizar. A questão é um pouco mais complexa quando se trata de conta corrente coletiva. A conta corrente coletiva é aquela em que o titular da conta é uma pluralidade de pessoas.

A primeira espécie de conta coletiva é a indivisível, ou não solidária. Nela, a movimentação da conta só pode ser efetuada, em regra, por todos os titulares conjuntamente. A segunda espécie, e mais comum, é a conta corrente coletiva conjunta, ou solidária, chamada costumeiramente de conta conjunta. Nessa espécie, qualquer um dos titulares, isolada ou conjuntamente, pode movimentar a conta. Daí decorre a solidariedade, pois todos podem, isoladamente ou em conjunto, reclamar o saldo credor da conta corrente, bem como o banco pode exigir, de um, de uns, ou de todos, as obrigações decorrentes das operações realizadas.

A solidariedade passiva, todavia, existe apenas em relação ao banco. Nas obrigações assumidas por um correntista, perante terceiros, não há solidariedade. Dessa forma, por exemplo, não havendo provisão de fundos em conta corrente, e tendo um dos correntistas emitido um cheque, apenas ele responde pela dívida, não sendo lícita a inclusão do nome de todos os correntistas nos cadastros de inadimplentes, mas apenas

47 ABRÃO. Op. cit. p. 255.

daquele que emitiu o cheque sem provisão de fundos. É esse, inclusive, o entendimento sedimentado pelo Superior Tribunal de Justiça.[48]

Então, apenas os débitos em relação ao banco podem ser exigidos, em solidariedade, dos correntistas, como, por exemplo, eventual débito de contrato de abertura de crédito – cheque especial. Isso porque essa solidariedade é convencionada entre as partes, banco e cliente, ao contrário da relação com terceiros, em que não há essa pactuação.

A questão se torna mais tormentosa quando diz respeito à penhora do saldo em conta corrente. Como já vimos, é possível que os credores do correntista requeiram a constrição do patrimônio do devedor através de penhora do saldo provisório da conta, ressalvados apenas aqueles valores impenhoráveis, nos termos do inciso IV do art. 833 do Código de Processo Civil de 2015.

Em sendo coletiva a conta, seja ela indivisível ou conjunta, também é possível o ato de constrição.[49] A dificuldade, entretanto, reside no fato de que o dinheiro dos correntistas, na conta coletiva, se mistura, se confunde, sendo quase impossível para a instituição financeira fazer a separação. Assim, uma vez penhorados valores inerentes aos correntistas não devedores, poderão eles, por exemplo, através de embargos de terceiro, comprovar que parcela daqueles valores penhorados lhes pertence, e não ao correntista devedor, e assim requerer o desbloqueio da quantia ou, no caso de penhora *online*, em que ocorre automaticamente a transferência do numerário para uma conta judicial, a expedição de mandado de pagamento em seu favor.

Outra modalidade de conta corrente é a conta poupança, espécie de conta remunerada. que se consubstancia na aplicação de um índice oficial remuneratório, definido e divulgado pelo Conselho Monetário Nacional através do Banco Central do Brasil[50], sobre o saldo existente na conta, a fim de assegurar um rendimento mínimo aos valores depositados.

---

48 Ver EDcl no AgRg no REsp 1490576/RS. Rel. Min. Luis Felipe Salomão. Quarta Turma. *DJe* 20/8/2015.

49 Conforme lição do saudoso Prof. Nelson Abrão: "Admite-se a penhora das contas coletivas, tanto indivisível, quanto conjunta, pelo credor individual de um dos titulares: 'Em princípio, a penhora deveria afetar apenas o saldo pertencente ao devedor penhorado; porém, com mais frequência, o banqueiro ignora o montante desta parte e não pode, senão, bloquear a totalidade da conta. Cumpre, então, aos demais titulares solicitar o fracionamento, provando seus direitos'" (ABRÃO. Op. cit. p. 259).

50 As regras para a remuneração dos depósitos de poupança são estabelecidas no artigo 12 da Lei 8.177, de 1991, alterada pela Medida Provisória 567, de 2012, posteriormente convertida na Lei nº 12.703/2012. A remuneração básica é dada pela Taxa Referencial – TR, cujo cálculo é normatizado pela Resolução CMN nº 4.624 de 18 de janeiro de 2018.

A conta poupança é incentivada pelo governo através de diversas medidas, e visa estimular a captação de recursos populares assegurando-se um rendimento mínimo, ou evitando que haja uma perda inflacionária, uma desvalorização do valor depositado, isso porque as cadernetas de poupança têm a garantia do governo de que seus rendimentos jamais serão inferiores à inflação.[51] Assim, estimula-se o investimento de capital, possibilitando, com o rendimento, um acréscimo das economias populares, criando melhores condições para a aquisição de bens móveis e imóveis.

Outra medida de incentivo é a isenção de imposto de renda sobre esses rendimentos, no caso de conta poupança titularizada por pessoas naturais ou pessoas jurídicas sem fins lucrativos, nos termos do art. 17 da Lei nº 8.088/90.[52]

Há, ainda, uma última modalidade de conta corrente, que é a conta salário. A conta salário é aquela titularizada por empregados para recebimento de suas remunerações decorrentes de contrato de trabalho, cuja abertura é feita por iniciativa e solicitação do empregador. Possui ela inúmeras vantagens como, por exemplo, a isenção de tarifas bancárias.

Em paralelo a esse contrato de conta corrente é possível a celebração de outro, entre o empregador e o banco, em que aquele se compromete perante este a manter saldo suficiente para o pagamento da folha salarial dos empregados, a fim de que o pagamento seja feito diretamente mediante a transferência de valores da conta do empregador para as de seus funcionários.

O banco, assim, age como um intermediador entre o empregador e o empregado, debitando mensalmente, ou em outro período de tempo determinado, os valores da conta do empregador e creditando na conta salário dos empregados.

A conta salário, em contrapartida às vantagens, também possui algumas restrições. A movimentação da conta, em regra, se limita a algumas operações de saque por mês, conforme estipulação contratual, sendo vedada a emissão de cheques. A utilização de cartões de débito

51 Idem.

52 Lei nº 8.088/90. "Art. 17. São isentos de imposto de renda os rendimentos cujos beneficiários sejam pessoas físicas, entidades sem fins lucrativos e pessoas jurídicas não tributadas com base no lucro real: I – creditados, a partir de 1º de junho de 1990, em contas de depósitos de poupança; II – produzidos, a partir de 19 de março de 1990, pelos cruzados novos não convertidos em cruzeiros, nos termos dos arts. 5º, 6º, e 7º da Lei nº 8.024, de 1990. Parágrafo único. No caso de pessoas jurídicas tributadas com base no lucro real, os rendimentos referidos neste artigo continuarão integrando a base de cálculo do imposto, no encerramento do período-base de apuração."

também é restrita, a depender do que é previsto no contrato da conta, podendo, inclusive, serem proibidas tais operações. Finalmente, por não se tratar de uma conta comum de depósito à vista, o recebimento de depósitos se limita àqueles feitos pelo empregador, não sendo possível o recebimento de valores por outras fontes.

### *4.1.2. Conta corrente ordinária ou comercial*

O contrato de conta corrente apresentado costumeiramente pela doutrina em nada se assemelha com a conta corrente bancária, e por essa razão preferimos chamá-lo de contrato de conta corrente ordinária. A conta corrente ordinária é comumente celebrada por empresários que mantêm, entre si, relações negociais diversas, de forma a facilitar a situação creditícia decorrente dessas relações comerciais continuadas.

Na lição de Fran Martins, podemos conceituar o contrato de conta corrente como aquele "segundo o qual duas pessoas convencionam fazer remessas recíprocas de valores – sejam bens, títulos ou dinheiro –, anotando os créditos daí resultantes em uma conta para posterior verificação do saldo exigível, mediante balanço".[53]

Os correntistas, então, celebram o contrato com a finalidade de inscrever, em uma conta, os valores correspondentes às remessas que irão efetuar, apurando-se o saldo credor ao final do prazo determinado para encerramento da conta, encerramento esse que poderá ser parcial, periódico ou definitivo.[54] Só no momento do encerramento da conta, então, será possível aferir qual dos correntistas é credor, e qual é o devedor.

Como é possível perceber, a conta corrente ordinária não é de livre movimentação, como ocorre com o contrato de conta corrente bancária, ou seja, os correntistas não fazem depósitos e saques na conta corrente observando um saldo provisório. Em verdade, neste contrato o saldo só é aferível quando do encerramento da conta.[55]

Tem a conta corrente como finalidade facilitar as relações negociais entre empresários, especialmente aqueles que mantêm um vínculo

53 MARTINS. Op. cit. p. 397.

54 RIZZARDO. Op. cit. p. 1.425.

55 Como leciona Fran Martins: "No contrato de corrente há uma convenção entre as duas partes no sentido de serem anotadas nas contas as remessas de valores que mutuamente se fazem como partidas de débito e de crédito para uma verificação posterior do saldo. Somente quando a conta é encerrada é que o saldo acusado se tornará exigível por parte daquele que for credor. As remessas de valores, na conta corrente contratual, são mútuas, figurando os remetentes como credores ou devedores, na escrituração, mas só no encerramento se apurando que, afinal, é o credor e quem o devedor" (MARTINS. Op. cit. p. 398).

constante, sucessivo, evitando-se a exigência imediata de pagamentos, e a necessidade de acertamento em cada operação negocial realizada.[56] Os valores são inscritos na conta corrente mediante remessas, que são créditos lançados pelos contratantes para alimentar a conta,[57] os quais vão se compensando para, ao final, aferir-se o saldo.

Há, todavia, uma exceção. Como regra, uma vez lançado o crédito na conta corrente, o correntista não pode mais dispor desse valor que se integrou à conta, sendo, pois, indivisível o montante inscrito. Os valores creditados por cada um dos correntistas integram um montante único, indivisível, em que não é possível aferir a quem pertence determinada quantia.

Ocorre que, se a remessa for feita através de título de crédito não vencido, ela ingressa na conta pela cláusula *salvo embolso*. Essa cláusula não precisa ser prévia e expressamente estipulada, pois ela "é ínsita nas remessas de títulos vincendos".[58] É lícito às partes, no entanto, estipular cláusula em contrário, ou seja, de definitividade das remessas de títulos não vencidos. Nesse caso, como explicita Nelson Abrão, "o recipiente toma sobre si os riscos da cobrança. A operação condicional converte-se em operação aleatória".[59]

Então, efetuada uma remessa de título não vencido e, portanto, sujeita à condição resolutiva - o futuro e incerto pagamento -, perde ela o seu efeito caso não venha se concretizar o pagamento.

Não implementada a condição, os créditos inscritos serão deduzidos da conta mediante estorno, ou seja, o crédito indevidamente lançado será debitado, tornando-o sem efeito.

### 4.1.3. Depósito bancário

O contrato de depósito bancário é aquele em que uma pessoa entrega determinada quantia em dinheiro ao banco, que se compromete a devolvê-lo quando reclamado, ou no prazo estipulado, ou ainda em outras condições avençadas.

---

56 O saudoso Prof. Nelson Abrão traz interessante caso para exemplificar a utilização desse contrato: "Pode conceber-se, por exemplo, que um proprietário, que tem como locatário um empresário, encarregue este último de efetuar certos trabalhos com a intenção de acertá-los por meio dos alugueres que serão devidos ulteriormente por este empresário. Para evitar que o mencionado empresário exija um pagamento antes que se vençam os alugueres sobre os quais deve ser descontado o preço dos trabalhos, o proprietário haverá por bem de concluir com seu locatário uma convenção de acerto em conta corrente" (ABRÃO. Op. cit. p. 243-244).

57 ABRÃO. Op. cit. p. 247.

58 ABRÃO. Op. cit. p. 248.

59 Idem.

Existem diversas modalidades de depósito, sendo que, quando for livre a retirada pelo cliente-depositante, em que pode ser solicitada ao banco a devolução da quantia depositada de forma integral ou parcelada, o depósito é denominado em conta corrente.[60] É aí que se confundem os contratos bancários.

Conforme lição de Arnaldo Rizzardo, o depósito efetiva-se, no primeiro momento, através da abertura de uma conta corrente que o depositante passa a movimentar, podendo fazer retiradas e novos depósitos.[61] A movimentação da conta se dá, em regra, por meio de cheque ou cartão que são, assim, "instrumentos de solicitação de restituição do dinheiro depositado".[62]

Infere-se, pois, que para que haja a execução do contrato de depósito bancário é imperiosa a existência de um contrato de conta corrente. Por isso, diz-se que os depósitos bancários são instrumentalizados em contratos de conta corrente.[63]

Depositada a quantia, o banco adquire a titularidade do dinheiro, podendo dele livre dispor. Por isso, não é o banco mero depositário, mero detentor dos valores. Com o capital arrecadado, o banco faz investimentos, paga o salário de seus funcionários, adquire e abre novas agências etc.[64] Vê-se que ele efetivamente utiliza o dinheiro como um verdadeiro proprietário. Todavia, uma vez reclamada a quantia pelo cliente, tem ele a obrigação de restituí-la.

Questão controvertida diz respeito a eventual abandono dos valores depositados pelo correntista, ou por terceiros, na conta corrente. Questiona-se a possibilidade de prescrever o depósito e, em consequência, não ter mais o banco a obrigação de restituir a quantia depositada.

Para parcela da doutrina, por se tratar de uma obrigação pessoal, o direito do depositante reclamar a devolução da importância deveria prescrever em dez anos, ante o exposto no art. 205 do Código Civil.[65] Como explicita Paulo Maximilian, "sendo o saque dos valores depositados um direito inegavelmente patrimonial, deve existir um prazo

---

60 Cf. MARTINS. Op. cit. p. 433.

61 RIZZARDO. Op. cit. p. 1.416.

62 COELHO. Op. cit. p. 130.

63 NEGRÃO. Op. cit. p. 364.

64 COELHO. Op. cit. p. 130.

65 SCHONBLUM, Paulo Maximilian W. Mendlowicz. *Contratos bancários*. 3. ed. Rio de Janeiro: Freitas Bastos, 2009.p. 69.

prescricional (mesmo que dilatado) de forma a garantir a segurança e estabilidade dos negócios jurídicos".[66]

Todavia, salienta Nelson Abrão que há regra específica na hipótese, que é a Lei nº 370/34 e seu regulamento, o Decreto nº 1.508/37, que prevê que se consideram abandonados os depósitos quando a conta corrente permanecer sem movimentação durante 30 anos, devendo os valores serem recolhidos ao Tesouro Nacional.[67]

Não obstante, o Prof. Paulo Maximilian sustenta a revogação dessa legislação pelo atual Código Civil, prevalecendo para ele o prazo prescricional de dez anos.[68]

Então, ficando inativa a conta corrente, seja pelo período de 30 anos, na forma da legislação especial, seja pelo prazo de 10 anos do art. 205 do Código Civil, perde o correntista-depositante o direito de reclamar os valores nela depositados.

Para outra parcela da doutrina, a qual nos filiamos, não há que se falar em prescrição nessa hipótese.[69] Ora, a prescrição significa a perda da pretensão, e a pretensão surge quando há a violação a um direito subjetivo. Violado esse direito, surge a pretensão à reparação pelos danos causados por essa violação.

No caso de conta corrente inativa, não há violação a direito de ninguém, isso porque o contrato de conta corrente, como já explicitado, é um contrato de trato sucessivo, continuado. Como regra, não há fixação de prazo de duração. Então, enquanto não encerrado o contrato, não corre para o correntista prazo para reclamar a devolução da quantia.[70]

Frise-se que o banco adquire a propriedade dos valores, inclusive investindo o dinheiro, utilizando-o em operações com outros clientes, bem como adimplindo as suas obrigações. Por isso, não há que se falar em ônus pela guarda dos valores, ou algum prejuízo ou dano pela manutenção da escrituração daquele numerário na conta corrente do cliente.

---

66 Idem.

67 ABRÃO. Op. cit. p. 156.

68 SCHONBLUM. Op. cit. p. 69.

69 RIZZARDO. Op. cit. p. 1.418-1.419.

70 Como bem leciona Arnaldo Rizzardo, "o depósito constitui-se de ato pelo qual alguém confia a outrem a guarda de coisa móvel, até que o depositante a reclame, inexistindo impedimento legal à designação de prazo para devolução da coisa depositada. A concessão ao depositante do uso da coisa não desnatura, em nosso direito, o contrato. [...] E enquanto não se desconstituir o contrato de depósito, não tem início o prazo prescricional, sendo que a extinção opera-se basicamente pela restituição do bem, ou por algum ato revelador de não permanência da relação" (RIZZARDO. Op. cit. p. 1.418-1.419).

Vê-se, pois, que admitir a prescrição seria o mesmo que admitir, *mutatis mutantis*, a usucapião dos valores pelo banco, ou seja, a ocorrência de prescrição aquisitiva, acarretando a perda da quantia pelo depositante. Ocorre que, o banco recebe as quantias depositadas com *animus* de depositário, e não de dono, embora, por questões operacionais, adquira a sua propriedade. Portanto, não há que se falar em decurso de prazo de prescrição, com a perda do direito de reclamar os valores depositados, na hipótese de conta corrente inativa.

#### 4.1.3.1. Classificação

Classifica-se o depósito bancário como contrato real e unilateral. É o depósito um contrato real porque se aperfeiçoa com a entrega do montante ao banco. Antes disso, não há obrigação, e não há contrato. Não tem o banco direito de exigir do correntista, por exemplo, que se faça um depósito eventualmente prometido. O contrato, portanto, não se concretiza com o mero consentimento das partes. A unilateralidade decorre da existência de obrigações apenas por parte do depositário. Uma vez entregue o dinheiro pelo cliente ao banco, apenas esse último tem uma obrigação, que é de restituir a quantia quando reclamada.

#### 4.1.3.2. Modalidades

É possível aferir duas modalidades de depósito: depósito à vista, regulamentado pela Resolução BACEN nº 3.211/2004; e depósito a prazo, regulamentado pela Resolução BACEN nº 3.454/2007, sendo que este último se subdivide em depósito de aviso prévio e depósito de prazo fixo.

O depósito a vista é aquele inerente aos contratos de conta corrente. Nele se permite a livre utilização, pelo depositante, dos valores depositados, admitindo-se "seu saque parcial ou total a qualquer tempo".[71]

O depósito de pré-aviso ou de aviso prévio é aquele em que o depositante deve requerer a devolução, parcial ou total, do valor depositado mediante notificação prévia, ou seja, para que possa sacar as quantias depositadas, deve o cliente notificar previamente o banco.

O depósito de prazo fixo é aquele em que o cliente-depositante só pode sacar os valores depositados após o decurso do prazo previamente fixado.

Nas modalidades a prazo de depósito, "o depositante tem direito a juros, e à correção monetária no de prazo fixo, levando-se em conta a

71 NEGRÃO. Op. cit. p. 364.

certeza que o banco tem acerca do lapso de que pode dispor das quantias para as suas aplicações".[72]

Há que se ressalvar, por fim, o posicionamento do saudoso Prof. Nelson Abrão. Para ele, o contrato de depósito bancário, também denominado de depósito pecuniário, é autônomo, e não possui relação com os depósitos efetuados para movimentação de uma conta corrente. Segundo ele, "pode o correntista efetuar o depósito de somas em dinheiro, mas este não possui as características do contrato típico de depósito, que tem natureza real, perfazendo-se com a entrega do dinheiro, enquanto a conta corrente é consensual. Ademais, os depósitos feitos pelo correntista são considerados como entrega de dinheiro para a execução do mandato que ele confere ao banco".[73]

O citado professor entende o contrato de depósito pecuniário como um contrato típico, um misto de depósito e mútuo,[74] em que uma pessoa entrega ao banco uma importância em dinheiro, ficando a instituição financeira obrigada a restituí-la no prazo e condições avençadas.[75]

O cliente visa, com o depósito bancário, a guarda e custódia do seu dinheiro; o investimento, ante a percepção de juros e correção monetária; e a disponibilidade pela criação de uma moeda escritural ou bancária. O contrato de depósito, por ele explicitado, leva à emissão de um título de crédito, que materializa o depósito. Esse título é passível, inclusive, de transmissão, podendo circular livremente.[76]

## 4.2. Mútuo bancário

O mútuo bancário é o contrato por meio do qual o banco-mutuante entrega ao cliente-mutuário uma quantia por ele solicitada, comprometendo-se o cliente a restituí-la, com acréscimo de juros e correção monetária, no prazo avençado.

O mútuo bancário também é denominado por alguns de empréstimo bancário,[77] sendo que outros o qualificam como espécie de empréstimo, em que também se incluem os contratos de financiamento, consignações em folha de pagamento, contratos de conta corrente garantida e abertura de crédito.[78]

72 ABRÃO. Op. cit. p. 152.

73 ABRÃO. Op. cit. p. 254.

74 ABRÃO. Op. cit. p. 145.

75 ABRÃO. Op. cit. p. 143.

76 ABRÃO. Op. cit. p. 146-147.

77 RIZZARDO. Op. cit. p. 1.429.

78 NEGRÃO. Op. cit. p. 368.

O mútuo bancário consiste, pois, no empréstimo de dinheiro, de um numerário solicitado pelo cliente, que se compromete a restituí-lo, no prazo e forma acordados, com acréscimo de juros e correção monetária, além da cobrança de taxas de serviço ou de expediente.[79] Por envolver dinheiro, o cliente-mutuário adquire a sua propriedade, razão pela qual a "devolução" não é da mesma coisa, e sim de coisa diversa, mas do mesmo gênero, qualidade e quantidade.

Questão controvertida diz respeito à possibilidade de pagamento antecipado da dívida pelo cliente-mutuário. Segundo o Prof. Nelson Abrão, não é lícito ao devedor pagar antecipadamente a dívida, isso porque, da combinação dos arts. 313[80] e 333[81] do Código Civil, conclui-se que não é possível obrigar o credor a receber o pagamento antes do vencimento.[82]

Ademais, "no mútuo mercantil, o benefício visado é em favor das partes: para o banco, consiste na fruição de juros e comissões; para o cliente, na disponibilidade de capital de giro. Nesse diapasão, a devolução antecipada da importância mutuada pode ser feita desde que não prejudique os interesses do banco".[83]

Defende, ainda, o saudoso mestre que em se admitindo a antecipação do pagamento deve ser incluída no contrato cláusula prevendo multa a ser paga pelo cliente, a fim de atender aos interesses do banco na percepção dos rendimentos expectados.[84]

Ousamos discordar do precitado entendimento. Certo é que não é lícito impor ao credor receber prestação diversa da que foi acordada. Todavia, não há prejuízo para o credor o pagamento antecipado, isso porque, não obstante ter o devedor direito à redução proporcional dos juros no caso da antecipação, o credor já terá recebido a remuneração pelo período do adiantamento do crédito. Ou seja, o devedor devolverá a

---

79 RIZZARDO. Op. cit. p. 1.429.

80 "Art. 313. O credor não é obrigado a receber prestação diversa da que lhe é devida, ainda que mais valiosa."

81 "Art. 333. Ao credor assistirá o direito de cobrar a dívida antes de vencido o prazo estipulado no contrato ou marcado neste Código: [...]."

82 ABRÃO. Op. cit. p. 132.

83 ABRÃO. Op. cit. p. 133.

84 ABRÃO. Op. cit. p. 133. Compartilha da mesma opinião Paulo Maximilian, para quem "o prazo de restituição do empréstimo não possui a única função de permitir ao mutuante estabelecer condições financeiras para pagar ao banco, também servindo para que este acumule maiores lucros, aproveitando, por conseguinte, a ambos os contraentes. Sem a incidência de juros, não obteria qualquer benefício a instituição financeira, desnaturando o conteúdo do contrato oneroso" (SCHONBLUM. Op. cit. p. 124).

quantia integral ao credor e ainda o remunerará com os juros proporcionais do período entre a entrega do dinheiro em empréstimo e a quitação do débito.

Não há que se falar, ainda, em multa pelo pagamento antecipado, pois, a rigor, não há inadimplemento contratual que justifique a inserção no contrato de cláusula penal pela quitação antecipada.

Há que se frisar que, havendo relação de consumo, a liquidação antecipada é direito do cliente-mutuário, na forma do art. 52, § 2º,[85] do diploma consumerista, fazendo jus à redução proporcional dos juros e demais acréscimos.

Mas, mesmo nessa hipótese, entendemos não haver prejuízo para o banco, pois, como já afirmado, ele já terá percebido a remuneração pelo período em que a importância esteve emprestada ao mutuário.

### 4.2.1. Classificação

Classifica-se o contrato de mútuo como real e unilateral. O contrato de mútuo bancário é real porque se aperfeiçoa com a entrega do dinheiro pela instituição financeira ao cliente. Trata-se de contrato unilateral porque só há obrigações para o mutuário, haja vista que, só havendo contrato com a entrega do dinheiro pelo banco, ele já cumpriu com sua parte no ato da contratação, restando apenas ao cliente a obrigação de restituir a quantia com o acréscimo dos juros, correção e taxas no prazo avençado.

### 4.2.2. Modalidades

O mútuo bancário pode ser simples, e pode ser um financiamento.

O mútuo bancário simples é o que examinamos anteriormente. Já o financiamento é espécie de mútuo vinculado a uma determinada finalidade, isso porque o mutuário recebe determinada importância em dinheiro para a aquisição de um bem específico ou para investimento em um empreendimento também previamente determinado.

O banco, antes da concessão do empréstimo, deve verificar a viabilidade do negócio que o mutuário pretende iniciar ou, no caso da aquisição de um bem, a sua existência e até comercialidade, uma vez que, como regra, o contrato de financiamento é vinculado a outro, acessório, em que o próprio bem adquirido é dado como garantia do adim-

85 "Art. 52. No fornecimento de produtos ou serviços que envolva outorga de crédito ou concessão de financiamento ao consumidor, o fornecedor deverá, entre outros requisitos, informá-lo prévia e adequadamente sobre: [...] § 2º É assegurada ao consumidor a liquidação antecipada do débito, total ou parcialmente, mediante redução proporcional dos juros e demais acréscimos."

plemento da obrigação. Como exemplo, temos a alienação fiduciária em garantia. Então, se o bem não existir, ou for de difícil comercialização, a garantia será ineficaz. Por isso, é importante essa aferição pela instituição financeira.

O mutuário, ao receber a quantia, deve aplicá-la nos fins específicos, sob pena de sanções próprias.[86] A nosso sentir, a não utilização do dinheiro para os fins a que se destina é causa de descumprimento contratual que pode ensejar, inclusive, o vencimento antecipado da dívida, por aplicação analógica do art. 1.425 do Código Civil.[87]

Nos contratos de mútuo bancário simples, o contrato costuma ser garantido por um título de crédito, em regra uma nota promissória, emitido pelo cliente-mutuário. Essa nota promissória é assinada em branco pelo cliente e, no caso de inadimplemento, o banco a preenche com o valor do débito, havendo precedentes no Superior Tribunal de Justiça no sentido de que a emissão e o preenchimento são admissíveis, desde que o título não tenha sido completado de forma abusiva,[88] sendo esse o entendimento sumulado pelo Supremo Tribunal Federal.[89]

## 4.3. Abertura de crédito

É o contrato por meio do qual o banco se obriga a disponibilizar ao cliente determinado limite de crédito, por prazo determinado ou indeterminado, possibilitando-lhe a utilização dos valores disponibilizados de imediato ou de forma fracionada, devendo o cliente restituir a quantia com acréscimo de juros, correção monetária e demais encargos.

É comumente chamado de contrato de cheque especial, limite, LIS ou, para alguns, vermelho ou negativo, utilizando-se das populares afirmações "estou no vermelho do banco" ou "estou no negativo".

---

86 BITTAR. Op. cit. p. 149.

87 "Art. 1.425. A dívida considera-se vencida: I - se, deteriorando-se, ou depreciando-se o bem dado em segurança, desfalcar a garantia, e o devedor, intimado, não a reforçar ou substituir; II - se o devedor cair em insolvência ou falir; III - se as prestações não forem pontualmente pagas, toda vez que deste modo se achar estipulado o pagamento. Neste caso, o recebimento posterior da prestação atrasada importa renúncia do credor ao seu direito de execução imediata; IV - se perecer o bem dado em garantia, e não for substituído; V - se se desapropriar o bem dado em garantia, hipótese na qual se depositará a parte do preço que for necessária para o pagamento integral do credor."

88 Ver AgRg no AREsp 312487/MG. Rel. Min. Ricardo Villas Bôas Cueva. Terceira Turma. *DJ* 31/3/2014.

89 STF. Súmula 387: "a cambial emitida ou accita com omissões, ou em branco, pode ser completada pelo credor de boa-fé antes da cobrança ou do protesto."

Nesse contrato não há a entrega de dinheiro ao cliente, como ocorre no mútuo. Aqui, o banco deixa à disposição do beneficiário um numerário, que pode, ou não, ser utilizado por ele.[90]

Quanto aos encargos, o cliente só pagará por eles na hipótese de utilização efetiva do dinheiro posto à sua disposição. Caso contrário, nada lhe será devido, à exceção das tarifas bancárias que se tornam mais onerosas pela concessão automática desse crédito. E se diz automática porque o cliente poderá usufruir da quantia sem a necessidade de formalizar um contrato de mútuo. A quantia já estará à sua disposição para pronta utilização.

Questão que comumente deságua nos tribunais é sobre a execução do débito do contrato de abertura de crédito.

Primeira observação que deve ser feita é que o banco não pode exigir o pagamento do débito antes do encerramento do contrato pelo término do seu prazo de vigência ou por outra circunstância prevista no próprio instrumento.

O simples fato de o cliente permanecer por um determinado período de tempo com saldo devedor, ou a má utilização do crédito disponibilizado, por si só, não autoriza o encerramento do contrato e a cobrança compulsória da dívida. É preciso, como salienta Nelson Abrão, "que se demonstre à instituição a falta de capacidade inerente ao cliente na assunção de sua responsabilidade, não significando a tomada de posição ao arrepio da legislação.

Dessa *performance* assinale-se que não é dado à instituição financeira, sob o argumento de estar negativa a conta, proceder ao desconto dos vencimentos do correntista ou pugnar na circunstância pela ruptura do contrato".[91]

No entanto, uma vez encerrado o contrato, também não é possível à instituição financeira promover a sua execução, haja vista que não possui ele liquidez e certeza. Isso porque a quantia prevista no contrato e disponibilizada ao cliente está apenas à sua disposição, e o cliente pode utilizá-la ou não. E, por não ser obrigatoriamente utilizada, ou seja, por não ser a quantia efetivamente entregue ao cliente, não há a certeza, no

90 Como leciona Arnaldo Rizzardo: "Não se cuida de entrega de uma cifra ao interessado. Tem este um crédito aberto até um limite prefixado, podendo usá-lo de uma só vez ou parceladamente, de acordo com a necessidade do contratante. Como salienta Orlando Gomes, os bancos não transferem a quantia que emprestam, mas simplesmente colocam-na à disposição do cliente, ou do terceiro" (RIZZARDO. Op. cit. p. 1.420).

91 ABRÃO. Op. cit. p. 199.

contrato, do montante do débito. Não é, então, o contrato de abertura de crédito um título executivo.

Por conta dessa limitação, os bancos passaram a executar o contrato anexando a ele o extrato atualizado da conta corrente do cliente, ou seja, vinculando o extrato da conta ao contrato de abertura de crédito.

Mas essa "manobra" não foi acolhida pelos tribunais, tendo o Superior Tribunal de Justiça firmado jurisprudência no sentido de que não há liquidez e certeza da dívida, sendo que o extrato apresentado pelo banco é prova unilateral, e não é lícito às instituições financeiras, unilateralmente, criar os seus próprios títulos executivos,[92] tendo inclusive sumulado a questão através do Enunciado nº 233.[93] Assim, ainda segundo conclusão da Corte, tais documentos se prestam apenas a instruir eventual ação monitória, conforme Enunciado nº 247 da sua súmula de jurisprudência.[94]

Mas, diante do "fechamento" da questão pelo Superior Tribunal de Justiça, inclusive com a edição dos citados enunciados, o governo resolveu "dar uma força" às instituições financeiras. No ano de 1999 foi editada a Medida Provisória nº 1.925, que após ser reeditada mais de 25 vezes, seu teor foi incluído a Lei nº 10.931/04, a partir do art. 26, criando o título de crédito denominado de Cédula de Crédito Bancário.

Consoante dispõe o art. 26 da mencionada lei, a Cédula de Crédito Bancário é título de crédito emitido, por pessoa física ou jurídica, em favor de instituição financeira ou de entidade a esta equiparada, representando promessa de pagamento em dinheiro, decorrente de operação de crédito, de qualquer modalidade. Portanto, a Cédula de Crédito Bancário consiste em uma promessa de pagamento emitida pelo cliente em favor do banco, e atende a qualquer modalidade de crédito.

Os bancos, então, passaram a exigir do cliente, no momento da celebração do contrato de abertura de crédito, a emissão de Cédula de Crédito Bancário que, por se tratar de título de crédito e, portanto, título executivo, torna-se instrumento hábil para a ação executiva.

Diante da expressa previsão legal, não restou outra solução ao Superior Tribunal de Justiça, o qual já se manifestou no sentido da ad-

---

92 Ver, por exemplo, REsp 800178/SC. Rel. Min. Luis Felipe Salomão. Quarta Turma. *DJe* 10/12/2010.

93 STJ. Súmula 233. "O contrato de abertura de crédito, ainda que acompanhado de extrato da conta-corrente, não é título executivo."

94 STJ. Súmula 247. "O contrato de abertura de crédito em conta-corrente, acompanhado de demonstrativo de débito, constitui documento hábil para o ajuizamento de ação monitória."

missibilidade da execução da Cédula de Crédito Bancário vinculada ao contrato de abertura de crédito.[95]

### 4.3.1. Classificação

O contrato de abertura de crédito se classifica como consensual, bilateral, de execução continuada e não solene.

É ele consensual porque não exige a entrega, ou utilização, do dinheiro para que se aperfeiçoe o contrato. Como regra, a simples assinatura do contrato de conta corrente, que anexamente traz o contrato de abertura de crédito, concretiza o negócio jurídico, isso porque o objeto do contrato é a colocação do numerário à disposição do cliente, e não a sua efetiva utilização.

Trata-se de contrato bilateral porque o banco tem a obrigação de manter à disposição do cliente a quantia, enquanto o cliente, ao utilizar o montante, tem a obrigação de restituí-lo com os juros, correção monetária e demais encargos.

É, ainda, tido como contrato de trato sucessivo, de execução continuada porque, enquanto vigente o contrato, pode o cliente, a qualquer tempo, se utilizar do numerário posto à disposição.

Por fim, é contrato não solene porque não requer forma especial. Muitas vezes, após a celebração do contrato de conta corrente, sem a previsão de abertura de crédito, a instituição financeira, ao perceber uma intensa e vultosa movimentação na conta, coloca o crédito à disposição do cliente. Caso o cliente não impugne a disponibilização desse crédito, tem-se como anuída tacitamente a contratação.

### 4.3.2. Modalidades

O contrato de abertura de crédito pode ser simples e em conta corrente, bem como pode ser a descoberto e garantido.

Na abertura de crédito simples, o creditado pode efetuar uma única retirada, ou diversas retiradas, até o limite concedido, sem a necessidade de repor qualquer quantia até o encerramento do contrato.

Já na abertura de crédito em conta corrente, o cliente também pode efetuar uma única retirada, ou diversas retiradas, observado o limite concedido. No entanto, os valores creditados em conta vão abatendo o débito, repondo o limite, que pode ser novamente utilizado, e assim sucessivamente.

95 Ver REsp Repetitivo 1291575/PR. Rel. Min. Luis Felipe Salomão. Segunda Seção. *DJe* 2/9/2013..

A abertura de crédito a descoberto é aquela fundada única e exclusivamente na confiança do banco no cliente, pois a única garantia do adimplemento da obrigação é o patrimônio do devedor.

Na abertura de crédito garantida o contrato é acompanhado de uma garantia real ou fidejussória que deve ser suficiente a cobrir o limite máximo do crédito disponibilizado.

## 4.4. Desconto e redesconto

O desconto bancário é o contrato por meio do qual o banco antecipa ao cliente um crédito por ele titularizado, mas ainda não vencido, descontando do valor principal os juros, comissão e despesas pela antecipação.

Então, pelo desconto bancário o descontário apresenta ao banco - descontador - um crédito não vencido, e a instituição financeira antecipa esse valor, descontando os juros e demais encargos por essa antecipação. A remuneração do banco está, então, no desconto feito do valor principal, o qual só será obtido no momento do vencimento do crédito.

Tem o contrato como objeto a antecipação de um crédito. É ele celebrado comumente por empresários que no exercício de sua atividade recebem títulos que instrumentalizam o seu crédito. Assim, necessitando de capital de giro, e de liquidez, descontam os títulos junto às instituições financeiras.

Como observa Fábio Ulhoa, "o desconto pode ter por objeto a antecipação de crédito constante de qualquer instrumento jurídico, observadas as limitações do regulamento administrativo do Banco Central".[96] No entanto, a prática revela "que o desconto é feito contra títulos de crédito, representando soma líquida e certa, portanto, de fácil recuperação pelo banco".[97]

No caso de desconto de títulos de crédito, a sua transmissão se dá por endosso, permanecendo o endossante-descontário responsável pelo adimplemento da obrigação constante do título, diferente do que ocorre, por exemplo, no contrato de *factoring*, em que o faturizado responde apenas pela existência do crédito, e não por seu adimplemento.

Como explicita Arnaldo Rizzardo, citando o Prof. Bonfim Viana, "os negócios de desconto estão sujeitos à cláusula implícita de bom êxito. Não resgatados os títulos no seu vencimento, assiste ao banco o direito de agir em regresso contra os coobrigados cambiários".[98]

96 COELHO. Op. cit. p. 137.

97 ABRÃO. Op. cit. p. 173.

98 RIZZARDO. Op. cit. p. 1.423.

Por essa razão, diz-se que o desconto bancário dá ao banco o direito de regresso, pois caso não seja pago o título pelo sacado, tem a instituição financeira o direito de voltar-se contra o cliente que o descontou.[99]

### 4.4.1. Classificação

O contrato de desconto se classifica como real e bilateral. É real porque se aperfeiçoa com a entrega do crédito pelo banco ao descontário. Classifica-se, ainda, como bilateral porque, conforme lição do emérito e saudoso Prof. Nelson Abrão, "remanescem ônus para ambas as partes: o cliente descontário ficará com a obrigação residual de pagar ao banco o principal, juros e custos da operação, caso não o faça o devedor cedido; o banco deve diligenciar o recebimento junto a este último, como pressuposto para fazer-se pagar pelo descontário, na omissão do cedido: 'Na falta da qual (solicitação de pagamento) esse (o banco) não poderá agir com a ação de restituição contra o descontário. Este, de fato, poderá excepcionar tal falta como ausência de um dos pressupostos da ação'".[100]

### 4.4.2. Redesconto

O redesconto é contrato umbilicalmente ligado ao desconto. Sem o desconto bancário, não pode haver redesconto. O contrato de redesconto é aquele pelo qual o banco descontado efetua novo desconto do título, agora junto ao Banco Central do Brasil. Por isso o nome redesconto. É o desconto do título já descontado. Então, o banco, após realizar a operação de desconto com seu cliente, transfere o título descontado ao BACEN, antecipando o seu valor e recuperando o capital.

Trata-se de operação interbancária, pois celebrada entre bancos, o que lhe assegura juros mais baixos e comissões menores.[101]

## 4.5. Antecipação bancária

O contrato de antecipação bancária, a um primeiro olhar, se assemelha ao desconto. Todavia, ao examiná-lo com mais atenção, infere-se que são contratos bem distintos. Pela operação de antecipação bancária, o cliente constitui previamente uma garantia real em troca de uma determinada importância, que lhe é adiantada. Então, o cliente busca o banco e requer uma quantia em troca da instituição de uma garantia

99 NEGRÃO. Op. cit. p. 367.

100 ABRÃO. Op. cit. p. 180.

101 ABRÃO. Op. cit. p. 182.

real, que se dá com a entrega de títulos, mercadorias ou documentos representativos dessas mercadorias.

O cliente não transfere o título ao banco, como ocorre no desconto. No desconto, há quase uma venda do título com o abatimento de juros, correção e demais encargos. Na antecipação bancária, o título, a mercadoria ou o documento representativo dela é entregue apenas como garantia do pagamento da quantia antecipada.

O valor antecipado pelo banco tem íntima relação com o valor da garantia, ou seja, a quantia entregue ao cliente em antecipação é proporcional ao valor das mercadorias ou dos títulos dado em garantia.

Visa, também, essa operação a obtenção de crédito pelo cliente que, sem liquidez, e sem desejar alienar bens, entrega-os em garantia em troca do adiantamento do valor.

### *4.5.1. Classificação*

Podemos classificar o contrato de antecipação bancário como real e bilateral. É real porque se aperfeiçoa com a entrega do valor antecipado ao cliente contra a apresentação da garantia.[102] É, ainda, bilateral porque gera obrigações para ambas as partes. Tem o banco a obrigação de guardar a coisa dada em garantia, além de restituí-la após o pagamento, pelo cliente, do valor antecipado. Tem o cliente, em contrapartida, a obrigação de restituir a quantia adiantada, com todos os seus consectários.

## 4.6. Cartas de Crédito

Segundo Fran Martins, as cartas de crédito são "ordens escritas dadas por um banco a outro estabelecimento de crédito, localizado em praça diferente, para que esse ponha à disposição de uma ou mais pessoas determinadas certa quantia que deve ser retirada, total ou parcialmente, num prazo especificado".[103]

A carta de crédito pressupõe a distância do local, pois um banco - creditador - manda que outro banco - pagador - localizado em outra praça disponibilize a um terceiro - beneficiário - uma quantia certa em dinheiro, e por um determinado prazo. Trata-se, pois, de uma ordem para disponibilização em outra praça, a uma pessoa ou pessoas determinadas, de um montante também determinado.

A carta de crédito, propriamente dita, pressupõe, ainda, que o terceiro beneficiário do crédito não disponha de provisão perante o banco

---

102 ABRÃO. Op. cit. p. 162.

103 MARTINS. Op. cit. p. 439.

creditador, ou seja, aquele que emite a carta. O banco creditador, então, faz uma abertura de crédito em favor do beneficiário, sendo que a quantia creditada será usufruída em praça diversa daquela em que se localiza o creditador.

Caso o beneficiário tenha provisão de fundos no banco creditador, não haverá, propriamente, uma operação de carta de crédito, como salienta Fran Martins, pois nesse caso "o banco nada mais faz do que autorizar aos seus correspondentes a entrega de determinadas importâncias que estão em seu poder; aproxima-se, nesse caso, a carta de crédito, mais a uma ordem de pagamento do que a uma operação puramente creditícia".[104]

À semelhança do que ocorre no contrato de abertura de crédito, a quantia creditada ao beneficiário fica à sua disposição, podendo ele utilizá-la integral ou parcialmente, ou até mesmo não utilizá-la. A remuneração do banco, que se dá através da cobrança de juros, em regra só incide sobre o montante efetivamente utilizado.

As cartas de crédito, todavia, estão caindo em desuso, especialmente por conta da utilização em massa de cartões de crédito, cuja utilização pode se dar até em outros países, bem como em razão do uso dos *traveller's checks.*

Estes últimos são títulos também fornecidos pelas instituições bancárias, devendo ser assinados pelo portador, já com os valores preenchidos, na presença de um funcionário do banco. O título é descontado em agência bancária localizada em outra praça, quando a pessoa lançará nova assinatura no cheque, agora para conferência. Conforme lição do emérito professor gaúcho Arnaldo Rizzardo, "equivale esta modalidade de cheques mais ordens de pagamento, uma vez que as importâncias a serem levantadas já hão de estar depositadas quando da aquisição dos mesmos".[105]

### *4.6.1. Modalidades*

Como leciona Nelson Abrão, é possível indicar duas modalidades de cartas de crédito: a comercial e a turística.[106] A comercial consiste no documento básico da abertura de crédito documentado do comércio internacional, por meio do qual o banqueiro se obriga a aceitar ou pagar uma letra de câmbio sacada sobre si por um terceiro, reservando-se ao preenchimento de certas condições. Já a turística é aquela em que o banco solicita a um de seus correspondentes que disponibilize fundos ou abra crédito a seu cliente.

104 Idem.

105 RIZZARDO. Op. cit. p. 1.429.

106 ABRÃO. Op. cit. p. 217.

## 4.7. Crédito documentado ou documentário

Trata-se de um instrumento do comércio internacional, visando dar mais segurança aos negócios de importação e exportação. Conceitua-se o contrato de crédito documentário como aquele em que um banco, de acordo com as instruções do comprador de uma mercadoria, se compromete a pagar por ele o respectivo preço ao terceiro vendedor, mediante a apresentação, por este último, de determinados documentos.

Então, uma vez celebrado o contrato com o comprador, o banco assume a obrigação de pagar ao vendedor, ou a aceitar ou negociar letras de câmbio ou duplicatas, desde que o vendedor apresente determinados documentos relativos ao negócio de compra e venda.

A obrigação de pagar, todavia, continua sendo do comprador, na medida em que, não efetuando o banco o pagamento ao vendedor, o vendedor exportador exigirá do comprador o adimplemento da obrigação. Entretanto, como salienta Arnaldo Rizzardo, o vendedor deverá, antes de reclamar o cumprimento da obrigação ao comprador, exigir do banco o pagamento.[107]

O contrato de crédito documentado se baseia na carta de crédito, de forma que o comprador-importador fornece ao banco a provisão necessária para que seja feito o pagamento ao vendedor-exportador. O banco, então, por conta de seu cliente, se obriga perante o vendedor a pagar o preço acordado entre eles, ou a aceitar ou negociar letras de câmbio contra a apresentação de documentos convencionados pelas partes.

Nelson Abrão bem explicita a operação: "Banco emissor é a instituição financeira que, mediante instruções do comprador (ordenante), comunica ao vendedor (beneficiário), diretamente, ou por meio de um banco correspondente, ter à sua disposição, em sua agência ou correspondente na praça do vendedor, uma determinada quantia em dinheiro, utilizável contra a apresentação de documentos determinados, com a assunção, ou não, de obrigação própria para o pagamento de quantias, ou de aceite das cambiais por ele sacadas, conforme o crédito seja irrevogável ou revogável".[108]

### *4.7.1. Modalidades*

O contrato de crédito documentado pode ser revogável e irrevogável, sendo que este último se subdivide em confirmado e não confirmado.

107 RIZZARDO. Op. cit. 1.431.

108 ABRÃO. Op. cit. p. 208.

O crédito documentado revogável, como seu próprio nome induz, é aquele que pode ser modificado ou cancelado a qualquer tempo, sem aviso-prévio ao vendedor-exportador, ou seja, o beneficiário.

O crédito documentado irrevogável é aquele que não admite contraordem, sendo, pois, um compromisso irretratável.[109]

Será confirmado o crédito documentado irrevogável quando o banco localizado na praça do vendedor-exportador - banco intermediário ou correspondente - se compromete diretamente ao pagamento do preço mediante a apresentação dos documentos, ou ainda quando o banco emissor solicita ao banco da praça do vendedor que confirme seu crédito. Confirmado o crédito pelo banco intermediário, assume o compromisso irrevogável de pagar o preço ao vendedor que poderá, inclusive, demandá-lo caso não cumpra com a obrigação assumida.

Será não confirmado quando o banco correspondente se restringir apenas a notificar o vendedor da existência de um crédito em seu favor.

## 4.8. Operações de câmbio

A operação de câmbio consiste na troca de moeda estrangeira pela nacional, ou na "aquisição e venda de letras de câmbio pagáveis no estrangeiro, ficando a cotação dessas letras de câmbio, também chamadas *cambiais*, subordinada à lei da oferta e da procura".[110]

### *4.8.1. Modalidades*

As operações de câmbio podem ser manuais e escriturais. As primeiras consistem na compra e venda de moeda estrangeira, ou seja, são a troca imediata de moeda. Essas operações também podem ser realizadas por "casas de câmbio" que, nos termos do art. 10, IX, *d*, da Lei nº 4.595/64 também necessitam de autorização do Banco Central para funcionar.

Essas operações se aperfeiçoam instantaneamente, ou seja, a vista. A instituição financeira recebe a moeda nacional ou estrangeira e imediatamente a troca.

As escriturais envolvem negócios mais vultosos relacionados ao comércio exterior, como importação e exportação, e se perfazem por lançamentos contábeis. Nessa hipótese, "o banco vende ao interessado do país somas tiradas de seus haveres no estrangeiro, recebendo moeda na-

109 ABRÃO. Op. cit. p. 206.

110 MARTINS. Op. cit. p. 440.

cional, nos casos de importação, ou compra a moeda estrangeira, pagando ao vendedor em moeda nacional, quando se trata de exportação".[111]

Essas operações, ao contrário do câmbio manual, ocorrem, como regra, a termo, sendo que o curso do câmbio é determinado no dia em que é dada a ordem, mas a execução do contrato permanece em suspenso. A entrega das divisas e o seu pagamento são reportados a uma data posterior determinada.[112]

Por essa razão, ou seja, em razão da entrega das divisas e o seu pagamento ser feito em data posterior, sujeitam-se os importadores e os exportadores a uma eventual alteração da taxa de câmbio.

## 4.9. Contrato de utilização de cofre de segurança

Por esse contrato uma pessoa confia ao banco a guarda de um bem, que podem ser dinheiro, objetos ou documentos, em um determinado compartimento, assumindo a instituição financeira a responsabilidade pela segurança e integridade do cofre.

A primeira questão relevante diz respeito ao sigilo do conteúdo do compartimento. É essa uma das características relevantes do contrato,[113] juntamente com a própria segurança e vigilância do cofre.[114]

Como leciona Maria Helena Diniz, "o banco coloca à disposição do cliente escaninhos de cofre de sua casa-forte, para que ele deposite títulos, objetos de valor etc., formando-se o contrato com a entrega da chave do cofre ao cliente. Nessa hipótese, o banco ignorará o conteúdo do escaninho alugado".[115]

Portanto, ao conceder ao cliente, ou assinante,[116] o cofre para a guarda do bem, entregando-lhe a chave, o banco se abstém de conhecer o que nele será depositado, assegurando o sigilo da operação.

111 ABRÃO. Op. cit. p. 265.

112 Idem.

113 Segundo Nelson Abrão, o serviço bancário de cofre de segurança "se reveste de dois aspectos fundamentais: 'a vigilância e o segredo'". ABRÃO. Op. cit. p. 282.

114 Conforme decidiu o Superior Tribunal de Justiça, a segurança e a vigilância são elementos essenciais do contrato de cofre de segurança. Ver REsp 1250997/SP. Rel. Min. Marco Buzzi. Quarta Turma. *DJe* 14/2/2013.

115 DINIZ. Op. cit. p. 721.

116 Conforme lição de Fran Martins, na linguagem bancária o cliente que contrata o serviço de cofres de segurança tem o nome especial de assinante. MARTINS. Op. cit. p. 443.

Como regra, nessa operação, a abertura do cofre se dá com a utilização de duas chaves:[117] uma que é dada ao cliente, e outra que fica retida com o banco. Para se abrir o cofre se faz necessário o uso simultâneo de ambas. É possível, no entanto, que a utilização das chaves se dê de forma separada. Não obstante, o uso de ambas na abertura será essencial.

Como dissemos anteriormente, o banco não tem conhecimento do conteúdo depositado no cofre. Tal questão se torna tormentosa quando se trata do exame da responsabilidade do banco.

Responde o banco pela segurança e integridade do cofre, ou seja, o banco garante a invulnerabilidade do cofre, se responsabiliza pela sua inviolabilidade, bem como pela sua integridade, evitando que o assinante sofra danos em decorrência de alguma fragilidade do compartimento que leve a uma lesão externa.

Como bem resume Nelson Abrão, "na garantia de vigilância e integridade do cofre se compreendem a custódia do local onde se encontra o cofre e a integridade externa deste.

'Responder pela custódia do local significa que o banco deve diligenciar os meios idôneos para assegurar a vigilância dos próprios locais, para impedir que outrem, que não seja o usuário, possa abrir o cofre.

'Responder pela integridade do cofre significa que o banco é responsável pelos danos sofridos pelo usuário quando se verifique uma lesão externa do cofre'".[118]

O banco, então, responde por eventual arrombamento ou abertura do cofre sem a utilização de sua chave, ou da chave do cliente, bem como por algum dano sofrido pelo cofre que venha a lesar o patrimônio do assinante, salvo se ocorrer força maior.[119]

Todavia, por ser o conteúdo do cofre desconhecido pelo banco, isto é, por não informar o cliente o que está depositado no compartimento, difícil se torna a fixação da indenização nessas hipóteses.

A questão, portanto, dependerá do exame de provas em eventual ação indenizatória, frisando-se que, em se tratando de relação de consumo, é aplicável à hipótese a regra da inversão do ônus da prova previsto no art. 6º, VIII, do Código de Proteção e Defesa do Consumidor.

Poder-se-ia questionar se, na hipótese de inversão do *onus probandi*, não se estaria a impor ao banco a produção de prova diabólica. Prova

---

117 Arnaldo Rizzardo salienta que a disposição dos cofres pode se dar mediante a utilização de chaves combinadas ou, até mesmo, mediante chave própria, única. RIZZARDO. Op. cit. p. 1.434.

118 ABRÃO. Op. cit. p. 286.

119 DINIZ. Op. cit. p. 721.

diabólica é aquela que, segundo lição do emérito processualista Fredie Didier, "é impossível, senão muito difícil, de ser produzida".[120]

Em sendo sigiloso o conteúdo do cofre, ou seja, não tendo o banco ciência e tampouco acesso ao seu conteúdo, haja vista que a abertura do cofre se dá, em regra, com a utilização de duas chaves, ficando uma delas em poder do cliente, não tem a instituição financeira meios de provar que não estavam no compartimento os bens que o assinante alega que ali foram depositados.

A nosso sentir, a possibilidade de inversão do ônus da prova, em que o banco não tem meios, ou os tem de forma dificultada, de provar que os bens alegadamente depositados no cofre ali não estavam, está inserido no contexto do risco do negócio. O banco, ao optar por celebrar o contrato de utilização de cofre de segurança, assume o risco de ter que indenizar o cliente, no caso de violação do compartimento, pelos danos por ele alegados.

Na jurisprudência do Superior Tribunal de Justiça firmou-se o entendimento da possibilidade de aplicação da regra da inversão do ônus da prova à hipótese, ao se evidenciar a verossimilhança das alegações do consumidor.[121]

No tocante ao *quantum* indenizatório, a melhor solução nos parece ser a utilização, *in casu*, de critérios de razoabilidade para a fixação do valor da indenização, também conforme precedentes da Corte Superior.[122]

Questiona-se, ainda, a possibilidade de o banco fazer inserir cláusula limitativa de responsabilidade no contrato. Segundo a doutrina, "eventual estipulação de cláusulas de não responsabilidade de parte do banco não pode neutralizar sua obrigação de vigilância, que é da essência do contrato; 'seu efeito limitar-se-ia a exonerar o banco de sua culpa leve, por exclusão da culpa grave'".[123]

A questão, todavia, é diversa daquela em que o banco insere cláusula limitativa de uso, ou seja, quando a instituição financeira dispõe que determinados objetos não podem ser depositados no cofre.

---

120 DIDIER JR., Fredie; BRAGA, Paula Sarna; OLIVEIRA, Rafael. *Curso de direito processual civil.* Direito probatório, decisão judicial, cumprimento e liquidação da sentença e coisa julgada. Salvador: Jus Podivm, 2007. v. 2, p. 60.

121 Ver AgRg no Ag 1253520/SP. Rel. Min. Maria Isabel Gallotti. Quarta Turma. Quarta Turma. *DJe* 10/4/2012. REsp 974994/SP. Rel. Min. Nancy Andrighi. Terceira Turma. *DJe* 3/11/2008; REsp 767923/DF. Rel. Min. Cesar Asfor Rocha. Quarta Turma. *DJe* 6/8/2007.

122 Ver EDcl no Ag 889815/SP. Rel. Min. Sidnei Beneti. Terceira Turma. *DJe* 7/5/2008.

123 ABRÃO. Op. cit. p. 286.

Nesse caso, sendo a cláusula posta em destaque, e de forma a ter o cliente ciência inequívoca da proibição, pensamos ser ela válida. E isso porque determinados objetos podem ser inadequados para a guarda, bem como podem levar a uma obrigação desproporcional, a qual não pode ser imposta ao banco. O banco, mesmo diante de todo o seu poderio econômico, não pode ser compelido a suportar toda e qualquer responsabilidade.

Segundo precedente do Superior Tribunal de Justiça, tal cláusula limitativa de uso é válida, não sendo ele obrigado a ressarcir o cliente por eventual dano sofrido pela deterioração ou perda de um bem cujo depósito era vedado, haja vista que, por ser sigiloso o conteúdo, não tem o banco controle sobre o que é efetivamente inserido no cofre.[124]

Todavia, cláusula que limite o valor da indenização não se coaduna com os ditames legais consumeristas, por se revelar cláusula abusiva, nos termos do art. 51, IV, do Código de Defesa do Consumidor, como já decidiu o Superior Tribunal de Justiça em casos de contrato de penhor em que o bem fica depositado em cofres de segurança.[125]

Questão também tormentosa diz respeito à natureza jurídica do contrato de utilização de cofre de segurança.

Para parcela da doutrina o contrato em exame tem natureza de contrato de locação,[126] isso porque o contrato se perfaz mediante a celebração de um contrato de locação do compartimento feita pelo banco ao seu cliente, que o utilizará para a guarda de seus bens, garantindo o banco a sua vulnerabilidade.

Nelson Abrão, contudo, nega a natureza de contrato de locação, sob o argumento de que tal contrato "não tem elementos para explicar o dever de vigilância, assumido pelo banco, não só em relação ao local onde se situa o compartimento, como também quanto à necessidade de sua colaboração nos momentos de abertura do cofre".[127] Segundo ele, o contrato de cofre de segurança é uma nova espécie contratual, que não se confunde com nenhuma outra, tratando-se "de uma obrigação particular de vigilância e de tomar todas as medidas necessárias para assegurar, salvo força maior, a salvaguarda do cofre e dos objetos que ele contém".[128]

---

124 Ver REsp 1163137/SP. Rel. Min. Massami Uyeda. Terceira Turma. *DJe* 3/2/2011.

125 Ver REsp 1133111/PR. Rel. Min. Sidnei Beneti. Terceira Turma. *DJe* 5/11/2009.

126 RIZZARDO. Op. cit. p. 1.434; DINIZ. Op. cit. p. 721; MARTINS. Op. cit. p. 442.

127 ABRÃO. Op. cit. p. 283.

128 ABRÃO. Op. cit. p. 283-284.

### 4.9.1. Classificação

Classifica-se o contrato de utilização de cofre de segurança como consensual, bilateral e de execução continuada.

É consensual porque o cliente não precisa efetivamente depositar bens no compartimento de segurança. Com o mero consenso entre as partes, disponibilizando-se o cofre para utilização do assinante, já estará aperfeiçoado o contrato. Como esclarece o saudoso Nelson Abrão, mesmo que o cofre permaneça vazio o contrato já estará formatado, desde que tenha havido o encontro de vontade das partes.[129]

Classifica-se, ainda, o contrato de utilização de cofre de segurança como bilateral por ter, ambas as partes, obrigações. Incumbe ao cliente remunerar o banco pela disponibilização do compartimento, bem como cabe ao banco guardar o cofre, cuidando de sua vigilância.

Por fim, é contrato de execução continuada, de trato sucessivo, porque remanesce até o término do prazo estipulado ou até a retirada dos bens com a extinção do vínculo contratual. Durante esse lapso temporal, praticará o cliente diversos atos, como o depósito e retirada de bens, devendo o banco guardar o cofre por todo esse período.

129 ABRÃO. Op. cit. p. 284.

# 5

# Corretagem

A modernização da sociedade e a complexidade das relações levam à necessidade da contratação de profissionais habilitados à celebração de certos negócios. Também a falta de tempo e uma vida atribulada impedem que aqueles que pretendem buscar determinados negócios possam se dedicar à sua obtenção.

Assim, a busca por bons negócios em determinadas áreas da vida, bem como a especificidade de determinados contratos levam as pessoas a buscar auxílio em profissionais que, mediante uma remuneração, se propõem a obtê-los no interesse e nas condições desejadas pelo cliente.

A compra e venda e locação de imóveis, a negociação de seguros, a aquisição de ações no mercado mobiliário são exemplos de negócios que, devido a sua relevância e complexidade exigem a atuação e intermediação de um profissional para a sua concretização.

É nessa seara que se enquadra o contrato de corretagem. Através dele o cliente, a fim de obter um determinado negócio, contrata um corretor para que ele busque interessados e faça a intermediação para a celebração do contrato.

Como é possível perceber, trata-se de contrato de grande relevância, sendo imperioso o estudo de seus aspectos jurídicos. É isso, pois, que passaremos a fazer a partir de então.

## 1. CONCEITO

O contrato de corretagem[1] é o contrato por meio do qual uma pessoa - corretor - se obriga perante outra - comitente ou cliente -, mediante remuneração, a aproximá-la de um terceiro, intermediando a relação entre elas a fim de que concluam um negócio.

Desse breve conceito é possível perceber que o objeto do contrato de corretagem é a aproximação entre as partes para a celebração, entre

1 Segundo Arnoldo Wald, "a palavra 'corretagem', observou Waldemar Ferreira, indica o contrato, o ofício do corretor e a sua remuneração". WALD, Arnoldo. *Direito civil*. Contratos em espécie. 18. ed. São Paulo: Saraiva, 2009. v. 3, p. 247.

elas, de um negócio,[2] ou seja, visa o corretor a obtenção de um negócio[3] para outrem, mediante a aproximação das partes que irão celebrá-lo.

O objeto do contrato, portanto, não é a conclusão do negócio pelo corretor, mas sim de aproximação das partes e intermediação da relação para que elas o concluam. Ele não celebra o negócio com o terceiro, isto é, não é ele que conclui o negócio, nem em nome próprio, e nem em nome de outrem. Tais atividades são inerentes a outros contratos. Se o corretor assim o fizer, celebrando o negócio em nome próprio, estará configurado o contrato de comissão.[4] E se o fizer em nome de outrem, o contrato será de mandato.

Nessa esteira, quem celebra o negócio são as partes, que irão fazer, através do corretor, as tratativas, avençando o preço e a forma de pagamento. Acordados a coisa, o preço e a forma de pagamento, tem-se por concluído o negócio, e é nesse momento que se tem por cumprido o contrato de corretagem, ou seja, é com a conclusão do negócio que se tem aperfeiçoado o objeto do contrato de corretagem, que é a intermediação para a conclusão daquele.

Há, por essa razão, quem identifique o contrato de corretagem com a mediação,[5] como é possível se inferir da lição do professor Carlos Roberto Gonçalves, para quem é o contrato de corretagem "também chamado de *mediação*, embora esta seja mais ampla, podendo verificar-se em outras modalidades de contrato. O mediador é pessoa neutra, sem vinculação com qualquer das partes, devendo ser imparcial. Procura aproximá-las, para que se conciliem".[6]

Não obstante, o mesmo autor reconhece que há entre as figuras do mediador e do corretor diferenças, ao afirmar que "o corretor, no en-

---

2 STOLZE, Pablo; FILHO, Rodolfo Pamplona. *Novo curso de direito civil*. Contratos. São Paulo: Saraiva, 2008. v. IV, t. 2, p. 402.

3 SCAVONE JUNIOR, Luiz Antonio. *Direito imobiliário*. Teoria e prática. 4. ed. Rio de Janeiro: Forense, 2012. p. 285.

4 Como leciona o Prof. Theotônio Negrão, "diferentemente do comissário e do agente, o corretor não realiza o negócio, mas apenas aproxima as partes contratantes, a fim de que elas o concluam em seu próprio nome" (NEGRÃO, Theotonio; GOUVÊA, José Roberto F.; BONDIOLI, Luis Guilherme A. *Código Civil e legislação civil em vigor*. 29. ed. São Paulo: Saraiva, 2010. p. 232).

5 Nesse sentido é o posicionamento de Arnoldo Wald (WALD. Op. cit. p. 247), Carlos Roberto Gonçalves (GONÇALVES, Carlos Roberto. *Direito civil brasileiro*. Contratos e atos unilaterais. São Paulo: Saraiva, 2004. v. III, p. 443-444) e Orlando Gomes (GOMES, Orlando. *Contratos*. 26. ed. Rio de Janeiro: Forense, 2009. p. 471 ss. Para Orlando Gomes, tal é a identificação entre os contratos que o autor reserva um capítulo específico para eles, nominando-o de *Corretagem ou mediação*.

6 GONÇALVES. Op. cit. p. 443-444.

tanto, embora busque aproximar as partes, visa satisfazer os anseios daquela que lhe transmitiu as instruções e lhe pagará a remuneração".[7]

Já o Professor Titular de Direito Civil da Universidade do Estado do Rio de Janeiro, Gustavo Tepedino, sequer vislumbra essa diferenciação, de modo que na corretagem também deveria existir a imparcialidade, pois afirma que se o corretor tomar partido de uma das partes perderá a isenção indispensável à boa intermediação.[8]

Ousamos, no entanto, discordar desse entendimento. Pensamos, ancorados em não menos prestigiosa doutrina,[9] que tais contratos não se confundem, havendo profunda diferença entre eles. A distinção, frise-se, é relevante, especialmente porque o Código Civil, em seus arts. 723, 725 e 727, se utiliza da expressão *mediação* ao cuidar do contrato de corretagem, o que poderia trazer confusão.

Pelo contrato de mediação, o mediador não está vinculado a nenhuma das partes e sua atuação precede à celebração do negócio. Deve

---

7 Idem.

8 TEPEDINO. Questões controvertidas sobre o contrato de corretagem. In: TEPEDINO, Gustavo. *Temas de direito civil.* 4. ed. Rio de Janeiro: Renovar, 2008. p. 140. Segundo ele, "exige-se ainda do corretor a imparcialidade, como elemento inerente à sua atividade, considerando-se a isenção indispensável à noção técnica de intermediação. Por esse motivo, a representação revela-se incompatível com a corretagem, uma vez que a atuação no interesse de um cliente importaria a perda da isenção do corretor para expor as qualidades e defeitos do bem a ser negociado" (TEPEDINO, Gustavo. *Comentários ao novo Código Civil.* Das várias espécies de contrato. Do mandato. Da comissão. Da agência e distribuição. Da corretagem. Do Transporte. Arts. 653 a 756. Sálvio de Figueiredo (Coord.). Rio de Janeiro: Forense, 2008. v. X, p. 397). Prossegue ele ainda afirmando que "como decorrência da imparcialidade, assume especial destaque a autonomia do corretor, uma vez que, não podendo favorecer uma parte em detrimento da outra, deverá agir sem qualquer vínculo de dependência ou de colaboração profissional com qualquer uma delas. Dito por outras palavras, os corretores deverão agir em nome próprio, sem, contudo, atuar no interesse de uma das partes, hipótese que caracterizaria o contrato de comissão" (TEPEDINO. *Comentários...* p. 398).

9 Esse é o entendimento de José Maria Cases (CASES, José Maria Trepat. *Código Civil comentado.* Arts. 693 a 817. Álvaro Villaça Azevedo (Coord.). São Paulo: Atlas, 2003. v. VIII, p. 98-100), Arnaldo Rizzardo (RIZZARDO, Arnaldo. *Contratos.* 9. ed. Rio de Janeiro: Forense, 2009. p. 777-778), Araken de Assis (ASSIS, Araken de. *Contratos nominados.* Mandato, comissão, agência e distribuição, corretagem, transporte. Biblioteca de Direito Civil. Estudos em homenagem ao Professor Miguel Reale. 2. ed. São Paulo: Revista dos Tribunais, 2009. v. 2, p. 260-263) e Maria Helena Diniz (DINIZ, Maria Helena. *Curso de Direito Civil Brasileiro.* Teoria das obrigações contratuais e extracontratuais. São Paulo: Saraiva, 2010. v. 3, p. 449). Maria Helena Diniz, apesar de reconhecer que os contratos de mediação e corretagem são idênticos, considera que o Código Civil tratou indistintamente os dois institutos.

ele aproximar, convencer, incentivar as partes a contratarem o negócio que, uma vez celebrado, leva à conclusão do contrato de mediação. Não atua o mediador, contudo, visando beneficiar nenhuma das partes, mas apenas a conclusão do negócio em si.[10]

Traço marcante, pois, da mediação é a sua imparcialidade, de forma que o mediador não atua no interesse de nenhuma das partes, ao contrário do que ocorre com o corretor, o qual visa atender ao interesse do seu cliente, que o contratou para a busca de um negócio ou de vários negócios. Deve o corretor agir de modo a obter o melhor negócio possível para o comitente.[11]

Em verdade, o objeto do contrato de mediação é a aproximação das partes visando um resultado útil, que é a celebração do negócio. Já na corretagem o corretor se obriga a envidar todos os esforços a fim de obter aquele resultado pretendido pelo seu cliente, que é a conclusão do negócio, revelando-se uma verdadeira obrigação de resultado.

Portanto, a atividade do mediador é mais simples, de modo a não se envolver com o interesse pessoal de nenhuma das partes as quais ele aproximou, mantendo-se em uma posição de equidistância em relação a elas,[12] enquanto o corretor, embora tenha o interesse de que o negócio se conclua, pois apenas assim fará jus à sua remuneração, deverá fazê-lo visando buscar efetivamente o interesse da parte que o contratou.

Como já explicitamos, o corretor é contratado pelo cliente para obter, para ele, um bom negócio, caso contrário não faria sentido a contratação do profissional. No entanto, e isso é preciso frisar, essa atuação em favor do comitente não significa que o corretor pode agir inescrupulosamente, lesando ou prejudicando o terceiro com quem o seu cliente irá negociar.

É induvidoso que o corretor deve, não só em relação ao seu cliente, mas também em relação ao terceiro, atuar com a mais lídima boa-fé, aí abrangendo também os seus deveres anexos. Ora, a boa-fé é inerente a

---

10 Conforme José Maria Cases, "a atuação do mediador precede à conclusão do negócio, prepara-o. Dessa forma, a relação jurídica que envolve o mediador e os interessados do negócio apenas nasce quando da efetiva conclusão do contrato. Verifica-se que a atuação do corretor, nesse contrato, não corresponde à de mediador, tal qual ocorre no contrato de mediação, uma vez que atua como verdadeiro intermediador do negócio a ser realizado entre as partes interessadas" (CASES. Op. cit. p. 99).

11 Na escorreita lição de Araken de Assis, ao comparar ambos os contratos, "a atividade do corretor, posto que similar, falece de tão intenso grau de imparcialidade. E isso porque ela não se mostra bilateral: sem embargo da lisura e correção com que tratará a todos os interessados, seu ofício exerce-se a favor de um dos figurantes do futuro contrato" (ASSIS. Op. cit. p. 261).

12 ASSIS. Op. cit. p. 263.

toda e qualquer relação, e sempre exige do agente um atuar probo, honesto e transparente.

Ainda assim, essa exigência de observância da boa-fé não significa que o corretor deve agir com imparcialidade. Ele deve, como já demonstrado, atender primordialmente aos interesses daquele que o contratou. Sem prejuízo, ao buscar o melhor para o seu cliente, não poderá lesar o terceiro.

Por todas essas razões, pensamos que a parcialidade do corretor é critério seguro para diferenciá-lo do mediador.

De tudo o que foi exposto, outra conclusão não há de que se tratam, a corretagem e a mediação, de contratos distintos.

Do mesmo modo, não há confusão entre a corretagem e o contrato de comissão, que examinamos no capítulo anterior. E isso porque, ao agir com parcialidade, não está o corretor fazendo às vezes de um comissário em contrato de comissão, pois este último efetivamente celebra os negócios em seu próprio nome, mas por conta do comitente.

No caso da corretagem, quem celebra e concretiza o negócio é o próprio cliente do corretor, de modo que a parcialidade do profissional da intermediação não leva a nenhuma confusão com o contrato de comissão.

Seguindo adiante, e ainda no exame do conceito e caracterização do contrato de corretagem, o Código Civil, em seu art. 722, traz um conceito legal para o negócio jurídico em exame. Segundo o disposto no permissivo legal, *pelo contrato de corretagem uma pessoa, não ligada a outra em virtude de mandato, de prestação de serviços ou por qualquer relação de dependência, obriga-se a obter para a segunda um ou mais negócios, conforme as instruções recebidas.*

Note-se que o dispositivo legal revela verdadeira preocupação em diferenciar a corretagem de outros contratos, sendo relevante aclarar que, embora o contrato de corretagem envolva a prestação de um serviço do corretor ao cliente, consistente em uma obrigação de fazer, de aproximá-lo de terceiros para a celebração de um negócio, tais contratos não se confundem, ou seja, o contrato de corretagem não se confunde com o contrato de prestação de serviço.[13]

13 Nesse sentido, Araken de Assis (ASSIS. Op. cit. p. 266); Gustavo Tepedino (TEPEDINO. *Comentários...* p. 405). Na lição de Pablo Stolze e Rodolfo Pamplona, "a atividade de aproximação ou de procura de interessados feita pelo corretor não deixa de ser um serviço prestado ao comitente. Todavia, a corretagem abarca peculiaridades inexistentes na prestação de serviços, como a necessária profissionalidade do corretor e a finalidade específica de tal modalidade contratual, além da circunstância fática de que o prestador de serviço age em nome próprio, enquanto o corretor apenas medeia as partes, não sendo ele quem concretiza o negócio" (GAGLIANO; PAMPLONA FILHO. Op. cit. p. 402).

Portanto, tratam-se de contratos distintos, cujas regras não podem ser confundidas. Poder-se-ia dizer, até, que a corretagem é uma espécie de prestação de serviço que, por suas peculiaridades, tem tipificação própria.

Outra característica marcante é a ausência de subordinação do corretor ao cliente. Embora seja ele contratado pelo cliente-comitente, atua ele com independência, jamais se confundindo com um contrato de trabalho, ainda que haja um trabalho humano em sentido lato. Não há, portanto, relação de emprego.[14]

Tem o corretor, assim, autonomia na sua atividade, de modo a não haver subordinação e tampouco dependência jurídica ou econômica perante o cliente. Não estão presentes, nessa relação, os elementos de um contrato de trabalho, razão pela qual jamais será possível ao corretor invocar um vínculo trabalhista.

Por fim, ainda no que toca à conceituação, na prática comercial muitas vezes dá-se ao instrumento do contrato de corretagem o nome de *opção*, o que é duramente criticado pela doutrina,[15] uma vez que esse é o termo utilizado para designar a promessa unilateral de contratar. Também se utiliza, nos casos de corretagem para a compra e venda de imóveis, a denominação *autorização de venda*.

## 2. NATUREZA JURÍDICA

O contrato de corretagem é, induvidosamente, um contrato típico e nominado.

A previsão expressa no Código Civil de suas regras, e a criação de um capítulo próprio com as disposições inerentes ao contrato, especialmente regulando suas características, efeitos, obrigações e direitos das partes, não deixam sombra de dúvidas da sua tipicidade.[16]

No entanto, o Código Civil traz apenas normas gerais, que irão reger genericamente todas as espécies deste contrato, como se depreende da regra insculpida no art. 729 do Código Civil, que reza que os preceitos nele previstos não excluem aqueles constantes de legislação especial.

---

14 GAGLIANO; PAMPLONA FILHO. Op. cit. p. 403.

15 Entendendo ser inapropriada a utilização desse termo, José Maria Cases (CASES. Op. cit. p. 119), Arnoldo Wald (WALD. Op. cit. p. 249) e Gustavo Tepedino (TEPEDINO. *Comentários...* p. 408).

16 O ilustre Prof. Araken de Assis, inclusive, louva a sua transformação, pelo Código Civil, em contrato típico: "O mérito inegável do diploma civil consiste em torná-la contrato típico, figurando como titular de um capítulo autônomo" (ASSIS. Op. cit. p. 260).

O disposto na norma do Código Civil significa que leis especiais poderão excepcionar as disposições gerais do Código Civil, o que não é de se estranhar, especialmente diante da diversidade de leis que regem as mais variadas espécies de corretagem.

Nessa esteira, é possível citarmos, como exemplo, diversas leis que trazem disposições especiais que regulam modalidades específicas de corretagem: Lei nº 4.728/65, Lei nº 6.385/76, Lei nº 6.404/76, Lei nº 7.913/89 e Lei nº 7.940/89, todas elas trazendo disposições sobre os corretores de valores; DL nº 806/51, que dispõe sobre os corretores de mercadorias; Decretos Federais nº 19.009/29 e 54.956/64, que tratam dos corretores de navios; Lei nº 5.601/70, que dispõe sobre os corretores de operações de câmbio; Lei nº 4.594/64 e Lei nº 7.944/89, que tratam dos corretores de seguros; Lei nº 2.146/53 e Lei nº 5.601/70, que dispõem sobre os corretores de fundos públicos; e a Lei nº 6.530/78, que dá nova regulamentação à profissão de corretor de imóveis e disciplina o funcionamento de seus órgãos de fiscalização.

## 3. SUJEITOS

### 3.1. Corretor

O corretor é a pessoa, natural ou jurídica, que exerce a atividade de corretagem. É ele, pois, que deve promover a aproximação entre o seu cliente – o comitente – e o terceiro para a celebração de um negócio.

No que toca à sua natureza, diverge-se sobre ser ele, ou não, um empresário. Para uma parcela da doutrina,[17] desnecessária é a sua qualificação como empresário, razão pela qual não se exige do corretor que exerça a sua atividade profissionalmente, isto é, com habitualidade e de modo economicamente organizado, admitindo-se, assim, que ele o faça de forma esporádica.[18]

Há, todavia, quem defenda que o corretor deve ser um empresário,[19] exigindo-se dele o exercício da sua atividade com profissionalismo. Segundo esse entendimento, sua qualificação como empresário decorre do enquadramento de sua atividade ao conceito de empresário previsto no art. 966 do Código Civil.[20]

17 Essa é a opinião de José Maria Trepat Cases (CASES. Op. cit. p. 104),

18 Conforme José Maria Cases, "a atividade de corretagem pode ser exercida ocasionalmente, não se fazendo necessária, pois, a habitualidade a fim de que se possa caracterizá-la" (CASES. Op. cit. p. 104).

19 Compartilha dessa opinião o Prof. Arnaldo Rizzardo (RIZZARDO. Op. cit. p. 779).

20 RIZZARDO. Op. cit. p. 779.

Filiamo-nos à primeira corrente. A nosso sentir, não precisa o corretor ser um empresário, e tampouco necessita, obrigatoriamente, exercer a atividade com habitualidade, podendo exercê-la esporadicamente.

De fato, na prática é comum vermos a dedicação de inúmeros indivíduos ao exercício profissional e habitual da corretagem. Não obstante, isso não é uma exigência da lei, pelo o quê não é o profissionalismo e a habitualidade que caracterizam a corretagem.

Além disso, uma atividade empresarial também reclama a presença de outros requisitos para a sua caracterização. Faz-se necessário para tal o exercício organizado de uma atividade econômica. Isso significa que, além do profissionalismo, o corretor deveria exercer uma atividade econômica organizada.

No entanto, na vida prática vemos um grande número de indivíduos exercendo essa atividade de forma rudimentar, autônoma, sem nenhuma estruturação empresarial, o que não lhes exclui da qualificação como corretor. Portanto, a organização da sua atividade não é um requisito para que ele seja considerado um profissional da corretagem.

Os corretores podem, ainda, ser qualificados em duas espécies: corretores oficiais e corretores livres.

Os corretores oficiais são aqueles em que se exige nomeação oficial, exercendo uma função pública legalmente disciplinada. Por tal razão, gozam de prerrogativas inerentes a todo aquele que exerce função pública como, por exemplo, a fé pública.[21]

Já os corretores livres são aqueles que exercem sua função de intermediação livremente, isto é, sem a necessidade de nomeação pública, exercendo-a de acordo com a legislação específica que a regulamentar. Notem que, a regulamentação legal não torna a atividade do corretor como oficial ou de natureza pública.

Inúmeras atividades, especialmente as comerciais, são regidas por lei especial, e nem por isso assumem o caráter de função pública. Exemplo disso é o dos representantes comerciais autônomos, que exercem função eminentemente privada.

No caso da corretagem é possível citarmos os exemplos dos corretores de imóveis e de seguros privados, os quais devem observar a legislação específica que regulamenta a sua atividade – respectivamente a Lei nº 6.530/78, regulamentada pelo Decreto nº 81.871/78, e a Lei nº 4.594/64 –, mas não assumem a natureza de função pública.[22]

21 GAGLIANO; PAMPLONA FILHO. Op. cit. p. 403-404.

22 É esse também o entendimento de Pablo Stolze Gagliano e Rodolfo Pamplona (GAGLIANO; PAMPLONA FILHO. Op. cit. p. 403-404).

Sem prejuízo, diverge-se, na doutrina, acerca da atual existência dos corretores públicos. Parcela da doutrina defende a sua existência,[23] de modo que algumas operações comerciais só podem ser realizadas por intermédio da sua atuação, exigindo-se, pois, nomeação e investidura governamental, bem como prestação de fiança para garantir o bom exercício da sua função, além de ser necessária a sua inscrição na junta comercial.[24]

Como exemplo de corretores oficiais, são citados os de valores públicos, de mercadorias, de navios, de seguros e de operações de câmbio, os quais devem observar os requisitos previstos em leis especiais.[25]

Já para outra parcela da doutrina,[26] à qual nos filiamos, não é mais possível falar, em nosso ordenamento, em corretores oficiais. Como já afirmamos, a existência de lei regulamentando a atividade não significa conferir à atividade uma natureza pública, oficial. O exercício da corretagem é livre, bastando que o profissional observe as formalidades e requisitos legais, não se exigindo uma nomeação governamental característica a um exercente de função pública.

### 3.2. Cliente, comitente ou incumbente

O cliente ou comitente, também chamado por alguns de incumbente,[27] é aquele que contrata o corretor para que ele busque terceiros interessados à celebração de um negócio. É ele, pois, o dono do negócio.[28]

O cliente é quem mantém o vínculo jurídico com o corretor, vínculo esse decorrente da celebração do contrato de corretagem, sendo dele, salvo disposição em contrário, o dever de remunerar o profissional, como veremos no item 5.2. deste capítulo, ao tratarmos da onerosidade.

## 4. CARACTERÍSTICAS

### 4.1. nformalidade

No que toca à forma do contrato de corretagem, prevalece a liberdade, não exigindo a lei nenhuma formalidade especial para a sua celebração. Trata-se, pois, "de um contrato *não solene e consensual*, uma vez

23 DINIZ. Op. cit. p. 454; GONÇALVES. Op. cit. p. 444.

24 DINIZ. Op. cit. p. 454.

25 GONÇALVES. Op. cit. p. 444.

26 TEPEDINO. *Comentários...* p. 398-399.

27 A nomenclatura é utilizada por Pontes de Miranda. MIRANDA, Pontes de. *Tratado de direito privado.* Parte especial. Rio de Janeiro: Borsoi, 1963. t. XLIII, p. 335.

28 CASES. Op. cit. p. 97.

que se concretiza com a simples declaração de vontade, podendo ser realizado até mesmo verbalmente (em que pese a regra do art. 227 do CC-02 – art. 141 do CC-16) e para qualquer tipo de negócio jurídico lícito".[29]

A consequência da sua caracterização como contrato informal é a possibilidade da comprovação da sua celebração por qualquer meio de prova admitido em direito,[30] ou seja, não se exige prova escrita para comprovação do contrato de corretagem, bastando a existência de testemunhas que demonstrem a sua celebração. Há que se observar que, antes do advento do Código de Processo Civil de 2015, a prova exclusivamente testemunhal só era admissível para comprovar a existência de negócios cujo valor não ultrapassasse o décuplo do salário-mínimo vigente no país, na forma do art. 227 do Código Civil. Ocorre que, esse dispositivo foi expressamente revogado pelo art. 1.072, II, do CPC/2015, razão pela qual é admissível a prova exclusivamente testemunhal para a comprovação da existência de qualquer contrato, não importando o seu valor.

Ainda no que toca à forma do contrato, optando as partes por alguma forma ou modalidade especial de remuneração, ou a adoção de alguma cláusula especial, incomum aos contratos de corretagem, recomenda-se a adoção da forma escrita, especialmente para fins de comprovação desses fatos, evitando-se, assim, futuras discussões. Ademais, também nas hipóteses de corretagem que envolva negócios vultosos é de bom alvitre a utilização de instrumento formal, escrito.[31]

## 4.2. Aleatoriedade

O contrato de corretagem é um contrato aleatório, ou seja, é um contrato de risco, em que a álea é um dos seus elementos essenciais. É ele um negócio de risco porque o corretor deve envidar todos os esforços necessários à aproximação das partes para que haja a celebração do negócio; no entanto, mesmo após fazer tudo aquilo que entender necessário para a sua conclusão, não tem ele a certeza de que receberá a sua remuneração.

Isso porque só se considera realizado o objeto do contrato de corretagem, a autorizar o pagamento da comissão, se houver a conclusão do negócio entre o cliente e o terceiro, como se infere do disposto no art. 725 do Código Civil.[32]

---

29 GAGLIANO; PAMPLONA FILHO. Op. cit. p. 405.

30 CASES. Op. cit. p. 104.

31 No mesmo sentido é a recomendação de Paulo Nader (NADER, Paulo. *Curso de direito civil*: contratos. 6. ed. Rio de Janeiro: Forense, 2012. v. 3, p. 366).

32 "Art. 725. A remuneração é devida ao corretor uma vez que tenha conseguido o resultado previsto no contrato de mediação, ou ainda que este não se efetive em virtude de arrependimento das partes."

Por essa razão, não obstante respeitável posicionamento em contrário,[33] diz-se que a obrigação do corretor é uma obrigação de resultado,[34] e não de meio.

Na obrigação de meio o devedor não se vincula ao êxito, ele não garante ao credor a satisfação plena do seu interesse econômico. Ele não assegura ao credor que terá sucesso na sua empreitada, e tampouco que lhe entregará o bem da vida avençado. Obriga-se o devedor a utilizar de todos os meios disponíveis para alcançar o êxito, mas sem garanti-lo. O exemplo típico é o do médico, que não pode assegurar ao paciente que o salvará, pois isso não depende apenas dele, mas de diversos outros fatores.

Já na obrigação de resultado, o devedor se vincula ao êxito. Ele garante ao credor que lhe entregará a prestação, de modo que, se esta não for entregue, tem-se o inadimplemento. Portanto, o devedor se obriga ao resultado, e é isso que ocorre com o corretor.

O que leva uma pessoa - o cliente - a celebrar um contrato de corretagem é exatamente o seu objeto, que é a conclusão do negócio resultante da aproximação das partes promovida pelo corretor. Exige-se, pois, a conclusão do negócio, e não a mera negociação entre as partes, para que se considere cumprido o contrato de corretagem.

No entanto, como já mencionado, há na doutrina vozes no sentido de que a obrigação assumida pelo corretor é de meio. Na ilustre pena de Gustavo Tepedino, "a obrigação essencial do corretor - repita-se mais uma vez - não consiste em obter o consenso indispensável à celebração do negócio almejado, mas a envidar os seus melhores esforços nessa direção, o que, por sua vez, não se reduz à mera gestão que lhe é cometida no sentido de buscar possíveis compradores, melhor se identificando com a eliminação de qualquer obstáculo à convergência de vontades entre as partes interessadas. Dito diversamente, a obrigação do corretor melhor se descreve como sendo de meio, e não de resultado".[35]

Ousamos, com já dissemos anteriormente, discordar do emérito professor. Pensamos que, ao buscar um corretor, não pretende o comitente que ele apenas envide todos os esforços para obter o resultado, fazendo uma mera aproximação com a outra parte. Ao contratar um cor-

33 Segundo o Prof. Gustavo Tepedino, a obrigação do corretor é de meio. TEPEDINO. *Comentários...* Op. cit. p. 395.

34 É esse o posicionamento amplamente majoritário na doutrina: WALD. Op. cit. p. 248; GAGLIANO; PAMPLONA FILHO. Op. cit. p. 407; CASES. Op. cit. p. 115; GONÇALVES. Op. cit. p. 443; DINIZ. Op. cit. p. 451; RIZZARDO. Op. cit. p. 782; SCAVONE JUNIOR. Op. cit. p. 288.

35 TEPEDINO. *Comentários...* Op. cit. p. 394-395.

retor, a expectativa do cliente é de fechar o negócio. Portanto, a nosso sentir, a obrigação assumida pelo corretor é de resultado, e não de meio.

Esses argumentos, inclusive, levam grande parcela da doutrina[36] a afirmar que o contrato de corretagem é acessório, isto é, ele é acessório ao contrato principal, que é o negócio efetivamente desejado pelo cliente, de tal sorte que a nulidade do contrato principal levará à nulidade do contrato de corretagem.[37]

Segundo Carlos Roberto Gonçalves, a acessoriedade do contrato de corretagem decorre do seu caráter preparatório, "porque prepara a conclusão de outro negócio, que é realizado pelas partes, considerado principal".[38]

Nesse sentido, o interesse final e imediato do cliente não é o serviço prestado pelo corretor. Ele deseja, em verdade, a celebração do negócio para o qual o corretor foi contratado para intermediar. Há, em relação à atividade do corretor, um mero interesse mediato.

No entanto, embora convincentes esses argumentos, pensamos, juntamente com outra parcela da doutrina,[39] que não há relação de acessoriedade entre o contrato de corretagem e o contrato dito principal, e isso por uma simples razão: se houver arrependimento posterior das partes no que toca ao contrato "principal", ainda assim será devida a remuneração do corretor, nos exatos termos da parte final do art. 725 do Código Civil.

E isso porque, uma vez concluído o negócio, aperfeiçoado estará o contrato de corretagem, de modo que, se as partes, posteriormente, se arrependerem e resolverem desfazer o contrato, ou mesmo descumpri-lo, o corretor já terá feito jus à sua remuneração,[40] uma vez que seu trabalho foi concluído.[41]

---

36 WALD. Op. cit. p. 248; GAGLIANO; PAMPLONA FILHO. Op. cit. p. 407; GONÇALVES. Op. cit. p. 445; CASES. Op. cit. p. 102.

37 GAGLIANO; PAMPLONA FILHO. Op. cit. p. 407.

38 GONÇALVES. Op. cit. p. 445.

39 ASSIS. Op. cit. p. 265; TEPEDINO. *Temas...* p. 140; COLTRO, Antônio Carlos Mathias. *Contrato de corretagem imobiliária:* doutrina, jurisprudência e regulamentação. 2. ed. São Paulo: Atlas, 2007. p. 29.

40 Cf. REsp 1339642 / RJ. Rel. Min. Nancy Andrighi. Terceira Turma. *DJe* 18/03/2013.

41 No mesmo sentido, afirma Scavone Junior que "se o negócio jurídico foi concluído com êxito e, ao depois, um dos contratantes desiste e retrocede na palavra dada, deverá arcar com o pagamento da comissão de corretagem" (SCAVONE JUNIOR. Op. cit. p. 292). Em sentido contrário, entendendo que a remuneração será devida mesmo que o negócio não se conclua, afirma o Prof. Gustavo Tepedino que "embora a função econômica da corretagem se vincule ao contrato que o corretor pretende promover, a corretagem subsiste, em sua função sócio-jurídica, mesmo que

Nesse sentido, já decidiu o Superior Tribunal de Justiça, nos casos de compra e venda de imóvel, que a assinatura da escritura definitiva não é condição para o direito à percepção da comissão pelo corretor, especialmente se o documento não é firmado por culpa de uma das partes,[42] e isso porque, tendo as partes consentido com todas as condições do negócio, este se aperfeiçoou, encerrando-se a atividade do corretor que não terá mais controle sobre o seu cumprimento.

Hipótese diversa à anteriormente examinada é aquela em que houver a desistência antes da conclusão do negócio. Nesta, isto é, no caso de desistência anterior ao firmamento da avença, não se justifica o pagamento da comissão, pois a mera aproximação das partes promovida pelo corretor não é suficiente para considerar como cumprido o objeto do contrato de corretagem, como já decidiu o Superior Tribunal de Justiça.[43]

Tal conclusão decorre da leitura sistemática e conjunta dos arts. 722 e 725 do Código Civil, ou seja, o corretor é aquele que se obriga a obter negócios para o seu cliente, sendo devida a sua remuneração quando obtido esse resultado.[44]

Sem prejuízo, há na doutrina entendimento contrário admitindo a possibilidade de percepção parcial da comissão mesmo que não conclu-

o negócio almejado não se conclua. Aquele não depende deste, portanto, para existir. A acessoriedade, portanto, embora voz comum na doutrina, deve ser atribuída à íntima ligação econômica entre a corretagem e o contrato por ela perseguido, sendo tecnicamente injustificada: a inconclusão da compra e venda não torna insubsistente a corretagem que lhe antecedeu; e mesmo o pagamento do corretor, concluídas a contento as negociações, deverá ser efetuado a despeito da eventual desistência do negócio por uma das partes (ou por ambas)" (TEPEDINO. *Temas...* p. 140).

42 Ver REsp 147.317/SP. Rel. Min. Eduardo Ribeiro. Terceira Turma. *DJ* 12/4/1999.

43 Cf. AgRg no AREsp 82182 / SP. Rel. Min. Paulo de Tarso Sanseverino. Terceira Turma. *DJe* 04/02/2013.

44 Como obtempera o mestre Araken de Assis, "da interpretação conjunta dos arts. 722 e 725, há pouco transcritos nos seus excertos básicos, identifica-se a natureza da obrigação do corretor, que é de resultado. Obriga-se o corretor à obtenção do negócio, e a não operar, simplesmente, com maior ou menor energia, denodo e argúcia. Ninguém procura o corretor pelo que vale, ou como se apresenta no mercado, mas para alcançar outro objetivo: a realização de ou mais negócios. Bem explicitou esta noção básica a 4ª Turma do STJ: 'O contrato de corretagem não impõe simples obrigação de meio, mas sim uma obrigação de resultado'. Daí por que nenhum direito tem o corretor à comissão se 'nenhum efeito útil resultou do emprego da sua atividade'. Esta é uma consequência do caráter aleatório do contrato de corretagem. O 'resultado previsto' do contrato de mediação, ou efeito útil da corretagem, consiste na obtenção do negócio almejado pelo incumbente" (ASSIS. Op. cit. p. 288).

ído o negócio, na forma de uma indenização pela prestação dos serviços, quantificada pelos gastos havidos e tempo dispendido pelo corretor.[45]

Segundo o Prof. Arnaldo Rizzardo, fundando-se em entendimento já defendido no passado e, segundo ele, que se mantém no presente, "tendo o corretor cumprido todas as condições ditadas pelo outro contratante, referentemente ao preço e prazo, a simples e desmotivada recusa em concluir a transação, ou o arrependimento em seguir no negócio, não desvinculava o desistente de sofrer perdas e danos, que se resolviam no pagamento de parte do valor combinado, a título de remuneração, ou no ressarcimento arbitrado pela mensuração da atividade empregada, pelo tempo gasto, pelas despesas havidas. [...] O art. 725, antes transcrito, considera devida a remuneração quando realizado o negócio, isto é, se os contratantes acertam a transação, embora desistindo ou se arrependendo posteriormente, ou antes da oficialização do negócio. Havendo a desistência antes no curso das negociações, incide a indenização pela prestação dos serviços, quantificada pelos gastos havidos e tempo exigido".[46]

Entende, pois, o citado professor, que a parte final do art. 725 do Código Civil autoriza o pagamento da comissão mesmo que a desistência do negócio se dê antes da sua conclusão, e não apenas quando há arrependimento posterior.

Não obstante, mesmo diante dos argumentos apresentados, mantemo-nos firmes no entendimento de que só será devida a comissão com a conclusão do negócios, como já expusemos anteriormente, e como também sustenta parcela majoritária da doutrina.[47]

---

45 RIZZARDO. Op. cit. p. 783-784.

46 Idem.

47 É esse também o entendimento de Carlos Roberto Gonçalves: "A remuneração é denominada *comissão* ou *corretagem* e representa o pagamento do preço do serviço pelo resultado útil que o trabalho proporcionou, aproximando as partes e tornando possível a conclusão do negócio. Não depende ela do recebimento integral do preço ou da execução do contrato. É devida desde que se considere concluído o negócio, representado o ajuste final pela assinatura de instrumento particular ou pela entrega do sinal ou arras. [...] A partir, portanto, do momento em que o contrato é aperfeiçoado mediante o acordo de vontades, o corretor faz jus à comissão, ainda que posteriormente venham as partes a se arrepender e a desistir do negócio" (GONÇALVES. Op. cit. p. 447); Pablo Stolze e Rodolfo Pamplona: "A *remuneração* do corretor, também denominada *comissão, preço* ou *corretagem*, somente é devida após a conclusão do negócio, o que decorre da sua característica peculiar do estabelecimento de uma obrigação de resultado" (GAGLIANO; PAMPLONA FILHO. Op. cit. p. 408); Maria Helena Diniz: "o direito do corretor e a obrigação do comitente dependerão da conclusão do negócio principal, isto é, de um evento futuro e incerto. A eventual obrigação do proprietário do bem a ser vendido de

E isso porque, conforme explicitamos no início deste tópico, a álea é elemento essencial do contrato de corretagem, e as despesas tidas pelo corretor, bem como o tempo por ele dispendido, estão inseridos no risco da corretagem.

Conforme afirmação de Araken de Assis, "o caráter ocasional da corretagem determina sua natureza aleatória, dependendo o bom êxito da atividade do corretor da formação do consenso entre os futuros contratantes, assumindo o risco de 'perder o seu tempo, gastar o seu dinheiro, desperdiçar as suas energias, malbaratar sua atividade' no caso de insucesso".[48]

Por essa razão, o recebimento da remuneração pelo corretor se condiciona à obtenção do resultado, não se vinculando, assim, ao serviço prestado. Então, de nada adianta o esforço do profissional se o negócio não se concluir,[49] caso em que ele não terá sequer direito ao reembolso de suas despesas, salvo se o profissional e o cliente avençarem de modo

remunerar o corretor submeter-se-á a uma condição suspensiva, que consistirá na obtenção da vontade para realização do contrato pretendido, não tendo portanto o dever de se servir da mediação nem de utilizar a ocasião apresentada pelo corretor. Assim sendo, o corretor suportará o risco da não produção daquele resultado, que apenas parcialmente está em suas mãos; visto que a sua realização dependerá de outras circunstâncias, dentre elas a declaração de vontade da pessoa que está obrigada a pagar-lhe a comissão" (DINIZ. Op. cit. p. 453); e Luiz Antonio Scavone Junior: "o corretor trabalha e corre o risco de nada receber. Se o negócio se concretizar, recebe a comissão, caso contrário, nada recebe" (SCAVONE JUNIOR. Op. cit. p. 289).

48 ASSIS. Op. cit. p. 265. No mesmo sentido é a lição de Gustavo Tepedino: "Em regra, portanto, a remuneração do corretor vincula-se à convergência de vontades dos contratantes que aproxima, isto é, a aproximação útil de interesses. Por esses motivos, em linha de princípio, não se justifica o entendimento jurisprudencial que, com intuito de coibir o enriquecimento sem causa, impõe o ressarcimento do corretor pelas despesas realizadas na busca de contratação frustrada. A esse respeito, esclarece Pontes de Miranda que, para que haja 'indenização' de gastos que o corretor fez, é preciso que se haja convencionado sobre a indenização. Noutros termos: o corretor suporta os riscos de não se concluir o contrato, isto é, de não se chegar ao resultado que o incumbente queria" (TEPEDINO. *Comentários*... p. 392-393).

49 Como leciona Maria Helena Diniz, "se o negócio não se realizar por outra razão, p. ex., por falta de alguma documentação, por discordância quanto à maneira de efetuar o pagamento, por desentendimento do comitente com o eventual contratante, o corretor não fará jus à comissão, pois, apesar de ter aproximado as partes, não houve acordo entre elas. O corretor não receberá a remuneração, embora tenha agido com competência e diligência se não conseguir, por meio de sua intermediação, a conclusão do ato negocial" (DINIZ. Op. cit. p. 467).

contrário,[50] o que está inserido dentro da autonomia da vontade das partes, ante o caráter patrimonial da cláusula.

Há que se ressalvar, por fim, eventual demonstração de má-fé do cliente, que demonstre agir simuladamente visando se esquivar do dever de pagar a comissão do corretor.

É comum que as partes – cliente e terceiro – simulem a desistência do negócio, antes de concretizá-lo e, posteriormente, celebrem o contrato sem cientificar o corretor, eximindo-se, assim, do pagamento da remuneração.

Tal conduta não pode ser tolerada pelo Direito e, tão logo descoberta, deve ser coibida mediante a imposição do pagamento do valor ou percentual acordado.

## 4.3. Onerosidade

O contrato de corretagem é um contrato oneroso, ou seja, ambas as partes têm interesses patrimoniais, havendo ganhos e perdas patrimoniais recíprocas. O cliente se beneficia com o negócio obtido e intermediado pelo corretor, enquanto o corretor percebe a sua remuneração pelo serviço prestado.

Assim, como explicitado no tópico anterior, uma vez concluído o negócio entre o cliente e o terceiro, devida será a remuneração do corretor, uma vez que nesse momento tem-se por cumprida obrigação do profissional.

A remuneração do corretor é chamada de *comissão*, *corretagem*, *crédito de comissão* ou *provisão*,[51] podendo ela ser fixada sob três formas:[52] fixa, variável e mista.

A remuneração fixa é aquela que tem por base um montante determinado, uma importância certa, que ser um valor nominal ou percentual.

A remuneração variável é aquela que irá variar de acordo com o valor do negócio. Trata-se de um critério de proporcionalidade, em que será a comissão maior ou menor de acordo com o maior ou menor valor do negócio celebrado entre o cliente e o terceiro.

A mista é aquela em que o corretor será remunerado com base em um percentual incidente sobre o valor do negócio, no entanto, assegura-se ao profissional a percepção de um montante mínimo fixado com base no valor do negócio.

50 CASES. Op. cit. p. 117.

51 ASSIS. Op. cit. p. 281.

52 CASES. Op. cit. p. 113.

Sobre a forma de remuneração, diverge-se acerca da possibilidade de seu pagamento ser feito na modalidade *over price*, em que o cliente fixa um valor mínimo para o negócio, e a remuneração do corretor consistirá na diferença entre o montante mínimo proposto pelo cliente e aquele efetivamente obtido pelo corretor.

Para Gustavo Tepedino, é lícita essa forma de remuneração, pois nessa seara deve-se resguardar a autonomia da vontade das partes, o que foi respeitado pelo legislador, "permitindo que elas ajustem livremente o valor da remuneração".[53]

No entanto, para José Maria Trepat Cases prevalece "o entendimento de que essa modalidade de remuneração é ilegítima, por conferir ao corretor todo o saldo que extrapolar o preço esperado pelo comitente".[54]

Já o Prof. Araken de Assis vê com cautela sua fixação. Segundo ele, para que seja feita sua cobrança exige-se expressa previsão contratual, porque na ausência desta é vedado "ao corretor apropriar-se da vantagem porventura obtida acima do preço mínimo, de regra pertencente ao incumbente. Os inconvenientes desta cláusula se revelam manifestos. Por exemplo, desfazendo-se o negócio, posteriormente à formação do consenso – e, portanto, do nascimento do direito do corretor à remuneração, conforme o art. 725 –, o incumbente restituirá as quantias recebidas, e parecerá iníquo reter o corretor sua comissão. Em certa ocasião, a 1ª Turma do STF apreciou questão análoga, em que o corretor convencionou receber o sobrepreço na ocasião do seu pagamento, mas o negócio se desfez, motivo por que nada pôde reclamar. Além disso, o *over price* não pode ser exigido cumulativamente com a comissão".[55]

A nosso sentir, não há problemas na inserção de cláusula de remuneração na modalidade *over price*. Em verdade, essa forma de comissão é um incentivo ao corretor para a obtenção de um melhor negócio para o cliente, pois desta forma ele buscará sempre obter um negócio em valor superior ao mínimo, garantindo ao cliente a percepção daquele montante por ele pretendido.

Sem prejuízo, é preciso ressaltar que tal forma de remuneração deve estar expressa no contrato, impedindo-se que o corretor aufira vantagem indevida com o negócio do cliente. Caso não esteja prevista a remuneração do corretor na lei ou não contrato, deverá a comissão ser arbitrada segundo a natureza do negócio e os usos locais, conforme prevê o art. 724 do Código Civil.

---

53 TEPEDINO. *Comentários...* p. 416.

54 CASES. Op. cit. p. 113.

55 ASSIS. Op. cit. p. 282-283.

Os órgãos responsáveis pela fiscalização da atividade de corretagem costumam publicar tabelas com valores e percentuais para cada tipo de negócio. Assim, essas tabelas podem ser utilizadas como parâmetro para o arbitramento da comissão, servindo como fonte segura pelo Poder Judiciário no que toca à aferição dos usos e costumes locais.

Não obstante tais tabelas, é usual a fixação do percentual de 5% sobre o valor do negócio para a comissão dos corretores, incumbindo ao cliente, como regra, o dever de pagar a remuneração.

Essa, inclusive, é questão que enseja inúmeras disputas judiciais. Guerreiam as partes, especialmente em negócios de vultoso valor, sobre a quem incumbe o pagamento da remuneração do corretor.

Todavia, a questão não encontra dificuldades na doutrina.

Defende-se,[56] a nosso sentir com razão, que a remuneração do corretor deve ser paga pelo comitente, ou seja, pelo cliente, pois foi ele que contratou os serviços do profissional.[57]

Por essa razão, salvo se houver livre e inequívoco consenso em sentido contrário entre as partes, terá o comitente a obrigação de arcar com o ônus da comissão, "não devendo atribuir isso a quem não foi parte no contrato de corretagem, como, por exemplo, a outra parte no contrato principal".[58]

Entretanto, por ser questão eminentemente patrimonial, podem as partes livremente acordar o contrário, repassando o comitente esse ônus ao terceiro, o qual passará a ter a responsabilidade pelo pagamento. Poderão as partes, ainda, avençarem o rateio dessas despesas, dividindo o encargo.

Nesse sentido, o STJ decidiu, em Recurso Especial Repetitivo, que é válida a transferência do dever de pagar a comissão ao comprador do imóvel, desde que prevista de modo expresso, e em destaque, essa transferência de responsabilidade pelo pagamento, especialmente porque haverá, na hipótese, uma relação de consumo.[59]

---

56 RIZZARDO. Op. cit. p. 786; CASES. Op. cit. p. 112; WALD. Op. cit. p. 248; GAGLIANO; PAMPLONA FILHO. Op. cit. p. 408; GONÇALVES. Op. cit. p. 446; COLTRO. Op. cit. p. 135; TEPEDINO. *Comentários...* p. 415.

57 Nesse sentido é a concisa lição de Arnaldo Rizzardo: "Em suma, a comissão constitui obrigação a cargo de quem incumbe a realização da corretagem. Se o vendedor autoriza promover a mediação, só a ele presta serviço o corretor" (RIZZARDO. Op. cit. p. 786).

58 GAGLIANO; PAMPLONA FILHO. Op. cit. p. 408.

59 REsp Repetitivo 1.599.511 / SP. Rel. Ministro Paulo dc Tarso Sanseverino. Segunda Seção. *DJe* 06/09/2016.

Ainda sobre essa questão, também decidiu o STJ, em novo Recurso Especial Repetitivo que, no caso de pagamento indevido da comissão, terá o comprador do imóvel o direito de reclamar a devolução dos valores pagos no prazo prescricional de 03 anos, aplicando-se, assim, o disposto no art. 206, § 3º, IV do Código Civil,[60] devendo figurar no polo passivo a incorporadora promitente-vendedora do imóvel.[61]

Há que se ressalvar que esse acordo entre as partes não vincula, em princípio, o corretor, salvo se houver prova de que ele foi inequivocamente cientificado de que a obrigação recai sobre o terceiro. Caso contrário, deverá ele exigir do comitente o valor da comissão que, pela via própria, regressará contra o terceiro.

Por tudo isso, é reprovável a conduta de alguns corretores que exigem de ambas as partes o pagamento da comissão, recebendo-a em duplicidade,[62] devendo-se deixar bem claro que a obrigação recai sobre o comitente, salvo disposição em contrário.

O Supremo Tribunal Federal, quando possuía competência para examinar questões de lei federal, já havia firmado entendimento, em acórdão da lavra do Ministro Djaci Falcão, no sentido de que a comissão incumbe àquele que contratou a corretagem.[63]

Contudo, para o saudoso Prof. Orlando Gomes, a forma mais justa de remunerar o corretor é pelo rateio das despesas por ambas as partes, "visto que usufruem igualmente do trabalho por ele desenvolvido para a conclusão do negócio. Não é solidária, porém, a obrigação de pagá-la".[64]

Apesar de fazer essa observação, obtempera o mestre baiano que nos casos em que "somente uma das partes haja encarregado o corretor de procurar determinado negócio, incumbe-lhe a obrigação de remunerá-lo".[65] Essa é, pois, a forma usual de contratação do profissional da corretagem, razão pela qual o ônus de arcar com o pagamento da sua comissão recai, como regra, sobre quem o contratou.

---

60 REsp Repetitivo 1.551.956 / SP. Rel. Min. Paulo de Tarso Sanseverino. Segunda Seção. *DJe* 06/09/2016.

61 REsp Repetitivo 1.551.951 / SP. Rel. Min. Paulo de Tarso Sanseverino. Segunda Seção. *DJe* 06/09/2016.

62 WALD. Op. cit. p. 248.

63 Ver RE 77.800. Rel. Min. Djaci Falcão. Primeira Turma. Julgamento: 26/11/1973.

64 GOMES. Op. cit. p. 474.

65 Idem.

Questão interessante é se a remuneração será devida ao corretor ainda que ele não esteja registrado em seu respectivo órgão de classe cuja inscrição é exigida por lei.[66]

Pensamos que, não obstante a ausência de registro, deverá o indivíduo ser remunerado, sob pena de enriquecimento ilícito daquele que contratou os seus serviços.

Ora, se o "corretor" atuou de forma a obter o negócio para o cliente, fazendo com que este lograsse êxito em contratar com o terceiro, é indubitável que o profissional deve ser remunerado.[67]

Esse, inclusive, parece ser o entendimento firmado pela Suprema Corte,[68] em que se decidiu pela inconstitucionalidade do art. 7º da Lei nº 4.116/62, que previa que somente os corretores de imóveis e pessoas jurídicas, legalmente habilitados, poderiam receber remuneração como mediadores de venda, compra, permuta ou locação de imóveis, tendo, para isso, a obrigação de manterem escrituração dos negócios a seu cargo.

Na visão da Corte, expressada no voto do Ministro Thompson Flores, verificadas as circunstâncias que envolveram o negócio, impõe-se o pagamento da remuneração do corretor, ainda que não legalmente habilitado, pois se ele prestou de boa-fé os serviços, não seria lícito deixá-lo sem sua comissão, sob pena de configurar-se locupletamento do cliente.[69]

---

66 É esse também o entendimento de Carlos Roberto Gonçalves (GONÇALVES. Op. cit. p. 446).

67 No mesmo sentido é a lição de Gustavo Tepedino, para quem "as exigências de regularidade profissional, embora louváveis do ponto de vista de proteção ao consumidor, não têm o condão de inibir a cobrança de remuneração pelo corretor se seus serviços tiverem sido propostos" (TEPEDINO. *Comentários...* p. 418).

68 RE 62.248. Rel. Min. Thompson Flores. Terceira Turma. Julgamento: 13/9/1968.

69 Segundo Ministro Relator, a sentença, "passando ao exame das circunstâncias que envolveram o negócio que originou a cobrança, considerou que, ainda que não legalmente habilitado, aceitou o recorrente os serviços do autor, que de boa-fé os prestou e proveitosamente. Não lhe seria lícito, em homenagem àquele propósito que teria animado ao autor, e locupletando-se indevidamente com o seu labor, negar-lhe legitimidade à justa pretensão" (trecho do voto do Min. Rel. Thompson Flores no julgamento do RE 62.248) Disponível em: <http://redir.stf.jus.br/paginadorpub/paginador.jsp?docTP=AC&docID=159526>).

Portanto, ainda que não regularmente inscrito, o corretor fará jus à sua remuneração.[70] Isso, todavia, não o exime de sofrer as consequências do exercício irregular da profissão, as quais deverão recair sobre ele.[71]

Ainda no que toca à comissão, o corretor não fará jus a ela se o negócio for iniciado ou concluído diretamente pelas partes, salvo se for ajustada, por escrito, corretagem com exclusividade, hipótese em que terá o corretor direito à remuneração integral, ainda que realizado o negócio sem a sua intermediação.

Ainda assim, se ficar comprovada a sua completa inércia ou ociosidade, não terá ele direito à comissão. Tudo isso decorre do comando do art. 726 do Código Civil.[72]

Então, se mesmo diante da contratação de um corretor o negócio se iniciar, se desenvolver, e se concluir exclusiva e diretamente pelas partes, sem nenhuma participação do intermediador, nada lhe será devido.

E isso porque, se o corretor foi contratado para aproximar as partes e intermediar a celebração de um negócio, haveria enriquecimento sem causa se ele fosse remunerado por um negócio em que não teve nenhuma participação, afinal, "nenhum corretor pode arvorar-se em titular da remuneração se ninguém se valeu de seu ofício".[73]

Todavia, se restar comprovado que a negociação teve a participação do corretor, ou ao menos sua colaboração, a comissão será devida.

É importante se ter em mente que a celebração do contrato de corretagem não impede o comitente de tratar diretamente com o terceiro e, sem nenhuma interveniência do corretor, vir a celebrar o negócio. O

---

70 Em sentido contrário, Luiz Antonio Scavone Junior rejeita o direito do corretor à percepção da comissão caso não esteja inscrito no órgão competente, isso porque a prática da corretagem por quem não é registrado no órgão próprio consiste em ato ilícito e, por essa razão, eventual contrato de corretagem por ele celebrado tem objeto ilícito. Em sendo ilícito o ato, estaria ele fulminado pela nulidade e, portanto, nenhum efeito poderia produzir, dentre eles o direito à percepção de remuneração (SCAVONE JUNIOR. Op. cit. p. 296).

71 "Se, todavia, a mediação for pertinente a imóvel, o corretor deverá ser inscrito em Conselho Regional de Corretores de Imóveis (CRECI), embora esta exigência não seja condição para o recebimento da remuneração. A prática irregular, todavia, sujeita o agente ao pagamento de multa perante aquele órgão" (NADER. Op. cit. p. 363).

72 "Art. 726. Iniciado e concluído o negócio diretamente entre as partes, nenhuma remuneração será devida ao corretor; mas se, por escrito, for ajustada a corretagem com exclusividade, terá o corretor direito à remuneração integral, ainda que realizado o negócio sem a sua mediação, salvo se comprovada sua inércia ou ociosidade."

73 ASSIS. Op. cit. p. 297.

objetivo do contrato de corretagem é facilitar a concretização da avença entre o seu cliente e um eventual terceiro, e não a impedir.[74]

Entretanto, se restar evidenciado que aquele negócio só pôde ser concluído graças à interveniência do corretor, fará ele jus à remuneração, ainda que as partes tenham contratado diretamente entre elas. É imperiosa, nesse caso, a demonstração, pelo corretor, de que sua atuação se revelou essencial para a conclusão do negócio.[75]

A segunda parte do art. 726 do Código Civil trata da denominada *opção de venda* convencionada entre o corretor e o comitente, a qual se revela através da cláusula de exclusividade.

Dá-se o nome de *opção* ao pacto firmado entre o comitente e o corretor em que aquele autoriza a este a obter negócios de seu interesse. Através da opção, corretor e comitente ajustam, por escrito, cláusula de exclusividade em que aquele terá exclusividade na intermediação do negócio, garantindo ao corretor a sua remuneração integral, ainda que a transação tenha sido realizada e concluída diretamente pelo cliente e o terceiro.[76]

Assim, mesmo que o comitente celebre diretamente com o terceiro o negócio, terá o corretor direito à percepção da comissão, salvo se restar demonstrado que o profissional permaneceu inerte ou ocioso, ou seja, que o corretor não atuou minimamente para buscar interessados em celebrar o negócio.

E isso porque o objetivo da cláusula de exclusividade é proteger o corretor "das inconstâncias do incumbente, hesitante quanto à realização do negócio encomendado, e da sua deslealdade e dissimulações".[77] Com efeito, se o corretor apenas apresentou ou indicou o terceiro ao comitente, só por isso já fará jus à sua remuneração.[78]

Há que se reforçar, contudo, que se mesmo diante da cláusula de exclusividade, ficar demonstrado que o corretor nenhum movimento fez para a obtenção de negócios em favor do cliente, não terá ele direito à percepção de remuneração, por não estar presente o nexo de causalidade entre o êxito da transação e a atuação do corretor.

---

74 Idem.

75 TEPEDINO. *Comentários...* p. 432. No mesmo sentido afirma José Maria Cases que "se a aproximação entre as partes foi fruto do labor do corretor, e após a apresentação por ele realizada, houveram por bem concluir o negócio diretamente, e não pelo intermédio dele, a remuneração lhe será devida, pois, se não fosse seu empenho, as partes jamais teriam chegado a contratar" (CASES. Op. cit. p. 118).

76 TEPEDINO. *Comentários...* p. 433.

77 ASSIS. Op. cit. p. 300.

78 SCAVONE JUNIOR. Op. cit. p. 287.

Por ser uma cláusula que impõe limitações ao livre exercício do direito de propriedade do comitente, deve obrigatoriamente a *opção de venda* ser escrita[79] e ter um prazo determinado,[80] pois, caso contrário, ficaria o comitente eternamente vinculado ao corretor, aprisionando-o e limitando o seu direito de disposição dos seus bens.

Caso não prevejam as partes um prazo para vigência da exclusividade, tem o comitente direito de afastá-la a qualquer tempo, mediante prévio aviso ao corretor, não lhe sendo devida nenhuma indenização ou remuneração.[81]

Na hipótese de o próprio contrato de corretagem não conter prazo de vigência, também poderá o cliente denunciá-lo a qualquer tempo, não sendo devida nenhuma remuneração ao corretor caso o negócio se concretize após o encerramento do vínculo.

Entretanto, será devida a remuneração do corretor caso o negócio seja celebrado como fruto da sua mediação ou, na hipótese de ser o contrato por prazo determinado, o negócio se concretizar após o término do vínculo, mas como consequência do trabalho do corretor, como se extrai do art. 727 do Código Civil.[82]

Trata-se, induvidosamente, de norma que veda o enriquecimento ilícito do comitente que, auferindo vantagem com a atividade do corretor, deve remunerá-lo pelos serviços prestados.

Sendo de resultado a obrigação do contrato de corretagem, e tendo sido este atingido pela atuação do corretor, fará ele jus à remuneração pelo seu trabalho, ainda que ocorram fatos supervenientes, como o fim do contrato. Tal não será suficiente a afetar o direito adquirido do profissional.[83]

Não obstante, caso a conclusão do negócio ocorra após o decurso de longo lapso temporal da extinção do vínculo contratual, não será devida a remuneração, ainda que aquele tenha se concluído por força de uma aproximação feita pelo corretor.[84]

Em verdade, também não pode o comitente ficar refém *ad eternum* daquela atuação do profissional, ficando obrigado a remunerá-lo por fato ocorrido há longo tempo atrás. Este decurso de grande período de

79 ASSIS. Op. cit. p. 301.

80 TEPEDINO. *Comentários...* p. 433.

81 Idem.

82 "Art. 727. Se, por não haver prazo determinado, o dono do negócio dispensar o corretor, e o negócio se realizar posteriormente, como fruto da sua mediação, a corretagem lhe será devida; igual solução se adotará se o negócio se realizar após a decorrência do prazo contratual, mas por efeito dos trabalhos do corretor."

83 STOLZE; PAMPLONA FILHO. Op. cit. p. 410.

84 TEPEDINO. *Comentários...* p. 436-437.

tempo rompe o nexo causal entre a celebração do negócio e a atividade do corretor, retirando, pois, o seu direito à remuneração.

Reza o art. 728 do Código Civil que se o negócio se concluir com a intermediação de mais de um corretor, a remuneração será paga a todos em partes iguais, salvo se houver ajuste em contrário.

Trata-se de hipótese em que a atividade de intermediação é feita por dois ou mais profissionais. Presume o legislador, nesse caso, que todos os corretores atuaram conjuntamente no atingimento do fim visado pelo contrato, razão pela qual deve a remuneração ser repartida igualmente entre todos.

Pensamos, todavia, que tal solução não parece justa.

Inicialmente, a presunção firmada pelo legislador não pode ser entendida de forma absoluta, devendo-se admitir prova em contrário da atuação de cada corretor,[85] ou seja, é possível ao corretor que se sinta prejudicado reclamar a repartição equânime da remuneração, proporcionalmente às atividades efetivamente realizadas.

Por essa razão, o dispositivo não pode ser lido e interpretado de forma rígida. Sua aplicação só é possível nos casos em que a atuação dos diversos corretores for idêntica,[86] ou quando for impossível demonstrar a medida de divisão das tarefas.[87]

E isso porque, há situações em que um dos corretores faz, por exemplo, apenas uma mera recepção do cliente, enquanto o outro sai em busca dos interessados, realiza todos os contatos e logra obter o fechamento do negócio.

Nessas situações, é induvidoso que a divisão da comissão não poderá ser idêntica, de modo que não será possível a aplicação pura e simples da norma insculpida no art. 728 do Código Civil, sob pena de verdadeiro enriquecimento ilícito.

85 TEPEDINO. *Comentários*... p. 438.

86 ASSIS. Op. cit. p. 304. Segundo Carlos Roberto Gonçalves, deve-se "interpretar a determinação do art. 728, de que a remuneração seja paga a todos os corretores em partes iguais, como endereçada às hipóteses em que todos eles tenham tido participação equivalente, efetiva e decisiva, como intermediários, na conclusão do negócio, não devendo ser aplicada quando for evidente a desproporção da atuação de cada um, sob pena de se configurar uma inominável injustiça. Pressupõe a regra, portanto, a participação razoavelmente igualitária" (GONÇALVES. Op. cit. p. 449).

87 No mesmo sentido, Pablo Stolze e Rodolfo Pamplona (GAGLIANO; PAMPLONA FILHO. Op. cit. p. 412)

Assim, ocorrendo essa hipótese, justa será a divisão proporcional da remuneração à participação de cada um dos corretores para a obtenção e conclusão do negócio.[88]

Sem prejuízo, admite a lei que as partes pactuem uma divisão diferenciada da remuneração, ainda que o trabalho tenha sido executado igualmente por todos. Assim, poderão os corretores predefinir um percentual, ou valor, diferenciado da remuneração, ainda que atuem todos eles de forma idêntica. Trata-se, a toda evidência, de um exercício da autonomia da vontade, a qual tem maior plenitude por se tratar de um direito patrimonial disponível.

## 4.4. Bilateralidade

O contrato de corretagem é, obviamente, bilateral, pois ambas as partes assumem obrigações recíprocas, daí o sinalagma do contrato. Tem o cliente a obrigação de pagar a remuneração do corretor, uma vez concluído o negócio para o qual ele foi contratado. Quanto ao corretor, suas obrigações estão previstas no art. 723 do Código Civil, que impõe ao profissional o dever de cuidado, diligência e de informação.

Prevê o art. 723 do Código Civil que o corretor é obrigado a executar a mediação com a diligência e a prudência que o negócio requer, prestando ao cliente, espontaneamente, todas as informações sobre o seu andamento.

Qualquer questão não devidamente informada ao cliente pelo corretor não o obriga, de modo que, caso o terceiro anua com a celebração de negócio em termos não conhecidos ou aceitos pelo cliente, este não ficará vinculado, cabendo ao corretor indenizá-lo por perdas e danos.

Ainda nos termos do art. 723 do Código Civil, deve o corretor, também sob pena de responder por perdas e danos, prestar ao cliente, espontaneamente, todas os esclarecimentos que estiverem ao seu alcance acerca da segurança ou risco do negócio, da alteração de valores, e do que mais possa influir nos resultados da incumbência.

Também tem o corretor a obrigação de empenho, ou seja, de se empenhar para que haja a celebração do negócio, buscando interessados, opções e condições que mais atendam aos interesses do cliente.

Por fim, não podem os corretores negociar sob o seu nome ou sob o nome de outrem, e tampouco adquirir para si ou algum integrante de sua família o bem cuja venda lhe foi confiada,[89] pois estará se benefi-

88 No mesmo sentido é a lição de José Maria Cases (CASES. Op. cit. p. 122-124).

89 CASES. Op. cit. p. 111.

ciando indevidamente acerca de eventuais condições ou segredos, em detrimento de seu cliente.

O sigilo, frise-se, também é dever do corretor. Assim, deverá ele, como regra, resguardar a identidade do cliente, bem como agir com absoluta discrição, uma vez que o conhecimento do comitente, pelo terceiro, poderá levar a uma dificuldade, ou inviabilidade, de conclusão do negócio.[90]

## 5. EXTINÇÃO DO CONTRATO

A extinção do contrato de corretagem se dá pela forma de extinção dos contratos em geral.

A forma natural de extinção do contrato de corretagem é pelo seu cumprimento, isto é, obtida a celebração do negócio pelo corretor, cumprido estará o contrato de corretagem.

Também se dará a extinção do contrato pelo advento do termo, ou seja, estipulado um prazo para o contrato, uma vez ultrapassado este estará encerrado o vínculo entre o corretor e o cliente-comitente.

Há, ainda, formas de extinção anômala do contrato como o distrato, o caso fortuito ou a força maior, a resilição unilateral e a rescisão, a morte ou incapacidade superveniente de uma ou ambas as partes, e a falência de um contratantes.

90 ASSIS. Op. cit. p. 276.

# 6

# Factoring

São reiteradas no comércio as práticas, pelos empresários, de concessão de crédito através da compra e venda de produtos e prestação de serviços a prazo, a fim de atrair um maior número de consumidores, fomentando a celebração de contratos.

As dificuldades reais dos consumidores em adquirir produtos e serviços a vista faz com que eles sejam atraídos por essas facilidades, o que lhes possibilita o acesso a bens e serviços que não poderiam usufruir caso não fossem concedidas essas benesses comerciais.

Tais práticas, induvidosamente, beneficiam também a economia, pois possibilitam a continuidade da produção e circulação de bens e serviços mesmo em momentos de crise, o que evita o aumento das taxas de desemprego e a diminuição da arrecadação de impostos, mantendo, pois, a circulação de riquezas.

No entanto, nem tudo são flores. Essas práticas comerciais também trazem dificuldades aos empresários. Primeiro, porque são obrigados a lidar com uma realidade social: a inadimplência de seus clientes. Segundo que, os empresários, ao realizarem negócios a prazo, diminuem o seu estoque de mercadorias, que aufiram imediatamente receita, o que, por certo, traz dificuldades para a aquisição de novos produtos.

Vê-se, pois, que o empresário, independentemente de receber a imediata contraprestação pelos produtos que vende, no caso de negócios a prazo, deve arcar com inúmeras despesas, inclusive as ordinárias para a manutenção da sua própria atividade.

E é a partir desse cenário que se abre espaço para o contrato de *factoring*, permitindo que o empresário possa obter, de imediato, ao menos parcela de seu crédito, possibilitando-lhe a manutenção de sua atividade e a preservação da saúde financeira do seu negócio.

## 1. CONCEITO

A doutrina classicamente conceitua o contrato de *factoring* como aquele em que um comerciante cede a outro, na totalidade ou em parte, os créditos de suas vendas a terceiros, recebendo o primeiro, do segundo, o montante desses créditos mediante o pagamento de uma remuneração.[1]

O conceito apresentado parte do pressuposto de que o contrato de fomento mercantil se limita à negociação do crédito, o que, atualmente, não se identifica com a realidade prática. E isso porque, hoje, a atividade de fomento mercantil é muito mais complexa, tendo em vista que em inúmeras situações o adquirente do crédito também presta um serviço de gestão relativa ao crédito.[2]

Por essa razão, entendemos melhor conceituar o contrato de *factoring* como o aquele por meio do qual um empresário aliena a outro, mediante uma remuneração, o seu crédito decorrente de um contrato de compra e venda ou prestação de serviços a prazo celebrado com um terceiro - que, como regra, é um consumidor -, exonerando-se da responsabilidade pelo inadimplemento da obrigação constante do título cedido, além do serviço de gestão relativa ao crédito e assessoria creditícia e mercadológica.

Há que se salientar que, como exploraremos no tópico seguinte, o contrato de fomento mercantil não possui uma lei o regulamentando, não havendo, por essa razão, um conceito legal do instituto. Dessa ausência de regulamentação legal, se conclui ser o contrato de *factoring* um contrato atípico.[3]

## 2. NATUREZA JURÍDICA

Segundo parcela da doutrina, o contrato de *factoring* é um contrato atípico misto,[4] pois, além de não ter uma lei o regulamentando, se constitui pela conjugação de elementos de diversos contratos, como,

1 MARTINS, Fran. *Contratos e obrigações mercantis*. 15. ed. Rio de Janeiro: Forense, 2001. p. 469. O Prof. Arnoldo Wald apresenta um conceito semelhante. Para ele, o contrato de *factoring* "consiste na aquisição, por uma empresa especializada, de créditos faturados por um comerciante ou industrial, sem direito de regresso contra o mesmo". WALD, Arnoldo. *Direito civil*. Contratos em espécie. 18. ed. São Paulo: Saraiva, 2009. v. 3, p. 351.

2 Como salienta Luiz Lemos Leite, pensar no contrato de *factoring* como um mero adiantamento de recursos ou compra de duplicatas ou de faturamento é um engano. "*Factoring* é uma atividade comercial mista atípica = serviços + compra de créditos (direitos creditórios) resultantes de vendas mercantis." LEITE, Luiz Lemos. *Factoring no Brasil*. 11. ed. São Paulo: Atlas, 2007. p. 4.

3 Nesse sentido Irineu Mariani (MARIANI, Irineu. *Contratos empresariais*. Porto Alegre: Livraria do Advogado, 2007. p. 291) e Arnaldo Rizzardo (RIZZARDO, Arnaldo. *Contratos*. 9. ed. Rio de Janeiro: Forense, 2009. p. 1.402).

4 WALD. Op. cit. p. 351; RIZZARDO. *Contratos*. p. 1.402; BITTAR, Carlos Alberto. *Contratos comerciais*. 4. ed. Rio de Janeiro: Forense Universitária, 2005. p. 180.

por exemplo, a atividade de compra e venda de crédito, que seria um elemento de uma cessão onerosa de crédito; o mandato; a prestação de serviço de gestão de crédito; um financiamento – o faturizador assume uma posição de financiador dos empresários, pois adquire seus créditos, efetuando a eles o pagamento em data anterior ao vencimento –; dentre outras espécies de contrato.

Frise-se, no entanto, que há uma predominância do caráter de transferência do crédito, e não apenas do título,[5] o que demonstra não ser uma atividade meramente cambiária. Isso significa que o contrato de *factoring* não necessariamente envolverá negócios cujos créditos estejam representados por título de crédito, embora essa seja a regra.

Há, portanto, uma complexidade de elementos de diversos outros contratos para a formação do contrato de fomento mercantil, não subsistindo autonomamente esses contratos na relação negocial, isto é, o contrato de *factoring* é um novo contrato, diverso e independente daqueles cujos elementos lhe foram "emprestados" para a sua criação.

Dessa conclusão exclui-se do *factoring* a natureza de contrato típico, embora parcela da doutrina assim o reconheça.

Segundo alguns,[6] o contrato de *factoring* seria tipificado na Lei nº 9.249/95, que, embora trate da legislação do imposto de renda, em seu art. 15 traz o conceito do contrato, o que seria suficiente para a sua tipificação.

Sob esse aspecto, discordamos de tal entendimento porque o fato de haver tal conceituação não é suficiente para transformar um contrato atípico em típico. A tipificação de um contrato não depende apenas da sua conceituação, mas sim de uma verdadeira regulamentação, em que o legislador traga os elementos mínimos e características do contrato e, se possível, os direitos e obrigações das partes.

No caso do contrato em apreço, não há essa regulamentação legal, ou seja, ele se constitui à margem da lei, sendo inteiramente regulado pelas cláusulas contratuais do instrumento celebrado pelas partes, razão pela qual não pode ser considerado um contrato típico.

Há, por fim, quem entenda que o contrato de fomento mercantil tem natureza de contrato bancário impróprio, uma vez que é celebrado, segundo ele, entre um empresário e uma instituição financeira, que não necessariamente seria um banco.[7]

---

5 RIZZARDO, Arnaldo. *Factoring*. 3. ed. São Paulo: Revista dos Tribunais, 2004. p. 37.

6 BOITEUX, Fernando Netto. *Contratos mercantis*. São Paulo: Dialética. 2001. p. 231 e 233.

7 RAMOS. André Luiz Santa Cruz. *Curso de direito empresarial*. 2. ed. Salvador: JusPodivm, 2008. p. 555.

Também não concordamos com este entendimento. Como bem salienta Arnaldo Rizzardo, "esta modalidade de contrato não é própria das atividades bancárias, mas utilizada por estabelecimentos diferentes, nas operações de comerciantes ou industriais em vendas de títulos de crédito".[8]

Na realidade, o contrato de fomento mercantil não é um contrato bancário porque não há uma operação de crédito, uma vez que nessa operação há um adiantamento de um determinado valor ou um empréstimo,[9] ou seja, há a concessão de um crédito cuja quantia deverá ser devolvida com o acréscimo dos juros, como ocorre no mútuo feneratício e nas vendas a crédito, ou há ainda a possibilidade de utilização de um *quantum* monetário dentro de um período de tempo delimitado, como nos contratos de abertura de crédito, conhecidos popularmente como cheque especial.

No contrato de *factoring* há, em verdade, uma compra de crédito em que não existe um intervalo de tempo entre a prestação e a contraprestação: o faturizador paga pelos créditos objetos da venda e, imediatamente, o faturizado os transfere ao primeiro.[10]

A celebração do contrato de *factoring*, portanto, é uma prova de que o dinheiro, o crédito, é um produto, o que possibilita, por exemplo, a caracterização das instituições financeiras como fornecedores para fins de incidência das normas do Código de Proteção e Defesa do Consumidor.

Mas essa observação não significa que o contrato de *factoring* seja uma operação bancária. As operações praticadas pelas instituições financeiras consistem na aplicação, intermediação e coleta de recursos financeiros próprios ou de terceiros, como dispõe o art. 17 da Lei nº 4.595/64.

O contrato de *factoring* não se confunde com essas operações, pois se trata, essencialmente, de uma compra de crédito com a prestação de serviço de gerenciamento dele.[11] Por essa razão, entendemos não ser possível compreender o contrato de *factoring* como um contrato bancário, não havendo confusão entre eles.

---

8 RIZZARDO. *Contratos*. p. 1.401.

9 RIZZARDO. *Factoring*. p. 37.

10 COMPARATO, Fábio Konder. O *factoring* e a nova constituição. Apud RIZZARDO. *Factoring*. p. 37.

11 Mais do que uma mera inexistência de confusão entre as operações, é vedada às sociedades de fomento mercantil, como salienta Luiz Lemos Leite, a prática de atividades privativas de instituição financeira autorizada a funcionar pelo Banco Central, sendo a principal atividade de tais instituições a captação de recursos no mercado. LEITE. Op. cit. p. 21.

Há que se alertar que essas questões serão mais bem compreendidas quando do exame das características do contrato de fomento mercantil, em que se discutirá sobre a sua celebração, ou não, por instituições financeiras.

## 3. SUJEITOS

O contrato de *factoring* é celebrado por dois sujeitos. No entanto, há um terceiro sujeito que, embora não faça parte do contrato, é essencial para a sua celebração.

O primeiro sujeito é o faturizado, cliente, vendedor ou prestador de serviço, que é aquele que aliena o seu crédito, e que celebra com o terceiro – em regra, um consumidor – o contrato de compra e venda ou prestação de serviço a prazo.

O faturizado celebra um contrato de compra e venda ou prestação de serviço a prazo com uma pessoa, tornando-se, pois, titular do crédito, que muitas vezes estará representado por um título de crédito. Posteriormente, ele aliena esse crédito ao faturizador, que é o empresário que opera o negócio de *factoring*, mediante a transferência do título. Portanto, é ele também o portador do título representativo do crédito.

O segundo sujeito é o faturizador ou *factor*, que é o titular da *empresa*[12] de fomento mercantil, e é aquele que adquire o crédito do faturizado, tornando-se credor, e que também presta, em inúmeros casos, o serviço de gestão relativa ao crédito.

Após a alienação do crédito, o faturizador assume a posição de credor, passando a ter, inclusive, *legitimatio ad causam* para exigir do devedor, em nome próprio, o pagamento da dívida.

O terceiro sujeito é o devedor, comprador ou consumidor, que é aquele que adquiriu o produto ou serviço do faturizado, tornando-se devedor do crédito adquirido pelo faturizador.

O devedor, como regra consumidor dos produtos ou serviços prestados pelo faturizado, assume a obrigação de pagar perante o próprio faturizado. No entanto, após a celebração do contrato de fomento mercantil entre o faturizado e o faturizador, passa a ser devedor deste último, respondendo perante ele pelo pagamento do débito.

---

12 O termo *empresa* aqui foi utilizado em sua concepção subjetiva, como sinônimo de empresário ou sociedade empresária. Tecnicamente, ou na concepção funcional, a empresa é a atividade economicamente organizada para a produção ou circulação de bens ou serviços, como disposto no art. 966 do Código Civil.

Como é possível perceber, o consumidor não é parte do contrato de fomento mercantil, mas participa indiretamente da relação exatamente pela sua posição de devedor do crédito cedido.

## 4. CARACTERÍSTICAS

### 4.1. Empresarialidade

O contrato de fomento mercantil é um contrato empresarial, mercantil, portanto, as partes contratantes devem ser empresárias,[13] ou seja, faturizado e faturizador devem exercer a empresa.

O faturizador deve exercer a atividade de fomento mercantil de forma profissional e organizada. Não se exige, contudo, que o faturizador seja uma sociedade empresária, podendo ser empresário individual, ou ainda, uma EIRELI. Todavia, é imperioso o arquivamento dos seus atos constitutivos na Junta Comercial,[14] exatamente por ostentar o *status* de empresário.

Deve também o faturizado ser um fornecedor de produtos e serviços, exercendo a sua atividade organizadamente, na forma do art. 966 do Código Civil, uma vez que, para emitir faturas ou títulos de crédito negociáveis, deve estar organizado como pessoa jurídica ou firma individual[15], bem como estar regularmente inscrito na Junta Comercial.

Ressaltamos, contudo, que quanto a essa condição empresarial do faturizado, a questão não é unívoca na doutrina. Segundo uma parcela da doutrina, nada impede que o faturizado seja uma sociedade simples, quando, por exemplo, exercer uma atividade intelectual, artística ou literária, ou até pessoa natural, quando exercer atividade econômica não empresarial que tenha gerado crédito para recebimento no futuro.[16]

Pensamos, no entanto, que o faturizado deve ostentar a condição de empresário, seja sob a forma de empresário individual, de sociedade empresária, ou de EIRELI, uma vez que a atividade de fomento mercantil é uma atividade interempresarial, ou seja, na sua essência é uma relação travada entre empresários, cujas atividades justificam essa negociação do crédito no mercado. O faturizado deve ser alguém que profissional e habitualmente exerce sua atividade, mantendo com o faturizador um vínculo constante de alienação do crédito, de modo a lhe permitir

13 "Tanto faturizador como vendedor devem ser comerciantes, donde o contrato de faturização ser por natureza comercial." MARTINS. Op. cit. p. 476.

14 RIZZARDO. *Factoring*. Op. cit. p. 33-34.

15 Idem.

16 MARIANI. Op. cit. p. 324.

sempre ter capital de giro, mesmo celebrando com os consumidores/devedores contratos de compra e venda ou prestação de serviço com pagamento a prazo.

Para o não empresário, a opção deve ser a celebração, com uma instituição financeira, de um contrato de desconto bancário, em que o banco adquirirá o crédito do sujeito, sem a necessidade da manutenção de um vínculo prolongado e habitual.

No que tange ao consumidor, ou devedor, nada obsta que seja ele uma pessoa natural ou sociedade não empresária, sendo essa a própria regra para a caracterização de um consumidor, segundo a teoria finalista.

Observamos, apenas, que a relação oriunda do contrato de *factoring*, isto é, aquela existente entre faturizado e faturizador, não é de consumo. O faturizado jamais poderá ser considerado um consumidor da atividade exercida pelo faturizador, isso porque não é ele destinatário final dos serviços.

O faturizado utiliza os serviços prestados pelo faturizado, bem como o capital oriundo da alienação do crédito, em sua atividade empresarial, isto é, os serviços e capital são utilizados pelo faturizado para o desenvolvimento de sua atividade, não sendo ele, portanto, um destinatário final dos serviços prestados pelo faturizador.

Como leciona Cláudia Lima Marques, destinatário final "é aquele *destinatário fático e econômico* do bem ou serviço, seja ele pessoa jurídica ou física. Logo, segundo esta interpretação *teleológica*, não basta ser destinatário fático do produto, retirá-lo da cadeia de produção, levá-lo para o escritório ou residência – é necessário ser destinatário final econômico do bem, não adquiri-lo para revenda, não adquiri-lo para uso profissional, pois o bem seria novamente um instrumento de produção cujo preço será incluído no preço final do profissional que o adquiriu".[17]

Então, o faturizado, ao utilizar os valores recebidos com a venda do crédito como capital de giro para seu negócio, e ao utilizar os serviços de gerenciamento creditício do faturizador para uma melhor gestão da sua atividade, está empregando os produtos e serviços por ele adquiridos em sua atividade profissional, razão pela qual não se enquadra no conceito de destinatário final econômico do bem, qualificação essa necessária à condição de consumidor.

Questão, contudo, de maior polêmica é aquela em que se discute se o faturizador deve, ou não, ser uma instituição financeira. Para se che-

17 MARQUES, Cláudia Lima Marques; BENJAMIN, Antônio Herman V.; MIRAGEM, Bruno. *Comentários ao Código de Defesa do Consumidor*. 2. ed. São Paulo: Revista dos Tribunais, 2006. p. 83.

gar a uma conclusão, há que se primeiro definir o que é uma instituição financeira.

A definição de instituição financeira é legal, como se depreende do exame da Lei nº 4.595/64, que dispõe sobre a as instituições monetárias, bancárias e creditícias. O art. 17 da mencionada lei prevê que as instituições financeiras são as pessoas jurídicas públicas ou privadas que têm como atividade a coleta, intermediação ou aplicação de recursos financeiros próprios ou de terceiros, em moeda nacional ou estrangeira, e a custódia de valor da propriedade de terceiros.

A partir dessa definição legal, é preciso observar se a atividade exercida pelas sociedades de fomento mercantil se enquadra na disposição da Lei do Sistema Monetário Nacional.

A atividade de compra de crédito não nos parece ter relação com a coleta ou a intermediação de recursos financeiros próprios ou de terceiros. Coleta é a atividade de colher, recolher, arrecadar. As instituições financeiras coletam recursos de terceiros, seja para depósito, seja para um investimento, com posterior devolução. Já as faturizadoras não praticam tal atividade, pois adquirem o crédito para si, ou seja, o seu ganho está na aquisição do próprio crédito com um deságio.

Quanto à intermediação, trata-se de uma atividade de interposição, em que o banco intermedeia um negócio financeiro. Como se vê dessa simples definição, a intermediação também não se confunde com a atividade praticada pelas sociedades de fomento mercantil. Por essa razão, isto é, por essa ausência de intermediação, há na doutrina aqueles que afastam, de plano, o *factoring* como atividade financeira.[18]

Ocorre que, a questão não se resolve pela simples falta de intermediação, isso porque, como visto, a atividade exercida pelas instituições financeiras a ela não se limita, pois elas também praticam a coleta e a aplicação de recursos. Então, a não caracterização de uma sociedade de fomento mercantil como instituição financeira dependerá de outros fatores.

Nessa linha de entendimento, já vimos que a atividade de fomento mercantil não se confunde com a coleta e a intermediação. Falta, então, examinarmos se não seria uma atividade de aplicação de recursos próprios, tendo em vista que a sociedade de fomento mercantil utiliza recursos próprios para adquirir os créditos.

Assim também não nos parece. A aplicação é um investimento, isto é, a instituição financeira emprega o capital arrecadado, ou seu próprio capital, a fim de produzir juros e obter lucro. Tecnicamente, a faturizadora adquire o crédito não como um investimento, ou seja, a sociedade de fomento mercantil não obtém o crédito como um investimento, para

18 BOITEUX. Op. cit. p. 233.

lucrar com os juros que o valor "comprado" possa render. A faturizadora, em verdade, adquire o crédito por um valor inferior a aquele constante do título, e lucra, dentre outras verbas, com a diferença do valor pago a menor e aquele inscrito no título. Portanto, não exercem as sociedades de fomento mercantil uma atividade de aplicação de recursos próprios.

Não obstante, mesmo que se entendesse que a atividade praticada pela faturizadora compreende a aplicação de recursos próprios, isso, por si só, não a caracterizaria como uma instituição financeira. Como esclarece Arnaldo Rizzardo, ao citar Maria Elizabete Vilaça Lopes, a mera realização de empréstimos com meios próprios e sem captação de recursos de terceiros não se enquadra como uma atividade específica das instituições financeiras. O que caracteriza, fundamentalmente, uma instituição financeira é a captação de recursos do público em geral para investimentos financeiros.[19] Portanto, isso não seria suficiente para caracterizar o faturizador como uma instituição financeira.

Outro fator que demonstra a inexistência de relação entre a atividade praticada pelas sociedades de fomento mercantil e aquelas exercidas pelas instituições financeiras é a vedação expressa constante da Resolução nº 2.144/95 do Banco Central, que trata sobre as operações de *factoring* e de instituições financeiras. Segundo o art. 1º dessa resolução, qualquer operação praticada por empresa de fomento mercantil que não se ajuste ao disposto no art. 28, § 1º, alínea c.4, da Lei nº 8.981/95, e que caracterize operação privativa de instituição financeira, nos termos do art. 17 da Lei nº 4.595/64, constitui ilícito administrativo e criminal.

Vê-se, então, que o BACEN veda a prática, pelas sociedades de fomento mercantil, de atividade privativa de instituições financeiras.

O que se conclui é que as atividades exercidas pelas faturizadoras e as instituições financeiras não se confundem, de modo que o *factoring* não é uma atividade típica de instituição financeira, pois se fosse não poderia ser praticada por sociedades de fomento mercantil, como lhes é vedada, por exemplo, a execução de operação de desconto bancário, típica de instituições financeiras, e que apenas por elas pode ser praticada.[20]

O Projeto de Lei nº 230/95, em seu art. 2º, parágrafo único, também veda a realização, pelas sociedades de fomento mercantil, de operações privativas de instituições financeiras.

Na jurisprudência pátria, o Superior Tribunal de Justiça já sedimentou o entendimento de que as sociedades de fomento mercantil não

---

19 RIZZARDO. *Factoring*. p. 36.

20 Fran Martins salienta que, em princípio, o fomento mercantil é feito por empresas mercantis não bancárias, não obstante, nada impede que um banco tenha um setor especial de *factoring*. MARTINS. Op. cit. p. 476.

integram o Sistema Financeiro Nacional, não se constituindo em instituições financeiras, como se infere do trecho de um julgado da relatoria do Ministro Massami Uyeda: "tal entendimento coaduna-se com a jurisprudência desta Corte, que já se manifestou no sentido de que o *factoring* distancia-se de instituição financeira, porquanto as empresas que operam nesse ramo não se incluem no âmbito do Sistema Financeiro Nacional, sendo que os seus negócios não se abrigam no direito de regresso e nem na garantia representada pelo aval ou endosso".[21]

Tal entendimento é repisado em inúmeros precedentes mais recentes do Superior Tribunal de Justiça.[22]

Na doutrina, todavia, há vozes divergentes. Newton De Lucca sustenta a caracterização da atividade de *factoring* como atividade financeira sob o argumento de que a definição de uma atividade como financeira está na presença, ou não, do elemento risco. Segundo o emérito professor, sendo uma característica intrínseca ao contrato de fomento mercantil a assunção do risco pelo inadimplemento do devedor da faturizadora que opera no mercado de aquisição de faturamento, há uma interferência nos fluxos da moeda e do crédito cuja ordenação compete, por força de lei, ao Conselho Monetário Nacional,[23] o qual é responsável pela regulação das atividades financeiras.

Então, segundo esse entendimento, levando-se em conta que o risco é um elemento essencial à caracterização de uma atividade como financeira, e tendo em vista que a álea também é um elemento imprescindível à caracterização do contrato de fomento mercantil (pois o faturizador adquire o crédito sem direito de regresso sobre o faturizado no caso de inadimplemento do devedor, o que veremos com mais profundida em tópico próprio), é o *factoring* uma atividade financeira.[24]

---

21 AgRg no Ag 1071538/SP. 2008/0143492-9. Rel. Min. Massami Uyeda (1129). Terceira Turma. *DJe* 18/2/2009.

22 Ver, dentre outros, os seguintes precedentes: REsp 949360 / RN. Rel. Ministro Antonio Carlos Ferreira. Quarta Turma. DJe 19/03/2014; e CC 115338 / PR. Rel. Ministro Marco Aurélio Bellizze. Terceira Seção. DJe 13/08/2013.

23 DE LUCCA, Newton. *A faturização no direito brasileiro*. São Paulo: Revista dos Tribunais, 1986. p. 28.

24 Pactua do mesmo entendimento, de que o contrato de fomento mercantil corresponderia a uma atividade financeira, o Prof. André Luiz Santa Cruz Ramos, uma vez que, segundo ele, o contrato em apreço é celebrado entre um empresário e uma instituição financeira, que não necessariamente será um banco (RAMOS. Op. cit. p. 555). Tal ressalva é muito importante, especialmente no estudo do Direito Bancário. E isso porque os bancos não são sinônimos de instituições financeiras. Apesar de se constituírem no principal exemplo dc instituição financeira, eles são, em verdade, uma espécie delas. O prova disso é o disposto na primeira parte do

Questão que também merece observância diz respeito ao disposto no art. 1º, e os seus §§ 1º e 2º da Lei Complementar nº 105/01. Trata o mencionado diploma legal do sigilo das operações de instituições financeiras.

O *caput* do art. 1º da LC nº 105/01 prevê que as instituições financeiras deverão conservar sigilo em suas atividades, arrolando o seu § 1º as pessoas que seriam consideradas instituições financeiras para efeito da lei, e que, portanto, devem observar o sigilo.

Nesse rol não há menção às sociedades de fomento mercantil, todavia, o § 2º do dispositivo legal em comento afirma que as empresas de fomento mercantil, para efeito da lei, obedecerão às mesmas normas aplicáveis às instituições financeiras arroladas no § 1º.

Questiona-se, então, se as faturizadoras foram equiparadas às instituições financeiras, ao menos, para fins de sigilo bancário.

Pensamos que não. Em nenhum momento a lei utilizou a expressão *equiparação*, ou deixou a entender que haveria uma equiparação entre sociedades de fomento mercantil e as instituições financeiras arroladas em seu art. 1º, § 1º.

A lei, ao contrário, fez questão de evidenciar que as faturizadoras e as instituições financeiras não se confundem, tanto que foi preciso prever expressamente que aquele sigilo aplicável às instituições financeiras também seria aplicável às sociedades de fomento mercantil, isso porque, na omissão da norma, não poderia ser feita tal extensão, tendo em vista que ambas as figuras são distintas.[25]

---

§ 1º do art. 18 da Lei nº 4.595/64, que enumera outras espécies de instituições financeiras, como, por exemplo, as sociedades de crédito e as caixas econômicas: "Art. 18. [...] § 1º Além dos **estabelecimentos bancários oficiais ou privados, das sociedades de crédito, financiamento e investimentos, das caixas econômicas e das cooperativas de crédito ou a seção de crédito das cooperativas** que a tenham, também se subordinam às disposições e disciplina desta lei no que for aplicável, as bolsas de valores, companhias de seguros e de capitalização, as sociedades que efetuam distribuição de prêmios em imóveis, mercadorias ou dinheiro, mediante sorteio de títulos de sua emissão ou por qualquer forma, e as pessoas físicas ou jurídicas que exerçam, por conta própria ou de terceiros, atividade relacionada com a compra e venda de ações e outros quaisquer títulos, realizando nos mercados financeiros e de capitais operações ou serviços de natureza dos executados pelas instituições financeiras" (grifo nosso). Portanto, segundo esse entendimento, as sociedades de fomento mercantil se constituiriam numa outra espécie de instituição financeira.

---

25 Esse também é o entendimento de Fernando Boiteux: "o conceito legal de instituição financeira não pode ser ampliado para nele fazer constar instituições que não praticam intermediação; a aplicação de recursos próprios – como é o caso

Portanto, quis apenas a lei afirmar que o sigilo aplicável às instituições financeiras deve ser aplicado às sociedades de fomento mercantil, que com aquelas não se confunde.

A conclusão de tudo o que expusemos é que, nem para o legislador, e nem para a jurisprudência, as sociedades de fomento mercantil podem ser consideradas como espécies de instituição financeira, à exceção de posicionamento doutrinário em contrário por nós examinado.

## 4.2. Onerosidade

O contrato de *factoring*, como ocorre com os contratos mercantis, é oneroso, ou seja, ambas as partes visam obter uma vantagem, correspondendo a essa vantagem, em regra, um sacrifício consistente em uma diminuição do patrimônio, não obstante haver uma compensação. Ambas as partes, então, têm interesses patrimoniais no negócio.

O faturizado cede o seu crédito ao faturizador, que pagará o preço constante do título cedido com um deságio, que é o valor da comissão.

Com relação a essa comissão, a constituição de seu valor deve ser examinada com atenção. A comissão do faturizador é a remuneração diante do risco assumido pela compra do crédito. Mais adiante iremos examinar com mais profundidade a questão do risco envolvido no contrato, todavia, é preciso que se entenda, de imediato, que o risco é inerente ao contrato de fomento mercantil, e decorre da impossibilidade do faturizador regressar em face do faturizado no caso de inadimplemento do devedor em relação à obrigação constante do título.

A comissão, ou *spread*, que é a diferença entre o valor constante do título e aquele recebido pelo faturizado, é composta por alguns elementos. Vamos estudá-los a seguir.

O primeiro deles é a correção monetária, que incide desde a data do pagamento efetuado pelo faturizador ao faturizado, até a data do vencimento do título.

O segundo elemento são os juros, também incidentes no período entre a data do pagamento feito pelo faturizador ao faturizado, e a data do vencimento do título. São eles os juros remuneratórios pela antecipação dos valores. As sociedades de fomento mercantil, por não se

das empresas de *factoring* que operam legalmente – não caracteriza atividade privativa de instituição financeira". E conclui afirmando que "o que se pode entender desse dispositivo legal, portanto, é que o legislador procurou oferecer uma suposta garantia de sigilo às operações realizadas entre empresas de *factoring* e seus clientes, sem que houvesse nenhuma necessidade de qualquer das partes, pois essas operações já estavam adequadamente protegidas pelo sigilo comercial" (BOITEUX. Op. cit. p. 235).

constituírem em instituições financeiras, devem observar o Decreto n° 22.626/33 – Lei da Usura –, não podendo aplicar juros superiores ao dobro da taxa legal, ou seja, 12% ao ano.

Como cediço, segundo orientação jurisprudencial do Superior Tribunal de Justiça, as instituições financeiras não se submetem aos limites desse decreto,[26] no entanto, o mesmo Egrégio Tribunal entendeu que as sociedades de fomento mercantil, por não possuírem natureza de instituição financeira, devem observar os limites da Lei da Usura. Portanto, não podem os faturizadores cobrar juros com taxa superior a 12% ao ano.[27]

Na prática, contudo, como salienta o Prof. Arnaldo Rizzardo, as sociedades de fomento mercantil fazem incidir, para o cálculo da comissão, os juros pagos às instituições financeiras pelos contraentes de empréstimos ou abertura de crédito.[28] Como esses juros estão embutidos na comissão, que é uma verba complexa, torna-se difícil o seu controle.

O terceiro elemento que forma a comissão é a taxa de risco, uma vez que os juros não são suficientes para remunerar integralmente os faturizadores, ante o elevado risco de inadimplemento que suportam.

Como se vê, na prática, as sociedades de fomento mercantil, além de abusarem na cobrança dos juros, ainda fazem aumentar sua comissão em razão do risco. O controle, portanto, fica ainda mais difícil, pois os faturizadores podem argumentar, ao serem questionados judicialmente, que o elevado valor da comissão decorre de um risco maior de inadimplemento em determinado contrato, e não de uma eventual cobrança abusiva de juros.

Incluídos, ainda, na comissão estão os custos operacionais, isto é, as despesas para a manutenção da pessoa jurídica empresária e de sua atividade, como pagamento de salários de empregados, as despesas ordinárias da empresa etc.

A quinta e última verba que constitui a comissão são os tributos incidentes, como o ISS, IR, PIS e Contribuição Social.

Como é possível perceber, e como já fora destacado, a comissão é uma verba complexa, sendo que os seus componentes ficam embutidos,

---

26 Ver AgRg no AREsp 127209 / SP. Rel. Ministro Sidnei Beneti. Terceira Turma. *DJe* 19/04/2012.

27 Luiz Lemos Leite sustenta que as empresas de *factoring*, por não fazerem empréstimos, não podem cobrar juros: "Como a empresa de *factoring* compra créditos (direitos), é necessário estipular o preço pelo qual ela vai adquiri-los. Chama-se *fator de compra*. Empresa de *factoring* não faz empréstimos, portanto, não pode cobrar juros." LEITE. Op. cit. p. 06.

28 RIZZARDO. *Factoring*. p. 137.

não sendo discriminados nos contratos. Por isso, torna-se uma missão quase impossível discutir uma revisão dos encargos impostos no contrato. Além do mais, a comissão é inerente ao contrato, sendo sempre devida.

Todavia, como em qualquer contrato, há que se observar os princípios da boa-fé, da função social, da razoabilidade e do equilíbrio econômico do contrato. Em sendo possível verificar um abuso de direito do faturizador, exigindo uma comissão onerosamente excessiva, é cabível a sua revisão, inclusive pela aplicação do instituto da lesão, caso estejam presentes os requisitos que a caracterizem.

Há que se observar, ainda, que como na maioria dos contratos de *factoring* há uma prestação de serviço de gestão de crédito, também é cobrada, pelos faturizadores, a remuneração pelo serviço prestado. Tal remuneração é autônoma em relação à comissão, pois diz respeito unicamente à prestação do serviço de assessoramento de gestão de crédito, e seu valor dependerá, obviamente, da quantidade, natureza e complexidade do serviço a ser prestado.

## 4.3. Negócio jurídico anterior a prazo

Para que seja possível a celebração de um contrato de *factoring*, faz-se necessária a existência de um crédito com vencimento futuro, isto é, decorrente de um contrato de compra e venda ou prestação de serviço a prazo.

É necessária, pois, a existência de um contrato prévio entre o devedor e o faturizado, cujo vencimento da dívida seja posterior à data da celebração do negócio, ou seja, não pode ser um contrato com pagamento a vista.

Tal crédito pode estar representado por um título cambial ou não cambial. Em regra, contudo, este crédito estará representado por um título de crédito.

Observação importante é que, parcela da doutrina sustenta que o único título de crédito que poderia embasar um contrato de fomento mercantil é a duplicata, isso porque a combinação dos arts. 1º e 2º da Lei nº 5.474/68 leva à conclusão de que o único título cambial que pode ser emitido quando da celebração de um contrato de compra e venda mercantil a prazo é a duplicata, prevendo a lei expressamente que não se admite a emissão de qualquer outra espécie de título de crédito nessas operações mercantis.

Tal vedação, inclusive, é um dos argumentos utilizados pelo saudoso Prof. Fran Martins para justificar a inexistência de uma lei regulamentadora do contrato de *factoring*,[29] como ficará mais bem examinado no próximo tópico que trata do risco do faturizador no contrato em estudo.

29 MARTINS. Op. cit. p. 473.

Tal entendimento, contudo, não nos parece ser o melhor. Isso porque, em verdade, as disposições da Lei nº 5.474/68 apenas querem dizer que a duplicata é um título causal, que só pode ser emitido nas hipóteses legalmente previstas. Mas, isso não significa que não possam ser emitidos outros títulos para corporificar créditos a prazo, como ocorre, por exemplo, com a nota promissória, tipicamente emitido em negócios com vencimento a prazo.

Em verdade, a Lei das Duplicatas apenas prevê que as duplicatas não podem ser emitidas em outras situações que não aquelas nela previstas. Mas, isso não impede a emissão de outros títulos para corporificar créditos com vencimento futuro. Outro exemplo que podemos citar, e que é muito comum na prática, são os popularmente chamados cheques pré-datados.

Como cediço, os cheques pós-datados, que é a maneira correta de se denominar os cheques emitidos com data posterior à da sua emissão, não têm eficácia cambiária, pois, conforme dispõe o art. 32 da Lei nº 7.357/85, o cheque é uma promessa de pagamento à vista, considerando-se não escrita qualquer estipulação em contrário.

No entanto, o cheque pré-datado tem valor obrigacional, consistindo em um verdadeiro acordo celebrado entre o devedor e o credor, em que este se compromete a só apresentar o título na data aposta no documento. Desse modo, o cheque pré-datado é um documento representativo de uma promessa de pagamento, sendo, assim, um título hábil a embasar a celebração de um contrato de *factoring*.

## 4.4. Álea

É esta, a nosso sentir, a característica principal do contrato de fomento mercantil. A álea significa o risco, e está presente, necessariamente, em todos os contratos de *factoring*. Trata-se o fomento mercantil, portanto, de um contrato aleatório.[30] O risco decorre da ausência de responsabilidade do faturizado pelo inadimplemento da obrigação pelo devedor, ou seja, caso o devedor não pague o valor constante do título, o faturizador não poderá regressar contra o faturizado.

30 RIZZARDO. *Factoring*. Op. cit. p. 41.

Trata-se, então, de uma cessão *pro soluto*,[31] uma vez que o cedente do crédito não responde pela sua solvabilidade.[32] O cedente, alienante, ou faturizado, responde, contudo, pela existência do crédito,[33] como, por exemplo, se a emissão do título for fraudulenta, sem que tenha havido uma relação jurídica que tenha originado o crédito nele inscrito, ou seja, se o título não representar verdadeiramente um crédito. Nesse caso, responde o faturizado perante o faturizador.

Por conta desse risco inerente e essencial ao contrato de *factoring*, é inadmissível que as partes pactuem a responsabilização do faturizado pelo inadimplemento do devedor, pois isso importaria na descaracterização do contrato de fomento mercantil.[34]

Por isso, afirma a doutrina, como regra, que a "faturização se realiza nas vendas a prazo e não se confunde com a operação de desconto de título, porque inexiste responsabilidade regressiva contra o fornecedor".[35]

Na jurisprudência do STJ também já se sedimentou tal entendimento, de modo que o faturizado só responderá se der causa ao inadimplemento dos contratos cedidos. Caso contrário, estará isento de responsabilidade.[36]

A questão, no entanto, não é pacífica. Como salienta Arnaldo Rizzardo, há vozes que defendem a possibilidade de regresso do faturizador, contra o faturizado, nos casos de inadimplemento do devedor. Em sua obra específica sobre o contrato de *factoring*, o magistrado gaúcho nos informa que "Waldirio Bulgarelli alinha-se aos que admitem o direi-

---

31 Na cessão de crédito *pro soluto* o cedente garante, tão somente, a existência do crédito, eximindo-se da responsabilidade no caso de insolvência do devedor. Na cessão *pro soluto*, como leciona James Eduardo Oliveira, o cedente extingue a obrigação, liberando-se dela. Por essa razão, não responde mais ele pelo adimplemento da obrigação. "Ter-se-á cessão *pro soluto* quando houver quitação plena do débito do cedente para com o cessionário, operando-se a transferência do crédito, que inclui a exoneração do cedente. O cedente transfere seu crédito com a intenção de extinguir imediatamente uma obrigação preexistente, liberando-se dela independentemente do resgate da obrigação cedida." OLIVEIRA, James Eduardo. *Código Civil anotado e comentado*. Rio de Janeiro: Forense, 2009. p. 246.

32 Cf. TJRJ. Apelação Cível 0114368-78.2004.8.19.0001 (2007.001.12568). Des. Milton Fernandes de Souza.

33 GONÇALVES, Carlos Roberto. *Direito civil brasileiro*. Contratos e atos unilaterais. São Paulo: Saraiva, 2004. v. III, p. 668.

34 Cf. TJRJ. Apelação Cível 0008992-35.2002.8.19.0208 (2008.001.13662). Rel. Des. Fabio Dutra. 1ª Câmara Cível. Julgamento: 22/7/2008.

35 GONÇALVES. Op. cit. p. 668.

36 Ver REsp 1163201 / PE. Rel. Ministro Antonio Carlos Ferreira. Quarta Turma. DJe 24/03/2015.

to de voltar-se contra o endossante, por razões de ordem moral, eis que, não fosse reservado tal direito, haveria incitamento à inadimplência, ao mesmo tempo em que perderia o instituto a seriedade, desestimulando os *factors* em realizar a transação".[37]

Ousamos discordar do emérito e saudoso mestre Bulgarelli. O contrato de fomento mercantil tem na sua essência o risco. Caso esse risco passe a não existir, não será mais tão vantajosa a realização do contrato pelo fornecedor de produtos e serviços. Para este, livrar-se da responsabilidade é um alívio, e para isso paga-se um alto preço.

Caso haja a possibilidade de regresso do faturizador contra o faturizado será mais vantajoso para este celebrar outra espécie de contrato, como, por exemplo, o desconto bancário junto a uma instituição financeira. Neste contrato bancário, aquele que desconta o título permanece responsável pelo inadimplemento.

Então, para o fornecedor seria melhor celebrar o contrato com uma instituição financeira, que induvidosamente pode lhe oferecer inúmeras formas de pagamento. Por isso, diz-se que "é no risco do faturizador pela insolvência do devedor ou sacado reside a diferença fundamental do contrato de *factoring* em relação ao contrato bancário".[38]

Em verdade, o direito de regresso existe apenas no caso de inexistência do crédito vendido, ou seja, na hipótese de fraude do faturizado, que cede um crédito inexiste, e isso em nome da boa-fé que deve permear todas as relações jurídicas.

Não poderia o faturizado se beneficiar da sua própria torpeza, alienando um crédito inexistente para, posteriormente, se aproveitar do fato de que não pode ser responsabilizado no caso de inadimplemento do devedor.

Então, e nos socorrendo novamente das lições de Arnaldo Rizzardo, "extrai-se que o crédito deve ser verdadeiro, isto é, deve ter uma origem, ou representar um negócio. Se já extinto, pela prescrição, ou suspensa a exigibilidade, ou dependente de condição, não podia ser objeto de transmissão. De outro lado, impõe-se que realmente pertença ao cedente, ou que era legítimo do cedente, e não de outra pessoa. A titularidade é fundamental".[39]

Assim, apenas nessa hipótese é possível a responsabilização do faturizado pelo crédito cedido onerosamente.

Por essa razão, é nula a inserção de cláusula *pro solvendo* no contrato de fomento mercantil, ou seja, não é válida a cláusula que transfira

37 RIZZARDO. *Factoring*. Op. cit. p. 120.

38 SOARES, Marcelo Negri. *Contrato de factoring*. São Paulo: Saraiva, 2010. p. 119-120.

39 RIZZARDO. *Factoring*. Op. cit. p. 126.

a responsabilidade do risco pelo adimplemento do crédito ao faturizado, uma vez que seria o mesmo que permitir ao faturizador, que não é uma instituição financeira, a celebração de um contrato típico e privativamente bancário, haja vista que o contrato que tem como objeto a antecipação/venda de um crédito, e que faz permanecer o beneficiário da antecipação como responsável pelo adimplemento da obrigação, é o desconto bancário.

Na prática, todavia, os faturizadores têm exigido do faturizado uma nota promissória em branco. Nesse caso, se o devedor ficar inadimplente, o faturizador preenche a nota promissória com o valor do débito e executa o título em face do faturizado. O argumento das faturizadoras, na defesa dessa execução, é de que a nota promissória é um titulo abstrato e que goza de autonomia, de modo que a sua emissão leva à desvinculação do crédito com a causa que lhe deu origem.

Trata-se, a nosso sentir, de uma conduta abusiva e violadora da boa-fé daquele que, detendo o poder econômico, se aproveita do fornecedor de produtos e serviços que necessita da antecipação do crédito.

Não obstantes a autonomia e a abstração inerentes aos títulos de crédito em geral, dos quais é exemplo a própria nota promissória, não é ela válida se o negócio jurídico que levou à sua emissão não admitia a criação dessa cambial como garantia do cumprimento da obrigação.

Em verdade, a autonomia da nota promissória não valida a sua emissão em toda e qualquer hipótese, a ponto de não se admitir a discussão da causa da sua criação. Em verdade, no caso do *factoring*, o faturizador impõe a emissão da nota pelo faturizado e "guarda o título na gaveta", ou seja, não o faz circular com o único propósito de criar uma responsabilidade que não existe no aludido contrato.

A característica da autonomia significa que o título de crédito é documento constitutivo de direito novo, autônomo e originário, em relação à *causa debendi*, ou seja, o título não é prova da relação causal, do contrato que originou a sua emissão. Portanto, uma vez emitido o título, ele se desvincula da causa que originou a sua criação, de maneira que esta não pode ser discutida na ação executiva cambial.

Ocorre que, quando a nota promissória não circula, ela permanece vinculada ao contrato, seguindo a sua sorte. Em verdade, nessas hipóteses, ela perde a sua autonomia, podendo o emitente opor, perante o terceiro adquirente, as exceções pessoais fundadas no negócio jurídico que gerou o título.[40]

40 ROSA JR., Luiz Emygdio Franco. *Títulos de crédito*. 9. ed. Rio de Janeiro: Renovar, 2009. p. 509-510.

Por essa razão, poderá o faturizado, no caso de emissão de nota promissória em branco, discutir o contrato em eventual ação executiva proposta pelo faturizador. Poderá ele, assim, invocar a violação à natureza do contrato de *factoring*, demonstrando a conduta abusiva perpetrada pelo faturizador, que não obstante já ter sido remunerado pelo risco do inadimplemento, pretende obter do faturizado o valor do crédito.

Tal abuso perpetrado pelas sociedades de fomento mercantil chegou ao Judiciário, tendo o Superior Tribunal de Justiça firmado entendimento de que não é válida a emissão dessas notas promissórias que visam garantir um direito de regresso do faturizador em face do faturizado. Não têm, segundo a Corte Superior, essas notas promissórias liquidez, certeza e exigibilidade, além de, com a sua emissão, acabar transmudando o contrato de *factoring* para um contrato de desconto bancário, operação essa típica e privativa de instituições financeiras.[41]

A questão, contudo, se torna complexa se relembrarmos que, segundo parcela da doutrina, pela Lei nº 5.474/68, o único título de crédito a embasar um contrato de compra e venda mercantil a prazo é a duplicata.

E a complexidade decorre do fato de que, segundo o art. 9º da Lei Uniforme sobre Letras de Câmbio e Notas Promissórias - Anexo I do Decreto nº 57.663/66 -, que se aplica às duplicatas por força do disposto no art. 25 da Lei nº 5.474/68, o sacador é garante tanto da aceitação como do pagamento da letra, sendo que toda e qualquer cláusula pela qual ele se exonere da garantia do pagamento considera-se como não escrita.

Como salienta Fran Martins, o emitente ou sacador da duplicata é o vendedor, que no contrato de *factoring* ocupará a posição de faturizado, não podendo ele, sacador, por força do dispositivo de lei em comento, se eximir da responsabilidade pelo pagamento da dívida.

Portanto, ao aplicar as regras da duplicata no contrato de fomento mercantil, jamais poderia o faturizado se eximir de responder pelo inadimplemento da obrigação creditícia, sendo viável a ação de regresso do faturizador em face dele.[42]

Entretanto, tal conclusão entraria em conflito com a essência e finalidade do contrato de fomento mercantil. Exatamente por essa razão, como já salientado anteriormente, entende o saudoso Fran Martins que

41 Ver Agravo Regimental no Agravo de Instrumento 1.071.538/SP. Min. Massami Uyeda. Terceira Turma. *DJe* 18/2/2009. Mais recentemente, o STJ decidiu a possibilidade de se arguir exceções pessoais na execução de nota promissória emitida como garantia de adimplemento de contrato de *factoring*, uma vez que esta perde a sua autonomia e abstração: AgRg no Resp 1477400 / ES. Rel. Ministro Moura Ribeiro. Terceira Turma. Dje 17/08/2015.

42 MARTINS. Op. cit. p. 474.

a regulamentação do contrato de *factoring* se torna mais dificultosa, pois só poderia ser feita em conjunto com normas que alterem a legislação já em vigor,[43] especialmente no que toca à responsabilização do sacador.

No entanto, enquanto não existente uma legislação específica, defende o saudoso professor algumas soluções. Sendo a duplicata um título de crédito, obedeceria às regras que regem tais títulos, especialmente no que tange à circulação. Então, a transferência do título deve ocorrer por endosso, conforme disposto no art. 14 da LUG.[44]

A mencionada Lei Uniforme admite, em seu art. 15, o endosso sem garantia, em que o endossante não apenas se exime de garantir a aceitação do título, como também deixa de garantir o próprio pagamento. Assim, tal regra, conjugada com a isenção da garantia do adimplemento da obrigação que é inerente ao contrato de *factoring*, liberaria o faturizado da responsabilidade imposta pelo art. 9º da LUG.[45]

A questão, contudo, se torna ainda mais dificultosa quando o título cedido é um cheque pós-datado. Como visto, o cheque pós-datado pode ser objeto de operação de fomento mercantil. Sua transmissão, assim como ocorre com a duplicata, se dá por endosso, na forma do art. 17 da Lei nº 7.357/85. Ocorre que, a regra do endosso, na Lei do Cheque, é a de que o endossante garante o pagamento, conforme dispõe seu art. 21, salvo se houver estipulação expressa no próprio título.

Então, como regra, no caso do crédito estar representado em um cheque, o faturizado responderá pela obrigação. Para se eximir da responsabilidade deverá fazer constar no título a expressão *sem garantia*. Caso contrário, não poderá se isentar da responsabilidade pelo inadimplemento do devedor, em contrariedade à natureza do contrato de fomento mercantil. A transferência do crédito, na ausência de ressalva expressa no título, seria *pro solvendo*.[46]

É dessa forma que já se manifestou o Superior Tribunal de Justiça, sob o argumento de que, no caso do cheque, há lei específica prevendo a responsabilidade do endossante-faturizado, devendo assim prevalecer,

---

43 "Por isso, no nosso entender, para a regulamentação do contrato de *factoring* a fim de ser o mesmo introduzido legalmente no país, necessário se faz que seja modificado o art. 2º da Lei de Duplicatas para permitir que outros títulos, que não a duplicata – a letra de câmbio, por exemplo – possam servir como instrumento de cobrança de vendas a prazo, feitas com vendedor e comprador localizados em território nacional." MARTINS. Op. cit. p. 475.

44 MARTINS. Op. cit. p. 473.

45 MARTINS. Op. cit. p. 474-475.

46 Na cessão *pro solvendo* o cedente se obriga a pagar no caso de insolvência do devedor, ou seja, o cedente se responsabiliza pelo inadimplemento do devedor.

uma vez que o contrato de *factoring* não tem nenhuma lei que preveja a exclusão da obrigação do faturizado de responder pelo inadimplemento da dívida.[47] Então, como não há lei eximindo o faturizado, aplicar-se-ia a lei específica do cheque, admitindo a responsabilização do endossante.

Na mesma toada desse precedente do STJ, é o entendimento de Irineu Mariani que afirma que "tendo em conta que o endosso translativo é regulado pelo Direito Cambiário, o faturizado-endossante, salvo estipulação contrária, *responde* pela inadimplência e/ou insolvência do devedor. Portanto, em princípio o endosso é *pro solvendo*".[48]

Sem prejuízo, a própria Corte Superior já reconheceu a possibilidade de, no caso de transferência do crédito representado por cheque, ainda assim é possível a arguição das exceções pessoais a excluir a responsabilidade do faturizado, uma vez que no *factoring*, como veremos no tópico a seguir, ainda que haja o endosso do título, a transferência do crédito se dá pela via da cessão no próprio contrato de *factoring*.[49]

E é sob essa perspectiva que nos posicionamos sobre a questão. Pensamos que, em todo e qualquer caso de transferência de crédito pelo contrato de *factoring*, não será possível a responsabilização do faturizado, salvo no caso de inexistência do crédito, uma vez que hão de prevalecer as peculiaridades e características inerentes ao contrato de fomento mercantil, sob pena de desnaturá-lo.

Portanto, a nosso sentir, ainda que no endosso não haja ressalva quanto à isenção de responsabilidade, o faturizador jamais terá ação regressiva contra o faturizado, e isso porque, em verdade, o *factoring* é uma relação contratual e, embora haja a transferência do título pelo endosso, o crédito será transmitido por cessão.

Então, o que devemos observar nessa questão é que a controvérsia sobre a responsabilização do faturizado não se soluciona de modo simples, pela simples aplicação das leis que tratam dos títulos de crédito.

O crédito, nos contratos de *factoring*, não se transmite, em verdade, por endosso,[50] e sim pela cessão de crédito. O endosso, segundo abalizada doutrina, "é o meio cambiário próprio para operar a transferência

---

47 Ver REsp 820.672/DF. Min. Humberto Gomes de Barros. Terceira Turma. *DJe* 1/4/2008.

48 MARIANI. Op. cit. p. 331

49 Nesse sentido, ver AgRg no AREsp 592779 / SP. Rel. Ministro Raul Araújo. Quarta Turma. DJe 17/05/2016.

50 Sustenta a doutrina, majoritariamente, que a transferência ou compra dos títulos se dá por endosso em preto, para dar maior segurança aos negócios. RIZZARDO. Op. cit. p. 107; LEITE. Op. cit. p. 250.

dos direitos decorrentes dos títulos de crédito".[51] O endosso, portanto, é exclusivo das relações cambiárias. Todavia, no caso do contrato de *factoring*, ainda que haja um título de crédito envolvido, a transferência do crédito não se dará pelo endosso, mas sim pela via da cessão onerosa de crédito, tendo em vista que a natureza do negócio é contratual, e não cambial.[52] Assim, ainda que o título seja endossado, este não produz efeitos, pois a transferência do crédito decorre do contrato de *factoring*, que é o instrumento para a cessão do crédito.

A cessão de crédito está regulada nos arts. 286 a 298 do Código Civil, e consiste no negócio jurídico pelo qual o credor transfere a outrem a qualidade creditória contra o devedor, recebendo o cessionário todos os direitos e garantias inerentes a aquele crédito cedido. Há, portanto, uma modificação subjetiva da obrigação.[53]

Devemos observar, nesse particular, que a cessão também pode ser utilizada para a transferência dos direitos decorrentes do título de crédito, como se infere do exame do art. 11 da LUG, quando o título for emitido não à ordem, hipótese em que não será possível a transferência da cambial por endosso. Portanto, o endosso não é o único meio de transferência dos títulos de crédito.[54]

Sendo, pois, o crédito transferido via cessão de crédito, não há que se questionar mais a questão da possibilidade, ou não, de isenção da responsabilidade com a inserção de *cláusula de não garantia* no título. E isso porque, conforme previsão do art. 296 do *Digesto* pátrio, o cedente não responde pela solvência do devedor, salvo se houver estipulação em contrário, estipulação essa que não se admitirá no *factoring*, sob pena de desnaturá-lo.

Conclui-se, pois, que o faturizado não responderá pelo inadimplemento do devedor, pois a transferência do crédito não se dá pelo endosso, e sim pela cessão de crédito inserida no contrato de *factoring*.[55]

---

51 ROSA JR. Op. cit. p. 216.

52 MARTINS. *op cit.* p. 480.

53 PEREIRA, Caio Mario. *Instituições de direito civil.* 20. ed. Rio de Janeiro: Forense, 2004. p. 361.

54 Pactua desse entendimento o insigne Prof. Luiz Emygdio Franco da Rosa. ROSA JR., Luiz Emygdio Franco. Op. cit. p. 216. Sustentando, ao contrário, que a cessão abrange tão somente os créditos civis ou comuns, representados por títulos diferentes dos cambiais, o exaustivamente citado professor Arnaldo Rizzardo. RIZZARDO. *Factoring*. Op. cit. p. 99.

55 No mesmo sentido, André Ramos: "É que no *factoring* há a cessão dos créditos do faturizado para a instituição financeira faturizadora. E, conforme já estudamos (capítulo V, tópico 9.3), a cessão civil de crédito tem como característica fundamental o fato de o cedente não se responsabilizar pela solvência do devedor (con-

Há, no entanto, quem entenda ser possível a inclusão de cláusula, na cessão de crédito feita no contrato de *factoring*, que assegure direito de regresso ao faturizador com base na ressalva existente no art. 296 do Código Civil, tornando a cessão *pro solvendo* e ganhando o faturizador-cessionário o direito de regresso ou de circulação inversa.[56]

Ousamos, no entanto, como já explicitado, discordar desse entendimento. É certo que, sendo a transmissão do crédito feita pela via da cessão, há que se observar as disposições legais a ela aplicáveis. Ocorre que, hão também de ser observadas as peculiaridades do contrato do *factoring*, que deverão prevalecer sobre as regras da cessão.

Assim, entendemos não ser aplicável a ressalva do art. 296 do Código Civil ao contrato de fomento mercantil.

Questão que também pode suscitar grandes controvérsias é em relação ao aval aposto no título de crédito objeto do contrato de *factoring*. O aval também é um instituto inerente às relações cambiárias e consiste em uma garantia firmada por um terceiro – o avalista –, ao devedor – o avalizado –, do pagamento do valor constante do título.

Há que ressaltar que a garantia, *in casu*, não é pessoal, ou seja, o avalista não garante a pessoa do avalizado, mas sim o pagamento do valor constante do título.[57]

Por ser uma garantia cambiária, o aval jamais poderá ser dado no contrato de *factoring*. Todavia, pode haver questionamento quanto à possibilidade do título cedido no contrato de fomento mercantil estar garantido por aval.

Entendemos que não tem eficácia o aval aposto no título objeto do contrato de fomento mercantil. Primeiro porque se trata de uma garantia cambiária, exclusiva às relações cambiárias, e que concede ao avalista, no caso de ter pagado o valor constante do título, o direito de regresso contra todos os coobrigados do título, inclusive o endossante-faturizado. E segundo que, avalizado o título, ou seja, garantido o seu adimplemento, desnatura-se o contrato de *factoring*, haja vista que está excluída a álea que é inerente ao contrato em exame.

O faturizador adquirirá o título com maiores chances de que receberá o valor nele inscrito, e isso porque haverá um garantidor da obriga-

forme art. 296 do CC). Portanto, o faturizado, que cede o crédito à faturizadora, não deve responder, obviamente, pela inadimplência dos créditos que cedeu." RAMOS. Op. cit. p. 556.

56 MARIANI. Op. cit. p. 331.

57 COSTA, Wille Duarte. *Títulos de crédito*. 2. ed. Belo Horinzonte: Del Rey, 2006. p. 195.

ção. Assim, a dação de aval no título faz cair por terra o risco do negócio, ou seja, a álea, que se afigura como uma característica essencial do contrato de fomento mercantil.

A exigência de aval no título objeto do contrato de *factoring* poderia consistir, inclusive, em lesão, vício do negócio jurídico que se caracteriza quando uma pessoa, sob premente necessidade, ou por inexperiência, contrai obrigação manifestamente desproporcional ao valor da prestação assumida pelo outro contratante.

Na prática comercial é comum exigir do faturizado, quando seu crédito está materializado em um cheque ao portador, que ele avalize o título. *In casu*, dúvidas não há de que a premente necessidade do faturizado decorreria da inevitável necessidade de obtenção de capital de giro para a continuidade de sua atividade empresarial, o que invalidaria a garantia cambial.

Da mesma forma, é incabível a celebração de contrato acessório de fiança para garantir o adimplemento dos créditos cedidos no contrato de *factoring*, também por desnaturar a essência deste contrato.

Há, ainda, outro fator que torna inadequado o aval. O avalista garante o pagamento do título como devedor solidário e, ao pagar o título "adquire todos os direitos dele decorrentes contra o avalizado e contra os obrigados para com este em virtude do título [...]".[58]

Isso significa que, em sendo o aval um instituto do direito cambiário, devem-se observar as disposições e regras cambiárias que o regem, o que traria enorme confusão no regime contratual do *factoring*.

A garantia do aval levaria, indiretamente, à possibilidade de responsabilização do faturizado que, como já vimos, não é admissível. Por essa razão, entendemos que não é válido eventual aval dado no título objeto do contrato de fomento mercantil.[59]

Sem prejuízo do nosso entendimento, no STJ encontramos precedentes admitindo o aval em título cujo crédito foi transferido pelo contrato de *factoring*, inclusive reconhecendo a autonomia e abstração da obrigação decorrente da dação do aval.[60]

---

58 ROSA JR. Op. cit. p. 319.

59 Assim também leciona Arnaldo Rizzardo: "Pela formação do *factoring*, por sua natureza e história, não podendo se voltar o faturizador contra o vendedor do crédito, se não há vício em sua origem ou formação, garantia nenhuma pode aquele tomar deste. Não é válida a fiança, e muito menos se admite o aval no endosso. Inteiramente sem efeito garantias reais, como a hipoteca ou penhor." RIZZARDO. *Factoring*. Op. cit. p. 130.

60 REsp 1305637 / PR. Rel. Ministra Nancy Andrighi. Terceira Turma. DJe 02/10/2013.

## 4.5. Exclusividade

O faturizado deve celebrar o contrato de *factoring* com uma única sociedade de fomento mercantil, não sendo possível a celebração concomitante com outro faturizador.[61] Isso porque o *factoring* é um contrato de relação continuada, de trato sucessivo, que perdura por um período determinado, obrigatoriamente previsto no contrato,[62] sendo que durante esse tempo trava-se uma verdadeira relação de confiança em que o faturizador prestará o serviço de gestão comercial, além da compra dos créditos.

Nessa gestão comercial há nítida interferência do faturizador nas contas do faturizado, uma vez que poderá selecionar os seus clientes, bem como prestará informações de mercado, sobre o comércio em geral, diminuindo, pois, os encargos do vendedor comum.

Isso significa que o faturizado, fornecedor de produtos e/ou serviços, ao contratar essa gestão comercial, pode se dedicar exclusivamente ao exercício de sua atividade principal, despreocupando-se com as questões inerentes à gestão do crédito.[63]

Daí decorre a confiança e necessidade de exclusividade desse contrato. O faturizador recebe todas as contas dos clientes do faturizado e analisa os créditos, escolhendo aquelas que deseja adquirir, dando preferência àquelas que trouxerem menor risco, ou seja, o faturizado abre à sociedade de fomento mercantil todas as contas dos seus clientes para que o faurizador escolha aquelas que deseja assumir a responsabilidade.

Como salienta Arnaldo Rizzardo, "não está o titular da empresa obrigado a aceitar todos os créditos, mas apenas aqueles que lhe interessam, e que, após criteriosa análise, merecem a aprovação. Unicamente as dívidas escolhidas pelo titular da empresa tornam-se objeto do

61 "é um contrato de exclusividade, já que ao faturizado não é permitido manter contratos semelhantes com outros faturizadores". MARTINS. Op. cit. p. 478.

62 "Nos contratos de faturização, algumas cláusulas são consideradas essenciais, neles devendo figurar obrigatoriamente. São cláusulas essenciais as relativas à exclusividade ou totalidade das contas do faturizado, à duração do contrato, à faculdade de escolher o faturizador as contas que deseja garantir, aprovando-as, a relativa à liquidação dos créditos, a sobre a cessão de créditos ao faturizador, a sobre a assunção dos riscos pelo faturizador e finalmente a sobre a remuneração do faturizador." MARTINS. Op. cit. p. 478.

63 Como leciona Irineu Mariani: "Acontece, pois, verdadeira ingerência do faturizador na administração do faturizado, no que tange aos serviços relacionados ao crédito. Ocorre a terceirização desses serviços, o que constitui uma das vantagens oferecidas pelo *factoring* – na medida em que o faturizado pode se dedicar exclusivamente à realização do objeto social" (MARIANI. Op. cit. p. 294-295).

contrato".[64] Conclui, então, o citado professor que "diante do alto grau de risco dos negócios, é natural que assiste a total liberdade em oferecer e aceitar tais negócios. Mais que em qualquer outro contrato, tem importância, aqui, o *intuitu personae* ".[65]

Em razão desse alto risco, e da possibilidade de escolha das dívidas que serão objeto do contrato, pode o faturizador examinar nos arquivos do faturizado todas as informações inerentes a cada cliente a fim de escolher aquele que melhor lhe aprouver.

Incumbe, também, à sociedade faturizadora manter um arquivo próprio de clientes, a fim de orientar o faturizado, evitando que ele sofra, no futuro, eventuais prejuízos, especialmente quanto às dívidas não assumidas – créditos não adquiridos e garantidos – pelo faturizador.

Em relação a essas dívidas não assumidas pelo faturizador, pode o faturizado remetê-las à sociedade de fomento mercantil para serem por ela cobradas. Essa cobrança, todavia, se fará através de endosso-mandato, razão pela qual o inadimplemento do devedor importará em prejuízo para o faturizado, e não para o faturizador, isso porque no endosso-mandato não há transferência do crédito, mas tão somente a outorga de poderes ao endossatário para que ele exerça, em nome do endossante, os direitos inerentes ao título, como a cobrança do seu valor.

Há que se ressaltar que, nessa hipótese, o endosso-mandato é válido, isso porque o título endossado não faz parte do contrato de *factoring*, razão pela qual é possível a existência dessa relação cambiária.

Como leciona Fran Martins, as contas dos clientes do faturizado devem ser remetidas ao faturizador em um *bordereau*, que compreenderá todas as contas acompanhadas das cópias das faturas emitidas pelo faturizado, com os documentos a elas inerentes, além dos títulos que serão cedidos. A partir dessa remessa, cessam os encargos do faturizado em relação à cobrança dos créditos.[66]

Induvidosamente, apenas quanto às contas aprovadas haverá essa cessação de encargos. Quanto às não aprovadas, não tendo sido também objeto de endosso-mandato, permanece o encargo do faturizado de cobrar o crédito não transmitido.

Quanto ao pagamento pelo faturizador ao faturizado, esse é feito quando recebidas as contas aprovadas, ou sob outra forma prevista no

64 RIZZARDO. *Factoring*. Op. cit. p. 42.

65 RIZZARDO. *Factoring*. Op. cit. p. 41.

66 MARTINS. Op. cit. p. 479.

contrato. Em geral, é aberta uma conta corrente mercantil entre eles para o crédito dos valores que serão, posteriormente, verificados.[67]

## 4.6. Intuito personae

Pelo o que foi explicitado anteriormente, quando do exame da característica da exclusividade, é possível extrair o caráter personalíssimo do contrato de *factoring*. Essa característica não é apenas inerente à relação entre faturizado e faturizador, mas também em relação ao devedor, isso porque, além da confiança que se estabelece entre as partes do contrato de fomento mercantil, ao faturizador também interessam as condições pessoais e qualidades do devedor.

Então, o negócio se estabelece tanto em razão da pessoa do faturizado e do faturizador, quanto também em razão da pessoa do devedor.

## 4.7. Complexidade

O contrato de *factoring*, como já examinado no tópico referente à sua natureza jurídica, é um contrato complexo ou misto, que envolve, por exemplo, uma prestação de serviço de gestão de créditos e uma cessão onerosa de crédito.

A atividade de fomento mercantil é refletida, principalmente, na prestação de serviço de gestão de crédito, o que leva, inclusive, parcela da doutrina a afirmar que essa prestação de serviço é o principal fundamento desse contrato, e não a cessão de crédito.[68]

A gestão de crédito abrange gestão financeira, administração do crédito ou de contas a receber e a pagar, planejamento econômico e de mercados, seleção e cadastramento de clientes, assessoria creditícia, e até elaboração de política de conquista de mercados.

Trata-se, pois, de obrigações atípicas, isto é, não previstas em nenhuma espécie contratual, de modo que a relação, sob esse aspecto, será regida exclusivamente pelas estipulações contratuais.

Já no que toca à cessão onerosa de crédito, aplicam-se, no que forem compatíveis com o contrato em estudo, as regras da cessão de crédito previstas no Código Civil,[69] como, por exemplo, a sub-rogação do cessionário na pessoa do cedente, ou seja, ele irá assumir o lugar do cedente na relação com o devedor,[70] tornando-se o credor da obrigação, tendo, por

67 Idem.

68 LEITE. Op. cit. p. 22.

69 OLIVEIRA. Op. cit. p. 246.

70 MARTINS. Op. cit. p. 479.

essa razão, direito de ação contra o devedor se o título não for pago no vencimento, bem como poderá habilitar o seu crédito na falência caso o devedor seja empresário e venha a falir.

Questão polêmica envolve a notificação do devedor. O art. 290 do Código Civil dispõe que a cessão de crédito só tem eficácia em relação ao devedor se ele for notificado. Isso não significa que é condição de validade da cessão a notificação do devedor, mas sim que a cessão será ineficaz em relação ao devedor caso não seja ele notificado, ou seja, caso não haja notificação, o devedor que efetuar o pagamento em mãos do faturizado estará desobrigado, haja vista que o pagamento terá sido feito de boa-fé. Nesse caso, restará ao faturizador exigir do faturizado o valor recebido por ele das mãos do devedor.

Por não se transmitir o crédito por endosso, e sim por cessão, exige-se a notificação para que o devedor tenha ciência da transmissão do crédito feita pelo faturizado ao faturizador através do contrato de *factoring*.

Caso a transferência ocorresse por endosso, especialmente o endosso em preto, dispensada estaria a notificação, haja vista que no endosso aposto no título já estaria inscrito o nome do real credor, o que levaria a ciência do devedor. Assim, eventual pagamento feito erroneamente ao faturizado não desobrigaria, em princípio, o devedor, isso porque estaria afastada a presunção de boa-fé, salvo se demonstrasse que, apesar do endosso aposto no título, não era possível ter conhecimento da transferência do crédito.

Por essas razões, a doutrina, majoritariamente, reconhece a necessidade de notificação do devedor.[71] No mesmo sentido, encontram-se precedentes nos tribunais no sentido da obrigatoriedade da notificação, especialmente o Tribunal de Justiça do Estado do Rio de Janeiro[72] e o Superior Tribunal de Justiça.[73] Sem prejuízo, em julgados mais recentes, o STJ tem entendido que a ausência de notificação não impede o exercício do direito de crédito pela faturizadora em face do devedor, inclusive pela via executiva.[74]

Outro fator de relevância da notificação é a fixação do termo para oposição de exceções pessoais contra o cedente e contra o cessionário,

71 Por todos, Fran Martins. MARTINS. Op. cit. p. 482

72 Apelação Cível 2004.001.05852 (0010595-51.2003.8.19.0001) Des. Luisa Bottrel Souza. Julgamento: 10/8/2004. Décima Sexta Câmara Cível.

73 RMS 3974/RN. 1993/0035165-6. Rel. Min. Antônio de Pádua Ribeiro. Terceira Turma. *DJ* 13/6/2005.

74 Nesse sentido ver, exemplificativamente, AgInt no AREsp 895654 / RS. Rel. Min. Paulo de Tarso Sanseverino. Terceira Turma. *DJe* 06/09/2017; e REsp 1236701 / MG. Rel. Min. Luis Felipe Salomão. DJe 23/11/2015.

uma vez que, consoante dispõe o art. 294 do *Digesto* pátrio, é no momento em que tem conhecimento da cessão que o devedor deve opor ao cessionário as exceções que lhe competirem, bem como aquelas que tinha contra o cedente.[75]

## 5. ESPÉCIES DE FACTORING

### 5.1. Factoring tradicional, ou com antecipação, ou conventional factoring, ou old line factoring

É contrato comum, tradicional, de fomento mercantil em que o faturizado antecipa o valor dos títulos cedidos, renunciando ao direito de regresso, e presta ao faturizado uma variedade de serviços relacionados à gestão de crédito. É o *factoring* estudado ao longo deste capítulo.

### 5.2. Factoring no vencimento, ou sem antecipação, ou maturity factoring

Nessa modalidade de contrato de fomento mercantil o faturizador paga o valor do título apenas na data do seu vencimento, não antecipando a quantia como ocorre no *factoring* tradicional. O faturizador, nesse caso, apenas garante a adimplência ou pontualidade.

Não se trata, todavia, de um mero endosso-mandato, isso porque o faturizador não age como um simples cobrador. Ele adquire o crédito pagando o valor constante do título ao faturizado na data do seu vencimento com um deságio, que não será no mesmo percentual do *factoring* convencional, tendo em vista que não houve a antecipação do crédito. Não obstante, ele assume o risco pelo inadimplemento do devedor, isso porque ao adquirir o título e o crédito se sub-roga nos direitos do faturizado, suportando, assim, os riscos pelo não pagamento.

### 5.3. Factoring internacional, ou factoring interno e externo, ou import-export factoring

É modalidade de contrato de fomento mercantil que envolve importador-comprador, exportador-vendedor, faturizador do país importador e faturizador do país exportador.

O exportador contrata um faturizador em seu país – denominado de *export-factor* –, que contrata um faturizador no país do importador

---

75 "Portanto, a notificação da cessão de crédito representa o parâmetro temporal que orienta a viabilidade de argüição de defesas que o devedor possuía contra o cedente." OLIVEIRA, James Eduardo. Op. cit. p. 251.

– chamado de *import-factor*. Esse faturizador do país importador, o *import-factor*, presta os serviços comuns ou convencionais para a concretização da operação entre importador e exportador. Uma vez concretizado o negócio, o faturizador do exportador – *export factoring* – paga o preço ao exportador, mas fica garantido pelo faturizador por ele contratado, no país do importador, que lhe garante o pagamento.

A vantagem da realização do negócio dessa forma mais complexa é que o exportador tem o pagamento garantido, apesar de ter um lucro menor ante a remuneração do faturizador, entretanto, deixa de se preocupar com a burocracia dessas operações internacionais, celebrando, pois, um negócio mais seguro.

## 5.4. Collection Type Factoring Agreement

É a modalidade de contrato de fomento mercantil em que o faturizador presta, tão somente, um serviço de cobrança dos títulos.

## 5.5. Factoring encoberto, ou quase factoring, ou undisclosed factoring

É a espécie de *factoring* em que o vendedor vende as mercadorias ao faturizador, que as revende para terceiros. O vendedor tem garantido o pagamento, pois vende a mercadoria ao faturizador que pagará o preço, embora menor do que o de mercado. O faturizado, apesar do lucro menor, tem as vendas garantidas, bem como o recebimento do preço.

## 5.6. Factoring with recourse

Trata-se de modalidade de contrato de fomento mercantil em que o devedor é notificado da conta, e os serviços são prestados pelo faturizador com a reserva de que, em caso de inadimplemento do devedor, o faturizador poderá cobrar do faturizado. É uma modalidade, portanto, imprópria de *factoring*, tendo em vista que o faturizador não assume sozinho o risco do inadimplemento.

## 5.7. Open factoring

Nessa espécie de *factoring* o faturizador financia a transação comercial entre o faturizado e o devedor na compra do bem, se encarregando de efetuar a cobrança do valor financiado.

## 5.8. Non notification factoring

Trata-se de uma modalidade em que a cessão de crédito não é notificada ao devedor. O faturizado, aqui, assume o encargo de cobrar do devedor, ou seja, a cobrança é feita pelo faturizado que, no entanto, repassa o valor cobrado ao faturizador.

O faturizador assume o risco pelo inadimplemento, como ocorre no *factoring* tradicional, no entanto, não tem o encargo de cobrar o débito. Por essa razão, o valor da comissão é menor, tendo em vista que essa atividade de cobrança é exercida pelo próprio faturizado, exonerando o faturizador desse serviço.

## 5.9. Trustee

É a modalidade de contrato de fomento mercantil em que a confiança é absoluta, pois o faturizador irá prestar um serviço de gestão financeira e de negócios do faturizado. O faturizador administra todas as contas do faturizado, e não apenas aquelas inerentes aos créditos cedidos. O faturizado, assim, passa a trabalhar com caixa zero, deixando toda a sua administração financeira nas mãos de um prestador de serviços especializados, passando a concentrar todos os seus esforços e sua atenção no exercício de sua atividade empresarial propriamente dita.

## 5.10. New style factoring

Nessa modalidade de contrato de fomento mercantil o faturizador presta uma gama de serviços ao faturizador, como a administração de suas contas. Assemelha-se ao *trustee.*

## 5.11. Accounts receivable financing

Uma espécie primitiva de contrato de fomento mercantil que era praticada nos Estados Unidos da América.

O faturizado cedia o crédito ao faturizador garantindo o inadimplemento. Portanto, era uma cessão com garantia em que o faturizado-cedente se responsabilizava pelo inadimplemento. Na hipótese de não pagamento pelo devedor, incumbia ao faturizado efetuar a cobrança do título.

O faturizador antecipava um pequeno percentual do crédito no momento da cessão, ficando o remanescente à espera do pagamento do título. A comissão, portanto, era inferior.

## 5.12. Compra de matéria-prima

Trata-se de espécie de fomento mercantil em que o faturizado é detentor de tecnologia para a produção, mas não possui recursos para a aquisição de matéria-prima. O fomento, *in casu*, não é de recursos financeiros, e sim de matéria-prima. O faturizador faz a compra, em seu nome, de matéria-prima para o faturizado, negociando com o fornecedor. Age, aqui, como verdadeiro financiador. Pode, ainda, o faturizador efetuar a compra em nome do faturizado, realizando quase que uma intermediação.

O faturizado, então, cede ao faturizador os créditos oriundos das vendas dos produtos industrializados no montante necessário a remunerar o valor investido, além do valor correspondente à comissão que garante o lucro da sociedade de fomento mercantil.

# 7

## Franquia Empresarial

Maiores chances de êxito na atividade empresarial mediante a exploração de uma marca de sucesso. Ampliação da rede de distribuição de produtos e serviços sem a necessidade de despender recursos próprios. A existência desses interesses une empresários na celebração de um contrato que cresce exponencialmente a cada ano.

O sonho do indivíduo de iniciar uma atividade econômica já com grandes chances de sucesso, obtendo grande lucratividade, bem como daquele que já tem seu próprio negócio, mas vê a oportunidade de exercer uma atividade econômica com maior segurança, estrutura e suporte, faz com que se unam a outro empresário, titular de uma marca, que deseja ampliar os limites e o alcance territorial de seus produtos e serviços.

Os primeiros, explorando uma marca que, na maioria das vezes, é de renome, montam o seu próprio negócio com a expectativa de que atrairão grande clientela, enquanto o segundo vê a possibilidade de fortalecer ainda mais a sua marca, mediante a ampliação da rede de fornecimento e, consequentemente, obter maiores lucros.

Este negócio também se torna vantajoso para os consumidores que passam a ter acesso a bens e serviços de melhor qualidade e, na maioria dos casos, com preços mais acessíveis.

São esses fatores que viabilizam o contrato de franquia, mediante o qual esses empresários travam uma relação jurídica empresarial complexa, a fim de atingirem os seus objetivos particulares.

Um simples passeio por ruas que mantêm comércio, e também nos corredores dos *shopping centers*, é suficiente para vislumbrar o sucesso deste contrato. Nos *malls*, verdadeiros templos de consumo, é possível ver a profusão de grandes marcas que são exploradas, na maioria das vezes, não por seu titular, mas por empresários que obtiveram o direito de utilizá-las, com ou sem exclusividade, beneficiando-se, assim, da possibilidade de ostentá-las nos produtos e serviços que comercializam.

Vê-se, pois, que a franquia é um negócio jurídico vantajoso para ambas as partes envolvidas na relação: o titular da marca lucra com a sua cessão onerosa, que a cada novo contrato celebrado se torna mais valiosa, ante o seu crescimento, expansão e sucesso; e o cessionário da marca que pode explorá-la, assim gozando do benefício de ostentar uma marca conhecida e bem aceita pelos consumidores, e ainda recebendo o suporte do próprio titular dela na exploração do seu negócio.

O contrato de franquia é um dos grandes responsáveis pelo crescimento desenvolvimento das atividade econômicas, mediante o aumento da rede de fornecedores e consumidores, acarretando maior circulação de bens e riquezas no país.

Por se tratar de um fenômeno social, com grandes repercussões, não está o contrato de franquia alheio ao Direito, possuindo diversos aspectos jurídicos que devem ser examinados, a fim de melhor se resguardar o interesse dos franqueadores, franqueados e consumidores, especialmente nos mais variados conflitos que exsurgem dessa complexa relação. São esses aspectos que ora passamos a examinar.

## 1. CONCEITO

O trabalho de conceituação do contrato de franquia empresarial é facilitado pela Lei nº 8.955/94 que, em seu art. 2º, o conceitua fixando parâmetros que devem ser observados com atenção.

Segundo o mencionado dispositivo, *franquia empresarial é o sistema pelo qual um franqueador cede ao franqueado o direito de uso de marca ou patente, associado ao direito de distribuição exclusiva ou semiexclusiva de produtos ou serviços e, eventualmente, também ao direito de uso de tecnologia de implantação e administração de negócio ou sistema operacional desenvolvidos ou detidos pelo franqueador, mediante remuneração direta ou indireta, sem que, no entanto, fique caracterizado vínculo empregatício.*

Como é possível perceber, a lei conceitua o contrato de franquia a partir de uma ótica negocial, empresarial, e não apenas jurídica, uma vez que o trata como um sistema que envolve as figuras do franqueado e do franqueador que se vinculam a partir de diversas relações, como a cessão de uso da marca ou patente, distribuição de produtos e serviços, e uso de tecnologia de implantação e administração de negócios ou sistema operacional.

Trata-se, pois, de um conceito complexo e abrangente, que, todavia, não nos parece adequado do ponto de vista técnico-jurídico.

Juridicamente, podemos citar, na doutrina, o conceito apresentado pelo saudoso comercialista Fran Martins, que nos parece mais consentâneo com a natureza contratual da franquia empresarial.

Segundo o autor, franquia é "o contrato que liga uma pessoa a uma empresa, para que esta, mediante condições especiais, conceda à primeira o direito de comercializar marcas ou produtos de sua propriedade sem que, contudo, a esses produtos estejam ligadas por vínculo de subordinação. O franqueado, além dos produtos que vai comercializar, receberá do franqueador permanente assistência técnica e comercial, inclusive no que se refere à publicidade dos produtos".[1]

Também enfatizando o caráter contratual da franquia, e com impressionante poder de síntese, Arnaldo Rizzardo conceitua o contrato de franquia como "a operação através da qual um empresário permite ou autoriza a outrem o direito de usar a marca de produto ou serviço seu, oferecendo-lhe assistência técnica para sua implantação e comercialização, recebendo, em troca, determinada remuneração".[2]

De plano, é possível perceber desses conceitos apresentados que, em verdade, a franquia empresarial não é um sistema abrangendo diversos negócios, como prevê a Lei nº 8.955/94. É a franquia um contrato que estabelece diversas obrigações para ambas as partes, e que podem variar conforme a espécie de franquia que se adote.

É verdade que essas diversas obrigações poderiam estar expressas em dois ou mais instrumentos autônomos. Não obstante, o contrato de franquia diz respeito a uma única relação negocial, formando uma unidade contratual autônoma desdobrada em várias obrigações.

A diversidade dessas obrigações, ou elementos deste contrato, é essencial para a sua existência e caracterização, como, por exemplo, a cessão de uso da marca, a assistência do franqueador ao franqueado, a remuneração devida pelo franqueado ao franqueador, e a independência do franqueado no que toca a administração do seu negócio.

Assim, para caracterizar um contrato de franquia, imperiosa é a presença desses elementos que serão mais bem examinados quando do estudo das características do contrato.

A partir dessas observações, pensamos que é possível estabelecer um conceito jurídico da franquia. Segundo entendemos, a franquia empresarial é o contrato por meio do qual um empresário cede o uso da marca de sua titularidade a outro empresário, bem como lhe presta assistência mediante uma remuneração, para que ele, beneficiando-se da marca e da estrutura cedida, possa explorar seu próprio negócio.

Portanto, para que exista uma franquia é preciso que haja, no mínimo, essas características, as quais estudaremos com mais profundidade no item 5 deste capítulo.

1 MARTINS, Fran. *Contratos e obrigações comerciais.* 15. ed. Rio de Janeiro: Forense, 2001. p. 486.

2 RIZZARDO, Arnaldo. *Contratos.* 9. ed. Rio de Janeiro: Forense, 2009. p. 1.405.

## 2. NATUREZA JURÍDICA

Como vimos no tópico anterior, tem a franquia uma natureza contratual, ou seja, a franquia é um contrato. Contudo, diverge a doutrina quanto a sua natureza.

Para grande parcela da doutrina, trata-se de um contrato atípico misto ou híbrido.[3] Segundo este entendimento, o contrato de franquia é um contrato atípico mesmo diante da existência da Lei nº 8.955/94, e isso porque, mesmo diante da lei, a relação entre franqueador e franqueado será regulada exclusivamente pelos direitos e deveres inseridos pelas partes no contrato.[4] É, ainda, misto ou híbrido, conforme este entendimento, porque reúne elementos de diversos outros contratos, típicos e/ou atípicos, como, por exemplo, o contrato de distribuição e o de prestação de serviços.[5]

Já para outra parcela da doutrina, à qual nos filiamos, o contrato de franquia é um contrato típico.[6] Segundo o saudoso Prof. Orlando Gomes, contratos típicos são aqueles "esquematizados na lei, com denominação própria, formando espécies definidas".[7] Diante dessa definição, só podemos concluir que a Lei nº 8.955/94 cumpre este papel, pois ela define o contrato, traz as cláusulas mínimas, os elementos mínimos e necessários à sua caracterização, além de nomeá-lo, ou seja, dá um nome próprio e específico, diverso dos demais, para esta espécie contratual.

---

3 MARTINS. Op. cit. p. 491; COELHO, Fábio Ulhoa. *Curso de direito comercial*: direito de empresa. Empresa e estabelecimento/títulos de crédito. 14. ed. São Paulo: Saraiva, 2010. v. 1, p. 128-129; BARROSO, Luiz Felizardo. *Franchising & direito*. 2. ed. Rio de Janeiro: Lumen Juris, 2002. p. 65; NEGRÃO, Ricardo. *Manual de direito comercial & de empresa*. Títulos de crédito e contratos empresariais. São Paulo: Saraiva, 2010. v. 2, p. 313; MARIANI, Irineu. *Contratos Empresariais*. Porto Alegre: Livraria do Advogado. 2007, p. 380.

4 Como salienta o Prof. Fábio Ulhoa Coelho, "a lei brasileira sobre franquias não confere tipicidade ao contrato: prevalecem entre franqueador e franqueado as condições, termos, encargos, garantias e obrigações exclusivamente previstos no instrumento contratual entre eles firmado. Procura, apenas, a lei assegurar ao franqueado o amplo acesso às informações indispensáveis à ponderação das vantagens e desvantagens relacionadas ao ingresso em determinada rede de franquia. Em outros termos, o contrato de franquia é atípico porque a lei não define direitos e deveres dos contratantes, mas apenas obriga os empresários que pretendem franquear seu negócio a expor, anteriormente à conclusão do acordo, aos interessados algumas informações essenciais" (COELHO. Op. cit. p. 129).

5 MARTINS. Op. cit. p. 490.

6 BOITEUX, Fernando Netto. *Contratos mercantis*. São Paulo: Dialética, 2001. p. 240; LOBO, Jorge. *Contrato de "franchising"*. 3. ed. Rio de Janeiro: Forense, 2003. p. 37.

7 GOMES, Orlando. *Contratos*. 26. ed. Rio de Janeiro: Forense, 2009. p. 97.

É verdade, como explicita o Prof. Fábio Ulhoa,[8] que defende a atipicidade desse contrato, que a Lei nº 8.955/94 não esgota todos os aspectos deste negócio, tecendo a minúcias quanto a condições, deveres, direitos etc. Entretanto, a Lei, além de definir este novo instituto, conceituando-o, ainda traz, como já ressaltado, aqueles elementos mínimos e necessários para que se possa caracterizar um contrato como de franquia, inclusive fixando alguns direitos e obrigações que devem necessariamente estar descritos, por exemplo, na Circular de Oferta de Franquia, que é obrigatória em todo contrato de franquia, e que vincula as partes no momento da contratação, como é possível perceber, em uma leitura ainda que superficial, dos incisos do art. 3º da lei especial.

Então, mesmo que não esgotando todos os aspectos deste negócio jurídico, a Lei nº 8.955/94 é o ato legislativo que regula o contrato de franquia, conferindo-lhe tipicidade. A ausência de minúcias, ou do esgotamento de todos os elementos e aspectos do contrato, não é capaz de afastar a sua tipicidade. Pensamos, inclusive, que fez bem o legislador ao assim não proceder. Não deveria ele esmiuçar o contrato, estabelecendo inúmeras cláusulas obrigatórias, amarrando as partes, porque o contrato de franquia tem uma natureza inequivocamente interempresarial, pois celebrado entre empresários, de modo que deve possibilitar as negociações, ante o dinamismo das relações empresariais, privilegiando a autonomia privada. Deve ele ser passível de se adaptar às novas práticas comerciais, o que não seria possível se houvesse uma previsão "fechada" dos direitos e deveres das partes, levando ao engessamento da relação.

Portanto, com a devida vênia aos que defendem tese contrária, não é necessária uma lei que estabeleça todas as condições, os termos, os encargos, as obrigações e os direitos das partes para que se considere o contrato de franquia como um contrato típico.

Por fim, há ainda quem sustente que o contrato de franquia é um contrato típico misto,[9] por ser regulado em lei e resultar da combinação de diversas espécies contratuais típicas e atípica.

Ousamos, todavia, discordar desse entendimento, pois acolhemos, neste particular, as lições do saudoso Prof. Orlando Gomes, para quem os contratos híbridos ou mistos são espécies de contratos atípicos, e não típicos.[10] A partir de suas lições, é possível concluir que, sendo o contrato de franquia um contrato típico, não seria possível incluí-lo na subespécie

8 COELHO. Op. cit. p. 129.

9 WALD, Arnoldo. *Direito civil.* Contratos em espécie. 18. ed. São Paulo: Saraiva, 2009. p. 379; CRETELLA NETO, José. *Manual jurídico do franchising.* São Paulo: Atlas, 2003. p. 24-25.

10 GOMES. Op. cit. p. 120.

dos contratos mistos, uma vez que a tipicidade decorre da criação, pela lei, de uma nova unidade contratual autônoma. Deste modo, uma vez sendo regulado em lei, tipificando o contrato, passa ele a ter elementos próprios, pelo quê seus elementos, ainda que originariamente tenham sido extraídos de outros contratos, passam a ser incorporados pela estrutura típica do contrato, como prevista na lei, deixando de ser misto.

O fato de possuir características semelhantes às de outros contratos não retira dele a natureza de contrato típico, como se vislumbra na existência de inúmeros contratos típicos que possuem algumas características semelhantes.

Para explicitar, podemos destacar o fato de que o contrato de franquia possui algumas características de outros contratos, como, por exemplo, de *know-how* e de *engeneering*. Mas isso não é suficiente para torná-lo um contrato misto, haja vista que essas características foram incorporadas por ele e encampadas pelo ordenamento, passando a se submeter às regras próprias e às peculiaridades da franquia, afastando-se dos contratos originais dos quais foram extraídas essas características.

Portanto, de tudo o que expusemos, é forçoso concluir que o contrato de franquia tem a natureza de contrato típico.

## 3. SUJEITOS

São dois, basicamente, os sujeitos do contrato de franquia: franqueador e franqueado. Ambos são partes do contrato, não podendo ser ele celebrado sem a sua existência. Há, ainda, um terceiro sujeito que pode fazer parte da relação contratual, que é o master-franqueado ou subfranqueador.

### 3.1. Franqueador

O franqueador, ou *fanchisor*, é o empresário titular da marca dos produtos e serviços objeto da licença de uso. Com a celebração do contrato, ele licencia o uso da marca, permitindo que o franqueado a explore mediante a comercialização dos produtos e serviços que a ostentam, assim o beneficiando com a clientela atraída por ela.

O franqueador poderá, dependendo da espécie de franquia contratada, produzir ou fabricar o produto que será comercializado pelo franqueado, como também poderá transmitir a ele as técnicas de fabricação desses produtos para que o próprio franqueado possa produzi-los e distribuí-los, hipótese essa muito comum nos casos de franquia de produção de bebidas industrializadas, como, por exemplo, das grandes marcas de refrigerantes.

O contrato de franquia consistirá, quando o objeto da franquia for a prestação de serviços, na transmissão do franqueador ao franqueado das técnicas para prestação desse serviço, em que o franqueado prestará o serviço sob a marca do franqueador, utilizando-se das técnicas bem-sucedidas e desenvolvidas por este.

Note-se que, conforme lição de Fran Martins, para que possa ser contratada a franquia é preciso que o produto ou serviço seja comercializável e de boa aceitação pelo público consumidor, ou seja, o franqueador "deve dispor de um produto que tenha assegurada a comercialização".[11]

Ora, o franqueado, ao contratar a franquia, espera que obterá o retorno financeiro em decorrência do sucesso do negócio do franqueador, do bom nome que goza na praça. Se o produto ou serviço não é comercializável, ou não tem boa aceitação pelo público, não há sentido na contratação da franquia.

Se o produto ou serviço não detiver essas características, a consequência será a de que, ou o franqueador não conseguirá celebrar o contrato com nenhum franqueado, ante a falta de candidatos à contratação da franquia, ou a franquia contratada será um fracasso, levando à derrocada o negócio do franqueado, o que poderá, inclusive, levar à responsabilização do franqueador pelos danos causados àquele.

## 3.2. Franqueado

O franqueado é o beneficiário do uso da marca do franqueador, atuando, na grande maioria das vezes, como um distribuidor dos produtos ou serviços que ostentam esta marca.

Deve o franqueado também ostentar a condição de empresário individual, sociedade empresária, ou EIRELI, explorando a sua atividade econômica organizada sob a marca do franqueador. Por isso, não há que se falar em relação de emprego, ou subordinação, entre o franqueador e o franqueado. Trata-se, em tese, de uma relação entre iguais.

Portanto, há entre franqueador e franqueado uma relação empresarial, não sendo possível falar em relação de emprego ou subordinação, como dispõe a parte final do art. 2º da Lei nº 8.955/94.

Não há que se falar, ainda, em relação de consumo entre franqueador e franqueado, mesmo quando o franqueado adquire as mercadorias do franqueador, e tampouco quando recebe dele assistência técnica.

O Código de Defesa do Consumidor trouxe, em seu art. 2º, um conceito objetivo de consumidor, haja vista que o define como toda a pessoa natural ou jurídica que adquire, ou utiliza, produto ou serviço como destinatário final. Então, o exame da caracterização como consumidor é

11 MARTINS. Op. cit. p. 487.

objetiva. Basta verificar se está presente, objetivamente, a condição de destinatário final.

Consumidor, como destinatário final, é a pessoa que retira o bem da cadeia de consumo, não o reinserindo no processo produtivo, e tampouco fazendo a sua distribuição através de revenda.

No caso da franquia parece notório que o franqueado adquire os produtos, ou se beneficia dos serviços de assistência técnica, em proveito da sua atividade, a fim de obter lucros com o seu próprio negócio. Trata-se, pois, de uma relação empresarial, e não consumerista.[12]

## 3.3. Master-Franqueado

É possível, no contrato de franquia, ainda existir a figura do *master*-franqueado ou subfranqueador. Segundo leciona José Cretella Neto, "contrato de *master-franchising* é o estabelecido entre o franqueador e um franqueado de grande porte (denominado *master*-franqueado), que tem por finalidade o desenvolvimento, por parte do segundo, de uma rede de unidades, em determinado território, geralmente bastante am-

12 Há que se observar que a doutrina e a jurisprudência vêm flexibilizando o conceito de consumidor, reinterpretando a sua concepção finalista para examiná-la com maior subjetivismo, admitindo a caracterização, como consumidor, de empresários que adquirem bens para o exercício da sua atividade, desde que demonstrada a sua vulnerabilidade perante aquele que lhe fornece os produtos e/ou serviços (ver, a título de exemplo, a decisão divulgada no informativo nº 441 do STJ, em que se afirmou peremptoriamente a possibilidade de empresários ostentarem a condição de consumidor, quando caracterizada a sua vulnerabilidade. Ver REsp 1.010.834/GO. Rel. Min. Nancy Andrighi. Terceira Turma. *DJe* 03/08/2010. Mais recentemente, ver REsp 1.321.501/SE. Rel. Min. Benedito Gonçalves. Primeira Turma. *Dje* 23/04/2014). Há casos, como salienta a doutrina, em que pequenos empresários ou sociedades empresárias utilizam insumos para a sua produção, mas não em sua área de expertise, ou com uma utilização mista, principalmente na área dos serviços. Nesses casos, provada a sua vulnerabilidade, é possível caracterizar esse empresário, sociedade empresária, ou EIRELI, como destinatários finais do produto ou serviço (MARQUES, Claudia Lima. *Comentários ao Código de Defesa do Consumidor*. Claudia Lima Marques, Antônio Herman V. Benjamin, Bruno Miragem. 2. ed. São Paulo: Revista dos Tribunais, 2006. p. 85). Então, seguindo essa linha de entendimento, é possível reconhecer a existência de relação de consumo quando um indivíduo, sem qualquer experiência comercial, ingressa no meio empresarial através de um contrato de franquia com um franqueador titular de uma grande marca internacional, com uma rede mundial de franquias, por exemplo. Ocorre que, esse exame é casuístico, ou seja, deve ser feito caso-a-caso. Conforme entendimento do Prof. Irineu Mariani, "[n]o *franchising*, não se pode *a priori* afirmar a existência de *relação de consumo* entre franqueador e franqueado e também não se pode negar possa eventualmente acontecer. Tudo depende do caso concreto" (MARIANI. Op. cit. p. 391).

plo, ou longe da sede do franqueador, ou ainda tão densamente populado que exige, para melhor cobertura, inúmeras unidades, relativamente próximas uma das outras. Essas unidades podem pertencer ao próprio *master*-franqueado, ou ser operadas por subfranqueados, que firmam contratos individuais com o *master*-franqueado".[13]

Contratada a *master*-franquia, o *master*-franqueado passa a atuar como se fosse o franqueador, sendo-lhe conferido o poder de subfranquear, cabendo a ele organizar a franquia, a própria rede, dentro daquela determinada localidade ou região estabelecida no contrato.

Esta forma de franquia tem larga utilização internacional, quando o titular de uma grande marca multinacional contrata um grande e experiente empresário em um determinado país para ali inserir os seus produtos e serviços.

Assim, dispensa-se o franqueador de ter que se preocupar em examinar profundamente o mercado de determinado país, haja vista que o *master*-franqueado, esse grande empresário do local, já detém esse conhecimento.

Então, caberá ao *master*-franqueado, que terá exclusividade sobre a marca no país, fazer os investimentos necessários à entrada no mercado consumidor dos produtos e serviços que ostentam a marca multinacional.

Poderá, ainda, ele próprio e diretamente, iniciar a atividade, organizando estabelecimentos para a comercialização dos bens ou serviços, sob a sua titularidade, ao invés de subfranquear, criando uma rede de subfranqueados.

## 4. CARACTERÍSTICAS

### 4.1. Independência do franqueado

A relação entre franqueador e franqueado é peculiar, havendo semelhanças com os contratos de cooperação ou comunhão de escopo, existindo, inclusive, entendimento no sentido de que uma das características principais do contrato de franquia é exatamente esta cooperação que deve existir entre ambas as partes.[14]

Apesar de concordarmos com o fato de que deve haver cooperação entre franqueador e franqueado, em que aquele deve auxiliar este, transmitindo-lhe as técnicas necessárias para o sucesso do negócio, bem como assistência técnica e, quando previsto no contrato, financeira, não

13 CRETELLA NETO. Op. cit. p. 125.

14 BOITEUX. Op. cit. p. 241.

é possível caracterizar propriamente o contrato de *franchising* como um contrato de comunhão de escopo ou um contrato associativo. Na verdade, há, entre o contrato de franquia e essas espécies contratuais - como o contrato de sociedade, por exemplo -, uma mera semelhança.

Os contratos associativos têm como característica a existência de interesses convergentes entre as partes contratantes, ou seja, as partes contratam e, consequentemente, se vinculam em prol de um interesse comum, visando um fim comum, de maneira que, quando um sofre prejuízo, todos os demais o suportam também, como ocorre nos contratos societários, em que os sócios se unem visando o sucesso da sociedade e, no âmbito do Direito Administrativo, por exemplo, os convênios.

Já na franquia, os interesses não são convergentes, embora não se possa afirmar que haja, propriamente uma divergência. As partes do contrato de franquia têm de interesses próprios e distintos. O franqueado que ter o seu próprio negócio e lucrar com ele e, para isso, precisa se utilizar da marca do franqueador, enquanto o franqueador quer difundir a sua marca e ser remunerado pelo franqueado, remuneração esta que será maior - pois geralmente incide sobre um percentual do faturamento deste - quanto mais lucros tiver o franqueado. Portanto, cada um visa o seu próprio interesse, que não é propriamente antagônico ao do outro. Os dois visam o lucro do seu próprio negócio, o que só é possível, em regra, com o êxito de ambos.

Ocorre que, no contrato de franquia deve haver uma relação muito próxima entre as partes, que muitas vezes aproxima-se de um vínculo de dependência, uma vez que o sucesso do franqueado depende do sucesso da marca, dos produtos e dos serviços do franqueador, enquanto o franqueador também depende da boa atuação e do êxito dos franqueados, uma vez que o insucesso deles pode levar à derrocada da sua marca e do seu negócio.

Contudo, e já deve ter sido possível perceber, a colaboração e a assistência do franqueador ao franqueado têm um interesse maior, que é o seu próprio sucesso. Em verdade, podemos falar, na hipótese, em interesses imediato e mediato do franqueador.

O interesse mediato do franqueador é o seu lucro, mas, para que isso seja alcançado, ele precisa que seja atendido o interesse imediato, que é o sucesso dos franqueados, pois este sucesso levará ao êxito da rede de franquias e, consequentemente, a uma valorização da marca e a uma maior lucratividade.

O mesmo ocorre com os franqueados. Tendo o franqueador uma marca cada vez mais forte e famosa, maiores são as chances de sucesso e lucro dos franqueados, que exploram essa marca. Por essa razão, eles devem colaborar para o fortalecimento desta, ajudando, então, à formação de um bom nome dos produtos e serviços do franqueador.

O que se percebe é que embora haja a necessidade de colaboração entre as partes, e uma necessidade do êxito comum, os interesses de cada uma das partes não são convergentes, a ponto de se caracterizar, por exemplo, como um grupo econômico.

O que há neste vínculo entre franqueador e franqueado, como bem leciona o Prof. Luiz Felizardo Barroso, é "um relacionamento de parceria entre duas empresas independentes, conservando cada uma sua individualidade jurídica, assumindo cada uma todo o risco de seus respectivos empreendimentos, responsabilizando-se por todas as despesas de seu pessoal e de manutenção do próprio estabelecimento".[15]

Há, portanto, entre franqueador e franqueado, apenas uma relação de parceria, em que o franqueado gere, administra, seu negócio sem a interferência do franqueador. Por essa razão, não há que se falar na existência de relação de emprego ou subordinação nessa relação jurídica.

No entanto, há quem entenda que apesar de não haver uma relação de emprego, é possível vislumbrar uma subordinação do franqueado em relação ao franqueador. Segundo o Prof. Fábio Ulhoa Coelho, "entre as partes do contrato de franquia, estabelece-se nítida relação de subordinação. O franqueado deverá organizar a sua empresa com estrita observância das diretrizes gerais e determinações específicas do franqueador. Essa subordinação empresarial é inerente ao contrato. Não existe franquia sem tal característica. Ela é indispensável à plena eficiência dos serviços de organização empresarial, que o franqueado adquire. O franqueador, desse modo, num certo sentido participa do aviamento do franqueado".[16]

E neste sentido, para que seja possível o sucesso do negócio, é indispensável a existência, por parte do franqueador, de um amplo poder de fiscalização e controle,[17] a fim de aferir se suas determinações e dire-

15 BARROSO. Op. cit. p. 32.

16 COELHO. Op. cit. p. 128. Pactua de entendimento semelhante o já citado emérito professor da USP, Fernando Boiteux, que embora reconheça a autonomia das partes, afirma que esta deve ser entendida em um determinado contexto. Segundo ele, "a Lei nº 8.955/94 admite um amplo controle do franqueador sobre o franqueado, podendo e devendo o primeiro determinar, na Circular de Oferta, até mesmo o grau de comprometimento do segundo com a operação do negócio (artigo 3º, inciso VI, transcrito no item seguinte)". Ainda segundo o citado mestre, o franqueado "está sujeito a um amplo controle de sua atividade pelo franqueador, entendido como um poder-dever, dado que 'não tem vista a satisfação de um interesse próprio do franqueador, mas igualmente o interesse de cada um dos membros da cadeia franqueada', como entende L. Miguel de Vasconcelos" (BOITEUX. Op. cit. p. 241).

17 BOITEUX. Op. cit. p. 241.

trizes estão sendo cumpridas, evitando, assim, um desvio por parte do franqueado, o que retiraria a independência deste último.

Tal conclusão, até certo ponto, se coaduna com o que foi explicitado anteriormente, isto é, a atuação desastrosa de um franqueado pode manchar a imagem do franqueador, denegrir sua marca e, consequentemente, colocar por terra toda a rede de franquia, o que impõe a necessidade de controle e fiscalização por parte do franqueador.

Para evitar essas consequências, inclusive, defende o emérito Prof. Boiteux a possibilidade de ajuizamento de uma ação, por qualquer um dos franqueados, em face do franqueador que deixa de controlar a atividade dos demais, para compeli-lo a promover esta fiscalização, pois essa desídia poderia colocar em risco as atividades da rede, com o quê concordamos.

Não obstante, e ainda segundo o autor, essa possibilidade de fiscalização retiraria a autonomia do franqueado, a qual se limitaria à gestão do seu negócio, conclusão essa que não compartilhamos.[18] Ora, se o franqueado tem autonomia de gestão, por certo há uma independência deste, de modo que não pode o franqueador, por exemplo, propor uma ação para se imiscuir na administração do negócio do franqueado, demitir ou admitir funcionários e etc.

Como já afirmamos, a relação existente entre franqueado e franqueador é de parceria, e não de controle e subordinação. O relacionamento entre eles é de equilíbrio,[19] devendo ambas as partes observar os direitos e obrigações contraídas uma perante a outra. A cada direito corresponde uma obrigação, e vice-versa. Daí o sinalagma deste contrato. Então, para que tenhamos verdadeiramente um contrato de franquia, é preciso que haja uma liberdade do franqueado de gerir, administrar e conduzir o seu próprio negócio, assegurando-lhe sua independência.

A Lei nº 8.955/94, ao afirmar que não há relação de emprego entre franqueador e franqueado, não quis apenas afastar a incidência das normas trabalhistas à espécie. Quis também retirar da franquia a subordinação que caracteriza as relações trabalhistas.

De nada adiantaria a lei fazer tal afirmação se, na prática, houvesse essa subordinação do franqueado perante o franqueador. Aplicar-se-ia ao contrato de *franchising* a mesma expressão que tornou famosa uma determinada marca de *shampoo* na década de 1980: parece, mas não é.

O franqueado é titular de seu próprio negócio, de seu próprio estabelecimento e, consequentemente, dos elementos que o compõem, salvo

---

18 Idem.

19 BARROSO. Op. cit. p. 33.

a marca e a patente que, embora consistam em elementos imateriais do fundo empresarial, pertencem ao franqueador, que tão somente cede o seu uso ao franqueado.

A limitação do franqueado, em verdade, diz respeito apenas à estratégia mercadológica, ou seja, a estratégia empresarial de otimização dos lucros através da adequação da produção e oferta de mercadorias ou serviços de acordo com as necessidades e preferências dos consumidores – as quais se inferem mediante a realização de pesquisas de mercado –, bem como quanto ao *design* de produtos, campanhas publicitárias, atendimentos de venda e pós-venda, e demais questões que devem ser observadas e respeitadas pelo franqueado, ante a *atuação e visão macro* do franqueador.[20]

Ocorre que, não obstante essas "ingerências" que podem existir por parte do franqueador no negócio do franqueado, o que muitas vezes se mostra necessário ao bom funcionamento da própria franquia, não pode haver um controle externo do franqueador sobre a administração do negócio do franqueado,[21] sob pena de transformarmos o contrato de

---

20 Sob esse aspecto haverá uma limitação da atuação do franqueado, como leciona Fran Martins: "O que caracteriza principalmente a franquia é a *independência* do franqueado, ou seja, a sua autonomia como empresário, não ligado, assim, por um vínculo empregatício com o franqueador. Por isso, não é a empresa franqueada uma sucursal do franqueador. Tem ela autonomia jurídica e financeira, se bem que muitas vezes use como nome a marca do franqueador, o que dá a impressão de ser uma dependente dele. Essa autonomia, na verdade, é relativa. Ela aparece como absoluta no sentido de franqueador e franqueado serem pessoas distintas, cada uma respondendo pelos atos que pratica. No entanto, as relações que ligam o franqueador ao franqueado são tão íntimas que muitas regras são impostas a esse pelo franqueador, restringindo o seu campo de ação. Assim, existem contratos de franquia que fazem com que o franqueado só pratique determinados atos com autorização expressa do franqueador – propaganda local ou regional, apresentação dos produtos, disposição dos mesmos nos estabelecimentos, escrita especial, fornecimento diário, semanal ou mensal de informes sobre o movimento financeiro do franqueado, até mesmo o uso de uniformes padronizados pelos vendedores do franqueado ou o depósito do apurado das vendas em um determinado estabelecimento bancário, aprovado pelo franqueador. Há, assim, um sem-número de obrigações oriundas do contrato de franquia que tolhem a ação do franqueado, apesar de ser ele uma empresa independente da franqueadora" (MARTINS. Op. cit. p. 488).

21 Como salienta Irineu Mariani, "[o] franqueado atua sob o manto do franqueador, utilizando as mesmas marcas e técnicas de produção e/ou comercialização e de prestação de serviço, mas sem perder, em termos legais, a independência ou autonomia. O franqueado não deixa de ser entidade autônoma. Isso é relevante no *franchising* porque, na prática, é o que dá visibilidade ao sistema, por exemplo, na questão dos empregados". MARIANI. Op. cit. p. 367.

franquia em um grupo societário composto pelo franqueador e pelos franqueados, ou, nos dizeres de Jorge Lobo, um grupo econômico de subordinação com controle externo,[22] o que é admitido por este emérito professor.

Segundo ele, em determinadas espécies de franquia, como a *business format franchising*, em que há uma maior ingerência do franqueador, pois "integram o negócio formatado 'desde projetos e *designs* para a montagem do estabelecimento franqueado, como também aspectos inerentes à decoração do local e à forma de operação, como disposição de mercadorias em prateleiras, colocação das mesmas nos diversos ambientes, número de funcionários que auxiliarão nas operações da empresa, vestimentas dos mesmos, forma de elaboração das vitrines, locais de *displays*, forma de utilização de tecnologia eventualmente cedida, *know-how* ou técnicas de venda, forma de prestação de serviços ou venda dos produtos, formas ou fórmulas de industrialização', que tornam necessários 'treinamentos regulares aos franqueados e seus funcionários, para que possam operar o pacote de *franchising* que adquiriram' (Adalberto Simão Filho, *'Franchising' – Aspectos Jurídicos e Contratuais*, Atlas, 1993, p. 44), parece não haver dúvidas, pelo menos nesse tipo de *franchising*, que temos de considerar que franqueador e franqueados formam um grupo econômico de subordinação com controle externo".[23]

Então, na visão do citado professor, é possível perceber que, em alguns casos, como o da franquia de negócio formatado, existe um controle do franqueador sobre o franqueado, hipótese em que haverá a formação de um grupo econômico de subordinação.

Pensamos, no entanto, que ainda nesse caso não há um controle do franqueador sobre o franqueado. Trata-se, tão somente, de obrigações e direitos contraídos pelas partes em prol da uniformização, otimização e sucesso da rede. Está incluído, assim, na estratégia mercadológica do franqueador.

Portanto, essa atuação do franqueador não transforma a franquia em um grupo econômico caracterizado pela existência de uma subordinação dos franqueados, pois ela decorre, tão somente, da assistência que deve ser prestada pelo franqueador através da transmissão do *know-how*, do *engeneering*, do *management*, e do *marketing*, bem como da necessidade de se uniformizar a rede, em prol do próprio sistema.

No que toca aos grupos societários, são eles regulados pelos arts. 265 e seguintes da Lei nº 6.404/76. Na dicção desse dispositivo, a sociedade controladora e suas controladas podem constituir grupos de socie-

22 LOBO. Op. cit. p. 64.

23 Idem.

dades, mediante convenção pela qual se obriguem a combinar recursos ou esforços para a realização dos respectivos objetos, ou a participar de atividades ou empreendimentos comuns.[24]

Então, para que haja, efetivamente, um grupo societário é necessário existir um conjunto de sociedades que estejam sujeitas a um controle comum, decorrente de uma convenção, ou seja, um acordo formal, de natureza obrigacional, em que as partes se comprometam a se sujeitar às normas, regulamentos e circulares emanadas da direção do grupo.

Segundo leciona o mestre Modesto Carvalhosa, "podem-se conceituar os grupos de sociedades como um conjunto de companhias sujeitas a um controle comum, que, mediante convenção formal, visam a concentrar, sob a direção autônoma do grupo, a política de administração, os fatores de produção, o patrimônio e os resultados (lucros), mantendo cada uma das pactuantes a sua *formal* personalidade jurídica".[25]

Vê-se, pois, que o conceito de franquia, mesmo com a prática de atos pelo franqueador visando auxiliar a organização, a uniformização e a otimização da atividade do franqueado, não leva à formação de um grupo societário, inexistindo controle de uma parte sobre a outra, pelo quê deve ser compreendida a independência do franqueado.

## 4.2. Formalidade

Consoante o disposto no art. 6º da Lei nº 8.955/94,[26] o contrato de franquia deve ser escrito e assinado por duas testemunhas, de modo que se trata, inequivocamente, de um contrato formal, escrito,[27] não se admitindo franquia empresarial verbal.[28]

---

24 Lei nº 6.404/76. "Art. 265. A sociedade controladora e suas controladas podem constituir, nos termos deste Capítulo, grupo de sociedades, mediante convenção pela qual se obriguem a combinar recursos ou esforços para a realização dos respectivos objetos, ou a participar de atividades ou empreendimentos comuns."

25 CARVALHOSA, Modesto. *Comentários à Lei de Sociedades Anônimas*. 3. ed. São Paulo: Saraiva, 2009. v. IV, t. II, p. 326.

26 "Art. 6º O contrato de franquia deve ser sempre escrito e assinado na presença de 2 (duas) testemunhas e terá validade independentemente de ser levado a registro perante cartório ou órgão público."

27 É esse o entendimento amplamente majoritário na doutrina, como se vê em Arnaldo Rizzardo (RIZZARDO. Op. cit. p. 1.409), Luiz Felizardo Barroso (BARROSO. Op. cit. p. 66), Fernando Netto Boiteux (BOITEUX. Op. cit. p. 245), Carlos Alberto Bittar (BITTAR, Carlos Alberto. *Contratos comerciais*. 4. ed. Rio de Janeiro: Forense Universitária, 2005. p. 212), Ricardo Negrão (NEGRÃO. Op. cit. p. 313) e Jorge Lobo (LOBO. Op. cit. p. 37).

28 MARIANI. Op. cit. p. 380.

Há, todavia, quem sustente que, pelo menos teoricamente, é possível a contratação verbal de franquia, hipótese em que a prova da existência do contrato se fará, principalmente, pela escrituração dos livros dos contratantes.[29]

Certo é que, originariamente no Direito Brasileiro, não se exigia a forma escrita para o contrato de franquia, ou seja, o contrato de franquia podia ser celebrado sem a existência de um instrumento. Inclusive, algumas franquias funcionaram no Brasil sem nenhum documento formal, celebrando-se e comprovando-se a sua existência pela mera troca de correspondências.[30]

No entanto, essa possibilidade só poderia ser vislumbrada em contratos celebrados antes da entrada em vigor da Lei nº 8.955/94, uma vez que hoje se exige, por previsão expressa na lei, de um contrato escrito, de modo que o mero acordo verbal não terá validade como contrato de franquia.

Questão tormentosa diz respeito à exigência, ou não, de registro para a eficácia do contrato. Segundo o já citado art. 6º da Lei nº 8.955/94, o contrato de franquia deve ser escrito, e terá validade independentemente de registro. Ocorre que o art. 211 da Lei nº 9.279/96, a Lei de Propriedade Industrial, exige o registro do contrato de franquia no INPI para a produção de efeitos perante terceiros.

Essa exigência se justifica em razão de o contrato de franquia importar na licença de uso da marca, patente e, muitas vezes, a transferência de tecnologia. Assim, tratando-se de concessão de uso de direitos ligados à propriedade industrial, reclama a lei especial o registro do contrato no órgão competente.

Diante da previsão da Lei de Franquia e da Lei de Propriedade Industrial, parece haver um conflito acerca da necessidade, ou não, do registro do contrato de franquia. Questiona-se, a partir disso, como solucionar esse conflito.

Em verdade, o conflito é apenas aparente, haja vista que a parte final do art. 6º da Lei nº 8.955/94 trata da validade do contrato, e o art. 211 da Lei nº 9.279/96 cuida da sua eficácia perante terceiros, especialmente por envolver licença de uso de marca, que é um bem de propriedade industrial. Os preceitos legais são perfeitamente compatibilizáveis.

29 MARTINS. Op. cit. p. 491. Ressalvamos, ainda, o entendimento do Prof. Ricardo Negrão, que sustenta que "o contrato não escrito pode gerar obrigações para as partes, desde que a parte prejudicada demonstre ter concluído o contrato, realizado as despesas para instalação da empresa, obtido autorização da outra parte e outros atos que revelam a existência de consensualidade" (NEGRÃO. Op. cit. p. 314).

30 BARROSO. Op. cit. p. 64.

Segundo a doutrina,[31] para que o contrato de franquia seja válido, é necessário apenas que seja ele escrito e assinado na presença de duas testemunhas. Cumpridos esses requisitos, o contrato é plenamente eficaz entre franqueador e franqueado. No entanto, para que produza efeitos em relação a terceiros, exige-se o registro do contrato no INPI.

Nesse sentido, interessante é a lição de Fábio Ulhoa Coelho, para quem "o registro da franquia é condição de eficácia do ato perante terceiros, apenas na hipótese em que franqueador e franqueado titularizam direitos perante esses. Quando ocorre o inverso – os terceiros são credores dos participantes da franquia –, o registro não pode ser considerado condição de eficácia. É, por exemplo, o caso dos consumidores que, embora 'terceiros' em relação aos participantes do contrato de franquia, não podem ter os seus direitos prejudicados pela ausência do registro".[32]

Concordamos com a lição do citado autor, especialmente porque tal entendimento se coaduna com a boa-fé que deve reger todas as relações jurídicas. Entender de forma diversa é prestigiar a fraude, uma vez que se assim não for interpretada a questão, estar-se-á legitimando eventual conduta de franqueados e franqueadores de não registrarem seus contratos para se verem blindados contra uma responsabilização perante terceiros decorrente da relação da franquia.

É induvidoso que essa ausência de registro não pode ser oponível a terceiros para eximir franqueador e franqueado de uma responsabilidade, por exemplo, por danos causados a outrem.

Então, a inobservância da norma que impõe o registro para a produção de efeitos perante terceiros não pode servir como escudo para aqueles que desrespeitam a lei, isentando-os de responsabilidade perante terceiros. Tal conduta iria de encontro ao princípio da boa-fé que deve nortear todas as relações jurídicas.

Caso não seja feito o registro no INPI, a consequência será a impossibilidade de o franqueador e de o franqueado exercerem direitos que titularizem perante terceiros em razão do contrato de franquia, mas jamais o contrário.

Então, se as partes do contrato de franquia, por conta deste, tiverem algum direito em face de terceiro, não poderão reclamá-lo caso o contrato não esteja registrado. No entanto, em nome da proteção do terceiro de boa-fé, poderá este exercer seu direito contra o franqueador e contra o franqueado, se este direito decorrer do contrato de franquia, ainda que o instrumento não tenha sido levado a registro.

31 NEGRÃO. Op. cit. p. 313; COELHO. Op. cit. p. 134.

32 COELHO. Op. cit. p. 134-135.

Salientamos, ainda, a existência de posicionamento em contrário na doutrina que não reconhece a validade do contrato perante terceiros se não houver registro, e isso em qualquer hipótese, ou seja, ainda que o direito seja do terceiro contra os sujeitos do contrato de franquia, de modo que, caso não esteja registrado o contrato, ele não produzirá efeitos.[33]

Outro aspecto a ser observado é a do órgão competente para o registro do contrato de franquia. No entendimento do Prof. Fernando Boiteux, o registro não precisa, necessariamente, para produzir efeitos perante terceiros, ser registrado no INPI, sendo admissível o registro, tão somente, no cartório de títulos e documentos. O que importa, segundo ele, é que haja o registro, isto é, o registro é essencial e inafastável para que haja a produção de efeitos perante terceiros.[34]

Discordamos, contudo, da opinião do professor da USP. E isso porque, a Lei nº 9.279/96 exige o registro em órgão próprio, razão pela qual entendemos não ser possível, para a produção de efeitos perante terceiros, que o registro seja feito, por exemplo, apenas no cartório de títulos e documentos, especialmente por envolver, o contrato de franquia, direitos inerentes à propriedade industrial. Isso não afasta, entretanto, a possibilidade se registrar o contrato de franquia *também* no cartório de títulos e documentos, além do INPI.

Por fim, ainda no tocante à formalidade, ela não é só exigida na fase contratual, mas também na fase pré-contratual. Prevê a Lei de Franquia, em seu art. 3º, *caput*, que sempre que o franqueador tiver interesse na implantação de sistema de franquia empresarial, deverá fornecer ao interessado em tornar-se franqueado um documento escrito e em linguagem clara e acessível, o qual deve conter obrigatoriamente algumas informações, as quais estão previstas nos incisos do mencionado dispositivo.

Exige a lei, então, que antes da celebração do contrato deverá o franqueador entregar ao possível franqueado este documento escrito, nominado de Circular de Oferta de Franquia, a COF. É esse documento que passaremos a examinar a partir de agora.

### 4.2.1. Circular de Oferta de Franquia – COF

A Circular de Oferta de Franquia é regulada pelos arts. 3º e 4º da Lei nº 8.955/94. Trata-se de um documento escrito que deve ser entregue ao candidato a franqueado num prazo mínimo de dez dias anteriores à data da assinatura do contrato ou do pré-contrato de franquia – portan-

33 BOITEUX. Op. cit. p. 246.

34 Idem.

to, a COF não é um pré-contrato –, ou do pagamento de qualquer tipo de taxa pelo franqueado ao franqueador ou a pessoa por ele designada, sob pena de anulabilidade do contrato de franquia.

A Circular de Oferta de Franquia é entregue em um momento prévio, quando das negociações, das tratativas entre as partes.[35] Portanto, como regra, a entrega da COF não gera obrigação de contratar, e tampouco dever de indenizar caso não seja celebrado o contrato de franquia, salvo na hipótese de uma das partes, por sua conduta, gerar na outra a expectativa de que o contrato seria celebrado e, posteriormente, de forma injustificada, recusar a contratação.

A COF é um documento que visa dar prévia ciência ao candidato à franquia de todos os aspectos inerentes ao negócio que irá ser celebrado. Sua entrega é obrigatória, devendo apresentar, necessariamente, todos os elementos previstos no art. 3º da Lei nº 8.955/94.

É a Circular um instrumento do *disclosure*, pois serve como meio de divulgação sincera, ampla e total dos dados do contrato empresarial que se deseja celebrar.[36] O *disclosure* é "o princípio da revelação total e sincera dos dados empresariais no mercado de capitais e no de franquias empresariais".[37]

É ele aplicado na franquia em decorrência da boa-fé, pois visa dar ao franqueado um amplo conhecimento do negócio, uma vez que ele investirá o seu capital em um negócio preexistente, testado e explorado pelo franqueador. Nesse aspecto, estará o candidato a franqueado mais protegido e seguro a contratar se estiver ciente de todos os aspectos da franquia.

Assim, caso lhe seja sonegada alguma informação, isso poderá ser utilizado como fundamento para uma posterior rescisão do contrato de franquia, com a devolução de parcelas eventualmente pagas, bem como a formulação de pedido de indenização por perdas e danos.

Deve a COF conter, por exemplo, o perfil do franqueador – art. 3º, I, II e III da Lei nº 8.955/94 –, com todos os dados inerentes a este empresário, nada podendo ser omitido, como o balanço patrimonial, demonstração contábil dos lucros e prejuízos, e eventuais ações ajuizadas em face do franqueador.

Deve conter, também, o perfil da franquia – art. 3º, IV, da Lei nº 8.955/94 – com todas as informações ligadas ao negócio propriamente dito, como dados de funcionamento da rede, funcionamento do próprio

35 CRETELLA NETO. Op. cit. p. 104.

36 BARROSO. Op. cit. p. 43.

37 BARROSO. Op. cit. p. 48.

negócio, dados referentes aos demais franqueados, e a situação jurídica da marca – se há um mero depósito, ou se já há o registro.

Por conter dados sigilosos, como aqueles inerentes ao próprio funcionamento do negócio, os quais são necessários para que o franqueado averigue se o negócio lhe é viável ou não, deve a COF já explicitar a questão da necessidade de guarda do segredo industrial, uma vez que o candidato passa a ter acesso, seja pela própria Circular, ou pelo contrato que será celebrado, ao *know-how*, às estratégias de *marketing*, e a outras questões sigilosas. Trata-se da cláusula de confidencialidade que irá integrar o contrato.

Portanto, o futuro franqueado já deve saber como deve proceder e se comportar perante os conhecimentos obtidos na hipótese de não vir a ser celebrado o contrato, bem como deve saber como agir quando do término do contrato de franquia, obrigações essas que se forem descumpridas podem acarretar o dever de indenizar, como no caso da violação à cláusula de barreira ou segredo, que impõe ao franqueado o dever de não explorar negócio semelhante ao da franquia por um determinado período de tempo após o término do contrato.

Deverá a COF, também, explicitar a questão da exclusividade e da territorialidade.

Quanto à exclusividade, é ela essencial à franquia,[38] de forma que o franqueado deve estar ciente de que não poderá comercializar produtos e/ou serviços que ostentem a marca do franqueador.

Também não deve o franqueado exercer no estabelecimento destinado à franquia outras atividades diversas daquelas inerentes ao contrato, sob pena de "desviar o foco" da atividade que deve ser explorada em decorrência do contrato.

Se o franqueado divide seus esforços, exercendo outra atividade, ele induvidosamente não logrará êxito em explorar ao máximo, com todo afinco, eficiência e dedicação, a marca cedida pelo franqueador.

Também não poderá o franqueado exercer concorrência com o franqueador,[39] vendendo produtos ou oferecendo serviços de terceiros no estabelecimento destinado à franquia, ou explorando, através de outro estabelecimento, atividade semelhante a dele, utilizando-se de outra marca, pois nesse caso estará inegavelmente beneficiando-se dos conhecimentos obtidos com o negócio do franqueador, caracterizando-se inequivocamente como concorrência desleal, em evidente violação ao contrato.

38 LOBO. Op. cit. p. 80-81.

39 LOBO. Op. cit. p. 43.

Frise-se que esta impossibilidade de exercer a mesma atividade do franqueador, mas com outra marca, não é flexibilizada por questões territoriais, ou seja, o fato de o franqueado decidir explorar a mesma atividade do franqueador com outra marca, e em zona territorial distante daquela de atuação do franqueador, não torna o exercício dessa atividade lícita. Haverá, induvidosamente, um ilícito contratual.

E isso porque, embora não haja uma concorrência direta com o franqueador, ele estará se beneficiando dos conhecimentos e experiências obtidos com o contrato de franquia, o que levará a uma indevida utilização do *know-how* e demais técnicas apreendidas do franqueador. Estará ele, no mínimo, se enriquecendo à custa do conhecimento obtido com o seu contrato de franquia.

Essa limitação imposta ao franqueado, registre-se, não se afigura inconstitucional. Não há, a nosso sentir, violação à livre-iniciativa e concorrência, pois a vedação decorre da boa-fé que deve reger todas as relações contratuais, não sendo possível admitir que uma das partes contratantes se beneficie em prejuízo da outra, ou tirando proveito dos esforços desta em construir o negócio. Haverá, em verdade, um enriquecimento ilícito.

Dispõe, ainda, o art. 3º da Lei nº 8.955/94, em seu inciso X, que a COF deverá prever, ainda, se ao franqueado é garantida, ou não, a exclusividade ou preferência sobre determinado território. Trata-se da cláusula de territorialidade.

Tal previsão evidencia que não é obrigatória a exclusividade de território, ou seja, não está o franqueador impedido de conceder a um franqueado a exploração de sua marca na mesma zona territorial de outro franqueado. Não está o franqueador, portanto, obrigado a garantir essa exclusividade aos franqueados.

É possível, pois, que o franqueador celebre contrato de franquia com outros empresários autorizando-os a atuar no mesmo âmbito territorial de outro, ou outros, franqueados.

Há, todavia, quem critique essa possibilidade. Segundo o Prof. Irineu Mariani, "se o *franchising* é um *sistema*, pressupõe atitudes uniformes para toda a rede, pelo menos regional, o que exclui haja concorrência interna seja entre os franqueados, seja entre estes e o franqueador. É possível até ser estratégia do franqueador para quebrar o(s) franqueado(s), movido por interesses inconfessáveis".[40]

Então, para o magistrado gaúcho, não é lícito permitir que o franqueador conceda franquia a outro empresário na mesma zona territorial já ocupada por um franqueado. E isso porque tal possibilidade pode, in-

40 MARIANI. Op. cit. p. 369.

clusive, ocultar interesses escusos do franqueador que, visando prejudicar um determinado franqueado, concede a franquia a outro, no mesmo espaço territorial, pretendendo causar a sua quebra.

Portanto, segundo esse entendimento, possibilitar essa concorrência, que levará a um desvio, ou divisão, de clientela entre os franqueados, caracterizaria uma violação contratual.[41]

A fim de evitar essa concorrência dentro do sistema da franquia, que pode causar graves prejuízos aos franqueados, recomenda-se incluir na COF, e no próprio contrato, uma cláusula de limitação territorial.[42]

Frise-se que isso é uma recomendação, e não uma proibição, haja vista que a Lei da Franquia trata da exclusividade como uma cláusula dispositiva, ou seja, as partes podem dispor desse direito, de modo que o franqueador pode inserir cláusula assegurando a exclusividade, como também poderá permitir a concorrência.

Deve, ainda, a COF apresentar o perfil do franqueado – art. 3º, V, da Lei nº 8.955/94 –, indicando os requisitos que o candidato a franqueado deve possuir para ingressar na rede. Trata-se de um direito do franqueador de escolher o franqueado a partir de critérios por ele preestabelecidos[43].

Também de grande importância é a discriminação, na COF, das obrigações do franqueador. Por isso, devem ficar estabelecidas todas as obrigações que o franqueador assumirá perante o franqueado, como, por exemplo, a de licenciar o uso da marca e das patentes, a transmissão do *know-how*, a prestação de assistência técnica e financeira, o treinamento de pessoal, a escolha do ponto comercial, bem como se o suporte envolverá o *engeneering*, o *marketing*, e o *management*, além de outras obrigações que devem normalmente ser esperadas de um franqueador.

Frise-se que as obrigações irão variar de acordo com o modelo de franquia que se deseja contratar. O importante, no entanto, é que todas as obrigações que serão assumidas pelo franqueador devem constar da COF. Aquelas que não estiverem previstas neste documento não poderão ser exigidas pelo franqueado, e tampouco poderão ser usadas como fundamento para uma rescisão contratual ou pedido de perdas e danos, caso não estejam previstas na Circular e não tenham sido cumpridas pelo franqueador.

Questão tormentosa diz respeito a obrigações não previstas na COF, mas que foram prometidas, verbalmente, ou por outros meios, pelo franqueador. Em princípio, por ser a franquia um contrato formal, bem como por ser necessário que os termos da Circular estejam inseridos em um

41 Idem.

42 NEGRÃO. Op. cit. p. 341.

43 BARROSO. Op. cit. p. 69.

documento escrito, é forçoso reconhecer que as obrigações que não estejam previstas expressamente não poderão ser exigidas pelo franqueado.

Ocorre que, por ser norteado o Direito por princípios como da boa-fé e função social dos contratos, é induvidoso que aquilo que foi prometido ao franqueado, gerando-lhe expectativas, não lhe pode ser sonegado.

A questão, todavia, será resolvida em matéria de prova, pois incumbirá ao franqueado demonstrar que aquela obrigação foi, de fato, assumida pelo franqueador. A simples afirmação de que o franqueador se comprometeu a adotar certa conduta não será suficiente a assegurar a sua exigência pelo franqueado.

Ainda no que tange às obrigações, passaremos a uma breve análise daquelas anteriormente mencionadas, e que são as mais comuns em um contrato de franquia.

A principal obrigação do franqueador, para que possa funcionar a franquia, é a de licenciar o uso da marca. A marca é um sinal distintivo empregado pelos empresários em produtos, serviços e artigos de indústria em geral para identificá-los, diferenciá-los e individualizá-los em relação a outros produtos, serviços e artigos de outros empresários. Comercialmente, possui ela um valor próprio, tendo, muita das vezes, mais importância que o próprio produto que a ostenta, e algumas vezes mais até do que o seu próprio titular.

Como exemplo, podemos ver os inúmeros casos de pirataria, venda de produtos falsificados que ostentam uma marca famosa, e que, mesmo sendo de qualidade muito inferior, são procurados por consumidores pelo simples "prazer" de poder "desfilar" com um produto daquela marca.

Assim, o que atrai a clientela para o franqueado é, como regra, a marca dos produtos e serviços que ele ostenta. Vê-se, pois, que, quanto mais valiosa for a marca, mais onerosa será a contratação da franquia, e maior será a atratividade de clientela. Por essa razão, é essencial que o franqueador conceda ao franqueado o direito de uso da sua marca.

Também essencial é a transmissão do *know-how* ao franqueado. Em uma tradução livre, a expressão *know-how* significa *como fazer*. Transmitir o *know-how* significa ensinar ao franqueado como operar a franquia, como explorar o negócio, transmitindo-lhe os métodos, procedimentos, sistemas e o *modus operandi* do negócio.

Pela doutrina de Alberto Xavier, "o que caracteriza, pois, a convenção de *know-how* é o fato de uma das partes fornecer à outra o seu especial conhecimento e experiência, para que esta o use por sua própria conta, ficando, porém, ignorados do público".[44]

---

44 XAVIER, Alberto. *Direito internacional tributário*. 4. ed. Rio de Janeiro: Forense, 1997. p. 524.

Na verdade, ao transmitir o *know-how* aos franqueados, o franqueador lhes abre o segredo do negócio, que consiste em conhecimento e experiência de utilização das técnicas de produção e comercialização dos produtos, a fim de angariar uma maior clientela.

Como é possível perceber, o *know-how* permite ao franqueado conduzir a sua atividade de maneira bem-sucedida e com maior segurança e tranquilidade, uma vez que empregará técnicas já exaustivamente utilizadas e experimentadas. Há que se ressaltar que isso não significa garantia de sucesso e lucro para o franqueado, uma vez que existem outros fatores que também contribuem para um resultado positivo, ou negativo, como, por exemplo, o próprio poder da marca e a capacidade do empresário de bem empregar aquelas técnicas.

Todavia, dúvidas não há de que a transmissão do *know-how* é um dos fatores mais importantes do negócio, e que leva a uma maior valorização da franquia. Por essa razão, é essencial a preservação e proteção do sigilo por parte do candidato à franquia, e do próprio franqueado, tanto durante, quanto após o término do vínculo, pois o *know-how* envolve a forma de funcionamento do negócio criado, desenvolvido e testado pelo franqueador.

Pode, ainda, o franqueador assumir outras obrigações perante os franqueados, como, por exemplo, a prestação de assistência técnica no caso de franquias que envolvem maquinários desenvolvidos pelo próprio franqueador ou para a sua exclusiva utilização – máquinas feitas por encomenda para um determinado tipo de atividade –, e a prestação de assistência financeira, auxiliando o franqueado na aquisição de maquinários, na montagem ou reforma da loja, ou em outras necessidades.

Também essencial ao sucesso do empreendimento é o ponto comercial. O ponto comercial é o local em que o empresário se estabelece e se encontra com sua clientela. Um bom ponto é fundamental para o exercício e o sucesso da atividade empresarial, enquanto uma má localização do empresário pode levar ao fracasso da empresa.

Por essa razão, é comum que o franqueador auxilie o franqueado na busca de um ponto comercial. Há casos, como, por exemplo, da franquia de negócios que envolvem a venda de combustíveis, em que é o próprio franqueador que loca o imóvel, em seu nome, e posteriormente o subloca ao franqueado. Nesse caso, o franqueador, ou o próprio franqueado sob a fiscalização dele, procura o melhor local para a exploração de um empreendimento com a sua marca.

Isso demonstra a importância do ponto comercial. No exemplo precitado, a explicação é simples. Locando o franqueador o imóvel em seu nome, ele impede que, uma vez encerrada a franquia, o franqueado contrate uma nova franquia, desta vez de outra bandeira de postos de gasolina, e se aproveite daquele ponto e da clientela ali firmada.

O franqueador, locando o imóvel em seu próprio nome, poderá conservar a clientela, impedindo que o franqueado, uma vez encerrado o contrato de franquia, instale ali um novo negócio de outro franqueador.

O que importa, verdadeiramente, para o nosso exame é que, uma vez prevista, na COF, a obrigação do franqueador de escolher o melhor ponto para o franqueado, deverá ela ser cumprida, inclusive admitindo-se que o franqueado exija judicialmente o cumprimento dessa obrigação.

Há que se frisar que essa obrigação do franqueador também pode ser vista sob a ótica das obrigações do franqueado, pois, uma vez previsto na própria COF que o ponto será escolhido pelo franqueador, deverá o franqueado acatar essa escolha.

Essa imposição, ao contrário do que se possa imaginar, não viola a independência do franqueado, haja vista que essa escolha está inserida na estratégia mercadológica do franqueador de expansão ordenada de sua franquia, a partir de estudos técnicos que demonstrem a necessidade de estabelecimento do negócio em determinadas localidades, cuja demanda reclame o oferecimento dos produtos e serviços daquela marca, inclusive em locais em que já haja uma franquia, mas que se mostre insuficiente para suprir a demanda naquela zona territorial.

Em alguns casos, a COF pode prever que a escolha do ponto pelo franqueado deverá ser submetida à aprovação do franqueador. Nessas hipóteses, também será uma obrigação do franqueado se submeter a essa aprovação.

Poderá a franquia também envolver o *engeneering*, o *marketing* e o *management*.

Quanto ao *engeneering*, o franqueador se obriga a elaborar e apresentar um projeto para a construção e reforma das instalações da loja, a disposição do maquinário e dos móveis, além de definir as cores que devem ser utilizadas pelo franqueado em sua loja e no uniforme dos funcionários.

Poderá a franquia também imputar ao franqueador a obrigação de auxiliar, ou até mesmo implementar, a organização contábil e administrativa do franqueado, bem como a lhe prestar assistência jurídica e fazer treinamento de pessoal, caso em que a franquia envolverá o *management*.

No que tange ao *marketing*, o franqueador deverá realizar e apresentar estudos de mercado, publicidade, vendas promocionais e lançamento de novos produtos.

São essas, como regra, as obrigações que costumam ser assumidas pelo franqueador, e que também se tornam direitos que podem ser exigidos, inclusive judicialmente, pelos franqueados.

O capítulo da Circular de Oferta de Franquia que deve ser mais minucioso e detalhado e, consequentemente, mais extenso é aquele que trata das obrigações do franqueado. Sendo ele a parte mais fraca da relação, e que vai aderir a um negócio já pronto, é imperioso que tenha prévia e inequívoca ciência de todas as obrigações que irá assumir.

Esse capítulo da COF explicitará a atividade que será explorada pelo franqueado e a forma como ela será exercida. É forçoso que a Circular também estabeleça expressamente as funções que devem ser exercidas por empregados, gerentes, e até pelo próprio franqueado, assim como também deverá prever se é, ou não, obrigatória a presença física do empresário, dono da franquia, na loja.

Sempre ressaltamos que é importante o acompanhamento, de perto, do negócio pelo franqueado, ainda que a COF não preveja essa necessidade. E isso porque, como diz o ditado popular, é o olho do dono que engorda o boi. Então, deve o dono da franquia fiscalizar o que está acontecendo, mantendo as rédeas do negócio, e não apenas deixando tudo nas mãos de prepostos, o que pode trazer sérios riscos para o êxito da atividade.

Devem também ser explicitados na COF todos os valores que serão despendidos pelo franqueado, seja para o ingresso na franquia, seja para remuneração periódica do franqueador.

Deve ainda estar prevista na Circular a obrigatoriedade, ou não, da aquisição de mercadorias diretamente do franqueador, e/ou de um determinado fornecedor, assim como se haverá, ou não, liberdade na prática de preços pelo franqueado, ou se ele deverá observar um tabelamento imposto pelo franqueador.

Quanto a este último aspecto dos preços praticados pelos franqueados, há voz na doutrina que invoca uma possível violação à livre-iniciativa e à livre concorrência, podendo esse tabelamento se caracterizar como abuso de poder econômico e prática de domínio de mercado e de eliminação, parcial ou total, da concorrência, nos termos do art. 4º da Lei nº 8.137/90, uma vez que retira a livre fixação de preços em razão da oferta e da procura, o que se evidencia, ainda mais, quando um determinado produto ou serviço é fornecido por franqueadores que detêm o domínio de um mercado e, muitas vezes, exercem uma determinada atividade quase em regime de monopólio.[45]

De certo, tais cláusulas devem ser previstas cuidadosamente. Evidenciando-se essa intenção, o dolo do franqueador de estabelecer uma rede visando pôr fim à concorrência, ou pretendendo obter monopólio da atividade e de mercado, haverá inegavelmente uma prática ilícita.

45 LOBO. Op. cit. p. 71-80.

Ocorre que, como regra, essa prática de tabelamento de preços visa, tão somente, uma uniformização da rede, evitando, inclusive, práticas concorrenciais entre franqueados em prejuízo da própria franquia. Essa "guerra" entre franqueados pode ser muito prejudicial à rede, podendo trazer até prejuízos à marca do franqueador.[46]

Por essa razão, entendemos que a regra é a de que o preço seja definido pelo franqueador e seja uniforme para todos os franqueados.

Em alguns casos, não obstante a prévia estipulação dos preços, o franqueador admite pequenas variações, cujas margens são definidas por ele mesmo. Isso é comum em *shopping centers*, em que o custo de manutenção da loja é muito superior ao das chamadas *lojas de rua*, e a observância de um determinado preço pode levar ao prejuízo e à quebra do franqueado. Nesses exemplos, o franqueador permite a prática de preços mais elevados pelo franqueado.

Entretanto, deve-se ressaltar que qualquer alteração de preço, seja para mais, seja para menos, exigirá a aprovação e autorização do franqueador, que examinará a situação concretamente, podendo admitir ou não essa modificação.[47]

Conclui-se, pois, que "fixado o preço pelo franqueador, não pode o franqueado, a seu bel-prazer, alterá-lo para conseguir maiores lucros – quando o altera para mais – ou maior número de fregueses, quando a alteração é para menos".[48] Se isso ocorrer, legitima-se até o rompimento do vínculo contratual pelo franqueador, pondo fim à franquia.

Essas são, genericamente, as previsões que devem constar da Circular de Oferta de Franquia, nada obstando que haja outras previsões além dessas, ou que não estejam algumas dessas situações previstas no instrumento.

Todavia, é imperioso que todas as questões que serão incluídas no contrato de franquia que será celebrado estejam previstas na COF, a fim de que o franqueado esteja plenamente ciente de todos os aspectos do negócio que ele irá ingressar.

### *4.2.2. Manual de Operação da Franquia – MOF*

Dentro da formalidade que caracteriza o contrato de franquia há outro documento escrito, que é parte integrante deste contrato, e que deve ser elaborado pelo franqueador e entregue ao franqueado, nos ter-

46 Também entendendo que o franqueado deve observar os preços sugeridos pelo franqueador, o Prof. Luiz Felizardo Barroso. BARROSO. Op. cit. p. 70.

47 MARTINS. Op. cit. p. 494.

48 Idem.

mos do art. 3º, XII, *e* da Lei nº 8.955/94. É o Manual de Operação da Franquia.

O instrumento do contrato de franquia é um documento geral, que traz os termos gerais do negócio celebrado entre o franqueador e o franqueado, contendo especialmente as obrigações e os direitos de ambas as partes, as sanções pelo seu descumprimento, e o prazo de vigência do vínculo.

Já o MOF cuida da operação da franquia propriamente dita, ou seja, a operacionalização do negócio, o seu funcionamento, as formas de efetuar as vendas, de contratar pessoal, de tratar os consumidores, dentre outras orientações.

Como leciona José Cretella Neto, o MOF é um "documento escrito, componente essencial da relação jurídica entre o franqueador e cada um dos franqueados. Esse documento descreve minuciosamente os padrões e procedimentos exigidos para o funcionamento da unidade, de acordo com as exigências da rede, e é fornecido ao franqueado quando da sua entrada no sistema".[49]

Portanto, é essencial a elaboração do Manual de Operações da Franquia e sua entrega ao franqueado para que ele possa saber conduzir adequadamente o negócio a partir de um modelo testado pelo franqueador.

Também por essa razão é obrigatória a sua observância pelo franqueado, de modo que ele não pode descumprir o que no MOF está previsto, sob pena de desvirtuar a uniformidade da rede e, consequentemente, violar o contrato, o que pode acarretar a sua rescisão por inadimplemento.[50]

Como se vê, é com o manual de operações que se operacionaliza o *know-how* transmitido ao franqueado, que tem à sua disposição todo o conhecimento e experiência obtida pelo franqueador com a exploração da sua marca. É por essa razão que é importante que o franqueado tenha sempre à mão o MOF para consulta, tirando as dúvidas de como operar a sua franquia.

---

49 CRETELLA NETO. Op. cit. p. 43.

50 Como bem observa Cretella Neto, "o franqueado, por outro lado, obriga-se a seguir à risca as instruções do MOF e – especialmente importante – a não revelar os segredos contidos no documento e a não participar de empresa do mesmo segmento de mercado, de modo a preservar a confidencialidade das informações técnicas, operacionais, financeiras e de marketing, que constituem o valioso *know-how* do franqueador" (CRETELLA NETO. Op. cit. p. 43).

É também necessário que a COF faça menção à existência do MOF e da sua necessária observância pelo franqueado, de maneira que o franqueado se compromete a observar as instruções nele inseridas.

Deve, ainda, o franqueador ressaltar, na COF e no próprio contrato de franquia, o seu direito de modificar unilateralmente o Manual sempre e quando lhe aprouver.[51] Essa possibilidade de alteração unilateral do documento pelo franqueador decorre da necessidade de adequação do negócio às novas realidades do mercado, alterando a forma de operar a franquia de acordo com as modificações sociais, econômicas e tecnológicas.

Então, o franqueador, que é a quem incumbe a constante elaboração de pesquisas de mercado e desenvolvimento de novas tecnologias, deve alterar o Manual sempre que isso for necessário ao desenvolvimento e maior sucesso da franquia. E essas modificações, mesmo que unilaterais, beneficiam o próprio franqueado, que poderá sempre usufruir um negócio moderno e adequado às realidades de mercado.

Há apenas que se observar que, em nome do equilíbrio econômico e financeiro do contrato, caso alguma das modificações importe em gastos além do que razoavelmente pode esperar o franqueado, o franqueador deverá ajudá-lo na sua implementação, seja custeando integral ou parcialmente a aquisição dos bens ou serviços necessários a essas alterações, ou auxiliando-o na obtenção de financiamentos para o custeio dessas modificações, sob pena de levar à necessidade de revisão, ou até mesmo rescisão, do contrato. Neste aspecto, a dúvida que paira é se essa revisão pode se dar com fundamento na onerosidade excessiva, ou em outro instituto jurídico.

Em relação a esta questão, acerca da rescisão ou revisão do contrato de franquia por onerosidade excessiva, algumas observações precisam ser feitas. O contrato de franquia, como visto, é um contrato interempresarial, pelo quê, como regra, não se verifica a existência de partes vulneráveis, na medida em que ambas são empresários.

Deste modo, a questão da incidência do instituto da onerosidade excessiva sobre o contrato de franquia merece detida reflexão. E isso porque, tanto o franqueador, quanto o franqueado, estão explorando uma atividade econômica empresarial, a qual sempre importa em um risco para o seu exercente. Por essa razão, o que se questiona, na hipótese, é se é possível afirmar a existência, de fato, de uma situação que acarrete, propriamente, uma onerosidade excessiva, no sentido jurídico, a possibilitar a revisão ou rescisão contratual, ou se isso é apenas parte

51 BARROSO. Op. cit. p. 75.

do risco inerente ao negócio, isto é, um risco mercadológico que deve ser suportado pelas partes.

A revisão ou rescisão do contrato por onerosidade excessiva se impõe naquelas situações em que há, após a celebração do contrato, a superveniência de um fato imprevisível e extraordinário que afete o equilíbrio econômico das prestações, tornando o cumprimento daquele contrato, em suas condições originais, insuportável para uma das partes.

Como cediço, e conforme observa o saudoso Prof. Caio Mário da Silva Pereira, todo e qualquer contrato tem uma margem de perda e de ganho que, se dentro do razoável, é lícita, pois decorre da previsibilidade de todo e qualquer negócio,[52] de modo que não é cabível a intervenção sobre a avença para modificar aquilo que foi originalmente acordado pelas partes.

No entanto, verificando-se uma situação de desequilíbrio exagerado, não é lícito ao Estado se omitir, pois não pode fechar os olhos para, em nome do princípio de que o contrato faz lei entre as partes, assistir à ruína de uma delas, em benefício da outra. Assim surge a possibilidade de revisão do contrato por onerosidade excessiva, com o fim de restabelecer o equilíbrio econômico-financeiro do contrato. Caso, contudo, não seja possível modifica-lo, o caminho será a rescisão. Não obstante, em nome do princípio da preservação dos contratos, caso haja a possibilidade de manutenção do vínculo, mediante a alteração das condições do negócio, preferível é a revisão.

Mas, como dito anteriormente, a questão tormentosa diz respeito à aplicação da onerosidade excessiva em contratos interempresariais, como o da franquia, pois nestes a autonomia privada tem maior peso, de modo que as partes podem, voluntariamente, anuir com maiores riscos, os quais são inerentes a todas as atividades empresariais.

Como já observado em momento anterior deste capítulo, a relação do sistema de franquia muito se assemelha a uma parceria, na medida em que o franqueado busca a expertise e o sucesso do negócio já testado e explorado pelo franqueador, enquanto este aumenta a sua rede de distribuidores, atingindo uma maior clientela e fortalecendo a sua marca.

Contudo, ainda que para o franqueado haja uma maior chance de êxito, caso comparada a franquia com negócios ainda não explorados e testados, não pode ser garantido um sucesso da atividade. O franqueador não deve – e nem pode – assegurar ao franqueado um êxito em seu negócio, pois toda atividade empresarial é uma atividade de risco. Se ele

52 PEREIRA, Caio Mário da Silva. *Instituições de direito civil*: contratos. Declaração unilateral de vontade. Responsabilidade civil. v. III. Rio de Janeiro: Forense, 2008. p. 162.

o fizer estará, a toda evidência, violando a boa-fé e a lealdade, pois se trata de uma garantia impossível, dada em verdadeira afronta à realidade do mercado e à legítima expectativa da parte.

Sem prejuízo, o franqueador deve assegurar ao franqueado um mínimo de aceitação dos seus produtos e serviços pelo mercado, em decorrência da experiência e exploração anterior do seu negócio. Caso o empreendimento seja um absoluto fracasso, por uma inaptidão do próprio negócio para conquistar clientela, o problema não está em um desequilíbrio econômico do contrato, mas sim numa impossibilidade de sua execução, isto é, uma verdadeira inexequibilidade do objeto.

Assim, o que precisa ser verificado, neste momento, é se um contrato de franquia, uma vez celebrado com prestações equilibradas, e que seja executado razoavelmente, gerando lucros para ambas as partes, pode se sujeitar a uma revisão judicial no caso de, por um evento superveniente, extraordinário e imprevisível, vir a sofrer um desequilíbrio desproporcional na balança da relação.

As partes, como cediço, têm a liberdade de contratar o que quiser, com quem quiser e do modo que quiser, o que decorre do princípio da autonomia privada e da liberdade contratual, previsto na primeira parte do art. 421 do Código Civil.

Entretanto, essa liberdade não é absoluta, pelo quê o ordenamento lhe impõe limites como a função social e a boa-fé, como se vê da segunda parte do art. 421 do Código Civil. Também é limite para essa liberdade o princípio do equilíbrio econômico-financeiro do contrato, que veda, como regra, contratações originariamente desequilibradas, as quais são fulminadas pelo instituto da lesão.

Assim, desde que observados esses limites, é lícito às partes contratar, estando livres para fazer circular bens e interesses no tráfego de relações. E assim ocorre com o contrato de franquia. Uma pessoa, interessada em explorar um negócio já testado e que tenha boa aceitação no mercado, busca o franqueador e, mediante o pagamento de um preço, adquire os direitos de explorar aquele negócio.

A relação, entretanto, não se encerra na contratação em si. Ao contrário. O contrato de franquia é um contrato de prestação continuada, em que o franqueado explora a marca do franqueador, mediante o pagamento periódico de *royalties* – como veremos no tópico seguinte –, além de receber assistência técnica e mercadológica durante a vida da relação.

Em muitos casos, também se faz necessária a aquisição pelo franqueado, diretamente do franqueador, dos bens que serão postos em circulação, além de se facultar ao franqueador exigir do franqueado a realização de mudanças e adaptações em seu negócio, a fim de atender às novas exigências do mercado, que é mutável e instável.

Portanto, ao ingressar em uma franquia, o franqueado tem ciência de que deve cumprir com inúmeros deveres e obrigações, muitas delas extremamente onerosas e passíveis de mudança por exigência do mercado, como deve estar expresso e destacadamente previsto na Circular de Oferta de Franquia e no Manual de Operação da Franquia por exigência da lei.

Como consequência, eventual omissão na COF quanto a determinadas obrigações imediatas ou futuras, que tragam uma excessiva onerosidade ao franqueado, não leva à revisão do contrato por onerosidade excessiva, mas sim à sua anulação por falta de informação do franqueador ao franqueado, nos exatos termos do já anteriormente mencionado parágrafo único do art. 4º da Lei nº 8.955/94.

O legislador optou, neste caso, em tornar o contrato anulável pela violação da boa-fé objetiva e do seu dever anexo de informação, o qual é da essência do contrato de franquia, pois é necessário dar ao franqueado o pleno conhecimento acerca do conteúdo do negócio que ele pretende se inserir, dadas as sérias obrigações, responsabilidades e riscos que assume.

Do mesmo modo, caso haja um desequilíbrio econômico-financeiro do contrato causado por uma conduta do franqueador, que passou a exigir coisa diversa do que fora contratado, ou que imponha, posteriormente, obrigações e modificações no negócio que tornem dificultosa a execução da avença, também não será possível rever o contrato por onerosidade excessiva, uma vez que não se verifica, nessa hipótese, a ocorrência de um fato extraordinário e imprevisível.

Tal conduta, na verdade, pode se caracterizar como um ato ilícito por abuso de direito, uma vez que estará o franqueador extrapolando os limites dos direitos e poderes que lhe são conferidos pelo contrato, e não tecnicamente terá ocorrido um evento alheio à vontade das partes que altere a base econômica do negócio jurídico entabulado.

Por essa razão, e como regra, entendemos que a revisão do contrato por onerosidade excessiva nos contratos de franquia é medida excepcionalíssima, e que não decorrerá de eventuais mudanças do negócio promovidas por determinação do franqueador, mas apenas naquelas situações em que ocorrer um evento verdadeiramente extraordinário e imprevisível, que esteja fora da alçada das partes.

## 4.3. Onerosidade

O contrato de franquia empresarial, como todo contrato empresarial, é um contrato oneroso, pois ambas as partes visam obter uma vantagem econômica, isto é, há interesses econômicos para ambas as partes. Em regra, a vantagem de um corresponde a uma diminuição patrimonial de outro, o que, por óbvio, não se afigura ilícito, pois como há perdas e ganhos para ambos, o contrato é vantajoso para todos. Obviamente que pode ocorrer de a vantagem de uma parte ser superior, comparativamente, à da outra, o que não deve causar estranheza, pois esse desequilíbrio, como regra, é apenas aparente, e faz parte da própria relação negocial.

Ocorre que, em sendo excessivo esse desequilíbrio, é possível que se vislumbre a prática de um ato ilícito, podendo-se configurar excepcionalmente o instituto da lesão, caso a desproporção manifesta seja originária, ou seja, exista desde momento da celebração do negócio,[53] ou da onerosidade excessiva, como visto no tópico anterior.

No contrato de franquia, o franqueador se compromete a ceder o uso da marca de sua titularidade, a prestar assistência técnica e/ou financeira, a transferir o seu *know-how*, prestar serviços de *engeneering*, *management* e *marketing*, bem como outras obrigações já examinadas.

Já o franqueado tem a obrigação de remunerar o franqueador por todos os serviços prestados por ele, assim como pelo uso da sua marca e patentes, que são obras de propriedade industrial.

Para obter a franquia, o franqueado ainda paga, em regra, um valor estipulado no contrato e previamente previsto na COF, que é uma taxa inicial, também denominada de taxa de ingresso. Este é o preço da franquia propriamente dita. Quanto mais valorosa for a marca, e mais bem-sucedido for o negócio do franqueador, maior será o valor da taxa de ingresso, que pode ser pago a vista no ato da contratação, ou de outra forma prevista no contrato.

Há, ainda, outros valores pagos periodicamente ao franqueador, especialmente por conta da exploração contínua da marca pelo franqueado. São eles os *royalties*, que significam a remuneração periódica pelo uso de um direito que, no caso da franquia, é o uso e a exploração regular e constante da marca do franqueador.

Esse valor pode ser representado por um percentual sobre o faturamento do franqueado, ou mesmo uma taxa fixa que deve ser paga periodicamente. A periodicidade dessa cobrança está inserida na autonomia da vontade das partes, na livre estipulação das cláusulas financeiras, ou seja, as partes acordarão livremente a periodicidade da cobrança dos *royalties*.

É possível, também, que as partes avencem a cobrança e o pagamento de taxas de propaganda,[54] que igualmente serão cobradas através de um percentual sobre os rendimentos do franqueado, ou através da fixação de um valor previamente ajustado.

53 Código Civil. "Art. 157. Ocorre a lesão quando uma pessoa, sob premente necessidade, ou por inexperiência, se obriga a prestação manifestamente desproporcional ao valor da prestação oposta."

54 BARROSO. Op. cit. p. 67.

Tal quantia é devida pela divulgação, pelo franqueador, de propagandas feitas nos mais variados veículos de comunicação, e que beneficiam a todos os franqueados indistintamente, ou seja, toda a rede se beneficia com essa propaganda. Portanto, essa taxa é devida em decorrência dessas propagandas globais.

Quanto às propagandas individuais, feitas por cada franqueado, a COF e o contrato devem regular a possibilidade de sua realização. Há franquias que não admitem essa forma de propaganda, mas tão somente aquelas feitas pelo franqueador em prol de toda a rede, o que é lícito. Caso se admitam as propagandas individuais, as despesas são de responsabilidade do próprio franqueado que a veicular.

São essas, pois, as principais parcelas devidas pelos franqueados.

## 5. EXTINÇÃO DO VÍNCULO

A extinção do contrato de franquia pode se dar pelo término do seu prazo, por mútuo consenso das partes, unilateralmente quando o contrato o admitir, ou por violação às cláusulas contratuais, hipótese esta em que haverá a rescisão do contrato.

O contrato de franquia não pode ser perpétuo, ou seja, deve ele conter um prazo, ainda que indeterminado.[55] Isso significa que as partes terão o direito de denunciar o contrato, especialmente quando for por prazo indeterminado, bem como não poderá nenhuma das partes ser compelida a renová-lo quando chegado o seu término pelo decurso do prazo avençado.

A Lei nº 8.955/94 não prevê um prazo mínimo, e nem um máximo, para o contrato de franquia empresarial, cabendo às partes, assim, livremente estipulá-lo. Contudo, o prazo não deverá ser, jamais, inferior ao necessário para a obtenção do retorno financeiro do investimento feito na franquia.[56]

O mesmo deverá ser observado nos contratos por prazo indeterminado, ou seja, a denúncia do contrato só poderá ser admitida após transcorrido prazo suficiente para o retorno do investimento feito pelo franqueado para ingressar na franquia, em observância ao disposto no parágrafo único do art. 473 do Código Civil.[57]

---

55 Segundo Jorge Lobo, o "contrato de *franchising*, por ser um contrato de execução continuada ou trato sucessivo (cf. item 56, *supra*), pode ser celebrado por determinado ou por prazo indeterminado". LOBO. Op. cit. p. 82.

56 BARROSO. Op. cit. p. 71.

57 "Art. 473. A resilição unilateral, nos casos em que a lei expressa ou implicitamente o permita, opera mediante denúncia notificada à outra parte. Parágrafo único. Se,

Há que ser observado, ainda, que na hipótese de denúncia do contrato vigente por prazo indeterminado, o denunciante deverá fixar um prazo razoável para a outra parte adotar as providências necessárias para o encerramento da atividade.[58]

Sem prejuízo, há entendimento em sentido contrário, que inadmite a denúncia *vazia* do contrato. Segundo a opinião do Prof. Jorge Lobo, apesar de reconhecer que nos contratos por prazo indeterminado a doutrina clássica admite a sua rescisão, por qualquer das partes, a qualquer tempo, e sem motivo, entende ele que no caso da franquia só seria admissível o seu rompimento por justa causa, em observância à teoria do abuso de direito.[59]

Por certo, a teoria do abuso de direito deve sempre ser observado, a fim de evitar que o titular de um direito possa utilizá-lo indevidamente, contrariamente aos seus fins e limites, violando, assim, a boa-fé e a função social dos contratos.

Apesar disso, tendo em vista o fato de ter sido o contrato celebrado por prazo indeterminado, não vemos como impedir a livre resolução do vínculo por uma das partes, salvo na hipótese de ter transcorrido prazo insuficiente para a obtenção do retorno financeiro do investimento feito. Admitimos, ainda, que possa a parte prejudicada reclamar perdas e danos, caso comprove que sofreu prejuízos além da normalidade com o rompimento do negócio imotivadamente.

No entanto, não vemos como impedir essa livre resolução por quaisquer das partes, pois ao não admiti-la estaríamos criando a possibilidade de perpetuidade do contrato, ou impedindo que uma parte exerça o seu direito legítimo de não mais permanecer vinculado contratualmente à outra.[60] Neste caso, sendo constatado algum dano à parte contrária pelo rompimento unilateral do vínculo, como já ressaltamos, terá ela direito à indenização por perdas e danos, que poderá já estar

porém, dada a natureza do contrato, uma das partes houver feito investimentos consideráveis para a sua execução, a denúncia unilateral só produzirá efeito depois de transcorrido prazo compatível com a natureza e o vulto dos investimentos."

58 LOBO. Op. cit. p. 86.

59 Idem.

60 O saudoso Prof. Fran Martins também entende ser possível esse rompimento imotivado. Segundo ele, a franquia é um contrato de boa-fé, então, "se, por qualquer motivo, não interessa mais ao franqueado a continuação da franquia, basta o mesmo comunicar ao franqueador a sua intenção do desfazimento do contrato, sem necessidade de explicar os motivos por que assim o faz". MARTINS. Op. cit. p. 495.

prefixada no contrato por intermédio de uma cláusula penal, ou ser fixada por juiz competente.

Também poderá o contrato ser rompido abrupta e unilateralmente quando houver culpa de uma das partes, independentemente de ser ele por prazo determinado ou indeterminado. Neste caso, a rescisão ensejará o dever da parte faltosa de indenizar a outra parte por perdas e danos.

Questão tormentosa é a que diz respeito ao foro competente para apreciação das questões decorrentes do contrato de franquia, isso porque é comum a previsão, em tais contratos, de um foro de eleição.

A regra geral do Código de Processo Civil é de que as ações devem ser propostas no foro do domicílio do réu,[61] sendo que nos casos em que for ré uma pessoa jurídica, o foro competente será o do lugar onde estiver situada a sua sede, na forma do art. 53, III, *a*, do CPC/2015.

No entanto, por ser a competência de foro, como regra, um critério relativo de competência, é admissível a sua modificação pela vontade das partes, o que na franquia é feito por intermédio de cláusula de eleição de foro.

Não obstante, questiona-se a validade dessa cláusula, uma vez que o contrato de franquia é um contrato de adesão, não permitindo, assim, a discussão das cláusulas pelo franqueado.

No tocante à cláusula de eleição de foro, e consoante previsão do Código de Processo Civil de 2015, ela se afigura, como regra, válida. Como se infere do disposto no art. 63 do diploma processual, *As partes podem modificar a competência em razão do valor e do território, elegendo foro onde será proposta ação oriunda de direitos e obrigações.*

Sem prejuízo, o próprio Código de Processo Civil admite o reconhecimento da ineficácia da cláusula, inclusive de ofício pelo juiz, quando ela se revelar abusiva,[62] isto é, quando inviabilizar ou dificultar o exercício do direito de defesa da parte, como nos casos de ser escolhido local propositadamente distante para uma das partes, a fim de causar barreiras para a sua possibilidade de defesa.

Na jurisprudência do Superior Tribunal de Justiça há uma tendência em admitir cláusula de eleição de foro em contrato de adesão celebrado entre empresários no contrato de franquia, desde que essa previsão não inviabilize a defesa da parte contratante no juízo eleito.[63]

---

61 Art. 46. A ação fundada em direito pessoal ou em direito real sobre bens móveis será proposta, em regra, no foro de domicílio do réu.

62 Art. 63. [...]§ 3º Antes da citação, a cláusula de eleição de foro, se abusiva, pode ser reputada ineficaz de ofício pelo juiz, que determinará a remessa dos autos ao juízo do foro de domicílio do réu.

63 Neste sentido, ver AGInt no AREsp 935.542/PR. Rcl. Min. Marco Buzzi. Quarta Turma. *DJe* 23/02/2018.

Portanto, em princípio, a cláusula que estipula o foro competente para dirimir as questões ligadas ao contrato de franquia é válida. Se, entretanto, ficar evidenciado que o foro eleito pelo franqueador no contrato de adesão tem como objetivo dificultar o exercício do direito de ação, ou de defesa, do franqueado, tende a caminhar para a invalidade essa previsão contratual.

Há que se ressaltar, ainda, que é possível que as partes, em que pese a existência de cláusula de eleição de foro, ajuízem a ação em conformidade com as regras gerais de competência previstas no Código de Processo Civil, caso fique demonstrada a inexistência de prejuízo para ambos, e não seja suscitada a incompetência perante o juízo.[64]

## 6. RESPONSABILIDADE CIVIL

A questão envolvendo a responsabilidade civil do franqueador e dos franqueados está umbilicalmente ligada à questão sobre a independência destes últimos.

Relembrando o que já afirmamos no item 4.1 deste capítulo, sustentamos, apesar de entendimentos em contrário, que os franqueados possuem independência em relação ao franqueador, especialmente no que toca à gestão do seu negócio.

Então, se, por exemplo, o franqueado, por determinação do franqueador, tenha que observar determinados critérios para a contratação de empregados, a escolha e a contratação destes, propriamente ditas, incumbirão ao próprio franqueado, haja vista que ele é quem será o empregador, não possuindo o funcionário nenhum vínculo com o franqueador.

Assim, a subordinação do empregado, em decorrência do contrato de trabalho, é em relação ao franqueado, seu empregador, e não em relação ao franqueador. Disso podemos concluir que os atos praticados pelos prepostos do franqueado são de sua responsabilidade, fazendo incidir a regra do art. 932, III, do Código Civil.[65]

Do mesmo modo, e como regra, é de responsabilidade do franqueado a reparação pelos danos causados aos consumidores por má-conservação ou instalação dos móveis, utensílios e equipamentos de sua loja, bem como pela má-prestação do serviço que for objeto da franquia e pelos produtos que comercializa, especialmente quando estes ostentam a marca do franqueador explorada pelo franqueado.

---

64 Nesse sentido é o seguinte precedente do Superior Tribunal de Justiça: REsp 136894/CE. Rel. Min. Carlos Alberto Menezes Direito. Terceira Turma. *DJ* 13/10/1998.

65 "Art. 932. São também responsáveis pela reparação civil: [...] III – o empregador ou comitente, por seus empregados, serviçais, prepostos, no exercício do trabalho que lhes competir, ou em razão dele."

Sobre esta questão da responsabilidade por má-prestação do serviço, assim como por defeitos do produto, há que se examiná-la de modo mais detido. O franqueado, como já vimos, explora a marca do franqueador, beneficiando-se dessa exploração. É comum nas franquias que o franqueado apenas comercialize produtos e serviços do próprio franqueador, isto é, que ostentem a marca deste. Nesta hipótese, o produto ou serviço, embora ostente uma marca de propriedade do franqueador, também é do franqueado, que tem a licença de uso da marca dos produtos e serviços.

Como efeito, ele integra diretamente a cadeia de consumo, comercializando os produtos e os serviços cuja marca estampa o título do seu próprio estabelecimento, beneficiando-se disso. Como consequência, ao auferir o bônus dessa exploração, também deve arcar com o bônus, de modo que responderá pelos vícios do produto e do serviço, assim como pelos fatos do produto ou do serviço, nos termos dos arts. 12, 14, 18 e 20 do Código de Defesa do Consumidor, e em prestígio à teoria do risco proveito.[66]

Esta conclusão se reforça pela aplicação da teoria da aparência. A teoria da aparência é fundada no princípio da boa-fé, impondo-se a proteção do terceiro que acredita que está contratando algo com alguém pelas circunstâncias fáticas que se apresentam. Então, o consumidor vulnerável e hipossuficiente, ao contratar com o franqueado, adquirindo produtos e serviços que ostentem a marca do franqueador, acredita que está contratando com uma única pessoa – o próprio franqueador, dono da marca –, pois é isso que lhe aparenta em razão da exploração desta marca pelo franqueado. Exigir do consumidor que tenha o conhecimento da relação contratual existente entre o franqueador e o franqueado é um exagero diante da vulnerabilidade que permeia a relação.

Ainda sobre este ponto, há quem admita a aplicação, na hipótese, do art. 34 do Código de Defesa do Consumidor, que prevê a responsabilidade solidária entre os fornecedores por atos praticados por seus prepostos ou representantes autônomos, a fim de aplicar o regime de solidariedade entre o franqueador e a o franqueado, protegendo-se, assim, o consumidor.[67]

---

66 Em sentido semelhante, há quem defenda, ao tratar especificamente do contrato de franquia, que será sempre solidária a responsabilidade entre franqueador e franqueado, isso em razão da teoria do proveito econômico. Segundo Irineu Mariani, "quem, por meio de atividade lucrativa, cria perigo de dano, assume a responsabilidade caso isso ocorrer, mesmo que não tenha sido o autor direto. Não há atividade lucrativa com *risco zero*. Ainda, o art. 931 do CC/02 responsabiliza os empresários pelos danos causados pelos produtos postos em circulação" (MARIANI. Op. cit. p. 392).

67 LOBO. Op. cit. p. 53.

Segundo esse entendimento, ainda que o funcionário seja do comerciante-franqueado, se houver dano ao consumidor por ato deste, o franqueador também poderá ser responsabilizado.

E ainda para quem reconhece a existência de um grupo econômico formado pelo franqueador e por seus franqueados, será aplicável o disposto no art. 28, § 2º, do diploma consumerista, que prevê que as sociedades integrantes dos grupos societários e as sociedades controladas são subsidiariamente responsáveis pelas obrigações decorrentes da lei protetiva.

Não obstante, o entendimento de que a responsabilidade entre franqueador e franqueado é solidária, no caso de fato do produto ou do serviço, não é uníssono na doutrina. Há quem afirme que especificamente nos casos de fato do produto e do serviço – arts. 12 a 14 do CDC –, a responsabilidade será exclusiva do franqueador por danos causados aos consumidores em decorrência de defeitos dos produtos entregues por ele aos franqueados para comercialização,[68] uma vez que o comerciante, nesta hipótese, não tem o controle sobre os meios de produção, de modo que não pode ser responsabilizado por danos decorrentes de falhas no processo produtivo dos produtos do franqueador, processo esse do qual ele jamais concorreu. Não haveria, na hipótese, nexo causal entre o fato e a sua conduta. No entanto, responderá o franqueado por esses danos se o franqueador não puder ser identificado ou se ele não tiver acondicionado de forma adequada produtos perecíveis, nos termos do que dispõe o art. 13 do Código de Defesa do Consumidor.[69]

A nosso sentir, tal entendimento só poderia ser aplicado nos casos em que o franqueado comercialize outros produtos e serviços que não apenas aqueles que ostentem a marca do franqueador. Nesta hipótese, não haveria a assunção de responsabilidade pelo franqueado-comerciante, segundo o regime previsto no art. 13 do CDC, isentando-o, assim, de responsabilidade. Então, se assim ocorrer, será exclusiva a responsabilidade do franqueador, e não solidária com o franqueado, no caso de *fato do produto e do serviço*, pelo quê o comerciante-franqueado responderá apenas subsidiariamente, nos casos taxativamente prescritos nos incisos do art. 13 daquele *codex*.

---

68 No mesmo sentido é o entendimento do Prof. Jorge Lobo. LOBO. Op. cit. p. 53.

69 "Art. 13. O comerciante é igualmente responsável, nos termos do artigo anterior, quando: I – o fabricante, o construtor, o produtor ou o importador não puderem ser identificados; II – o produto for fornecido sem identificação clara do seu fabricante, produtor, construtor ou importador; III – não conservar adequadamente os produtos perecíveis. Parágrafo único. Aquele que efetivar o pagamento ao prejudicado poderá exercer o direito de regresso contra os demais responsáveis, segundo sua participação na causação do evento danoso."

No que tange aos vícios do produto e do serviço, isto é, o defeito que não causa danos, aqui não há dúvidas: a responsabilidade do comerciante é solidária à do fabricante por expressa previsão legal, de modo que o franqueado sempre responderá, pouco importando se o produto ostenta, ou não, a marca do franqueador explorada por ele, como se infere do disposto nos arts. 18 a 20 do diploma consumerista.

Mas, ainda assim, a solidariedade diz respeito apenas ao cumprimento das obrigações impostas nos incisos do § 1º do art. 18 do Código de Defesa do Consumidor,[70] ou seja, são eles solidariamente responsáveis pela substituição do produto, devolução do preço pago, ou o abatimento proporcional do preço.

Com relação à hipótese prevista no inciso II do § 1º do art. 18 do diploma consumerista, cabe uma observação: prevê o mencionado dispositivo que o consumidor terá direito à restituição imediata da quantia paga, monetariamente atualizada, sem prejuízo de eventuais perdas e danos.

O diploma consumerista, ao falar em perdas e danos, não está afirmando que a responsabilidade pela sua reparação é solidária entre os fornecedores. Ele apenas está prevendo que o direito à devolução do preço pago, cuja responsabilidade é solidária entre os diversos integrantes da cadeia de consumo, não prejudica o direito do consumidor de pleitear indenização por danos decorrentes do vício do produto.

O vício – defeito – do produto que causa danos ao consumidor é chamado pelo Código de Defesa do Consumidor de fato do produto, cuja responsabilidade pela reparação é, como regra, exclusiva do fabricante, nos termos do art. 12 do diploma protetivo. A responsabilidade do comerciante-fornecedor neste caso, e como vimos anteriormente, é apenas subsidiária, nos termos do que dispõe o art. 13 do CDC.

Então, poderá o consumidor exigir solidariamente dos fornecedores – fabricante e comerciante – a devolução do preço pago, na forma do inciso II do § 1º do art. 18 do diploma consumerista, mas apenas do fabricante a indenização por eventuais perdas e danos, nos termos do

70 "Art. 18. Os fornecedores de produtos de consumo duráveis ou não duráveis respondem solidariamente pelos vícios de qualidade ou quantidade que os tornem impróprios ou inadequados ao consumo a que se destinam ou lhes diminuam o valor, assim como por aqueles decorrentes da disparidade, com as indicações constantes do recipiente, da embalagem, rotulagem ou mensagem publicitária, respeitadas as variações decorrentes de sua natureza, podendo o consumidor exigir a substituição das partes viciadas. § 1º Não sendo o vício sanado no prazo máximo de trinta dias, pode o consumidor exigir, alternativamente e à sua escolha: I – a substituição do produto por outro da mesma espécie, em perfeitas condições de uso; II – a restituição imediata da quantia paga, monetariamente atualizada, sem prejuízo de eventuais perdas e danos; III – o abatimento proporcional do preço."

art. 12 do *codex* de proteção aos consumidores. O que a lei admite, com a previsão do art. 18, II, é apenas a cumulação de pedidos, não se estabelecendo, ali, solidariedade por danos causados pelo vício do produto.

Há, contudo, vozes contrárias na doutrina. Segundo o Prof. Leonardo Bessa, a responsabilidade entre os fornecedores será sempre solidária, e isso em "decorrência do direito básico de 'efetiva prevenção e reparação de danos patrimoniais e morais', previsto no art. 6º, VI, do CDC. De fato, muitas vezes a 'efetiva reparação' só é possível em virtude da existência de pluralidade de responsáveis, pois não é incomum fornecedores simplesmente desaparecerem da noite para o dia sem deixar qualquer patrimônio para responder pelas suas dívidas".[71]

Então, segundo o citado professor, a responsabilidade, em qualquer caso, será sempre solidária entre os fornecedores, em nome do direito básico do consumidor à efetiva reparação dos danos, direito este que, segundo a visão do autor, só será satisfeito se for reconhecida a aludida solidariedade.

Conclui ele, em seguida, que "após satisfação do direito do consumidor, podem os fornecedores, entre si, discutir quem, ao final, irá assumir, de modo individual ou concorrente, o valor despendido".[72]

Sustenta-se, então, que a discussão sobre a responsabilidade do fabricante ou do comerciante não atinge o consumidor, que poderá demandar sua pretensão em face de qualquer um dos fornecedores. Mas, uma vez satisfeito o consumidor, ou seja, estando os danos devidamente reparados, os fornecedores discutirão, em ação própria, quem é, de fato, o responsável pelo evento e, consequentemente, quem assumirá a integralidade do valor despendido.

Trata-se, induvidosamente, de uma posição mais benéfica ao consumidor que, em nosso entender, com a devida vênia, contraria o texto da lei, bem como a interpretação sistemática dos arts. 12, 13 e 18 do diploma consumerista, a qual já aludimos.

A questão, como se vê, é controvertida, o que também se reflete no âmbito da jurisprudência dos tribunais. Há decisões reconhecendo a responsabilidade exclusiva do franqueado por seus atos, em razão da sua independência em relação ao franqueador e da inexistência de formação de grupo econômico,[73] bem como há decisões reconhecendo a existência de responsabilidade solidária entre ambos, fundada na teoria da aparência, por entender que o consumidor busca os produtos e servi-

---

71 BENJAMIN, Antônio Herman V.; MARQUES, Claudia Lima; BESSA, Leonardo Roscoe. *Manual de direito do consumidor.* São Paulo: Revista dos Tribunais, 2007. p. 151.

72 Idem.

73 Ver TJRJ. Agravo de Instrumento 0026797-96.2009.8.19.0000. 14ª Câmara Cível. Rel. Des. Nascimento Povoas Vaz. Julgamento: 11/11/2009.

ços do franqueado por conta da marca que ele ostenta, o que leva a crer que está contratando com o próprio titular da marca.[74]

## 7. ESPÉCIES DE FRANQUIA EMPRESARIAL

É possível falar em quatro espécies de franquia: franquia de distribuição ou de produtos; franquia de serviços; franquia industrial ou de produção; e franquia de formato negocial, de negócio formatado ou *business format franchising*.

A franquia de distribuição ou de produtos é aquela em que o franqueado apenas aliena os produtos do franqueador através de um estabelecimento que ostenta a sua marca. Cabe à rede de franqueados, portanto, apenas comercializar os produtos do franqueador.

A franquia de serviços é aquela em que o franqueado oferece aos consumidores um serviço sob a marca do franqueador, observando os padrões por ele estabelecidos. É comum tal espécie de franquias em redes de hotelaria.

Franquia industrial ou de produção é aquela em que o próprio franqueado fabrica os produtos do franqueador, que lhe transmite todas as técnicas e segredos referentes à produção do bem. Nesta espécie, o franqueador transmite todo o *know-how* ao franqueado para que ele possa produzir os produtos segundo as suas características e padrões de qualidade. É comum a utilização desta espécie de franquia no ramo da produção de bebidas.

Por fim, tem-se a franquia de negócio formatado, que é a mais complexa espécie de franquia existente. Tal modalidade não se restringe apenas à comercialização do produto da marca do franqueador, e tampouco ao oferecimento de um serviço também sob a marca do franqueador. A relação entre franqueado e franqueador importa na transferência de todo o conceito do negócio, como planos e estratégias de *marketing*, a operação do negócio, padrões de comercialização de produtos e prestação de serviços, controle de qualidade, além de compreender, também, um processo continuado de assistência e orientação, incluindo um método completo de condução da atividade empresarial.[75] É muito comum a sua utilização em redes de restaurantes e lanchonetes *fast-food*.

---

74 Ver TJRJ. Apelação Cível 0005173-68.2005.8.19.0052 (2007.001.27994). 17ª Câmara Cível. Rel. Des. Camilo Ribeiro Ruliere. Julgamento: 3/10/2007.

75 NEGRÃO. Op. cit. p. 312.

# 8

# Leasing

No mercado vemos bens de elevado valor e de difícil acesso para os pretensos adquirentes. Além disso, muitas vezes são bens que, embora de alto preço, têm rápida defasagem e desatualização, acarretando a sua desvalorização. Isso demanda, então, muito investimento e, em alguns casos, prejuízos a longo prazo, especialmente por conta dos avanços tecnológicos, que faz que com que fiquem defasados.

Diante disso, muitas pessoas ficam impossibilitadas ou mesmo desinteressadas em adquiri-los. Então, os fabricantes e fornecedores desses bens, visando colocá-los em circulação, e buscando atender aos interesses daqueles que mesmo desejosos em ter acesso a esses bens não o fazem por falta de recursos financeiros, oferecem alternativas para facilitar a celebração de negócios jurídicos que os envolvam.

Certamente, diversos desses bens não poderiam ficar sem comercialização, e tampouco os consumidores poderiam ficar sem usufruir as maravilhas do mundo moderno, mas também demasiadamente oneroso. É aí que entra em cena o contrato de arrendamento mercantil ou *leasing*.

Esse contrato visa dar acesso aos consumidores, e também a muitos fornecedores, a bens cujo elevado valor torna mais difícil, e até desinteressante, a sua aquisição e, consequentemente, a sua fruição. Muitos desses bens, além de dispendiosos, também se desatualizam ou deterioram rapidamente, o que leva ao desinteresse em se investir vultoso capital para a sua compra.

Note-se que nem sempre tais bens são voltados aos consumidores, destinatários finais dos produtos e serviços. Muitos desses bens também são adquiridos por empresários para exercício de sua atividade, como companhias aéreas e papelarias que adquirem, respectivamente, aviões e máquinas copiadoras – os exemplos comumente utilizados pela doutrina para explicar esse complexo contrato.

De toda sorte, é a partir da existência desses bens e da dificuldade, ou desinteresse, em adquiri-los em definitivo, incorporando-os ao patrimônio, que surgiu esse negócio jurídico eminentemente empresarial, que visa permitir a sua fruição por empresários e consumidores, mesmo sem a necessidade de comprá-los, como veremos a seguir.

## 1. CONCEITO

Para entendermos o conceito de *leasing*, é imperioso examinarmos, primeiramente, o significado da expressão, bem como qual é a terminologia adequada para o instituto. O termo mundialmente utilizado e conhecido para designar o contrato em estudo é *leasing*, que advém do verbo inglês *to lease*, isto é, alugar, arrendar, ceder onerosamente. O sufixo *ing*, na língua inglesa, forma substantivos que representam ação verbal. Então, esse sufixo aposto ao final da palavra *lease* dá origem ao *leasing*, que é o ato de arrendar, locar, isto é, locação ou arrendamento.[1] Ainda no mesmo idioma inglês, como salienta Arnaldo Rizzardo, a denominação dada ao arrendador ou locador é *lessor*, e ao arrendatário-locatário é dado o nome de *lessee*.[2]

No Brasil, além do consagrado termo *leasing*, também se utiliza a nomenclatura *arrendamento mercantil*, nome esse dado pela Lei nº 6.099/74, que trata do regime tributário das operações de arrendamento mercantil, bem como pelo Regulamento anexo à Resolução BACEN nº 2.309/96, que regulamenta essas operações.

Na jurisprudência, o Superior Tribunal de Justiça utiliza indistintamente ambas as terminologias, como se infere da análise de alguns julgados, bem como do exame do verbete sumular nº 369 deste tribunal.[3]

Na doutrina, salienta Arnaldo Rizzardo que no Brasil também se utiliza o nome *locação mercantil*, expressão essa que, segundo ele, não é adequada, haja vista que o contrato de arrendamento mercantil não se confunde com uma mera locação, isso porque no *leasing* o arrendatário explora o bem economicamente, daí ser mais adequado o termo *arrendamento*, em vez de *locação*.[4]

Entendido o que significa o termo *leasing*, passaremos ao exame do conceito propriamente dito. A doutrina apresenta diversos conceitos de contrato de *leasing*, percebendo-se do exame de cada um deles uma identidade quanto às partes, características e finalidades desse negócio jurídico.

Arnoldo Wald, já inserindo aquela que acredita ser a natureza jurídica deste contrato, conceitua-o como sendo o "contrato misto, pelo qual um financiador (pessoa jurídica) adquire e aluga a outra pessoa (física

---

1 MANCUSO, Rodolfo de Camargo. *Leasing*. 3. ed. São Paulo: Revista dos Tribunais, 2002. p. 18.

2 RIZZARDO, Arnaldo. *Leasing*. 4. ed. São Paulo: Revista dos Tribunais, 2000. p. 17.

3 Enunciado nº 369 da súmula de jurisprudência do Superior Tribunal de Justiça: "No contrato de arrendamento mercantil (leasing), ainda que haja cláusula resolutiva expressa, é necessária a notificação prévia do arrendatário para constituí-lo em mora".

4 RIZZARDO. *Leasing*. Op. cit. p. 18.

ou jurídica) um bem ou bens, móveis ou imóveis, para uso próprio desta, a prazo longo ou médio, facultando ao locatário a aquisição do bem ou bens pelo preço residual".[5]

O saudoso professor Fran Martins segue a mesma linha, apenas substituindo o termo que designa um contrato de locação por outro designativo de arrendamento. Segundo ele, entende-se "por *arrendamento mercantil* ou *leasing* o contrato segundo o qual uma pessoa jurídica arrenda a uma pessoa física ou jurídica, por tempo determinado, um bem comprado pela primeira de acordo com as indicações da segunda, cabendo ao arrendatário a opção de adquirir o bem arrendado findo o contrato, mediante um preço residual previamente fixado".[6]

Nos dois conceitos apresentados, que bem identificam o contrato em estudo, a diferença fundamental diz respeito à questão sobre a utilização dos termos *arrendar* ou *alugar*, o que, a nosso sentir, não interfere na identificação do instituto. A mera utilização da palavra *locação* não retira a possibilidade de o locatário explorar o bem economicamente, haja vista a existência do contrato de locação de imóvel comercial em que também o bem é utilizado economicamente pelo locatário, e mesmo assim leva o nome de *locação*.

O fato é que no *leasing* há efetivamente a locação da coisa, tanto que o locatário-arrendatário paga um valor a título de aluguel, que é a remuneração pelo uso do bem. Desse modo, não havendo, em nosso ordenamento, diferenças representativas entre locação e arrendamento, preferimos falar em locação, por ser de mais fácil entendimento, além de ser mais didática.

Assim, podemos conceituar o contrato de *leasing* como o contrato por meio do qual uma pessoa jurídica adquire e aluga a outra pessoa, jurídica ou natural, mediante o pagamento de um aluguel, um bem móvel ou imóvel por ela escolhido, para seu uso próprio, por um determinado período fixado no contrato, facultando ao locatário a sua aquisição ao final do prazo mediante o pagamento de um valor residual.

A Lei nº 6.099/74, que dispõe sobre o tratamento tributário das operações de arrendamento mercantil, traz, em seu art. 1º, parágrafo único, um conceito legal do mencionado contrato, dispondo que "considera-se arrendamento mercantil, para os efeitos desta Lei, o negócio jurídico realizado entre pessoa jurídica, na qualidade de arrendadora, e pessoa física ou jurídica, na qualidade de arrendatária, e que tenha por

5 WALD, Arnoldo. *Direito civil*. Contratos em espécie. 18. ed. São Paulo: Saraiva, 2009. v. 3, p. 364.

6 MARTINS, Fran. *Contratos e obrigações comerciais*. 15. ed. Rio de Janeiro: Forense, 2001. p. 449.

objeto o arrendamento de bens adquiridos pela arrendadora, segundo especificações da arrendatária e para uso próprio desta".

## 2. NATUREZA JURÍDICA

Na doutrina, não se constata divergência quanto à natureza jurídica do contrato de arrendamento mercantil. Reconhece-se que esse contrato tem a natureza de um contrato misto,[7] híbrido, que resulta da combinação de elementos de diferentes contratos, formando uma nova unidade contratual indissolúvel e independente, ainda não prevista em lei.[8]

---

7 Assim entende, por exemplo, Arnoldo Wald ao afirmar que: "Considera-se o *leasing* como negócio jurídico complexo, porque, associando diversos negócios, estes se formam por manifestação unitária de vontade, não se decompondo em outros contratos" (WALD. Op. cit. p. 369); Irineu Mariani: "O *leasing* é um contrato de natureza jurídica mista ou híbrida porque resulta da miscigenação da compra e venda empresarial, da locação e do financiamento" (MARIANI. Op. cit. p. 200); Fran Martins: "O arrendamento mercantil é de natureza complexa [...]" (MARTINS. Op. cit. p. 459); Arnaldo Rizzardo: "Trata-se, pois, de um contrato misto [...]" (RIZZARDO. Op. cit. p. 157); e Fernando Netto Boiteux: "É negócio jurídico complexo, e não, simplesmente, coligação de negócios [...]" (BOITEUX, Fernando Netto. *Contratos mercantis.* São Paulo: Dialética, 2001. p. 121)

8 Há que se salientar que essa é também a posição de Rodolfo de Camargo Mancuso, que, no entanto, afirma se tratar o contrato de *leasing* um contrato misto, embora o considere típico. Seria, pois, o contrato de arrendamento mercantil um contrato típico misto. Após expor os diversos elementos que compõem o contrato de *leasing*, afirma o ilustre professor que as "precedentes considerações autorizam inferir que o *leasing* é, pois, contrato *misto*, por conter elementos obrigacionais de origem diversa, mas coalizados e harmonizados pela unidade da causa; hoje pode considerar-se *típico*, porquanto previsto, conceituado, e, como tal, recepcionado no direito positivo vigente" (MANCUSO. Op. cit. p. 41). Com a devida vênia, a conclusão do ilustre professor é contraditória, isso porque os contratos mistos são, por natureza, contratos atípicos, haja vista que são formados essencialmente por elementos, por características inerentes a diversos contratos previstos no ordenamento, dando origem a um novo contrato ainda não regulado em lei, conforme lição de Orlando Gomes: os "*contratos atípicos* formam-se de elementos originais ou resultam da fusão de elementos próprios de outros contratos. Dividem-se em *contratos atípicos propriamente ditos* e *mistos*". Prosseguindo ele em sua lição, contrato misto "é o que resulta da combinação de elementos de diferentes contratos, formando nova espécie contratual não esquematizada em lei" (GOMES. Op. cit. p. 120-121). Portanto, um contrato misto não pode ser reconhecido como uma espécie de contrato típico. Daí entendermos, mais uma vez com a devida vênia ao Prof. Rodolfo Mancuso, haver uma contradição em sua conclusão, haja vista que o contrato misto é uma espécie de contrato atípico. Mas é preciso ressaltar que, ainda assim, o mencionado professor reconhece a natureza mista do contrato de arrendamento mercantil, filiando-se aos demais doutrinadores.

Trata-se, pois, de um contrato atípico, uma vez que, apesar das disposições da Lei nº 6.099/74, não há uma lei própria o regulamentando, em que estabeleça suas características básicas e seus deveres e obrigações.[9] Sem prejuízo, devem-se observar as disposições do Regulamento anexo à Resolução BACEN nº 2.309/96, que passa a regular o contrato na ausência de lei formal, o qual traz o regramento essencial do contrato.

Ainda assim, o Regulamento anexo à Resolução nº 2.309/96 do Banco Central não é suficiente para caracterizar o contrato como típico, especialmente porque não é o instrumento adequado para a regulamentação de um contrato, tendo em vista que não é função do BACEN legislar, inovando na ordem jurídica através de uma norma infralegal. Já quanto a Lei nº 6.099/74, ela traz apenas o tratamento tributário a ser dado ao *leasing*, de modo que não é possível afirmar que ela regulamenta o contrato, assim como a Resolução BACEN, pois não é esta uma lei em sentido formal, apta a normatizar o arrendamento mercantil.[10]

Já no âmbito da jurisprudência, a questão ganha outros contornos. O Superior Tribunal de Justiça, em diversos julgados da primeira metade da década de 2000, mantinha o entendimento de que o contrato de arrendamento mercantil era um contrato complexo, atípico,[11] sendo que em uma de suas modalidades, chegou a afirmar o Ministro Carlos Meira que "através da modalidade de contrato de arrendamento mercantil 'sale and lease back', [...] tem-se, pois, um contrato misto, em que é previsto que o bem vendido, e que continuou sendo utilizado pelo vendedor por força do arrendamento, possa ser recomprado após a fluência do decênio estipulado na norma legal".[12]

No entanto, posteriormente, a Quarta Turma do STJ trouxe outro entendimento, o de que o contrato de *leasing*, por conta da Lei nº 6.099/74, é um contrato típico,[13] posição essa que já era defendida pelo

9 Consoante lição da doutrina, apenas os contratos esquematizados pela lei, que são objeto de regulamentação legal, podem ser chamados de contratos nominados ou típicos. Os demais, "que se formam à margem dos *paradigmas* estabelecidos – como fruto da *liberdade* de *obrigar-se* – denominam-se contratos *inominados* ou *atípicos*". GOMES, Orlando. *Contratos*. 26. ed. Rio de Janeiro: Forense, 2009. p. 119.

10 No mesmo sentido, Irineu Mariani. MARIANI, Irineu. *Contratos empresariais*. Porto Alegre: Livraria do Advogado, 2007. p. 193.

11 REsp 310368/RS. Rel. Min. José Delgado. Primeira Turma. *DJ* 27/8/2001, p. 232.

12 REsp 57967/BA – Rel. Min. Carlos Meira. Segunda Turma. *DJ* 16/8/2004 p. 154. A manifestação foi retirada no teor do voto do Ilmo. Ministro relator. Disponível em: <https://ww2.stj.jus.br/revistaeletronica/Abre_Documento.asp?sSeq=475830&sReg=199400386079&sData=20040816&formato=PDF>.

13 Ver os EDcl nos EDcl no AgRg no REsp 433943/SC. Rel Min. Jorge Scartezzini. Quarta Turma. *DJ* 6/3/2006, p. 390.

Ministro Humberto Gomes de Barros, entendendo que a conceituação do instituto pela Lei nº 6.099/74, trazendo o seu tratamento tributário, já é suficiente para caracterizá-lo como um contrato típico.[14]

Vê-se, pois, que na jurisprudência do Superior Tribunal de Justiça a questão não é pacífica, o que já não ocorre na doutrina. Em verdade, no âmbito doutrinário, a divergência gira em torno apenas dos elementos que compõem esse contrato atípico misto, e não, propriamente, sobre a sua natureza.[15]

Parcela da doutrina sustenta, por exemplo, que o contrato de arrendamento mercantil tem em seu conteúdo uma locação, uma compra e venda, um financiamento[16] e um mandato especial.[17]

Já outra parcela da doutrina nega a existência de um mandato na estrutura jurídica do *leasing*,[18] mas reconhece nele um caráter de financiamento,[19] além da presença de elementos da locação e da venda a crédito.[20]

Conclui-se, pois, que no âmbito doutrinário diverge-se apenas quanto aos elementos que compõem essa nova unidade contratual, concordando, entretanto, que se trata de uma espécie atípica de contrato, na modalidade mista. Por ser um contrato atípico misto, o *leasing* se estrutura como uma nova unidade contratual indissolúvel e independente. O contrato misto não corresponde, portanto, a *vários contratos*, mas a um único contrato, uma unidade contratual com características de diversos outros.

Também não há que se falar, por essa razão, em união ou coligação de contratos, pois na coligação coexistem diferentes contratos, autônomos, que se reúnem pela vontade das partes para a obtenção de uma de-

---

14 No mesmo sentido, Rodolfo de Camargo Mancuso afirma ser o contrato de *leasing* um contrato típico, "porquanto previsto, conceituado, e, como tal, recepcionado no direito positivo vigente". MANCUSO. Op. cit. p. 46.

15 Para exemplificar a divergência, podemos citar o saudoso comercialista cearense Fran Martins, para quem o contrato de "arrendamento mercantil é de natureza complexa, compreendendo uma *locação*, uma *promessa unilateral de venda* (em virtude de dar o arrendado opção de aquisição do bem pelo arrendatário), e, às vezes, um *mandato*, quando é o próprio arrendatário quem trata com o vendedor na escolha do bem" (MARTINS. Op. cit. p. 459)

16 RIZZARDO. *Leasing*. Op. cit. p. 159-162.

17 RIZZARDO. *Leasing*. Op. cit. p. 56.

18 "Igualmente, o mandato não comparece à estrutura jurídica do *leasing*. É que naquele ajuste o mandatário age em nome e por conta do mandante (CC, art. 1288), ao passo que, no *leasing*, ao contrário, o *lessor* adquire o bem por conta própria (geralmente diligenciando o necessário financiamento), seguindo, no mais, as especificações técnicas indicadas pelo *lessee*" (MANCUSO. Op. cit. p. 33).

19 MANCUSO. Op. cit. p. 38 e 279.

20 Idem.

terminada finalidade econômica. Nela, as partes desejam celebrar todos os contratos, numa cadeia sucessiva e temporal, formando uma relação de interdependência, de modo que, sem um deles a contratação se torna ineficaz. E não é isso que ocorre com o contrato de arrendamento mercantil.

## 3. SUJEITOS

### 3.1. Arrendador

O contrato de *leasing* envolve três sujeitos, mas apenas dois deles são partes do contrato.

O primeiro sujeito, e parte do contrato, é o arrendador, arrendante, ou sociedade de arrendamento mercantil. É ele quem adquire o bem do fornecedor, alugando-o ao arrendatário. É o arrendador, portanto, quem compra o bem e o entrega em locação para que possa ser utilizado pelo arrendatário.

Deve o arrendador, obrigatoriamente, ser uma pessoa jurídica empresária, exigência essa feita pela Lei nº 6.099/74, em seu art. 1º, parágrafo único, que, como vimos, traz o conceito do contrato de arrendamento mercantil.

### 3.2. Arrendatário

O segundo sujeito, e também parte do contrato, é o arrendatário. É ele quem recebe do arrendador o bem em locação para o seu uso. É o arrendatário que, como regra, indica o bem a ser adquirido pelo arrendador, recebendo-o em locação. A partir da alteração promovida pela Lei nº 7.132/83, na redação do parágrafo único do art. 1º da Lei nº 6.099/74,[21] o arrendatário pode ser tanto uma pessoa natural, quanto uma pessoa jurídica, não subsistindo mais dúvidas quanto à possibilidade de contratação de *leasing* por pessoas naturais.

21 O art. 12 do Regulamento anexo à Resolução 2.039/86 do Banco Central dispõe o seguinte: "Art. 12. É permitida a realização de operações de arrendamento mercantil com pessoas físicas e jurídicas, na qualidade de arrendatárias." Vê-se, pois, que o Regulamento mencionado está em consonância com a Lei nº 6.099/74 com a alteração promovida pela Lei nº 7.132/83, admitindo expressamente que o arrendatário seja tanto uma pessoa natural, quanto uma pessoa jurídica. Frise-se que Lei nº 6.099/74, em seu art. 1º, parágrafo único, trata o arrendatário como pessoa física, e não natural, isso porque a aludida lei tem natureza tributária, sendo essa a nomenclatura correta em uma relação jurídica tributária. Se tivesse natureza civil, deveria denominar o arrendatário de pessoa natural.

### 3.3. Fornecedor

O terceiro sujeito do contrato é o fornecedor. É ele que aliena o bem ao arrendador, bem esse que posteriormente será dado em arrendamento ao arrendatário. O seu vínculo jurídico, portanto, é com o arrendador, não mantendo ele qualquer relação jurídica contratual com o arrendatário, isso porque o arrendatário não adquire o bem diretamente do fornecedor, mas sim do arrendador. Não há, portanto, uma compra e venda entre o fornecedor do bem e o arrendatário.

Há que se frisar, por fim, que o fornecedor não é parte do contrato de arrendamento mercantil, mas tão somente do contrato de compra e venda celebrado com o arrendador. No entanto, a sua presença é essencial à celebração do contrato de *leasing*, haja vista que, sem a venda do bem pelo fornecedor, o contrato de arrendamento mercantil não existirá, pois não haverá mercadoria a ser arrendada.

## 4. CARACTERÍSTICAS

### 4.1. Empresarialidade

O contrato de *leasing* é um contrato empresarial. Pode-se, ainda, classificá-lo como um contrato bilateral - há obrigações para ambas as partes -, oneroso - ambas as partes têm interesses patrimoniais -, e comutativo - a prestação e contraprestação são certas e equivalentes.

Por ser um contrato empresarial, uma das partes deve ser, obrigatoriamente, um empresário, que é o arrendador. Este, como vimos, ainda deve ser uma pessoa jurídica, uma sociedade empresária, não se admitindo, assim, que ostente a natureza de empresário individual, uma vez que a lei não autoriza a sua celebração por pessoas naturais.

Dispõe o *caput* do art. 1º do Regulamento anexo à Resolução BACEN nº 2.309/96[22] que as operações de arrendamento mercantil, com tratamento tributário previsto na Lei nº 6.099/74, somente podem ser realizadas por pessoas jurídicas que tenham como objeto principal de sua atividade a prática de operações de arrendamento mercantil, pelos bancos múltiplos com carteira de arrendamento mercantil, e pelas ins-

22 Regulamento anexo à Resolução Bacen 2.039/96. "Art. 1º As operações de arrendamento mercantil com tratamento tributário previsto na Lei nº 6.099, de 12.09.74, alterada pela Lei nº 7.132, de 26.10.83, somente podem ser realizadas por pessoas jurídicas que tenham como objeto principal de sua atividade a prática de operações de arrendamento mercantil, pelos bancos múltiplos com carteira de arrendamento mercantil e pelas instituições financeiras que, nos termos do art. 13 deste Regulamento, estejam autorizadas a contratar operações de arrendamento com o próprio vendedor do bem ou com pessoas jurídicas a ele coligadas ou interdependentes."

tituições financeiras que, nos termos do art. 13 do próprio regulamento, estejam autorizadas a contratar operações de arrendamento com o próprio vendedor do bem ou com pessoas jurídicas a ele coligadas ou interdependentes.

Já os arts. 3º e 4º do mencionado Regulamento dispõem que as sociedades de arrendamento mercantil devem adotar, obrigatoriamente, a forma de sociedade anônima – que é a mesma natureza imposta às instituições financeiras, segundo dispõe o art. 25 da Lei nº 4.595/64 –, dependendo, ainda, de autorização do Banco Central para funcionar – o que também se exige das instituições financeiras, como reza o art. 18 da Lei nº 4.595/64 –, bem como lhes são aplicáveis, no que couberem, as mesmas condições de funcionamento aplicáveis às instituições financeiras da Lei nº 4.595/64, e legislação posterior relativa ao Sistema Financeiro Nacional.

Exige, ainda, a parte final do art. 4º do Regulamento anexo à Resolução BACEN nº 2.309/96, que as sociedades de arrendamento mercantil adotem em suas denominações a expressão "Arrendamento Mercantil".

Do exame dos dispositivos, surgem duas dúvidas: primeiro, questiona-se se as sociedades de arrendamento mercantil devem ser instituições financeiras; e segundo, questiona-se se há alguma limitação à prática da atividade de arrendamento mercantil por determinadas sociedades empresárias.

Quanto à qualificação das sociedades de arrendamento mercantil como instituições financeiras, diverge a doutrina. O art. 1º do Regulamento anexo à Resolução BACEN nº 2.309/96 fala, separadamente, em sociedade de arrendamento mercantil, bancos múltiplos e instituições financeiras autorizadas a celebrar o contrato de *leasing*, dando a entender que quaisquer dessas espécies de sociedade poderiam exercer a atividade de arrendamento mercantil. No entanto, nos arts. 3º e 4º do Regulamento exige das sociedades de arrendamento mercantil o preenchimento de requisitos que são inerentes às instituições financeiras. Daí nasce a dúvida sobre a qualificação, ou não, das sociedades de arrendamento mercantil como instituições financeiras.

O conceito de instituição financeira é dado pelo art. 17 da Lei nº 4.595/64, lei essa que dispõe sobre o Sistema Financeiro Nacional. Segundo o dispositivo em exame, as instituições financeiras são pessoas jurídicas de direito público ou privado que têm como atividade principal ou acessória a coleta, intermediação ou aplicação de recursos financeiros próprios ou de terceiros, em moeda nacional ou estrangeira, e a custódia de valores de propriedade de terceiros. Assim, a partir desse conceito, há que se verificar se as operações de arrendamento mercantil se enquadram em algumas dessas atividades descritas na Lei.

Para parcela da doutrina, as sociedades de arrendamento mercantil não são instituições financeiras, e tampouco se equiparam a elas, isso porque apesar das operações de *leasing* se enquadrar dentre as previstas para as instituições financeiras, haja vista que há um financiamento e, consequentemente, uma concessão de crédito, tal atividade, por si só, não caracteriza uma sociedade de arrendamento mercantil como instituição financeira.

E não é suficiente para caracterizá-la como exclusiva de instituições financeiras porque há várias atividades que representam financiamento, como aquelas em que os empresários fazem a venda de produtos a prazo, recebendo o preço em diversas prestações. A realização dessas operações pelos comerciantes não é suficiente para transformá-los em bancos.

As sociedades de arrendamento mercantil também jamais poderão fazer captação de recursos de terceiros para aplicação, conceder empréstimos, celebrar contrato de abertura de crédito, realizar desconto bancário etc. Estão elas limitadas a atuar com capital próprio, ou conseguido por meio de empréstimos e outras fontes.

Por fim, embora a atividade de *leasing* possa se enquadrar como uma atividade financeira, não pode ela ser exercida por um banco enquanto for, simplesmente, um banco. Exige-se da sociedade de *leasing* uma estruturação própria, com um departamento com estrutura distinta daquelas do banco do qual deriva. Por esses argumentos, importante parcela da doutrina não reconhece as sociedades empresárias que operam *leasing* como instituições financeiras.[23]

Prevalece, contudo, na doutrina, o entendimento de que as sociedades de arrendamento mercantil exercem uma atividade financeira,[24] o que as caracteriza como instituições financeiras,[25] isso porque se revestem da forma de sociedade anônima, que é a forma adotada para as instituições financeiras, como dispõe a Lei nº 4.595/64, exigindo-se delas o registro no Banco Central, bem como sua autorização para funcionamento. O próprio Regulamento anexo à Resolução BACEN nº 2.309/96 submete as sociedades de arrendamento mercantil às disposições da Lei nº 4.595/6, assim como o faz a Lei nº 6.099/74, do que se conclui que tais sociedades integram o Sistema Financeiro Nacional.[26]

---

23 RIZZARDO. *Leasing*. Op. cit. p. 110-113.

24 BOITEUX. Op. cit. p. 122.

25 MANCUSO. Op. cit. p. 51.

26 Como salienta o saudoso Fran Martins, o "*leasing* é considerado uma operação financeira, pois nele há um financiamento da arrendadora ao arrendatário. Por tal razão, costuma ser a operação incluída entre as operações bancárias. A lei francesa (art. 2º) o subordinou às leis de 13 e 14.06.1941, que regulam as atividades bancárias. Também no Brasil as empresas de arrendamento mercantil são controladas e fiscalizadas pelo Banco Central (Lei nº 6.099, de 1974, art. 7º)" (MARTINS. Op. cit. p. 457).

Salienta-se, ainda, que é certo que as sociedades de arrendamento mercantil não fazem empréstimo de dinheiro, mas é como se fizessem, pois abrem crédito para o recebimento de produtos e equipamentos, à semelhança do que fazem as companhias de crédito que se constituem em instituições financeiras.

Por fim, há que se ressalvar, ainda, a opinião de Arnoldo Wald, para quem a sociedade de *leasing* não exerce uma atividade financeira típica, devendo ser considerada uma entidade parafinanceira, apesar de estar submetida, para determinados fins, à fiscalização e ao controle do Banco Central do Brasil.[27]

Na jurisprudência, especialmente no âmbito do Superior Tribunal de Justiça, a questão já foi pacificada, tendo o Tribunal Superior firmado o seu posicionamento no sentido de que as sociedades de arrendamento mercantil se equiparam às instituições financeiras.[28]

Portanto, o arrendador deve adotar a forma de sociedade empresária, e sob a forma de sociedade anônima, por ostentar a qualidade de instituição financeira. Por essa razão, também não se admite que a sociedade de arrendamento mercantil se revista de outra forma societária, e tampouco de uma EIRELI, que é uma espécie de pessoa jurídica que exerce a empresa, mas que se constitui com apenas um único cotista.

Em relação a eventual existência de limitação à prática da atividade de arrendamento mercantil, há quem entenda que ela existe. Para parcela da doutrina, a regra em exame apresenta, sim, uma limitação à realização das operações de arrendamento mercantil. Segundo Arnaldo Rizzardo, a "arrendadora será necessariamente uma pessoa jurídica mercantil".[29] No entanto, quanto a uma determinada espécie de *leasing*, a lei traz uma limitação específica quanto à qualificação da pessoa jurídica que pode realizar as operações de arrendamento mercantil.

Explicita Arnaldo Rizzardo que uma das modalidades de arrendamento mercantil, o *lease-back*, que é aquele celebrado com o próprio vendedor, só pode ser celebrada pelos bancos múltiplos dedicados a investimento, desenvolvimento, à concessão de crédito imobiliário, às caixas econômicas e às sociedades de crédito imobiliário autorizadas pela Caixa Econômica Federal.[30]

27 WALD. Op. cit. p. 368.

28 REsp 1228553/PR. Rel. Min. Sérgio Kukina. Primeira Turma. *DJe* 9/8/2016.

29 RIZZARDO. *Leasing*. Op. cit. p. 105.

30 Segundo ele, "Quanto *lease-back*, que trata das operações celebradas com o próprio vendedor dos bens ou com pessoas a ele vinculadas, está reservado aos bancos múltiplos dedicados a investimento, desenvolvimento, à concessão de crédito imobiliário; às caixas econômicas e às sociedades de crédito imobiliário autori-

Ousamos, no entanto, discordar desse entendimento, apesar de concordarmos que há, efetivamente, uma limitação prevista no art. 1º do Regulamento anexo à Resolução BACEN nº 2.309/96.

Prevê o mencionado dispositivo que, *in verbis*, "As operações de arrendamento mercantil com tratamento tributário previsto na Lei nº 6.099, de 12.09.74, alterada pela Lei nº 7.132, de 26.10.83, somente podem ser realizadas por pessoas jurídicas que tenham como objeto principal de sua atividade a prática de operações de arrendamento mercantil, pelos bancos múltiplos com carteira de arrendamento mercantil e pelas instituições financeiras que, nos termos do art. 13 deste Regulamento, estejam autorizadas a contratar operações de arrendamento com o próprio vendedor do bem ou com pessoas jurídicas a ele coligadas ou interdependentes."

Da redação do dispositivo é possível inferir que a limitação imposta diz respeito unicamente às instituições financeiras que, nos termos do art. 13 do Regulamento, estejam autorizadas a contratar operações de arrendamento mercantil com o próprio vendedor do bem ou com pessoas jurídicas coligadas ou interdependentes.

Então, segundo o Regulamento, as instituições financeiras que não tenham como principal atividade a prática de operações de arrendamento mercantil, ou que não sejam bancos múltiplos com carteira de arrendamento mercantil, só poderão realizar operações de arrendamento mercantil com tratamento tributário previsto na Lei nº 6.099/74 se, nos termos do art. 13 do próprio Regulamento, estiverem autorizadas a contratar operações de arrendamento mercantil com o próprio vendedor do bem ou com pessoas jurídicas coligadas ou interdependentes.

---

zadas pela Caixa Econômica Federal, que substituiu o Banco Nacional de Habitação, de acordo com o Decreto-lei 2.291, de 21.11.1986. É o que se depreende do art. 13, § 2º, da Res. 2.309: 'Os bancos múltiplos com carteira de investimento, de desenvolvimento e/ou crédito imobiliário, os bancos de investimento, os bancos de desenvolvimento, as caixas econômicas e as sociedades de crédito imobiliário também podem realizar as operações previstas neste artigo'. A Lei 6.099, modificada pela Lei 7.132, no art. 9º, conduz ao mesmo entendimento: 'As operações de arrendamento mercantil contratadas com o próprio vendedor do bem ou com pessoas jurídicas a ele vinculadas, mediante quaisquer das relações previstas no art. 2º desta lei, poderão também ser realizadas por instituições financeiras expressamente autorizadas pelo Conselho Monetário Nacional, que estabelecerá as condições para a realização das operações previstas neste artigo'. Apenas ao *lease-back* se exige a restrição acima, isto é, a reserva àqueles estabelecimentos. Não ao *leasing* financeiro, que pode ser objeto de qualquer pessoa jurídica, desde que funcione como sociedade anônima e esteja registrada no Banco Central do Brasil" (RIZZARDO. *Leasing*. Op. cit. p. 107).

Caso não tenham essa autorização, a qual deverá ser dada pelo Banco Central, as aludidas instituições financeiras – repita-se: aquelas que não tenham como principal atividade a prática de operações de arrendamento mercantil, ou que não sejam bancos múltiplos com carteira de arrendamento mercantil – não poderão realizar operações de arrendamento mercantil.

Em verdade, o Regulamento quis limitar a realização de operações de arrendamento mercantil às instituições financeiras que tenham como principal atividade a prática de operações de arrendamento mercantil ou que sejam bancos múltiplos com carteira de arrendamento mercantil. As demais instituições financeiras só poderão realizar tais operações se estiverem autorizadas a contratar arrendamento mercantil com o próprio vendedor do bem ou com pessoas jurídicas a ela coligadas ou interdependentes, nos termos do art. 13 do mesmo Regulamento.

Já para o Prof. Irineu Mariani, a limitação para a prática de operações de arrendamento mercantil é geral, ou seja, independe da espécie de *leasing* que será contratado, de modo que apenas as pessoas previstas no art. 1º do Regulamento, com os requisitos previstos nos seus arts. 3º e 4º, podem exercer tal atividade.[31]

Vê-se, pois, que a doutrina chega a conclusões diversas acerca da matéria.

Questão interessante decorrente do exame do art. 1º do Regulamento diz respeito às isenções tributárias da Lei nº 6.099/74. Note-se que são as isenções concedidas às operações de arrendamento mercantil que as tornam interessantes, especialmente quando se opta pela celebração do contrato de *leasing* como meio de adquirir um bem durável de forma financiada, o que é comum na prática, especialmente na compra de veículos automotores.

A Lei nº 6.099/74, que dispõe sobre o tratamento tributário das operações de arrendamento mercantil, e prevê isenções, reza, em seu art. 2º, que não terá o tratamento previsto na Lei o arrendamento de bens contratado entre pessoas jurídicas direta ou indiretamente coligadas ou interdependentes, assim como o contratado com o próprio fa-

31 "Conclusivamente, *primeiro*, o arrendante deve ser pessoa jurídica; *segundo*, existem: *(a) entidades oficiais*, autorizadas pelo Regulamento, que são os bancos múltiplos que tenham carteira de arrendamento empresarial, de investimento e/ou de crédito imobiliário, os bancos de investimento, os bancos de desenvolvimento, as caixas econômicas e as sociedades de crédito imobiliário; e *(b) entidades não-oficiais*, necessariamente sociedades anônimas cujo objeto seja atuar no ramo das operações de *leasing*, as quais dependem de autorização do BACEN e se sujeitam às mesmas condições ao funcionamento das instituições financeiras, devendo no nome social usar a expressão *Arrendamento Mercantil*" (MARIANI. Op. cit. p. 197).

bricante. Isso significa que a contratação descrita no art. 2º da Lei não receberá as isenções nela previstas.

Aqui surge uma questão peculiar: pelo disposto no art. 1º do Regulamento anexo à Resolução nº 2.309/96, as instituições financeiras que, nos termos do art. 13 do próprio Regulamento, estejam autorizadas a contratar operações de arrendamento com o próprio vendedor do bem ou com pessoas jurídicas a ele coligadas ou interdependentes, poderão realizar operações de arrendamento mercantil com o tratamento tributário previsto na Lei nº 6.099/74.

Interpretando-se literalmente o dispositivo, chega-se à conclusão de que todas as modalidades de *leasing* ali descritas farão jus aos benefícios tributários da Lei nº 6.099/74. Assim entendendo, o Regulamento, nessa parte, parece contrariar o texto expresso do art. 2º da Lei nº 6.099/74, o que o tornaria ilegal. No entanto, não é assim que ocorre.

Como esclarece Irineu Mariani, é preciso compreender os arts. 2º e 9º da Lei nº 6.099/74, bem como os arts. 13 e 28 do Regulamento anexo à Resolução BACEN nº 2.309/96.

Segundo ele, o "art. 2º da Lei é *geral* quanto às espécies e *restrito* quanto às consequências. Quer dizer: toda espécie de *leasing* (caráter geral) fica excluída das isenções (caráter restrito nas consequências) quando realizado entre pessoas jurídicas direta ou indiretamente coligadas ou interdependentes, cujo conceito é dado pelo art. 27 do Regulamento, bem assim o realizado com o próprio fabricante.

Note-se que não é vedada a celebração. Apenas ficam excluídas as isenções.

Por sua vez, o art. 9º da Lei permite que instituições financeiras, autorizadas pelo CMN, façam *leasing* com o vendedor do bem ou pessoas jurídicas a ele vinculadas, por quaisquer das modalidades do art. 2º (sociedades coligadas ou interdependentes).

Distinção: o art. 2º cuida da coligação entre arrendante e arrendatária, o que exclui os benefícios tributários; já o art. 9º cuida da coligação entre uma e outra (s) vendedora (s)-arrendatária (s) que celebram *leasing* com a mesma arrendante, o que não exclui os benefícios tributários. Por exemplo: a arrendante que celebrou *lease-back* com *A* pode também com *B*, mesmo que *A* e *B* sejam empresas coligadas ou interdependentes. Isso não prejudica as isenções tributárias.

Pelo art. 13 do regulamento, temos: *(a)* as operações de *leasing* com o vendedor na modalidade *leasing* financeiro; *(b)* só pessoa jurídica pode ser arrendatário; e *(c)* podem ser arrendantes também bancos de desenvolvimento (públicos, tipo BNDES) e/ou de crédito imobiliário, bancos de investimento (privados), caixas econômicas e sociedades de crédito imobiliário (§ 2º).

Por sua vez, o art. 28 proíbe as empresas de *leasing* e as instituições financeiras referidas no art. 13 de celebrarem contrato: *(a)* com pessoas jurídicas coligadas ou interdependentes (Lei, art. 2º); *(b)* com administradores da entidade e seus cônjuges e parentes até o 2º grau; e *(c)* com o fabricante do bem.

Note-se: o art. 28 do Regulamento não proíbe espécies de *leasing* no Brasil, e sim impede que certas pessoas, em situações especiais, o celebrem, valendo notar que o art. 23 da Lei autoriza o CMN a fazer essas restrições".[32]

O que se conclui, da lição trasncrita, é que o Regulamento não contraria a Lei, não sendo, portanto, ilegal.

## 4.2. Formalidade

O contrato de *leasing* é um contrato formal, pois deve, por força do que dispõe o art. 7º do Regulamento anexo à Resolução BACEN nº 2.309/96, adotar a forma escrita, por instrumento público ou particular.

Além disso, deve conter, obrigatoriamente, determinadas cláusulas que estão discriminadas nos doze incisos do art. 7º do Regulamento anexo à Resolução BACEN nº 2.309/96: (a) descrição dos bens que constituem o objeto do contrato, com todas as características que permitam sua perfeita identificação; (b) o prazo de arrendamento; (c) o valor das contraprestações ou a fórmula de cálculo das contraprestações, bem como o critério para o seu reajuste; (d) a forma de pagamento das contraprestações por períodos determinados, não superiores a 1 (um) semestre, salvo no caso de operações que beneficiem atividades rurais, quando o pagamento pode ser fixado por períodos não superiores a 1 (um) ano; (e) as condições para o exercício por parte do arrendatário do direito de optar pela renovação do contrato, pela devolução dos bens ou pela aquisição dos bens arrendados; (f) a concessão ao arrendatário de opção de compra dos bens arrendados, devendo ser estabelecido o preço para o seu exercício ou critério utilizável na sua fixação; (g) as despesas e os encargos adicionais, inclusive despesas de assistência técnica, manutenção e serviços inerentes à operacionalidade dos bens arrendados, admitindo-se, ainda, para o arrendamento mercantil financeiro: (g.1) a previsão de o arrendatário pagar valor residual garantido em qualquer momento durante a vigência do contrato, não caracterizando o pagamento do valor residual garantido o exercício do direito de compra; (g.2) o reajuste do preço estabelecido para a opção de compra e o valor residual garantido; (h) as condições para eventual substituição

---

32 MARIANI. Op. cit. p. 198.

dos bens arrendados, inclusive na ocorrência de sinistro, por outros da mesma natureza, que melhor atendam às conveniências do arrendatário, devendo a substituição ser formalizada por intermédio de aditivo contratual; (i) as demais responsabilidades que vierem a ser convencionadas, em decorrência de: (i.1) uso indevido ou impróprio dos bens arrendados; (i.2) seguro previsto para cobertura de risco dos bens arrendados; (i.3) danos causados a terceiros pelo uso dos bens; (i.4) ônus advindos de vícios dos bens arrendados; (j) a faculdade de o arrendador vistoriar os bens objeto de arrendamento e de exigir do arrendatário a adoção de providências indispensáveis à preservação da integridade dos referidos bens; (k) as obrigações do arrendatário, nas hipóteses de inadimplemento, destruição, perecimento ou desaparecimento dos bens arrendados; (l) a faculdade de o arrendatário transferir a terceiros no país, desde que haja anuência expressa do arrendador, os seus direitos e obrigações decorrentes do contrato, com ou sem corresponsabilidade solidária.

Por fim, há que se ressaltar que o contrato, não obstante a ausência de exigência legal, deve ser registrado no Cartório de Títulos e Documentos,[33] e fim de lhe dar maior segurança e publicidade.

## 4.3. Mandato

Na relação entre arrendador e arrendatário há uma outorga de mandato,[34] em que o arrendador confere ao arrendatário poderes de representação para a escolha do bem a ser adquirido junto ao fornecedor, devendo o arrendatário optar pelo bem que melhor lhe agrade segundo as características técnicas e de qualidade apresentadas.

Isso porque o arrendador, como regra, não é o fornecedor da mercadoria, e muito menos detém o bem pretendido pelo arrendatário. Por essa razão, há essa outorga de mandato pelo arrendador para que o arrendatário adquira o bem pretendido por aquele.

Ocorre que, apesar da existência de um mandato, não cabe ao arrendador se imiscuir na esfera de vontade do arrendatário, de modo que não caberá a ele escolher, e tampouco aprovar o bem, cabendo-lhe, tão somente, efetuar a compra do equipamento escolhido pelo arrendatário,[35]

33 BOITEUX. Op. cit. p. 126.

34 Como explicitamos quando do exame da natureza jurídica do contrato de arrendamento mercantil – em que remetemos o leitor –, o Prof. Rodolfo de Camargo Mancuso entende que o mandato é elemento estranho ao *leasing*.

35 RIZZARDO. *Leasing*. Op. cit. p. 56.

e isso porque é este último que utilizará o bem, tendo, ainda, a opção de adquiri-lo ao final do contrato.

E é por força dessa relação de mandante-mandatário que se diverge acerca da responsabilidade do arrendador por vícios ocultos, vícios redibitórios, existentes na coisa arrendada.

Para parcela da doutrina, o arrendador é responsável pelos vícios existentes no bem, uma vez que, não obstante haver um mandato, no contrato de *leasing* também há uma locação, e no regime da locação o locador responde pelos vícios da coisa já existentes anteriormente à entrega do bem ao locatário. Ademais, o adquirente-arrendatário tem direito à utilidade natural da coisa, e precisa estar garantido na hipótese de lhe ser entregue um bem que lhe falte qualidade essencial de prestabilidade, sendo o arrendador garante dos vícios redibitórios.

Ainda segundo essa corrente doutrinária, há uma relação de consumo entre o arrendador e o arrendatário, em que o arrendador é um fornecedor, no conceito do Código de Proteção e Defesa do Consumidor, razão pela qual se aplicam as previsões dessa legislação, que prevê a responsabilidade do fornecedor por vícios de qualidade e quantidade dos produtos e serviços, responsabilidade essa que é objetiva e solidária entre todos os fornecedores. Por fim, salienta-se que essa responsabilidade decorre da proteção jurídica da boa-fé, haja vista que, se o arrendatário conhecesse previamente os vícios do objeto, não teria realizado o negócio.[36]

Particularmente, em determinados negócios, a jurisprudência também reconhece a responsabilidade solidária do arrendador com o fornecedor do bem, como nos casos de veículo automotor cuja sociedade de arrendamento seja instituição financeira integrante do grupo econômico da própria montadora do carro, em que ambos os contratos – compra e venda e *leasing* – são celebrados no interior da loja do concessionário. Nesses casos, o arrendador faz parte da cadeia de consumo, assim importando na sua responsabilidade solidária por força do art. 18 do Código de Defesa do Consumidor.[37]

Já outra parcela da doutrina[38] sustenta que há ausência de responsabilidade do arrendador pelos vícios do produto, entendimento esse com o qual pactuamos. Segundo esse entendimento, não há responsabilidade do arrendador porque ele adquire o bem conforme as in-

36 MANCUSO. Op. cit. p. 200-206.

37 Nesse sentido, ver os seguintes julgados do STJ: REsp 1379839/SP. Rel. Min. Nancy Andrighi. Rel. p/ Acórdão Min. Paulo de Tarso Sanseverino. Terceira Turma. *DJe* 15/12/2014; e REsp 369971/MG. Rel. Min. Castro Filho. Terceira Turma. *DJe* 10/02/2004.

38 BOITEUX. Op. cit. p. 125; RIZZARDO. *Leasing*. p. 57-58.

dicações técnicas e de qualidade do arrendatário, não se aplicando as normas sobre vícios redibitórios. Não há, ainda, obrigação de vistoriar tecnicamente o bem, para atestar o seu perfeito estado. Ademais, o art. 7º, IX, *d*, do Regulamento anexo à Resolução nº 2.309/96 prevê que o contrato deve dispor sobre a responsabilidade advinda do vício do bem arrendado, sendo que, como regra, resguarda-se o arrendador dessa responsabilização.[39]

Ora, ao outorgar ao arrendatário um mandato para a livre escolha da coisa, segundo as características e qualidades que melhor lhe aprouverem, o arrendador transfere a responsabilidade pela má-escolha ao próprio arrendatário, isentando-se, pois, de responder por vícios da coisa.

Frise-se que é o arrendatário quem dá a palavra final sobre a compra ou não do produto, estando livre para realizar a inspeção ou vistoria do bem. Por essa razão, não nos parece ser admissível impor uma responsabilidade ao arrendador, que sequer viu a coisa que será adquirida, e tampouco tratou da escolha do bem com o fornecedor.

Também não há que se falar em responsabilidade do arrendador pela existência de uma relação de consumo, em que é ele um fornecedor e o arrendatário um consumidor. É certo que há uma relação de consumo entre eles, no entanto, a atividade do arrendador não é de fornecimento de produtos, isto é, ele não opera no mercado de compra e venda de bens. A atividade do arrendador é uma atividade semelhante à financeira, tanto que se reconhece, majoritariamente na doutrina e na jurisprudência do STJ, a sua natureza de instituição financeira.

O arrendador responderá por eventual vício na relação financeira que envolva o arrendamento do bem, como uma eventual cobrança indevida, cobrança abusiva de juros, ou o não envio dos boletos ou carnê para pagamento, bem como responderá por eventuais danos que advierem dessa relação, como, por exemplo, uma indevida inclusão nos cadastros de inadimplentes por uma mora inexistente do devedor-arrendatário no pagamento das parcelas.

Não poderá, contudo, o arrendador responder pelos vícios do bem entregue, em arrendamento, ao arrendatário. A responsabilidade pelo vício do produto é exclusiva do fornecedor do bem, podendo o arrendador ir a juízo, no máximo, em litisconsórcio ativo com o arrendatário.[40]

---

39 RIZZARDO. *Leasing*. p. 57-58. Assim também entende Arnoldo Wald, para quem é cláusula usual do contrato a isenção de responsabilidade da sociedade de arrendamento mercantil pelo material, que é comprado por indicação do arrendatário, que se responsabiliza pela escolha e qualidade do produto. WALD. Op. cit. 368.

40 Idem.

No âmbito do STJ, há ainda precedentes no sentido da inexistência de legitimidade processual passiva do arrendador para figurar no processo em que se discute o vício do produto, impondo-se, assim, uma extinção do feito, sem resolução do mérito, em face dele.[41]

## 4.4. Locação

No contrato de *leasing* também está ínsita uma locação, pois o arrendador adquire o bem e o loca ao arrendatário, que pagará um valor fixado no contrato como aluguel. Há, então, à semelhança do que ocorre com os contratos de locação, um desdobramento da posse, uma vez que o arrendador, proprietário do bem, cede a posse direta ao arrendatário, permanecendo com a posse indireta.

Podemos afirmar, contudo, que as semelhanças com o contrato de locação típico terminam por aqui, com a entrega do bem, o desdobramento da posse e o pagamento de aluguel. Em verdade, a locação no contrato de arrendamento mercantil possui diversas peculiaridades, de modo que não lhe são aplicáveis as disposições do Código Civil acerca da locação, e tampouco a Lei do Inquilinato.

Enquanto na locação, ao final do prazo previsto no contrato, tem o locatário a obrigação de restituir o bem ao locador, salvo se pactuarem um novo prazo ou a sua prorrogação, no contrato de *leasing* surge uma tríplice opção ao locatário-arrendatário: renovar a locação, agora por um preço inferior, haja vista que o bem já estará deteriorado pelo uso; restituir a coisa ao arrendador; ou adquiri-la mediante o pagamento de um valor residual previamente estipulado no contrato.

Outra peculiaridade se refere ao risco pela perda ou deterioração da coisa, que no contrato de locação é do locador, proprietário do bem, conforme o disposto no art. 567 do Código Civil,[42] enquanto no arrendamento mercantil é do arrendatário, o usuário do bem.

Como cediço, a regra no direito das obrigações é de que a coisa se perde para o dono quando esta perece sem culpa do devedor, como representado no brocardo romano *res perit domino*.

Tal regra, especialmente quando se trata de contratos que impõem a restituição da coisa recebida, como ocorre nos contratos de locação,

41 Ver REsp 444699/MA. Rel. Min. Aldir Passarinho Junior. Quarta Turma. *DJ* 19/11/2007.

42 "Art. 567. Se, durante a locação, se deteriorar a coisa alugada, sem culpa do locatário, a este caberá pedir redução proporcional do aluguel, ou resolver o contrato, caso já não sirva a coisa para o fim a que se destinava."

está inserta no art. 238 do Código Civil.[43] Nesses casos, o proprietário da coisa não é o devedor, que é a pessoa que está na posse do bem, e sim o credor, que espera a devolução da coisa. O bem, então, é cedido onerosamente ao devedor, que se compromete a restituí-lo ao final do contrato. O locador é, assim, credor da restituição da coisa.

Já no arrendamento mercantil não prevalece o princípio *res perit domino*. Quem sofre os prejuízos com a perda ou perecimento do bem, ainda que sem culpa, é o arrendatário, e esta inversão da regra, no contrato de *leasing*, tem uma justificativa: o arrendador adquire a coisa no interesse do arrendatário. É este último quem decide por obter o bem, a fim de usufruí-lo, não tendo o arrendador interesse em utilizar ou permanecer com a coisa.

A ausência de interesse de adquirir o bem decorre logicamente da previsão do art. 14 do Regulamento anexo à Resolução BACEN nº 2.309/96, que dispõe que no caso de retomada do bem ou de sua devolução ao final do prazo do contrato, o arrendador só pode permanecer com a coisa em seu ativo imobilizado pelo prazo máximo de dois anos.

Ora, se o arrendador não pode sequer ficar com a coisa, incorporando-a em definitivo ao seu patrimônio, por certo não tem interesse em adquiri-la. Assim, nos parece razoável concluir que se é o arrendatário quem opta por obter o bem para explorá-lo, deve ele assumir o risco pelo seu perecimento, embora formalmente o bem seja de propriedade o arrendador.

É por isso que o arrendatário deve assumir o risco pelo perecimento da coisa, devendo indenizar o arrendador, no mínimo, pelo valor do bem, caso este se perca sem culpa do devedor.

Tal conclusão decorre, por certo, do disposto no art. 7º, XI, do Regulamento anexo à Resolução BACEN nº 2.309/96, que determina que o contrato de *leasing* tenha como uma de suas cláusulas a previsão das obrigações do arrendatário nas hipóteses de inadimplemento, destruição, perecimento ou desaparecimento do bem arrendado.

Portanto, exige-se que o contrato preveja essa situação, estabelecendo as responsabilidades do arrendatário, o que só é possível se for reconhecida a existência dessa possibilidade de responsabilização.

Ainda segundo o Regulamento anexo à Resolução BACEN nº 2.309/96, deve o arrendatário segurar a coisa, isto é, deve contratar um seguro para a cobertura dos riscos, conforme art. 7º, IX, *b*. Frise-se que

43 Art. 238. "Se a obrigação for de restituir coisa certa, e esta, sem culpa do devedor, se perder antes da tradição, sofrerá o credor a perda, e a obrigação se resolverá, ressalvados os seus direitos antes da perda."

tal cláusula é válida, consoante entendimento já firmado em precedentes do Superior Tribunal de Justiça.[44]

Então, havendo a perda da coisa sem culpa do arrendatário, como no caso de roubo e furto, a indenização do seguro será paga ao arrendador,[45] nada mais sendo devido pelo arrendatário, especialmente no que toca às parcelas vincendas do contrato. Isso porque, se o valor pago por ele pelo uso da coisa é um aluguel, e se já não há mais a coisa para ser usada, não se pode exigir o pagamento de nenhuma parcela vincenda referente ao uso do bem.[46]

Além disso, na hipótese de ter sido antecipado pelo arrendatário o valor residual garantido, parcial ou integralmente, deve o montante ser restituído pelo arrendador quando do perecimento ou perda do bem, haja vista que, já tendo recebido do segurador a integralidade do valor da coisa perecida, a retenção do VRG – enquanto garantia do recebimento do valor do bem – caracterizará enriquecimento ilícito.

Outra questão importante envolvendo o seguro contra os riscos da coisa diz respeito às consequências da ausência da sua contratação. No que diz respeito ao tema, tais consequências variarão de acordo com as razões pelas quais não foi contratado o seguro: (i) se por desídia do arrendatário; ou (ii) se por omissão do arrendador em exigir a sua contratação.

No caso de desídia do arrendatário, a perda do bem acarretará na sua responsabilidade de pagar ao arrendador o valor da coisa previsto no contrato, abatendo-se eventual parcela de VRG já antecipada. Apenas não serão devidos os valores referentes aos aluguéis vincendos.

Se os riscos do perecimento da coisa recaem sobre o arrendatário, deverá ele assumir esse ônus, o que nos parece justo.[47] Ora, se o arren-

---

44 Ver REsp 1089579/MG. Rel. Min. Marco Buzzi. Quarta Turma. *DJe* 4/9/2013.

45 WALD. Op. cit. p. 366.

46 WALD. Op. cit. p. 366. Assim também leciona o Prof. Arnaldo Rizzardo, ao explicitar que na hipótese de perecimento do bem em face de acidente ou sinistro permite-se "a extinção do contrato, mas resguardando-se à locadora seus direitos, ou seja, ficando garantida a indenização pelo valor do equipamento. Não importa ocorra a destruição por caso fortuito ou força maior". E conclui afirmando que, "para evitar possível insolvência da contratante, impõem as locadoras a garantia do negócio através da celebração de um contrato de seguro, o que, aliás, encontra respaldo na Res. 2.039, art. 7º, inc. IX, *b*, que estabelece a inclusão, no contrato de arrendamento mercantil, de seguro capaz de dar cobertura do risco dos bens arrendados" (RIZZARDO. *Leasing*. p. 179-180).

47 Embora acreditemos ser essa a solução mais justa, tal questão não é pacífica nos tribunais. É possível encontrar precedentes nesse sentido, isto é, reconhecendo o devedor como responsável pelo pagamento de indenização correspondente ao valor do bem, mas abatendo-se as parcelas vencidas e quitadas, aí incluído o VRG

datário opta por celebrar um contrato de *leasing*, beneficiando-se das isenções tributárias, o que lhe assegura uma contratação menos onerosa, deve também assumir o ônus da celebração desse negócio jurídico mais vantajoso.

Ademais, há que se ressaltar que o arrendatário, ao não contratar o seguro, age de forma negligente. Então, é possível aferir uma conduta culposa. No entanto, a culpa, nesse caso, não é pela não conservação e guarda adequada da coisa, mas sim pelo não cumprimento da obrigação de contratar o seguro. Por isso, só irá responder pelo valor da coisa, e não por eventuais perdas e danos.

Por óbvio, essa solução só se revelará justa e equânime se a perda da coisa decorrer de caso fortuito ou força maior, ou seja, sem culpa do arrendatário.

Assim, segundo nosso entendimento, pode-se concluir que apesar da não contratação do seguro, mesmo que exigido contratualmente, deve o arrendatário responder apenas pelo valor do bem, nos casos de caso fortuito ou força maior, pois a conduta culposa tem como consequência tão somente a ausência de cobertura pela perda ou perecimento da coisa, a qual não trará qualquer prejuízo ao arrendador caso o bem não se perca ou pereça.

No entanto, se a coisa se perder com culpa do arrendatário, devidas serão as perdas e danos, tendo em vista que o arrendador, com o encerramento do contrato – que se dará naturalmente pelo perecimento do seu objeto –, deixará de auferir outras verbas inseridas no aluguel, em que também estão embutidos os lucros do arrendatário. Nesse caso, são inequívocos os danos causados ao arrendador culposamente pelo arrendatário, o que justifica o dever de indenizar.

Observe-se que, para importante parcela da doutrina, no caso da inexistência de seguro, o arrendatário não pode ser compelido a resti-

eventualmente antecipado (nesse sentido, ver REsp 1089579/MG. Rel. Min. Marco Buzzi. Quarta Turma. *DJe* 4/9/2013). Sem prejuízo, em alguns precedentes vê-se entendimento no sentido de que no *leasing* a coisa perece para o arrendador, e havendo furto ou roubo do bem, resolve-se o contrato, não sendo devido nenhum valor pelo arrendatário, salvo eventuais parcelas vencidas e não pagas (ver TJ/RJ. Apelação Cível 0007653-14.2006.8.19.0204 (2009.001.35586). Rel. Des. Marcos Alcino A. Torres. 9ª Câmara Cível. Julgamento 8/9/2009). É criticável esse entendimento, haja vista que estimula possíveis fraudes. O arrendatário, pretendendo se livrar do pagamento das parcelas e do valor do bem, pode simular um roubo ou furto da coisa. E mesmo na inexistência de fraude deve o arrendatário assumir o risco pela contratação de um negócio em que utilizará, por longo período, um bem de terceiro, não sendo possível imputar esse ônus de arcar com os prejuízos pela perda ou perecimento do bem ao arrendador, que jamais utilizou a coisa, e tampouco poderá ficar com ela no caso de devolução.

tuir a coisa, haja vista que ela não mais existe. No entanto, teria ele algumas alternativas, como continuar pagando as prestações e, ao final do prazo, satisfazer uma indenização igual ao valor residual previsto para o exercício da opção de compra; ou substituir a coisa por outra idêntica, continuando a relação contratual assumida.[48]

Solução diversa se dará no caso de a inexistência da contratação do seguro decorrer da não exigência pelo arrendador no contrato. Nesse caso, deve ele assumir o risco por seu esquecimento ou dispensa, não sendo possível impor ao arrendatário uma responsabilidade que ele não assumiu.

Outra peculiaridade da locação no contrato de *leasing* é que no contrato puro de locação o aluguel corresponde, tão somente, ao uso e gozo da coisa, enquanto no contrato de arrendamento mercantil o valor do aluguel é mais elevado, pois não abrange apenas o empréstimo oneroso, também abarcando os custos com a aquisição do bem, as despesas gerais e operacionais da instituição financeira, e o lucro que ela deve ter pelo investimento de capital.[49]

Além dessas verbas, é essencial na composição do aluguel a inserção de valor que compense o arrendador pela depreciação do bem arrendado.[50] Isso tem grande importância, principalmente, no caso de o arrendatário não fazer a opção de compra ao término do contrato, pois nessa hipótese o arrendador deverá alienar a coisa. Nesse caso, o bem a ser vendido estará deteriorado pelo uso, o que acarretará uma venda por valor inferior àquele despendido para a sua aquisição, de modo que o arrendador não conseguirá reaver o valor investido. Por essa razão, no valor do aluguel deverá estar inserida a compensação por essa perda.

Há que se ressaltar que é por essa razão que o valor residual a ser pago pelo arrendatário, caso opte pela compra do bem, não será o valor de mercado da coisa, ao contrário, será inferior, isso porque o preço já foi diluído nos aluguéis.

Ainda sobre o aluguel no *leasing*, a sua periodicidade não precisa ser mensal, ou seja, os alugueres não precisam ser exigidos mensalmente, podendo o contrato prever um período de pagamento diferenciado.

Todavia, a periodicidade não pode ser superior a seis meses, ou seja, os aluguéis devem ser pagos, no máximo, semestralmente,[51] con-

---

48 RIZZARDO. *Leasing*. p. 179-180.

49 Nesse sentido, RIZZARDO. *Leasing*. p. 61.

50 WALD, Arnoldo. Inexistência de direito líquido e certo à restituição do valor residual garantido no contrato de arrendamento mercantil. Princípio da boa-fé objetiva. *Revista de Direito Bancário e de Mercado de Capitais*, nº 31, p. 120.

51 WALD. Op. cit. p. 365.

soante dispõe o art. 5º, *b*, da Lei nº 6.099/74, salvo no caso de operação que beneficiem atividades rurais, cujo pagamento pode ser fixado por períodos não superiores a um ano, como reza o art. 7º, IV, segunda parte, do Regulamento anexo à Resolução BACEN nº 2.309/96.

Uma última peculiaridade relevante é que no contrato de arrendamento mercantil a coisa é adquirida por vontade do arrendatário-locatário, que escolhe o bem que melhor lhe agrade, enquanto na locação típica a coisa já pertencia, em regra, ao locador antes da celebração do contrato de locação,[52] que a adquiriu sem a intervenção ou a escolha do locatário.

## 4.5. Financiamento

É ínsito ao contrato de arrendamento mercantil um financiamento.[53] Como visto anteriormente, o aluguel pago pelo arrendatário não consiste apenas na remuneração pelo uso da coisa, caracterizando-se como uma verba complexa em que também se compensa o arrendador pelo valor despendido para a compra do bem, além de outras verbas.

Por isso, também é possível extrair do contrato de *leasing* a característica de um financiamento, especialmente quando o arrendatário opta por adquirir o bem ao final do contrato, pois estando o preço do produto diluído nas parcelas dos aluguéis, o valor a ser pago pelo arrendatário ao final do contrato – VR – fica reduzido, uma vez que a maior parte já foi paga parceladamente. Daí se conclui a existência de uma verdadeira compra e venda financiada.

Frise-se que aqui não se está a sustentar que o *leasing* é uma compra e venda financiada mascarada, ou que a inclusão de parcela do preço do produto nos aluguéis torna o arrendamento mercantil uma compra e venda, descaracterizando-o.

Mas, o que ocorre é que o arrendador precisa ser compensado pelo valor despendido para a aquisição do bem a ser entregue ao arrendatário, especialmente quando este último opta por não adquiri-lo. Então, optando o arrendatário pela sua compra, essa acaba por ser, ao menos, parcialmente financiada.

---

52 Há hipóteses em que o bem é adquirido para locação, como em alguns casos de *built to suit* em que o locador compra o imóvel e nele faz investimentos, como a construção de acessões, que servirão especificamente para aquele locatário, caso em que este compensará o locador com o pagamento de aluguéis por um longo período de tempo, que ultrapassa os prazos comumente empregados na locação.

53 Esse é o entendimento esposado pelo STJ no julgamento do REsp 706.871 RS, divulgado em seu Informativo de nº 440.

Vê-se, pois, que o arrendador exerce quase uma atividade financeira, haja vista que emprega recursos próprios para a aquisição da coisa que será cedida ao arrendatário, mediante uma contraprestação que visa não só remunerar o seu uso, mas também recuperar o valor investido. Sua atividade se assemelha, nesse sentido, a uma concessão de crédito.

Admite-se, ainda, que o arrendador capte recursos de outras fontes, e não apenas invista capital próprio, podendo contrair empréstimos e financiamentos de instituições financeiras nacionais ou estrangeiras, conforme dispõe o art. 19 do Regulamento anexo à Resolução BACEN nº 2.309/96.[54]

Esse caráter de financiamento fica ainda mais evidente quando há a antecipação do valor residual, também de forma parcelada. No entanto, como veremos adiante, nessa hipótese controverte-se, especialmente na doutrina, sobre a eventual descaracterização do contrato para uma compra e venda.

## 4.6. Temporariedade

O contrato de *leasing* é temporário, e deve estar expresso no instrumento o prazo do seu término, como exige o art. 7º, II, do Regulamento anexo à Resolução BACEN nº 2.309/96. O mesmo Regulamento, em seu art. 8º, prevê os prazos mínimos de arrendamento que, caso não sejam respeitados, acarretarão na descaracterização do contrato de *leasing*, que passará a ser considerado um contrato de compra e venda.

Frise-se que, não apenas a previsão de um prazo inferior ao mínimo previsto no Regulamento, mas também o exercício da opção de compra antes de decorrido esse prazo, quitando-se e extinguindo-se o contrato, acarretarão a descaracterização do negócio, consoante previsão do art. 10 do Regulamento,[55] ensejando, assim, a incidência de todos os tributos inerentes a uma operação de compra e venda financiada,[56] cujo pagamento havia sido dispensado pelas isenções conferidas pela Lei nº 6.099/74.

Portanto, o arrendatário deve, ao menos, cumprir esse prazo mínimo estipulado no Regulamento antes de exercer a opção de compra, sob pena de descaracterizar o contrato de *leasing* e se ver obrigado a pagar

---

54 MANCUSO. Op. cit. p. 38.

55 "Art. 10. A operação de arrendamento mercantil será considerada como de compra e venda a prestação se a opção de compra for exercida antes de decorrido o respectivo prazo mínimo estabelecido no art. 8º deste Regulamento."

56 Como salienta Irineu Mariani, a quitação antecipada descaracterizará o contrato de *leasing* para um contrato de compra e venda empresarial parcelado, com todas as suas decorrências tributárias. MARIANI. Op. cit. p. 219.

todos os tributos que haviam sido dispensados pela celebração do contrato de arrendamento mercantil.

Há que se ressaltar que essa questão não se confunde com a que veremos no tópico a seguir, acerca da antecipação da cobrança e do pagamento do valor residual, sem a conclusão do contrato, em que poderia acarretar, ou não, a descaracterização do contrato de *leasing*.

O que se examina no presente tópico é a inobservância do prazo mínimo previsto no Regulamento mediante a antecipação da compra, com o consequente encerramento antecipado do vínculo contratual.

Dispõe o inciso I, alínea *a*, do art. 8º do Regulamento que nos contratos de *leasing* que envolvam bens com vida útil igual ou inferior a cinco anos, o prazo contratual mínimo será de dois anos. Para os demais bens, ou seja, com vida útil superior a cinco anos, o prazo contratual mínimo será de três anos, como disposto na alínea *b* do dispositivo em comento.

Sendo, todavia, celebrada a modalidade de *leasing* denominada de operacional, prevê o art. 8º, II, do Regulamento que o prazo contratual mínimo será de 90 dias.

Vê-se, então, que o critério utilizado pelo legislador para a fixação do prazo mínimo do contrato de arrendamento mercantil, especificamente no caso do *leasing* financeiro, é o prazo de vida útil do bem a ser arrendado, que nada mais é do que o período de sua durabilidade, em que se acredita que ele funcionará em perfeitas condições, atendendo aos fins a que ele se destina.

Todavia, diante da enorme quantidade de bens no mercado, de diversas qualidades, questiona-se como seria possível aferir, com exatidão, qual é o prazo de vida útil da coisa, a fim de aferir se o prazo mínimo fixado é adequado ou não.

Segundo o disposto no art. 12, e parágrafos, da Lei nº 6.099/74, cabe à Secretaria da Receita Federal publicar periodicamente o prazo para cada espécie de bem e, em caso de omissão, a sua determinação se fará segundo as normas previstas pela legislação do imposto de renda para a fixação da taxa de depreciação.

Não obstante, pensamos que, no caso concreto, é possível ao arrendatário se insurgir judicialmente quanto ao prazo fixado pelo referido órgão. Nesse sentido, poderá o arrendatário demonstrar, através de prova pericial, que o bem arrendado não se enquadra no prazo de vida útil fixado pela Secretaria da Receita Federal, de modo a aplicar um prazo inferior ao contrato, assim afastando a descaracterização do *leasing* e, consequentemente, se isentando da cobrança dos tributos.

Há que se observar que, dependendo da hipótese, faz-se necessário ao arrendatário antecipar a quitação do contrato, optando por adquirir o bem para, logo em seguida, aliená-lo, a fim de que não haja uma maior desvalorização da coisa, a qual poderá impedi-lo de vir a adquirir um produto mais moderno e que atenda às suas necessidades mais concretamente, pois o valor auferido com a alienação do bem pode vir a ser irrisório.

Já quanto aos prazos contratuais mínimos fixados pelo Regulamento, diverge a doutrina acerca da sua adequação.

Parcela da doutrina critica os prazos mínimos estabelecidos no Regulamento, uma vez que há bens que, segundo a sua natureza e a atividade em que é empregado, têm um prazo de vida útil reduzido, sendo que os prazos contratuais fixados pelo Regulamento anexo à Resolução BACEN nº 2.309/96 acabam sendo demasiadamente longos, ou seja, o prazo mínimo do contrato acaba sendo superior ao próprio prazo de vida útil do bem.[57]

Então, segundo esse entendimento, a fixação, em abstrato, de um prazo de vida útil para determinado bem pode não ser adequada no caso concreto. Um determinado bem pode ter uma vida útil em determinadas situações, e uma redução delas em outras, como, por exemplo, um caminhão que é utilizado junto à praia, e outro, da mesma espécie e qualidade, que é utilizado longe do mar.

Isso significa que pode ser muito oneroso para o arrendatário ter que cumprir o contrato até aquele prazo mínimo, uma vez que, no momento do seu atingimento já pode ter havido a completa deterioração do bem, inclusive com a perda da sua utilidade ante o elevado grau de desgaste. Mas, ainda assim, o arrendatário será obrigado a seguir com aquele contrato que, para ele, será inútil.

Tal exigência pode afastar do contrato o atendimento da sua causa ou função. Todo o contrato tem uma causa, ou seja, tem uma função para a qual ele é criado e celebrado. O contrato de *leasing* tem como causa possibilitar às pessoas a fruição de uma coisa, sem que necessariamente ela precise ser adquirida, mediante o pagamento de um aluguel.

Assim, o objetivo do *leasing* é viabilizar a utilização da coisa através de um arrendamento, permitindo a sua exploração econômica pelo arrendatário, tendo como contrapartida a obtenção de lucros com o aluguel e demais verbas pelo arrendador.

Com efeito, impor, por exemplo, a um pequeno produtor rural que obtém, em arrendamento, um pequeno caminhão para o transporte de seus produtos, extraídos de sua pequena fazenda, em estradas de terra em péssimas condições, a celebração um contrato cujo prazo mínimo seja superior à própria vida útil do bem arrendado, iria de encontro à causa do contrato.

---

57 FLORENZANO, Zola. *Leasing arrendamento mercantil.* Lei e regulamento comentados. São Paulo: IOB – Informações Objetivas, 1976. p. 33.

Sem prejuízo de tudo o que se disse, há quem defenda a fixação de prazos contratuais mínimos. Para outra parcela da doutrina, o prazo mínimo é vantajoso para ambas as partes, uma vez que permite a amortização do preço para o arrendatário que, após o transcurso do prazo mínimo, terá um valor menor a pagar caso opte pela compra do bem, além de ser favorável ao arrendador, pois ao final, quando a opção de compra se tornar exercitável, o resíduo será tão insignificante que, mesmo que o arrendatário não possa adquirir o produto arrendado, isso não representará prejuízo para o arrendador.[58]

Além disso, seria razoável a fixação de prazos mínimos porque se evitaria a burla às regras aplicáveis ao contrato de *leasing*, impedindo-se que se camufle uma compra e venda a prazo para obter vantagens tributárias.[59]

Apesar de tais ponderações, persistimos entendendo que a fixação, *in abstrato*, de prazos mínimos não é o mais adequado. A aferição do prazo de vida útil deveria ser feito caso a caso, segundo a finalidade e utilização do bem, assim como ocorre, por exemplo, na fixação do valor do prêmio dos seguros, que varia segundo as diversas circunstâncias previstas em um questionário, cujas questões já são preestabelecidas por um órgão próprio.

## 4.7. Compromisso unilateral de venda

No contrato de *leasing* está ínsita uma promessa unilateral de venda, que decorre da opção de compra do bem pelo arrendatário, e que é uma das faculdades que podem ser exercidas por ele ao final do contrato. Então, o arrendador se obriga a vender o bem ao arrendatário ao final do contrato, mediante o pagamento de um preço já previsto.

Tal promessa de venda é irrevogável, ou seja, não pode o arrendador se recusar a vender o bem. Pode-se dizer, inclusive, que é um direito potestativo do arrendatário previsto no próprio contrato, sendo cláusula obrigatória a que disponha sobre as condições para o exercício do direito de compra do bem,[60] consoante dispõe o art. 7º, V, do Regulamento.

Há que se frisar, ainda, que tampouco é possível incluir cláusula que admita o exercício de direito de arrependimento do arrendador, pois

58 RIZZARDO. *Leasing*. p. 73-74.

59 MARIANI. Op. cit. p. 204.

60 É essa, também, a opinião do mestre Arnoldo Wald, que leciona que a "lei impõe determinados requisitos que devem constar do contrato: a) prazo contratual; b) valor de cada contraprestação por períodos determinados, não superiores a um semestre; c) opção de compra ou renovação de contrato, como faculdade do arrendatário; d) preço para opção de compra ou critério para a sua fixação, quando for estipulada essa cláusula". WALD. Op. cit. p. 365.

essa previsão iria de encontro aos fins do contrato de *leasing*, violando a sua essência, isso porque o arrendador não adquire o bem para si, mas para arrendá-lo, lucrando com essa atividade.

Ressalte-se, ainda, que essa obrigação recai apenas sobre o arrendador, ou seja, o arrendatário não pode ser compelido a adquirir o bem, pois, como dito, trata-se de uma faculdade dele.

O arrendatário tem, então, ao final do contrato, a opção de devolver o bem, encerrando a avença; renovar o contrato; ou exercer a opção de compra, pagando um preço determinado previamente, que é o valor residual.

O primeiro questionamento que exsurge é exatamente sobre o referido valor residual, e sua confrontação com o valor residual garantido. O que seriam ambos? Seriam eles distintos? Seriam institutos idênticos, mas com nomes distintos? São essas questões que passaremos a enfrentar agora.

Na doutrina e no Regulamento anexo à Resolução BACEN nº 2.309/96, são eles valores distintos e bem delimitados.

Para a doutrina[61] o valor residual - VR - é o valor previsto no contrato que deve ser pago pelo arrendatário, ao final do contrato, caso faça a opção pela compra do bem. Em verdade, o seu pagamento é um direito do arrendatário, que tem a faculdade de adquirir o bem ao final do contrato.

Na lição de Camargo Mancuso, "a questão do valor residual, no contrato de *leasing* não imbrica com a do cálculo do *saldo devedor* existente quando da resolução da avença [...]. Com efeito, o pagamento do valor residual é uma decorrência do cumprimento *normal* do ajuste, que assim terá chegado ao seu termo final, adrede estabelecido, por modo que, ao implementar aquele aporte financeiro, o arrendatário exterioriza sua *opção pela compra do bem*; prevista contratualmente, ao passo que a operação de cálculo do saldo devedor pressupõe, ao contrário, que o contrato abortou em seu curso, sobretudo pelo inadimplemento das contraprestações, e, portanto, ao contrário da primeira hipótese, aí se trata de consequência da execução *anormal* do ajuste".[62]

Em verdade, o VR é o equivalente monetário do bem depois de usado por um determinado período de tempo, ou seja, é o valor remanescente do bem, matematicamente calculado, inclusive levando em consideração a sua deterioração e desvalorização, que é pago ao arrendador ao final do contrato. É a compensação final pelo investimento feito pelo arrendador na compra daquele bem escolhido pelo arrendatário, que agora já se encontra deteriorado pelo uso.

61 RIZZARDO. *Leasing*. p. 81; WALD. *Inexistência de direito líquido...* Op. cit. p. 125.

62 MANCUSO. Op. cit. p. 189.

A opção de compra com o pagamento do valor residual está prevista no art. 7º, VI, do Regulamento anexo à Resolução BACEN nº 2.309/96, bem como no art. 5º, *d*, da Lei nº 6.099/74.

Segundo parcela da doutrina, o direito de optar pela compra do bem só pode ser exercido ao final do contrato. A antecipação da opção de compra com o pagamento antecipado do valor residual desnatura o contrato de arrendamento mercantil para uma compra e venda a prazo, pois a opção de compra ao final do contrato é uma característica essencial ao *leasing*.[63]

Pensamos, no entanto, que o exercício do direito de optar pela compra do bem, com o pagamento antecipado do valor residual e com o consequente encerramento do vínculo, só não pode ocorrer antes do transcurso do prazo mínimo de vigência do contrato previsto no Regulamento e no próprio instrumento, como salientado em tópico anterior.

A antecipação da opção de compra com o pagamento do VR após o transcurso desse prazo mínimo não desnatura o contrato de *leasing*. A nosso sentir, adotar entendimento diverso violaria o princípio da legalidade, insculpido no art. 5º, II, da Lei Fundamental, que dispõe que ninguém será obrigado a fazer ou *deixar de fazer* alguma coisa senão em virtude de lei.

Não se pode impedir o arrendatário de antecipar a opção de compra, quitando a dívida, após o transcurso do prazo mínimo exigido pelo Regulamento e pelo próprio contrato, se não há, na lei, proibição para que ele o faça.

Sem prejuízo, também não há descaracterização do contrato nos casos em que há o pagamento antecipado do valor residual antes do prazo, mas a relação contratual prossegue com o pagamento dos aluguéis, que também englobam, como já vimos, o valor da coisa pago pelo arrendador quando da sua aquisição.

Ademais, como também já tivemos a oportunidade de examinar, obrigar o arrendatário, em determinados casos, a seguir com o contrato até o cumprimento do prazo mínimo, pode acarretar a violação ao princípio da função social do contrato. Então, se já há violação ao aludido princípio com a mera obrigatoriedade de se cumprir o prazo mínimo contratual previsto em lei, maior será a violação se for o arrendatário

63 RIZZARDO. *Leasing*. p. 82. Também pactuam desse entendimento os professores Irineu Mariani (MARIANI. Op. cit. p. 217) e Fernando Netto Boiteux, que sustenta que a opção de compra "deve ser exercida somente ao final do contrato, sob pena de a operação vir a ser considerada como compra e venda a prestação, [...]". BOITEUX. Op. cit. p. 130.

obrigado a cumprir o contrato mesmo já tendo transcorrido o prazo mínimo legal.

Questão ainda inerente à eventual antecipação do pagamento do valor residual, com a consequente antecipação da opção de compra, é aquela que diz respeito à cobrança irrisória de um valor residual ao final do contrato, exigindo-se aluguéis mais elevados durante a sua vigência. Trata-se da hipótese em que se fixam valores elevados de aluguéis restando, ao final do contrato, um valor residual irrisório.

Pensamos que é lícita essa possibilidade. Ora, se é possível ao arrendatário antecipar a opção de compra, não seria ilícita a avença, entre arrendatário e arrendador, que previsse a diluição do valor residual nas parcelas dos aluguéis, caso em que o arrendatário já assinalaria a intenção de vir a adquirir o bem ao final do contrato.

Frise-se que essa estipulação contratual também é vantajosa ao arrendador no caso do arrendatário não optar pela compra do bem. Isso porque, nesse caso, será menor o risco de prejuízo do arrendador ao alienar o bem a um terceiro, uma vez que já terá se ressarcido dos gastos com a sua compra junto ao fornecedor.

Poder-se-ia dizer que a fixação de um valor residual irrisório seria uma burla a uma das características do contrato de arrendamento mercantil, que é o exercício da opção de compra ao final do contrato, uma vez que essa opção já teria sido exercida antecipada e implicitamente com a diluição do valor residual nas parcelas dos aluguéis.

Pensamos, no entanto, que não poderia prosperar esse entendimento. Isso porque, mesmo com o arbitramento de um valor residual irrisório, seria necessária a manifestação do arrendatário, ao final do contrato, sobre a aquisição, ou não, do bem.

Ademais, caso se verificasse o abuso por parte do arrendador, impondo essa diluição do valor residual nos aluguéis com o único interesse de diminuir os riscos de seu negócio, nada obstaria que o arrendatário reclamasse a devolução do que fora pago indevidamente, caso optasse por não adquirir o bem ao final, devendo o montante ser apurado através de prova pericial.

Também para a doutrina[64] não há descaracterização do contrato do *leasing* no caso de fixação de um valor residual irrisório porque não há dispositivo legal que fixe um valor específico ou percentual para cada contraprestação.

Portanto, o fato de as partes ajustarem valores diferenciados, ou até mesmo simbólicos, para a opção de compra, não produz efeitos sobre a

---

64 FAZZIO JUNIOR, Waldo. *Manual de direito comercial*. 9 ed. São Paulo: Atlas, 2008. p. 474; RIZZARDO. *Leasing*. p. 85.

natureza jurídica do contrato. Hão de prevalecer, nesse caso, a vontade das partes e a liberdade de contratar.

Quanto ao valor residual garantido – VRG –, trata-se de uma obrigação assumida pelo arrendatário de garantir que o arrendador receba, até o final do contrato, a quantia mínima de liquidação do negócio em caso de o arrendatário não exercer a opção de compra do bem, bem como não desejar a prorrogação do vínculo contratual.

O valor residual garantido não está previsto em lei, mas tão somente no Regulamento anexo à Resolução BACEN nº 2.309/96, em seu art. 7º, VII, *a*, que prevê a possibilidade de se estipular no contrato que o arrendatário irá pagar valor residual garantido, em qualquer momento da sua vigência, não caracterizando o pagamento deste valor o exercício da opção de compra.

Como se vê, pelo Regulamento, VR e VRG não se confundem, sendo que o primeiro representa o valor a ser pago no caso do exercício da opção de compra, e o segundo representa uma garantia para o arrendador, que não significa o exercício da opção de compra.

Na prática, não há essa diferenciação. Ao se examinar um contrato de arrendamento mercantil, bem como os respectivos boletos de pagamento, infere-se que os arrendadores cobram junto com as parcelas do aluguel, o VRG parcelado, sendo que, ao final, esses valores pagos de VRG serão imputados no pagamento quando do exercício da opção de compra, nada pagando o arrendatário ao final, ou seja, ele não pagará nenhuma quantia excedente referente a valor residual.

A própria jurisprudência não faz diferenciação quanto ao VR e o VRG, denominando sempre de VRG o valor a ser pago pelo arrendatário, seja como garantia do arrendador, seja quando do exercício da opção de compra,[65] diferença essa que também inexiste na Portaria do MF nº 564/78, que dispõe em seu item 2 o seguinte: "Valor Residual Garantido: preço contratualmente estipulado para o exercício da opção de compra, ou valor contratualmente garantido pela arrendatária como mínimo que será recebido pela arrendadora na veda a terceiros do bem arrendado, na hipótese de não ser exercida a opção de compra."

No entanto, a doutrina que, como vimos, faz a diferenciação entre os mencionados valores, diverge quanto à validade da cobrança do VRG.

Há quem critique a previsão do VRG no Regulamento anexo à Resolução BACEN nº 2.309/96, uma vez que tal cobrança é uma contradição com o próprio *leasing*, isso porque pelo VRG o arrendador terá assegurado sempre um valor residual, mesmo que não exercida a opção

65 Ver AgRg no AREsp 650522/MS. Rel. Min. João Otávio de Noronha. Terceira Turma. *DJ* 15/9/2015.

de compra pelo arrendatário. E caso aliene o bem a terceiro e não seja atingido o valor residual garantido, caberá ao arrendatário complementá-lo. Nesse caso, então, está se impondo indiretamente a aquisição do bem, o que viola o direito do arrendatário em optar por não adquiri-lo.[66]

Salienta, ainda, essa parcela da doutrina, que o VRG não está previsto em lei, tendo sido introduzido apenas por norma infralegal, sobrepondo-se, assim, a ela, instituindo mais uma obrigação sem previsão legal, descaracterizando a natureza do *leasing*, uma vez que as prestações são calculadas pelo valor do bem, não se justificando a cobrança de valores excedentes, salvo os juros inerentes à remuneração da atividade.[67]

Já para outra parcela da doutrina, a cobrança do VRG é positiva, pois torna a operação financeiramente mais segura para o arrendador, resguardando-o das despesas que teve. Como consequência, torna o negócio menos oneroso para o arrendatário, pois com a diminuição dos riscos de prejuízo do arrendador em razão da sua garantia de recebimento, no mínimo, do valor residual garantido, faz com que as prestações sejam mais baratas.[68]

Como cediço, o risco também é um fator que é levado em consideração na fixação dos preços dos produtos e contratos, especialmente quanto às taxas de juros. Quanto maior for o risco, especialmente em atividades financeiras, maiores serão os juros, pois com juros mais elevados, o retorno financeiro é mais rápido, de maneira que mesmo que haja o inadimplemento no futuro, o credor já terá sido ressarcido logo nas primeiras parcelas.

Ademais, a cobrança do VRG torna as prestações mais baratas porque há uma antecipação do valor devido, tendo assim um menor saldo devedor a ser diluído nas parcelas.

Por fim, caso tenha sido pago antecipadamente o VRG, o arrendatário, ao exercer a opção de compra, ou não terá valor residual a pagar, ou terá apenas que desembolsar um valor reduzido, o que lhe traria, inegavelmente, um benefício.[69]

Não obstantes a coerência e bons argumentos apresentados, ousamos discordar desse entendimento. Em princípio, exigir o VRG antecipadamente, ou exigir o VR apenas ao final do contrato, não faz diferença para o arrendatário, pois terá ele que desembolsar, de qualquer forma, esta quantia. Apesar disso, não nos parece legítima essa cobrança, pois

66 RIZZARDO. *Leasing*. p. 84-85.

67 Idem.

68 WALD. *Inexistência de direito líquido...* Op. cit. p. 123.

69 WALD. *Inexistência de direito líquido...* Op. cit. p. 124.

impõe ao arrendatário mais um ônus durante a vigência de contrato. Trata-se de mais uma norma que visa beneficiar as instituições financeiras em detrimento dos demais sujeitos da sociedade.

Com efeito, concluímos, como regra, que é indevida a exigência do pagamento do VRG visando, única e exclusivamente, garantir o arrendador de eventuais prejuízos. No entanto, caso se considere o VRG como um direito do arrendatário de antecipar o valor que seria devido ao final, imputando esse valor no pagamento do valor residual e diminuindo a dívida, ou até mesmo extinguindo eventual saldo remanescente ao final, entendemos ser lícita a sua cobrança.

Questiona-se, ainda, se essa cobrança antecipada de VRG, a par da discussão de ser legal, ou não, a sua cobrança, descaracterizaria o contrato de *leasing*.[70]

Pela dicção do art. 7°, VII, do Regulamento anexo à Resolução BACEN n° 2.309/96, a sua cobrança e o seu pagamento, mesmo que antes do término do contrato, não acarretam a descaracterização do contrato, haja vista que não correspondem ao exercício da opção de compra. Daí porque a hipótese de cobrança antecipada do VRG é diversa da antecipação do VR, pois essa última caracteriza a antecipação da opção de compra.

Não obstante, a doutrina e a jurisprudência divergem sobre essa questão.

Irineu Mariani sustenta que o VRG é o mesmo que o VR,[71] e assim como este último, a sua cobrança antecipada descaracteriza o contrato de arrendamento mercantil, tornando-o uma compra e venda a prazo, por força da previsão do art. 11, § 1°, da Lei n° 6.099/74. Segundo o dispositivo citado, a aquisição de bens em desacordo com a lei será considerada uma compra e venda a prestação. *In casu*, a Lei não prevê o VRG,

70 Frise-se que essa questão é diversa daquela, já exposta, sobre a antecipação da opção de compra, com pagamento de VR, como se vê da lição de Arnold Wald: "Por fim, é importante ressaltar que também não se deve confundir valor residual garantido pago antecipadamente com antecipação do valor residual, pois são institutos completamente diferentes. Se no contrato de arrendamento há previsão de antecipação de valor residual, nada impede que também preveja o pagamento de VRG, pois são encargos distintos. Neste caso, fica evidente o papel do VRG, que servirá de garantia de obtenção de um valor mínimo quando da venda de um bem a terceiro; enquanto o valor residual pago antecipadamente será utilizado no pagamento do valor acordado para exercício da opção de compra ou devolvido ao arrendatário, havendo saldo a seu favor, se esta não for exercida". WALD. *Inexistência de direito líquido...* Op. cit. p. 126.

71 MARIANI. Op. cit. p. 213.

mas tão somente o Regulamento. Portanto, está em desacordo com a lei, levando à descaracterização do contrato.[72]

Ressalta, ainda, o magistrado gaúcho que o pagamento do VR, ou VRG, na forma como disposto no art. 7º, VII, *a*, do Regulamento, é uma faculdade do arrendatário, que será exercida segundo o seu exclusivo juízo de conveniência. Isso porque a norma dispõe que pode constar do contrato a possibilidade do arrendatário pagar, em qualquer momento do contrato, o valor residual garantido. Não há, pois, a previsão de que ele pode ser cobrando em qualquer momento, e tampouco que é um dever esse pagamento. Não é possível, pois, transformar uma norma que, segundo ele, é protetiva do arrendatário, em garantia do arrendador.[73]

Além do mais, essa cobrança antecipada fere uma das essências do contrato de arrendamento mercantil, que é a de que, durante a sua vigência, só é lícito exigir do devedor as quotas de depreciação do bem.[74]

Critica, ainda, o citado professor o argumento de que a antecipação do VR tem apenas um caráter de caução, pois seria apenas um valor garantido. Para ele, o VR não é garantido, pois isso fere o princípio da comutatividade ou equidade do contrato e, em consequência, a função social, haja vista que só institui garantia em favor do arrendador e não diminui o débito do arrendatário.[75]

Não sendo, pois, um valor garantido, não há que se falar em caução. "E seja qual for o *nomen juris* dado – caução ou qualquer outro –, corrompe o instituto do *leasing* e desnatura a sua função econômica, pois exige que o arrendatário desembolse desde logo os valores, tal qual na compra e venda empresarial a prazo".[76]

Por fim, leciona que "no âmbito geral dos contratos, o adiantamento do VR, seja qual for a modalidade, coage o arrendatário a comprar, pois o arrendante pode não devolver espontaneamente o valor, ou querer fazê-lo sem juros nem correção, enfim, lança mão de expedientes constrangedores que forçam o arrendatário a optar pela compra".[77]

É esse entendimento pactuado por grande parcela da doutrina.[78]

---

72 MARIANI. Op. cit. p. 217.

73 MARIANI. Op. cit. p. 218.

74 MARIANI. Op. cit. p. 218.

75 MARIANI. Op. cit. p. 215.

76 MARIANI. Op. cit. p. 218.

77 MARIANI. Op. cit. p. 218.

78 BOITEUX. Op. cit. p. 136; MANCUSO. Op. cit. p. 196-197; RIZZARDO. Op. cit. p. 84.

Apesar disso, há vozes que defendem a não descaracterização do contrato de *leasing* com a cobrança antecipada do VRG.[79] Para essa parcela da doutrina, a antecipação do VRG seria uma mera faculdade do arrendatário, que pode optar por pagá-lo antecipadamente, a vista ou parceladamente durante a vigência do contrato, ou ao seu final, independentemente de caracterizar uma opção de compra.[80]

Sustenta-se, ainda, que o pagamento antecipado do VRG é um mero sinal de que o arrendatário pretende a compra definitiva do bem, tratando-se, o pagamento antecipado do VRG, de simples prestígio ao princípio da livre convenção entre as partes.

Por fim, defende-se que a descaracterização do contrato de arrendamento mercantil só poderia ocorrer nos casos expressamente previstos em lei – arts. 2º, 9º, 11 § 1º, 14 e 23 da Lei nº 6.099/74 –, sendo que fora dessas hipóteses é vedado ao fisco, para fins tributários, tratar o *leasing* como uma compra e venda.[81]

Na jurisprudência a questão também é controvertida. O próprio STJ, através de dois enunciados de sua súmula de sua jurisprudência dominante, demonstra que a questão é tormentosa.

No âmbito do Superior Tribunal de Justiça prevalecia a tese de que a cobrança antecipada do VRG acarretava a descaracterização do contrato de *leasing*. Tamanha era a prevalência dessa tese que foi editado, em 20 de maio de 2002, o verbete sumular nº 263 com o seguinte teor: "A cobrança antecipada do valor residual (VRG) descaracteriza o contrato de arrendamento mercantil, transformando-o em compra e venda a prestação."

Os acórdãos que culminaram no enunciado sumular traziam o entendimento de que a opção de compra era elemento essencial à estrutura do *leasing*. Com a cobrança antecipada do valor residual – e aqui se evidencia a não diferenciação, na jurisprudência, entre o VR e o VRG –, fulmina-se a opção de compra, o que leva à descaracterização do contrato.[82]

O verbete nº 263, todavia, sobreviveu por pouco tempo. Adotando entendimento diametralmente oposto, o Superior Tribunal de Justiça reviu seu posicionamento, cancelando o enunciado citado e editando outro, o verbete de nº 293, em 5 de maio de 2004, com o seguinte teor: "A

---

79 MARTINS, Ives Gandra da Silva. As operações de arrendamento mercantil e a natureza jurídica do instituto à luz do Direito Tributário – As garantias para aquisição futura do bem por valor residual – Desnecessidade de ser tal valor correspondente ao do valor residual – Parecer. *Revista LTr* 59/132, 1988.

80 WALD. *Inexistência de direito líquido...* Op. cit. p. 122.

81 FAZZIO JUNIOR. Op. cit. p. 474.

82 Ver REsp 181095/RS. Min. Rel. Ruy Rosado de Aguiar. *DJ* 9/8/1999.

cobrança antecipada do valor residual (VRG) não descaracteriza o contrato de arrendamento mercantil."

Vê-se, pois, que a mudança de posicionamento foi radical, passando a entender o Tribunal da Cidadania que o pagamento antecipado do VRG não necessariamente importa na antecipação da opção de compra, sendo que as normas que regem o aludido contrato não vedam esse pagamento que pode ser, inclusive, de interesse do arrendatário. Assim, prevalece o princípio da livre convenção entre as partes.[83]

Pensamos, também, que no caso de se entender legítima a cobrança do VRG, especialmente na hipótese de se interpretá-lo meramente como um valor residual, sua antecipação não desnatura o contrato de *leasing*.

Da mesma forma que sustentamos a possibilidade de antecipação do valor residual, caso se entenda que o VRG também corresponde à antecipação do valor para o exercício da opção de compra, nada devendo o arrendatário ao final do contrato, nos parece ser lícito o seu pagamento, desde que não seja uma obrigação contratual imposta ao arrendatário, ou seja, desde que seja fruto do exercício da liberdade de contratar, em que o arrendatário prefira diluir o valor residual, evitando ter que pagar um valor elevado no término do prazo do negócio jurídico.

Note-se, também, que para que não seja desnaturado o contrato, tal pagamento referente à opção de compra não pode ser feito antes do prazo mínimo previsto no art. 8º do Regulamento anexo à Resolução Bacen nº 2.309/96, o qual impõe o não exercício da opção de compra antes daqueles termos nele estabelecidos.

Frise-se que isso não retira a faculdade de o arrendatário não optar, ao final do prazo contratual, pela compra do bem, caso em que entendemos ser obrigatória a restituição do valor pago antecipadamente, seja sob o título de VR, seja sob o título de VRG.

## 5. MORA, INADIMPLEMENTO DO ARRENDATÁRIO E AÇÃO CABÍVEL

O arrendatário, ao celebrar o contrato, assume a obrigação de pagar os valores de aluguel na periodicidade e no prazo previstos no contrato. Torna-se, portanto, devedor dessa obrigação. Ao deixar de cumpri-la no prazo, estará constituído em mora, haja vista que é ela *ex re*, ou seja, a simples inexecução da obrigação no prazo previsto implica na mora de forma automática, sem a necessidade de que o arrendador

---

83 Ver os seguintes precedentes: AgRg no AREsp 650522/MS. Rel. Min. João Otávio de Noronha. Terceira Turma. *DJ* 15/9/2015; EREsp 213828/RS. Min. Rel. Milton Luiz Pereira. Relator para acórdão Min. Edson Vidigal. CE – Corte Especial. *DJ* 7/5/2003.

tome qualquer providência, como, por exemplo, eventual notificação ou interpelação.

Isso porque, no caso do *leasing*, a obrigação é positiva, líquida e com prazo certo, e consoante previsão do art. 397 do Código Civil, o inadimplemento de obrigação, positiva e líquida, no seu termo, constitui de pleno direito em mora o devedor. A mora, no entanto, seria *ex persona*, isto é, dependente de interpelação pessoal do devedor, se não tivesse a obrigação um termo certo, o que não ocorre no contrato de arrendamento mercantil. Portanto, o simples atraso no cumprimento da obrigação constitui o devedor-arrendatário em mora.

Diante disso, questiona-se se é eficaz, no contrato de *leasing*, a inserção da cláusula resolutória – ou resolutiva – expressa, que é aquela que impõe a resolução do contrato, pelo seu inadimplemento, independentemente de interpelação do devedor.

O Código de Defesa do Consumidor, em seu art. 54, § 2º, admite a sua inclusão nos contratos de adesão desde que a escolha caiba ao consumidor e que autorize a continuidade do vínculo, ou seja, o estipulante pode fazer inserir no contrato esta cláusula, no entanto, deve deixar a escolha entre a resolução do contrato, ou a sua manutenção, a cargo do consumidor.[84]

No contrato de *leasing* a jurisprudência reconhece a validade da cláusula, de modo que, se ela for inserida no contrato, a resolução do vínculo pode se operar de imediato desde o momento em que se evidencie o inadimplemento do arrendatário. Como consequência, a retenção do bem pelo arrendatário, após a resolução do contrato, caracteriza o esbulho possessório que autoriza a reintegração da posse pelo arrendador.[85]

O esbulho se caracteriza pela subtração da posse, privando o possuidor do exercício do "poder fático de ingerência socioeconômica sobre a coisa".[86] A reintegração visa restabelecer esse poder, que não precisa ter sido perdido apenas por um ato de força ou ameaça, bastando que a posse tenha sido subtraída por quaisquer dos vícios objetivos previstos no art. 1.200 do Código Civil, que são a violência, a precariedade e a clandestinidade.

---

84 NERY JUNIOR, Nelson. *Código de Defesa do Consumidor*: comentado pelos autores do anteprojeto. Ada Pellegrini Grinover et al. 7. ed. Rio de Janeiro: Forense Universitária, 2001. p. 567.

85 Ver REsp 329932/SP. Rel. Min. Nancy Andrighi. Terceira Turma. *DJ* 3/6/2002. *RT* v. 806, p. 153.

86 FARIAS, Cristiano Chaves de; ROSENVALD, Nelson. *Direitos reais*. 4. ed. Rio de Janeiro: Lumen Juris, 2007. p. 122.

Assim, como leciona Marco Aurélio Bezerra de Melo, para "proteger o possuidor do esbulho existe a ação de reintegração de posse (*recuperendae possessionis*) [...]",[87] a qual observará o rito previsto nos arts. 560 e seguintes do Código de Processo Civil, inclusive com a possibilidade de obtenção de liminar, para imediata retomada da coisa.

Portanto, no caso de inadimplemento do arrendatário, deve o arrendador manejar a ação possessória de reintegração de posse para reaver a posse direta do bem, haja vista que com a celebração do contrato houve o desdobramento da posse, em que o arrendador manteve a posse indireta sobre a coisa.

Ocorre que, no *leasing*, apesar de ser válida a cláusula resolutória, a sua eficácia não é automática, e isso em razão das graves consequências da sua incidência. Isso significa que a aludida cláusula não incide de plano, sob pena de o arrendatário perder a posse do bem definitivamente, sem possibilidade de recuperá-lo, mesmo que já tenha adimplido grande parte do contrato. Assim, evita-se que, em determinadas hipóteses, haja o encerramento automático do vínculo, causando graves prejuízos ao arrendatário que já tenha adimplido substancialmente a obrigação.

Por essa razão, condiciona-se a eficácia da mora *ex re* e da cláusula resolutória expressa à prévia notificação do arrendatário, possibilitando-lhe a manutenção do contrato. Deste modo, e assim como ocorre com a alienação fiduciária, a notificação do devedor não é requisito para a constituição em mora, mas sim condição para a sua comprovação a fim de autorizar o arrendador a retomar a posse do bem, como já se consolidou na jurisprudência do STJ.[88]

A propósito, na jurisprudência do Superior Tribunal de Justiça a questão já foi de tal modo pacificada que foi editado o verbete sumular nº 369, que dispõe que "No contrato de arrendamento mercantil (*leasing*), ainda que haja cláusula resolutiva expressa, é necessária a notificação prévia do arrendatário para constituí-lo em mora."

Também no âmbito do Tribunal de Justiça do Estado do Rio de Janeiro a questão foi pacificada, como se infere do Enunciado nº 103 da súmula de jurisprudência dominante desse tribunal, que assim dispõe: "Nas ações fundadas em contratos de arrendamento mercantil, basta a carta dirigida ao devedor, com aviso de recebimento, entregue no endereço constante do contrato, para comprovar a mora e justificar a concessão de liminar."

---

87 MELO, Marco Aurélio Bezerra de. *Direito das coisas*. Rio de Janeiro: Lumen Juris, 2007. p. 69.

88 REsp 1.292.182/SC. Rel. Ministro Luis Felipe Salomão. Quarta Turma. DJe 16/11/2016.

Como é possível perceber, é obrigatória a notificação prévia do arrendatário, a qual se dá mediante o envio da interpelação para o endereço do devedor constante do contrato, cuja prova é necessária para que ela seja eficaz, não sendo necessário que se comprove o recebimento da notificação, pessoalmente, pelo arrendatário.

Essa dispensa decorre da dificuldade do credor-arrendador em provar que a notificação fora recebida pessoalmente pelo devedor. Na prática, os devedores vinham em juízo e tentavam afastar essa comprovação da mora sob a alegação de não ter recebido a notificação.

E isso era comum, haja vista que muitas vezes a notificação era recebida pelo porteiro do prédio em que o devedor reside, pela empregada doméstica que trabalha na residência do devedor, e às vezes até pelo marido ou mulher do devedor.

Aproveitando-se do não recebimento pessoal, o arrendatário, de má-fé, sustentava o não recebimento da notificação para afastar o deferimento da liminar em ação de reintegração de posse.

Então, para coibir essa tentativa de fraude dos devedores, a jurisprudência evoluiu para se pacificar no sentido de que basta a comprovação do envio da notificação para o endereço do devedor constante do contrato para comprovar a sua mora, cabendo ao arrendatário o ônus de informar ao arrendador toda vez que alterar sua residência, sob pena de, não o fazendo, se reconhecer como tendo sido notificado mesmo que a correspondência enviada para o endereço que consta do contrato não seja o de seu atual domicílio.

Tal entendimento, de tão difundido, acabou também por ser positivado no ordenamento jurídico com o advento da Lei nº 13.043/2014, que inseriu no DL nº 911/69, lei que regulamenta a retomada de bens em contrato de alienação fiduciária em garantia, o § 15 em seu art. 3º, que trata dos contratos de *leasing* envolvendo veículos automotores, segundo o qual "As disposições deste artigo aplicam-se no caso de reintegração de posse de veículos referente às operações de arrendamento mercantil previstas na Lei nº 6.099, de 12 de setembro de 1974".

E uma das regras dispostas no art. 3º do DL nº 911/69 é aquela constante de seu *caput*, em que se prevê que a retomada liminar do bem depende da comprovação da mora, ainda que ela seja *ex re*.

Disso tudo se conclui que a eficácia da cláusula resolutória não é imediata, dependendo de prévia notificação do devedor. E a consequência da ineficácia da cláusula resolutória expressa é que, ficando o arrendatário em mora com a sua obrigação de pagar os valores contratualmente previstos de aluguel, poderá ele purgá-la, prosseguindo o contrato.

A mora, também chamada de inadimplemento relativo, decorre do não cumprimento do contrato no tempo, lugar e forma convencionados.

Consiste ela, pois, no atraso culposo no cumprimento de uma obrigação. Inexistindo culpa, não há mora, mas mero atraso que não tem repercussões jurídicas. Há que se frisar, ainda, que só haverá mora se, apesar do atraso, ainda houver interesse do credor em receber a prestação, caso contrário teremos um inadimplemento absoluto.[89]

Então, se na mora ainda há o interesse do credor, é inerente a ela a possibilidade de purgação com o prosseguimento da avença e cumprimento da obrigação. Purgar a mora, ou emendar a mora, é cancelar, limpar, reparar e corrigir os efeitos produzidos pelo atraso culposos.

Então, se a purgação consiste na correção ou cancelamento dos efeitos da mora, é regra geral que ela seja possível, isso porque se na mora ainda há interesse do credor na prestação, e se com a purgação os efeitos do atraso culposo são apagados, é induvidoso que a purgação é inerente à mora.

O inciso II do art. 401 do Código Civil prevê que a mora do devedor é purgada mediante o oferecimento da prestação, mais a importância dos prejuízos decorrentes do dia da oferta, ou seja, a mora é purgada mediante o pagamento da prestação atrasada com os seus consectários, como juros, correção, cláusula penal, dentre outros.

Assim, havendo atraso no cumprimento da obrigação pelo arrendatário, como regra poderá ser purgada a mora, com a manutenção e continuidade do vínculo contratual.

Não obstante, há vozes na doutrina que inadmitem a purgação da mora e reconhecem a eficácia plena e imediata da cláusula resolutória expressa. Para essa parcela da doutrina, prevalece a cláusula resolutória expressa no contrato de *leasing*, sendo inadmissível a purgação da mora porque não incidem sobre o aludido contrato regras de ordem pública ou de direito cogente, mas, ao contrário, prevalecem a vontade e o interesse dos particulares.[90] Assim, se as partes optaram por incluir a cláusula resolutória expressa, é ela aplicável plenamente.

No entanto, não é essa posição que prevalece na doutrina e na jurisprudência. Para a parcela majoritária da doutrina,[91] é possível a pur-

---

89 Segundo o emérito Prof. Carlos Roberto Gonçalves, ocorre a mora "quando a obrigação não foi cumprida no tempo, lugar, forma convencionados ou estabelecidos pela lei, mas ainda poderá sê-lo, com proveito para o credor. Ainda interessa a este receber a prestação, acrescida dos juros, atualização dos valores monetários, cláusula penal, etc. (CC, arts. 394 e 395)" (GONÇALVES, Carlos Roberto. *Direito civil brasileiro*. v. II: Teoria Geral das Obrigações. São Paulo: Saraiva, 2004. p. 357).

90 RESTIFFE NETO, Paulo. *Locação* – questões processuais. 3. ed. São Paulo: Revista dos Tribunais, 1985. p. 12.

91 MANCUSO. Op. cit. p. 300-303; RIZZARDO. *Leasing*. Op. cit. p. 193-194; MARIANI. Op. cit. p. 248-253.

gação da mora, mesmo com a presença da cláusula resolutória expressa. Segundo esse entendimento, ao *leasing* são aplicáveis, por analogia, as regras da alienação fiduciária e da compra e venda com reserva de domínio, que são contratos assemelhados e admitem a purgação da mora, em que pese haja divergência acerca do tema quando se trata do contrato de alienação fiduciária.

Ademais, é interessante para as partes a purgação da mora e a continuidade do vínculo, atendendo, pois, à natureza e os objetivos do contrato de arrendamento mercantil, que tem como destaque a opção de compra do bem pelo arrendatário.

Note-se que o arrendador não quer o bem, ou seja, não tem ele interesse de ficar com a coisa em seu patrimônio. Então, com a continuidade do vínculo, ele tem a possibilidade de obter de volta o valor investido para a aquisição do bem, sem riscos de prejuízo, além de ter garantido o lucro com o financiamento. Portanto, é de interesse de ambas as partes a purgação da mora, o que atende à função social do contrato.[92]

Sem prejuízo, e com o advento da Lei nº 13.043/2014, que determinou a aplicação das regras dispostas no art. art. 3º do DL nº 911/69 aos contratos de *leasing* envolvendo veículos automotores, é forçoso reconhecer que em relação a esta hipótese não seria admissível a purgação da mora, por expressa previsão do § 2º do art. 3º do Decreto-lei, e como também já sedimentou a jurisprudência do STJ, no julgamento do Recurso Especial Repetitivo 1.418.593/MS, como observamos no item 6.1.4 do Capítulo 1 deste livro.

Neste caso, cumprirá ao devedor, uma vez notificado, pagar no prazo de 5 dias a integralidade da dívida, a qual corresponderá às parcelas vencidas e vincendas, sob pena de a propriedade do veículo se consolidar nas mãos do arrendador.

Ainda assim, à exceção desta hipótese – arrendamento mercantil cujo bem seja um veículo automotor –, em todas as demais há que se reconhecer a possibilidade de purgação da mora.

Ressalte-se que, nas hipóteses em que é possível a purgação da mora, ela pode ocorrer tanto extrajudicial quanto judicialmente, ou seja, pode ocorrer antes do ajuizamento da ação de reintegração de posse, logo após a notificação dirigida ao endereço do arrendatário, obstando a sua propositura, bem como após o manejo da ação possessória, isso em atendimento ao princípio da preservação do contrato e da sua função social.

92 Ver REsp 1381832/PR. Rel. Min. Maria Isabel Gallotti. Quarta Turma. *DJ* 24/11/2015.

Caso, no entanto, o arrendatário não purgue a mora, o vínculo contratual se rompe definitivamente, e o arrendador será reintegrado na posse do bem, ficando com a posse plena.

Daí exsurge, então, mais uma questão instigante, que é aquela em que se discute se seria o devedor obrigado a pagar todas as parcelas, inclusive as vincendas, para se exonerar definitivamente do cumprimento de qualquer obrigação inerente ao contrato rescindido, ou se bastaria pagar as parcelas vencidas com os respectivos consectários.

Já vimos que, se o bem objeto do contrato de arrendamento mercantil for um veículo automotor, competirá ao devedor pagar a integralidade da dívida, aí abrangidas as parcelas vencidas e também as vincendas.

Não obstante, e afora esta hipótese, questiona-se se é necessária a quitação de todas as parcelas do contrato, ou se basta o pagamento daquelas vencidas.

Para parcela da doutrina, todas as prestações pactuadas são devidas, isso porque uma das características do *leasing* é a obrigatoriedade do contrato no período de sua vigência.[93] Então, mesmo que o arrendatário queira dar fim ao contrato, devolvendo o bem ao arrendador antes de terminado o prazo contratual, o que indiretamente ocorre quando do inadimplemento, deverá ele pagar todas as parcelas acordadas.

Tal conclusão, todavia, não nos parece justa. Isso porque, como já examinamos exaustivamente, o devedor paga valores de aluguel que, embora seja uma verba complexa no contrato de *leasing*, tem como função principal remunerar o uso da coisa.

O arrendatário, com a reintegração de posse ou com a devolução espontânea do bem – hipótese essa que pode vir a ocorrer –, não usufrui mais a coisa, não sendo mais devidos os aluguéis vincendos.

É neste sentido que se manifesta outra parcela da doutrina, que afirma que "cessando a possibilidade de fruição da coisa, a lógica jurídica indica que, a partir desse momento, as contraprestações *vincendas* não podem ser exigidas pelo arrendador, em que pese o desfazimento antecipado do contrato, porque, a se entender diversamente, o arrendador estaria experimentando uma *vantagem indevida*, por desprovida de justa causa".[94]

Então, rompida a avença, nenhum valor de aluguel será devido pelo arrendatário, salvo aqueles já vencidos. É este, inclusive, o entendimento firmado na jurisprudência do STJ, em que se entende que é inadmissível a cobrança das parcelas vincendas quando do rompimento do contrato

---

93 MARTINS. Op. cit. p. 454.

94 MANCUSO. Op. cit. p. 283. Assim também entende Arnaldo Rizzardo (RIZZARDO. *Leasing*. Op. cit. p. 192).

por inadimplemento,[95] salvo quando este contrato tiver como objeto um veículo automotor, caso em que a Corte firmou o posicionamento de que são exigíveis também os aluguéis vincendos.[96]

Pensamos, todavia, que após a venda do bem, em razão do inadimplemento contratual, deverá ser apurado eventual saldo devedor do arrendatário, que deverá responder pela diferença entre o valor do bem acordado no contrato e aquele apurado pelo arrendador quando da venda a terceiro, abatido, obviamente, o montante referente à depreciação da coisa, uma vez que não tem ela, neste momento, o mesmo valor de mercado daquele do instante da compra junto ao fornecedor, além de também ter de arcar com o saldo referente às parcelas vencidas e não pagas.

Neste caso, o arrendador não poderá assumir esse prejuízo, pois este não decorre do risco do negócio existente na hipótese do não exercício da opção de compra pelo arrendatário, mas sim do inadimplemento do devedor.

Por fim, discute-se, ainda na hipótese de inadimplemento, se o arrendador deve restituir o VRG eventualmente antecipado, ou se tal quantia deve ser retida por ele para minorar seus prejuízos.

Pensamos que o valor deve ser devolvido, uma vez que o VRG, ou VR, só é devido no caso de o arrendatário optar pela compra do bem, seja de forma antecipada, ou ao final do contrato.

Inadimplente o arrendatário, com a consequente quebra do vínculo contratual, e reintegrado o arrendador na posse do bem, há que ser devolvido todo o valor eventualmente antecipado, sob pena de enriquecimento ilícito do arrendador, haja vista que o bem será vendido a terceiro.

Então, caso o devedor retenha o VRG – sob a justificativa de que tal valor é uma garantia –, e também receba o pagamento pela venda do bem a terceiro, haverá uma percepção "em duplicidade", o que evidencia a locupletamento.[97] É esse, inclusive, o entendimento firmado pelo STJ

95 Ver AgRg no EDcl no REsp 448.560/MG. Rel. Ministra Nancy Andrighi. Terceira Turma. *DJe* 30/06/2003.

96 Ver AgRg no AREsp 674.129/RS. Rel. Ministra Maria Isabel Gallotti. *DJe* 29/05/2015.

97 Tecnicamente, não há uma percepção em dobro da quantia, pois o valor do VRG dificilmente será idêntico àquele apurado com a venda do bem a terceiro. No entanto, será uma percepção indevida, pois o devedor já terá pago o valor garantido ao credor para a hipótese de não exercício da opção de compra, e este ainda perceberá o valor apurado com a venda do bem a terceiro, que não deixa de ser uma consequência pelo não exercício da opção de compra, isto é, quando o devedor fica inadimplente e tem-se por encerrado o vínculo contratual, ele não exerce a opção de compra do bem, produzindo-se, pois, efeitos semelhantes.

em uniformização de jurisprudência em sede de recursos repetitivos,[98] e que vem sendo repisado sistematicamente.[99]

Nessa mesma linha, firmou o STJ seu posicionamento, através da súmula 564, no sentido de que, "No caso de reintegração de posse em arrendamento mercantil financeiro, quando a soma da importância antecipada a título de valor residual garantido (VRG) com o valor da venda do bem ultrapassar o total do VRG previsto contratualmente, o arrendatário terá direito de receber a respectiva diferença, cabendo, porém, se estipulado no contrato, o prévio desconto de outras despesas ou encargos pactuados".

Deste modo, se na alienação do bem a terceiro o valor apurado for maior do que aquele valor garantido previsto contratualmente, e já pago antecipadamente pelo arrendatário, deverá o arrendador restituí-lo, não podendo, assim, retê-lo.

O objetivo, portanto, é sempre evitar o enriquecimento ilícito do arrendador, que não poderá receber mais do que o que era efetivamente devido e que lhe incumbia, por força do contrato, receber.

Entretanto, é possível que, como mencionamos anteriormente, remanesça um saldo devedor após a venda do bem a terceiro, haja vista que é possível que o valor das parcelas em atraso, com os seus consectários, seja maior do que aquele apurado com a alienação da coisa. Neste caso, só poderá o arrendador reter a importância até o limite desse saldo devedor, devendo restituir o restante ao arrendatário.[100]

Para Arnoldo Wald, no entanto, o VRG, por ser uma garantia do arrendador de obter um valor mínimo na venda do bem, não pode ser restituído quando do inadimplemento do arrendatário, em observância à boa-fé. Isso porque, não se pode impor ao arrendador, que cumpriu com sua parte no contrato, um prejuízo, uma vez que já teve o seu crédito frustrado com o inadimplemento do devedor. Todavia, admite o referido autor que essa devolução, integral ou parcial, possa ocorrer, caso o valor pago antecipadamente de VRG, somado à quantia apurada com a venda

---

98 Ver REsp Repetitivo 1.099.212 – RJ. Rel. Min. Massami Uyeda (Redator para acórdão Min. Ricardo Villas Bôas Cueva). *DJe* 4/4/2013.

99 Ver REsp 1.658.691/PR. Rel. Ministro Ricardo Villas Bôas Cueva. Terceira Turma. *DJe* 15/02/2018.

100 Pactua deste entendimento o Prof. Waldo Fazzio Jr., que sustenta que "o valor residual só é devido à arrendante em exercendo o arrendatário a opção de compra do bem, de modo que se o contrato celebrado é rescindido, tendo a arrendante sido reintegrada na posse definitiva do veículo, não empreendendo o arrendatário, em decorrência, a opção de compra, emerge evidente a obrigatoriedade de devolução da VRG, que não se confunde com o preço pago pela locação" (FAZZIO JUNIOR. Op. cit. p. 474).

do bem a terceiro, seja maior que o valor contratualmente previsto. Caso contrário, ainda segundo o citado professor, haveria um enriquecimento sem causa do arrendatário.[101]

Ressalte-se que há, ainda, entendimento no sentido de que a devolução do VRG não poderá ocorrer nos mesmo autos da ação de reintegração, exigindo-se, pois, o ajuizamento de ação própria.[102]

Hipótese diversa ocorrerá quando a venda do bem a terceiro se der pelo não exercício da opção de compra pelo arrendatário ao final do contrato.

Como já examinamos, a cobrança do valor residual com mero caráter de garantia é indevida e contraria a lei, uma vez que só tem previsão no Regulamento anexo à Resolução BACEN. Neste caso, o ato infralegal exorbitou os limites da lei, inovando na ordem jurídica, criando uma obrigação manifestamente excessiva para o arrendatário, o que não poderia ter feito.

Ademais, o arrendador, ao celebrar o contrato, sabe que o arrendatário tem a opção de adquirir o bem, ou devolvê-lo, ao final. Então, o arrendador, ao ingressar neste ramo de atividade, assume um risco, risco esse inerente a toda atividade empresarial. E o risco é de não conseguir obter o valor investido para a compra do bem caso o arrendatário opte por não adquiri-lo ao final do contrato, e o bem tenha que ser alienado a terceiro.

Não obstante entendermos que o arrendador não pode ser obrigado a assumir certos riscos, como, por exemplo, do perecimento do bem quando ele estiver em poder do arrendatário, não é possível admitir que a atividade do arrendador seja totalmente isenta deles.[103] E a não recuperação do valor integralmente investido é um desses riscos. Frise-se que a atividade de arrendamento mercantil é uma atividade equiparável à atividade financeira, que é uma atividade econômica de alto risco.

Então, caso o arrendatário, ao final do contrato, e após o pagamento de todas as parcelas, opte por não exercer a opção de compra do bem, eventual quantia paga antecipadamente de valor residual deverá ser restituída pelo arrendador.

---

101 WALD. *Inexistência de direito líquido...* Op. cit. p. 128-131.

102 Ver TJ/RJ. Apelação Cível 0015490-58.2008.8.19.0202 (2009.001.39570). Rel. Des. Marco Aurélio Bezerra de Melo. 18ª Câmara Cível. Julgamento: 10/8/2009.

103 Há que se frisar que no caso do perecimento do bem, ele sequer poderá ser alienado a terceiro, ou seja, o prejuízo é integral, daí porque entendemos que não deve o arrendador suportá-lo.

# 6. ESPÉCIES DE ARRENDAMENTO MERCANTIL

## 6.1. Leasing financeiro

É o arrendamento mercantil puro e que foi estudado ao longo deste capítulo, ou seja, é aquele em que a sociedade de arrendamento mercantil adquire o bem do fornecedor/fabricante e o arrenda a um terceiro – arrendatário –, que terá a opção de compra ao final do contrato.

## 6.2. Leasing operacional

Está fora da incidência da Lei nº 6.099/74, não gozando dos benefícios tributários da Lei, conforme dispõe o seu art. 2º. É também denominado de *leasing* industrial ou *renting*, e caracteriza-se como uma locação com prestação de serviços,[104] em que o fornecedor/fabricante do bem o loca ao arrendatário, prestando-lhe, ainda, o serviço de assistência técnica.

Aqui também há a possibilidade de compra do bem ao final do contrato, admitindo-se, entretanto, a extinção do vínculo após um prazo mínimo que é bem inferior àqueles previstos para o *leasing* financeiro. Segundo o disposto no inciso II do art. 8º do Regulamento anexo à Resolução Bacen nº 2.309/96, o contrato de *leasing* operacional deve ter um prazo mínimo de 90 dias, de modo que, sendo previsto um prazo superior, uma vez ultrapassado este, poderá ser encerrado o vínculo a qualquer tempo.

É comum, por exemplo, este contrato ser celebrado por empresários que exercem a atividade de fotocópias, em que contratam com o fabricante o arrendamento da máquina copiadora.

Tal espécie de *leasing* se assemelha muito a um contrato de locação, mas se diferencia dele pelo fato de que os aluguéis também representam a amortização do preço do bem arrendado, e não apenas representam uma exploração do uso da coisa.

## 6.3. Lease-back

É o arrendamento mercantil celebrado com o próprio vendedor, ao qual se refere a parte final do art. 1º do Regulamento. É também conhecido como *leasing* de retorno, em que o dono do bem o aliena à sociedade de arrendamento mercantil que, em seguida, arrenda o bem, de volta, ao alienante, ex-proprietário.

104 PEREIRA, Caio Mario da Silva. *Instituições de direito civil*. Contratos. 11. ed. Rio de Janeiro: Forense, 2004. p. 583.

Vê-se, pois, que o arrendador celebra o contrato com o vendedor do bem, arrendando-o de volta a ele. Ao final do contrato tem o arrendatário a opção de readquirir o bem, exercendo a opção de compra.

É praticado costumeiramente entre pessoas jurídicas, em que o arrendatário também é um empresário e necessita de capital de giro. Dessa forma, ele vende o bem ao arrendador, recebendo o preço da coisa, mas não a perde, podendo continuar a utilizá-la para o exercício da sua atividade.

## 6.4. Self-leasing

É o *leasing* praticado entre empresários integrantes do mesmo grupo econômico, entre sociedades coligadas ou com participação no capital social. É também denominado de *leasing* consigo mesmo. Os elementos caracterizadores da coligação, para fins de aferição da contratação desta espécie de arrendamento mercantil, estão no art. 27 do Regulamento.

Nesta espécie, uma sociedade coligada à outra arrenda o bem a ela. É denominado de *leasing* consigo mesmo exatamente por pertencerem ao mesmo grupo econômico, como se celebrado entre a própria pessoa com ela mesma.

## 6.5. Leasing dummy corporation

É aquele arrendamento mercantil celebrado por uma sociedade de arrendamento mercantil criada a partir de sociedades com objetos sociais diversos e que não podem exercer a atividade de *leasing*.

Essas sociedades, então, passam a atuar nesse ramo a partir desta terceira pessoa jurídica criada por elas. É uma espécie lícita, não obstante ser um *leasing* exercido por interposta pessoa. Por essa razão, como salienta Irineu Mariani, essa sociedade de arrendamento mercantil também pode ser chamada de sociedade *long manus*.[105]

## 6.6. Leasing imobiliário

Em sua essência, o *leasing* imobiliário é idêntico ao contrato de arrendamento de bens móveis, especialmente as espécies *leasing* financeiro e *lease-back*. Na primeira, como salienta Arnaldo Rizzardo, "segue o modelo comum, quando a empresa arrendante adquire de outro o bem e o entrega ao arrendatário. No segundo, adquire a empresa o bem imóvel e o devolve ao próprio transmitente, que passa a ser arrendatário".[106]

105 MARIANI. Op. cit. p. 192.

106 RIZZARDO. *Leasing*. Op. cit. p. 150.

Não obstante, o contrato de arrendamento mercantil de bens imóveis possui algumas peculiaridades, primeiro por conta do próprio objeto, o que conduz a algumas diferenças, como, por exemplo, quanto ao regramento, em que pode ser aplicada a Lei nº 9.514/97, com as alterações promovidas pelas Leis nºˢ 10.931/04 e 11.076/04, observando-se as mesmas condições aplicáveis às operações que envolvem o Sistema de Financiamento Imobiliário; e segundo por conta do prazo contratual, que necessita ser mais longo em razão do valor do bem, o que não traduz nenhuma dificuldade, uma vez que a vida útil dos bens imóveis não se compara à dos bens móveis.

São essas pequenas diferenças, além de outras, que passaremos a examinar agora.

A Lei nº 9.514/97 dispõe, segundo a sua ementa, sobre o Sistema de Financiamento Imobiliário, institui a alienação fiduciária de coisa imóvel e dá outras providências. Em seu art. 5º, § 2º, com a redação dada pela Lei nº 10.931/04, prevê a mencionada lei que as operações de comercialização de imóveis, com pagamento parcelado, de arrendamento mercantil de imóveis e de financiamento imobiliário em geral poderão ser pactuadas nas mesmas condições permitidas para as entidades autorizadas a operar no SFI.

Deu a lei, nesse dispositivo, uma abertura, pois prevê que as operações de arrendamento mercantil de imóveis poderão ser pactuadas nas mesmas condições permitidas para as entidades autorizadas a operar no Sistema de Financiamento Imobiliário. Portanto, em uma interpretação *a contrario sensu*, é possível concluir que, como regra, as operações de arrendamento mercantil não são realizadas nas mesmas condições permitidas para as entidades autorizadas a operar no Sistema de Financiamento Imobiliário, bem como não são elas celebradas por essas entidades.

E isso se justifica porque, da leitura do próprio dispositivo, é possível constatar que a lei não considera o arrendamento mercantil, tecnicamente, como um financiamento imobiliário, pois o distinguiu deste último ao tratar separadamente as operações de comercialização de imóveis, com pagamento parcelado, de arrendamento mercantil de imóveis e de financiamento imobiliário em geral.

Essa conclusão se confirma pela leitura do art. 4º da Lei nº 9.514/97, que prevê que as operações de financiamento imobiliário em geral serão livremente efetuadas pelas entidades autorizadas a operar no SFI.

Então, se a lei diz que as operações de financiamento imobiliário em geral serão efetuadas pelas entidades autorizadas a operar no SFI, e se ela própria ressalva que as operações de arrendamento mercantil poderão ser pactuadas nas mesmas condições permitidas para as entidades autorizadas a operar no SFI, é porque o *leasing* imobiliário não se enquadra no conceito de financiamento imobiliário, bem como as arrendadoras não se qualificam como entidades autorizadas a operar no SFI. A lei apenas faculta a elas celebrar operações nas mesmas condições daquelas que estão autorizadas a operar no Sistema de Financiamento Imobiliário.

Tal afirmação também é confirmada pelo rol de pessoas que estão autorizadas a operar no SFI. Como examinamos no início deste capítulo, ao estudarmos os sujeitos do contrato de arrendamento mercantil e a característica da empresarialidade, o arrendador é uma pessoa jurídica, uma sociedade empresária qualificada, ou equiparada na visão do STJ, como instituição financeira que tenha como principal atividade a prática de operações de arrendamento mercantil, ou que sejam bancos múltiplos com carteira de arrendamento mercantil. Quanto às demais instituições financeiras, só poderão elas realizar operações de *leasing* se estiverem autorizadas a contratar arrendamento mercantil com o próprio vendedor do bem ou com pessoas jurídicas a ela coligadas ou interdependentes, nos termos do art. 13 do Regulamento anexo à Resolução BACEN nº 2.309/96.

Já a Lei nº 9.514/97 reza que poderão operar no SFI as caixas econômicas, os bancos comerciais, os bancos de investimento, os bancos com carteira de crédito imobiliário, as sociedades de crédito imobiliário, as associações de poupança e empréstimo, as companhias hipotecárias e, a critério do Conselho Monetário Nacional - CMN, outras entidades. Portanto, não restringiu às instituições financeiras a operação no SFI, apesar de a maioria das pessoas ali arroladas poderem ser qualificadas como tal.

Mas o que se pode perceber é que os conceitos não se confundem, ou seja, o arrendamento mercantil imobiliário não é financiamento imobiliário, e nem poderia ser, até porque já vimos que o arrendamento mercantil não é uma compra e venda a prazo,[107] não é uma compra e venda financiada, e sim uma locação com o exercício pelo arrendatário, ao final do contrato, de uma das três faculdades a seguir arroladas: o encerramento do contrato, com a propriedade do bem se consolidando de-

---

107 A Lei nº 9.514/97, contudo, parece se contradizer ao dispor, em seu art. 36, que: "Nos contratos de venda de imóveis a prazo, inclusive alienação fiduciária, de arrendamento mercantil de imóveis, de financiamento imobiliário em geral e nos títulos de que tratam os arts. 6º, 7º e 8º, admitir-se-á, respeitada a legislação pertinente, a estipulação de cláusula de reajuste e das condições e critérios de sua aplicação." Dá a entender, o mencionado dispositivo, que o arrendamento mercantil de imóveis é um contrato de venda de imóveis a prazo, o que conflite frontalmente com a natureza do contrato de *leasing*, não nos parecendo ser esta, portanto, a melhor interpretação.

finitivamente no patrimônio do arrendador; a renovação do negócio; ou a compra da coisa arrendada mediante o pagamento do valor residual.[108]

Tal entendimento, entretanto, não é unânime na doutrina. Segundo leciona o Prof. Irineu Mariani, ao examinar o já citado § 2º do art. 5º da Lei nº 9.514/97, o mencionado dispositivo não diz que as operações de arrendamento mercantil são privativas das entidades do Sistema de Financiamento Imobiliário, todavia, "não há dúvida de que tais operações integram o mencionado Sistema, haja vista que o citado dispositivo faz parte da *Seção II* (Do financiamento imobiliário) do *Cap. I* (Do Sistema de Financiamento Imobiliário).

Consequentemente, só podem operar no *leasing imobiliário* as entidades previstas no art. 2º da Lei 9.514/97, que diz: 'Poderão operar no SFI as caixas econômicas, os bancos comerciais, os bancos de investimento, os bancos com carteira de crédito imobiliário, as sociedades de crédito imobiliário, as associações de poupança e empréstimo, as companhias hipotecárias e, a critério do Conselho Monetário Nacional – CMN, outras entidades.' (art. 2º).

A ressalva final abre o sistema a toda entidade, desde que haja autorização do CMN. Lembremos que no *leasing imobiliário* (nº 14.1.1 *supra*) existem as *entidades oficiais*, autorizadas pelo próprio Regulamento, e as *entidades não oficiais*, necessariamente sociedades anônimas, constituídas para o fim específico, as quais dependem de autorização do BACEN e se sujeitam às mesmas exigências das instituições financeiras.

Pois bem, no *leasing imobiliário* ocorre o mesmo. Também existem as *entidades oficiais*, autorizadas pela própria Lei a operar no Sistema de Financiamento Imobiliário, o qual o *leasing* integra, e existem as *entidades não oficiais*, as quais, por simetria, também devem ser sociedades anônimas sujeitas às exigências das instituições financeiras, com a diferença de que a autorização não é dada pelo BACEN, mas pelo próprio CMN."[109]

Ousamos, no entanto, por tudo o que já foi exposto, discordar desse entendimento. Primeiro, porque a Lei nº 9.514/97 não foi criada para regular as operações de arrendamento mercantil de bens imóveis, e sim para dispor sobre a alienação fiduciária de bens imóveis que, obviamente, não é sinônimo de *leasing*. Entender que as operações de arrendamento mercantil de bens imóveis, por força da Seção II do Capítulo I da

108 Por essa peculiaridade, ou seja, por não ser o arrendamento mercantil um contrato comum de locação, haja vista que tem ínsito o exercício dessas três faculdades, é que a Lei nº 9.514/97 dispõe, em seu art. 37, que: "Às operações de arrendamento mercantil de imóveis não se aplica a legislação pertinente à locação de imóveis residenciais, não residenciais ou comerciais."

109 MARIANI. Op. cit. p. 198-199.

mencionada lei, integram o Sistema de Financiamento Imobiliário é o mesmo que equiparar os dois institutos, tratando-os como sinônimos, o que não é possível. E segundo porque a lei apenas trouxe uma faculdade, permitindo que, por vontade das partes, as operações de arrendamento mercantil de bens imóveis sejam *pactuadas nas mesmas condições permitidas para as entidades autorizadas a operar no SFI.*

Por essas razões, entendemos que as operações de *leasing* imobiliário não integram o Sistema de Financiamento Imobiliário, mas poderão ser celebradas observando as mesmas condições e benesses permitidas às entidades que operam no SFI.

Então, por força desse permissivo legal, ao contrato de arrendamento mercantil poderão ser aplicadas as mesmas regras aplicáveis às operações de financiamento imobiliário do SFI, inclusive quanto ao reajuste, que poderá ser feito na forma do art. 5º, I, da Lei nº 9.514/97.

Há que se ter em mente, todavia, que o contrato de arrendamento mercantil imobiliário, não obstantes as peculiaridades que o envolvem, não é um contrato de financiamento propriamente dito. Por essa razão, mesmo que aplicáveis as regras das operações do SFI, hão de ser observadas as regras e características do contrato de *leasing*.

Então, celebrado o contrato de arrendamento mercantil imobiliário, o arrendador adquirirá o imóvel escolhido pelo arrendatário, tornando-se proprietário do bem, enquanto o arrendatário será mero possuidor direto, tendo ao final do contrato a opção de comprá-lo.

Outro aspecto diferenciador do *leasing* imobiliário em relação ao *leasing* de bens móveis, e que talvez nem precisasse ser explicitado, é que o contrato de arrendamento mercantil imobiliário, diferentemente das demais espécies de *leasing*, tem como objeto os bens imóveis, devendo o bem ser utilizado para uso próprio do arrendatário, nos termos do art. 11 do Regulamento anexo à Resolução BACEN nº 2.309/96,[110] salvo, obviamente, se houver expressa autorização do arrendador para a utilização do bem para fins diversos.[111]

Assim como ocorre com o contrato de *leasing* de bens móveis, o arrendamento imobiliário é contrato *intuito personae*, ou seja, é celebrado segundo as características pessoais do arrendatário, admitindo-se a modificação da sua figura apenas quando houver expressa autorização

110 "Art. 11. Podem ser objeto de arrendamento bens móveis, de produção nacional ou estrangeira, e bens imóveis adquiridos pela entidade arrendadora para fins de uso próprio da arrendatária, segundo as especificações desta."

111 É essa, também, a opinião de Irineu Mariani (MARIANI. Op. cit. p. 200).

do arrendador, a teor do que dispõe o art. 7º, XII, do Regulamento anexo à Resolução BACEN nº 2.309/96.[112]

Não obstante, há quem defenda a mitigação desta regra, admitindo, assim, a mudança da pessoa do arrendatário sem a necessidade de prévia anuência do arrendador, sob o argumento de que o que interessa ao credor é o cumprimento da obrigação, e não quem a cumpre.[113]

Ousamos, todavia, discordar desse entendimento. A nosso sentir, não é possível tal mudança sem que haja a expressa anuência do arrendador. E isso porque a mudança da pessoa do arrendatário significa, juridicamente, uma cessão da posição contratual, em que se aplicam as regras da cessão de crédito e assunção de débito, as quais exigem a notificação do cedido – no caso, o arrendador – para produzir efeitos. Por essa razão, entendemos que se fazem necessárias as prévias notificação e autorização do arrendador para que se admita a modificação da pessoa do arrendatário.

Outra característica diferenciadora do contrato de *leasing* imobiliário para o contrato de *leasing* de bens móveis diz respeito ao prazo mínimo de vigência do contrato. Não há, na legislação aplicável ao arrendamento mercantil, previsão de prazo mínimo de vigência do contrato de *leasing* imobiliário, o que poderia levar a crer que a pactuação seria livre, ou seja, poderiam as partes acordar qualquer prazo sem que houvesse risco de descaracterização do contrato de arrendamento mercantil, ao contrário do que ocorre com o *leasing* mobiliário, em que o contrato se descaracteriza para compra e venda a prazo caso as partes não observem os prazos mínimos estabelecidos no art. 8º do Regulamento anexo à Resolução BACEN nº 2.309/96.

Mas não é assim que deve ser interpretada a questão. É induvidoso que, ante as peculiaridades que envolvem o contrato de *leasing* imobiliário, como, por exemplo, benesses tributárias, a inexistência de prazo mínimo levaria à celebração de inúmeras operações fraudulentas para a obtenção desses benefícios, podendo levar, inclusive, ao desuso e consequente extinção das demais formas de aquisição, a prazo, de bens imóveis.

Por essa razão, há que se estabelecer um prazo mínimo de vigência do contrato. E, na ausência de prazo mínimo previsto em lei, há que se adotar, como critério para a sua fixação, a razoabilidade.

112 "Art. 7º [...] XII – a faculdade de a arrendatária transferir a terceiros no País, desde que haja anuência expressa da entidade arrendadora, os seus direitos e obrigações decorrentes do contrato, com ou sem co-responsabilidade."

113 MARIANI. Op. cit. p. 203.

O prazo não poderá ser tão curto a ponto de os valores das prestações serem muito elevados, inviabilizando o pagamento pelo arrendatário, ou serem baixos demais, elevando o montante do valor residual, o que impossibilitaria o exercício da opção de compra. Não poderá, ainda, o prazo mínimo também ser tão longo a ponto de impossibilitar a quitação do contrato pelo arrendatário, que ficará obstando de exercer a opção de compra e se tornar proprietário do bem.

Na doutrina, há quem utilize um critério matemático para encontrar o prazo mínimo do contrato, que também seria aferido casuisticamente. Segundo o Prof. Irineu Mariani, a "questão relativa ao prazo do contrato é uma que, se não fixado limite à liberdade das partes, acontece, por viés, profanação do *leasing*, noutras palavras, descaracterização como tal.

Por isso, é imprescindível manter no *leasing imobiliário* a existência de Valor Residual, como veremos (nº 20.2 *infra*), bem assim veremos ser imprescindível que o VR tenha *valor mínimo* (nº 21.2 *infra*). Adunando esses elementos, chega-se à imprescindibilidade de que a contraprestação tenha *valor máximo*, o que determina *prazo mínimo* ao contrato, temas que, por serem entrelaçados são desenvolvidos conjuntamente (nº 22.3.2-B *infra*).

Por ora, resumindo, adianta-se que o *valor máximo* da contraprestação mensal no *leasing imobiliário* é de 1% (um por cento) do valor do imóvel, o que determina *prazo mínimo* do contrato, o qual resulta inversamente proporcional ao VR, isto é, quanto *menor* o VR, respeitado o mínimo de 10% (dez por cento), *maior* o prazo mínimo do contrato, e quanto *maior* o VR, *menor* o prazo mínimo do contrato".[114]

Pensamos ser adequados esses parâmetros. Então, o valor da contraprestação periódica, ou seja, o aluguel, não poderá ser superior a 1% do valor do imóvel. Percentual superior poderia inviabilizar o pagamento das prestações, ante o elevado montante. Já o valor residual não pode-

114 MARIANI, Irineu. Op. cit. p. 207. Para o Prof. Irineu Mariani, o valor residual no *leasing* imobiliário tem que ser de, no mínimo, 10% do valor do imóvel constante do contrato. Assim, o *quantum* do capital investido pelo arrendador que deverá ser pago a ele pelo arrendatário corresponderá ao resultado do valor imóvel diminuído da quantia referente ao valor residual. Esse resultado, dividido pelo número de parcelas ao longo do contrato, fornecerá o que ele chama de *parte básica*. O valor da contraprestação mensal no *leasing* imobiliário, que tem natureza indenizatória pelo uso da coisa – em verdade, é a remuneração pelo uso e gozo da coisa, que se converterá em amortização do preço do bem caso seja feita a opção de compra –, não poderá ser superior a 1% do valor do bem, levando, dessa forma e indiretamente, à fixação de um prazo mínimo para o contrato. O valor máximo da prestação, segundo Mariani, é obtido por aplicação do art. 37-A da Lei nº 9.514/97, que fixa um valor mensal de 1% do valor do imóvel como taxa de ocupação quando o devedor-fiduciante não entrega o imóvel ao credor-fiduciário (MARIANI, Irineu. Op. cit. p. 224-225).

rá ser inferior a 10% do valor do bem,[115] sob pena de descaracterizar o contrato por remanescer um valor irrisório, constrangendo-se o arrendatário a optar pela compra do imóvel, uma vez que já terá pagado quase que integralmente o preço nas prestações.

Assim, segundo o raciocínio de Mariani, quanto menor o valor residual, maior será o prazo do contrato, e quanto maior o valor residual, menor será o prazo do contrato. O prazo, então, será aferido concretamente a partir do valor do imóvel.

Há que se fazer, ainda, uma observação quanto ao valor das prestações e do valor residual. Como já tivemos a oportunidade de explicitar, o aluguel, cujo montante acaba por refletir no valor residual, é uma verba complexa, que leva em conta diversos fatores, dentre eles a perda sofrida pelo arrendador, proprietário do bem, com a desvalorização da coisa. Ocorre que os bens imóveis, como regra, tendem a se valorizar, ou ao menos manter-se com o mesmo valor. Portanto, esse fator deve ser observado quando da fixação da contraprestação a ser paga pelo arrendatário.

Tal questão tem grande relevância quando do não exercício da opção de compra pelo arrendatário em contrato que tenha havido a diluição, ou antecipação, do valor residual nas prestações.

Caso o arrendatário não opte pela compra do bem, ou mesmo na hipótese de haver a rescisão do contrato por inadimplemento, o valor residual eventualmente antecipado deverá ser restituído pelo arrendador, não podendo haver retenção como compensação por eventual prejuízo pela desvalorização do bem verificada quando da venda a terceiro, haja vista que raramente o imóvel se desvalorizará. Ao contrário, a tendência é que o bem imóvel se valorize, não havendo, pois, prejuízo para o arrendador, mas sim lucro. O arrendador, então, já terá sido devidamente remunerado pelo pagamento dos aluguéis inerentes à ocupação do bem pelo arrendatário durante a vigência do contrato.

No que tange à periodicidade das prestações, aplica-se o princípio da autonomia da vontade, podendo as partes livremente pactuá-la, ao contrário do que ocorre no *leasing* mobiliário, em que a periodicidade deve ser, no máximo, semestral, a teor do que dispõe o art. 7º, IV, do

115 Aplica-se, quanto a esse percentual, a disposição do art. 6º, I, do Regulamento Anexo à Resolução Bacen nº 2.309/96, com a alteração promovida pela Resolução nº 2.465/98, que prevê que "as contraprestações a serem pagas pela arrendatária contemplem o custo de arrendamento do bem e os serviços inerentes a sua colocação à disposição da arrendatária, não podendo o valor presente dos pagamentos ultrapassar 90% (noventa por cento) do custo do bem". Assim, o valor residual não poderá ser inferior a 10% (dez por cento).

Regulamento Anexo à Resolução BACEN nº 2.309/96. Contudo, na prática tem-se adotado a periodicidade mensal.

Por fim, cabe fazer uma última observação sobre esta espécie de *leasing*, que diz respeito ao dever, ou não, de indenizar o arrendatário por eventuais benfeitorias feitas no imóvel.

O *leasing* imobiliário possibilita a feitura de benfeitorias no bem dado em arrendamento. Assim, poderá o arrendatário, durante a vida do contrato, realizar benfeitorias no imóvel. Questiona-se, dessa forma, se o arrendatário terá direito a ser indenizado por benfeitorias realizadas no imóvel caso opte, ao final do contrato, por não adquirir o bem.

Segundo dispõe o art. 1.219 do Código Civil, o possuidor de boa-fé tem direito à indenização das benfeitorias necessárias e úteis, bem como quanto às voluptuárias, se não lhe forem pagas, a levantá-las, quando o puder sem detrimento da coisa, e poderá exercer o direito de retenção pelo valor das benfeitorias necessárias e úteis.

O princípio aqui aplicado, pelo legislador, é o da vedação do enriquecimento sem causa. Dúvidas não há de que o arrendador é proprietário do bem, e o arrendatário é possuidor de boa-fé. Assim, nada mais justo que, tendo o arrendatário feito benfeitorias necessárias à conservação do bem, ou úteis que valorizaram o imóvel, venha a ser indenizado por tal, inclusive podendo exercer o direito de retenção.

A vedação do enriquecimento ilícito é princípio que norteia todo o Direito, sendo corolário do princípio da boa-fé. Por essa razão, entendemos que não é possível o arrendador, caso o arrendatário opte por não adquirir o imóvel, eximir-se de indenizar aquele que fez melhorias em um bem de sua propriedade, valorizando-o.

Não é esse, contudo, entendimento uníssono na doutrina. Há quem defenda a impossibilidade de se exigir, do arrendador, indenização por benfeitorias realizadas. Segundo Arnaldo Rizzardo, pelo "próprio conceito de *leasing*, sabe-se que é da sua essência a possibilidade de não se efetivar a transferência de domínio ao arrendatário, bem como a devolução do bem ao arrendante. Durante a vigência do contrato, a detenção em poder do usuário é a título de locação; a simples satisfação das contraprestações não significa a transferência formal do domínio.

Por isso, as disposições do art. 1.219 do Código Civil, que equivale ao art. 516 do Código Civil de 1916, não se estendem ao arrendamento mercantil, conforme inteligência da boa doutrina. Neste sentido o pensamento de José Augusto Delgado: '... mesmo sendo a instituição financeira a proprietária da coisa, as eventuais benfeitorias (estas de qualquer espécie) se incorporam ao bem, sem que, por elas, possa o locatário financiado postular o direito ao pagamento de indenização. É evidente que aí se encontra outro ponto a demonstrar a absoluta peculiaridade do instituto e a sua posição autônoma em nosso Direito. De acordo com o art. 516, o *lessee* é um possuidor de boa-fé; com base em um contrato, porém, não se encontra abrangido pelo dispositivo mencionado que garante até o direito de retenção'.

Mas, tolera-se, com apoio em José M. Martín Oviedo, que os melhoramentos feitos, desde que possível, podem ser retirados, ao expirar o contrato, e no caso de não sofrer desvalorização o bem em visa de seu estado primitivo".[116]

O que se infere desse entendimento, é que, para essa parcela da doutrina, em razão da existência do contrato de arrendamento mercantil, em que tem, como peculiaridade, o fato de o arrendatário iniciar a relação já sabendo da possibilidade de não vir a ficar com o imóvel, uma vez que exercerá, ao seu final, uma tríplice opção, não deve a ele ser aplicada a proteção prevista no art. 1.219 do Código Civil.

Mas, pelo que já foi adiantado, discordamos, com a devida vênia, desse entendimento. E isso porque, a nosso sentir, não há dúvidas de que o arrendatário é um possuidor de boa-fé e, como tal, não é possível afastar-lhe a proteção legal que, como já dito, é regra impositiva em todo o Direito brasileiro, por decorrer do princípio da boa-fé e da vedação do enriquecimento ilícito.

Poder-se-ia ainda aplicar aqui, por analogia, a regra disposta no art. 35 da Lei do Inquilinato, que prevê que salvo expressa disposição contratual em contrário, as benfeitorias necessárias introduzidas pelo locatário, ainda que não autorizadas pelo locador, bem como as úteis, desde que autorizadas, serão indenizáveis e permitem o exercício do direito de retenção.

Ora, no contrato de locação o locatário também sabe que não ficará com o imóvel ao final do contrato. Todavia, o ordenamento, em nome da vedação ao enriquecimento sem causa, resguarda o direito daquele que investiu, de boa-fé, no bem de terceiro, valorizando-o. Como leciona o emérito Prof. Sylvio Capanema de Souza, a "indenização das benfeitorias necessárias independe, como se vê, de autorização do locador, tendo em vista que não decorrem da simples vontade do locatário, e sim de sua obrigação de conservar a coisa locada, como se sua fosse. Revertem elas, portanto, ao interesse do locador, na medida em que preservam seu patrimônio, pelo que não indenizá-las corresponderia a um enriquecimento sem causa do proprietário da coisa".[117]

Seguindo essa preciosa lição, entendemos que, sendo necessárias as benfeitorias, ou seja, tendo elas como finalidade conservar a coisa, é

116 RIZZARDO, Arnaldo. *Leasing*. Arrendamento mercantil no direito brasileiro. 5. ed. São Paulo: Revista dos Tribunais, 2009. p. 136-137.

117 SOUZA, Sylvio Capanema de. *A Lei do Inquilinato comentada*. 5. ed. Rio de Janeiro: GZ. 2009. p. 155.

o arrendador obrigado a indenizar o arrendatário, independentemente de que tenham sido por ele autorizadas. Quanto às úteis, que visam aumentar a utilidade da coisa, só serão indenizáveis caso tenham sido autorizadas pelo arrendador. Por fim, quanto às voluptuárias, que visam apenas dar mais conforto ao possuidor, não serão elas indenizáveis, podendo ser levantadas pelo arrendatário ao final do contrato, desde que sua retirada não afete a estrutura do imóvel, consoante dispõe o art. 36 da Lei nº 8.245/91.[118]

118 "Art. 36. As benfeitorias voluptuárias não serão indenizáveis, podendo ser levantadas pelo locatário, finda a locação, desde que sua retirada não afete a estrutura e a substância do imóvel."

# 9

# Locação de Imóvel para Fins Empresariais

A atividade empresarial é complexa, e também muito onerosa. Exige-se do empresário um grande investimento, o qual compreende a aquisição de diversos bens que serão reunidos para a exploração da empresa. E dentre esses bens está o imóvel em que se estabelecerá o negócio.

Ocorre que a aquisição de um bem imóvel nem sempre é simples, seja do ponto de vista econômico, relacionado à possibilidade financeira de sua aquisição, seja em relação à própria disponibilidade de imóveis para alienação em uma determinada localidade.

Nessa esteira, o contrato de locação de imóvel para fins empresariais viabiliza a ocupação de um imóvel para o estabelecimento do empresário. Ali se fixará o ponto, que é de suma importância para o exercício e sucesso da atividade empresarial.

Portanto, o contrato de locação de imóvel empresarial é relevantíssimo para a própria empresa, e é com esse sentimento que passaremos a estudá-lo a partir de agora.

## 1. CONCEITO

A lei que regulamenta os contratos de locação de imóvel para fins empresariais é a Lei do Inquilinato – Lei nº 8.241/91, a qual teve, na sua elaboração, a participação de inúmeros juristas e renomados operadores do Direito na área imobiliária. Exatamente por ser um texto elaborado por especialistas, a lei não trouxe um conceito do contrato de locação imobiliária, o que é correto, pois não é atribuição do legislador conceituar, mas sim do doutrinador. Compete ao legislador, tão somente, estabelecer as regras para a solução dos conflitos sociais, a fim de pacificar e estabilizar o difícil convívio em sociedade.

Na doutrina, diversos são os conceitos apresentados para o contrato de locação de imóvel urbano, o que dificulta uma uniformização. Não obstante, na grande maioria das vezes podemos identificar elementos comuns a todos eles, elementos esses indispensáveis à sua caracterização. São eles: a existência de um locador e um locatário; o prazo; e a contraprestação pecuniária.

As figuras do locador e locatário serão examinadas no item 3 deste capítulo, destinado aos sujeitos do contrato. Quanto ao prazo e à contraprestação pecuniária, estes serão examinados no item 5 deste capítulo, o qual versa sobre as características deste contrato.

Com essas *brevíssimas* considerações, e levando-se em conta que inúmeros aspectos serão tratados ao longo do capítulo, conceituamos o contrato de locação de imóvel para fins empresariais como aquele em que um sujeito, o locador, cede temporariamente a posse direta de um bem imóvel para outrem, o locatário, para que nele seja explorada uma atividade econômica, como regra empresarial, mediante o pagamento periódico de uma contraprestação.

## 2. NATUREZA JURÍDICA

Não há dúvidas quanto à natureza jurídica do contrato de locação para fins empresariais: trata-se de contrato de locação de imóvel urbano típico, regulado pela Lei nº 8.245/91, isto é, é um contrato típico.

## 3. SUJEITOS

### 3.1. Locador

O locador é aquele que cede a posse direta do bem para que haja, na locação de imóvel para fins empresariais, a sua exploração econômica pelo locatário. É ele, como regra, o proprietário do imóvel, ou seja, aquele que exerce o domínio sobre o bem. Excepcionalmente o locador poderá ser o promissário comprador, o cessionário de um direito – por exemplo, hereditário, quando o bem ainda estiver sendo inventariado –, o usufrutuário, o possuidor a justo título, o fiduciário, e até o próprio locatário nos casos de sublocação. Nessas hipóteses, é induvidoso que o locador não será o proprietário do bem.

O locador do imóvel não precisa ser um empresário, podendo ser uma pessoa natural ou jurídica não empresária, além de poder ser uma pessoa formal, como, por exemplo, o espólio, a massa falida, e o condomínio.

Nada obsta que na relação locatícia haja a interveniência de uma terceira pessoa, como, por exemplo, uma administradora de imóveis. Mas, ainda nesse caso, o locador continuará sendo uma daquelas pessoas anteriormente arroladas, ou seja, será o locador aquele que detém o título hábil à cessão da posse do bem ao locatário, e não a administradora do imóvel, que é mera intermediária da relação, que mantém, com o locador, uma relação de consumo de prestação de serviços.

### 3.2. Locatário

O locatário é aquele que recebe o bem em locação para nele explorar a sua atividade econômica. Deve ele, como regra, ser um empresário, seja individual, seja uma sociedade empresária, seja uma EIRELI. No entanto, e como veremos no item 4 deste capítulo, o locatário também pode ser o exercente, de modo amplo, de uma atividade econômica, não necessariamente sob a forma empresarial.

Portanto, o locatário deve ser uma pessoa natural ou jurídica, mas que destine o imóvel à exploração de uma atividade econômica, pois apenas neste caso é que fará jus ao regime especial reservado pelo legislador, como veremos no item 6 deste capítulo.

### 3.3. Sublocatário

O sublocatário é outra figura do contrato de locação imobiliária. No entanto, nem sempre ele estará presente, não sendo, assim, um sujeito essencial da relação. A sublocação é um contrato acessório ao contrato de locação, e só é válida se houver consentimento expresso e por escrito do locador, consoante dispõe o art. 13 da Lei nº 8.245/91.[1]

A sublocação pode ser de parte ou da totalidade do imóvel, podendo ocorrer também nos imóveis destinados à atividade empresarial. Nesse caso, a qualificação do sublocatário deverá observar tudo o que foi explicitado no item 4.2 deste capítulo acerca da figura do locatário para que ele faça jus à proteção especial da lei.

## 4. OBJETO

Questão de extrema importância na identificação do contrato de locação para fins empresariais diz respeito ao seu objeto, pois é a partir dele que se definirá a abrangência e o regime jurídico aplicável a determinado contrato de locação.

Atualmente, os contratos de locação de imóvel se classificam em (i) contratos de locação residencial, ainda destinados à moradia, (ii) contratos de locação para temporada, que agora possuem regulamentação autônoma na Lei nº 8.245/91 e (iii) contratos de locação não residencial, que abrangem todas as locações de imóveis que não se destinam à moradia, bem como aquelas para fins empresariais, que envolvem imóveis destinados ao exercício da empresa, isto é, uma atividade econômica organizada para a circulação ou produção de bens ou serviços.

Assim, no que toca ao contrato de locação empresarial, o objeto principal é a cessão da posse do imóvel para que nele seja exercida uma atividade empresarial. Não obstante, o legislador ampliou seu objeto

1 "Art. 13. A cessão da locação, a sublocação e o empréstimo do imóvel, total ou parcialmente, dependem do consentimento prévio e escrito do locador."

para alcançar não apenas as atividades empresariais, mas também as atividades econômicas exercidas por pessoas jurídicas de modo amplo.

Segundo o disposto no art. 51, § 4º, da Lei do Inquilinato, a locação de imóvel não residencial também abrange as locações celebradas por indústrias e sociedades civis com fins lucrativos regularmente constituídas.

Em relação à primeira figura, das indústrias, hoje é despicienda a sua previsão, na medida em que é assente o entendimento de que as atividades industriais são eminentemente empresariais, pois caracterizam-se como atividades econômicas organizadas para a produção de bens, inserindo-se no conceito de empresa do art. 966 do Código Civil. As atividades industriais são exercidas naturalmente com a presença dos 04 fatores de produção que caracterizam as atividades empresariais - capital, trabalho, matéria-prima e tecnologia –, e deste modo são inequivocamente empresárias.

Questão importante, então, diz respeito às sociedades civis com fins lucrativos. Estas equivalem, atualmente, às sociedades simples, isto é, às pessoas jurídicas que exercem atividade econômica sem a organização empresarial.

Em princípio, a regra geral é a de que não seria possível tal extensão, pois a proteção da lei seria destinada às atividades empresariais. No entanto, o legislador admitiu a caracterização como locação empresarial aquelas locações destinadas às sociedades simples. E isso porque, mesmo não exercendo a empresa, elas exploram uma atividade econômica e, por essa razão, são um instrumento de circulação de riquezas, de geração de empregos e arrecadação de impostos, além de ser o ganho de vida do próprio locatário.

Ademais, é inegável que, embora não se caracterizem como uma atividade empresarial, elas também possuem uma clientela e, por que não, um ponto, merecendo, dessa forma, um tratamento igualitário às sociedades empresárias e, consequentemente, uma tutela legal.

Há que se observar, ainda nesse tocante, que a doutrina, em uníssono, afirma que o objeto de proteção do contrato de locação para fins empresariais são o ponto e o estabelecimento empresarial. Este é, no entanto, e com a máxima vênia, um equívoco quase centenário.

O estabelecimento empresarial consiste no conjunto de bens, corpóreos e incorpóreos, reunidos pelo empresário para o exercício da atividade empresarial. E, dentre esses elementos, está o ponto, que é o local em que se estabelece o empresário e onde este se encontra com a sua clientela.[2]

2 FÉRES, Marcelo Andrade. *Estabelecimento empresarial*: trespasse e efeitos obrigacionais. São Paulo: Saraiva, 2007. p. 29.

O estabelecimento empresarial tem, portanto, uma função meramente instrumental, e o ponto é apenas um dos elementos dele. Note-se que não estamos querendo dizer, com essa afirmação, que o fundo empresarial não tem importância. Não, muito pelo contrário. O estabelecimento empresarial é fundamental ao exercício da empresa. Em verdade, ele é o instrumento através do qual se exerce a atividade empresarial.[3]

Mas, apesar disso, ele não é um fim em si mesmo, uma vez que ele é apenas o veículo para a exploração da empresa. O seu fim é viabilizar o exercício da atividade empresarial. E, se assim o é, o objetivo finalístico da lei só pode ser a proteção da empresa, e não do estabelecimento em si. Em verdade, essa proteção se dá através do estabelecimento empresarial e do ponto, mas o objetivo é a tutela da atividade empresarial.

Por isso, podemos afirmar que o fim imediato da lei é a proteção do estabelecimento e do ponto empresarial. Entretanto, o fim mediato, o bem da vida almejado, é a proteção da empresa, que é a fonte de circulação riquezas, de geração de empregos e de arrecadação de impostos.

E é por esse motivo que aquele que exerce uma atividade econômica, investindo capital e trabalho para a formação da sua cartela de clientes, obviamente precisa de proteção. E foi pensando nessa proteção do exercente de uma atividade econômica que o legislador estendeu a tutela legal e admitiu, como locatário em contrato de locação de imóvel para fins empresariais, as sociedades simples.

Apesar de elas não possuírem uma organização empresarial e, tecnicamente, um estabelecimento, exercem inequivocamente uma atividade econômica lucrativa, que gera empregos, circulação de riquezas e arrecadação de impostos. Por isso, não há dúvidas de que elas podem ser locatárias em contrato de locação para fins empresariais.

De outro modo, de tudo o que se disse é possível concluir que as associações não podem ser locatárias em contrato de locação de imóvel para fins empresariais. E isso porque elas não exercem uma atividade econômica que vise o lucro e, especialmente, a circulação de riquezas, a geração de empregos e a arrecadação de impostos, pelo quê não possuem uma clientela e, muito menos, um ponto comercial a ser protegido.

---

3 Como já nos manifestamos em outra oportunidade, "a atividade empresarial, para ser exercida, depende da existência de um instrumento, ou seja, para que haja o exercício dessa atividade economicamente organizada não basta estarem presentes aqueles fatores de produção; é imperioso que o empresário ou sociedade empresária explore a sua atividade através de um estabelecimento" (NEVES, Thiago Ferreira Cardoso. A transmissão das obrigações no contrato de trespasse. *Revista da EMERJ*, v. 13, nº 52, 2010, p. 244-260). Portanto, elemento caracterizador da empresa também é a presença do estabelecimento. Este é, pois, uma característica da atividade empresarial.

A mudança de lugar, para as associações, não trará consequências drásticas para o exercício de sua atividade.[4] Por isso, não fazem elas jus à proteção legal prevista no art. 51 da Lei do Inquilinato.

Deste modo, é possível afirmar que, em que pese o objeto natural dos contratos de locação de imóvel para fins empresariais seja a cessão da posse deste para o exercício da atividade empresarial, por força do disposto no art. 51, § 4º da Lei nº 8.245/91, este objeto se amplia para alcançar as atividades econômicas, em sentido *lato*, exercido pelas pessoas jurídicas.

Desta ampliação promovida pelo art. 51, § 4º, da Lei do Inquilinato, questiona-se a possibilidade da extensão do regime da locação empresarial para as atividades econômicas exercidas pelos profissionais liberais, como, por exemplo, os médicos, advogados, contadores e etc. Neste caso, a matéria é bastante controvertida.

Para parcela da doutrina,[5] os profissionais liberais não podem ser locatários de imóvel para fins empresariais, pois a lei exige a constituição de uma *sociedade civil com fins lucrativos* – isto é, uma pessoa jurídica –, devidamente registrada. Portanto, se o exercício dessa atividade não empresarial ocorrer individualmente, e sem a organização empresarial características dos empresários individuais, não será o profissional liberal locatário de imóvel para fins empresariais, não fazendo jus à proteção da lei, especialmente por lhe faltar um fundo de comércio ou estabelecimento empresarial.

Para uma segunda parcela da doutrina,[6] a orientação da lei, ao admitir como locatárias de imóvel para fins empresariais as sociedades civis que tenham fins lucrativos, é a de abranger sob o seu manto também os profissionais liberais, desde que estes, obviamente, desempenhem uma atividade visando o lucro.

Já para uma terceira parcela da doutrina, os profissionais liberais podem gozar dos benefícios da locação para fins empresariais, como o direito à renovação compulsória do contrato, desde que o contrato de locação expressamente os autorize, em prestígio à autonomia da vontade

4 Há que se observar, apenas, que as associações, apesar de não perseguirem lucro e a sua partilha entre os associados, podem auferi-lo, desde que o invistam em sua própria atividade. Mas, ainda assim, não elas não poderão elas ser locatárias em contrato de locação para fins empresariais, pois não exercem uma atividade econômica a ser protegida.

5 SALLES, José Carlos de Moraes. *Ação renovatória de locação empresarial*. Locações comerciais, industriais e para sociedades civis com fins lucrativos. 2. ed. São Paulo: Revista dos Tribunais, 2002. p. 51.

6 VENOSA. VENOSA, Sílvio de Salvo. *Lei do Inquilinato comentada*. Doutrina e prática: Lei 8.245, de 18-10-1991. 10. ed. São Paulo: Atlas, 2010. p. 233.

das partes. E isso porque cada vez mais esses profissionais dependem do ponto em que se instalaram, ante a impessoalidade que vêm assumindo as suas atividades.[7]

Apesar de todos os argumentos apresentados, pensamos que a solução para a questão não é tão simples. Como já observamos, o objetivo da lei, ao dar um tratamento diferenciado à locação de imóvel para fins empresariais, é proteger a empresa, e para tal faz-se necessária uma adequada proteção do estabelecimento com os seus elementos, dentre eles o ponto, assim como a clientela que, embora não seja um elemento do estabelecimento, também deve ser protegida.

Em verdade, a finalidade imediata da lei é a proteção do estabelecimento e do ponto para, assim, proteger a empresa, que é a finalidade mediata. Infere-se, pois, que a proteção do estabelecimento tem como objetivo, na verdade, a proteção da empresa, e não do ponto em si. O ponto comercial não é um fim em si mesmo, mas é ele um fator relevante para o exercício e sucesso da atividade empresarial.

Os profissionais liberais, por expressa previsão do art. 966, parágrafo único, do Código Civil, não ostentam, como regra, a condição de empresários, ou seja, por força de lei eles não exercem a empresa e, consequentemente, não têm um estabelecimento empresarial e, tampouco, um ponto comercial. E isso porque a atividade criativa de produção e de execução dos serviços independe da forma como ela é exercida, e sim da mente do próprio profissional – sua aptidão e capacidade intelectual –, não se exigindo nenhuma outra pessoa, ou emprego de qualquer instrumento, para a criação e desenvolvimento das suas ideias.

A exceção, apresentada pela própria parte final do mencionado dispositivo, está no exercício da profissão intelectual inserida como elemento de empresa, hipótese em que se terá uma organização empresarial. Mas isso apenas se dará naquelas atividades complexas, em que a atividade intelectual estiver nelas inseridas como um dos elementos da empresa.

Salvo essa hipótese excepcional, o exercício da atividade intelectual do profissional liberal, pura e simples – como um médico em seu consultório, ou o advogado em seu escritório –, não se caracteriza como uma atividade empresarial capaz de gozar dos benefícios que um contrato de locação para fins empresariais confere. Assim, como regra, os profissionais liberais não são locatários em contrato de locação para fins empresariais.

Note-se que essa conclusão vai ao encontro do princípio constitucional da isonomia, insculpido no *caput* do art. 5º da Magna Carta, segundo o qual, em sua vertente material, impõe-se um tratamento igual aos

---

7 SOUZA, Sylvio Capanema. *A Lei do Inquilinato comentada*. Artigo por artigo. 8. ed. Rio de Janeiro: Forense, 2013. p. 219.

iguais, e desigual aos desiguais, na medida de sua desigualdade. Nessa linha, a atividade exercida pelos profissionais liberais, apesar de também visar o lucro, é diferente daquela exercida pelas sociedades simples e, por essa razão, não pode receber o mesmo tratamento, em obediência ao princípio constitucional.

As sociedades simples têm objetivos distintos da dos profissionais liberais, com um maior caráter mercantilista, o que justifica a proteção legal que, como já vimos, tem como finalidade a proteção da empresa ou atividades econômicas que visem o lucro.

Além disso, há na relação entre profissional liberal e cliente um vínculo de confiança, personalíssimo, que não se confunde com o vínculo decorrente das atividades eminentemente empresariais que, não obstante admitirem questões pessoais, não têm aquela íntima relação que envolvem os profissionais liberais.

Por essa razão, não gozam eles da proteção especial conferida pela Lei do Inquilinato aos contratos de locação para fins empresariais.

Ainda no tocante ao objeto do contrato de locação empresarial, a lei ainda inclui os contratos de locação celebrados por pessoas jurídicas, mas destinados ao uso dos titulares da empresa e seus diretores, sócios, gerentes, executivos ou empregados, os quais também são considerados pela Lei de Locações, em seu art. 55, como locação não residencial.[8]

Portanto, os contratos de locação de imóvel para fins empresariais são uma subespécie de contratos de locação não residencial,[9] e são aqueles destinados ao uso dos empresários, sociedades empresárias e empresas individuais de responsabilidade limitada e que, por extensão legal, têm suas regras aplicadas aos contratos de locação de imóvel celebrados pelas sociedades simples e pelos titulares da empresa e seus diretores, sócios, gerentes, executivos ou empregados. Tal subespécie, por sua peculiaridade, tem um regime especial, o qual veremos no item 6 deste capítulo, com a possibilidade de renovação compulsória do vínculo.

Infere-se, pois, da mencionada classificação, que é elemento essencial e caracterizador do contrato de locação para fins empresariais a destinação do imóvel para o exercício da empresa, ou para ocupação de seu titular, diretor, sócio, gerente, executivo ou empregado, ou ainda sua ocupação por sociedade simples para a exploração da sua atividade econômica.

---

8 SLAIBI FILHO, Nagib; SÁ, Romar Navarro de. *Comentários à Lei do Inquilinato*. 10. ed. Rio de Janeiro: Forense, 2010. p. 320.

9 Tal conclusão se extrai do disposto no art. 51 da Lei do Inquilinato, que se refere ao direito de renovação do contrato às *locações destinadas ao comércio*. Pactua do mesmo entendimento, Nagib Slaibi Filho (SLAIBI FILHO; SÁ. Op. cit. p. 321).

Por fim, faz-se imperioso examinar, ainda que sucintamente, as hipóteses em que legislador expressamente excluiu do regime da Lei do Inquilinato. Segundo o disposto no art. 1º, parágrafo único, da Lei nº 8.245/91, continuam regulados pelo Código Civil e pelas leis especiais as locações i) de imóveis de propriedade da União, dos Estados e dos Municípios, de suas autarquias e fundações públicas, ii) de vagas autônomas de garagem ou de espaços para estacionamento de veículos, iii) de espaços destinados à publicidade, iv) em *apart*- hotéis, hotéis - residência ou equiparados, assim considerados aqueles que prestam serviços regulares a seus usuários e como tais sejam autorizados a funcionar e v) o arrendamento mercantil, em qualquer de suas modalidades.

Questão atual e de extrema polêmica diz respeito à locação de espaço para a instalação de antenas de celular pelas operadoras de telefonia móvel. Atualmente, é muito comum essas *empresas* celebrarem com um condomínio contrato de locação do terraço do prédio para a instalação de suas antenas, visando ampliar o alcance do seu sinal, e chamar este contrato de contrato de locação não residencial, inclusive com direito à renovação compulsória pelas regras da Lei do Inquilinato.

Trata-se, induvidosamente, de um problema prático que precisa ser enfrentado com cuidado, pois o reconhecimento deste contrato como de locação para fins empresariais acarretará drásticas consequências para o locador – o condomínio – e as pessoas que o integram – os condôminos.

A questão a ser discutida, fundamentalmente, é se a antena de celular é elemento do estabelecimento e, particularmente, se é essencial ao exercício da atividade da operadora de telefonia, a ponto de se submeter ao regime da Lei do Inquilinato e, assim, gozar de uma proteção especial.

A atividade das operadoras de celular é, inequivocamente, a prestação de serviço de telefonia móvel. Por certo, para o exercício da sua atividade, faz-se necessária a instalação de antenas de celular para a captação e ampliação do sinal. Não obstante, pensamos que, embora a antena seja um importante instrumento para o exercício da sua atividade, a sua instalação em determinado edifício não é essencial à captação e preservação da clientela, não se caracterizando propriamente como um ponto empresarial.

A atividade empresarial da operadora não é exercida, tecnicamente, naquele local. Não é ali que os clientes encontram a sociedade empresária, recebem atendimento, contratam e cancelam o serviço, e etc. Portanto, tecnicamente ali não é um ponto empresarial que necessite de proteção para, mediatamente, proteger a atividade da operadora de telefonia.

A perda daquele local não prejudica o exercício da sua atividade, pois ela pode optar por qualquer outro lugar próximo, e que confira a mesma qualidade na prestação do serviço. Portanto, o contrato celebrado entre as partes, tecnicamente, não é um contrato de locação para fins empresariais, mas sim um contrato de locação regido pelo Código Civil. Neste sentido encontramos precedentes do Superior Tribunal de Justiça.[10]

## 5. CARACTERÍSTICAS

### 5.1. Temporariedade

A primeira característica do contrato de locação empresarial, e que lhe é fundamental, é a da temporariedade. Por ela, o contrato de locação imobiliária deve ter um prazo, ainda que indeterminado, isto é, devem as partes livremente pactuar um prazo para o contrato, ainda que longo, ou até mesmo que não seja determinado.

Como consequência, é vedada a locação perpétua, ou seja, aquela em que se preveja uma cláusula de que o contrato não tem fim ou que não poderá se findar, bem como aquela em que impeça o rompimento ou extinção do vínculo, fazendo-o vigorar eternamente. Tal estipulação fere de morte os fins do contrato, que são o empréstimo oneroso do bem, com o seu retorno, ao final, ao seu proprietário, descaracterizando-o, em verdade, para um contrato de compra e venda camuflado sob o nome de contrato de locação.

O contrato de locação, então, é celebrado para permitir o uso e gozo de uma coisa por um período, ainda que longo, sendo essa fruição remunerada. Ambas as partes perseguem, assim, uma vantagem econômica, em que uma delas se beneficia da posse do imóvel, e a outra deseja a contraprestação pecuniária decorrente da exploração da posse do bem.

Portanto, é inadmissível que esse contrato seja eterno, como bem salienta o Prof. Sylvio Capanema de Souza, uma vez que a "locação eterna, em que o locatário, ou seus sucessores, ficassem exonerados da obrigação de restituir a coisa locada ao locador, ou a seus sucessores, transformar-se-ia em compra e venda a prazo, já que o bem se transferiria, em caráter definitivo, do patrimônio do locador, para o locatário".[11]

Assim, eventual estipulação de vigência eterna do contrato, ou de impossibilidade de sua ruptura, é nula de pleno direito, por contrariar a

---

10 Ver REsp 1.714.450. Rel. Min. Marco Aurélio Bellizze. *DJ* 08/02/2018.

11 SOUZA, Sylvio Capanema de. *Da locação do imóvel urbano*. Direito e processo. Rio de Janeiro: Revista Forense, 1999. p. 47. Assim também é a lição de Maria Helena Diniz, que afirma que a "temporariedade é requisito essencial, por ser ela um contrato temporário (CC, art. 565). O tempo de duração do contrato poderá ser livremente estipulado pelas partes contratantes (Lei n. 8.245/91, art. 3º, 1ª parte) (DINIZ, Maria Helena. *Lei de Locações de Imóveis Urbanos comentada*. 11. ed. São Paulo: Saraiva, 2010. p. 8).

natureza do contrato de locação, bem como por elidir os objetivos da Lei do Inquilinato, consoante o disposto em seu art. 45.[12]

Há que se frisar que a estipulação de um prazo desarrazoado, extremamente longo, também pode fulminar a cláusula de nulidade, quando se vislumbrar uma tentativa de burlar o sistema da lei. Por exemplo, estabelecer um contrato com prazo de vigência de 100 anos, o qual é inequivocamente irrazoável, e notoriamente tem o intuito de conferir perpetuidade ao vínculo.

Note-se, ainda, que essa vedação não se confunde com a estipulação de um prazo indeterminado, e tampouco com a prorrogação tácita, por prazo indeterminado, de contrato celebrado por prazo determinado, que se dá após o transcurso do período de 30 dias do término do prazo contratual sem que as partes se manifestem no sentido de extinguir o vínculo, o que se dá nos termos do parágrafo único do art. 56 da Lei de Locações.[13]

Nesses casos, o contrato possui prazo – só que indeterminado –, podendo o locador denunciá-lo para reaver a posse direta do imóvel, bastando que observe os requisitos do art. 57 da Lei do Inquilinato.[14] A denúncia do contrato é, segundo Sílvio Venosa, a consequência importante da distinção entre os contratos por prazo determinado e por prazo indeterminado, pois nestes últimos há a "necessidade de se dar notícia à outra parte da intenção do contratante em terminar a vigência da avença".[15]

Há que se observar que essa denúncia dos contratos por prazo indeterminado é *vazia*, ou seja, sem necessidade de uma motivação específica – como o descumprimento do contrato, por exemplo –, não gozando o locatário, neste caso, da proteção conferida pela Lei do Inquilinato aos contratos por prazo determinado. Nestes últimos, não pode, como regra, haver denúncia do contrato durante a sua vigência, conforme art. 4º

12 "Art. 45. São nulas de pleno direito as cláusulas do contrato de locação que visem a elidir os objetivos da presente lei, notadamente as que proíbam a prorrogação prevista no art. 47, ou que afastem o direito à renovação, na hipótese do art. 51, ou que imponham obrigações pecuniárias para tanto."

13 "Art. 56. Nos demais casos de locação não residencial, o contrato por prazo determinado cessa, de pleno direito, findo o prazo estipulado, independentemente de notificação ou aviso. Parágrafo único. Findo o prazo estipulado, se o locatário permanecer no imóvel por mais de trinta dias sem oposição do locador, presumir-se-á prorrogada a locação nas condições ajustadas, mas sem prazo determinado."

14 "Art. 57. O contrato de locação por prazo indeterminado pode ser denunciado por escrito, pelo locador, concedidos ao locatário trinta dias para a desocupação."

15 VENOSA. Op. cit. p. 11.

da Lei nº 8.245/91,[16] exceto por parte do locatário, que poderá fazê-lo mediante o pagamento da multa convencionada. Mas, ainda excepcionalmente, também poderá o locador, durante a vigência do contrato por prazo determinado, romper o vínculo contratual se ocorrer alguma das hipóteses exemplificativamente previstas no art. 9º da Lei nº 8.245/91,[17] como, por exemplo, infração legal ou contratual, ou o não pagamento dos alugueres.

No que toca a essa questão, faz-se necessário atentar para o fato de que o contrato de locação para fins empresariais possui diversas peculiaridades, razão pela qual a lei traz algumas limitações ao exercício de retomada do imóvel pelo locador, excepcionando as regras aplicáveis aos contratos de locação de imóveis residenciais.

## 5.2. Onerosidade

A segunda característica marcante do contrato de locação para fins empresariais é a onerosidade, isto é, ele é um contrato oneroso, em que há interesses patrimoniais para ambas as partes: o locador quer ser remunerado pela cessão da posse do seu imóvel, e o locatário que explorar o bem economicamente.

A onerosidade é um elemento essencial do contrato, não podendo subsistir sem ela. Deste modo, em contraprestação à exploração econômica do bem pelo locatário, é preciso que haja o pagamento dos aluguéis, sob pena de descaracterizar a locação, passando a ser um contrato de comodato.

Por essa razão, é possível afirmar com segurança que o contrato de locação de imóvel para fins empresariais é oneroso e comutativo, haja vista que ambas as partes conhecem as suas obrigações que devem estar previamente previstas no instrumento da avença.

Essa contraprestação, no entanto, deve ser fixada com equilíbrio em relação à prestação do locador – cessão da posse do imóvel –, devendo aquela sempre corresponder à realidade do mercado,[18] pelo que se recomenda a previsão contratual de reajuste, bem como a possibilidade

16 "Art. 4º Durante o prazo estipulado para a duração do contrato, não poderá o locador reaver o imóvel alugado. Com exceção ao que estipula o § 2º do art. 54-A, o locatário, todavia, poderá devolvê-lo, pagando a multa pactuada, proporcional ao período de cumprimento do contrato, ou, na sua falta, a que for judicialmente estipulada" (Redação dada pela Lei nº 12.744, de 2012).

17 O rol do art. 9º da Lei do Inquilinato é exemplificativo, e não taxativo. Cf. SOUZA. *Da locação do imóvel urbano*. Op. cit. p. 65.

18 SOUZA. *Da locação do imóvel urbano*. Op. cit. p. 139.

de revisão dos valores após determinado prazo, haja vista que os contratos de locação para fins empresariais costumam ser longevos.

Tais previsões minimizam a possibilidade do desgastante manejo de ações judiciais que visem a revisão do contrato. Frise-se que, conforme disposto no art. 18 da Lei de Locações,[19] não há a necessidade da inserção de cláusula contratual para que as partes fixem novo valor de aluguel, revendo o contrato. Não obstante, a previsão expressa dessa possibilidade de revisão, ou até mesmo de uma revisão obrigatória após determinado prazo, diminui os riscos de conflitos.

Ainda no que toca à onerosidade do contrato, veda a Lei de Locações, em seu art. 17, que o valor do aluguel seja estipulado em moeda estrangeira, bem como proíbe a sua vinculação à variação cambial ou ao salário-mínimo, sendo permitido, em contrapartida, a sua estipulação em qualquer utilidade ou serviço, ou até mesmo de forma mista,[20] ou seja, o aluguel não precisa ser necessariamente fixado em valor monetário, podendo a contraprestação se dar de outra forma, mas desde que corresponda verdadeiramente a uma contraprestação.

Quanto à periodicidade do pagamento dos aluguéis, é comum que ela seja mensal, mas não há impedimento em se convencionar um pagamento semanal, semestral, ou em outro intervalo de tempo. Prestigia-se, *in casu*, a autonomia privada.[21]

Para finalizar a questão acerca da onerosidade do contrato de locação de imóvel para fins empresariais, é imperioso examinarmos a questão das *luvas*. *Luvas* é o nome dado na prática do mercado ao valor cobrado como antecipação de aluguéis, ou como qualquer outra vantagem econômica não prevista em lei para celebrar, ou renovar, o contrato de locação. Sua cobrança era prática comum antes do advento do Decreto nº 24.150/34, a Lei de Luvas, que assim ficou conhecida por trazer vedação expressa à sua cobrança, em seu art. 29, taxando como nulas de pleno direito as cláusulas que estabelecessem vantagens extraordinárias ou excepcionais, nomeadas como *luvas*.[22]

19 "Art. 18. É lícito às partes fixar, de comum acordo, novo valor para o aluguel, bem como inserir ou modificar cláusula de reajuste."

20 SOUZA. *Da locação do imóvel urbano*. Op. cit. p. 139.

21 VENOSA. Op. cit. p. 12; SOUZA. *Da locação do imóvel urbano*. Op. cit. p. 139.

22 "Art. 29. São nulas de pleno direito as cláusulas do contrato de locação que, a partir da data da presente lei, estabelecerem o pagamento antecipado de aluguel, por qualquer forma que seja, benefícios especiais ou extraordinários, e nomeadamente 'luvas' e impostos sobre a renda, bem como a rescisão dos contratos pelo só fato de fazer o locatário concordata preventiva ou ter decretada a sua falência."

A Lei nº 8.245/91 igualmente vedou a cobrança de luvas, prevendo como contravenção penal, em seu art. 43, I,[23] a conduta de exigir, por motivo de locação ou sublocação, quantia ou valor além do aluguel e encargos permitidos, bem como taxando como nulas de pleno direito, em seu art. 45, as cláusulas que imponham obrigações pecuniárias para a prorrogação ou renovação do contrato.

Vê-se, pois, que a cobrança de luvas é vedada por lei.[24] A nosso sentir, agiu bem o legislador. É muito comum a sua cobrança antes da celebração do contrato, burlando a lei, especialmente tributária, uma vez que, quando da sua exigência, o locador reclama elevada quantia, sem emitir recibo e, em contrapartida, concede um desconto no valor do aluguel, o qual será declarado a menor ao fisco. Nesses casos, é induvidoso que há uma indevida antecipação de aluguéis, com a consequente sonegação do imposto de renda pelo locador.

Indevida também é sua exigência quando da renovação do contrato de aluguel. A justificativa dos locadores para sua cobrança neste momento é a valorização do ponto que continuará a ser explorado pelo locatário. Ocorre que essa valorização do ponto decorre da própria atuação do locatário, que envidou esforços para isso com o bem-sucedido exercício da sua atividade empresarial, tornando mais valorizado o lugar em que está estabelecido. Portanto, o pagamento das luvas, neste caso, consiste em verdadeiro enriquecimento ilícito do locador, que pretende se enriquecer às custas do locatário por uma valorização obtida pelo esforço deste.

Tal cobrança também é comumente feita para dificultar a renovação do contrato, fazendo com que o locatário, ao não ter condições financeiras de pagá-las, desista da continuidade do vínculo.

Trata-se, pois, de uma cobrança que deve ser rechaçada, pois se afigura uma conduta nitidamente gananciosa por parte do locador, e sua vedação decorre do dirigismo contratual, "que é a intervenção estatal na economia do negócio jurídico contratual, por entender-se que, se se deixasse o contratante estipular livremente o contrato de locação, ajustando qualquer cláusula sem que o magistrado pudesse interferir, mesmo quando uma das partes ficasse em completa ruína, ante abusos da outra,

---

23 "Art. 43. Constitui contravenção penal, punível com prisão simples de cinco dias a seis meses ou multa de três a doze meses do valor do último aluguel atualizado, revertida em favor do locatário:
I – exigir, por motivo de locação ou sublocação, quantia ou valor além do aluguel e encargos permitidos;"

24 Pactuam do mesmo entendimento de que a cobrança de luvas é indevida, e foi vedada pela Lei do Inquilinato os professores Sylvio Capanema de Souza (SOUZA. *A Lei do Inquilinato comentada*. Op. cit. p. 184); Sílvio Venosa (VENOSA. Op. cit. p. 186, 201 e 227), Nagib Slaibi Filho (SLAIBI FILHO; SÁ. Op. cit. p. 289).

a ordem jurídica não estaria assegurando a igualdade econômica, nem atendendo à função social dos contratos".[25]

Há, no entanto, quem entenda que a Lei do Inquilinato traz apenas proibição à cobrança de luvas na prorrogação ou renovação do contrato, sendo admissível quanto da celebração do primeiro contrato, ou seja, quando iniciada a relação locatícia entre locador e locatário.[26]

Segundo o Prof. Gildo dos Santos, a proibição da cobrança de luvas se limita aos casos de renovação do ajuste, pois segundo o art. 45 da Lei de Locações, são nulas de pleno direito tão somente as cláusulas que afastem o direito à renovação, ou que imponham obrigações pecuniárias para tanto. Portanto, se a lei não proíbe a sua cobrança quando da celebração do primeiro contrato de locação, é ela válida.[27]

Ousamos discordar desse posicionamento. É certo que o art. 45 da Lei nº 8.245/91 afirma ser nula de pleno direito apenas a cláusula que imponha obrigação pecuniária para o exercício do direito à renovação. Ocorre que não é possível tirar uma conclusão acerca dessa questão com a leitura apenas daquele dispositivo. Há que se examinar todo o sistema da Lei do Inquilinato. E nesse exame encontramos o art. 43, que tipifica como ilícito penal a conduta de exigir, por motivo de locação ou sublocação, quantia ou valor além do aluguel e encargos permitidos, não distinguindo o legislador se essa cobrança é feita quando da celebração do primeiro contrato de locação, ou quando da sua renovação.

Ora, se a lei fulmina como ilícito penal essa prática, é induvidoso que a cobrança de luvas é ilícita, não obstante a independência entre as esferas civis e penais. Mas, apesar dessa independência – que não é absoluta –, dispõe o art. 935 do Código Civil que não se pode questionar mais sobre a existência de fato, ou quem seja o seu autor, quando essas questões se acharem decididas no juízo criminal.

Nunca é demais lembrar que o Direito Penal é fragmentário e residual, ou seja, é ele a *ultima ratio*. O Direito Penal só deve intervir quando nenhum outro ramo do Direito for capaz de coibir e sancionar determinada conduta. Assim, se o legislador entendeu que a cobrança desses valores extraordinários é tão grave que deve ser punida como ilícito penal, dúvidas não há de que também não pode ser admitida essa conduta no Direito Civil, sob pena de existirem dois regimes conflituosos dentro de um mesmo ordenamento jurídico.

---

25 DINIZ. Op. cit. p. 202.

26 DINIZ. Op. cit. p. 204 (nota de rodapé); SANTOS, Gildo dos. *Locação e despejo*. Comentários à Lei 8.245/91. 6. ed. São Paulo: Revista dos Tribunais, 2010. p. 275-276.

27 SANTOS. Op. cit. p. 276.

Então, se a cobrança de luvas é tipificada como ilícito penal, não há dúvidas de que ela é ilícita perante o ordenamento, sendo imperiosa, uma vez constatada a sua ocorrência, a devolução de qualquer quantia eventualmente paga pelo locatário a esse título.

## 6. REGIME ESPECIAL DA LOCAÇÃO DE IMÓVEL PARA FINS EMPRESARIAIS

Como já examinado no item 4 deste capítulo, a locação de imóvel não residencial abrange toda as espécies de locação que não são destinadas à moradia, bem como aquelas não celebradas por temporada, e especialmente aquelas para fins empresariais, às quais a lei estendeu a proteção especial para aqueles que ostentem a condição de sociedades simples e a pessoa jurídica que contratar a locação em favor dos titulares da empresa, gerentes, diretores e empregados.

Há que se observar que a Lei nº 8.245/91 foi editada à época da vigência do revogado Código Civil de 1916 e da 1ª parte do vetusto Código Comercial de 1850, em que vigorava a teoria dos atos de comércio. Por essa razão, a lei ainda faz referência à proteção aplicável aos contratos de locação de imóvel para fins empresariais também às indústrias, em seu art. 51, § 4º, quando dispõe que *o direito a renovação do contrato estende-se às locações celebradas por indústrias.*

Hodiernamente, e desde o advento do Código Civil de 2002, tal previsão pode ser dispensada, uma vez que, com a teoria da empresa, a atividade das indústrias é inegavelmente reconhecida como empresarial, uma vez que se enquadra no conceito de empresa previsto no art. 966 do Código Civil.[28] Note-se que o estabelecimento do empresário que explora a atividade industrial também deve merecer a proteção da lei, isso porque eventual alteração do ponto trará inúmeros transtornos para o seu titular, especialmente no que toca à desinstalação, retirada e locomoção dos maquinários, bem como eventual aumento das despesas no que tange à distribuição dos bens produzidos, influenciando, assim, no valor final dos produtos para o consumidor. A relevância da proteção do ponto do industrial, portanto, também é social.

Para a proteção do estabelecimento, do ponto e, consequentemente, da empresa, a Lei de Locações previu um regime próprio de proteção à locação de imóvel para fins empresariais. Segundo o disposto no art.

28 Há, na doutrina, quem defenda que, apesar de serem as *locações industriais* espécies de locação não residencial, elas não se enquadram no conceito de locação *comercial*, sendo necessária, portanto, a previsão do art. 51, § 4º, da Lei do Inquilinato para que a proteção especial da lei a elas sejam estendidas. Cf. SLAIBI FILHO; SÁ. Op. cit. p. 321.

51 da Lei nº 8.245/91, *nas locações de imóveis destinados ao comércio, o locatário terá direito a renovação do contrato, por igual prazo*, desde que preencha os requisitos enumerados taxativamente no próprio dispositivo. Assim, uma vez preenchidos os requisitos legais, o locatário fará jus à renovação *compulsória* do contrato de locação do imóvel em que está estabelecido, caracterizando-se como um verdadeiro direito potestativo.

O objetivo da lei é, primordialmente, a proteção da empresa e, por essa razão, trouxe um mecanismo para a defesa do estabelecimento e do ponto comercial, os quais são essenciais para a manutenção daquela. Como já observamos, o ponto é um dos elementos do estabelecimento, e consiste na localização física do estabelecimento. Ele é de grande importância, especialmente na formação da clientela do empresário. Por essa razão, a escolha do local onde o empresário irá se estabelecer é objeto de grande estudo, pois o exercente da atividade econômica deve buscar o melhor lugar para explorar a sua atividade de acordo com o público que deseja atingir.

O ponto, portanto, é essencial para o sucesso da atividade empresarial e, consequentemente, para a manutenção da empresa. Por isso, a finalidade imediata da renovação compulsória é a proteção do ponto, mas a mediata é a preservação da própria atividade empresarial enquanto unidade produtiva, geradora de empregos, arrecadadora de impostos e de circulação de riquezas.

A mudança do ponto pode levar, inegavelmente, à derrocada da atividade econômica, pois um novo local, distante de sua clientela já formada encontrará dificuldades manter os bons ventos que antes sopravam no antigo ponto.

É visando, pois, a proteção da empresa que a lei garante a renovação compulsória do contrato de locação, inclusive em detrimento do direito de propriedade do dono do imóvel, que terá que suportar a continuidade do vínculo contratual, só podendo retomá-lo nas hipóteses previstas na própria lei.

Questiona-se, então, sob essa perspectiva, se as locações mistas, em que o locatário, no mesmo imóvel, explora sua atividade econômica e também ali estabelece a sua residência e de sua família, faz jus à proteção da lei quanto ao direito à renovação compulsória do contrato de locação.

Seguindo as lições de Sylvio Capanema,[29] a questão deve ser enfrentada a partir de dois critérios.

Por um primeiro critério, o da divisibilidade do uso do imóvel, sustenta-se ser possível destacar as partes do imóvel destinadas à residência daquelas destinadas à atividade empresarial. Assim, vigorariam

29 SOUZA. *Da locação...* p. 327.

nessa locação dois regimes: o residencial e o não residencial. No que toca ao regime residencial, ou seja, a parte do imóvel destinada à residência, admitir-se-ia a denúncia imotivada ao final do prazo do contrato. Já a parte destinada à atividade empresarial gozaria da proteção da lei, fazendo jus à ação renovatória.

No que toca ao segundo critério, da indivisibilidade do contrato, e que prevalece na doutrina,[30] deve-se definir o regime jurídico a partir da predominância do uso do imóvel. Caso predomine a locação para fins empresariais, considera-se a residência mera dependência utilizada pelo locatário para o melhor exercício da sua atividade econômica, fazendo jus, portanto, à renovação compulsória. No caso oposto, ou seja, da prevalência do caráter residencial do imóvel, ainda que haja o exercício de uma atividade empresarial não será possível a imposição da renovação do contrato, pois a destinação precípua do imóvel é residencial, e não econômica.

Pensamos que esse segundo critério é o melhor a ser adotado, e isso porque a divisibilidade do imóvel poderia causar situações esdrúxulas, de grande dificuldade prática, especialmente naqueles casos em que a residência está situada no mesmo lugar do estabelecimento – por exemplo, nos fundos ou no andar logo acima, cujo acesso se dá através da própria loja. Ademais, a divisão do imóvel pode inviabilizar o próprio exercício da atividade empresarial, o que demonstra, em verdade, a existência de uma indivisibilidade jurídica, e não apenas física. Nessas hipóteses, todo o imóvel deve gozar de proteção legal. Portanto, o critério da prevalência da natureza do imóvel é o que melhor atende na solução desta questão.

Afora essa discussão, a proteção conferida pela Lei nº 8.245/91, em seu art. 51, não reclama apenas a utilização do imóvel para a exploração de uma atividade econômica. A lei ainda exige a observância de alguns pressupostos, os quais devem ser obrigatoriamente preenchidos, *cumulativamente*, para que o locatário faça jus à renovação compulsória do contrato. E são esses os pressupostos que passaremos a examinar a partir de agora.

## 6.1. Pressupostos para a renovação compulsória do contrato de locação para fins empresariais

Segundo o disposto no *caput* do art. 51 da Lei nº 8.245/91, *nas locações de imóveis destinados ao comércio, o locatário terá direito à renovação do contrato, por igual prazo, desde que, cumulativamente, o contrato a renovar tenha sido celebrado por escrito e com prazo determinado; o*

30 Defendendo esse entendimento, Sylvio Capanema de Souza (SOUZA. *Da locação...* p. 327), Sílvio Venosa (VENOSA. Op. cit. p. 233) e Maria Helena Diniz (DINIZ. Op. cit. p. 230).

*prazo mínimo do contrato a renovar ou a soma dos prazos ininterruptos dos contratos escritos seja de cinco anos e; o locatário esteja explorando seu comércio, no mesmo ramo, pelo prazo mínimo e ininterrupto de três anos.*

Antes do exame de cada um dos pressupostos, é preciso observar que todos os requisitos previstos na lei devem estar presentes para que o locatário possa exercer o direito à renovação compulsória do contrato. Então, os requisitos previstos na lei são, induvidosamente, cumulativos, não sendo possível acolher o pleito renovatório quando não se verificar a presença de algum dos pressupostos legais.

O primeiro pressuposto legal para o exercício do direito à renovação do contrato de locação está previsto no inciso I do art. 51 da Lei do Inquilinato: o contrato a renovar deve ser por escrito e com prazo determinado.

Assim, só fará jus à renovação compulsória o locatário que celebrou contrato escrito e por prazo determinado, não se admitindo ação renovatória fundada em contrato verbal ou por prazo indeterminado, ainda aquele que originalmente foi celebrado por prazo determinado, mas que se deixou prorrogar tacitamente por prazo indeterminado, sem a celebração de um novo contrato escrito por prazo determinado, bem como aquele cuja renovação foi acordada verbalmente.

Há que se frisar que, ainda que este novo contrato, prorrogado tacitamente ou celebrado de forma verbal, esteja vigendo por longo período, ainda assim não terá o locatário direito à renovação compulsória. Então, ao não observar o requisito expressamente exigido pela lei, perde o locatário a proteção assegurada pela lei à sua atividade empresarial, questão essa já pacificada na doutrina[31] e na jurisprudência do STJ.[32]

O segundo pressuposto para a obtenção do direito à ação renovatória está no inciso II do art. 51 da Lei de Locações: o prazo mínimo do contrato a renovar, ou a soma dos prazos ininterruptos dos contratos escritos, deve ser, no mínimo, de cinco anos.

Vê-se, pois, que não basta que o contrato que se pretende à renovação seja escrito e por prazo determinado. É preciso que esse prazo determinado seja de, no mínimo, cinco anos.

A atual Lei do Inquilinato, no entanto, positivou uma possibilidade que já era admitida pela jurisprudência na vigência da lei anterior: é possível, para fins de renovação compulsória do contrato, que seja feita a soma dos prazos dos diversos contratos *escritos* e *celebrados ininterruptamente* para o atingimento do prazo mínimo de cinco anos. Trata-se

31 Cf. SALLES. Op. cit. p. 62-64; SOUZA. *A Lei do Inquilinato...* Op. cit. p. 212; VENOSA. Op. cit. p. 227; SLAIBI FILHO; SÁ. Op. cit. p. 327; DINIZ. Op. cit. p. 222; SANTOS. Op. cit. p. 321.

32 Ver REsp 331.007/RN. Rel. Min. Vicente Leal. Sexta Turma. *DJ* 4/3/2002.

da positivação do instituto da *accessio temporis*, que nada mais é do que a soma dos tempos dos contratos.

Para entendermos melhor o significado dessa disposição, vamos apresentar um exemplo prático. Digamos que em uma determinada relação locatícia, locador e locatário não tenham celebrado um contrato de longa duração, mas sim diversos contratos escritos e ininterruptos, por prazos curtos de tempo, por exemplo, de dois anos cada um. Vamos imaginar que tenham sido celebrados por escrito e ininterruptamente, ou seja, sem solução de continuidade, três contratos de locação para fins empresariais com vigência, cada um, de dois anos.

Se levado em consideração cada um desses contratos, isoladamente, não terá o locatário direito à renovação do contrato, uma vez que a lei exige um prazo contratual mínimo de cinco anos. Ocorre que, somando-se o prazo de cada um dos contratos, temos um período de seis anos, que é superior ao mínimo exigido pela lei. Portanto, fará jus o locatário, neste caso, à renovação compulsória, dada a aplicação da *acessio temporis*, hoje expressamente admitida na lei.

Questiona-se, entretanto, o porquê de o legislador ter feito essa exigência de um prazo tão longo para o exercício do direito à renovação do contrato. A justificativa para tal está ligada ao firmamento da empresa naquele ponto e a formação da clientela. Estabeleceu o legislador, nesta hipótese, uma presunção absoluta de que antes do período de cinco anos não há suficientemente uma identificação do exercício daquela atividade com o local em que ela é exercida. Presumiu o legislador que o locatário, antes deste prazo, não formou uma clientela que justifique a proteção do ponto e, consequentemente, da empresa. A mudança de localidade, então, não trará nenhum prejuízo ao empresário.

Questão que sempre suscitou muitas controvérsias diz respeito à possibilidade de admissão da *accessio temporis* quando houver pequenas interrupções entre os contratos celebrados por escrito, vigendo, nesses interregnos, contratos por prazo indeterminado.

A jurisprudência, antes da entrada em vigor da Lei nº 8.245/91, admitia a *accessio temporis* se houvesse pequenas interrupções na sequência de contratos, uma vez que se presumia que esses breves períodos se destinavam às tratativas para a celebração do novo contrato.[33]

Ocorre que, com o advento da Lei nº 8.245/91 passou-se a exigir, expressamente, que para haver a soma dos prazos dos contratos devem eles ser ininterruptos, isto é, não pode haver solução de continuidade entre eles, ainda que por curto período de tempo.

33 Cf. REsp 9.227/SP. Rel. Min. Barros Monteiro. Quarta Turma. *DJ* 24/6/1991.

Não obstante a previsão expressa da lei, grande parcela doutrina e a jurisprudência vêm flexibilizando essa exigência. Segundo entendimento de parcela da doutrina,[34] ao qual nos filiamos, deve-se admitir a *accessio temporis* mesmo nos casos em que houver interrupção entre os contratos locação, desde que os intervalos sejam breves. E isso para evitar que os locadores se utilizem desse subterfúgio, criando pequenos intervalos de tempo entre os contratos escritos para afastar o direito dos locatários à renovação compulsória do contrato.[35]

Note-se, entretanto, que o interstício entre os contratos não pode ser longo, devendo ser um período razoável que denote uma tentativa de negociação entre as partes, de modo afastar eventual conduta intencional do locador em frustrar o direito do locatário. Caso seja longa a interrupção, que evidencie desinteresse, ou negligência, das partes em celebrar um novo contrato escrito, não será possível admitir a *accessio temporis*.

Sem prejuízo de tudo o que se disse, há na doutrina respeitável posicionamento no sentido literal da lei, admitindo a soma dos prazos dos contratos apenas quando houver, efetivamente, uma sucessão de contratos por escrito e ininterruptos,[36] pois diante da expressão legal "prazos ininterruptos dos contratos escritos", não é possível reconhecer como

34 Segundo os Profs. Paulo Sérgio Restiffe e Paulo Restiffe Neto, "admite-se como tolerância interregno de pequeno intervalo, de tratativas, normais ao êxito ou tentativa de êxito à continuidade amigável – interstício, este, em torno de dois a três meses (parâmetro razoável), segundo a construção jurisprudencial, ainda hoje aplicável" (RESTIFFE, Paulo Sérgio; RESTIFFE NETO, Paulo. *Locações*. Questões processuais e substanciais. 5. ed. São Paulo: Malheiros, 2009. p. 211). No mesmo sentido: Gildo dos Santos (SANTOS. Op. cit. p. 322) e Sylvio Capanema de Souza (SOUZA. *Da locação do imóvel...* Op. cit. p. 329).

35 Como leciona o prof. Sylvio Capanema, não se deve interpretar literalmente o dispositivo legal, "até porque isso viria a se chocar com o espírito da lei, que foi o de ampliar a proteção concedida ao fundo de comércio". E conclui, em seguida, o emérito civilista: "Se não houve solução de continuidade na ocupação do imóvel, se o aluguel continuou sendo pago, se a atividade comercial permaneceu a mesma, assim como as partes contratantes, os pequenos intervalos entre os sucessivos contratos não poderão inibir a ação renovatória, ainda mais quando convencido o juiz de que o seu propósito era fraudar os objetivos da lei" (SOUZA. *Da locação do imóvel...* Op. cit. p. 329).

36 Segundo o Prof. José Carlos de Moraes Salles, "parece-nos que a interpretação teleológica do citado dispositivo da Lei do Inquilinato há de levar à conclusão de que, se a lei veio a permitir expressamente a *accessio temporis*, antes mera criação pretoriana, objetivou, também, maior rigor no tocante à soma dos vários prazos de contratos escritos anteriores, não mais permitindo fosse computado prazo de *locação verbal* existente entre os contratos escritos considerados. Se assim não fosse, não teria o legislador utilizado o vocábulo *ininterruptamente*, no referido inc. II do art. 51" (SALLES. Op. cit. p. 65). No mesmo sentido, Maria Helena Diniz: "Não se admite a soma dos prazos de contratos escritos que estejam separados por um período de locação verbal para perfazimento do lapso de tempo exigido pela lei para o exercício da ação renovatória de locação" (DINIZ. Op. cit. p. 225).

possível a soma de tempos de contratos quando há interrupções, ainda que breves.

No âmbito do Superior Tribunal de Justiça, a previsão do inciso II do art. 51 da Lei do Inquilinato não foi suficiente para alterar sua remansosa jurisprudência. Ainda hoje persiste o entendimento de que é admissível o pleito renovatório mesmo que haja pequenas interrupções entre os contratos, cujos prazos serão somados para o atingimento do prazo mínimo exigido pela lei.[37]

O terceiro pressuposto ao exercício do direito à renovação compulsória do contrato está previsto no inciso III do art. 51 da Lei do Inquilinato: o locatário deve estar explorando a mesma atividade empresarial ininterruptamente pelo prazo mínimo de três anos.

Novamente demonstra o legislador a intenção de proteger a atividade econômica exercida pelo empresário, isso porque, se o locatário não estiver explorando o mesmo ramo de atividade há, pelo menos, três anos, ainda não terá formado uma clientela que mereça a proteção legal.

Segundo a lei, editada ainda sob a vigência da teoria dos atos de comércio, o locatário terá direito à renovação do contrato desde que *esteja explorando seu comércio, no mesmo ramo, pelo prazo mínimo e ininterrupto de três anos*. Diante da previsão legal, questiona-se qual seria o alcance da expressão "mesmo ramo", para fins de proteção da lei.

Para parcela da doutrina, mesmo ramo de comércio significa *comércio idêntico*, devendo-se levar em conta a atividade principal exercida pelo locatário.[38] Admite-se, entretanto, ampliações, desde que se mantenha incólume a atividade principal, originária.

Como salienta Alfredo Buzzaid, "manter o mesmo ramo de negócio significa não mudá-lo no período da exploração trienal. Poderá, porém, ampliá-lo. [...] O que caracteriza o mesmo ramo é a *espécie* de atividade a que se dedica o locatário. É o que lhe dá a nota de *principal*, a que podem aderir elementos *acessórios*".[39]

É possível, portanto, mas desde que mantida a atividade principal, que sejam exploradas no decorrer do período outras atividades acessórias, conexas, que não descaracterizem aquela preponderante. Caso a nova atividade venha alterar o objeto principal da empresa, perderá o locatário direito à renovação, salvo se essa nova atividade, no momento do pleito renovatório, também já estiver sendo exercida há mais de três anos. Note-se que não é vedada a modificação do objeto empresarial. No entan-

37 Ver REsp 150.183/SP. Rel. Min. Vicente Leal. Sexta Turma. *DJ* 5/4/1999.

38 Cf. VENOSA. Op. cit. p. 229; DINIZ. Op. cit. p. 223; e SALLES. Op. cit. p. 66.

39 BUZZAID, Alfredo. *Da ação renovatória*. São Paulo: Saraiva, 1981. v. 1, p. 295-296.

to, caso esse novo objeto não esteja sendo exercido há mais de três anos, não fará jus o empresário-locatário à renovação compulsória do contrato.

Há, entretanto, posicionamento no sentido de que é possível a flexibilização da expressão *mesmo ramo*. Segundo o Prof. Sylvio Capanema de Souza, "não perderá o direito à renovatória o locatário que, pelas contingências do mercado, passa a explorar, no local, ramo assemelhado ou afim, como, por exemplo, transformando o restaurante em lanchonete, ou a loja de venda de brinquedos em 'fliperama'".[40]

Constata-se, pois, que esse entendimento parte do princípio de que a similitude das atividades, cuja mudança não leva à alteração do público consumidor, da clientela, assegura o exercício, pelo locatário, do direito à renovação do contrato. As modificações ocorridas no objeto, nesses casos, não são substanciais a ponto de se caracterizar uma nova empresa, não justificando, portanto, a perda da proteção legal.

Dispõe, ainda, o inciso III do art. 51 que o exercício desse mesmo ramo de atividade pelo prazo mínimo de três anos deve ser ininterrupto, ou seja, não confere a lei proteção legal ao locatário que mantém suas portas fechadas, que não exerce efetivamente no imóvel a empresa, não justificando, assim, a renovação compulsória.

Apesar do rigor legal, reconhece a doutrina[41] que é possível a renovação do contrato quando essas interrupções se derem por curto período de tempo em decorrência de caso fortuito ou força maior, como, por exemplo, obras no imóvel, férias coletivas dos empregados, ou doença grave do locatário que impeça a abertura da loja.

Acarretam, também, dúvidas as hipóteses em que o imóvel permanece fechado, servindo apenas como depósito, ou estoque, sem acesso à clientela. Pensamos que, neste caso, a locação não merece, em princípio, proteção, salvo se restar demonstrado que a manutenção daquele espaço é imprescindível ao próprio exercício da atividade empresarial mantida em outro imóvel ou local.[42] Será protegido, neste último caso, o contrato de locação porque, em verdade, o depósito, ou o estoque,

---

40 SOUZA. *A Lei do Inquilinato...* Op. cit. p. 213. No mesmo sentido, Marcelo Andrade Féres: "Não há dúvida de que o princípio da preservação do ponto empresarial deve conduzir a solução de conflito dessa natureza. Se a lei não limitou o conteúdo de 'mesmo ramo', o aplicador da norma deve emprestar-lhe a elasticidade admitida dentro da razoabilidade, a fim de conceder o direito à renovação locatícia" (FÉRES, Marcelo Andrade. *Estabelecimento empresarial.* Trespasse e efeitos obrigacionais. São Paulo: Saraiva, 2007. p. 31.

41 Cf. SOUZA. *A Lei do Inquilinato...* Op. cit. p. 213; DINIZ. Op. cit. p. 223.

42 No mesmo sentido, Sylvio Capanema de Souza (SOUZA. *A Lei do Inquilinato...* Op. cit. p. 214).

será uma extensão do local em que se exerce, propriamente, a atividade empresarial.

São esses, pois, os pressupostos para o exercício do direito da renovação do contrato. Nos itens seguintes examinaremos qual é o prazo da renovação, como ela se dá propriamente, e a quem alcança este direito.

## 6.2. Do prazo do novo contrato

Preenchidos os pressupostos legais, dispõe o *caput* do art. 51 da Lei do Inquilinato que o locatário fará jus à renovação do contrato por prazo igual ao do contrato a renovar.

Sob a égide da Lei de Luvas prevalecia o entendimento de que renovação judicial do contrato de locação deveria ser por cinco anos, jamais podendo ser superior a esse período, mesmo que o contrato a renovar tivesse um prazo a maior. Tal entendimento, inclusive, foi sumulado pelo Supremo Tribunal Federal quando ele ainda detinha a competência para o exame da legislação federal. Segundo o Enunciado nº 178 da súmula de jurisprudência dominante da Suprema Corte, *não excederá de cinco anos a renovação judicial do contrato de locação, fundada no Decreto 24150, de 20/4/1934.*

Ocorre que, com a entrada em vigor da Lei nº 8.245/91, instaurou-se a controvérsia, uma vez que no *caput* do art. 51 o legislador previu que a renovação se daria por prazo igual ao do contrato em que se pretende a renovação, não impondo qualquer limite para tal.

Prevalece na doutrina o entendimento, o qual também perfilhamos, de que se o contrato a renovar tem prazo superior a cinco anos, como, por exemplo, dez anos, a renovação deverá se dar pelo mesmo prazo,[43] isto é, também por dez anos, e isso porque o legislador dispôs expressamente que a renovação se dará pelo mesmo prazo do contrato a ser renovado.

Contudo, na jurisprudência do STJ firmou-se entendimento no mesmo sentido do Enunciado nº 178 da súmula de jurisprudência dominante do Supremo Tribunal Federal, ou seja, o prazo máximo do contrato de locação prorrogado por intermédio da ação renovatória é de cinco anos.[44]

Questão ainda mais tormentosa diz respeito ao prazo do novo contrato quando a renovação se der com base na *accessio temporis*, ou seja, quando o direito à renovação decorrer da soma dos prazos dos contratos para o atingimento do prazo mínimo de cinco anos.

---

43 É esse o entendimento, por exemplo, dos Profs. José Carlos de Moraes Salles (SALLES. Op. cit. p. 55) Sílvio Venosa (VENOSA. Op. cit. p. 228), e Sylvio Capanema de Souza (SOUZA. *A Lei do Inquilinato...* Op. cit. p. 214).

44 Ver AgRg no EDcl no REsp 962.945/MG. Rel. Min. Paulo Gallotti. Sexta Turma. *DJe* 9/12/2008.

Questiona-se qual é o prazo do novo contrato se o instrumento que se pretende a renovação – o último contrato escrito – tiver um prazo inferior a cinco anos. Tomando o exemplo já anteriormente utilizado, vamos retomá-lo para ilustrar: imaginemos a hipótese de terem sido celebrados, ininterruptamente, três contratos escritos, sendo que cada um deles tinha um prazo de vigência de dois anos. A soma dos prazos dos três contratos perfaz o montante de seis anos, o que assegura ao locatário o direito à renovação compulsória do contrato.

Ocorre que, no exemplo dado, o último contrato tinha um prazo de vigência de dois anos, e a lei dispõe que a renovação se dará pelo mesmo prazo do contrato que se pretende a renovação. Questiona-se, então, se deverá, a partir do exemplo dado, o novo contrato ser renovado por dois anos – tendo em vista que este é o prazo do último documento – ou por outro prazo diverso.

Segundo parcela da doutrina, a renovação se dará, nessa hipótese, pelo prazo de cinco anos, ou seja, por prazo igual ao mínimo exigido pela lei para fim de obtenção do direito à renovação compulsória, entendimento este que nos parece adequado.

E isso porque a lei prevê que para o exercício do direito à renovação deve o locatário ser titular de um contrato que tenha prazo mínimo de cinco anos, ou ser titular de contratos cuja soma dos prazos atinjam cinco anos. Então, a renovação do contrato deve se dar por prazo igual ao mínimo exigido para renovação, ou seja, cinco anos.

A renovação do contrato por cinco anos também nos parece mais adequada porque, como bem leciona o Prof. Sylvio Capanema de Souza, entendimento diverso contrariaria o espírito da própria lei, colidindo, ainda, com o princípio da economia processual.[45]

Neste último tocante, a questão deve ser observada com atenção. Caso se admita que a renovação do contrato se dê pelo prazo do último contrato – no exemplo que demos o prazo era de dois anos –, teria o locatário que ajuizar diversas e sucessivas ações renovatórias, em curto espaço de tempo, sempre objetivando uma renovação por aquele ínfimo prazo, levando a um atropelamento de ações, pois é óbvio que, pelo tempo médio em que duram as ações judiciais, o ajuizamento da nova renovatória, neste caso, sempre se dará quando a anterior, ou as anteriores, ainda estiver em curso. É induvidoso o tumulto processual neste caso.

Há, todavia, quem não veja óbice ao ajuizamento dessas sucessivas ações, inclusive recomendando, neste caso, a distribuição de todas elas

45 SOUZA. *A Lei do Inquilinato...* Op. cit. p. 214.

por dependência.[46] Com o perdão da crítica, pensamos que a admissão de tal procedimento levaria os juízes a sentirem calafrios só de pensar em uma ação renovatória.

Apesar disso, na jurisprudência do STJ firmou-se o entendimento de que o prazo do novo contrato renovado por intermédio da ação renovatória deve ser o mesmo do último contrato em vigor, apenas limitando-se ao máximo de cinco anos,[47] ou seja, caso o prazo do último contrato seja superior a cinco anos, o prazo do novo contrato só poderá ser de cinco anos. Mas, se o último contrato tiver prazo inferior a cinco anos, será no prazo deste.

Pensamos, com a devida vênia, ser equivocada essa posição. A observância da regra proposta pelo Tribunal de Cidadania contraria, a nosso sentir, os princípios da efetividade e razoabilidade. Com esse entendimento, uma decisão judicial jamais teria a efetividade que se espera, uma vez que, quando do término de uma das ações, o contrato que se renovou já terá se extinguido, já sendo, inclusive, objeto de outra ação. Ademais, obrigar a parte a ter que, a todo momento, ajuizar uma nova ação apenas assoberba o Judiciário, cujas ações se avolumam em progressão geométrica. Portanto, não nos parece razoável a defesa desse entendimento. Por essa razão, entendemos que o prazo do novo contrato deverá ser de cinco anos, independentemente dos prazos dos contratos ininterruptos.

## 6.3. Legitimados para a ação renovatória

Além do próprio locatário, figura examinada por nós no item 3.2 deste capítulo, prevê a Lei do Inquilinato algumas pessoas a quem se estende o direito ao manejo da ação renovatória de aluguel. Segundo o disposto no § 1º do art. 51 da Lei nº 8.245/91, o direito à renovação compulsória também poderá ser exercido pelos cessionários ou sucessores da locação, bem como exclusivamente pelo sublocatário na hipótese de sublocação total do imóvel.

Passaremos a enfrentar, agora, essas hipóteses excepcionais de legitimidade para o ajuizamento da ação renovatória, uma vez que é inequívoca a legitimidade do locatário para o ajuizamento da ação.

---

46 VENOSA. Op. cit. p. 228.

47 Ver REsp 693.729/MG. Rel. Min. Nilson Naves. Sexta Turma. *DJ* 23/10/2006.

### 6.3.1. Cessionários ou sucessores da locação

A primeira hipótese prevista no art. 51, §1º da Lei do Inquilinato é a da cessão da locação que, a nosso ver, significa a cessão do contrato de locação. Tal entendimento, há que se frisar, não é uníssono, havendo posicionamento no sentido de que a cessão da locação mencionada na lei quer significar, em verdade, a cessão do fundo empresarial.[48]

Discordamos deste posicionamento. Parece-nos inequívoco que o legislador, no mencionado dispositivo, está tratando da cessão do contrato de locação, que é o objeto da própria lei, ou seja, o legislador está tratando, na Lei do Inquilinato e, mais especificamente, em seu art. 51, do regime da renovação do contrato de locação, e não da transferência do estabelecimento, que se dá através do contrato de trespasse.

Em verdade, e como se demonstrará, essa diferenciação é apenas terminológica, pois na alienação do estabelecimento, consoante o disposto no art. 1.148 do Código Civil, também se impõe a cessão do contrato de locação, pois o trespasse não importa na automática sub-rogação do adquirente do estabelecimento no contrato de locação. Sem prejuízo, na cessão do contrato decorrente do trespasse, o cessionário se caracteriza, inequivocamente, como um sucessor do negócio, o que não se confunde com a sucessão do contrato, que é a hipótese versada no § 1º do art. 51 da Lei nº 8.245/91. Portanto, quando o legislador fala em cessão ou sucessão da locação, ele está se referindo ao contrato, e não ao negócio do locatário ou seu estabelecimento.

Não obstante, antes de aprofundarmos esta discussão, importa-nos tratar do instituto da cessão do contrato.

A cessão do contrato, conforme lição de Silvio Rodrigues, "consiste na transferência da inteira posição ativa e passiva do conjunto de direitos e obrigações de que é titular uma pessoa, derivados de um contrato bilateral já ultimado, mas de execução ainda não concluída".[49]

---

48 Segundo Sylvio Capanema, "o cessionário a que se refere o § 1º do artigo 51 é o do fundo empresarial, já que o do contrato de locação só terá direito à ação renovatória se com a cessão anuiu o locador, e se preencher ele as condições previstas nos incisos I a III do artigo 51" (SOUZA. *A Lei do Inquilinato*... Op. cit. p. 216). No mesmo sentido, Maria Helena Diniz, que entende que a hipótese do § 1º do art. 51 da Lei é de cessão ou sucessão no estabelecimento, e não no contrato de locação. Segundo ela, se "o inquilino apenas ceder a locação sem transferir o estabelecimento comercial, o cessionário não terá, de per si, o direito à renovação (*RT, 331*:204, *357*:191, *419*:358), mas poderá ter legitimidade ativa para mover a ação renovatória se o tempo remanescente lhe possibilitar formar fundo de comércio próprio pela exploração de uma atividade mercantil ininterruptamente por três anos" (DINIZ. Op. cit. p. 234).

49 RODRIGUES, Silvio. *Direito civil*. Dos contratos e das declarações unilaterais da vontade. 30. ed. São Paulo: Saraiva, 2004. v. 3, p. 109.

Então, com a cessão do contrato o cedente transfere a sua posição contratual, ativa ou passiva, ao cessionário, que passa a figurar no instrumento como titular daquela relação jurídica, como se fosse a própria parte originária do negócio jurídico. Há, verdadeiramente, uma substituição da parte. E é isso que ocorre na cessão da locação mencionada no § 1º do art. 51 da Lei do Inquilinato.

Quando da cessão da locação, o locatário cede a sua posição a um terceiro, o cessionário, que irá ocupar o seu lugar no polo contratual, tornando-se ele próprio o locatário. Por conta disso, o cessionário passará a exercer, no imóvel, a sua própria atividade, que poderá ser do mesmo ramo, ou de ramo diverso, daquele explorado pelo cedente.

Por essa razão, podemos afirmar que na cessão pura do contrato de locação o cedente apenas passará o *ponto empresarial* ao cessionário, não realizando a alienação do seu estabelecimento, o qual será transferido para outro lugar.

O cessionário, a partir de então, irá se estabelecer no imóvel, e continuará a se beneficiar daquele contrato celebrado entre o locatário-cedente e o locador, inclusive quanto ao tempo de locação. Não obstante, só fará jus à renovação compulsória se observar todos os pressupostos do art. 51 da Lei do Inquilinato, dentre eles o exercício da mesma atividade pelo prazo mínimo de três anos.

A cessão da locação, todavia, não produz efeitos automaticamente. Depende ela da observância de uma importante condição: a manifestação do locador-cedido. Dispõe o art. 13 da Lei nº 8.245/91 que a cessão do contrato de locação exige o consentimento *prévio e escrito* do locador, o qual já deve ter sido manifestado no próprio contrato de locação ou em documento apartado. A ausência de aceitação *prévia e escrita* pelo locador poderá acarretar o rompimento do vínculo locatício por violação à lei ou ao contrato – caso o instrumento expressamente vede a cessão –, nos termos do inciso II do art. 9º da lei.

Com relação especificamente a essa exigência de consentimento prévio do locador, pensamos que há um excessivo rigor na legislação. Não vemos nenhum óbice a que esse consentimento seja manifestado posteriormente, mediante regular notificação do locatário ao locador,[50] que poderá manifestar-se positivamente à mudança. Trata-se de solução que atende ao princípio da preservação e continuidade da empresa, pois evita que seja rompido o contrato por eventual violação à lei em razão da ausência de prévio consentimento do locador.

50 No mesmo sentido, Sílvio Venosa (VENOSA. Op. cit. p. 85), José Carlos de Moraes Salles (SALLES. Op. cit. p. 116) e Maria Helena Diniz (DINIZ. Op. cit. p. 84).

A própria disposição do § 2º do art. 13 da Lei do Inquilinato parece ir ao encontro desse entendimento. O *caput* do art. 13 exige o consentimento prévio e escrito do locador, mas o § 2º do mesmo dispositivo prevê que *desde que notificado por escrito pelo locatário, de ocorrência de uma das hipóteses deste artigo, o locador terá o prazo de trinta dias para manifestar formalmente a sua oposição.*

Então, admitiu o legislador, a nosso ver acertadamente, que a cessão do contrato fique condicionada à notificação do locador, que poderá se manifestar contrária ou positivamente à mudança da posição contratual.[51] E essa notificação será imprescindível nos casos de omissão do contrato acerca da possibilidade, ou não, de cessão da locação, bem como nos casos em que já houver consentimento prévio e escrito do locador.[52]

Na primeira hipótese – de omissão do contrato – a notificação é exigida para que o locador expressamente se manifeste acerca da possibilidade, ou não, da cessão, bem como da aceitação, ou não, do novo locatário. Na segunda hipótese – de existência de prévia autorização no contrato – a notificação é exigida para que o locador apenas se manifeste acerca da concordância, ou não, com a substituição do locatário pelo cessionário, uma vez que não pode ele ser obrigado a vincular-se contratualmente à pessoa com quem não deseja ter qualquer relação. Dúvidas não há de que, em alguns casos, a cessão poderá ser inconveniente e contrária aos interesses do locador, como, por exemplo, nas hipóteses em que o cessionário é notoriamente uma pessoa inidônea.

Por essa razão, exige-se a sua notificação de modo a possibilitar a sua manifestação acerca da alteração no polo contratual. Assim, após a notificação, o locador poderá anuir, tácita ou expressamente, com a cessão, ou repudiá-la. A não aceitação da mudança contratual deverá

---

51 Segundo o emérito Prof. Sílvio Venosa, a notificação será utilizada pelo locatário para que o locador se manifeste através de contranotificação, ou através do ajuizamento da ação de despejo por infração legal, ante a ausência de aceitação prévia e por escrito, caso não concorde com a cessão. Admite, ainda, o citado professor, que a notificação seja utilizada como consulta, antes da efetiva cessão, hipótese em que não caberá a ação de despejo, haja vista que não terá havido violação contratual (VENOSA. Op. cit. p. 92).

52 Em sentido contrário, Sylvio Capanema de Souza (SOUZA. *A Lei do Inquilinato...* Op. cit. p. 88), Sílvio Venosa (VENOSA. Op. cit. p. 92) e José Carlos de Moraes Salles (SALLES. Op. cit. p. 120). Segundo os precitados professores, a notificação prevista no § 2º do art. 13 somente se aplica às hipóteses em que o contrato for silente acerca da possibilidade de cessão da locação, caso em que o locatário só poderá operar a cessão após a manifestação do locador devidamente notificado. Para eles, no caso de existência de autorização prévia e expressa no contrato, desnecessária será a notificação do locador.

sempre ser expressa, uma vez que a sua inércia diante da notificação se caracteriza como aceitação.

A imposição do prazo de 30 dias para que o locador se manifeste sobre a cessão nos leva a esta conclusão, acerca da possibilidade de anuência tácita, porque demonstra a intenção do legislador em exigir do locador uma manifestação dentro daquele prazo, A fim de não deixar o locatário à sua mercê, tendo que aguardar a aceitação expressa dele para que possa produzir efeitos o ato translativo.

Prevê, em contrapartida, o § 1º do art. 13 da Lei do Inquilinato, que não se presume o consentimento pela simples demora do locador em manifestar formalmente sua oposição. A hipótese legal, para se conformar ao disposto no § 2º do art. 13 da Lei, só pode ser interpretada como aplicável aos casos em que o contrato for omisso sobre a possibilidade, ou não, de cessão da locação, e que o locatário tenha feito a transferência do contrato sem notificar o locador.[53] Interpretação contrária levaria, inexoravelmente, a um conflito entre as normas.

Nesse caso, então, se o locatário fizer a cessão da posição contratual e não notificar o locador, a demora na manifestação deste não significará a sua anuência com o negócio realizado entre o locatário-cedente e o cessionário. Não se admite, portanto, o reconhecimento da anuência tácita do locador nos casos em que o contrato é omisso, e em que o locatário também não tenha promovido a regular notificação.

Há que se frisar, todavia, que, por conta do princípio da boa-fé objetiva, não mais se toleram comportamentos contraditórios ou incoerentes que violem direitos de terceiros. Isso significa que, caso o locador não se manifeste em tempo razoável, mas fique demonstrado que ele teve ciência inequívoca da cessão – como, por exemplo, mediante a comprovação do recebimento de alugueres do cessionário, ou nos casos em que o próprio locador outorgar ao locatário-cessionário poderes para representá-lo em assembleia de condomínio[54] – não poderá ele alegar,

---

53 Há quem dê interpretação diversa aos dispositivos ora examinados. Segundo Maria Helena Diniz, sempre será exigível o consentimento prévio e escrito do locador para que haja a cessão da locação, sob pena de se caracterizar ilícita a alteração contratual. Não se admite, ainda, o consentimento tácito do locador, não induzindo à aceitação o seu silêncio. Segundo a emérita professora da PUC/SP, a notificação é exigida mesmo nos casos em que há prévia e expressa anuência no contrato, caso em que o ato de comunicação servirá como meio de dar ao locador conhecimento inequívoco da cessão. Após a sua notificação, poderá o locador, no prazo de 30 dias, se opor à transferência do contrato. Caso a oposição seja manifestada e, mesmo assim, seja efetivada a cessão, poderá o locador ajuizar, em face do novo locatário-cessionário, uma ação de reintegração de posse (DINIZ. Op. cit. p. 82-83).

54 Cf. SOUZA. *A Lei do Inquilinato...* Op. cit. p. 87.

posteriormente, que não anuiu com a mudança contratual. A sua inércia conduzirá, inegavelmente, a um consentimento tácito.

O reconhecimento da boa-fé objetiva como cláusula implícita em todos os contratos, e não mais como uma mera exortação ética, impõe às partes sempre um agir probo, honesto e transparente. Em decorrência disso, diversos novos institutos exsurgiram, vedando às partes comportamentos que contrariem a boa-fé.

Como exemplo temos o princípio do *nemo potest venire contra factum proprium*, que veda o comportamento contraditório, isto é, que proíbe às partes a prática de condutas incoerentes, contraditórias, que venham a causar danos. Então, atualmente, mais do que simplesmente responsabilizar o autor do fato por uma conduta lesiva, a boa-fé objetiva, através da proibição do *venire contra factum proprium*, obsta que determinada conduta danosa, que contrarie uma anterior que tenha gerado uma expectativa legítima, seja praticada.[55]

Além da proibição ao comportamento contraditório, outros dois institutos também decorrem da obrigatória observância da boa-fé: são eles a *surrectio* e a *suppressio*.

O comportamento das partes, no curso de uma relação jurídica, cria expectativas, expectativas essas que são legítimas, passando os sujeitos a confiar que aquele comportamento perdurará por todo o tempo de duração da sobredita relação. E esse comportamento, que gera essa expectativa legítima, leva ao surgimento, ou à supressão, de direitos, a partir da aplicação da boa-fé e da confiança. Isso porque, a prática de uma conduta reiterada, comissiva ou omissiva, inegavelmente gera para as partes um sentimento de que aquela situação se perpetuará, salvo se houver, obviamente, uma modificação drástica da própria situação fática. Isso não ocorrendo, crê-se que aquela situação perdurará indefinidamente.

Aí se inserem os institutos da *surrectio* e da *suppressio*. Visam eles proteger a expectativa de um sujeito decorrente da conduta, comissiva ou omissiva, de outrem. Pela *surrectio* surge um direito em decorrência de uma conduta reiterada, gerando uma expectativa de que essa conduta seja mantida. Já pela *suppressio* há a perda, ou a impossibilidade de exercício de um direito, por ter o seu titular deixado de exercê-lo por um

55 Consoante lição de Anderson Schreiber, em seu excepcional *A proibição de comportamento contraditório*, "é mais eficiente, sob o ponto de vista da composição dos conflitos de interesses e da tutela da confiança, impedir, com anterioridade, o *venire contra factum proprium*, que impor o posterior ressarcimento dos prejuízos resultantes da conduta incoerente" (SCHREIBER, Anderson. *A proibição de comportamento contraditório*. Tutela da confiança e *venire contra factum proprium*. 2. ed. Rio de Janeiro: Renovar, 2007. p. 163).

período de tempo, causando na outra parte uma expectativa de que ele não mais o exercerá.

Ambos, como é possível perceber, decorrem do princípio da confiança e da boa-fé objetiva, na medida em que também impedem comportamentos contraditórios, ou seja, obstam que a parte, depois de adotar uma conduta durante um lapso de tempo, *volte atrás* e pratique outra, em desacordo com a primeira, lesando o direito de terceiro.

Na hipótese por nós examinada, a inércia do locador em não manifestar oposição à cessão do contrato de locação, mas, ao contrário, a sua conduta que induz à inequívoca conclusão de que anuiu tacitamente com a transferência do contrato, leva, em decorrência da *suppressio*, à impossibilidade de o locador exercer o direito de invocar eventual invalidade, ou ineficácia, do ato translativo.

Por essa razão, o disposto no § 1º do art. 13 da Lei do Inquilinato deve ser aplicado *cum grano salis*, observando-se os paradigmas da eticidade e boa-fé. A interpretação do dispositivo a partir de tais princípios levará à inexorável constatação de que, em determinadas situações, a inércia do locador, ainda que não haja autorização no contrato, e ainda que ele não tenha sido notificado da cessão, levará ao reconhecimento da sua anuência com o ato translativo.

Ainda no exame da cessão do contrato de locação, importa esclarecer que esta também ocorre nos casos de trespasse. Quando do trespasse, o locatário transfere, voluntária e onerosamente, o seu estabelecimento a terceiro. O trespasse, ou traspasse, nada mais é do que o passamento do estabelecimento, isto é, é o contrato de alienação do estabelecimento empresarial.

O estabelecimento empresarial, como já tivemos a oportunidade de observar, consiste em um conjunto de bens, corpóreos e incorpóreos, reunidos pelo empresário para o exercício da atividade empresarial. Através de trespasse, o empresário ou sociedade empresária aliena o conjunto integral dos bens que compõem o estabelecimento. Não é, pois, o trespasse a alienação de apenas um ou alguns dos elementos do estabelecimento, mas sim da integralidade destes. O trespasse, então, consiste na transmissão da própria empresa, da própria atividade empresarial.

Questão tormentosa no trespasse diz respeito à transmissão dos contratos relacionados à atividade empresarial cedida juntamente com o estabelecimento. Os contratos não são elementos do estabelecimento, de modo que, por uma conclusão lógica, não se transfeririam com o trespasse.

Todavia, muitos contratos celebrados pelo empresário são essenciais ao exercício da sua atividade, caracterizando-se inequivocamente como instrumentos para o exercício desta. Ligam-se, pois, de tal modo à atividade econômica exercida pelo empresário que se tornam essenciais a ela. Então, a alienação do estabelecimento, sem a transmissão dos contratos, pode inviabilizar o exercício da empresa. Isso porque o adquirente do estabelecimento continua a atividade exercida pelo empresário alienante, ou seja, é ele o sucessor do negócio do alienante.

Assim, é induvidoso que, havendo a sucessão do negócio, hão de ser transferidos os contratos inerentes à atividade empresarial explorada no estabelecimento objeto da alienação, sob pena de o adquirente não conseguir prossegui-la. O que se vê é que o contrato de trespasse só terá eficácia se, juntamente com a transferência dos elementos essenciais à atividade, houver a transmissão dos contratos também indispensáveis à sucessão do negócio.

Neste sentido, prevê o art. 1.148 do Código Civil que *Salvo disposição em contrário, a transferência importa a sub-rogação do adquirente nos contratos estipulados para exploração do estabelecimento, se não tiverem caráter pessoal.*

Então, ocorrendo o trespasse, transmitir-se-ão não só o estabelecimento empresarial, com todos os seus elementos, como também todos os contratos a ele inerentes, à exceção daqueles de caráter pessoal.

A dúvida que surge, sobre essa sub-rogação automática, diz respeito ao contrato de locação do imóvel. Questiona-se se esta relação se transfere automaticamente com o trespasse, ou se é exigível a cessão autônoma do contrato.

Em que pese a existência de posicionamento em contrário,[56] entendemos que o contrato de locação do imóvel não se transfere automaticamente com o trespasse, pois tem inequívoco caráter pessoal. A relação entre locador e locatário é, sem sombra de dúvidas, uma relação de confiança, pois a cessão da posse do bem só se dará se o locador, a partir das características apresentadas pelo locatário, confiar que o imóvel estará em boas mãos.

Desta forma, se o contrato tem caráter pessoal, ele se enquadra na exceção do art. 1.148 do Código Civil, que afasta a sub-rogação automática dos contratos quando eles tiverem esta natureza. Com efeito, só se pode concluir que, quando do trespasse, deverá o locatário fazer, autonomamente, uma cessão do contrato de locação ao terceiro.

Sobre esse aspecto, controverte-se na doutrina acerca da necessidade, ou não, de manifestação do locador nos casos de cessão do contrato por sucessão do negócio através do contrato de trespasse, haja vista, havendo a recusa do locador, o próprio trespasse pode se revelar ineficaz.

Para uma primeira parcela da doutrina, não é lícito ao locador se opor à transferência do estabelecimento, com a consequente cessão da locação, pois isso acarretaria uma indevida ingerência sobre o negócio jurídico celebrado entre o locatário-cessionário e o terceiro, o qual se

56 Neste sentido, Sylvio Capanema. CAPANEMA. Op. cit. p. 216.

sub-rogará, em razão do trespasse, em todos os direitos e obrigações daquele.[57]

Há, ainda, quem entenda que, no caso da alienação do estabelecimento, não é exigível o consentimento prévio do locador, pois este estaria inevitavelmente ligado ao próprio negócio jurídico translativo. No entanto, será possível, excepcionalmente, que o locador se oponha à transferência, caso tenha uma razão justa. O que não se admite é a proibição do locador *ad nutum*, ou seja, imotivada.[58]

Por fim, há posicionamento que nega a possibilidade de sucessão na locação, pela mera transferência do estabelecimento, sem que haja a comunicação ao locador e, assim, a sua manifestação. Segundo esse posicionamento, é imperioso que haja a expressa cessão do contrato de locação, a qual exigirá o consentimento prévio e escrito do locador, na forma exigida pelo art. 13 da Lei nº 8.245/91. Não obstante, reconhece essa parcela da doutrina a possibilidade de ocorrer consentimento tácito do locador, desde que seja feita a sua notificação, na forma do § 2º do art. 13 da Lei, e que permaneça ele inerte após o prazo de 30 dias.[59]

Como é possível perceber das razões já expostas anteriormente, filiamo-nos a este último entendimento. Como vimos, a consequência do contrato de trespasse é a cessão de todos os contratos que envolvem a atividade empresarial cedida com a transferência do fundo empresarial. A cessão do contrato, na hipótese, é vantajosa para todos, haja vista que a relação contratual é mantida, havendo apenas uma substituição, uma sub-rogação subjetiva do contrato. Permite-se, com isso, a circulação do contrato em sua integralidade, e não apenas uma mera cessão de crédito ou uma assunção de débito.

No entanto, o art. 1.148 do Código Civil ressalva, quanto a essa sub-rogação *automática*, os contratos de caráter pessoal, que é o caso do contrato de locação para fins empresariais.

---

57 Segundo o preclaro Prof. Sylvio Capanema, ao tratar da regulamentação do Código Civil sobre o contrato de trespasse, "o que é mais relevante para efeito de locação urbana, é o que dispõe o artigo 1.148, segundo o qual, 'a transferência importa a sub-rogação do adquirente nos contratos estipulados para exploração do estabelecimento', o que inclui o contrato de locação. A sub-rogação constitui uma substituição subjetiva, em que um terceiro, o sub-rogado, assume integralmente os direitos e deveres do cedente, o sub-rogante. Como se vê, não pode o locador se opor ao negócio jurídico engendrado pelo locatário e o terceiro que dele adquire o estabelecimento, restando-lhe, apenas, o direito de exigir nova garantia, caso o fiador do contrato de locação se exonere" (SOUZA. *A Lei do Inquilinato...* Op. cit. p. 215).

58 DINIZ. Op. cit. p. 235.

59 SALLES. Op. cit. p. 124-125.

Por essa razão, e embora seja um contrato relevantíssimo para a continuidade da atividade do empresário-locatário, exige-se a anuência do locador para que ocorra essa alteração da posição subjetiva do contrato. Frise-se, ainda, o fato de que tal contrato envolve um bem de propriedade do locador, cuja posse, por certo, não pode ser automaticamente transferida a outrem sem a sua autorização, salvo se o contrato já o expressamente autorizava.

Isso significa que, quando do trespasse, as partes precisarão contatar o locador para obter a sua autorização, expressa ou tácita, no tocante à transmissão do contrato, pois não há a sua sub-rogação automática. Nesse sentido, inclusive, é o enunciado nº 234 da III Jornada de Direito Civil do CJF, o qual dispõe que "Quando do trespasse do estabelecimento empresarial, o contrato de locação do respectivo ponto não se transmite automaticamente ao adquirente". Também na jurisprudência do STJ encontram-se precedentes no mesmo sentido.[60]

Então, o locatário, quando pretender alienar o seu estabelecimento ao terceiro, deve consultar previamente o locador, a fim de evitar o constrangimento de, após celebrar o negócio jurídico translativo, se verimpossibilitado de concretizá-lo pela recusa do locador em aceitar a cessão do contrato de locação.

60 RECURSO ESPECIAL. TRANSFERÊNCIA DO FUNDO DE COMÉRCIO. TRESPASSE. CONTRATO DE LOCAÇÃO. ART. 13. DA LEI N. 8.245/91. APLICAÇÃO À LOCAÇÃO COMERCIAL. CONSENTIMENTO DO LOCADOR. REQUISITO ESSENCIAL. RECURSO PROVIDO. 1. Transferência do fundo de comércio. Trespasse. Efeitos: continuidade do processo produtivo; manutenção dos postos de trabalho; circulação de ativos econômicos. 2. Contrato de locação. Locador. Avaliação de características individuais do futuro inquilino. Capacidade financeira e idoneidade moral. Inspeção extensível, também, ao eventual prestador da garantia fidejussória. Natureza pessoal do contrato de locação. 3. Desenvolvimento econômico. Aspectos necessários: proteção ao direito de propriedade e a segurança jurídica. 4. Afigura-se destemperado o entendimento de que o art. 13 da Lei do Inquilinato não tenha aplicação às locações comerciais, pois, prevalecendo este posicionamento, o proprietário do imóvel estaria ao alvedrio do inquilino, já que segundo a conveniência deste, o locador se veria compelido a honrar o ajustado com pessoa diversa daquela constante do instrumento, que não rara as vezes, não possuirá as qualidades essenciais exigidas pelo dono do bem locado (capacidade financeira e idoneidade moral) para o cumprir o avençado. 5. Liberdade de contratar. As pessoas em geral possuem plena liberdade na escolha da parte com quem irão assumir obrigações e, em contrapartida, gozar de direitos, sendo vedado qualquer disposição que obrigue o sujeito a contratar contra a sua vontade. 6. Aluguéis. Fonte de renda única ou complementar para inúmeros cidadãos. Necessidade de proteção especial pelo ordenamento jurídico. 7. Art. 13 da Lei n. 8.245/914 aplicável às locações comerciais. 8. Recurso especial provido. REsp 1202077 / MS. Rel. Ministro Vasco Della Giustina (Des. Convocado do TJ/RJ). Terceira Turma. DJe 10/03/2011.

Ainda no exame dos legitimados ao exercício do direito à renovação compulsória, prevê o § 1º do art. 51 da Lei do Inquilinato que o sucessor do locatário está legitimado ao ajuizamento da ação renovatória. A hipótese aqui tratada abrange tanto a sucessão *causa mortis*, quanto aquela decorrente de ato *inter vivos*, que se dá, por exemplo, nos casos de transformação de sociedade unipessoal em empresário individual ou EIRELI, e na alienação do estabelecimento em processo de falência.[61]

A sucessão *causa mortis* da locação para fins empresariais está regulada no art. 11, II, da Lei nº 8.245/91, que prevê que nas locações com finalidade não residencial, ficarão sub-rogados nos direitos e obrigações do locatário morto o espólio e, se for o caso, o seu sucessor no negócio. Portanto, com a morte do locatário, será seu sucessor o espólio, ou o seu sucessor no negócio, que poderá ser, por exemplo, um herdeiro ou legatário.

No caso da sociedade empresária, a situação prevista na lei só será aplicável se o contrato de locação tiver sido celebrado pelo sócio em seu próprio nome, na condição de locatário. Caso o contrato tenha sido celebrado em nome da própria sociedade, não haverá sucessão *causa mortis*, pois a morte de um dos sócios não acarretará mudança no contrato de locação, pois a sociedade permanecerá *viva*. Continuará sendo ela a locatária no contrato.

Ocorre que podem ocorrer situações em que a morte de um dos sócios irá acarretar a dissolução da sociedade, a extinção da pessoa jurídica, como nos casos das sociedades de pessoas em que figurem apenas dois sócios no quadro social, e com a morte de um deles não haja o ingresso de outro no prazo de 180 dias – na forma do inciso IV do art. 1.033 do Código Civil –, ou não haja a transformação de sociedade empresária em empresário individual ou EIRELI – como autoriza o parágrafo único do art. 1.033 do Código Civil –, bem como nos casos de EIRELI em que haja a morte do único cotista, porque neste caso faltarão *todos* os *sócios*.[62]

Nesses casos, a extinção da pessoa jurídica não permitirá a manutenção do vínculo contratual, ou melhor, não permitirá a sucessão no contrato de locação, pois não haverá um sucessor para ela.

---

61 No mesmo sentido, José Carlos de Moraes Salles (SALLES. Op. cit. p. 118). Em sentido contrário, entendendo que a sucessão prevista no § 1º do art. 51 da Lei do Inquilinato se dá apenas *causa mortis*, Sylvio Capanema de Souza (SOUZA. *Da locação do imóvel urbano*. Op. cit. p. 333).

62 Em trabalho específico defendemos, para o titular das cotas da EIRELI, o nome de cotista, e não de sócio, pois cremos que a Empresa Individual de Responsabilidade Limitada não é uma sociedade empresária, mas sim uma nova pessoa jurídica que exerce a empresa. Para aprofundamento do tema, recomendamos a leitura do nosso A nova Empresa Individual de Responsabilidade Limitada: memórias póstumas do empresário individual. *Revista da EMERJ*, v. 14, nº 56, p. 215-234, 2011.

Ainda assim, é admissível, por força do que dispõe o § 3º do art. 51 da Lei do Inquilinato, que nos casos de sociedades que se tornem unipessoais pela morte de um dos sócios, o sócio remanescente se sub-rogue no direito da pessoa jurídica à renovação compulsória do contrato. Será o caso, por exemplo, da sociedade empresária que, tornando-se unipessoal, o sócio remanescente requeira a modificação do registro para empresário individual ou EIRELI, nos termos do parágrafo único do art. 1.033 do Código Civil. Note-se, apenas, que a Lei do Inquilinato condiciona, para que o sócio remanescente se sub-rogue no direito à renovação, que a atividade anteriormente exercida permaneça a mesma, inadmitindo-se, pois, modificação no ramo de comércio ou no objeto empresarial.

Então, nesse caso, o sócio remanescente, na condição de empresário individual, ou de cotista da EIRELI, será sucessor da sociedade empresária que se extinguiu, fazendo jus ao exercício do direito à renovação compulsória do contrato. Mas, obviamente, desde que prossiga a mesma atividade, pois só assim se justificará a proteção legal dada à empresa em observância ao princípio da preservação desta.

Há que se observar, ainda, que a sub-rogação só ocorrerá a partir da transformação da sociedade em EIRELI ou em empresário individual, e isso porque a situação de unipessoalidade da sociedade pode perdurar por até 180 dias, como prevê o inciso IV do art. 1.033 do Código Civil. Com efeito, durante este interstício, é a própria sociedade empresária que estará legitimada para o ajuizamento da ação renovatória, ainda que na condição de sociedade unipessoal,[63] pois durante o período ela conserva a sua regularidade.

De outro modo, a sucessão se dará por ato *inter vivos* se essa transformação da sociedade em empresário individual ou EIRELI se deu não pela morte de um dos sócios, mas sim por sua exclusão ou retirada. Nesta hipótese, tornando-se unipessoal a sociedade por um fato que não seja a morte, o sócio remanescente que se transformar torna-se sucessor, por ato entre vivos, da locação.

Ainda quanto à sucessão da locação por ato *inter vivos*, esta também pode se dar, por exemplo, pela alienação do estabelecimento em processo de falência, ficando a eficácia do ato translativo condicionada à aceitação do locador.

O contrato de locação do imóvel para fins empresariais não se encerra automaticamente com a decretação da falência, pois segundo o disposto no art. 117 da Lei nº 11.101/05, *os contratos bilaterais não se resolvem pela falência e podem ser cumpridos pelo administrador judicial*

63 Cf. Sylvio Capanema de Souza (SOUZA. Op. cit. p. 218) e Maria Helena Diniz (DINIZ. Op. cit. p. 238).

*se o cumprimento reduzir ou evitar o aumento do passivo da massa falida ou for necessário à manutenção e preservação de seus ativos.*

Então, decretada a quebra da sociedade empresária, ou do empresário individual, o contrato de locação pode permanecer vigente, autorizando o juiz a continuidade da atividade empresarial. Ocorre que, como não há mais, desde a revogação do Decreto-lei nº 7.661/45, a possibilidade de reversão do estado falimentar através da concordata suspensiva, os bens arrecadados pelo administrador judicial deverão obrigatoriamente ser alienados para a satisfação dos credores. E dentre esses bens está o próprio estabelecimento e os elementos que o integram.

Na falência, a alienação preferencial não é aquela que se dá pela venda individualizada dos bens, mas sim aquela que compreende todo o bloco empresarial, com a venda de todos os estabelecimentos em conjunto, ou dos estabelecimentos isoladamente, ou seja, das filiais e unidades produtivas isoladas, que consistem, cada uma delas, em um estabelecimento individualmente considerado.

Note-se que cada universalidade fática de bens reunidos pelo empresário para o exercício da sua atividade é um estabelecimento. Então, a sede, a filial, a sucursal, ou a agência, consiste, cada uma delas, em um estabelecimento individualmente considerado. Se assim não fosse, não preveria a Lei de Falências, em seu art. 3º, que a competência para o julgamento do pedido de falência é o do local do principal estabelecimento. Se há um estabelecimento principal, é sinal de que há outros secundários.

Bem, a alienação de um destes estabelecimentos, ou de todos eles em bloco – o que a Lei nº 11.101/05 chama, em seu art. 140, de alienação da empresa – aumenta as chances de uma maior arrecadação para a massa, pois um possível adquirente, induvidosamente, terá mais interesse em adquirir um estabelecimento inteiro, já organizado, do que bens móveis isoladamente.

Por essa razão, diz-se que essa é forma preferencial de alienação, pois decorre do princípio da maximização do ativo, o qual determina a adoção de medidas que importem na maior valorização dos bens da massa. E é induvidoso que a venda em blocos é mais valorosa do que aquela feita dos bens isoladamente.

Com a alienação dos estabelecimentos, em bloco ou isoladamente, o arrematante será sucessor do empresário falido em todos os contratos, dentre eles o de locação do imóvel, o que lhe conferirá a possibilidade de manejar a ação renovatória para compelir o locador a renovar o vínculo contratual.

Diante disso, poder-se-ia questionar se tal negócio não violaria o direito de propriedade do senhorio do imóvel. Pensamos que não. Há que se ter em mente que, nesse caso, haverá um *recomeço* do exercício daquela atividade, sob nova administração, que pode se tornar até mais vantajosa para o locador, inclusive com uma possível valorização do ponto e, consequentemente, do próprio imóvel.

A Lei de Falências, em verdade, busca um interesse maior, que é a preservação da empresa e da fonte produtiva, o que também busca a Lei do Inquilinato ao tutelar o direito à renovação compulsória do contrato. Vê-se, portanto, que os interesses não se colidem, mas, ao contrário, se agregam.

### *6.3.2. Sublocatário na sublocação total*

Ainda no exame dos legitimados para a ação renovatória, há que se observar o que dispõe a parte final do § 1º do art. 51 da Lei do Inquilinato. Segundo o mencionado dispositivo, no caso de sublocação total do imóvel, o direito à renovação somente poderá ser exercido pelo sublocatário.

No que toca à sublocação propriamente dita, ela já foi superficialmente examinada no item 3.3 deste capítulo, quando estudamos a figura do sublocatário. A sublocação é contrato acessório ao contrato de locação, de modo que a sua celebração não leva ao rompimento, ou prejuízo, da relação jurídica principal existente entre locador e locatário.

Quando autorizado pelo locador, nos termos do que dispõe o *caput* do art. 13 da Lei do Inquilinato, o locatário pode sublocar o imóvel, total ou parcialmente, a um terceiro, o sublocatário, criando, assim, uma nova relação jurídica da qual não participa o locador. Essa nova relação é travada exclusivamente entre o locatário-sublocador e o sublocatário.

Na hipótese tratada no § 1º do art. 51 da Lei nº 8.245/91, o legislador, apesar de não haver relação direta entre o locador e o sublocatário, conferiu a este último legitimidade exclusiva para o ajuizamento da ação renovatória diretamente em face daquele.

Tal decisão, a nosso sentir, foi acertada. A legitimidade exclusiva do sublocatário para ajuizar a ação renovatória diretamente em face do locador, quando há sublocação *total*, se justifica porque, nesta espécie de sublocação, é o sublocatário que passa a exercer, com exclusividade, a atividade empresarial no imóvel dado em locação. E isso porque, na sublocação total o locatário desocupa o imóvel, deixando-o inteiramente livre para o sublocatário para que este explore a sua empresa. Portanto, não haveria outro legitimado para o ajuizamento da ação renovatória do que aquele que é o titular da empresa que goza da proteção legal.

Nesse caso, então, o sublocatário, mesmo não possuindo diretamente um vínculo jurídico com o locador, poderá ajuizar, em seu próprio nome, a ação renovatória em face deste.

Há, no entanto, quem critique esta legitimidade exclusiva conferida ao sublocatário, pois tal previsão acarreta, consequentemente, a exclusão do locatário-sublocador, que é o legítimo titular da relação jurídica de direito material travada com o locador, do polo ativo da ação.

Essa exclusão da legitimidade do locatário-sublocador pode lhe acarretar, em determinadas situações, graves danos, como, por exemplo, na hipótese em que o sublocatário, de boa ou má-fé, deixar transcorrer, *in albis*, o prazo para o ajuizamento da ação renovatória, levando o locatário-sublocador a perder o ponto.[64]

A solução, então, seria "mitigar o rigor formal da redação do texto da lei, admitindo a presença do locatário, sublocador, no polo ativo da ação, ainda mais quando não houver oposição do sublocatário, sendo comuns seus interesses [...]".[65]

Dessa forma, segundo esse entendimento, teria o locatário a oportunidade de defender, em Juízo, o seu direito, evitando a perda da locação e do ponto, os quais são essenciais para o exercício da atividade empresarial.

Por fim, finalizando o estudo do § 1º do art. 51 da Lei do Inquilinato, é imperioso ressaltar que em todos os casos previstos no dispositivo – cessão e sucessão da locação, e sublocação –, o cessionário, o sucessor e o sublocatário aproveitam o período anterior de ocupação do imóvel pelo cedente, sucedido e sublocador, para fins de preenchimento dos pressupostos para a ação renovatória.

### *6.3.3. Locatário e sociedade nos casos de contrato celebrado pelo sócio com autorização de uso do imóvel pela pessoa jurídica*

Ainda no que toca às pessoas que podem exercer o direito à renovação compulsória do contrato de locação, prevê o § 2º do art. 51 que *quando o contrato autorizar que o locatário utilize o imóvel para as atividades de sociedade de que faça parte e que a esta passe a pertencer o fundo de comércio, o direito a renovação poderá ser exercido pelo locatário ou pela sociedade.*

A hipótese retratada é a da pessoa natural que exerce atividade econômica como empresário individual, ou até mesmo de um indivíduo que explora atividade econômica sem organização empresarial, que após a celebração do contrato de locação constitui ou passa integrar uma sociedade empresária ou uma sociedade simples, ou que mesmo antes da celebração do contrato já fizesse parte delas, e que estas venham, posteriormente, adquirir, onerosa ou gratuitamente, o estabelecimento titularizado pelo locador.

No caso, a sociedade passa a ser, por sucessão, a titular do estabelecimento e, consequentemente, da atividade empresarial, o que jus-

64 SOUZA. *A Lei do Inquilinato...* Op. cit. p. 216.

65 Idem.

tifica a transmissão do direito à renovação compulsória do contrato, conferindo-lhe, nessa esteira, legitimidade para o ajuizamento da ação renovatória.

A lei, apesar de conferir à pessoa jurídica o direito à renovação compulsória do contrato, prevê uma legitimidade concorrente entre a sociedade e a pessoa natural que celebrou, originalmente, o contrato de locação. A decisão do legislador, a nosso sentir, foi acertada, pois mesmo sendo a pessoa jurídica a titular da empresa, é a pessoa natural que figura no contrato de locação como locatário, o que também lhe legitima ao ajuizamento da ação renovatória.[66]

Questão controvertida diz respeito à exigência legal de autorização no contrato de locação para que o locatário utilize o imóvel para as atividades da sociedade que já integrava ou que passou a integrar, a fim de que possa a pessoa jurídica, posteriormente, exercer o direito à ação renovatória.

Para parcela da doutrina, faz-se necessária a existência de cláusula contratual expressa autorizando a utilização do imóvel pelo locatário para a atividade de sociedade cujo estabelecimento a ela passou a pertencer, a fim de que ela goze de legitimidade para o ajuizamento da ação renovatória, por força da expressa disposição da parte inicial do § 2º do art. 51 da Lei do Inquilinato.[67]

Para outra parcela da doutrina,[68] cuja corrente nos filiamos, é admissível o ajuizamento da ação renovatória pela sociedade, mesmo que não haja autorização expressa no contrato para a utilização do imóvel por ela, uma vez que o objetivo da lei é a proteção do ponto e, consequentemente, da atividade empresarial. Se esta é exercida pela sociedade, é ela inegavelmente parte legítima para o ajuizamento da ação renovatória.

---

66 Para Silvio Venosa, a legitimidade da sociedade, em verdade, decorre do fato de ser ela sucessora da atividade empresarial. Mas, apesar disso, a lei quis manter a legitimidade, concorrente, da pessoa natural (VENOSA. Op. cit. p. 232). Já Maria Helena Diniz não admite o ajuizamento da ação renovatória em um litisconsórcio entre o locatário e a sociedade, pois a lei, em verdade, previu uma alternatividade, ou seja, admitiu o ajuizamento da ação pelo locatário *ou* pela sociedade (DINIZ. Op. cit. p. 237).

67 DINIZ. Op. cit. p.

68 Nesse sentido, Gildo dos Santos (SANTOS. Op. cit. p. 237) e Sylvio Capanema de Souza (SOUZA. *A Lei do Inquilinato*... Op. cit. p. 217). O emérito Prof. Sylvio Capanema ressalva, no entanto, que, na hipótese de silêncio do contrato, deve-se admitir a substituição do locatário original pela sociedade, mas desde que isso não importe em prejuízo para o locador.

## 6.4. Do prazo decadencial para ajuizamento da ação renovatória

Questão prática tormentosa diz respeito ao prazo que os legitimados têm para o ajuizamento da ação renovatória e, consequentemente, para o exercício do direito potestativo à renovação do contrato.

O § 5º do art. 51 da Lei do Inquilinato dispõe sobre o mencionado prazo, prevendo que *Do direito à renovação decai aquele que não propuser a ação no interregno de um ano, no máximo, até seis meses, no mínimo, anteriores à data da finalização do prazo do contrato em vigor.*

Prevê a lei, então, um prazo decadencial para o ajuizamento da ação renovatória, que tem como marco final o último dia do penúltimo semestre de vigência do contrato. A ação, então, deve ser proposta dentre do período do penúltimo semestre de vigência do contrato, sob pena de perda do direito, pela decadência, à renovação do contrato.

Por se tratar de um prazo decadencial, este prazo não se interrompe e nem se suspende, o que só seria possível se a própria lei previsse tal possibilidade, consoante interpretação, *a contrario sensu*, do disposto no art. 207 do Código Civil, que prevê que *salvo disposição legal em contrário, não se aplicam à decadência as normas que impedem, suspendem ou interrompem a prescrição.*

Por essa razão, parcela majoritária da doutrina sustenta que, se o último dia do prazo cair em um dia não útil, como, por exemplo, sábado, domingo, ou feriado, o locatário deverá ajuizar a ação no último dia útil anterior àquele do término do prazo, uma vez que, ante a impossibilidade de suspensão do prazo decadencial, não é admissível a sua prorrogação para o primeiro dia útil seguinte àquele do término do prazo para beneficiar o locatário.[69]

Ousamos discordar desse entendimento. A decadência, e as normas gerais que a regulamentam, são um instituto que impõe, em nome da segurança jurídica, restrições aos direitos das pessoas. Em verdade, a decadência leva à perda do direito daquele que era seu legítimo titular.

Por ser, então, uma restrição a direitos, devem suas normas ser interpretadas restritivamente, sendo inadmissível, a nosso sentir, interpretá-las para prejudicar o titular do direito por elas atingido. Assim, pensamos ser plenamente aplicável analogicamente à hipótese o disposto no art. 132, § 1º do Código Civil, que dispõe que *se o dia do vencimento cair em feriado, considerar-se-á prorrogado o prazo até o seguinte dia útil.*

69 Nesse sentido, José Carlos de Moraes Salles (SALLES. Op. cit. p. 154), Sylvio Capanema de Souza (SOUZA. *A Lei do Inquilinato...* Op. cit. p. 220), Maria Helena Diniz (DINIZ. Op. cit. p. 231-232) e Gildo dos Santos (SANTOS. Op. cit. p. 330-331).

Há que se observar, em respeito aos amigos leitores, que este entendimento contraria alguns precedentes do Superior Tribunal de Justiça.[70]

Ainda no que toca ao prazo para o ajuizamento da ação renovatória, dispõe a lei que decai do direito à renovação aquele que *não propuser a ação* no período do último semestre do contrato. Portanto, a interrupção do prazo decadencial, segundo a lei, se dá com a propositura da ação. Questiona-se, diante disso, qual é o momento em que se deve considerar proposta a ação e, consequentemente, "interrompida" a decadência ou, de modo mais técnico, obstados os efeitos consumativos da decadência.

Com o advento do Código de Processo Civil de 2015, inúmeras discussões foram superadas quanto ao momento da propositura da ação e da interrupção do prazo decadencial, tornando o exame da matéria mais fácil.

Primeiramente, segundo o disposto no art. 312 do Código de Processo Civil, considera-se proposta a ação no momento em que a petição inicial for protocolada, isto é, distribuída perante o Poder Judiciário. Portanto, da dicção legal infere-se que se tem como proposta a ação no momento em que o autor faz o protocolo no setor responsável pelo recebimento de petições iniciais, conforme a organização judiciária de cada Estado. Neste momento, cessa o curso do prazo decadencial. Do mesmo modo, no caso de processos eletrônicos, no momento da distribuição, com o recebimento do protocolo, interrompe-se a contagem do prazo.

Assim, ao contrário do que previa a lei anterior, que condicionava o momento da propositura da ação ao despacho do juiz ou à distribuição quando tivessem mais de um juízo competente, atualmente entende-se como proposta a ação, em qualquer hipótese, quando do protocolo da petição inicial.

Sem prejuízo, tal regra deve ser complementada pelo disposto no art. 240, § 1º e 4º do Código de Processo Civil. Segundo a nova redação dada pelo CPC/2015, o curso do prazo prescricional se interrompe com o despacho do juiz – ainda que incompetente – que ordena a citação, retroagindo-se os seus efeitos à data da propositura da ação. O mesmo raciocínio se aplica à decadência, pois segundo a regra disposta no § 4º do art. 240 do Código de Processo Civil vigente, *O efeito retroativo a que se refere o § 1º aplica-se à decadência e aos demais prazos extintivos previstos em lei.*

Tais disposições são muito mais simples do que aquelas existentes quando da vigência do Código de Processo Civil de 1973, no qual se exigia a citação válida para que houvesse a interrupção do prazo prescricional e decadencial, o que impunha ao autor uma verdadeira corrida contra o tempo para a obtenção da citação, a qual deveria ser promovida no prazo máximo de 10 dias para que se produzissem os seus regulares

70 Ver REsp 616.022/SC. Rel. Min. Felix Fischer. Quinta Turma. *DJ* 16/8/2004.

efeitos, os quais, só após toda essa *via crucis*, retroagiriam à data da distribuição da ação ou do despacho do juiz.

Essas inúmeras exigências acarretavam grandes controvérsias na doutrina, a qual se acredita estarem sepultadas com disposições mais modernas do Código de Processo Civil de 2015, as quais levam à conclusão de que a data do protocolo da petição inicial é o marco interruptivo da decadência[71] do direito potestativo à renovação compulsória do contrato, tornando, assim, a situação mais favorável ao titular do direito.[72]

Na jurisprudência do STJ, colhida antes do advento do Código de Processo Civil de 2015, o entendimento assente é o de que basta que a ação seja proposta no último dia do prazo fixado para o seu exercício para que não se justifique o acolhimento da arguição de decadência, conforme Enunciado nº 106 de sua súmula de jurisprudência.[73]

---

71 Há quem ainda entenda, contudo, a partir de uma interpretação sistemática do *caput* do art. 240 do Código de Processo Civil, associado com os seus §§ 1º e 4º, que apenas a citação válida é apta a interromper a prescrição e a decadência, cujos efeitos retroagirão à data da propositura da ação. Neste sentido, explicita Alexandre Freitas Câmara que "Proposta a demanda, e estando em termos a petição inicial (não sendo, pois, hipótese de seu indeferimento) nem sendo o caso de julgamento liminar de improcedência do pedido, deverá o juiz proferir um despacho ordenando a citação (conhecido como 'despacho liminar positivo'). Proferido este despacho, incumbe ao demandante adotar, no prazo de dez dias, todas as providências necessárias para viabilizar a citação (como recolher custas ou fornecer o endereço em que a citação deverá ocorrer). Tomadas tempestivamente essas providências, será o demandado citado e a interrupção da prescrição, aperfeiçoada com a citação, retroagirá seus efeitos até a data da propositura da demanda. Caso o prazo de dez dias não seja observado, ter-se-á por interrompida a prescrição na data da citação, não se operando a retroação (art. 240, § 2º), salvo se isto tiver ocorrido por demora imputável exclusivamente ao serviço judiciário (como se daria, por exemplo, se durante o prazo de dez dias os autos não estivessem disponíveis ao autor por conta de falha no serviço judiciário). Aplica-se, *mutatis mutandis*, aos demais prazos extintivos, como é o caso dos prazos decadenciais, tudo quanto se dispõe no CPC acerca da interrupção da prescrição". CÂMARA, Alexandre Freitas. *O novo processo civil brasileiro*. 2. ed. São Paulo: Atlas, 2016. p. 141.

72 No mesmo sentido, explicita José Augusto Garcia de Sousa que "Positiva-se com o CPC/2015, assim, situação mais favorável ao suposto credor, o que é salutar. Na pior das hipóteses, a prescrição se interromperá com o despacho ordenatório da citação, ainda que seja providenciada com atraso". SOUSA, José Augusto Garcia de. *Comentários ao novo código de processo civil*. Coordenação Antonio do Passo Cabral e Ronaldo Cramer. Rio de Janeiro: Forense, 2015. p. 391.

73 "Súmula 106 do STJ. Proposta a ação no prazo fixado para o seu exercício, a demora na citação, por motivos inerentes ao mecanismo da justiça, não justifica o acolhimento da arguição de prescrição ou decadência." Especificamente em relação à ação renovatória, ver REsp 95.177/SP. Rel. Min. Anselmo Santiago. Sexta Turma. *DJ* 29/6/1998.

## 6.5. Das limitações ao exercício do direito à renovação compulsória do contrato e da possibilidade de retomada do imóvel pelo locador

Apesar da elevada carga de proteção jurídica, o direito à renovação, como ocorre com todos os demais direitos tutelados pelo ordenamento, não é absoluto. A própria Lei nº 8.245/91 prevê hipóteses em que o autor-locatário, mesmo preenchendo todos os pressupostos legais, pode ver frustrada sua pretensão. E são essas hipóteses que passaremos a examinar a partir de agora.

Preveem os arts. 52 e 72 da Lei do Inquilinato algumas situações em que será lícito ao locador obstar a renovação compulsória do contrato, retomando, assim, o imóvel. Diz a lei que nas hipóteses ali tratadas não está o locador obrigado a renovar o contrato de locação. Prestigia-se, nesses casos, o direito de propriedade do locador, que não pode sucumbir em toda e qualquer hipótese em que for confrontado com o direito à proteção e preservação da atividade empresarial.

Ambos os direitos têm sede constitucional, sendo que o direito à proteção e preservação da atividade empresarial está insculpido no art. 170, e seu parágrafo único, da Lei Fundamental, fundamentalmente pelo princípio da livre iniciativa, enquanto o direito de propriedade está consagrado no inciso XXII do art. 5º da Magna Carta.

No que toca especificamente ao primeiro, impedir a renovação compulsória pode levar ao impedimento do livre exercício da atividade econômica, em violação à livre iniciativa, pois o negócio pode se tornar absolutamente inviável caso lhe seja imposta a sua exploração em outra localidade. Por essa razão, dúvidas não há de que a proteção e preservação da empresa estão, inequivocamente, inseridas no livre exercício da atividade econômica.

Temos em conflito, então, dois direitos ligados às liberdades econômicas: o direito de propriedade e a livre-iniciativa. Há que se fazer, diante desse confronto entre direitos constitucionalmente protegidos, e de igual hierarquia axiológica, uma ponderação.

O legislador, contudo, se antecipou ao trabalho do intérprete e fez essa ponderação em abstrato, já estabelecendo limites ao exercício dos direitos em conflito. Isso não significa, contudo, que a questão não deva ser examinada cuidadosamente, a fim de se verificar se a ponderação feita é adequada, pois como observa a doutrina constitucional, a ponderação feita em abstrato pelo legislador é sempre perigosa,[74] exatamente

74 A possibilidade de resolução de conflito de direitos fundamentais pelo legislador ordinário é vista *cum granu salis* pela doutrina constitucional. Segundo o emérito Professor Titular de Direito Constitucional da UERJ, Luís Roberto Barroso, "uma regra que estabeleça uma preferência abstrata de um direito fundamental sobre

pela generalidade da solução dada – na medida em que aquele critério será aplicável em todos os casos –, pondo em risco a harmonia e a unidade da Constituição.

Nas situações tratadas nos arts. 52 e 72 da Lei nº 8.245/91, prestigiou o legislador o direito de propriedade sem, no entanto, descuidar da proteção do direito de preservação da empresa, pois, em um processo de ponderação, não pode haver o esvaziamento total e completo de um dos direitos, devendo-se preservar, inequivocamente, o seu núcleo essencial.[75]

Por essa razão, em princípio, não se vislumbra nenhuma inconstitucionalidade nas escolhas feitas pelo legislador. No entanto, isso não significa que o rol apresentado não admita o reconhecimento da existência, em concreto, de outras hipóteses de prevalência do direito de propriedade. O fechamento desse rol, diante da existência de dois direitos fundamentais em conflito, levaria à sua inconstitucionalidade.

Não obstante, sobre esse aspecto, é preciso destacar que há divergência da doutrina acerca da taxatividade, ou não, do rol previsto nos arts. 52 e 72 da Lei do Inquilinato, no qual se admite o afastamento do direito à renovação compulsória.

Para uma parcela da doutrina, o rol trazido pelo legislador é taxativo, ou seja, não cabe ao intérprete e aplicador do direito criar outras hipóteses além daquelas expressamente previstas,[76] tendo em vista que se trata de uma exceção à regra estabelecida anteriormente pela lei da possibilidade de renovação compulsória do contrato, de modo que, por ser uma regra de exceção, sua interpretação deve ser restrita.

Já para uma segunda parcela da doutrina, as hipóteses legais são meramente exemplificativas, uma vez que, segundo esse entendimento, haveria um conflito entre uma norma constitucional – o direito de pro-

---

outro não será válida por desrespeitar o direito preterido de forma permanente e violar a unidade da Constituição. O legislador, portanto, deverá limitar-se a estabelecer parâmetros gerais, diretrizes a serem consideradas pelo intérprete, sem privá-lo, todavia, do sopesamento dos elementos do caso concreto e do juízo de eqüidade que lhe cabe fazer. Mesmo nas hipóteses em que se admita como legítimo que o legislador formule uma solução específica para o conflito potencial de direitos fundamentais, sua validade em tese não afasta a possibilidade de que se venha a reconhecer sua inadequação em concreto" (BARROSO, Luís Roberto. Liberdade de expressão *versus* direitos da personalidade. Colisão de direitos fundamentais e critérios de ponderação. In: *Temas de Direito Constitucional*. Rio de Janeiro: Renovar, 2005. t. III, p. 87).

75 Vejam-se os comentários que a seguir serão feitos acerca do disposto nos §§ 1º e 3º do art. 52 da Lei.

76 Cf. SOUZA. *A Lei do Inquilinato*... Op. cit. p. 221.

priedade – e uma norma infraconstitucional – o direito de proteção ao ponto[77] – e, nesse conflito, é induvidoso que deve prevalecer a norma constitucional.

Nessa linha, afirma o emérito Prof. Fábio Ulhoa Coelho que, "em qualquer caso, se a renovação compulsória da relação locatícia importar a impossibilidade de o locador exercer plenamente o seu direito de propriedade, ainda que a hipótese não se encontre especificamente contemplada na lei como fator impeditivo da renovação, esta não pode ocorrer, porque o contrário representaria desobediência à norma constitucional assecuratória daquele direito".[78]

Entende, portanto, o comercialista de São Paulo, que a vedação ao reconhecimento de outras hipóteses de prevalência do direito de propriedade do locador, fora das hipóteses legais, seria inconstitucional.

Concordamos, em parte, com esse entendimento. Como já observamos, também nos parece inconstitucional sustentar que o rol dos arts. 52 e 72 da Lei do Inquilinato é, em absoluto, taxativo.

Mas, ao contrário do que se comumente sustenta na doutrina, entendemos que não há, na hipótese, um conflito entre um direito constitucional e um direito infraconstitucional, mas sim um embate entre direitos constitucionalmente tutelados, e de igual hierarquia axiológica, o que se resolve, como dito anteriormente, por meio da ponderação. E o engessamento das possibilidades de ponderação no conflito entre esses direitos constitucionais se afigura inconstitucional.

O legislador, *in casu*, se antecipou ao intérprete e já estabeleceu a solução do conflito em algumas situações. Todavia, jamais poderia ele ter estabelecido, taxativamente, soluções para todos os conflitos entre os direitos contrapostos.

---

77 Para Fábio Ulhoa Coelho, o confronto se dá entre um direito que tem sede meramente legal – proteção do ponto, que ele denomina de *direito de inerência ao ponto* – e outro que tem sede constitucional – o direito de propriedade: "Na locação empresarial, o direito do locatário de inerência ao ponto tem o seu fundamento na lei ordinária (LL, art. 51). De outro lado, o direito de propriedade do locador é constitucionalmente garantido (CF, art. 5º, XXII). Por esta razão, a tutela do interesse na renovação do contrato de locação, que aproveita ao locatário, não pode importar o esvaziamento do direito real de propriedade titularizado pelo locador. Uma disposição de lei ordinária que contemplasse o locatário com uma tutela incompatível com a proteção à propriedade seria, com certeza, inconstitucional. Neste sentido, sempre que houver conflito entre os direitos – do locatário, voltado à renovação da locação, e do locador, no tocante ao uso pleno do seu bem –, prevalecerá o fundado no texto constitucional, em detrimento do previsto na legislação ordinária" (COELHO. *Curso de direito comercial*. Direito de empresa. Empresa e estabelecimento/ Títulos de crédito. 14. ed. São Paulo: Saraiva, 2010. p. 108-109).

78 COELHO. Op. cit. p. 109.

Em princípio, e de um modo geral, o rol estabelecido pelo legislador é constitucional. Mas, por certo, não se pode impedir que, em determinado caso concreto, se vislumbrem outras hipóteses em que o direito de propriedade deva prevalecer, bem como não é possível afastar eventual reconhecimento, *in concreto*, da inconstitucionalidade do próprio rol previsto na lei, a fim de reconhecer que o direito de preservação da empresa deve prevalecer sobre o direito de propriedade.

E tal conclusão não é absurda. O próprio Supremo Tribunal Federal já vislumbrou essa possibilidade de constitucionalidade em abstrato de uma norma, mas a sua inconstitucionalidade em concreto, quando, por exemplo, do julgamento da ADI 223 MC/DF, que questionava a constitucionalidade da Medida Provisória nº 173/90, que instituiu vedação à concessão de medida liminar em mandado de segurança e em ações ordinárias e cautelares decorrentes das Medidas Provisórias de nºs 151, 154, 158, 160, 162, 165, 167 e 168. Neste caso, entendeu a Suprema Corte que a vedação à concessão de liminares, naquelas hipóteses, é constitucional. Mas, apesar disso, ressalvou-se no julgamento que não estaria impedido o juiz, no caso concreto, de conceder as medidas liminares se, em relação à situação que lhe competisse julgar, não fosse razoável a proibição à antecipação dos efeitos da tutela. O que se conclui, a partir deste julgado, é que uma norma pode ser constitucional em abstrato, mas ser inconstitucional em concreto, por força das circunstâncias de fato presentes.

Mas, antes do exame das hipóteses expressamente previstas na lei, faz-se imperioso examinar outra questão tormentosa acerca da sua aplicação. Questiona-se se é possível ao sublocador opor ao sublocatário a renovação do contrato de sublocação com base nessas, ou outras, hipóteses.

Pensamos que, à exceção da primeira parte do inciso I do art. 52, cuja oposição à retomada é fundada na supremacia do interesse público sobre o do particular, e da hipótese tratada no inciso I do art. 72, que impede a renovação do contrato quando o locatário não preenche os requisitos legais para tal, nas demais não poderá o sublocador opor-se à renovação.

E isso porque, como verificamos, no conflito entre locador e locatário há o embate entre dois direitos constitucionais fundamentais: o direito de propriedade e o direito ao livre exercício da atividade econômica.

Note-se, entretanto, que no confronto entre sublocador e sublocatário só há um direito constitucional fundamental: o direito de livre exercício da atividade econômica do sublocatário, concretizado pelo direito de preservação e continuidade da empresa. Não há, portanto, direito de propriedade envolvido, pois o sublocador é mero locatário do imóvel, isto é, não ostenta a condição de proprietário do bem.

Assim, não poderá ele se opor à renovação do contrato de sublocação, o que poderá ocorrer, em contrapartida, quando houver sublocação total e for ajuizada, pelo sublocatário diretamente em face do locador, a ação renovatória, hipótese em que o proprietário do imóvel poderá apresentar as oposições previstas em lei.

Examinadas essas questões prévias, passaremos à análise das hipóteses legais de limitação do direito à renovação compulsória do contrato.

### *6.5.1. Obras substanciais no imóvel*

O primeiro caso de oposição à renovação compulsória do contrato com possibilidade de retomada do bem pelo locador está previsto no inciso I do art. 52 da lei, que é a ausência de obrigatoriedade de renovação do contrato se, por determinação do Poder Público, tiverem que se realizar obras no imóvel que importem na sua radical transformação, ou, por vontade do locador, para fazer modificações de tal natureza que aumente o valor do negócio ou da propriedade.

Trata-se, na primeira parte, de retomada do imóvel por *fato do príncipe*, isto é, caso em que o Poder Público, no uso de sua soberania e prerrogativas, faz prevalecer a sua vontade sobre a do particular, em nome do interesse público. A lei utiliza, nessa hipótese, uma expressão abstrata, um conceito jurídico indeterminado, ao aludir à realização de obras no imóvel que importem em sua radical transformação.

Pensamos que, nesses casos, o Poder Público só terá interesse em determinar a realização de tais obras se estas forem necessárias por razões de segurança da população, como, por exemplo, em risco de desmoronamento, ou para a adequação às políticas públicas de urbanização, em que o interesse público primário prevalecerá sobre o interesse do particular. Não sendo nenhuma dessas hipóteses, cremos que o Estado não terá interesse em intervir na propriedade do particular, imiscuindo-se na esfera privada do indivíduo.

É importante que se diga que, como bem salienta parcela da doutrina, o óbice à renovação só existirá se as obras só puderem ser realizadas com a desocupação do imóvel,[79] de modo que, se for possível a sua realização com o imóvel devidamente ocupado pelo locatário, não será possível opor a ele o direito à renovação compulsória do contrato. Portanto, as obras têm que ser substanciais, a ponto de o locatário ter que desocupar o bem.

A segunda parte do inciso I trata da retomada do imóvel para construção mais útil, isto é, aquela feita no interesse do locador visando uma maior valorização do imóvel. Nesse caso, dispensa-se a ordem do Poder Público, bastando a vontade de locador de realizar as obras, conforme

79 SANTOS. Op. cit. p. 344.

Enunciado nº 374 da súmula de jurisprudência dominante do STF, que preceitua que *na retomada para construção mais útil, não é necessário que a obra tenha sido ordenada pela autoridade pública.*

Note-se que, nos exatos termos da lei, tais obras devem ser realizadas com um único objetivo: a valorização do imóvel, pois assim se atende exclusivamente o interesse do locador-proprietário em agregar valor ao seu patrimônio. Nessa esteira, meras obras de conservação não justificam a oposição à renovação compulsória do contrato.

Ocorre que, dispôs o legislador, na segunda parte do inciso I do art. 52, que as obras devem se destinar à valorização do *negócio* ou da propriedade. Previu a lei, então, que será possível ao locador se opor à renovação compulsória se as obras a serem realizadas no imóvel também se destinarem à valorização do negócio.

Pensamos ter sido cometido, pelo legislador, um equívoco ao fazer menção à valorização do negócio. E isso porque, como bem observa Sylvio Capanema, "o 'negócio' é do locatário, ou seja, é a atividade por ele explorada. Não vemos, assim, como poderia o locador justificar a retomada com a realização de obras ou modificações que aumentassem o valor do negócio do locatário, o que seria incoerente".[80]

Por isso, cremos que o sentido da norma é permitir que se incremente a utilidade da propriedade do locador,[81] ou que a obra importe na valorização do prédio como um todo, beneficiando, desta forma, o negócio que nele também explore o locador, até em outro local, ou em sua proximidade.[82]

Ora, uma determinada obra pode levar à valorização da área e, assim, beneficiar o próprio locador que explore uma atividade econômica nesse local. Poderão, ainda, tais obras beneficiar o próprio negócio do locador quando este também estiver abrangido pelo contrato de locação, isto é, nos casos em que o negócio é do próprio locador, mas foi objeto de locação juntamente com o imóvel. É a hipótese, por exemplo, do contrato de locação que englobe o próprio estabelecimento de propriedade do locador, como ocorre comumente nos casos de aluguel de postos de gasolina.[83]

Há que se observar que, assim como também se afirmou na hipótese da primeira parte do inciso I do art. 52 da Lei do Inquilinato, no presente caso a renovação compulsória do contrato só poderá ser obstada se as obras só puderem ser realizadas com o imóvel desocupado. Caso

80 SOUZA. *A Lei do Inquilinato...* Op. cit. p. 221. No mesmo sentido, Gildo dos Santos (SANTOS. Op. cit. p. 345-346).

81 VENOSA. Op. cit. p. 237.

82 SOUZA. *A Lei do Inquilinato...* Op. cit. p. 221.

83 SALLES. Op. cit. p. 226.

seja possível realizar as obras de valorização do bem com o imóvel ocupado pelo locatário, não poderá ser impedida a renovação do contrato.

Por fim, é imperioso salientar que, uma vez retomado o imóvel para a realização das obras, não poderá ser acolhida eventual pretensão do locatário de reocupação do bem após terem sido finalizadas as obras, uma vez que o vínculo locatício já terá sido rompido, não fazendo jus o locatário à reocupação compulsória do imóvel.[84] Deverá ele, se for o seu desejo, negociar com o locador um novo contrato de locação, sendo que este não estará obrigado à celebração de um novo vínculo.

Quanto à prova da necessidade de realização de obras, sustenta-se que deverá o locador, em sua contestação, juntar prova das exigências feitas pelo Poder Público para realização das obras e, no caso de retomada para construção mais útil, a prova da valorização do imóvel, como exige o § 3º do art. 72 da Lei do Inquilinato.

Há que se observar que em algumas situações será necessária a realização de prova pericial para demonstrar a transformação, ou maior valorização, do imóvel, caso não seja possível ao julgador aferir esses fatos através da documentação apresentada pelo locador.[85]

O que se evidencia é que o réu-locador deve apresentar, em sua contestação, a prova dos fatos autorizadores da oposição à renovação do contrato, devendo a prova pericial, em prestígio à celeridade e ao princípio da razoável duração do processo, ser produzida apenas nos casos em que existirem dúvidas que não puderem ser dirimidas com a documentação apresentada.[86]

### 6.5.2. Retomada para uso próprio do locador ou de sociedade da qual faça parte ele, seu cônjuge, companheiro, ascendente ou descendente

Outra hipótese de oposição à renovação compulsória do contrato está prevista no inciso II do art. 52 da Lei do Inquilinato. Segundo o mencionado dispositivo, o locador não estará obrigado a renovar o contrato de locação se o imóvel vier a ser utilizado por ele próprio ou para transferência de fundo de comércio existente há mais de um ano, sen-

84 Cf. SOUZA. *A Lei do Inquilinato*... Op. cit. p. 222.

85 Cf. SOUZA. *A Lei do Inquilinato*... Op. cit. p. 222 e VENOSA. Op. cit. p. 237.

86 Para o emérito Prof. Sylvio Capanema, no caso de obras que visem a valorização do imóvel, caberá ao locador ainda apresentar prova de que o projeto da obra já se encontra aprovado pelos órgãos municipais competentes (alvará de licença, conforme lição de José Carlos de Moraes Salles – SALLES. Op. cit. p. 229) que comprovem a possibilidade de realização das obras, bem como sua adequação às posturas municipais (SOUZA. *A Lei do Inquilinato*... Op. cit. p. 222).

do detentor da maioria do capital o locador, seu cônjuge, ascendente ou descendente. Tal disposição é complementada pelo § 1º do art. 52 da lei, que dispõe que, nesse caso, o imóvel não poderá ser destinado a mesmo ramo de atividade do locatário, salvo se a locação também envolvia o fundo de comércio, com as instalações e pertences.

A primeira hipótese prevista no inciso II do art. 52 é a da retomada do imóvel para uso próprio do locador. Nesse caso, não se exige dele que exerça, especificamente, nenhuma atividade no imóvel. Poderá, então, o locador retomar o bem para lhe dar qualquer destinação, residencial ou empresarial, estando impedido apenas de explorar atividade empresarial idêntica àquela exercida pelo locatário.

Exige-se, contudo, que o locador efetivamente ocupe o imóvel, não sendo lícito retomá-lo para mantê-lo fechado, pois, neste caso, a propriedade não estará cumprindo a sua função social e, por essa razão, não poderá o direito constitucional de propriedade prevalecer sobre o direito constitucional do locatário de livre exercício da atividade econômica.

Por essa razão, é acertada a lição da doutrina no sentido de que incumbe ao locador o encargo de, na contestação, expressar com clareza e precisão qual é o destino que será dado ao imóvel e, no caso do exercício da atividade empresarial, qual será o ramo a ser explorado, a fim de que possa ser feito o controle, pelo locatário e pelo magistrado, acerca da veracidade do pedido de retomada, bem como se possa inferir se a atividade econômica a ser exercida será, ou não, a mesma do locatário.[87]

Admite, ainda, o inciso II do art. 52 da Lei Inquilinato que seja obstada a renovação do contrato no caso de retomada do imóvel em favor de sociedade existente há mais de um ano, cuja maioria do capital social pertença ao locador, seu cônjuge, ascendente ou descendente.

Nessa hipótese, o locador formulará a pretensão de retomada do imóvel em nome próprio, mas no interesse da sociedade, em verdadeira substituição processual. Há, todavia, quem sustente que há, nesse caso, um litisconsórcio necessário entre o locador e a sociedade, pois o juiz deverá decidir a lide de modo uniforme para todos, dependendo a eficácia da sentença da citação de todos os litisconsortes.

Assim não pensamos. Agindo o locador como substituto processual, por força da própria lei, a sentença também produzirá efeitos sobre os substituídos, sendo desnecessária a citação da sociedade e o seu ingresso no polo passivo. Há que se frisar, ainda, que a ação renovatória é proposta pelo locatário em face do locador, sendo que no momento do

87 Nesse sentido, Sílvio Venosa (VENOSA. Op. cit. p. 239), Gildo dos Santos (SANTOS. Op. cit. p. 348), José Carlos de Moraes Salles (SALLES. Op. cit. p. 257) e Sylvio Capanema (SOUZA. *A Lei do Inquilinato*... Op. cit. p. 223).

ajuizamento da ação não tem o autor conhecimento de que será feita tal alegação pelo réu-locador, razão pela qual não pode ser compelido a incluir no polo passivo da demanda a sociedade, a qual não é parte da relação jurídica de direito material e, por essa razão, não é parte legítima da ação.

O locador, então, pleiteará em nome próprio na defesa dos direitos da sociedade, visando a transferência desta para o imóvel locado, ou seja, o locador requererá a retomada do bem para nele instalar o estabelecimento titularizado pela sociedade, existente há mais de um ano, e que estava localizado em outro ponto.

Exige-se, pois, não apenas a existência da sociedade há mais de um ano, mas que ela também esteja exercendo, efetivamente, a empresa, através daquele estabelecimento e em um determinado ponto, há mais de um ano.[88]

Além disso, para que possa ser obstada a renovação do contrato, exige-se, ainda, que a maioria do capital votante da sociedade pertença ao locador, seu cônjuge, ascendente ou descendente, na esteira do Enunciado nº 486 da súmula de jurisprudência dominante do Supremo Tribunal Federal, que dispõe que *admite-se a retomada para a sociedade da qual o locador, ou seu cônjuge, seja sócio, com participação predominante no capital social.* Assim, a mera participação societária do locador, seu cônjuge, ascendente ou descendente não autoriza a retomada do imóvel. Exige-se que essa participação no capital social seja majoritária.

Como é possível perceber, a lei traz um rol extenso de pessoas que podem ter interesse naquele ponto e, assim, obstar a renovação do contrato de locação, autorizando, dessa forma, que o locador retome o imóvel. O legislador, entretanto, omitiu a figura do companheiro em união estável, mesmo tendo sido a lei editada posteriormente à Constituição Federal, que consagrou em seu texto essa entidade familiar. Questiona-se, então, se esse silêncio do legislador foi um mero esquecimento, ou se ele objetivou excluir a figura do companheiro em união estável.

A doutrina, por imperativo constitucional, reconhece a possibilidade de retomada do imóvel para transferência da sociedade de que seja titular da maioria do capital votante o companheiro do locador. Assim, em razão do tratamento igualitário dada pelo Constituinte à união estável e ao casamento, é possível admitir a retomada do imóvel em favor de sociedade da qual faça parte o companheiro do locador.[89] Ocorre que, por ser a união estável um estado de fato, que não goza de formalidade, incumbirá ao locador comprovar a existência da união estável, a fim de lograr êxito na sua pretensão de impedir a renovação compulsória do contrato.

---

88 No mesmo sentido Sylvio Capanema (SOUZA. *A Lei do Inquilinato*... Op. cit. p. 224).

89 Nesse sentido, Sylvio Capanema de Souza (SOUZA. *A Lei do Inquilinato*... Op. cit. p. 224) e Nagib Slaibi Filho (SLAIBI FILHO. Op. cit. p. 337).

Não obstante, em toda e qualquer hipótese de retomada do imóvel para uso próprio do locador, ou de sociedade que tenha como sócio majoritário seu cônjuge, companheiro, ascendente ou descendente, impôs o legislador uma limitação ao exercício desse direito: não poderá o locador ou a sociedade exercer a mesma atividade exercida anteriormente pelo locatário.

Tal vedação imposta pelo legislador tem como objetivo coibir o requerimento de retomada do imóvel formulado de má-fé, visando o aproveitamento do negócio construído e desenvolvido pelo locatário. Impede-se, desta forma, o enriquecimento ilícito do locador ou da sociedade que ele ou seu cônjuge, companheiro, ascendente ou descendente seja sócio. E isso porque, ao continuar a mesma atividade do locatário, o locador ou a sociedade se beneficiará, indevidamente, da clientela conquistada com o esforço empregado pelo locatário.

Há, no entanto, quem vislumbre nessa vedação legal uma ofensa à Constituição Federal. Para parcela da doutrina, essa restrição viola o direito fundamental de propriedade, pois impede o pleno uso e gozo do bem pelo proprietário.[90]

Com entendimento menos radical, sustenta outra parcela da doutrina que a lei não pode impedir, em caráter absoluto, que o locador explore no imóvel a mesma atividade do locatário. No entanto, se o locador assim o fizer, deverá indenizar o locatário pelo fundo empresarial por ele constituído.[91]

Sem prejuízo, prevalece na doutrina um terceiro entendimento segundo o qual é válida a restrição imposta pela lei, estando excepcionada apenas a hipótese de locação de imóvel que também envolva o fundo empresarial,[92] caso em que poderá o locador, ou a sociedade, continuar livremente a atividade empresarial que já era por ele titularizada.

Aqui, assim como ocorre com a expressão *mesmo ramo* que consta do inciso III do art. 51 da Lei do Inquilinato, quando prevê os requisitos para a obtenção do direito à renovação compulsória do contrato, também se discute a abrangência dessa expressão.

Para parcela da doutrina, mesmo ramo é atividade idêntica, a qual deve ser aferida do ponto de vista da atividade principal do locatário.[93] Já para outra parcela da doutrina, *mesmo ramo* significa atividade idêntica ou correlata, devendo, todavia, sempre se observar se o locador irá,

90 COELHO. Op. cit. p. 110.

91 SOUZA. *A Lei do Inquilinato...* Op. cit. p. 226.

92 SANTOS. Op. cit. p. 350; SLAIBI FILHO. Op. cit. p. 337; SALLES. Op. cit. p. 249.

93 SANTOS. Op. cit. p. 350.

ou não, se beneficiar da clientela conquistada pelo locatário, hipótese em que não poderá o locador exercer aquela determinada atividade.[94]

Pensamos assistir razão à segunda corrente. De certo, *mesmo ramo* é atividade idêntica ou análoga, que tenha relação com a anteriormente exercida e que possibilite o aproveitamento da clientela conquistada pelo locatário. Mas, se diante do caso concreto ficar evidenciado que o locador ou a sociedade não auferirá nenhuma vantagem com a atividade anteriormente exercida pelo locatário, não haverá proibição à exploração dessa atividade pelo locador ou pela sociedade. Caso contrário, restando demonstrado que o locador, ou a sociedade, se beneficiará da clientela formada pelo locatário, não será lícita a retomada do imóvel, a qual não poderá ser admitida pelo magistrado.

Não obstante tudo o que expusemos, previu o legislador uma exceção à essa proibição: se a locação também envolvia o aluguel do estabelecimento titularizado pelo locador ou pela sociedade, será lícita a retomada do imóvel com a continuação da mesma atividade anteriormente exercida, e isso porque já era o locador, ou a sociedade, titular da empresa.

A locação de imóvel que envolve o próprio fundo empresarial é comum nos casos de cinemas, postos de gasolina, hotéis, teatros e atividades assemelhadas. Especificamente nesses casos, mesmo que a locação não tenha abrangido o fundo de comércio, será lícito ao locador continuar a atividade anteriormente exercida pelo locatário, e isso porque a própria estrutura do imóvel só autoriza o exercício daquela determinada atividade. Exigir do locador, nessas hipóteses, o exercício de outra atividade é desarrazoado, pois seria necessária, para a alteração do ramo, obras vultosas, que possam levar quase que até mesmo à demolição do prédio, a fim de modificar a sua própria estrutura.[95]

Assim, quando o locatário for explorar, nesses imóveis, a sua atividade, ele já o fará ciente da possibilidade de o locador vir a retomá-lo e nele exercer o mesmo ramo, pois esta será a única atividade passível de ser exercida naquele bem.[96]

Ainda no que toca ao exame do inciso II do art. 52 da Lei do Inquilinato, cuidam a doutrina e os tribunais da questão da presunção de sinceridade. Conforme disposição do Enunciado nº 485 da súmula de jurisprudência dominante do Supremo Tribunal Federal, *nas locações regidas pelo decreto 24150, de 20/4/1934, a presunção de sinceridade do retomante é relativa, podendo ser ilidida pelo locatário.*

---

94 SOUZA. *A Lei do Inquilinato...* Op. cit. p. 226.

95 Cf. SOUZA. *A Lei do Inquilinato...* Op. cit. p. 227 e SANTOS. Op. cit. p. 351.

96 SOUZA. *A Lei do Inquilinato.* Op. cit. p. 227.

Então, goza de presunção de sinceridade, presunção essa relativa, a afirmação do locador de que, de fato, pretende retomar o imóvel para si ou para a sociedade da qual faça parte seu cônjuge, companheiro, ascendente ou descendente. O efeito prático dessa presunção é de que há a inversão do ônus probatório para o locatário, de modo que caberá a ele a prova da insinceridade da alegação do locador.

Por conta dessa presunção e da inversão do *onus probandi*, há na doutrina quem sustente que o locador está dispensado da produção de toda e qualquer prova da sinceridade da sua afirmação, incumbindo ao locatário produzir todas as provas em contrário caso pretenda, de fato, a renovação do contrato.[97]

Ousamos discordar desse entendimento. Certo é que, pela redação do inciso II do art. 52 da Lei nº 8.245/91, não se exige do locador a apresentação de provas da sua alegação, e isso porque esta goza de presunção de sinceridade. No entanto, recomenda-se que o locador apresente ao menos indícios da veracidade de suas alegações, até para justificar a presunção que milita a seu favor, bem como para possibilitar o exercício de defesa do próprio locatário.

Deve o locador, em nosso entender, apresentar alegações verossímeis, passíveis de serem cobertas pela presunção de sinceridade. Meras alegações fantasiosas, desprovidas de qualquer veracidade ou sinceridade, não merecem ser acobertadas pela presunção.

Frise-se que pode haver casos em que a prova em contrário pode se revelar como verdadeira prova diabólica, isto é, de difícil ou impossível produção. Não é admissível, então, que o locatário seja penalizado com a perda do imóvel porque não tinha meios de produzir a prova da insinceridade do locador.

Há que se ressaltar que, depois de desalijado e encerrado o vínculo contratual, não poderá mais o locatário obter a renovação do contrato e retornar ao bem. Restará a ele ser indenizado pela má-fé do locador que fez afirmações insinceras em sua contestação. Mas, em algumas situações, essa indenização pode não ser suficiente à reparação de todos os

97 Segundo o emérito Prof. Gildo dos Santos, "o pedido de uso próprio, no caso, goza de presunção de sinceridade quanto à alegada necessidade de utilização do bem. [...] Como, porém, é relativa, permite prova contrária, a fim de destruí-la. Esse ônus, porém, cabe ao inquilino, pois o locador, pela presunção, está dispensado de qualquer prova". Exige, no entanto, o citado professor, que "a pretensão à retomada para uso próprio venha deduzida com toda a clareza e com todos os elementos necessários a que se reconheça a presunção de sinceridade a favor do senhorio, e, de outro lado, o que é igualmente importante, de forma a permitir ao locatário que se desincumba do ônus probatório, com a finalidade de ilidir a mencionada presunção" (SANTOS. Op. cit. p. 348-349).

danos do locatário, especialmente os futuros, pois é possível que a mudança do ponto inviabilize o próprio exercício da atividade empresarial, que nunca mais poderá ser explorada pelo locatário. É difícil mensurar, neste caso, o tamanho do prejuízo que a perda do negócio pode causar por toda a vida do locatário e de sua família.

Por essa razão, cremos que essa presunção, mesmo que relativa e admitindo prova em contrário, deve ser interpretada *cum grano salis*.

Além da sinceridade que se espera da alegação, exige-se do locador também a seriedade da afirmação, isso em nome da boa-fé que deve nortear todas as relações jurídicas.[98] Pela seriedade, deve o locador fazer uma afirmação plausível dos motivos da retomada para uso próprio ou da sociedade.

Não é séria, por exemplo, a afirmação de um locador, de classe econômica inferior, de que pretende retomar o imóvel para a construção de um grande e moderno edifício garagem, tudo com verba própria. Não poderá o juiz, *in casu*, autorizar a retomada do bem. Ao contrário, desde que preenchidos os requisitos do art. 51 da Lei do Inquilinato, deverá o julgador deferir o pleito de renovação do contrato formulado pelo locatário.

### 6.5.3. Melhor proposta de terceiro

Ainda no estudo das hipóteses em que será possível ao locador obstar a renovação do contrato de locação, prevê o inciso III do art. 72 da Lei nº 8.245/91 que pode o locador alegar, como matéria de defesa para impedir a renovação, ter melhor proposta de terceiro para a locação do imóvel.

Ora, o locador é proprietário do bem, e como tal tem o direito de usar, gozar e fruir o imóvel. Na fruição está inserido o direito de perceber os frutos do bem, frutos esses que podem ser naturais ou civis. Dentro dos frutos civis estão os alugueres, que são a justa remuneração pela exploração do imóvel. Em decorrência desse direito à justa remuneração pela exploração econômica do bem, tem o proprietário-locador direito à melhor percepção dos aluguéis, e é com base nisso que o legislador autoriza o locador a obstar a renovação do contrato se tiver uma melhor proposta de aluguel por um terceiro.

Mas, para lograr êxito em seu intento de obstar a renovação e alugar o imóvel para terceiro, deverá o locador juntar prova documental da melhor proposta do terceiro interessado, consoante dispõe o § 2º do art. 52 da Lei do Inquilinato. Tal documento deve consistir na própria proposta subscrita pelo terceiro, devidamente assinada por ele, além de também estar assinado por duas testemunhas, contendo clara indicação

98 Cf. SOUZA. *A Lei do Inquilinato...* Op. cit. p. 225.

de qual será o ramo comercial a ser explorado no imóvel, que não poderá ser o mesmo daquele exercido pelo locatário.

A exigência de assinatura do terceiro e de duas testemunhas visa comprovar a veracidade e seriedade da proposta, protegendo, assim, o locatário de eventual conduta fraudulenta do locador, de forjar uma melhor proposta inexistente.

Além disso, a subscrição da proposta pelo próprio terceiro, com sua assinatura, evita o conluio do locador com outra pessoa, visando impedir a renovação do contrato de locação. E isso porque, conforme preceitua o art. 75 da Lei do Inquilinato, não tendo sido renovada a locação por melhor proposta de terceiro, o juiz fixará na própria sentença a indenização devida ao locatário pela perda do ponto, montante esse que é devido, solidariamente, pelo locador e o terceiro proponente.

Então, ao apor sua assinatura na proposta, o terceiro se torna responsável solidariamente pela indenização devida ao locatário caso não haja a renovação do contrato de locação. É induvidoso, pois, que o terceiro pensará duas vezes em entrar em conluio com o locador para impedir, de forma fraudulenta, a renovação, pois será ele obrigado a indenizar o locatário.

A apresentação de uma proposta concreta nos autos do processo também se revela imprescindível na medida em que, consoante o disposto na parte final do § 3º do art. 72 da Lei do Inquilinato, o locatário terá o direito de obter a renovação do contrato desde que, em réplica, ofereça as mesmas condições propostas pelo terceiro. Trata-se de mais uma oportunidade dada pelo legislador ao locatário para a manutenção de sua empresa naquele ponto.

É, também, por essa razão, que se exige a apresentação da proposta do terceiro, devidamente assinada. Isso porque é apenas com a apresentação formal da proposta, com todas as condições do novo contrato de locação proposto pelo terceiro, que terá o locatário a possibilidade de avaliar e concordar com essas condições e, assim, obter a renovação.

Há que se frisar que, concordando o locatário em renovar o contrato nos exatos termos da proposta de terceiro, não se abrirá oportunidade para contraproposta de terceiro, a fim de que não se torne a ação renovatória um verdadeiro leilão para locação do imóvel.

Caso, todavia, opte o locatário por não cobrir a proposta do terceiro, a renovação do contrato não prosperará, e o locador retomará o imóvel para a sua ocupação pelo terceiro. Ocorre que não admite a lei a livre utilização do bem pelo terceiro, que estará impedido de explorar o mesmo ramo de atividade exercido pelo anterior locatário.

A proibição tem como finalidade coibir o enriquecimento ilícito do terceiro que se beneficiaria da clientela conquistada pelo esforço do anterior locatário. Para impedir o locupletamento do terceiro, é de bom alvitre que também seja obstado, como opina parcela da doutrina, o exercício de atividades afins ou correlatas, que possam beneficiá-lo indevidamente.[99]

A questão, no entanto, se torna controvertida quando o contrato de locação também envolver o aluguel do estabelecimento. Como já examinamos anteriormente, o art. 52, § 1º, da Lei do Inquilinato admite a continuidade da atividade anteriormente exercida pelo locatário quando a locação também envolver o estabelecimento e a retomada se der para uso próprio do locador ou de sociedade da qual tenha a maioria do capital votante o próprio locador, seu cônjuge, companheiro, ascendente ou descendente.

Quando, entretanto, a retomada se der para ocupação de terceiro que apresentou melhor proposta, a lei não traz uma solução, e essa falta de previsão legal traz, como consequência, divergência na doutrina.

Para uma primeira parcela da doutrina,[100] aplica-se plenamente à hipótese o Enunciado nº 481 do Supremo Tribunal Federal, editado sob a égide da Lei de Luvas, o qual dispõe que *se a locação compreende, além do imóvel, fundo de comércio, com instalações e pertences, como no caso de teatros, cinemas e hotéis, não se aplicam ao retomante as restrições do art. 8º, "e", parágrafo único, do decreto 24150, de 20/4/1934.*

Segundo esse entendimento, se a locação envolve o próprio estabelecimento, ou se o imóvel só se presta a uma determinada atividade, não haverá concorrência desleal que justifique o óbice à retomada, haja vista que o fundo de comércio não foi criado pelo locatário desalijado.

Já para uma segunda parcela da doutrina, à qual nos filiamos, não é possível a continuidade da mesma atividade exercida pelo locatário quando a retomada for para ocupação de terceiro, mesmo que a locação também abranja o fundo de comércio, e mesmo que o imóvel só se preste à exploração de um único ramo de comércio, uma vez que a lei não traz qualquer exceção à vedação imposta.[101]

A lei apenas excepcionou a hipótese de retomada para uso próprio do locador ou de sociedade da qual ele, seu cônjuge, companheiro, ascendente ou descendente tenha participação social majoritária, em prestígio ao direito de propriedade do locador. Já no caso da retomada para uso de terceiro, ele se fundamenta unicamente em questões patrimoniais, razão pela qual não se justifica a aplicação da exceção legal.

Ademais, não é aplicável à hipótese a Súmula 481 do Supremo Tribunal Federal porque o dispositivo ao qual ela faz referência – o art.

99 Cf. SOUZA. *Da locação do imóvel...* Op. cit. p. 618 e DINIZ. Op. cit. p. 328.

100 SALLES. Op. cit. p. 212.

101 SOUZA. *A Lei do Inquilinato...* Op. cit. p. 372.

8, *e*, parágrafo único, do Decreto nº 24.150/34 – equivale ao inciso II do art. 52 da Lei do Inquilinato, ou seja, o dispositivo da Lei de Luvas citado pela súmula do Supremo trata da retomada para uso próprio do locador ou por pessoa de sua família.

Vê-se, portanto, que a situação é diversa da ora examinada, não sendo possível, a nosso sentir, aplicar o precitado enunciado à hipótese de retomada do imóvel por melhor proposta de terceiro.

Consequência importante da não renovação do contrato por melhor proposta de terceiro é o fato de que, uma vez não renovado o contrato, será necessariamente devida indenização ao locatário pela perda do ponto, ao contrário do que ocorre nos demais casos. Nas demais hipóteses de não renovação do contrato, como vimos, a indenização só será devida se o locador não der ao imóvel a destinação alegada, consoante dispõe a parte final do § 3º do art. 52 da Lei.

Isso se justifica porque, no caso de não renovação do contrato por melhor proposta de terceiro, prevalecem unicamente os interesses econômicos, razão pela qual deverá o locador sopesar se prefere impedir a renovação e indenizar o locatário, ou se prefere manter o vínculo. Trata-se, como se vê, de uma medida que visa proteger a empresa já constituída pelo locatário, exercendo uma verdadeira pressão "psicológica" sobre o locador. Como o bolso é a parte mais sensível do corpo, o dever de indenizar o locatário é uma boa pressão psicológica sobre o dono do imóvel.

Recomenda-se, por conta dessa responsabilidade solidária imposta na própria sentença, que o locador, citado na ação renovatória e pretendendo impedir a renovação do contrato de locação por melhor proposta de terceiro, chame ao processo o terceiro proponente,[102] formando, assim, um litisconsórcio passivo entre eles.[103]

### 6.5.4. A indenização devida ao locatário quando da não renovação do contrato

Questão que merece um exame destacado e, por isso, um tratamento em separado, é aquela da indenização devida ao locatário no caso de não renovação do contrato pela ocorrência de alguma das hipóteses anteriormente examinadas.

Prevê a primeira parte do § 3º do art. 52 da Lei do Inquilinato que o locatário terá direito a indenização para ressarcimento dos prejuízos e dos lucros cessantes que tiver que arcar com a mudança, perda do lugar

102 DINIZ. Op. cit. p. 329.

103 Cf. VENOSA. Op. cit. p. 350 e SANTOS. Op. cit. p. 365.

e desvalorização do fundo do comércio, se a renovação não ocorrer em razão de proposta de terceiro em melhores condições.

Vê-se que, em um primeiro momento, o legislador quis enfatizar o problema da perda do ponto por melhor proposta de terceiro, pois é aquela situação em que o locador, por interesses meramente econômicos, e seduzido por uma proposta de terceiro, obsta a renovação do contrato.

Tal indenização, por certo, tem como objetivo ressarcir o locatário pelos prejuízos sofridos com a perda do ponto e a transferência – ou mesmo perda – do estabelecimento porque um terceiro, com maior poder econômico, ofereceu uma melhor proposta que ele não consegue cobrir. Tem, portanto, caráter ressarcitório pelos danos causados ao locatário pela perda ou mudança do local da sua atividade por um fato exclusivamente econômico.

Ocorre que o § 3º do art. 52 não se resume a essa hipótese. Dispõe, ainda, o mencionado dispositivo que o locatário fará jus à mesma indenização se o locador, no prazo de três meses da entrega do imóvel, não der a ele o destino alegado, ou não iniciar as obras determinadas pelo Poder Público ou aquelas que declarou que pretendia realizar, ou seja, se não cumprir com o que alegou com base no inciso I do art. 52.

Nesse caso, a indenização tem, além do caráter ressarcitório, também um objetivo sancionatório, isso porque, se o locador não der ao imóvel a destinação alegada, ou não iniciar as obras necessárias ou que alegou desejar realizar, presume-se que agiu de má-fé, e não haverá um interesse superior que lhe isente do pagamento da indenização ao locatário.

Tanto isso é verdade que, se o locador der a destinação alegada, ou se realizar as obras necessárias no prazo de três meses, ela não será devida, ou seja, o locatário não será indenizado pela perda do ponto.

Note-se que o dever de indenizar, nas hipóteses dos incisos I e II do art. 52, é exclusivo do locador. Isso significa que não há responsabilidade solidária do locador e da sociedade empresária integrada por ele, seu cônjuge, companheiro, ascendente ou descendente nos casos de retomada para transferência de fundo de comércio existente há mais de um ano, sendo detentor da maioria do capital o próprio locador, seu cônjuge, ascendente ou descendente.

E isso porque, como cediço, a solidariedade deriva da lei ou do contrato e, na hipótese, não há qualquer determinação acerca dessa responsabilidade solidária. O legislador não fez menção a eventual responsabilização da sociedade ou dos familiares do locador, razão pela qual pensamos não ser possível impor a eles esse dever de indenizar.

É por essa razão que também entendemos não ser possível figurar no polo passivo da ação renovatória a sociedade, ou os familiares do locador, na hipótese de retomada fundada na segunda parte do inciso II do art. 52 da Lei do Inquilinato.

Questão interessante é a ausência de previsão legal de indenização no caso de o locador vir a exercer no imóvel a mesma atividade anteriormente exercida pelo locatário.

Para o Prof. Sylvio Capanema, é possível essa responsabilização, com base na própria Lei do Inquilinato, pois seria o ônus assumido pelo locador ao optar por exercer o mesmo ramo de comércio do locatário.[104]

Ousamos, no entanto, discordar de seu entendimento. Pensamos que, diante da omissão da Lei, a indenização será devida com base no regime do Código Civil, por ser flagrante hipótese de ato ilícito por abuso de direito.

A lei também é omissa em outros casos de abuso de direito, como, por exemplo, aquele em que o locador alega que pretende a retomada do imóvel para uso próprio, mas, após um curto período de tempo de utilização do bem, loca-o a terceiro. Nesse caso, parece induvidoso ser devida indenização por ato ilícito, pois há grandes indícios de que a retomada para uso próprio visava, tão somente, camuflar uma retomada para atender a melhor proposta de terceiro eximindo-se do dever de indenizar o locatário.

Nessa hipótese específica, questiona-se qual é o prazo de *carência* que o proprietário do bem deve observar para, após obstar a renovação ao anterior locatário, locá-lo a um terceiro.

Pensamos que a questão deverá ser verificada no caso concreto, cabendo ao magistrado aferir se aquele lapso de tempo transcorrido foi suficiente para o atendimento das necessidades pretendidas pelo locador no momento em que requereu a retomada para uso próprio, ou se restou evidenciado que desde o momento do pedido de retomada já pretendia o locador dar destinação diversa ao imóvel, locando-o a terceiro.

A questão, como se percebe, deverá ser apreciada caso a caso, com exame acurado das provas, como, por exemplo, depoimento de testemunhas, ou exibição de documentos, que comprovem que o locador já negociava com terceiro a locação do imóvel, mas alegou que era para uso próprio na ação renovatória para se furtar do pagamento da indenização.

Ainda no exame da indenização devida ao locatário, questiona-se o que ela abrangeria para fins de fixação do montante. A indenização deve ser a mais ampla possível, de maneira a recompor integralmente o patrimônio do locatário, comportando desde as despesas com o desmonte do mobiliário da loja, até aquelas inerentes à remontagem em outro local, além dos gastos com mudança e transporte e salários dos funcionários durante o período de transferência do estabelecimento. Não podem ser

---

104 SOUZA. A Lei do Inquilinato... Op. cit. p. 226.

excluído, ainda, o ressarcimento pelos prejuízos sofridos com a perda do ponto e dos clientes, e os lucros cessantes.[105]

Como é possível perceber, a retomada por melhor proposta de terceiro, ou o abuso de direito de retomada do imóvel, pode trazer graves consequências financeiras ao locador e ao terceiro proponente, o que torna desinteressante essa pretensão. O objetivo da lei, como se vê, é prestigiar a continuidade da empresa do locatário que propõe a ação renovatória.

Uma vez fixado o montante indenizatório, questiona-se qual é o momento do pagamento da indenização. A lei silencia também quanto a este aspecto. Pensamos, não obstante a omissão do legislador, que o *quantum debeatur* arbitrado na própria sentença da ação renovatória julgada improcedente deve ser pago antes da desocupação do imóvel pelo locatário, possibilitando a mudança de local e instalação em outro ponto, bem como a mantença do locatário até que tenha ele condições de retomar o exercício regular da atividade.

### 6.5.5. Locação de imóvel por pessoa jurídica para moradia do representante, administrador, diretor, sócios ou prepostos

Ainda no que tange às hipóteses de impedimento à renovação do contrato de locação, aduz a doutrina que nos casos previstos no art. 55 da Lei do Inquilinato não fará jus o locatário à renovação compulsória do contrato. Trata, o mencionado dispositivo, dos contratos de locação celebrados por sociedade empresária para a moradia de seus titulares, diretores, sócios, gerentes, executivos ou empregados.

Segundo a doutrina, não será possível, nesse caso, a renovação compulsória do contrato de locação, ainda que seja ele por prazo superior a cinco anos,[106] por ter um caráter eminentemente residencial, podendo, então, ser denunciado imotivadamente ao término do seu prazo.[107]

Pensamos, no entanto, que tal entendimento não se coaduna com os fins visados pelo legislador. Se fosse o objetivo da lei excluir essa espécie de locação da proteção conferida aos contratos para fins empresariais, não teria feito essa previsão em dispositivo específico e topograficamente inserido na seção que trata dos contratos não residenciais e para fins empresariais.

105 SANTOS. Op. cit. p. 352-353; SOUZA. *A Lei do Inquilinato...* Op. cit. p. 230.

106 SANTOS. Op. cit. p. 376-377.

107 SOUZA. Op. cit. p. 239.

A *mens legis* é facilitar a gestão do negócio e a operação da própria atividade mediante a proteção do contrato de locação do imóvel em que reside o titular da empresa, seu diretor, sócio, executivo ou empregado.

Note-se que essa proteção só existirá quando for locatária a pessoa jurídica, e não as pessoas naturais arroladas, e quando objetivar a facilitação da operacionalização da empresa, haja vista que esse é o objetivo da concessão do direito à renovação compulsória do contrato, isto é, a lei visa, ao conceder tal direito, proteger a empresa e a sua continuidade.

Desta forma, ao proteger também a moradia das pessoas indicadas no art. 55 da Lei do Inquilinato, estar-se-á protegendo a própria empresa. Assim, pensamos que, também nesse caso, se fará jus à renovação compulsória do contrato, mas desde que também presentes os requisitos autorizadores para tal.

Frise-se que, quanto à indenização, esta será devida, como examinado no item 5.5.4 deste capítulo, a depender dos fundamentos empregados pelo locador para a retomada do imóvel, aplicando-se, assim, o regime do § 3º do art. 52 da Lei do Inquilinato.

### *6.5.6. Proteção especial dos contratos destinados a hospitais, unidades sanitárias, asilos, estabelecimentos de saúde e de ensino e entidades religiosas*

Ainda no exame das hipóteses de retomada do imóvel pelo locador, trata o art. 53 da Lei do Inquilinato de questão interessante. Prevê o mencionado dispositivo que nas locações de imóveis utilizados por hospitais, unidades sanitárias oficiais, asilos, estabelecimentos de saúde e de ensino autorizados e fiscalizados pelo Poder Público, bem como por entidades religiosas devidamente registradas, será possível a rescisão do contrato de locação, e retomada do imóvel pelo locador, se ocorrer alguma das hipóteses previstas no art. 9º da Lei do Inquilinato,[108] ou se o proprietário, promissário comprador ou promissário cessionário, em caráter irrevogável e imitido na posse, com título registrado, que haja quitado o preço da promessa ou que, não o tendo feito, seja autorizado pelo proprietário, pedir o imóvel para demolição, edificação licenciada ou reforma que venha resultar em aumento mínimo 50% da área útil.

108 O prevê o art. 9º da Lei nº 8.245/91, exemplificadamente, que: "Art. 9º A locação também poderá ser desfeita: I – por mútuo acordo; II – em decorrência da prática de infração legal ou contratual; III – em decorrência da falta de pagamento do aluguel e demais encargos; IV – para a realização de reparações urgentes determinadas pelo Poder Público, que não possam ser normalmente executadas com a permanência do locatário no imóvel ou, podendo, ele se recuse a consenti-las."

Prevê, então, o mencionado dispositivo que, nesses casos específicos, a retomada do imóvel só se dará se ocorridas algumas das condições nele estabelecidas. Não obstante tratar o dispositivo de hipóteses em que é possível o rompimento do vínculo contratual, trouxe o legislador uma verdadeira limitação ao direito de propriedade do locador, pois possibilitou a retomada do imóvel apenas em casos excepcionalíssimos.

Conferiu o legislador uma maior proteção ao locatário exercente das atividades arroladas no art. 53 da Lei em razão do seu elevado caráter humanitário e social, não se admitindo, então, os pedidos de retomada fundamentados nos art. 52 da Lei do Inquilinato,[109] especialmente no caso do seu inciso II, e tampouco nas hipóteses previstas no art. 72 da Lei. Não se admite, também, a retomada do imóvel por denúncia vazia, mesmo no caso de contrato que esteja vigorando por prazo indeterminado,[110] o que é admissível nos demais casos de locação não residencial, consoante dispõe o art. 57 da Lei nº 8.245/91.

Note-se que, por exercerem, como regra, atividades não empresariais (os hospitais, pela teoria da empresa, podem ter uma estrutura empresarial) e sem fins lucrativos, as pessoas arroladas no art. 53 da Lei do Inquilinato não fazem jus à renovação compulsória do contrato. Apesar disso, ainda que haja o término do prazo do contrato de locação, não poderão elas ser despejadas e, caso não haja a celebração de um novo contrato escrito e com prazo determinado, haverá a prorrogação tácita por prazo indeterminado daquele, não sendo admissível, como já dito anteriormente, a denúncia vazia do contrato prorrogado.[111]

## 7. EXTINÇÃO DO CONTRATO DE LOCAÇÃO DE IMÓVEL PARA FINS EMPRESARIAIS

Caso o contrato de locação para fins empresariais, que preencha os requisitos do art. 51 da Lei do Inquilinato, não tenha sido objeto de ação renovatória, será ele extinto, de pleno direito, com o término de seu prazo, consoante dispõe o art. 56 da Lei.

Assim, dispensado está, ao final do prazo, o cumprimento de qualquer formalidade por parte do locador para reaver o imóvel, devendo o locatário desocupá-lo espontaneamente, sob pena do ajuizamento da ação de despejo.

Entretanto, se uma vez findo o contrato de locação o locatário não desocupá-lo dentro de 30 dias, e o locador não se opuser a essa perma-

109 Cf. SLAIBI FILHO. Op. cit. p. 339.

110 SLAIBI FILHO. Op. cit. p. 340.

111 Cf. SANTOS. Op. cit. p. 360.

nência, presume-se prorrogado o vínculo por prazo indeterminado, nos termos do que dispõe o parágrafo único do art. 56 da Lei nº 8.245/91.

Ocorre que, uma vez prorrogado o contrato por prazo indeterminado, a sua rescisão dependerá de mera notificação premonitória do locador, concedendo ao locatário um prazo de 30 dias para desocupá-lo, nos termos do que dispõe o art. 57 da Lei do Inquilinato.

A notificação pode se dar judicial ou extrajudicial e, uma vez notificado e não desocupando o imóvel, sujeita-se o locatário à ação de despejo, a ser ajuizada pelo locador a qualquer tempo, para compeli-lo a se retirar do bem.

## 8. A AÇÃO RENOVATÓRIA

A Lei do Inquilinato é uma lei híbrida, pois possui disposições de direito material e de direito processual. Não obstante a presente obra ser voltada ao direito material, é imprescindível, na espécie, o exame de algumas questões processuais, por estarem umbilicalmente ligadas ao direito de renovação compulsória do contrato. É através desta ação que o locatário exercerá seu direito potestativo.

Primeiramente, faz-se imperioso observar que as disposições processuais constantes da Lei nº 8.245/91 são tidas como lei especial, de modo que, por essa natureza, devem prevalecer sobre o Código de Processo Civil, lei geral, que somente é aplicável subsidiariamente, isto é, na omissão da lei especial e quando com ela for compatível.[112]

Segundo dispõe o art. 58 da Lei do Inquilinato, ressalvados os casos previstos no parágrafo único do art. 1º da própria lei, as ações de despejo, consignação em pagamento de aluguel e acessórios da locação, revisional de aluguel e a ação renovatória observarão as disposições previstas nos incisos do art. 58. Em tais incisos prevê a lei disposições peculiares aplicáveis a essas ações, tornando o seu procedimento especial e diferenciado, como, por exemplo, excluindo a possibilidade de concessão de efeito suspensivo nos recursos interpostos contra as decisões proferidas naquelas ações.

No que toca, especificamente, à ação renovatória, objeto de nosso estudo, existem outras disposições específicas, tratadas nos arts. 71 a 75 da Lei, que cuidam do seu procedimento, como, por exemplo, a limitação da matéria fática de defesa a ser arguida pelo locatário em sua contestação. Há, ainda, outras disposições peculiares, como, por exemplo, a exis-

---

112 Cf. Luiz Fux (FUX, Luiz. *Locações processo e procedimentos*. Doutrina. Jurisprudência. Legislação. Formulários. Quadro sinótico de prazos. 5. ed. Niterói: Impetus, 2008. p. 13) e Sylvio Capanema (SOUZA. *A Lei do Inquilinato*... Op. cit. p. 247).

tência de condições especiais para o regular exercício do direito de ação, bem como regras especiais de tramitação previstas no art. 58 da Lei do Inquilinato. Por essa razão, parece-nos não haver dúvidas de que é ela uma ação de procedimento especial.[113]

Sem prejuízo do que se disse, há respeitável posicionamento em sentido contrário, entendendo que o procedimento da ação renovatória é, em verdade, ordinário, embora possua algumas peculiaridades.[114]

Feitas essas observações preliminares, passaremos ao estudo da ação renovatória, que é o instrumento processual para o exercício do direito à renovação compulsória do contrato de locação para fins empresariais.

A Lei nº 8.245/91 trouxe um procedimento próprio, prevendo condições especiais para o exercício do direito de ação, como se infere do *caput* do art. 71 da Lei, o qual dispõe que *além dos demais requisitos exigidos no art. 282 do Código de Processo Civil, a petição inicial da ação renovatória deverá ser instruída com* [...]. Em seguida, o mencionado dispositivo traz sete incisos, com os requisitos específicos da ação, os quais passaremos a examinar a partir de agora.

Antes do exame dos requisitos previstos no art. 71 da Lei do Inquilinato, é preciso destacar que a remissão feita pela lei especial deve ser adaptada, haja vista que o referido art. 282 do Código de Processo Civil diz respeito à lei instrumental de 1973. No Código de Processo Civil atualmente vigente, os requisitos da petição inicial estão dispostos no

---

113 No mesmo sentido é a lição do emérito Ministro do Supremo Tribunal Federal, Luiz Fux: "A lei traz, assim, no seu âmbito processual, regras sobre as ações locatícias típicas e sobre as ações acessórias. As típicas são: a ação de despejo, a consignatória, a renovatória e a ação revisional. O próprio diploma refere-se mais precisamente a procedimentos especiais, o que, aliás, em termos de técnica, agradou sobremodo os processualistas, porque, na realidade, é sabido que a ação, como direito subjetivo de provocar o Estado para prestar jurisdição, é de conhecimento, de execução ou cautelar; a prestação é que é de despejo, de revisão, e assim por diante. Desta sorte, os procedimentos traçados pela lei são procedimentos que versam sobre as ações típicas, aplicando-se-lhes, subsidiariamente, o CPC" (FUX. Op. cit. p. 13). Também entendendo que a ação renovatória segue rito especial, José Carlos de Moraes Salles (SALLES. Op. cit. p. 176) e Theotonio Negrão (NEGRÃO, Theotonio; GOUVÊA, José Roberto Ferreira; BIONDIOLI, Luis Guilherme Aidar. *Código Civil e legislação civil em vigor*. 29. ed. São Paulo: Saraiva, 2010. p. 1.097, art. 58: 2). Há que se observar, ainda, a existência de posição extremada, do emérito Desembargador do Tribunal de Justiça do Estado do Rio de Janeiro, Nagib Slaibi Filho, para quem a previsão legal das ações locatícias típicas na Lei nº 8.245/91, como, por exemplo, a ação renovatória, têm sua previsão esgotada na lei especial (SLAIBI FILHO. Op. cit. p. 360), ou seja, não se admite sequer a aplicação subsidiária do Código de Ritos pátrio.

114 Nesse sentido, SOUZA. *A Lei do Inquilinato*... Op. cit. p. 360 e DINIZ. Op. cit. p. 315.

seu art. 319, de modo que são estes a ser observados. Feita esta observação, passaremos à análise dos requisitos previstos na lei especial.

Dispõe o inciso I do art. 71 da Lei do Inquilinato que o locatário deverá fazer prova do preenchimento dos requisitos dos incisos I, II e III do art. 51, ou seja, deverá o locatário comprovar, já no momento do ajuizamento da ação, a existência de um contrato escrito por prazo determinado de, no mínimo, cinco anos, ou a existência de dois ou mais contratos cujos prazos ininterruptos, somados, perfaçam cinco anos de duração, bem como o exercício do mesmo ramo de comércio nos três últimos anos anteriores ao ajuizamento da ação.

A prova do preenchimento desses requisitos se fará mediante a exibição dos contratos de locação, haja vista que não se admite renovação compulsória com base em contratos verbais, bem como dos documentos que comprovem o exercício do mesmo ramo de atividade nos últimos três anos de vigência do contrato, como, por exemplo, guias de recolhimento de ISS ou ICMS do locatário, ou notas fiscais de serviços realizados ou produtos vendidos, ou quaisquer outros documentos hábeis a comprovar o preenchimento desse requisito.

Questiona-se, no tocante à comprovação do preenchimento desses requisitos, se é necessário que a petição inicial já venha acompanhada de todos os documentos comprobatórios, ou se basta a juntada apenas do começo das provas, de indícios da sua existência, deixando-se para demonstrar cabalmente o preenchimento dos requisitos em momento posterior, de instrução do processo. A questão é divergente na doutrina.

Entendemos que, pela dicção da lei, a ação deve ser intentada com prova preconstituída, ou seja, a inicial já deve vir acompanhada de todos os documentos que demonstrem cabalmente o preenchimento dos requisitos do art. 51 da Lei, sob pena de indeferimento da inicial.

É induvidoso, no entanto, como salienta parcela da doutrina,[115] que o magistrado, constatando a falta de documentação, deverá conceder um prazo de quinze dias para a emenda da inicial, em observância ao disposto no art. 321 do CPC. Mas, uma vez determinada a emenda, quedando-se inerte o locatário, deverá ser a indeferida a inicial por inépcia, extinguindo-se o feito sem resolução do mérito, na forma dos arts. 330 e 485, I do Código de Processo Civil, uma vez que não se terão preenchidos os requisitos exigidos pelo inciso I do art. 71 da Lei.

Há, no entanto, posicionamento[116] no sentido de que é lícito ao locatário comprovar o preenchimento dos requisitos exigidos pela lei no

115 SLAIBI FILHO; SÁ. Op. cit. p. 490; SOUZA. *A Lei do Inquilinato...* Op. cit. p. 363.

116 SALLES. Op. cit. p. 68.

momento da fase de instrução processual. Não obstante, ainda assim sustenta essa parcela da doutrina que já deverá o locatário, desde o momento do ajuizamento da ação, apresentar um começo de prova, indícios de que, de fato, preenche os requisitos legais para a renovação.

Na jurisprudência do STJ é possível perceber uma mitigação ao rigor da lei, admitindo-se, em alguns precedentes, que haja a comprovação do cumprimento dos requisitos exigidos pela lei em momento posterior.[117]

Exige a lei, no inciso II do art. 71, que o locatário comprove, também na inicial, o exato cumprimento do contrato em curso. O art. 23 da Lei nº 8.245/91 enumera as obrigações que tem o locatário no curso do contrato, sem prejuízo de outras exigências que possam estar descritas no próprio instrumento da relação locatícia, as quais serão válidas desde que não contrariem a lei.

Dentre essas obrigações, a principal é, induvidosamente, a de pagar os aluguéis, haja vista que não se pode admitir a renovação de contrato de locação de locatário inadimplente. Nesse caso, deverá o locatário comprovar que não está em atraso com o seu pagamento, devendo estar adimplente com essa obrigação. A comprovação se fará, de forma inequívoca, através da juntada dos recibos de pagamento do aluguel e encargos do último mês,[118] os quais podem consistir em comprovantes de depósito, na conta do locador, no valor do aluguel.

No que toca à questão da necessária comprovação dos requisitos já no momento do ajuizamento da ação, reportamo-nos ao que já foi explicitado anteriormente, no exame do inciso I do art. 71 da lei.

Questiona-se, ainda, a hipótese de o locatário, devedor contumaz, que constantemente atrasa o pagamento e, inclusive, que já se utilizou do expediente da purgação da mora em ação de despejo ajuizada pelo locador, mas que no momento da propositura da ação renovatória está adimplente, se pode fazer jus à renovação do contrato. A questão também é controvertida.

Para uma parcela da doutrina, as purgações da mora anteriores não são capazes de afastar o direito à ação renovatória, e isso porque "as feridas contratuais por elas representadas já estarão cicatrizadas".[119] Ademais, ainda segundo essa parcela da doutrina, não faria sentido admitir a purgação da mora, que tem o condão de cancelar todas as consequências do atraso, e não admitir que, uma vez purgada a mora, faça

---

117 Ver REsp 996.621/BA. Rel. Min. Arnaldo Esteves Lima. Quinta Turma. *DJe* 9/12/2008. REsp 237.773/PR. Rel. Min. José Arnaldo da Fonseca. Quinta Turma. *DJ* 17/4/2000.

118 Cf. SOUZA. *A Lei do Inquilinato...* Op. cit. p. 364; SALLES. Op. cit. p. 71.

119 SOUZA. *A Lei do Inquilinato...* Op. cit. p. 365.

jus o locatário à renovação do contrato. A renovação apenas não será permitida, configurando-se verdadeira violação contratual, se o locatário superar o número de purgas da mora previsto no parágrafo único do art. 62 da Lei do Inquilinato. Caso contrário, será perfeitamente possível considerar o locatário cumpridor do contrato e, assim, legitimado à obtenção da renovação compulsória.[120]

Já para outra parcela da doutrina, a purgação da mora não autoriza a renovação compulsória do contrato, e isso porque a purgação autorizada no art. 62, II, da Lei nº 8.245/91 tem, em verdade, apenas o condão de afastar o despejo por falta de pagamento, mas não é capaz de afastar as consequências da impontualidade no que concerne ao descumprimento do contrato de locação, exceto se conseguir demonstrar o locatário que não agiu com culpa, o que afastaria a própria ocorrência da mora, que consiste no atraso culposo no cumprimento da obrigação.[121]

Concordamos com este último entendimento. Certo é que a purgação da mora afasta os efeitos da mora, o que nos permite dizer que, uma vez purgada a mora, deve-se considerar que está o locatário em dia com suas obrigações. Ocorre que a conduta reiterada de atrasar o pagamento dos aluguéis ou outras verbas pecuniárias evidencia o descumprimento das obrigações contratuais, ainda que cancelados os efeitos do atraso.[122]

Por isso, pensamos não ser razoável impor ao locador que suporte a continuidade do vínculo diante dessa situação que, a nosso sentir, é de extrema gravidade, uma vez que a principal obrigação do locatário é a de pagamento dos aluguéis.

Há que se observar, ainda, que a doutrina já tem reconhecido a possibilidade de flexibilização da limitação imposta pela lei, admitindo que pequenas infrações contratuais, que não causem prejuízos ao locador, não são capazes de impedir a renovação do contrato. Ainda assim, essa mitigação não pode englobar, por exemplo, a não contratação de seguro

120 FUX. Op. cit. p. 174-175.

121 É esse o entendimento esposado pelos Profs. José Carlos de Moraes Salles (SALLES. Op. cit. p. 76), Maria Helena Diniz (DINIZ. Op. cit. p. 317) e Sílvio Venosa (VENOSA. Op. cit. p. 342-343).

122 Segundo Silvio Venosa, "dificuldade momentânea do locatário, pagando alguns aluguéis em atraso, não é de molde a elidir a renovação. Seria de muito rigor impedir-se a renovação contratual por pequenas falhas nos pagamentos cuja purgação é admitida (*JTACSP* 114/306). O atraso sistemático e a sistemática purgação da mora denotarão descumprimento do contrato" (VENOSA. Op. cit. p. 342-343).

para o imóvel quando determinada no contrato,[123] que é, induvidosamente, uma infração grave.[124]

Outro requisito a ser cumprido pelo locatário está previsto no inciso III do art. 71 da Lei do Inquilinato. Exige o mencionado dispositivo que o locatário comprove a quitação dos impostos e taxas que incidiram sobre o imóvel e que lhe incumbia pagar.

Nos impostos, induvidosamente, estão incluídos o IPTU, e quanto as taxas podemos crer que se referem, dentre outras verbas, às cotas condominiais – caso o imóvel consista em uma unidade de apartamento –, bem como as contas de luz, gás, água e congêneres.

Note-se que muitas dessas parcelas são pagas diretamente pelo locador e posteriormente repassadas ao locatário para pagamento (reembolso) juntamente com o aluguel. Nesses casos é recomendável que o locatário requeira o recibo de pagamento dos valores pagos diretamente pelo locador, contendo a descrição individualizada das verbas pagas, a fim de que posteriormente não possa ser alegado, pelo locador, o não cumprimento da obrigação pelo locatário.

Exige o inciso IV do art. 71 da Lei do Inquilinato que a petição inicial da ação renovatória seja instruída com indicação clara e precisa das condições oferecidas para a renovação do contrato de locação. Assim, não se faz necessário que o locatário apresente um documento separado contendo a minuta do contrato de locação renovado, bastando que, na própria inicial, sejam indicadas as condições para a renovação.[125]

Faz-se necessário, entretanto, que as condições do novo contrato proposto sejam expostas de forma clara e precisa, a fim de que o locador não tenha dúvidas no momento de apreciá-las, podendo julgar com segurança a conveniência de aceitá-las ou não.

Deve ter o locatário especial atenção no tocante às cláusulas de caráter econômico, como aquelas inerentes ao valor do aluguel, à periodicidade do pagamento, à possibilidade de reajuste e à periodicidade da correção dos aluguéis e os índices para tal, uma vez que essas são as questões que mais causam controvérsias entre as partes.

Em razão da exigência legal de indicação clara e precisa das condições para renovação, bem como em decorrência da vedação imposta, de um modo geral, pelo Código de Processo Civil de formulação de pedido genérico, consoante o disposto em seu art. 324, entendemos não ser

---

123 "Art. 22. O locador é obrigado a: [...] VIII – pagar os impostos e taxas, e ainda o prêmio de seguro complementar contra fogo, que incidam ou venham a incidir sobre o imóvel, salvo disposição expressa em contrário no contrato;"

124 Cf. DINIZ. Op. cit. p. 317 e SALLES. Op. cit. p. 79

125 No mesmo sentido, SALLES. Op. cit. p 92.

possível ao locatário formular pedido de fixação de aluguel ao livre-arbítrio do julgador, ou condicionar a fixação do aluguel a posterior produção de prova pericial. Deve o locatário, na própria inicial, já indicar com precisão o valor do aluguel proposto, ainda que seja inferior àquele em vigor.[126]

Questiona-se, ainda, se seria possível o locatário inovar em sua proposta, trazendo cláusula ou condição nova não prevista no contrato que se pretende a renovação.

Entendemos ser possível a inovação no contrato proposto, pois na ação renovatória o locatário faz uma oferta de renovação para o locador, que pode, inclusive, ser mais vantajosa para ele, estimulando a sua aceitação.

Há, todavia, entendimento de que, tecnicamente, renovar significa *fazer de novo, repetir o que fora feito*. A renovação do contrato, nesse sentido, deve levar à repetição de suas cláusulas ou a revisão ou alteração de determinada cláusula. Então, só seria lícito ao locatário propor alteração, revisão ou refazimento das cláusulas que já existem, não sendo admissível a criação de novas cláusulas até então inexistentes.[127]

Quanto ao inciso V do art. 71 da Lei do Inquilinato, foi ele objeto de alteração legislativa, promovida pela Lei nº 12.112/09, a fim de sanar uma antiga divergência existente. Prevê o mencionado dispositivo que deverá o locatário fazer a indicação do fiador quando houver no contrato a renovar e, quando não for o mesmo, deverá fazer indicação do nome ou denominação completa, número de sua inscrição no Ministério da Fazenda, endereço e, tratando-se de pessoa natural, a nacionalidade, o estado civil, a profissão e o número da carteira de identidade, comprovando, desde logo, mesmo que não haja alteração do fiador, a atual idoneidade financeira.

O dispositivo em exame, antes da alteração promovida pela Lei nº 12.112/09, não continha a expressão *mesmo que não haja a alteração do fiador*. Por conta disso, divergia-se se, na hipótese de manutenção do mesmo fiador, deveria o locatário fazer prova da sua idoneidade financeira.

Com a nova redação não podem mais persistir dúvidas. Deve o locatário, por determinação expressa da lei, e caso a garantia do contrato seja fidejussória, comprovar já no momento do ajuizamento da ação,

126 Na opinião do emérito Prof. José Carlos de Moraes Salles, no caso de oferecimento de aluguel em valor inferior ao que vinha vigorando, "parece-nos de toda conveniência sujeitar-se o autor, na petição inicial, alternativamente, ao *arbitramento do aluguel*, para furtar-se, assim, a uma possível improcedência da demanda, sob o argumento de que a oferta do locativo menor equivaleria à demonstração do intento de não renovar a locação [...]" (SALLES. Op. cit. p. 93).

127 SALLES. Op. cit. p. 98.

juntamente com a petição inicial, a idoneidade financeira do fiador, ainda que seja ele o mesmo do contrato anterior.

E isso se justifica porque a situação financeira de um indivíduo pode mudar no decorrer da vida, e isso é plenamente passível de acontecer no curso de um contrato de locação de imóvel para fins empresariais, que tem como uma de suas características a longevidade.

Não restam dúvidas, portanto, que é legítima a exigência da lei de comprovação da idoneidade financeira do fiador, ainda que seja a mesma pessoa.

Questão interessante diz respeito ao conteúdo da prova da idoneidade do fiador. Para parcela da doutrina, não obstante a lei mencionar apenas a hipótese de comprovação da idoneidade financeira do garantidor da obrigação, pode o locador exigir do locatário também a comprovação da idoneidade econômica e moral do fiador, assim como exigia o revogado Decreto nº 24.150/34, e isso porque se faz necessária não só a prova da capacidade financeira do garante, mas também da sua capacidade jurídica, isto é, da sua capacidade de assumir a responsabilidade, sem a qual a aludida garantia ficaria desfigurada.[128]

Com a devida vênia, ousamos discordar desse entendimento. A fiança é, induvidosamente, uma garantia dada para pagamento de dívidas. É ela, tecnicamente, uma garantia dada por um terceiro em favor do credor da obrigação, no caso de inadimplemento do devedor. Tem, ela, portanto, um cunho eminentemente patrimonial. Diante disso, apenas nos parece relevante a comprovação da idoneidade financeira do fiador, sendo despicienda a comprovação das idoneidades econômica e moral.

E a comprovação da idoneidade financeira se faz mediante a apresentação de documentos que demonstrem a situação financeira do fiador, como comprovante de rendimentos, cópia de declaração de imposto de renda, contracheques, certidões que comprovem a propriedade de imóveis e outros documentos que comprovem a sua situação patrimonial.

Ainda segundo o dispositivo, deverá o locatário indicar o fiador quando, no contrato a renovar, a garantida dada era fidejussória, e se for indicada nova pessoa como fiador, a indicação será acompanhada de sua completa qualificação.

Disso é possível extrair três questionamentos: em não havendo nenhuma garantia no contrato a renovar, é obrigado o locador a indicar uma garantia na ação renovatória? E se havia uma garantia anterior não fidejussória, deve o locatário apresentar um fiador? E se a garantia anterior era uma fiança, poderá o locatário indicar outra forma de garantia quando do pleito renovatório?

128 SALLES. Op. cit. p. 106.

No que toca ao primeiro questionamento, se não havia nenhuma garantia no contrato em que se pretende a renovação, como, por exemplo, nos casos em que o locador entendia que diante da situação financeira do locatário era dispensável a apresentação de garantia, entendemos que o locatário não é obrigado a indicá-la ao ajuizar a ação renovatória.

Note-se que, durante a vida do contrato que se pretende a renovação, é possível que ocorra a modificação da situação econômico-financeira do locatário, o que poderia justificar eventual exigência do locador, em sede de contestação, de apresentação de uma garantia. Mas tal pretensão deve ser justificada, não bastando mero pedido que vise ao atendimento de caprichos do proprietário do imóvel, ou que vise, tão somente, impedir a renovação do contrato.

Como examinaremos adiante, a ação renovatória é uma ação dúplice, em que pode o locador formular a sua pretensão em contestação. Por essa razão, entendendo o locador ser necessária uma garantia, é licito a ele exigir sua apresentação pelo locatário,[129] que deverá fazê-lo mediante a apresentação de uma das quatro modalidades previstas no art. 37 da Lei, e desde que seja idônea.

Uma vez apresentada pelo locatário, poderá o locador, fundamentadamente, recusá-la, caso em que caberá ao juiz decidir, na sentença, se é fundada ou não a recusa. Se entender o magistrado que a locação está garantida, deverá determinar a renovação da locação com aquela garantia ofertada.

Na hipótese de haver no contrato que se pretende renovar uma garantia fidejussória, também entendemos ser lícito ao locatário apresentar modalidade diversa de garantia, apesar de dispor a lei que, quando houver fiador no contrato a renovar, deverá a inicial ser instruída com indicação de fiador.

Assim entendemos por que a garantia tem, obviamente, a função de garantir o adimplemento da obrigação assumida pelo devedor. E se a garantia oferecida é idônea e capaz de cumprir essa função, entendemos não ser lícito ao locador recusar a nova espécie de garantia indicada pelo locatário.[130]

Pelo mesmo motivo, se a garantia anterior não era fidejussória, não estará obrigado o locatário a indicar fiador, bastando que a outra garan-

129 Cf. SOUZA. *A Lei do Inquilinato...* Op. cit. p. 367; SALLES. Op. cit. p. 106.

130 No mesmo sentido é a lição de Sylvio Capanema de Souza: "Havendo fiador, no contrato renovando, e não mais sendo possível mantê-lo, poderá o locatário oferecer outra garantia, que não a fidejussória? Entendemos que sim, desde que se trate de uma das modalidades que a lei admite, sendo injusta a recusa do locador, uma vez que seu risco estará afastado" (SOUZA. *A Lei do Inquilinato...* Op. cit. p. 367).

tia oferecida seja uma daquelas previstas no art. 37 da lei, e seja suficiente para garantir o adimplemento da obrigação locatícia.

Exige o inciso VI do art. 71 da Lei nº 8.245/91 que o locatário comprove que o fiador do contrato, ou aquele que o substituir no momento da renovação, aceita os encargos da fiança, com a autorização do seu cônjuge se casado for.

Então, além da indicação do fiador, que poderá ser o mesmo do contrato a renovar, deve o locatário comprovar a inequívoca aceitação do encargo pelo garantidor, o que poderá ser feito através de declaração escrita assinada por este. É de bom alvitre que no mencionado documento haja expressa menção à aceitação quanto ao valor do aluguel, correções e reajustes, evitando-se, dessa maneira, futuras alegações de ausência de responsabilidade por aumentos ocorridos no curso do contrato.

Como cediço, a fiança é um contrato unilateral e gratuito, em que o fiador se obriga, mas, em regra, não recebe nenhuma remuneração ou contraprestação. Trata-se, pois, de um contrato benévolo, e por isso somente admite interpretação restritiva.[131]

Assim, não constando do instrumento da fiança a responsabilização pelas correções e pelos reajustes, não será possível responsabilizar o fiador pelas diferenças entre o aluguel estabelecido e aquele reajustado.

Há que se observar que o art. 822 do Código Civil dispõe que a fiança compreenderá todos os acessórios da dívida principal, inclusive as despesas judiciais. Ocorre que, eventual reajuste acordado entre o locador e locatário altera a dívida principal. Por essa razão, entendemos que se não houver expressa anuência do fiador quanto a sua responsabilidade pelo novo valor do aluguel, decorrente do reajuste, não será possível lhe imputar esse acréscimo.

Outro aspecto a ser examinado no inciso VI do art. 71 da Lei do Inquilinato é a autorização do cônjuge do fiador, na hipótese de ser ele casado. Exige a lei que, além da comprovação da aceitação do encargo pelo fiador, há que se comprovar que seu cônjuge também anuiu com a garantia dada.

No que toca à vênia conjugal, segundo o Código Civil, em seu art. 1.647, é ela apenas exigível quando o regime patrimonial do casamento não for o da separação absoluta de bens, ou seja, ela é exigível em todos os regimes, à exceção da separação absoluta de bens, quando for prestada a fiança. Por essa razão, caso não apresente o fiador a autorização de seu cônjuge para a prestação da fiança em decorrência do regime de

---

131 TARTUCE, Flávio. *Direito civil*. Teoria geral dos contratos e contratos em espécie. 5. ed. São Paulo: Método, 2010. v. 3, p. 412.

bens, deverá ele comprovar que o regime de seu casamento é o da separação absoluta, sob pena de ser ineficaz a garantia.

Dispõe ainda o inciso VII do art. 71 que o locatário, na hipótese de ser cessionário ou sucessor, deverá apresentar prova desse fato, mediante a apresentação de título oponível ao proprietário.

Deve, pois, o locatário apresentar o título que lhe confere a condição de cessionário ou sucessor do contrato de locação. No primeiro caso, deverá apresentar o instrumento de cessão do contrato de locação devidamente autorizada pelo locador, questão essa já enfrentada em momento anterior. Já no segundo caso, deverá o locatário fazer prova da condição de sucessor por *causa mortis*, como, por exemplo, a certidão de inventariante ou, no caso de sucessão por ato *inter vivos*, o contrato de trespasse devidamente registrado no Registro Público de Empresas Mercantis, conforme exigência do art. 1.144 do Código Civil.

O parágrafo único do art. 71 trata da legitimidade do sublocatário. Dispõe a lei que sendo proposta a ação pelo sublocatário do imóvel, ou de parte dele, serão citados o sublocador e o locador, como litisconsortes, salvo se, em virtude de locação originária ou renovada, o sublocador dispuser de prazo que admita renovar a sublocação; na primeira hipótese, procedente a ação, o proprietário ficará diretamente obrigado à renovação.

Estabeleceu o legislador, então, um litisconsórcio necessário entre o locador e o locatário-sublocador, na hipótese de ser ajuizada a ação renovatória pelo sublocatário, seja a sublocação total ou parcial. Portanto, na hipótese já enfrentada em momento anterior, prevista na parte final do § 1º do art. 51 da Lei do Inquilinato, que trata da sublocação total em que há legitimidade ativa exclusiva do sublocatário, deverá ele ajuizar a ação em face do locador e do sublocador.

Ainda no caso específico da sublocação total, em que o imóvel é utilizado exclusivamente pelo sublocatário, nele explorando o negócio e sendo detentor do ponto, prevê a lei que o proprietário – leia-se aquele que possa dispor da possa direta do imóvel, podendo aqui também ser incluídos, por exemplo, o usufrutuário e o promissário-comprador – ficará diretamente obrigado à renovação.

Essa hipótese deve ser observada com cautela. Sustenta parcela da doutrina que, em decorrência dessa transferência da obrigação de renovação da sublocação do locatário para o locador, uma vez renovado o contrato diretamente entre locador e sublocatário, este último se tornará o locatário do imóvel, desaparecendo as figuras do locatário-sublocador e sublocatário e, consequentemente, da sublocação.[132]

132 DINIZ. Op. cit. p. 321.

Ocorre que há a possibilidade de a sublocação total envolver também o estabelecimento criado pelo locatário, ou seja, o locatário aluga o imóvel do locador, constitui o estabelecimento e, posteriormente, loca-o ao sublocatário, mediante a sublocação do imóvel.

Nesse caso, sendo excluído o locatário-sublocador da relação contratual, tem ele direito a carregar consigo o estabelecimento do qual é titular, ou seja, todo o complexo de bens corpóreos e incorpóreos que servem de instrumento para o exercício da atividade empresarial pode ser levado com ele. Isso ocorrendo, o sublocatário, que passará a ser locatário, não poderá mais explorar a atividade que até então explorava, uma vez que a locação do estabelecimento não é tutelada pela ação renovatória que abrange apenas a locação do imóvel.

Pensamos que, fazendo jus o sublocatário à renovação compulsória do contrato de locação, e sendo ele locatário do estabelecimento constituído pelo sublocador, o locatário-sublocador, titular do fundo empresarial, deverá continuar na relação, mantendo-se ambos os contratos, de locação e sublocação.

Note-se, entretanto, que se a própria relação originária de locação já envolve o estabelecimento de propriedade do locador, não haverá esse óbice, ou seja, se a própria locação envolvia o estabelecimento de propriedade do locador, o locatário-sublocador não será dono do fundo empresarial, de modo que será plenamente eficaz a previsão do parágrafo único do art. 71 da lei.

A lei traz, ainda, uma exceção ao litisconsórcio passivo entre o locador e o locatário-sublocador. É a hipótese em que, em virtude da locação originária ou renovada, o sublocador ainda disponha de prazo que admita a renovação da sublocação.

Tratou o legislador da situação em que o prazo do contrato de locação é maior do que o prazo do contrato de sublocação, ou seja, a renovação da sublocação não depende da renovação da locação, caso em que o sublocatário apenas ajuizará a ação em face do sublocador.

Vejamos um exemplo para elucidar a questão. Imagine-se a celebração de um contrato de locação com prazo de dez anos em que o locatário, logo em seguida à contratação do aluguel, subloca o imóvel pelo prazo de cinco anos. Completados quatro anos de sublocação, começa a fluir o prazo de seis meses para o ajuizamento da ação renovatória pelo sublocatário. Ocorre que, nesse momento, o contrato originário de locação ainda tem seis anos a viger, de modo que o sublocador ainda será titular do contrato durante esse período. Por essa razão, deverá o sublocatário, nesse caso, ajuizar a ação renovatória unicamente em face do sublocador, pois a sua pretensão é apenas de renovar o contrato de sublocação, pois ainda não nasceu a pretensão de renovar a locação principal. Não há, nesse exemplo, o risco de perda do aluguel do imóvel, o qual permanecerá vigente entre locador e locatário.

Portanto, pensamos que o litisconsórcio necessário entre locador e sublocador só existirá quando houver risco de perecimento do próprio direito de renovação da locação principal. Caso contrário, a lide só deverá ser instaurada entre sublocador e sublocatário.

## 8.1. Matérias de defesa na ação renovatória

O art. 72 da Lei nº 8.245/91 trata das matérias *fáticas* de defesa que podem ser suscitadas pelo locador na ação renovatória. O tratamento legal das matérias de fato que podem ser alegadas pelo locador em defesa da sua propriedade, obstando a renovação, demonstra a intenção do legislador em restringir as possibilidades de defesa do locador, em prestígio à manutenção da empresa do locatário. Pelo exame do dispositivo, vê-se que a arguição das matérias de fato pelo locador se limita às arroladas nos incisos I a IV, sendo, pois, um rol taxativo.[133]

Não obstante, no que toca às matérias de direito, podem elas ser livremente invocadas pelo locador, que poderá apresentar, por exemplo, todas as exceções cabíveis.[134]

Outra característica peculiar da contestação decorre do caráter dúplice da ação renovatória: é ela a via processual adequada para o locador, bem como para o sublocador, deduzir qualquer pretensão em face do locatário ou sublocatário. A contestação faz às vezes de uma reconvenção, devendo o réu formular o seu pedido contraposto na própria peça de defesa.

Como leciona Maria Helena Diniz, "adota nossa legislação o princípio da defesa concentrada, com efeito preclusivo, no que atina à matéria de fato, fundada na qual o locador poderá exercer o direito de recusa ou de retomada. Toda a sua defesa deverá ser alegada na contestação, não lhe sendo mais lícito aduzi-la em outras fases da ação. Tal ocorre porque a ação renovatória tem caráter dúplice, ou seja, a contestação insere em seu bojo um pedido reconvencional. Assim sendo, na contestação

133 Há apenas que ser lembrar as críticas por nós formuladas acerca da taxatividade desse rol, às quais remetemos o leitor.

134 É esse o pensamento da doutrina: SOUZA. Op. cit. p. 370; DINIZ. Op. cit. p. 326. Segundo Silvio Venosa, "as questões de fato da contestação restringem-se àquelas do artigo que dizem respeito ao próprio direito da renovação. As questões de direito material e processual são de livre alegação" (VENOSA. Op. cit. p. 350).

estará contida toda a matéria que, normalmente, poderia ser objeto de reconvenção".[135]

Segundo o inciso I do art. 72, poderá o locador, em contestação, alegar que o autor-locatário não preenche os requisitos da lei. Trata-se dos requisitos previstos nos arts. 51 e 71 da Lei nº 8.245/91, já exaustivamente abordados.

No inciso II autoriza-se o locador a alegar que a proposta de renovação formulada pelo autor, na inicial, não atende ao valor locativo real do imóvel na época da renovação, excluindo-se a valorização trazida pelo próprio locatário ao ponto comercial.

A hipótese em exame é explicitada pelo § 1º do art. 72, o qual prevê que o locador, ao fazer tal alegação, deverá apresentar uma contraproposta, com as condições da locação que repute compatíveis com o real valor de mercado.

Inicialmente, há que se frisar que, neste caso, o locador não discorda, propriamente, da renovação, mas apenas entende que a proposta formulada pelo locatário não atende ao valor locativo real do imóvel, que nada mais é do que o valor de mercado.[136]

Sem prejuízo, determina a lei que o locador deve excluir a valorização trazida pelo locatário ao ponto. Isso se justifica porque não se pode onerar o locatário por uma melhoria que ele próprio, com seu esforço, trouxe ao imóvel, o que acarretaria um enriquecimento ilícito do locador.

A contraproposta do locador, assim como ocorre com a proposta do locatário formulada na inicial, deve ser clara e precisa, especialmente no tocante ao valor do aluguel. Não se admite, portanto, que o locador formule pedido genérico, indeterminado, e isso porque, ao formular sua contraproposta, está o réu exercendo o seu direito de ação como se autor fosse e, por essa razão, deverá observar as determinações do Código de Processo Civil quanto à certeza e determinação do pedido, na forma do seu art. 324.

Uma vez apresentada pelo locador, em contestação, a sua contraproposta, deve ser intimado o autor-locatário para apresentar réplica, caso em que ele poderá, ou não, aceitar a contraproposta formulada. Caso não a aceite, a lide prosseguirá e, consequentemente, a ação, na

135 DINIZ. Op. cit. p. 326.

136 Consoante lição de José Carlos de Moraes Salles: "*Valor locativo real e atual do imóvel* é expressão que se refere ao *valor locativo de mercado*, ou seja, àquele valor que o imóvel haverá de ter, para locação, atendidas as circunstâncias do local em que se situa, do ponto de vista comercial, industrial ou de prestação de determinados serviços, conforme a natureza da locação". SALLES. Op. cit. p. 197.

qual se produzirá, inevitavelmente, prova pericial para encontrar o real valor de mercado do aluguel.

Questiona-se se após a manifestação de ambas as partes, e após a realização de prova pericial para aferir o real valor locativo do imóvel, poderia o juiz determinar a renovação em valor diverso ao proposto pelas partes, e até superior àquele proposto pelo próprio réu em sua contraproposta, se for este o encontrado na perícia.

Entendemos que sim, mas desde que as partes concordem com o novo valor. Isso porque, após a realização da perícia, deverá o julgador oportunizar às partes a manifestação sobre o laudo pericial, momento em que poderão anuir com o valor apurado, ou discordar mantendo as suas propostas.

Na hipótese de anuírem com a perícia, haverá inegavelmente um consentimento mútuo, assemelhando-se a um acordo, o qual deve ser admitido em qualquer fase do processo.

Há, entretanto, posicionamento no sentido de que não será possível essa majoração para além do formulado na proposta do locatário e na contraproposta do locador, pois isso consistiria em uma mudança de pedido, a qual só pode ocorrer com o consentimento da outra parte, na forma do art. 329, II, do CPC.[137]

Questão diversa é aquela em que as partes mantêm suas propostas, mesmo diante da prova pericial, e o juiz determina a renovação em valor superior, adotando aquele indicado pelo *expert* em seu laudo.

Nesse caso, pensamos, em concordância com parcela da doutrina, que não poderá o julgador observar o valor encontrado pelo perito, pois isso acarretaria a invalidade da sentença por ser *ultra petita*.[138] O mesmo ocorrerá se o valor encontrado pelo perito for inferior ao proposto pelo locatário. Não poderá o juiz fixar esse montante de aluguel, sob pena de invalidade da sentença por ser *citra petita*.

Ocorre que, no que toca à sentença *ultra petita*, não é unânime o entendimento por nós apresentado. Para respeitável parcela da doutrina, é lícito ao julgador fixar o aluguel em valor superior à contraproposta do réu sem incorrer a sentença em vício de julgamento *ultra petita*, uma vez que o aluguel indicado, quer na inicial, quer na contraproposta, é uma proposta de acordo. Não aceitos pelas partes os valores ofertados,

137 SALLES. Op. cit. p. 198.

138 Segundo lição de Sílvio Venosa, "não se pode fixar o valor do novo aluguel em quantia superior à requerida na inicial ou na contraproposta, sob pena de julgamento *ultra petita*" (VENOSA. Op. cit. p. 345).

não ficam as partes a eles vinculadas, cabendo, então, à perícia apurar o valor real de mercado.[139]

Há, ainda, entendimento no sentido de que o locatário, para evitar o risco de julgamento de improcedência e, consequentemente, perder a renovação, poderia se sujeitar à fixação de aluguel por arbitramento, alternativamente ao aluguel proposto.[140]

Pensamos, com a devida vênia, ser desnecessária essa sujeição. E isso porque, na prática, caso a ação renovatória se restrinja à discussão do valor do aluguel, a renovação será efetivada, mas pelo valor determinado pelo julgador. Assim, não há risco de perda da locação.[141]

Não obstante todas essas questões, pensamos que poderá o julgador decidir por valor diverso daquele proposto pelas partes, bem como daquele indicado pelo perito. Caso as partes proponham valores distintos, e o perito encontre um valor diverso daquele proposto por elas, ainda assim poderá o julgador fixar qualquer valor entre aquele proposto pelo locatário e o contraproposto pelo locador, mesmo que diverso daquele indicado pelo perito.

Como cediço, não está o julgador adstrito ao laudo pericial na formação do seu convencimento, podendo ele, a partir de outras provas constantes dos autos, arbitrar outro valor, mas desde que, a nosso sentir, dentro dos parâmetros estabelecidos pelas partes.

Trata o inciso III do art. 72 da Lei do Inquilinato da alegação do locador de não concordância com a renovação por ter melhor proposta de terceiro, o que já foi por nós examinado.

Quanto ao inciso IV do art. 72 da lei, trata ele da não renovação do contrato de locação pelo acolhimento das hipóteses tratadas nos incisos I e II do art. 52 da lei, as quais também já foram por nós examinadas.

Já o § 4º do art. 72 da Lei nº 8.245/91 trata da fixação do aluguel provisório que vigorará no curso da ação renovatória, enquanto não proferida a sentença que fixar o aluguel definitivo, a qual é desafiada por recurso de apelação sem efeito suspensivo.

Segundo o mencionado dispositivo, na contestação, o locador, ou sublocador, poderá pedir, ainda, a fixação de aluguel provisório, para vigorar a partir do primeiro mês do prazo do contrato a ser renovado, não excedente a 80% do pedido, desde que apresentados elementos hábeis para aferição do justo valor do aluguel.

139 SOUZA. *A Lei do Inquilinato...* Op. cit. p. 374.

140 DINIZ. Op. cit. p. 327.

141 No mesmo sentido, Sílvio Venosa (VENOSA. Op. cit. p. 350).

É essa, portanto, uma hipótese de tutela antecipada requerida pelo réu, que, em verdade, age como se fosse um autor ao formular sua pretensão, ante a natureza dúplice da ação renovatória.

Assim como ocorre, como regra, nas antecipações dos efeitos da tutela, só pode esse aluguel provisório ser deferido, por expressa determinação legal, ser for requerido pela parte, não podendo o juiz, de ofício, fixá-lo.[142] Uma vez não sendo requerido, continuará vigorando o aluguel do contrato que se pretende renovar.

Questão interessante é que essa antecipação dos efeitos da tutela não é totalmente satisfativa, e isso porque, segundo a lei, a fixação do aluguel provisório não poderá ultrapassar o percentual de 80% do valor requerido de aluguel. Portanto, a própria lei limita os efeitos da antecipação de tutela.

A fixação do aluguel provisório visa minimizar eventuais prejuízos que possam ser causados ao locador, caso permaneça vigendo, no curso da ação, o aluguel do contrato renovando. Assim, fixado o aluguel provisório, é esse que prevalecerá no curso da ação renovatória.

Ainda prevê a lei que o pedido de fixação do aluguel provisório deve ser formulado em contestação, para vigorar a partir do primeiro mês do contrato a ser renovado. Questiona-se, diante dessa previsão, se o locador pode formular o pedido em momento posterior, ou se haverá preclusão caso não o faça em sede de contestação.

Para parcela majoritária da doutrina,[143] o pedido deve obrigatoriamente ser feito na contestação, por expressa previsão legal, embora haja quem admita que, apesar de dever ser requerido em contestação, poderá o juiz fixá-lo apenas após a conclusão da perícia.

Há, todavia, posicionamento no sentido de que a norma não deve ser interpretada com rigor formal.[144] E isso porque, por ter o aluguel provisório um caráter econômico, que visa à redução da defasagem entre o aluguel vigente e o de mercado, não há por que negar o pedido formulado pelo locador após a contestação, mas desde que não atrapalhe o regular desenvolvimento do processo. Não há, inclusive, óbice a que a formulação do pedido se dê apenas após a realização da prova pericial, quando já se terá uma melhor visão do mercado.

Ainda segundo a lei, o aluguel provisório, uma vez fixado, começará a viger no primeiro mês do prazo do contrato a ser renovado. Essa determinação se justifica porque, sendo a ação ajuizada no penúltimo

142 No mesmo sentido, SALLES. Op. cit. p. 282.

143 SALLES. Op. cit. p. 282; VENOSA. Op. cit. p. 351; SLAIBI FILHO; SÁ. Op. cit. p. 494; SANTOS. Op. cit. p. 568; FUX. Op. cit. p. 183; DINIZ. Op. cit. p. 334.

144 SOUZA. *A Lei do Inquilinato...* Op. cit. p. 378.

semestre de vigência do contrato, ainda vigorarão, no curso da ação, o antigo contrato e o aluguel nele acordado pelas partes. Assim, o aluguel provisório só poderá viger após o fim do prazo do contrato que se pretende a renovação.

Note-se que, como já mencionado, o aluguel provisório vigorará durante todo o curso da fase de conhecimento do processo, e até a sentença. A sentença que renovar o contrato fixará o valor definitivo, que vigorará até o trânsito em julgado da ação, pois o recurso de apelação que desafia a sentença não tem efeito suspensivo, conforme o disposto no inciso V do art. 58 da Lei do Inquilinato.

Ainda no toca ao aluguel provisório, prevê a lei que ele só poderá ser fixado se apresentados elementos hábeis para a aferição do justo valor do aluguel. Deve, então, o locador instruir a contestação com elementos suficientes a embasar a fixação do valor do aluguel provisório, de modo a demonstrar que o aluguel vigente não está no patamar do mercado, o que será feito mediante a apresentação de documentos, como, por exemplo, anúncios retirados de jornal, revistas ou até da Internet que comprovem os valores de aluguel praticados na região, a fim de que o magistrado possa estabelecer o valor provisório.

Uma vez fixado o aluguel provisório, poderá ele, no curso do processo, se desatualizar, o que é bem provável ante a demora no trâmite das ações judiciais. Neste caso, será ele reajustado na forma do contrato antigo que se pretende renovar,[145] haja vista que as condições do novo contrato ainda não estarão vigentes, pois ainda não foram julgadas definitivamente. Não se admite, portanto, como leciona o Ministro do Supremo Tribunal Federal e Prof. Luiz Fux, que se apliquem as regras do *novo* contrato, pois "a lei só admite a modificação provisória do *quantum*, não assim do indexador ou da periodicidade".[146]

Por derradeiro, há que se examinar as consequências do não pagamento, pelo locatário, do aluguel provisório fixado judicialmente.

A partir do início de sua vigência, é o aluguel provisório o aluguel devido pelo locatário, que deverá pagá-lo na data do seu vencimento. No caso de mora, questiona-se se poderia o locador promover execução para cobrança da quantia devida, ou se seria possível até ajuizar, concomitantemente à renovatória, uma ação de despejo por falta pagamento. É possível vislumbrar, nessa controvérsia, duas correntes de entendimento.

145 Cf. FUX. Op. cit. p. 184; SOUZA. *A Lei do Inquilinato*... Op. cit. p. 381.

146 FUX. Op. cit. p. 184.

Para um primeiro entendimento, capitaneado pelo Prof. Luiz Fux, "a instabilidade do aluguel provisório não permite que ele enseje execução e ação de despejo, salvo quanto à parte incontroversa, isto é: na parte em que o autor e réu concordam. Até esse limite pode haver exigibilidade plena [...]".[147]

Já para um segundo entendimento, defendido, por exemplo, pelo Prof. Sylvio Capanema,[148] "o aluguel provisório, como é evidente, é devido pelo locatário, que terá que pagá-lo, pontualmente, sob pena de incorrer em mora, o que o sujeitará à ação de despejo". Mas, caso não o pague, também "é cabível a ação de execução, para compelir o locatário a pagar o aluguel provisório, já que há contrato escrito, sem o qual não seria cabível a renovatória".

Quanto à ação de despejo, perfilhamos do primeiro entendimento, no sentido de que não é ela cabível, e isso porque cremos não ser possível desalijar o locatário ainda no curso de uma ação em que se discutem os valores e, possivelmente, as próprias condições do contrato. Não é razoável retirar-lhe o imóvel e, consequentemente, o ponto e o exercício da empresa por conta de um valor provisório e ainda controverso. Quanto à execução, é ela plenamente viável, especificamente no tocante à parte incontroversa, deixando-se o remanescente para após o trânsito em julgado da sentença que eventualmente confirme o valor fixado provisoriamente.

Passando ao exame do aluguel definitivo, reza o § 5º do art. 72 da lei que a sentença poderá estabelecer periodicidade de reajustamento de aluguel diversa daquela prevista no contrato renovando, bem como adotar outro indexador para reajustamento do aluguel.

Admitiu o legislador, portanto, que o locador peça ao juiz para, na sentença, alterar ou estabelecer a periodicidade de reajustamento do aluguel,[149] bem como o indexador para reajuste. Observe-se, apenas, que pelo princípio da inércia de jurisdição, não poderá o juiz, *ex officio*, promover essa alteração, sendo necessária provocação nesse sentido.

## 8.2. Da cobrança da diferença dos aluguéis

Segundo o art. 73 da lei, uma vez renovada a locação, as diferenças dos aluguéis vencidos serão executadas nos próprios autos da ação, e

---

147 FUX. Op. cit. p. 184.

148 SOUZA. *A Lei do Inquilinato...* Op. cit. p. 381.

149 A Lei nº 8.245/91 foi editada antes do Plano Real. Com a sua implementação através da Medida Provisória nº 542/94, convertida na Lei nº 9.069/95, o índice indexador legal é o IPC-R, e a periodicidade do reajuste é anual, admitindo-se, entretanto, pedido e deferimento de reajustamento em período anterior.

pagas de uma só vez. Admitiu, pois, o legislador que, com o trânsito em julgado da sentença que fixou o novo aluguel, pode o locador, ou o locatário, nos próprios autos, executar a diferença dos aluguéis vencidos.

Portanto, se houver diferença dos aluguéis definitivos em relação aos aluguéis provisórios, ou aqueles pagos no curso do processo em decorrência do contrato anterior, que foram mantidos sem a fixação de aluguéis provisórios, seja em favor do locador, seja em favor do locatário, deverá ser paga ao final da ação.

E isso porque o aluguel definitivo retroagirá à data de início de vigência do novo contrato, o que certamente ocorrerá no curso da ação, pois o contrato anterior se encerrará nesse período. Assim, ao final da ação será apurada a diferença entre os valores pagos no curso da ação, desde o início de vigência do novo contrato, até a data da sentença que fixou os aluguéis definitivos, haja vista que a partir de então o novo aluguel já é devido, pois a apelação contra a sentença nas ações locatícias não tem efeito suspensivo.

Conforme lição de Gildo dos Santos, a execução poderá se dar na forma do revogado art. 475-B do Código de Processo Civil de 1973, hoje art. 509, § 2º do CPC/2015, dependendo de simples cálculo aritmético, apresentando o credor memória discriminada e atualizada de cálculo. Poderá o credor, contudo, "preferir excutir o seu crédito valendo-se do cumprimento de sentença, ainda nos autos da renovatória, com a observância do disposto no CPC, art. 475-J, acrescentada pela referida Lei 11.232/2005".[150]

Note-se que, também como explicita respeitável parcela da doutrina, pela dicção da lei não necessita o credor sequer requerer a execução do crédito, pois o dispositivo legal utiliza o verbo no futuro – as diferenças dos aluguéis vencidos *serão executadas* –, o que revela o caráter cogente da norma, sendo a cobrança, em verdade, um pedido implícito.[151]

150 SANTOS. Op. cit. p. 577. Hoje, em substituição ao art. 475-J CPC/1973, vige o art. 523 CPC/2015, o qual prevê que Art. 523. No caso de condenação em quantia certa, ou já fixada em liquidação, e no caso de decisão sobre parcela incontroversa, o cumprimento definitivo da sentença far-se-á a requerimento do exequente, sendo o executado intimado para pagar o débito, no prazo de 15 (quinze) dias, acrescido de custas, se houver. § 1º Não ocorrendo pagamento voluntário no prazo do caput, o débito será acrescido de multa de dez por cento e, também, de honorários de advogado de dez por cento. § 2º Efetuado o pagamento parcial no prazo previsto no caput, a multa e os honorários previstos no § 1º incidirão sobre o restante. § 3º Não efetuado tempestivamente o pagamento voluntário, será expedido, desde logo, mandado de penhora e avaliação, seguindo-se os atos de expropriação.

151 SOUZA. *A Lei do Inquilinato*... Op. cit. p. 384; FUX. Op. cit. p. 185.

Questiona-se, ainda, se é possível, ante o inadimplemento do locatário, e sendo o crédito favorável ao locador, requerer o despejo do devedor por falta de pagamento, em vez de exigir a cobrança das diferenças.

Segundo a doutrina, na hipótese de inadimplência do locatário quanto à diferença apurada, poderá o locador ajuizar a ação de despejo, rescindindo o contrato, haja vista que o débito se refere a aluguéis devidos, e o locador sempre teve a opção de, em se tratando de cobrança de aluguéis, promover a respectiva execução – se visar apenas a satisfação de seu crédito – ou promover a ação de despejo.

Por fim, de acordo com a nova redação do art. 74 da Lei do Inquilinato, trazida pela Lei nº 12.112/09, na hipótese de haver pedido do locador, na contestação, de despejo do locatário no caso de não ocorrer a renovação, o juiz determinará a expedição de mandado de despejo, que conterá prazo de 30 dias para a desocupação do imóvel pelo locatário.

É possível ao locador, portanto, executar provisoriamente a sentença de improcedência da renovação, desalijando o locatário, não necessitando, desta forma, iniciar um novo procedimento judicial para despejo, tornando mais célere a prestação jurisdicional.

Caso, no entanto, o locador não formule pedido de desocupação do imóvel em sua contestação, deverá propor ação de despejo após o trânsito em julgado da sentença que não renovar o contrato, seja por improcedência, seja por carência de ação.[152]

152 SOUZA. Op. cit. p. 389.

# 10

# Representação Comercial Autônoma, Agência e Distribuição

Aproximar produtor, comerciante e consumidor. Esta talvez seja a definição mais simples do objeto das espécies contratuais que ora passamos a estudar. A demanda por produtos e serviços cresce em progressão geométrica. Desenvolvem-se, ante essa exigência de consumo, inúmeras técnicas para a fabricação em massa, buscando-se sempre um aumento da produção com um menor custo.

Ocorre que o produtor, em razão da necessidade de se especializar cada vez mais na produção, fabricação, industrialização e no desenvolvimento de seus produtos, não pode dispender mais tempo e dinheiro para o aprimoramento de técnicas de escoamento e distribuição dos bens produzidos, uma vez que desviaria seus recursos técnicos e financeiros para o investimento nessa área de atuação.

De outro lado, os comerciantes reclamam as mercadorias ansiadas pelos consumidores em todo o território nacional e, muitas vezes, também no exterior.

É nesse cenário que são celebrados os contratos do gênero *distribuição* em que o produtor procura especialistas, profissionais que atuam no ramo de colocação de produtos e serviços de terceiros no mercado, para fazer a sua distribuição. São eles os representantes comerciais autônomos, agentes e distribuidores.

Tais pessoas, de maneira constante, profissional e não eventual, fazem a aproximação; e a mediação para a realização de negócios entre esses empresários, produtores e comerciantes, e algumas vezes entre o fabricante e o próprio consumidor.

Certo é que, com o crescimento da rede mundial de computadores – a Internet –, esse trabalho de intermediação começa a se tornar raro, uma vez que se abre a possibilidade de os produtores fornecerem seus produtos diretamente aos consumidores sem qualquer intermediário, o que, inclusive, diminui o custo final do produto.

Todavia, tais contratos continuam a ter grande relevância, uma vez que a compra dos produtos em grande quantidade, ou seja, no atacado, é feita pelos comerciantes e, em regra, esses negócios entre o fabricante e o comerciante são intermediados pelos profissionais do ramo da distribuição de produtos.

Há, ainda, outras espécies de negócios não empresariais que, como se verificará, também dependem de um intermediário, um especialista para a aproximação das partes, dependendo o sucesso, ou insucesso, da negociação da melhor, ou pior, capacitação do agente.

Vê-se, pois, que os contratos de distribuição são de grande relevância para os produtores, comerciantes, consumidores, prestadores de serviços, e alguns profissionais que dependem da atuação de intermediários para o exercício da sua atividade. Passaremos, então, ao estudo minucioso desses contratos.

## 1. CONTRATOS DE REPRESENTAÇÃO COMERCIAL AUTÔNOMA E AGÊNCIA

Antes de adentrarmos no estudo, propriamente, destas espécies contratuais, é imperioso discutirmos a questão que, desde o advento do Código Civil de 2002, tem sido objeto de grandes controvérsias na doutrina, que é a existência, ou não, de diferenças entre os contratos de representação comercial autônoma e de agência. Com a promulgação da nova lei civil, passou-se a discutir se existe, de fato, uma diferença entre estes dois contratos, de modo a ainda subsistir duas espécies contratuais autônomas, ou se há apenas um único contrato, regulado pelo Código Civil, que é o de agência.

A existência de diferenças entre esses contratos já era sustentada por Pontes de Miranda, em seu *Tratado de Direito Privado*, antes mesmo do advento da Lei nº 4.886/65 – a lei que regulamenta a atividade do representante comercial autônomo –, como noticiado por Rubens Requião.[1]

Segundo o saudoso tratadista, a diferença entre os contratos residiria no fato de que o representante comercial detém mais poderes que o agente, uma vez que o primeiro não apenas agenciaria propostas, mas também teria poderes próprios de representação, podendo concluir negócios, enquanto que o agente se limitaria à atividade de apresentar, ao agenciado, as propostas e ofertas que recebeu de terceiros.[2]

1 REQUIÃO, Rubens. *Do representante comercial*. Comentários à Lei nº 4.886, de 9 de dezembro de 1965, à Lei nº 8.420, de 8 de maio de 1992, e ao Código Civil de 2002. 9. ed. Rio de Janeiro: Forense, 2005. p. 48.

2 "O agente considera-se quem faz contrato de agência, pelo qual ou pelos quais se vincula perante alguma empresa, ou algumas empresas, a promover em determinada região, ou praça, os negócios com aquela, ou com aquelas, e de transmitir à empresa, ou às empresas, as *ofertas ou invitações à oferta* que obtiveram". Já o representante comercial "não só promove, conclui negócios jurídicos em nome e por conta de outrem, que é a empresa representada" MIRANDA, Pontes. *Tratado de direito privado*. Campinas: Bookseller. 2010. v. XLVI, p. 24-26.

Tal diferenciação foi criticada por Rubens Requião, apesar de sua concordância, *de lege ferenda*, com Pontes de Miranda. Para ele, posição esta sustentada após a entrada em vigor da Lei nº 4.886/65, mas antes do advento do Código Civil de 2002, não há, por uma interpretação do ordenamento, nenhuma diferença entre essas espécies contratuais: "Melhor teria sido se a lei houvesse adotado distinção entre as duas figuras, de modo que, na prática cotidiana do comércio, pudesse perceber-se logo à primeira vista, pelos simples enunciado da denominação, se estaria ou não o sujeito investido de poderes para concluir negócios. O agente comercial seria, dessa forma, o simples agenciador de propostas ou pedidos para transmiti-los ao representado, ao passo que o representante comercial seria quem praticasse atos relacionados com a execução dos negócios, para usar-se da mesma terminologia do art. 1º da Lei nº 4.886.

O sistema legal ora adotado em nosso país impede, a não ser complementado por construção doutrinária, que se institua a distinção cujas utilidade e excelência aqui se defendem, ao lado da incontestável autoridade de Pontes de Miranda."[3]

Para o citado comercialista, da leitura do art. 1º da Lei nº 4.886/65 não é possível extrair interpretação diversa daquela que conclui pela identidade do contrato de agência e de representação comercial: "A Lei nº 4.886 não oferece nenhuma distinção entre as figuras do representante comercial e do agente comercial. Ao invés, confunde-as, fazendo uma sinônima da outra. É significativo que, na definição legal do representante comercial, o artigo 1º use o verbo *agenciar* ('*agenciando* propostas ou pedidos'). Ora, quem *agencia* é, na linguagem comum, um *agente* ou *agenciador*."[4]

O que se conclui é que o Prof. Rubens Requião, apesar de entender que a legislação pátria deveria ter feito a diferenciação entre as figuras do representante comercial autônomo e do agente, se rendeu à previsão da Lei nº 4.886/65, que tratou ambas as figuras como sinônimas.

Também antes do advento do Código Civil de 2002, o Prof. Fran Martins defendeu que os contratos de representação comercial e agência têm a mesma identidade, ao afirmar expressamente que o "contrato de representação comercial é também chamado de contrato de *agência*, donde *representante* e *agente comercial* terem o mesmo significado".[5]

Como é possível perceber, antes da entrada em vigor do Código Civil de 2002 era representativa, na doutrina, a defesa de que os contratos de representação comercial e agência eram espécies contratuais distintas e

3 REQUIÃO. Op. cit. p. 49.

4 REQUIÃO. Op. cit. p. 47.

5 MARTINS, Fran. *Contratos e obrigações mercantis*. 15. ed. Rio de Janeiro: Forense, 2001. p. 269.

autônomas. Ocorre que, o Código Civil de 2002 foi promulgado trazendo, no Capítulo XII, do Título VI, do Livro I de sua Parte Especial, a regulamentação dos contratos de agência e distribuição, nada falando sobre o contrato de representação comercial. Ademais, ressalvou, em seu art. 721, que se aplicam ao contrato de agência e distribuição, no que couberem, as regras constantes em leis especiais, o que, em tese, significa a não revogação da Lei nº 4.886/65, que regulamenta a atividade do representante comercial autônomo. A partir daí instaurou-se grande controvérsia na doutrina acerca da subsistência, ou não, de diferenciação entre esses contratos.

Atualmente, parcela da doutrina entende que não há diferença entre os contratos de representação comercial e agência, sendo sinônimas, portanto, as expressões, de modo que, o antes denominado contrato de representação comercial – na forma da Lei nº 4.886/65 – é agora chamado, pelo Código Civil, de contrato de agência.[6] Essa conclusão encontra amparo, ainda, na Resolução nº 1.063/2015 do Conselho Federal de Representantes Comerciais, na qual expressamente se afirma, em seus considerandos, "que a Lei nº 10.406/2002, que instituiu o Código Civil Brasileiro, não estabelece distinção entre as atividades desenvolvidas pelo representante comercial e pelo agente, sendo ambas as denominações usadas indistintamente para designar aqueles que agenciam propostas ou pedidos na intermediação dos negócios mercantis para transmiti-los, respectivamente, aos seus representados ou proponentes".

A consequência dessa interpretação tem relevante reflexo na legislação aplicável aos contratos de representação comercial e agência, uma vez que, entendendo-os como uma única espécie contratual, "a regulamentação do contrato de representação comercial passa a ser feita pelo Código Civil (arts. 710 a 721) e supletivamente pela Lei nº 4.886/65 com as modificações trazidas pela Lei nº 8.420/92",[7] revogando-se as disposições da Lei nº 4.886/65 que conflitarem com o Código Civil de 2002.

Há, ainda, quem veja não uma diferença entre os aludidos contratos, mas sim uma relação de gênero e espécie, em que o contrato de agência

6 ARAGÃO, Leandro Santos de; CASTRO, Rodrigo R. Monteiro de. O contrato de distribuição do art. 710, *caput*, parte final do Código Civil de 2002. In: BUENO, J. Hamilton; MARTINS, Sandro G. (Coord.). *Representação comercial e distribuição*. 40 anos da Lei nº 4.886/65 e novidades do CC/02 (arts. 710 a 721). EC 45/04. Estudos em Homenagem ao Prof. Rubens Requião. São Paulo: Saraiva, 2006. p. 257; MARTINS E SCHEER, Eunice Fumagalli. A representação comercial e a cláusula del credere. In: BUENO, J. Hamilton e MARTINS, Sandro G. (Coord.). Op. cit. p. 330; BERTOLDI, Marcelo M. Hipóteses de rompimento do contrato de representação comercial. In: BUENO; MARTINS. Op. cit. p. 408.

7 BERTOLDI. Op. cit. p. 409.

é gênero e, portanto, com regras gerais, com maior abrangência, e o contrato de representação comercial é espécie, uma modalidade específica de contrato de agência.[8]

Mas, esses mesmos doutrinadores, embora se identifiquem com esse entendimento de que os contratos em exame guardam uma relação de gênero e espécie, divergem, entre si, quanto às consequências do advento do Código Civil em relação à Lei nº 4.886/65.

Para parcela deles, a representação comercial da Lei nº 4.886/65 é "modalidade específica, contida no gênero 'agência-distribuição' aplicável a negócios empresariais específicos, aos quais incidem as regras previstas no Código Civil, desde que não incompatíveis com o regime próprio instituído por aquele diploma legal".[9]

Então, segundo esse entendimento, no que tange ao contrato de representação comercial, é ele regido pela Lei nº 4.886/65, aplicando-se, contudo, as normas do Código Civil naquilo que não conflitar com a lei especial, de modo que a lei civil terá uma incidência supletiva.

Já para outra parcela desses doutrinadores, mesmo entendendo que a representação comercial é uma espécie de agência, sustenta-se que algumas determinações do Código Civil devem ser necessariamente observadas naquele contrato, uma vez que o diploma civil fixa normas gerais para ambos, ainda que contrarie a lei especial. E isso porque, na hipótese de haver regra nova trazida pelo Código Civil que disponha sobre o mesmo assunto da lei especial, vale a nova regra, por ser *novatio legis*.[10] Então, segundo esse entendimento, o Código Civil, apesar de ser lei geral, derrogou algumas disposições especiais da Lei nº 4.886/65, por ser mais nova.

Pensamos, todavia, que caso se entenda que a relação entre os contratos de agência e representação comercial é de gênero e espécie, só se admite uma solução para essa superposição de leis que gera um conflito aparente de normas: quanto ao contrato de agência, regulado pelo Código Civil, aplicam-se integralmente as regras deste e, subsidiariamente, por força do comando do art. 721 do Código Civil, aquelas previs-

8 NEGRÃO, Ricardo. *Manual de direito comercial & de empresa*. Títulos de crédito e contratos empresariais. São Paulo: Saraiva, 2010. p. 291; GONÇALVES NETO, Alfredo de Assis. O contrato de representação comercial no contexto do Código Civil de 2002. In: BUENO, J. Hamilton e MARTINS, Sandro G. (Coord.). Op. cit. p. 213; OLIVEIRA, Carlos Alberto Hauer de. Agência e representação comercial: a necessidade de harmonização da disciplina jurídica. In: BUENO; MARTINS. Op. cit. p. 235.

9 NEGRÃO. Op. cit. p. 291.

10 GONÇALVES NETO, Alfredo de Assis. O contrato de representação comercial no contexto do Código Civil de 2002. In: BUENO; MARTINS. Op. cit. p. 213.

tas na lei especial, obviamente naquilo que não conflitar com a lei geral, que é o Código Civil. Há que se frisar que, neste caso, a aplicação subsidiária da lei especial às omissões da lei geral decorre do próprio comando desta. Já quanto ao contrato de representação comercial, ainda segundo esse entendimento, devem ser aplicadas integralmente as disposições da Lei nº 4.886/65 e, subsidiariamente, as normas gerais do Código Civil que não conflitarem com a lei especial, sem qualquer derrogação pelo Código Civil, uma vez que lei geral não pode revogar lei especial.[11]

Há, ainda, posicionamento, que nos parece majoritário, no sentido de que os contratos de representação comercial e de agência são contratos distintos[12]. Procura trazer essa parcela da doutrina inúmeras diferenças entre os contratos, apontando as características peculiares de cada um deles.

Sem prejuízo de todas as características diferenciadoras apresentadas por aqueles que, como nós, defendem a permanência da separação e autonomia desses contratos, há uma delas que é marcante, em que parece haver um consenso entre os diversos doutrinadores: o contrato de representação comercial é voltado à intermediação de negócios mercantis, enquanto o contrato de agência é celebrado para a intermediação de *certos* negócios não mercantis.[13] Quanto a esta, voltaremos a explorá-la adiante.

---

11 Como bem leciona Paula Andrea Forgioni: "A Lei 4.886, de 1965, permanece em vigor, ao lado das disposições do novo Código Civil, por força do disposto no art. 2º da Lei de Introdução: 'Art. 2º [...] § 1º A lei posterior revoga a anterior quando expressamente o declare, quando seja com ela incompatível ou quando regule inteiramente a matéria de que tratava a lei anterior. § 2º A lei nova, que estabeleça disposições gerais ou especiais a par das já existentes, não revoga nem modifica a lei anterior'. No caso da representação comercial, temos que a lei nova (Código Civil) não revoga expressamente a lei de representação comercial, não com ela incompatível e tampouco regula a matéria inteiramente; daí que as disposições do Código Civil (artigos 710 e seguintes) estão em vigor, 'a par das já existentes', ou seja, daquelas contidas na Lei 4.886, de 1965" (FORGIONI, Paula Andrea. *Contrato de distribuição*. 2. ed. São Paulo: Revista dos Tribunais, 2008. Nota de rodapé nº 95, p. 95-96).

12 TEPEDINO, Gustavo. *Comentários ao Novo Código Civil*. Das várias espécies de contrato. Do mandato. Da comissão. Da agência e distribuição. Da corretagem. Do transporte. Arts. 653 a 756. v. X. Rio de Janeiro: Forense, 2008. p. 290; GAGLIANO, Pablo Stolze; PAMPLONA, Rodolfo. *Novo curso de direito civil*. Contratos. São Paulo: Saraiva, 2008. v. IV, t. 2, p. 388-389; CASES, José Maria Trepat. *Código Civil Comentado*. Várias espécies de contrato. Comissão. Agência e distribuição. Corretagem. Transporte. Seguro. Constituição de renda. Jogo e aposta. São Paulo: Atlas, 2003. v. VIII, p. 54; REQUIÃO, Rubens Edmundo. *Nova regulamentação da representação comercial autônoma*. O contrato de agência e de distribuição no Código Civil de 2002. 3. ed. São Paulo: Saraiva, 2007. p. 43-44; COELHO, Fabio Ulhoa. *Curso de direito comercial*. Contratos e recuperação de empresas. 11. ed. São Paulo: Saraiva, 2010. p. 114.

13 TEPEDINO. Op. cit. p. 293; GAGLIANO; PAMPLONA. Op. cit. p. 390. Como bem explicita Rubens Edmundo Requião: "Assim, o art. 1º da Lei n. 4.886/65 reserva para

Outra característica diferenciadora apresentada pelos doutrinadores que afirmam ser distintos estes contratos é de que a diferença entre eles não reside na natureza do negócio a ser intermediado, mas sim no modo de operação dos profissionais.[14]

Neste sentido, e segundo o Prof. Carlos Alberto Hauer de Oliveira, a Lei nº 4.886/65 prevê que o representante comercial autônomo apenas faz a aproximação entre as partes, agenciando propostas ou pedidos para transmiti-los ao representado, de modo que a representação se restringe à atividade de tomador de pedidos, em que o representante é "aquele que, portando um mostruário, uma tabela de preços e um bloco de pedidos, punha-se em campo na busca de potenciais compradores".[15]

Já o Código Civil, ao tratar do contrato de agência, não estabelece um método que será empregado pelo agente para promover a realização de *certos negócios*, na expressão utilizada pela Lei Civil. Nestes casos, se enquadrariam, por exemplo, os agentes de modelos, artistas e atletas, que conduzem as negociações para aproximar as partes em busca da concretização de certos negócios, em benefício do agenciado, como o licenciamento para a exploração de imagem.[16]

Com esse entendimento busca-se desviar das críticas formuladas por parcela da doutrina de que, com o advento do Código Civil de 2002, que unificou o direito das obrigações, não é mais possível fazer uma dicotomia entre obrigações civis e comerciais/mercantis.[17]

No tocante a essa questão, é certo que o Código Civil pretendeu unificar as obrigações civis e comerciais. Todavia, a lei civil não extinguiu definitivamente essa diferença, tanto que ressalvou, em suas disposições finais, que se aplicam aos empresários e sociedades empresárias as disposições de lei especial não revogadas por ele, referentes a comerciantes

a representação comercial a intermediação de *negócios mercantis*, no conceito clássico fundado na teoria dos atos do comércio (adotada à época da edição da Lei n. 4.886/65). Segue-se que a representação comercial, além de continuar existindo como contrato típico, permanecerá especializada aos negócios mercantis, já que o regime jurídico da intermediação especializada em negócios mercantis foi preservada pelo Código Civil. Em contrapartida, ao contrato de agência ou distribuição ficará debitada a missão de promover a intermediação, independente mas de modo permanente e de forma onerosa, de outros negócios, que não eram tradicionalmente tratados como negócios mercantis" (REQUIÃO, Rubens Edmundo. Op. cit. p. 19).

14 OLIVEIRA. Op. cit. p. 234.

15 OLIVEIRA. Op. cit. p. 237.

16 OLIVEIRA. Op. cit. p. 239.

17 OLIVEIRA. Op. cit. p. 231.

e sociedades comerciais, bem como a atividades mercantis.[18] Portanto, o próprio Código Civil ressalvou que há atividades eminentemente mercantis que serão regidas pelas leis especiais por ele não revogadas. É isso que ocorre com a representação comercial.

A nosso sentir, os negócios eminentemente mercantis são aqueles celebrados pelos empresários em razão, e no exercício, de sua atividade economicamente organizada para a circulação de bens e serviços. Então, negócios mercantis são aqueles celebrados no seio da atividade que caracteriza o empresário ou a sociedade empresária. E isso, ao que nos parece, não foi alterado pelo Código Civil, que continuou mantendo a dicotomia entre empresário/sociedade empresária e não empresário/sociedade simples. Negócio mercantil se qualifica, hoje, como negócio empresarial. Desta feita, o representante comercial é aquele que intermedia os negócios celebrados pelo empresário no exercício da sua atividade empresarial.

Por essa razão, entendemos que a intermediação de negócios mercantis continua sendo um critério diferenciador entre os contratos de representação comercial e agência.

Sem prejuízo, há, ainda hoje, na doutrina quem compartilhe o entendimento, já exposto anteriormente, de Pontes de Miranda. Como já explicitamos, o tratadista diferenciava os contratos pelos poderes conferidos ao representante comercial e ao agente.[19] Seguindo a mesma linha, afirma Sílvio de Salvo Venosa que os poderes do representante comercial

---

18 É o que dispõe o art. 2.037 do Código Civil: "Art. 2.037. Salvo disposição em contrário, aplicam-se aos empresários e sociedades empresárias as disposições de lei não revogadas por este Código, referentes a comerciantes, ou a sociedades comerciais, bem como a atividades mercantis."

19 É essa a opinião sustentada por Pablo Stolze, ao afirmar que "o representante comercial, entretanto, exerce atividade mais ampla, pois *pode participar da conclusão do negócio*, efetivamente *representando* a parte que lhe outorgou poderes, e, além disso, submete-se a registro específico em um Conselho Regional de Representantes Comerciais, vinculado, por sua vez, ao Conselho Federal, nos termos da Lei nº 4.886/65 (alterada pela Lei nº 8.420/92), inexigível dos simples agentes ou distribuidores. Caso o façam, passarão a exercer atividade contratual típica de representante comercial". GAGLIANO; PAMPLONA. Op. cit. p. 389. Semelhante é a opinião do emérito Desembargador do TJSP, o Prof. Carlos Roberto Gonçalves, quando examina o disposto no *caput* do art. 710, e seu parágrafo único, do Código Civil: "Quando ocorre a situação prevista no parágrafo único supratranscrito, em que o proponente confere poderes ao agente para que este o represente na conclusão dos contratos, *configura-se* o contrato de *representação comercial autônoma*, regido pela Lei nº 4.886, de 9 de dezembro de 1965, com as alterações feitas pela Lei n. 8.420, de 8 de maio de 1992." GONÇALVES, Carlos Roberto. *Direito civil brasileiro*. Contratos e atos unilaterais. São Paulo: Saraiva, 2004. v. III, p. 435.

são mais extensos do que o do agente, pois "o agente prepara o negócio em favor do agenciado; não o conclui necessariamente. O representante comercial deve concluí-lo. Essa é a sua atribuição precípua".[20] Então, seguindo esta linha de entendimento, os contratos se diferenciam pela extensão dos poderes dos profissionais contratados, de modo que o representante comercial tem mais poderes que o agente.

Muito embora seja um critério de diferenciação que, antes do vigência do Código Civil de 2002, pudesse ser sustentado, ele não parece subsistir quando examinadas, detidamente, a atual lei civil e a lei especial. Pensamos que, ante o disposto no art. 1º da Lei nº 4.886/65, e no art. 710, parágrafo único, do Código Civil, a extensão dos poderes dos profissionais não se revela um critério mais seguro para diferenciar ambos os contratos. Isso porque, segundo os mencionados dispositivos, nem o representante comercial autônomo, e nem o agente, tem, por natureza e originariamente, o poder de concluir os negócios que intermedeia.[21] Além disso, do exame da legislação vigente, é possível perceber que esse poder pode, facultativamente, ser conferido a ambos os profissionais.

O Código Civil, no parágrafo único do seu art. 710, autoriza que ao agente seja dada a incumbência de concluir o negócio, o que também é admitido pela Lei nº 4.886/65 para o representante comercial. Por essa razão, discordamos daqueles que entendem que a diferença entre os contratos está na amplitude dos poderes conferidos aos profissionais que os executam.

Outro critério de diferenciação interessante nos é apresentado por Carlos Alberto Hauer de Oliveira, para quem as regras previstas na Lei nº 4.886/65 são cogentes, de ordem pública e, portanto, de observân-

20 VENOSA, Sílvio de Salvo. *Direito civil*. 8. ed. São Paulo: Atlas, 2008. v. 3, p. 513.

21 Dispõe o art. 1º da Lei nº 4.886/65 que: "Art. 1º Exerce a representação comercial autônoma a pessoa jurídica ou a pessoa física, sem relação de emprêgo, que desempenha, em caráter não eventual por conta de uma ou mais pessoas, a mediação para a realização de negócios mercantis, agenciando propostas ou pedidos, para, transmití-los aos representados, **praticando ou não atos relacionados com a execução dos negócios**" (grifo nosso). Quanto ao art. 710, e seu parágrafo único, do Código Civil, dispõe que: "Art. 710. Pelo contrato de agência, uma pessoa assume, em caráter não eventual e sem vínculos de dependência, a obrigação de promover, à conta de outra, mediante retribuição, a realização de certos negócios, em zona determinada, caracterizando-se a distribuição quando o agente tiver à sua disposição a coisa a ser negociada. **Parágrafo único. O proponente pode conferir poderes** ao agente para que este o represente na conclusão dos contratos" (grifo nosso).

cia obrigatória, enquanto aquelas aplicáveis ao contrato de agência são dispositivas.[22]

Como bem leciona o precitado Prof., a Lei nº 4.886/65 foi editada a fim de proteger a categoria dos representantes comerciais, cuja profissão não era muito respeitada pela sociedade.[23] Por isso, utilizou o legislador diversas regras protetivas, assemelhadas àquelas previstas para os trabalhadores empregados pela CLT, para regular as relações dos representantes comerciais, como, por exemplo, a previsão de uma espécie de aviso-prévio que deve ser dado pelo representado ao representante comercial no caso de denúncia do contrato por prazo indeterminado.[24]

Outro exemplo de regra protetiva e, portanto, inafastável, é aquela prevista no art. 32, § 7º, da Lei nº 4.886/65, que veda, mesmo que haja consenso entre as partes, alterações no contrato que importem na diminuição da média dos rendimentos auferidos pelo representante nos últimos seis meses de sua vigência.[25]

Já o contrato de agência é caracterizado por normas dispositivas, ou seja, que podem ser afastadas pelo consenso das partes. "Para comprovar a assertiva, basta ler, a título exemplificativo, as primeiras palavras dos arts. 711, 713 e 714 do Código Civil, que apresentam, antes de enunciar a regra, a expressão 'salvo ajuste' ou 'salvo estipulação diversa'."[26]

Assim, por tudo o que já foi exposto, e pelo o que explicitaremos adiante, cremos não ser possível, ante o regramento pátrio, sustentar a identidade entre os contratos de representação comercial e de agência.

Primeiro, porque não é possível extrair, de nenhum dispositivo do Código Civil, o afastamento ou revogação do regramento próprio e especial do contrato de representação comercial. As disposições do Código Civil acerca do contrato de agência não fazem nenhuma menção ao con-

22 OLIVEIRA. Op. cit. p. 226.

23 OLIVEIRA. Op. cit. p. 222.

24 "Art. 34. A denúncia, por qualquer das partes, sem causa justificada, do contrato de representação, ajustado por tempo indeterminado e que haja vigorado por mais de seis meses, obriga o denunciante, salvo outra garantia prevista no contrato, à concessão de pré-aviso, com antecedência mínima de trinta dias, ou ao pagamento de importância igual a um têrço (1/3) das comissões auferidas pelo representante, nos três meses anteriores."

25 "Art. 32. O representante comercial adquire o direito às comissões quando do pagamento dos pedidos ou propostas. (Redação dada pela Lei nº 8.420, de 8.5.1992): [...]§ 7º São vedadas na representação comercial alterações que impliquem, direta ou indiretamente, a diminuição da média dos resultados auferidos pelo representante nos últimos seis meses de vigência" (Incluído pela Lei nº 8.420, de 8/5/1992).

26 OLIVEIRA. Op. cit. p. 226.

trato de representação comercial, tampouco à Lei nº 4.886/65 e, muito menos, à sua revogação ou superação.

O representante comercial possui lei própria, especial, que é a Lei nº 4.886/65, que não foi revogada, ao contrário, foi mantida, como se extrai da interpretação do art. 721 do Código Civil, que prevê a aplicação à agência e distribuição, no que couber, das regras constantes de leis especiais, deixando claro que a Lei nº 4.886/65 não foi revogada.

E a aplicação supletiva da lei especial se justifica pela semelhança existente entre esses contratos, semelhança esta que não os torna contratos idênticos. Caso o fossem, o Código Civil disporia que as regras da lei especial, especialmente aquelas que fossem conflitantes com as novas regras por ele trazidas, estariam revogadas. Mas assim não o fez.

Ademais, o Código Civil, nas suas disposições finais – no já mencionado art. 2.037 –, prevê expressamente que as leis especiais comerciais, não revogadas expressamente, só não são aplicáveis se houver disposição em contrário, o que não é o caso da Lei nº 4.866/65, em que não houve revogação expressa. Muito pelo contrário, o art. 721 do Código ressalvou a aplicação das disposições de lei especial.

Deste modo, a Lei nº 4.886/65 continua integralmente vigente, regendo o contrato de representação comercial, que não se submete às regras do Código Civil. Frise-se que, as regras do contrato de agência, a nosso sentir, não são regras gerais aplicáveis ao contrato de representação comercial, uma vez que são contratos distintos. Admitir-se-ia, tão somente, a aplicação analógica das normas previstas no *Digesto* pátrio à representação comercial, quando esta for omissa em determinada questão, e isso quando não conflitantes com a lei especial. Portanto, é imperioso concluir que ambos os contratos coexistem individualmente.

Firmadas essas premissas, passaremos ao estudo dos contratos propriamente ditos. Por questões didáticas, e para evitar repetições desnecessárias, haja vista a existência de inúmeras semelhanças, optamos por tratar, em conjunto, os contratos de representação comercial e agência. Naquilo que não forem semelhantes, as diferenças serão apontadas e explicitadas expressamente. No mais, o que for aplicável a ambos será examinado indistintamente.

## 1.1. Conceito

Os contratos de representação comercial e agência são muito semelhantes, diferindo apenas quanto a algumas características.

Em um conceito, é sempre bom que se diga, é importante destacar as características principais de um instituto, a fim de melhor individualizá-lo, o que é de suma relevância no caso dos contratos em estudo, tendo em vista a grande divergência doutrinária já apresentada quanto à existência, ou não, de diferença entre eles.

Em ambos os contratos a lei já nos apresenta um conceito, o que nos ajuda como um norte para a elaboração de uma definição ideal.

O conceito legal do contrato de representação comercial está previsto no art. 1º da Lei nº 4.886/65, que assim dispõe: "Exerce a representação comercial autônoma a pessoa jurídica ou a pessoa física, sem relação de emprêgo, que desempenha, em caráter não eventual por conta de uma ou mais pessoas, a mediação para a realização de negócios mercantis, agenciando propostas ou pedidos, para, transmiti-los aos representados, praticando ou não atos relacionados com a execução dos negócios."

Como se vê, a lei conceitua, em verdade, a figura do representante comercial autônomo, mas a partir dela podemos traçar um conceito do contrato de representação comercial.

A lei fala do sujeito que pode celebrar o contrato, pois dispõe que quem exerce a atividade de representação é uma pessoa natural ou jurídica. Também afirma a lei que a atividade é exercida com profissionalismo, uma vez que prevê que é ela desempenhada de maneira não eventual.

Traz, ainda, o dispositivo em exame o objeto essencial do contrato, que é a mediação ou intermediação. O contrato de representação comercial visa exatamente aproximar as partes contratantes, sem que o representante comercial haja, propriamente, como um mandatário, salvo se lhe forem conferidos tais poderes, como prevê o parágrafo único do art. 1º da Lei nº 4.886/65.

Isso significa que o representante comercial não atua em nome do representado, mas, como prevê a lei, ele atua *por conta* do representado, ou seja, em seu favor, no seu interesse. Como leciona Fran Martins, o representante comercial, "apesar do nome, apenas *angaria negócios* para o representado",[27] mas não representa o representando, não podendo, assim, obrigá-lo. Em verdade, ele representa um interesse, e não a pessoa do representado.

Por fim, dispõe a lei que a intermediação é para a celebração de negócios mercantis.

Há que se salientar que todos esses aspectos serão mais bem discutidos em momento oportuno, no entanto, para fins de elaboração de um conceito, buscamos destacar algumas características firmadas pela lei.

Há, ainda, outras características que, embora de igual relevância, não foram destacadas pelo legislador, como a atuação em zona determinada, a onerosidade do contrato e a questão da exclusividade, carac-

27 MARTINS. Op. cit. p. 274.

terísticas essas que cremos que devem estar em um conceito ideal de contrato de representação comercial.

Por essas razões, podemos definir o contrato de representação comercial como o contrato por meio do qual um empresário se obriga, com exclusividade ou não, em uma determinada zona, a intermediar negócios mercantis no interesse de outro, mediante remuneração, e por um prazo que pode ser determinado ou indeterminado.

Quanto ao contrato de agência, dispõe o art. 710 do Código Civil que "pelo contrato de agência, uma pessoa assume, em caráter não eventual e sem vínculos de dependência, a obrigação de promover, à conta de outra, mediante retribuição, a realização de certos negócios, em zona determinada, caracterizando-se a distribuição quando o agente tiver à sua disposição a coisa a ser negociada".

Como é possível vislumbrar, os conceitos entre os contratos são muito semelhantes, havendo, todavia, características presentes na representação comercial e que não estão presentes na agência, e vice-versa. Uma delas diz respeito aos sujeitos do contrato de agência, que, como se verá adiante, diverge-se se o agente ostenta, ou não, a condição de empresário.

Com essas brevíssimas observações acerca do contrato de agência, podemos conceitua-lo como o contrato por meio do qual uma pessoa se obriga, com habitualidade e, em regra, com exclusividade, em uma determinada zona, a intermediar certos negócios não mercantis, no interesse de outra pessoa, mediante remuneração, e por um prazo determinado ou indeterminado.

Esses são, portanto, os conceitos dos contratos de representação comercial e agência, cujo exame, ainda que superficial, já nos permite perceber que, apesar de semelhantes, não são idênticos.

## 1.2. Natureza jurídica

Quanto à natureza jurídica, não pairam controvérsias: tanto o contrato de representação comercial, que é inteiramente regulado pela Lei nº 4.886/65, quanto o contrato de agência, que é regulado pelo Código Civil, com aplicação supletiva da lei especial, são contratos típicos, nominados.

Não obstante, noticia Rubens Edmundo Requião que a doutrina vem sustentando, em algumas hipóteses, a natureza de contrato misto, ou de contratos coligados, no que toca ao contrato de representação comercial, quando, além de assumir as obrigações típicas do contrato de representação, como a intermediação para a celebração de negócios, o representante comercial autônomo alia prestações correlatas, como a montagem final dos produtos e revisão de entrega, prestação de assistência técnica, manutenção e fornecimento de peças em estoque, dentre outras.[28]

A cumulação dessas prestações se justificaria por razões econômicas e práticas, em que se torna desinteressante a celebração de inúmeros contratos, com diversos agentes, para o exercício de todas essas atividades, levando ao aumento do custo.

Então, concentrar-se-iam todas as atividades nas mãos de um só empresário, o representante comercial, e, como consequência, ter-se-ia uma combinação entre diversos contratos, como representação comercial, assistência técnica, fornecimento e compra para revenda,[29] o que leva à formação de um contrato atípico misto.

Não obstante, afirma o ilustre comercialista que, em sua opinião, mesmo nesses casos não seria desnaturado o contrato típico de representação comercial para um contrato misto, uma vez que a parte final do art. 1º da Lei nº 4.886/65 dispõe que o representante comercial poderá, ou não, praticar atos relacionados com a execução dos negócios. E dentre esses atos estariam, por exemplo, a assistência técnica e a manutenção e o fornecimento de peças de reposição.

Portanto, o conteúdo principal do contrato de representação comercial é a intermediação para a celebração de negócios, sendo as demais atividades meros desdobramentos, atos relacionados à sua execução e expressamente autorizados em lei. Então, ainda que praticados esses atos, tem-se apenas um único contrato típico de representação comercial.[30]

## 1.3. Sujeitos

A relação contratual na representação comercial e na agência envolve três sujeitos: o representante comercial ou agente; o representado, proponente ou agenciado; e o terceiro, que não faz parte do contrato em si, mas é parte na relação, que é o cliente.

Como já examinamos, os contratos de representação comercial e agência se caracterizam pela intermediação, isto é, o representante comercial e o agente fazem a mediação entre o representado/agenciado e o cliente. Então, quando presente essa triangulação, é possível constatar claramente a atuação do representante comercial ou do agente.[31]

28 REQUIÃO, Rubens Edmundo. Op. cit. p. 24-26.

29 REQUIÃO, Rubens Edmundo. Op. cit. p. 28.

30 REQUIÃO, Rubens Edmundo. Op. cit. p. 30-34.

31 Rubens Edmundo Requião bem explicita essa relação: "O dispositivo exibe, claramente, o triângulo formado pelas pessoas que agem em função do contrato de representação comercial autônoma. O que pretende vender um produto aciona

### 1.3.1. Representado ou proponente e agenciado

Vamos iniciar o estudo do primeiro sujeito sob a ótica do contrato de representação, ou seja, o primeiro a ser examinado é o representado ou proponente. Posteriormente, uma vez compreendida a figura do representado, examinaremos as peculiaridades em relação ao agenciado.

O representado ou proponente é o *empresário* produtor, fabricante dos produtos, ou o fornecedor de um serviço, cuja proposta de negócio, dirigida ao cliente, será mediada pelo representante comercial.

É imperioso ressaltarmos que, no que toca ao contrato de representação comercial, regido pela Lei nº 4.886/65, é ele um contrato interempresarial, de intermediação de negócios empresariais, mercantis. Portanto, o representado ou proponente deve ostentar a condição de empresário,[32] isto é, deverá ele ser empresário individual, sociedade empresária ou se constituir em uma EIRELI, e isso porque, como visto anteriormente, quando da diferenciação entre os contratos de representação comercial e de agência, a atuação do representante diz respeito à intermediação dos negócios empresariais do representado, de modo que este deve, então, exercer uma atividade empresarial.

A questão, todavia, deve ser vista sob outro ângulo no que tange ao contrato de agência. Por não se tratar de um contrato interempresarial, tendo em vista ser regulado pelo Código Civil e não prever a mediação de negócios mercantis, mas, ao contrário, por envolver certos negócios não mercantis, o agenciado ou proponente não necessariamente será um empresário.

---

um intermediário, que procura e localiza um comprador, agenciando-lhe uma proposta de negócio; este, por sua vez, celebra um contrato de compra e venda com o vendedor. É o triângulo: representado (vendedor), representante (o profissional) e o cliente (comprador). Quando se fecha este circuito, vê-se o representante comercial autônomo atuando, cumprindo o dever que lhe foi cometido, executando o contrato de representação comercial." REQUIÃO, Rubens Edmundo. Op. cit. p. 11.

---

32 Comungam da mesma opinião os Profs. Carlos Roberto Gonçalves (GONÇALVES. Op. cit. p. 435), Fábio Ulhoa Coelho (COELHO. Op. cit. p. 115) e Ricardo Negrão, segundo o qual, "no contrato de agência-representação, essa qualidade é implícita, decorre da definição legal que, embora desatualizada (realização de negócios *mercantis* pela lei de 1965, LRCA, art. 1º), aponta para o exercício de uma 'atividade econômica organizada para a produção ou circulação de bens' (CC, art. 966). É de se presumir que, mesmo antes de se introduzir o conceito moderno de empresa no Código Civil, aquele que contratava um representante para realização duradoura de negócios relativamente a seus produtos, o fazia porque mantinha negócio estruturado de cunho *mercantil* (como exigia a LRCA)" (NEGRÃO. Op. cit. p. 294).

Em verdade, a nosso sentir, o agenciado não deve ser empresário ou, ao menos, a atividade de mediação feita pelo agente não poderá envolver a atividade empresarial do agenciado, caso ele ostente essa condição. Se o agenciado for um empresário e o "agenciamento" envolver negócios mercantis, ou seja, envolver os negócios celebrados no exercício da sua atividade empresarial, caracterizado estará um contrato de representação comercial, e não de agência, pois o "agente" estará mediando um negócio mercantil.

Podemos dar, como exemplo de agenciado, a figura de um jogador de futebol. Não há impedimento legal para que ele ostente, cumulativamente à sua principal profissão, o *status* de empresário. Muito pelo contrário, é comum jogadores de futebol investirem seu dinheiro em outras atividades, como, por exemplo, no ramo de alimentos, abrindo restaurantes, bares ou pizzarias.

Nessa atividade secundária, o agente não poderá angariar negócios para o "jogador-empresário", pois se o fizer estará se caracterizando como um representante comercial autônomo. Mas nada impede que o agente faça a intermediação da celebração de contratos entre o jogador de futebol e um cliente, que pode ser uma marca esportiva para a realização de propagandas, ou até mesmo a transferência para um outro clube de futebol.

Então, no que toca aos negócios que envolvam a profissão de atleta, a mediação será feita, tecnicamente, por um agente. Caso o jogador queira um "agenciador" para os negócios que envolvam a sua atividade como empresário, deverá contratar um representante comercial.

Todavia, embora assim sustentemos, por honestidade acadêmica temos que frisar que este não é o entendimento que prevalece na doutrina. Segundo grande parcela da doutrina, a condição, ou não, de empresário do agenciado é facultativa, ou seja, o agenciado ou proponente pode, ou não, ser empresário,[33] sendo-lhe exigível apenas que a sua atividade seja uma atividade econômica, isto é, profissional e lucrativa. Isso significa que, segundo esse entendimento, o agenciado, enquanto profissional que necessite de um intermediador para a celebração de seus negócios, poderá exercer sua atividade econômica de forma organizada, constituindo-se como um empresário, ou poderá fazê-lo de modo simplificado, sem ostentar a condição de empresário.

33 GONÇALVES. Op. cit. p. 435; NEGRÃO. Op. cit. p. 294; GAGLIANO; PAMPLONA. Op. cit. p. 386.

### *1.3.2. Representante comercial e agente*

O segundo, e principal, sujeito da relação contratual é o representante comercial. É ele que faz a mediação dos negócios mercantis celebrados entre o proponente e o cliente. Como já examinamos, superficialmente, ao conceituar o contrato de representação comercial, o representante comercial faz a intermediação dos negócios por conta do proponente, mas não atua em nome dele, pois a sua atividade, salvo se houver a conferência de poderes para tal, não é de representação.

Como leciona o emérito Prof. Fábio Ulhoa Coelho, "o nome escolhido pelo legislador brasileiro, registro, não é o mais apropriado: a atividade típica do representante comercial não é representação, quer dizer, obter pedidos de compra dos produtos fabricados ou comercializados por certo empresário não significa praticar atos em nome deste. Ademais, os pedidos encaminhados pelo representante comercial não vinculam o representado, que pode simplesmente recusá-los. Se houvesse representação, no sentido em que tradicionalmente se entende o instituto de direito privado (Miranda, 1963, 44:31/32), os atos praticados pelo colaborador obrigariam o fornecedor, tal como no mandato".[34]

Portanto, o representante comercial, como regra, apenas faz a aproximação entre as partes. Ele se obriga a encontrar clientes interessados nos produtos ou serviços ofertados pelo proponente. Quem faz a proposta, contudo, não é o representante comercial, mas o próprio representado. É ele que conclui, como regra, o negócio, salvo quando o representante comercial tiver poderes para fazê-lo.

O representante comercial age por conta do proponente porque é contratado para este mister: obter pedidos de compra dos bens fabricados ou comercializados pelo representado.

Todavia, admite a Lei nº 4.886/65, em seu art. 1º, parte final, que o representante comercial pratique atos relacionados com a execução do negócio. Neste caso, o representante terá poderes próprios de representação, agindo em nome do proponente. Reforça esta afirmação o disposto no parágrafo único do mencionado dispositivo, segundo a qual a representação comercial, nesta hipótese, incluirá poderes atinentes ao mandato mercantil. Isso significa que a simples celebração do contrato de representação comercial não pressupõe a existência desses poderes, pois se exige que eles sejam conferidos expressamente no instrumento contratual.

Também como afirmamos no item 1.3.1, o contrato de representação comercial é um contrato interempresarial, de modo que tanto o representado, quando o representante, ostentarão a condição de empre-

34 COELHO. Op. cit. p. 114.

sário.[35] Isso significa que o representante comercial terá que exercer sua atividade econômica de forma organizada, ou seja, reunindo os quatro fatores de produção, que são o capital, o trabalho, a matéria-prima e a tecnologia, caracterizando-se como empresário individual, EIRELI ou sociedade empresária, a fim de poder atuar como representante comercial autônomo.

Sem prejuízo, há vozes na doutrina que, mesmo diferenciando as figuras do representante comercial e do agente, sustentam que o primeiro não necessita ser, obrigatoriamente, um empresário.

Segundo Ricardo Negrão, o agente, e aí também englobando o representante comercial, "pode ou não exercer essa atividade econômica de forma organizada porque nada há que o impeça de prestar o serviço 'pessoalmen-

35 Consoante esse mesmo entendimento, os Profs. Fábio Ulhoa Coelho (COELHO. Op. cit. p. 115) e Carlos Roberto Gonçalves (GONÇALVES. Op. cit. p. 435). Esse entendimento já era sustentado pelo saudoso Rubens Requião, antes do advento do Código Civil, em que afirmava que "temos sustentado que o representante comercial é comerciante. Opusemo-nos à posição doutrinária adotada por Juntas Comerciais, entre as quais a de São Paulo, que negava o arquivamento de declarações de firmas individuais, ou de atos constitutivos de sociedades, cujo objeto simplesmente era a representação comercial, por que os consideravam de natureza civil. Essa corrente de opinião, aliás muito difundida, formou-se evidentemente graças a um equívoco de apreciação de certos princípios comercialistas. Sustentam seus seguidores que, não exercendo o representante comercial a mercancia no próprio nome, não poderia portanto ser qualificado como comerciante. Desempenharia simples atividade de mediação não comercial e, consequentemente, civil. A sociedade que se formasse com esse objeto seria irretorquivelmente uma sociedade civil, cujo registro próprio caberia ao Registro Civil e não ao Registro do Comércio, a cargo das Juntas Comerciais" (REQUIÃO. Op. cit. p. 21). Rebatia o saudoso mestre os entendimentos contrários sob o argumento de que o exercício do comércio em seu próprio nome não é requisito para ser comerciante. Então, praticando, habitual e profissionalmente, atos de mediação de negócios mercantis, o representante comercial será um comerciante, haja vista que o contrato de representação comercial exclui do seu objeto os negócios civis: "Temos sustentado, de nossa parte convictamente, que o representante comercial é um comerciante, em toda a extensão da palavra. Além de todos os argumentos já expostos, ocorre-nos, finalmente, mais um implantado, ao que nos parece, no terreno da lógica jurídica. O art. 1º da lei sob comentário, ao definir a atividade do representante comercial, enuncia que a exerce a pessoa jurídica ou pessoa física, sem relação de emprego, que desempenha, em caráter não eventual por conta de uma ou mais pessoas, a mediação para a realização de *negócios mercantis*... Coloca, assim, a norma legal, a representação comercial a serviço somente de *negócios mercantis*, excluindo, por conseguinte, da atividade os *negócios civis*. Absurdo seria que a doutrina, numa impossível assimetria, fosse considerar a representação comercial uma atividade civil, porém destinada exclusivamente à realização de *negócios mercantis*... Além disso, o art. 4º exclui do exercício dessa atividade 'o que não pode ser comerciante'" (REQUIÃO, Rubens. Op. cit. p. 28).

te, sem contratação de mão de obra, investimento de capital significativo, desenvolvimento ou aquisição de tecnologias com alguma sofisticação".[36]

Visto o representante comercial, necessário se faz analisar o agente, diferenciando-o do primeiro. No que toca ao agente, conceituado pelo art. 710 do Código Civil, poderá ele ostentar, ou não, a condição de empresário, ou seja, trata-se de mera opção. Nada obsta que o agente exerça a sua atividade econômica de mediação de negócios de forma organizada, caracterizando-se como empresário individual, sociedade empresária ou EIRELI.

O que, todavia, não pode ocorrer é a intermediação de negócios mercantis do agenciado, isto é, não pode o agente intermediar os negócios empresariais do agenciado, aqueles negócios celebrados por este no exercício da sua atividade empresarial.

Não pode, por exemplo, o agente negociar vendas de produtos de um fabricante/fornecedor, sob pena de estar mediando negócios mercantis, atividade esta inerente ao representante comercial. Assim, se o ele o fizer, estará descaracterizado como agente, passando a ostentar a condição de representante comercial, o que lhe exigirá, como veremos mais a frente, o cumprimento de algumas formalidades legais.

Ainda assim, reconhecemos que, como regra, o agente deve ser uma pessoa natural não empresária, exercendo sua atividade por conta própria, ou até mesmo com a ajuda de colaboradores, mas sem uma organização empresarial. Isso significa que, em regra, o agente será um profissional liberal. Mas, ainda uma vez, cumpre observar que nada impede que essa pessoa natural se organize e exerça sua atividade como um empresário, sociedade empresária[37] ou EIRELI.

---

36 NEGRÃO. Op. cit. p. 294-295. Igualmente sustenta o Prof. Rubens Edmundo Requião, em nota atualizadora da festejada obra de seu pai, o Prof. Rubens Requião, ao defender a possibilidade do representante comercial exercer sua atividade sem uma organização empresarial: "Assim, não resta dúvida de que ao representante comercial, ao agente, ao distribuidor, organizados segundo a sua conveniência e no exercício de sua profissão, se outorgou a condição de empresário, titular da empresa. Entretanto, com a sobrevivência do disposto no art. 1º da Lei nº 4.886, de 1995, permite-se que o representante comercial exerça sua atividade na condição de 'autônomo', ou seja, na condição de pessoa natural, sem se organizar em sociedade empresária ou sem se registrar no Registro Público das Empresas Mercantis como empresário, o antigo comerciante individual. Bastará, neste último caso, o registro no Conselho Regional dos Representantes Comerciais" (REQUIÃO. Op. cit. p. 29).

37 É essa a opinião, por exemplo, dos Profs. Ricardo Negrão (NEGRÃO. Op. cit. p. 294), Carlos Roberto Gonçalves (GONÇALVES. Op. cit. p. 435) e José Maria Trepat Cases (CASES. Op. cit. p. 60).

Sem prejuízo, interessante é o entendimento esposado por Rubens Edmundo Requião, a partir de uma interpretação do art. 719 do Código Civil, de que *apenas* as pessoas naturais podem exercer a atividade de agente, afastando-se a possibilidade de pessoas jurídicas serem agentes/agências no sentido técnico do termo.[38]

Prevê o mencionado dispositivo que "se o agente não puder continuar o trabalho por motivo de força maior, terá direito à remuneração correspondente aos serviços prestados, cabendo esse direito aos herdeiros no caso de morte". Por força desta redação, afirma Rubens Edmundo Requião que "é, portanto, válida a ilação, decorrente da referência aos herdeiros como sucessores por morte do agente para haver a remuneração dos negócios que intermediara, que o contrato de agência ou distribuição somente poderá ser exercido por pessoas naturais".[39]

Quer dizer com isso, o citado professor, que se a lei prevê que no caso de morte do agente, a remuneração será devida aos seus herdeiros, dúvidas não há de que só uma pessoa natural pode exercer a atividade de agenciamento, uma vez que só a pessoa natural pode morrer e deixar herdeiros.

Não obstante, e embora concordemos que a regra, nos contratos de agência, é que o agente seja uma pessoa natural, discordamos do silogismo desenvolvido pelo professor paranaense, de modo que afirmamos não ser exclusivo das pessoas naturais esta atividade.

Em verdade, o Código Civil, com a previsão de seu art. 719, apenas quis assegurar o direito de os herdeiros receberem a remuneração do *de cujus* quando a atividade de agenciamento for exercida por uma pessoa natural, seja um empresário individual, seja um não empresário, mas não quis conferir exclusividade às pessoas naturais para o exercício desta atividade.

Tal previsão se faz necessária, no caso do exercício da atividade de agência por pessoas naturais, porque se a atividade for exercida por uma sociedade empresária, mesmo ocorrendo a morte de um dos sócios, a remuneração continuará sendo devida à pessoa jurídica, não havendo que se falar em herdeiros, haja vista que, nesta hipótese, o titular da atividade e credor da remuneração é a própria sociedade, e não a pessoa natural que a integra.[40] O legislador quis, portanto, apenas regular uma situação que poderia gerar controvérsias na prática.

---

38 REQUIÃO, Rubens Edmundo. Op. cit. 20.

39 Idem.

40 A mesma crítica ao posicionamento do emérito Prof. Rubens Edmundo Requião é feita por Carlos Alberto Hauer de Oliveira: "Mostra-se inviável a admissão deste critério. Em primeiro lugar, porque na definição da agência não há qualquer restrição ao fato de a pessoa jurídica figurar como agente, de modo que, onde a lei não impôs limitações, não cabe ao intérprete fazê-lo. De todo modo, o simples

Assim, entendemos que, embora o art. 719 do Código Civil se refira apenas a pessoas naturais, tal disposição tem um propósito específico, que não é afastar a possibilidade de pessoas jurídicas exercerem a agência, de modo que a atividade de agenciamento pode ser exercida tanto por pessoas naturais quanto por pessoas jurídicas.

Por fim, é preciso destacar que há, ainda, entendimento no sentido de que a agência, apesar de regulada no Código Civil, é um contrato eminentemente mercantil e, por essa razão, voltado e restrito à mediação para a compra e venda de mercadorias, não tendo a amplitude que a ele se pretende conferir. Assim, não seria possível denominar de agentes, por exemplo, os profissionais que agenciam atletas e artistas.[41] Seriam os agentes, pois, empresários, e apenas intermediariam negócios de compra e venda mercantis.

### *1.3.3. Cliente*

O último sujeito da relação que, todavia, não é parte do contrato, é o cliente. O cliente poderá ser tanto um comerciante, um empresário que adquire os produtos do proponente para revenda, como também poderá ser o próprio consumidor dos produtos ou serviços oferecidos pelo proponente.

### *1.3.4. Responsabilidade dos sujeitos do contrato*

Neste tópico trataremos da responsabilidade dos sujeitos envolvidos no contrato de representação comercial ou agência por danos

fato de a lei ter garantido aos sucessores do agente a possibilidade de buscar os créditos deste não é suficiente para concluir-se que somente pessoas físicas podem atuar como agentes, sob a justificativa de que somente as pessoas naturais é quem podem morrer e ter herdeiros. Trata-se, é claro, de um dispositivo que só tem pertinência quando o agente for pessoa natural, mas daí concluir que somente as pessoas naturais podem ser parte ativa deste contrato é uma demasia. Veja-se, de outro lado, que naturalmente não poderia, nem tampouco precisaria, a lei prever algo semelhante para o agente pessoa jurídica. E a razão para tanto é bastante simples: o fato de a pessoa jurídica não morrer. Se falecer um de seus integrantes, p. ex., não há que se falar em sucessão, pois será a própria pessoa jurídica que, mantendo a personalidade jurídica, poderá exigir o crédito próprio" (OLIVEIRA. Op. cit. p. 233).

41 É essa a opinião de Antônio Félix de Araújo Cintra e Ricardo Berger, no texto intitulado "É hora de definir agência e distribuição no novo Código Civil". Disponível em: <http://jus.com.br/revista/texto/4148/e-hora-de-definir-agencia-e-distribuicao-no-novo-codigo-civil>. Acesso em: 4 out. 2011.

causados aos clientes ou terceiros, bem como a responsabilidade do representante comercial ou do agente pelo inadimplemento do cliente perante o representado ou agenciado.

Nesta análise, começaremos tratando da polêmica questão envolvendo a responsabilidade do representante comercial, ou do agente, por vícios dos produtos ou serviços do proponente, ou por danos causados aos clientes em decorrência desse defeito, o que se denomina de fato do produto ou serviço.

Como vimos, o representante comercial, ou o agente, é um mediador, é aquele que faz a aproximação entre o fornecedor do produto ou serviço e o cliente. Ele não celebra o negócio, não vende o bem. Quem o faz é o proponente, ou seja, o negócio é celebrado por ele. Portanto, o representante comercial, ou o agente, não é o fornecedor do bem ou serviço, e tampouco empregado deste. Por essa razão, não pode ele responder por defeitos de um produto que ele não fabrica, e tampouco comercializa.

A mesma conclusão se extrai na hipótese de o representante comercial, ou o agente, deter poder de representação. Mesmo nesta hipótese não pode ele ser responsabilizado, pois estará agindo em nome de outrem, do representado. É essa a regra insculpida na primeira parte do art. 663 do Código Civil.[42]

Conclui-se que, como regra, no exercício da sua atividade, o representante comercial, assim como o agente, não responderá por danos causados por produtos ou serviços fornecidos pelo proponente, por não ser o fabricante, comerciante, e muito menos preposto destes.

Ocorre que o representante comercial, ou o agente, pode, por ato próprio, lesar o cliente, como nas hipóteses de conduta lesiva ou prestação de informação errônea ao cliente acerca do produto ou serviço do fornecedor.[43] É induvidoso que, neste caso, pela regra geral da responsabilidade civil refletida no brocardo romano *neminem laedere*, de que ninguém deve lesar outrem, o representante comercial, ou o agente, responderá pelos danos causados ao cliente.[44]

42 "Art. 663. Sempre que o mandatário estipular negócios expressamente em nome do mandante, será este o único responsável; ficará, porém, o mandatário pessoalmente obrigado, se agir no seu próprio nome, ainda que o negócio seja de conta do mandante."

43 MARTINS, Ivanise Maria Tratz. A responsabilidade do representante comercial perante o Código de Defesa do Consumidor. In: BUENO; MARTINS. Op. cit. p. 371.

44 É isso que dispõe o art. 927 do Código Civil: Aquele que, por ato ilícito (arts. 186 e 187), causar dano a outrem, fica obrigado a repará-lo.

Vê-se, portanto, que pode o representante comercial – assim como o agente – responder civilmente, mas desde que seja por ato próprio seu. Diante desta possibilidade, questiona-se qual seria a natureza desta responsabilidade. A nosso sentir, não havendo relação de consumo entre o proponente e o cliente, aplicar-se-á o Código Civil que, como regra, impõe uma responsabilidade subjetiva. Então, o representante comercial, ou o agente, responderá subjetivamente, sendo necessária a prova da culpa.

Não vislumbramos na atividade de representação comercial, ou de agência, uma atividade de risco, isto é, uma atividade que, na sua essência, exponham terceiros a risco. Assim, não é aplicável o disposto no parágrafo único do art. 927 do Código Civil, que prevê a responsabilidade objetiva nessas hipóteses.[45]

Tampouco haverá solidariedade entre o representante comercial, ou o agente, e o proponente, mesmo que tenham sido conferidos poderes de representação, pois o representante comercial, ao exercer indevidamente os poderes que lhe foram conferidos, será considerado um mero gestor de negócios (art. 665 CC),[46] e responderá perante o cliente e perante o próprio representado se vier a lhe causar danos (art. 861 CC[47] c/c art. 866 CC).[48]

Se houver relação de consumo, o representante comercial, ou o agente, responderá objetivamente pelos danos causados ao consumidor por ato próprio, salvo nas hipóteses em que o agente, na condição de não empresário, for um profissional liberal, hipótese em que responderá subjetivamente, por força do que dispõe o art. 14, § 4º, do Código de Defesa do Consumidor.[49]

45 "Art. 927. [...]. Parágrafo único. Haverá obrigação de reparar o dano, independentemente de culpa, nos casos especificados em lei, ou quando a atividade normalmente desenvolvida pelo autor do dano implicar, por sua natureza, risco para os direitos de outrem."

46 "Art. 665. O mandatário que exceder os poderes do mandato, ou proceder contra eles, será considerado mero gestor de negócios, enquanto o mandante lhe não ratificar os atos."

47 "Art. 861. Aquele que, sem autorização do interessado, intervém na gestão de negócio alheio, dirigi-lo-á segundo o interesse e a vontade presumível de seu dono, ficando responsável a este e às pessoas com que tratar."

48 "Art. 866. O gestor envidará toda sua diligência habitual na administração do negócio, ressarcindo ao dono o prejuízo resultante de qualquer culpa na gestão."

49 "Art. 14. O fornecedor de serviços responde, independentemente da existência de culpa, pela reparação dos danos causados aos consumidores por defeitos relativos à prestação dos serviços, bem como por informações insuficientes ou inadequadas sobre sua fruição e riscos. [...] § 4º A responsabilidade pessoal dos profissionais liberais será apurada mediante a verificação de culpa."

Entretanto, em quaisquer das hipóteses de relação de consumo, a responsabilidade do representante comercial, ou do agente, será solidária à do fornecedor/proponente, mesmo que o dano tenha sido causado exclusivamente pelo representante comercial/agente por ato próprio deste, e ainda que não tenham sido conferidos poderes de representação, por força do que dispõe o art. 34 do diploma consumerista.[50]

Na doutrina, defende Claudia Lima Marques, ao examinar especificamente o contrato de agência de turismo, a responsabilização direta da agência, por conta da teoria da aparência, ou seja, o consumidor, ao procurar a agência, crê que está celebrando com ela o contrato, tanto de hospedagem quanto de transporte.

Segundo a autora, "esses contratos são fechados entre agências de turismo e consumidores, incluindo em seu objeto não só a viagem (aérea, marítima ou terrestre), mas também a hospedagem, os traslados e uma série de atividades recreativas, como excursões, idas a museus, *shows* etc. É um contrato de prestação de serviço, mas os serviços nem sempre são prestados por prepostos da agência e sim por uma verdadeira rede de fornecedores, ficando a depender destes a qualidade da prestação no total. No caso, a relação contratual do consumidor é com a agência de viagem, podendo exigir desta a qualidade e a adequação da prestação de todos os serviços que adquiriu no pacote turístico contratado, como se os outros fornecedores e seus prepostos fossem".[51]

Assim, conclui a autora pela responsabilização solidária de todos os sujeitos da cadeia, inclusive a agência: "A partir da entrada em vigor do CDC, também no Brasil uma nova importância foi reservada à qualidade (leia-se, expectativas legítimas e razoáveis) e à informação na fase pré-contratual e durante a execução dos contratos de viagem. O resultado prático da inversão de papéis (da *caveat emptor* para a *caveat vendictor*) e da imposição legal de novos deveres aos fornecedores, também no ramo do turismo, foi o reconhecimento pela jurisprudência de uma nova responsabilidade (própria e solidária) para as agências de viagem, as quais comercializam os chamados 'pacotes turísticos' e passam a ser responsáveis pela atuação de toda uma cadeia de fornecedores por elas escolhidos e previamente contratados."[52]

Há que se ressaltar que, mesmo nos casos em que a responsabilidade do *agente* é subjetiva, nas hipóteses em que ele ostentar a condição

---

50 "Art. 34. O fornecedor de produtos ou serviços é solidariamente responsável pelos atos de seus prepostos ou representantes autônomos."

51 MARQUES, Claudia Lima. *Contratos no Código de Defesa do Consumidor*. O novo regime das relações contratuais. 5. ed. São Paulo: Revista dos Tribunais, 2006. p. 454.

52 MARQUES, Op. cit. p. 455-456.

de profissional liberal, a responsabilidade do fornecedor/proponente será sempre objetiva.

Então, na hipótese de solidariedade, se o consumidor demandar todos aqueles integrantes da cadeia, apenas conseguirá responsabilizar o agente, quando ele for um profissional liberal, se comprovar o seu dolo ou culpa, o que tornará o *iter* processual mais longo e complexo.

Assim, melhor será que, na hipótese de responsabilidade solidária em que o agente for um profissional liberal, o consumidor ajuíze a ação apenas em face do fornecedor, evitando a discussão acerca da culpa ou dolo do intermediador. Nesse caso, condenado o fornecedor/proponente, este poderá regressar contra o profissional liberal, mas com o ônus de provar a culpa ou dolo deste último.

Ainda no que toca à responsabilização do representante comercial ou do agente, é imperioso examinarmos a questão da sua responsabilidade perante o representado ou agenciado pelo inadimplemento do cliente. Questiona-se acerca da possibilidade de se responsabilizar o representante comercial ou o agente pelo não pagamento do preço pelo cliente.

A atividade do representante comercial, bem como a do agente, é uma atividade de mediação, em que se busca a aproximação das partes contratantes do negócio, que são o fornecedor e o cliente. Portanto, como regra, o representante comercial, ou o agente, não celebra o negócio, ele apenas aproxima as partes. E, quando o celebra, isto é, nas hipóteses em que lhe é permitido concluir o negócio, ele o faz na condição de representante, de mandatário, ou seja, age em nome do representado, ou do agenciado. Com efeito, não seria razoável responsabilizar o representante ou o agente pelo inadimplemento em um negócio que ele não celebrou, e de que tampouco era parte.

Não obstante, mesmo após o advento da Lei nº 4.886/65, que possui inúmeras normas de proteção ao representante comercial, o que se via era a celebração de contratos de representação comercial com a imposição da cláusula de responsabilização do representante comercial autônomo no caso de inadimplemento dos clientes, denominada de cláusula *del credere*. Condicionava-se, então, a contratação da representação à inserção dessa cláusula.[53]

53 Acerca da utilização da cláusula *del credere* nos contratos de representação comercial, explicita Eunice Fumagalli Martins e Scheer que: "Usual e permitida como era na comissão mercantil (art. 179 do Código Comercial), a sua adoção reiterada na representação comercial foi fruto das práticas mercantis, o que era possibilitado pelo poder de barganha do fabricante, a parte mais forte da relação jurídica. Portanto, mesmo o representante comercial, figura que surgiu nesse cenário com certa vantagem – em relação ao comissário – porque não se obrigava em nome próprio, muitas vezes precisava se submeter à contratação da representação com cláusula *del credere*, sob pena de não contratar" (MARTINS E SCHEER. Op. cit. p. 330).

O legislador, diante dessa situação, constatando essa conduta abusiva dos representados de inserir cláusula com a finalidade de imputar aos representantes comerciais a responsabilidade pelo inadimplemento dos clientes, fez inserir, no art. 43 da Lei nº 4.886/65, por intermédio da Lei nº 8.420/92, uma vedação à utilização de cláusulas de responsabilização do representante no caso de inadimplemento do cliente, com a seguinte redação: "É vedada na representação comercial a inclusão de cláusulas *del credere.*"

A utilização da expressão *cláusulas*, no plural, demonstra a intenção de vedar a utilização de qualquer cláusula dessa natureza, independentemente do nome que se pretenda dar à responsabilização do representante.[54]

Assim, desde o advento da Lei nº 8.420/92, é expressamente vedada a imposição ao representante comercial, mesmo com sua anuência, de assunção de responsabilidade pelo inadimplemento do cliente. Note-se que essa vedação se estende ao contrato de agência,[55] por força do disposto no art. 721 do Código Civil, uma vez que se aplica a Lei da Representação Comercial Autônoma ao contrato de agência, ante a sua grande semelhança e compatibilidade de regras.

Observe-se que não se pode falar em aplicação, na hipótese do contrato de agência, da norma do art. 698 do Código Civil, que admite a inclusão da cláusula *del credere* nos contratos de comissão. Tal observação se faz necessária porque o art. 721 do Código Civil dispõe que aplicam-se ao contrato de agência as disposições do contrato de comissão no que couber, dando a impressão de que, ao contrário do que ocorre com a representação comercial, na agência seria cabível a inclusão da cláusula *del credere.*

E essa impossibilidade decorre de dois fatores: (i) primeiro, o contrato de comissão é muito distinto do contrato de agência, ao contrário do contrato de representação comercial, que lhe é assemelhado, de modo que se aplicam, preferencialmente, as regras deste último ao contrato de agência, e não aquelas inerentes ao contrato de comissão; e (ii) segundo que as normas da comissão só serão aplicáveis ao contrato de agência no que couber, ou seja, naquilo que com ele for compatível. E a cláusula *del credere* é incompatível com o contrato de agência, cuja natureza é análoga ao contrato de representação comercial, que

54 MARTINS E SCHEER. Op. cit. p. 333.

55 No mesmo sentido é a lição do Prof. Rubens Edmundo Requião, ao se referir à impossibilidade de inclusão da cláusula *del credere* nos contratos de representação comercial autônoma: "Esta proibição beneficia também o contrato de agência ou distribuição, nos termos do art. 721 do Código Civil." REQUIÃO, Rubens Edmundo. Op. cit. p. 218.

contém vedação expressa à assunção de responsabilidade do representante comercial, e consequentemente do agente, pela insolvência do cliente.

Há que se aplicar, então, a norma que for mais protetiva ao agente, utilizando-se a mesma *ratio* que fundamentou a criação da proibição para o contrato de representação comercial pelo legislador que editou a Lei nº 8.420/92.

## 1.4. CARACTERÍSTICAS

### 1.4.1. Autonomia e profissionalismo do representante comercial e do agente

O representante comercial autônomo, assim como o agente, age com autonomia, sem dependência, conforme o disposto no art. 1º da Lei nº 4.886/65 e no art. 710 do Código Civil. A lei especial prevê que o representante comercial exerce sua função sem relação de emprego e em caráter não eventual, dispondo também o Código Civil que o agente exerce sua atividade em caráter não eventual e sem vínculo de dependência.

Quanto à autonomia, isso significa dizer que o representante comercial e o agente atuam por conta própria, são independentes, não havendo relação de emprego entre eles e o proponente, ou seja, não são eles empregados do representado ou do agenciado.

Atuar por conta própria significa exercer sua atividade sem subordinação, isto é, o proponente não exerce controle sobre o agente ou o representante, não estabelecendo horário de trabalho, não exigindo relatórios, não determinando a submissão a supervisores, ou qualquer outra conduta que subordine a atividade do profissional.

Existindo alguma dessas características, ou seja, havendo alguma subordinação, o contrato de representação comercial, ou de agência, restará descaracterizado, podendo configurar um contrato de trabalho, mesmo que celebrado um contrato escrito sob o nome de representação comercial ou de agência. E isso porque não é o *nomen iuris* dado pelas partes para o contrato que determinará o regime jurídico que irá reger a relação, mas sim as características do negócio. É plenamente aplicável, aqui, aquela expressão popular: parece, mas não é.

E isso porque, como leciona Rubens Edmundo Requião, "o contrato de trabalho é havido como contrato-fato, surgindo no mundo jurídico desde que se verifiquem os seus requisitos básicos (prestação de trabalho não eventual, em regime de subordinação e mediante salário), mesmo contra a vontade das partes, que podem ter toda a sincera intenção de formular um contrato diferente do de trabalho, mas podem trair-se quando o executam".[56]

Todavia, há que se observar uma peculiaridade existente no regramento jurídico imposto pela Lei nº 4.886/65, no que toca a natureza do crédito do representante comercial no caso de falência do representado. Apesar da inexistência de relação de emprego entre eles, prevê o art. 44 da lei, incluído pela Lei nº 8.420/92, que "no caso de falência do representado as importâncias por ele devidas ao representante comercial, relacionadas com a representação, inclusive comissões vencidas e vincendas, indenização e aviso prévio, serão considerados créditos da mesma natureza dos créditos trabalhistas".

A lei, então, conferiu aos créditos do representante, no caso de falência do representado, a mesma natureza dos créditos trabalhistas. Importante ressaltar que a lei não transformou a relação entre representante comercial e representado em uma relação trabalhista, de emprego, submetida à CLT. Quis a lei dar uma preferência aos créditos dos representantes comerciais, conferindo-lhes a mesma natureza dos créditos trabalhistas, e isso, induvidosamente, por conta de seu caráter alimentar, semelhante ao salarial do crédito trabalhista.

Há que se observar que antes do advento da Lei nº 8.420/92, que incluiu o art. 44 à Lei nº 4.886/65, os créditos de comissões, de indenizações pelo rompimento do contrato de representação comercial, e as indenizações por aviso prévio "eram quirografários, sem qualquer garantia ou preferência".[57]

Com o advento da nova lei, contudo, a natureza do crédito foi alterada. Esta foi mais uma modificação visando proteger os representantes comerciais, pois como já mencionamos, a Lei nº 8.420/92 teve como objetivo resguardar estes profissionais dos abusos promovidos pelo representado. No caso específico da natureza do crédito, o legislador conferiu-lhe um regime mais vantajoso em razão do seu caráter alimentar.[58]

Assim, terá ele uma preferência em relação aos demais créditos na ordem de classificação do art. 83 da Lei nº 11.101/05, inclusive, a nosso sentir, também observando as antecipações previstas no art. 151 da LRF, no que toca ao pagamento das comissões e indenização por aviso prévio, que se equiparam às verbas salariais - excluindo-se, pois, a indenização pelo rompimento do contrato - e o pagamento fora do concurso de credores - créditos extraconcursais - na forma do art. 84 da LRF.

56 REQUIÃO, Rubens Edmundo. Op. cit. p. 51.

57 REQUIÃO, Rubens Edmundo. Op. cit. p. 221.

58 REQUIÃO, Rubens Edmundo. Op. cit. p. 222.

Há que se salientar que não há inconstitucionalidade ou violação à Lei de Falências na equiparação promovida pelo legislador, haja vista que outras leis podem conferir, a um determinado crédito, uma natureza diferenciada na ordem de classificação dos créditos da falência.

Como exemplo, podemos citar a hipótese do art. 707 do Código Civil que confere ao crédito do comissário, na falência do comitente, o *status* de crédito com privilégio geral. Temos, ainda, o art. 2º da Lei nº 8.884/92, que prevê, em seu art. 2º, § 3º, que o crédito do FGTS tem a mesma natureza do crédito trabalhista, tendo o Superior Tribunal de Justiça firmado jurisprudência positiva a essas equiparações, como se infere do Enunciado nº 219 da súmula de sua jurisprudência dominante.[59]

A questão que exsurge da alteração promovida pela Lei nº 8.420/92 ao contrato de representação comercial é sobre sua aplicação ao contrato de agência. Como já vimos anteriormente, o Código Civil, em seu art. 721, prevê a possibilidade de aplicação, no que couber, das disposições concernentes aos contratos de mandato e comissão e de legislações especiais ao contrato de agência.

Ocorre que, o art. 707 do Código Civil, ao tratar do contrato de comissão, prevê que o crédito do comissário tem privilégio geral na falência do comitente. Daí surge a dúvida se é aplicável ao contrato de agência a disposição concernente ao contrato de comissão, ou o disposto no art. 44 da Lei nº 4.886/65, que trata da representação comercial.

Ao que nos parece, e como já observamos em momento anterior, há uma maior identidade entre o contrato de representação comercial e o de agência, do que entre o contrato de comissão e o de agência. Assim, a nosso sentir, o crédito do agente, no caso de falência do agenciado, também deve ser equiparado ao crédito trabalhista. É induvidoso que o fundamento para tal conclusão é o mesmo que justificou a inclusão do art. 44 à Lei nº 4.886/65, ou seja, o crédito do representante comercial, assim como o do agente, tem natureza alimentar, o que justifica a caracterização da sua natureza como crédito trabalhista.[60]

Há que se frisar que tal entendimento ainda vai ao encontro do sustentado por aqueles que defendem que o contrato de agência e de representação comercial são contratos idênticos, aplicando-se as regras gerais do Código Civil e, naquilo que com elas não conflitar, as regras previstas na Lei nº 4.886/65. Especificamente nesta hipótese, o disposto

---

59 STJ. Súmula 219. "Os créditos decorrentes de serviços prestados à massa falida, inclusive a remuneração do síndico, gozam dos privilégios próprios dos trabalhistas."

60 É essa a mesma opinião do Prof. Rubens Edmundo Requião. REQUIÃO, Rubens Edmundo. Op. cit. p. 222.

no art. 44 da Lei nº 4.886/65 é perfeitamente aplicável ao contrato de agência, ante a omissão do Código Civil sobre esta questão no capítulo próprio referente a este contrato, devendo-se afastar, do contrato de agência, a regra do art. 707 do Código Civil.[61]

Ainda no que tange à autonomia do representante comercial e do agente, dúvidas não há de que essa característica não torna imunes esses profissionais de qualquer fiscalização, haja vista que eles exercem a sua atividade no interesse do representado e do agenciado.

O representado e o agenciado podem fiscalizar a atuação do representante comercial e do agente para verificar se eles estão agindo a contento, bem como se estão cumprindo as obrigações contratuais. Não poderão, todavia, interferir diretamente no *modus operandi* dos profissionais. Caso não concordem com a forma de atuação do representante comercial e do agente, não poderão impor-lhes outra. Terão, caso não estejam satisfeitos com a atuação dos profissionais de intermediação, rescindir o contrato e contratar outro profissional que entenda ser mais adequado.

Mas, repise-se, isso não afasta o direito de o representado e o agenciado fiscalizarem a atuação do representante e do agente, na medida em que estes atuam no interesse daqueles. Assim, têm o representado e o agenciado o direito de verificar se, por exemplo, o representante comercial ou o agente estão agindo dentro da zona determinada no contrato, se estão buscando, com afinco e dedicação, negócios e clientes. É induvidoso, portanto, que mesmo diante da autonomia dos profissionais, devem eles observar algumas regras ditadas pelo proponente.

Socorrendo-nos novamente das lições do Prof. Rubens Edmundo Requião, é possível apresentar algumas regras que devem ser observadas pelo representante comercial e pelo agente: "Como o agente executará um contrato que administra interesses alheios, é natural que tenha de observar certas regras ditadas pelo interesse do proponente. Será o caso de certas condições negociais, quanto ao preço, prazos de pagamento e de entrega, tipos de produtos e serviços, periodicidade de contatos, dever de expansão dos negócios, instruções sobre campanha de vendas, etc."[62]

É por essa razão que o representante comercial e o agente não podem exigir preços não estipulados pelo proponente, conceder descontos

61 No mesmo sentido da não aplicação do art. 707 do Código Civil é o entendimento de Carlos Roberto Claro. CLARO, Carlos Roberto. O crédito do representante comercial na nova Lei de Falências e Recuperação de Empresas. In: BUENO; MARTINS. Op. cit. p. 392.

62 REQUIÃO, Rubens Edmundo. Op. cit. p. 53.

não autorizados, e muito menos oferecer parcelamentos ou dilação de prazos de pagamento, como dispõe o art. 29 da Lei nº 4.886/65, perfeitamente aplicável à agência, haja vista que não é com ela incompatível, ao contrário, está em consonância com o art. 712 do Código Civil.

Não pode, no entanto, o representado ou o agenciado interferir no trabalho, em si, do representante comercial ou do agente, ditando as formas e as técnicas de sua atuação, e tampouco horários, sob pena de se caracterizar uma subordinação própria dos contratos de trabalho, retirando-lhe a autonomia necessária ao exercício de sua atividade.

Como leciona Fábio Ulhoa Coelho, "o traço da *subordinação* entre os contratantes está presente em toda relação empresarial expressa em contratos de colaboração, e assim também é na representação comercial autônoma: o representante, ao organizar sua empresa, deve atender às instruções do representado. Mas, sublinhe-se, a subordinação não pode dizer respeito senão à forma de organização da empresa do representante. Se é, na verdade, a *pessoa* dele que se encontra subordinada às ordens do representado, estando presentes os requisitos do art. 3º da CLT, então o contrato é de trabalho, e não se aplica às relações entre as partes o regime de direito comercial. A representação comercial autônoma, em suma, é sempre contrato interempresarial. Quando o representante, pelas condições de fato em que exerce sua atividade – com elementos caracterizadores de subordinação *pessoal* ao representado –, não pode ser visto como empresário, então o próprio contrato de representação não existe; será, nessa hipótese, apenas uma tentativa infrutífera de fraude à legislação do trabalho, pela formalização como *mercantil* duma relação jurídico-trabalhista".[63]

Portanto, a precitada lição corrobora o que já havíamos afirmado: a retirada da autonomia do representante comercial ou do agente leva à descaracterização do contrato de representação comercial ou de agência para um contrato de trabalho.

Outro aspecto importante acerca da atuação do representante comercial e do agente diz respeito ao seu profissionalismo. Prevê-se, tanto na Lei nº 4.886/65, quanto no Código Civil, que a atividade do representante comercial e do agente deve ser exercida de forma habitual, não eventual. Dessa determinação se extrai a característica do profissionalismo, isto é, o representante comercial e o agente têm que exercer a sua atividade de forma continuada, consistindo ela em sua profissão, isto é, sua atividade profissional.

Essa exigência legal, de que a atividade do agente ou do representante comercial deve ser exercida com habitualidade, descaracteriza

63 COELHO. Op. cit. p. 115.

como contrato de agência ou representação comercial a prática de atos isolados ou eventuais.[64]

Há, ainda, quem sustente que não basta que a atividade constitua uma profissão para o seu exercente, é preciso que ela seja a sua principal atividade profissional, isto é, seu principal meio ou modo de vida,[65] de maneira que o profissional estará quase impossibilitado de praticar outras atividades paralelamente, o que discordamos. O legislador, ao tratar da questão, exigiu apenas o profissionalismo – a não eventualidade –, mas não que esta seja a única ou a principal atividade do sujeito. Deste modo, pensamos que, desde que de modo profissional, ainda que não seja a principal atividade, estará atendido o requisito legal.

Note-se, entretanto, que tal profissão, seja ela a principal ou secundária, não pode ser exercida livremente. Isso porque a Lei nº 4.886/65, além de tipificar o contrato de representação comercial, ainda criou os conselhos federal e regionais dos representantes comerciais, exigindo destes profissionais, como condição para o exercício regular da sua atividade, o registro nos respectivos órgãos regionais – art. 2º da Lei nº 4.886/65 –, vedando, inclusive, a percepção de remuneração por aquele que não estiver devidamente registrado – art. 5º da Lei nº 4.886/65.

Inicialmente, a exigência se restringia aos representantes comerciais, o que, inclusive, levava parcela da doutrina a sustentar que essa seria uma das diferenças entre o contrato de representação comercial e o contrato de agência. No entanto, desde 2006, quando editada, pelo Conselho Federal dos Representantes Comerciais, a Resolução nº 396, hoje revogada pela Resolução nº 1.063/2015, a exigência de registro no órgão competente também passou a recair sobre aqueles que exercem a atividade de agência, distribuição e intermediação de negócios e serviços. Portanto, tal atividade, além de dever constituir uma profissão para o seu exercente, também é regulamentada e fiscalizada por órgãos federais e regionais.

### *1.4.2. Onerosidade*

Consequência do profissionalismo, mas que leva a uma característica autônoma, é a onerosidade do contrato, ou seja, o contrato de representação comercial, bem como o de agência, é um contrato oneroso, em que ambas as partes contratantes têm vantagens patrimoniais, com as suas correspondentes perdas, a demonstrar também o caráter sinalagmático do vínculo.

64 CASES. Op. cit. p. 61.

65 REQUIÃO, Rubens Edmundo. Op. cit. p. 13.

O representado e o agenciado obtêm clientela com a atividade do representante comercial e do agente, bem como celebram diversos negócios por conta da atividade exercida por esses profissionais da intermediação, enquanto estes últimos são remunerados pela atividade que exercem.

A remuneração do representante comercial e do agente recebe o nome de comissão, e consiste, em regra, em um percentual sobre o valor total do negócio por eles intermediado.[66]

A Lei nº 4.886/65 traz regras minuciosas, em seus arts. 32 e 33, acerca dos prazos e formas de pagamento das comissões. Segundo a lei, o pagamento das comissões deve ser feito até o 15º dia do mês subsequente ao da liquidação da fatura dos pedidos ou propostas, devendo ser corrigidas monetariamente caso sejam pagas fora deste prazo. Mas o direito à percepção das comissões dependerá do pagamento do preço pelo cliente ao proponente - art. 32 da Lei nº 4.886/65.

Então, conforme lição de Fábio Ulhoa Coelho, o direito à percepção da comissão depende da cumulação de três requisitos: a mediação do representante comercial ou do agente; a aceitação da proposta pelo cliente; e o pagamento do preço. Enquanto não realizado o pagamento, "fica *sustado* o direito do representante à remuneração enquanto se promove a cobrança judicial do devido. Apenas se restar caracterizada, na ação ou execução proposta, a insolvência do comprador, isto é, a falta de patrimônio para cumprimento da obrigação, ficará definitivamente liberado o representado do dever de remunerar o representante (art. 33, § 1º, primeira parte). Se receber, em juízo ou fora, parte do valor devido, o representado deve remunerar proporcionalmente o representante. Mas, se adotadas as tentativas razoavelmente exigidas para a cobrança, resultar não recebido o preço, não se constitui o direito à comissão, visto que o representante, no desenvolvimento de sua atividade de colaboração, assume risco empresarial semelhante ao do representado (Gomes, 1959:417)".[67]

O que se depreende é que o próprio direito à percepção da comissão está condicionado ao pagamento do preço pelo cliente. Se caso esgotadas todas as tentativas, judiciais ou extrajudiciais, de obtenção dos valores devidos, ainda restar insolvente o cliente, não pode o representante comercial exigir, do representado, o pagamento de sua remuneração.

---

66 É isso o que dispõe o art. 32, § 4º, da Lei nº 4.886/65: "Art. 32. O representante comercial adquire o direito às comissões quando do pagamento dos pedidos ou propostas. [...] § 4º As comissões deverão ser calculadas pelo valor total das mercadorias."

67 COELHO. Op. cit. p. 118-119.

No que toca ao agente, o Código Civil nada dispõe acerca dessas regras, razão pela qual entendemos que são plenamente aplicáveis à agência as disposições da lei do representante comercial autônomo, ressalvando-se, entretanto, posicionamento em contrário que entende que ante a omissão da lei civil, caberá às partes livremente pactuar tais regras no contrato.[68]

Regra, todavia, prevista tanto na Lei nº 4.886/65, quanto no Código Civil, é a de que o representante comercial e o agente terão direito à remuneração se o negócio não for concluído por culpa do proponente.

Assim, se, por exemplo, o proponente, após a conclusão das negociações, resolver, por conta própria, não mais conceder um determinado desconto já autorizado por ele, bem como não admitir determinada forma de pagamento também por ele já anuída, fazendo com que o cliente desista do negócio, fará jus, tanto o representante comercial, quanto o agente, à comissão integral.

De duvidosa constitucionalidade é a previsão do art. 5º da Lei nº 4.886/65, que prevê que "somente será devida a remuneração, como mediador de negócios comerciais, o representante comercial devidamente registrado". Tal dispositivo, a nosso sentir, parece violar a vedação ao enriquecimento ilícito e, consequentemente, à função social do contrato.

Numa tentativa de contornar a situação, sustenta parcela da doutrina que, mesmo nessa hipótese, a remuneração será devida, todavia, a partir da aplicação de regras do direito comum, sem as vantagens da Lei nº 4.886/65, uma vez que o intermediador não será tido como um representante comercial, *status* esse que só se obterá com o registro. O caso, em verdade, será tratado como o de um negócio de intermediação comum.[69]

Discordamos desse entendimento. A nosso sentir, não estando o profissional devidamente registrado, ser-lhe-ão aplicáveis, primeiramente, as regras previstas no contrato e, na omissão deste, as disposições da Lei nº 4.886/65. Note-se que é bem possível a omissão em contratos de representação comercial, ou de agência, uma vez que não se trata de um contrato formal, admitindo-se, inclusive, sua contratação verbal,[70] pois não há exigência legal de forma escrita. Não obstante, o

68 NEGRÃO. Op. cit. p. 296.

69 É esse o entendimento sustentado pelo emérito Prof. Rubens Edmundo Requião. REQUIÃO, Rubens Edmundo. Op. cit. p. 55.

70 No mesmo sentido, os Profs. Fran Martins (MARTINS. Op. cit. p. 275), Ricardo Negrão (NEGRÃO. Op. cit. p. 293), Gustavo Tepedino (TEPEDINO. Op. cit. p. 268), Carlos Alberto Bittar (BITTAR, Carlos Alberto. *Contratos comerciais*. 4. ed. Rio de Janeiro: Forense Universitária, 2005. p. 74) e Leandro Aragão e Rodrigo Castro (ARAGÃO; CASTRO. Op. cit. p. 261 – nota de rodapé). Em sentido contrário, enten-

não registro do profissional impedirá a sua caracterização, tecnicamente, como representante comercial ou agente, o que não lhe assegurará algumas garantias inerentes à profissão, como, por exemplo, a exclusividade de atuação em uma determinada zona, o direito de perceber as comissões por negócios celebrados pelo próprio proponente ainda que celebrados na zona em que o *representante comercial* estiver atuando, dentre outras garantias.

Contudo, no que toca as comissões pelos negócios efetivamente concretizados e que foram objeto de sua mediação, fará jus este profissional, embora não tecnicamente reconhecido como *representante comercial* ou *agente*, ao pagamento na forma como prevista no contrato e, na sua omissão, na lei de regência da profissão a partir de uma interpretação analógica. Isso em nome do princípio constitucional da isonomia, uma vez que se ele exerce uma atividade econômica de intermediação, de maneira profissional, e se esta profissão tem regulamentação legal, ainda que ele não esteja regularmente registrado, ao menos no que tange à remuneração deve ter ele o seu direito resguardado.

É certo que estará o profissional em uma situação de irregularidade, mas o não recebimento de sua remuneração, ou o recebimento de forma desproporcional, não equânime àqueles que exercem idêntica atividade, embora registrados, induvidosamente levará a um tratamento diferenciado que, a nosso sentir, é inadmissível, tendo em vista que a justa remuneração é o mínimo que se deve assegurar ao profissional, e nada mais justo do que o fazer de acordo com as regras dos contratos inerentes àquela atividade.

### 1.4.3. Territorialidade

De acordo com o disposto no art. 27, *d*, da Lei nº 4.886/65, regra também prevista para o contrato de agência no art. 710 do Código Civil, o contrato de representação comercial, bem como o de agência, ainda que verbal, deve determinar a zona ou zonas de atuação dos profissionais que farão a intermediação dos negócios.

Isso significa que o representante comercial, assim como o agente, deve atuar em um espaço físico delimitado, que pode ser, por exemplo, um Estado, um Município, um bairro, ou mesmo uma determinada região, como a zona sul ou norte de uma cidade, ou até um determinado *shopping*, como nos casos do representante comercial de indústria de

dendo que deve o contrato ser escrito, o Prof. Fábio Ulhoa Coelho (COELHO. Op. cit. p. 116).

bebidas que faz a intermediação de negócios entre o produtor e os restaurantes concentrados dentro do empreendimento.

Salienta, inclusive, Gustavo Tepedino que a fixação da zona não necessariamente deve se restringir a aspectos geográficos, sendo o critério bem flexível, podendo ter por base outros aspectos, como, por exemplo, a clientela do representado, caso em que o contrato determinará quais os clientes serão atendidos por aquele representante ou agente, levando-se em consideração o ramo de atividade exercido pelo cliente. O indispensável é que o contrato defina especificamente o âmbito de atuação do profissional.[71]

No exemplo por nós apresentado anteriormente, de representação comercial na indústria de bebidas, pode o contrato prever que o representante comercial atenderá a uma determinada rede de restaurantes, o que será mais vantajoso e eficaz, otimizando o trabalho, pois o profissional atuará já conhecendo os procedimentos para a celebração de negócios por aquela determinada rede.

Por derradeiro, há que se frisar que a zona de atuação não é imutável. Poderão as partes, mediante consentimento mútuo, alterar o contrato para modificar a zona de atuação, reduzindo-a, aumentando-a, ou a substituindo.

### *1.4.4. Exclusividade*

A exclusividade nos contratos de representação comercial e de agência deve ser observada em dois âmbitos: o do representado ou agenciado; e o do representante ou agente.

Sob a ótica do representado ou agenciado, a exclusividade significa que o representante, ou o agente, só poderá atuar no interesse do fornecedor com o qual mantém a relação contratual de representação comercial ou de agência, não podendo representar ou agenciar outros fornecedores.

Sob a ótica do representante comercial ou do agente, a exclusividade significa que o representado ou agenciado não poderá celebrar contrato de representação comercial ou agência com outros profissionais para atuarem na mesma zona do profissional já contratado, e tampouco poderá ele próprio – o representado ou agenciado – procurar clientela por meio de seus empregados ou prepostos.

A *exclusividade de zona*, especialmente no caso da representação comercial, deve ser regulada pelo contrato, consoante dispõe o art. 27, *e*,

71 TEPEDINO. Op. cit. p. 272.

da Lei nº 4.886/65,[72] o qual irá prever a sua existência, ou inexistência, bem como se a exclusividade é parcial ou total, ou ainda se a exclusividade é por certo prazo ou por um período indeterminado.

Se parcial a *exclusividade de zona*, poderá o representado constituir outro representante para a atuação na mesma zona, devendo, no entanto, estabelecer algumas limitações, como, por exemplo, a possibilidade de intermediação para a celebração de negócios envolvendo apenas outros produtos, diversos daqueles intermediados pelo primeiro representante. A limitação também poderá consistir em restrições a atuação dentro da zona do representante – como, por exemplo, bairros ou ruas, ou mesmo certos clientes naquela localidade –, assim como poderá consistir na delimitação dos produtos passíveis de serem negociados por aquele representante dentro daquela região, impedindo-o de negociar outros produtos do cliente.

Sustenta, ainda, parcela da doutrina,[73] que também pode haver parcial *exclusividade de representação*, hipótese em que o representante comercial poderá intermediar outros produtos, de outros representados, na mesma zona em que atua para o primeiro fornecedor, desde que, obviamente, tais produtos não façam concorrência entre si, isto é, admitir-se-á a cumulatividade de representação desde que os produtos dos representados com o qual mantém vínculo não façam concorrência entre si.

Ainda no caso da representação comercial, a *exclusividade de zona* é presumida, não obstante dever ser regulada no contrato. Isso porque, consoante o disposto no art. 31 da Lei nº 4.886/65, "prevendo o contrato de representação a exclusividade de zona ou zonas, ou quando este for omisso, fará jus o representante à comissão pelos negócios aí realizados, ainda que diretamente pelo representado ou por intermédio de terceiros".

Portanto, se omisso o contrato, presume-se a existência da *exclusividade de zona*, de modo que o representante comercial fará jus à remuneração por negócios celebrados dentro de sua zona de atuação, mesmo que as negociações tenham sido travadas diretamente pelo representado ou por terceiro por ele indicado.

Então, a *exclusividade de zona*, ou *sob a ótica do representante*, é presumida, não podendo o representado negociar diretamente com os clientes, ou através de seus empregados ou prepostos, e tampouco por intermédio de outro representante comercial. Se o fizer, será devida a

72 "Art. 27. Do contrato de representação comercial, além dos elementos comuns e outros a juízo dos interessados, constarão obrigatoriamente: [...] e) garantia ou não, parcial ou total, ou por certo prazo, da exclusividade de zona ou setor de zona."

73 REQUIÃO, Rubens Edmundo. Op. cit. p. 63.

comissão ao representante comercial titular da exclusividade, mesmo que omisso o contrato em relação à própria exclusividade.

Quanto à *exclusividade de representação*, ou *sob a ótica do representado*, ela não se presume, ou seja, caso não esteja prevista no contrato, o representante comercial poderá intermediar negócios de outros representados, conforme previsão do art. 31, parágrafo único, da Lei nº 4.886/65: "A exclusividade de representação não se presume na ausência de ajustes expressos."[74]

Já na hipótese do contrato de agência, a questão é mais simples. A exclusividade, sob qualquer aspecto, é presumida, sendo necessária expressa previsão em contrário no contrato para que possa ser afastada, conforme prevê o art. 711 do Código Civil.[75] Como consequência, não sendo afastada expressamente a exclusividade, o agente terá direito à remuneração correspondente aos negócios concluídos dentro de sua zona, ainda que sem a sua interferência.[76]

---

74 Tal questão já foi enfrentada pelo Superior Tribunal de Justiça no seguinte precedente: REsp 229761/ES. Rel. Min. Waldemar Zveiter. Relator para o acórdão Min. Ari Pangendler. Terceira Turma. *DJ* 9/4/2001. Com relação ao tratamento diferenciado entre a *exclusividade de zona* e a *exclusividade de representação*, vale colacionar os ensinamentos do Prof. Fábio Ulhoa Coelho: "Quanto às cláusulas de exclusividade, deve-se atentar para a diferença de tratamento reservada pela lei a cada espécie. A exclusividade de zona é implícita, quer dizer, mesmo em caso de omissão do contrato, o representado não poderá comercializar seus produtos nas zonas de exercício referidas no instrumento contratual (art. 31). A presunção do pacto de exclusividade de zona foi introduzida na reforma da lei de 1992 e, portanto, não alcança os contratos assinados anteriormente. Em relação a estes – salvo se feita renovação escrita já sob a égide do sistema vigente – não haverá exclusividade de zona senão na hipótese de cláusula expressa. Já a exclusividade de representação *não é implícita*; para que o representante esteja impedido de trabalhar para outro ou outros representados, é indispensável que o instrumento contratual ostente expressa cláusula nesse sentido. As partes definem, se pactuam a exclusividade, os limites da restrição, que pode ser *parcial* (referindo-se somente a produtos concorrentes aos do representado ou a determinada base geográfica) ou *total* (quando os esforços da empresa do representante estarão todos concentrados na criação ou consolidação dos produtos do representado)" (COELHO. Op. cit. p. 117). No mesmo sentido, Ramon de Medeiros Nogueira (NOGUEIRA, Ramon de Medeiros. *A indenização que faz jus o Representante Comercial*. In: BUENO; MARTINS. Op. cit. p. 432) e Marcelo Bertoldi (BERTOLDI. Op. cit. p. 422).

75 "Art. 711. Salvo ajuste, o proponente não pode constituir, ao mesmo tempo, mais de um agente, na mesma zona, com idêntica incumbência; nem pode o agente assumir o encargo de nela tratar de negócios do mesmo gênero, à conta de outros proponentes."

76 É o que dispõe o art. 714 do Código Civil: "Art. 714. Salvo ajuste, o agente ou distribuidor terá direito à remuneração correspondente aos negócios concluídos dentro de sua zona, ainda que sem a sua interferência."

Há na doutrina, ainda, quem defenda que na representação comercial com contrato escrito, a exclusividade será sempre presumida, não o sendo apenas quando o contrato for verbal.[77]

Em verdade, a *exclusividade de zona* visa proteger o representante comercial e o agente, evitando concorrência dentro de sua área de atuação. Já a *exclusividade de representação* tutela os interesses do representado ou agenciado, uma vez que impede que o representante comercial, ou o agente, divida seus esforços, não concentrando suas forças no ofício de intermediar negócios em favor do fornecedor, trabalhando para outros representados ou agenciados.

## 1.5. Extinção do contrato

O contrato de representação comercial, bem como o contrato de agência, não é perpétuo. Dispõe o art. 27, *c*, da Lei nº 4.886/65 que no contrato de representação comercial deve constar, obrigatoriamente, o prazo certo ou o prazo indeterminado de sua vigência, ou seja, o contrato deve fazer menção a um prazo, ainda que indeterminado.

Sendo por prazo determinado o contrato, sua prorrogação só poderá ocorrer por prazo indeterminado, conforme dispõe o § 2º do art. 27 da Lei nº 4.886/65,[78] mesmo que seja expressa a prorrogação, ou seja, mesmo dispondo as partes expressamente sobre a prorrogação, esta só poderá ocorrer por prazo indeterminado. Caso desejem as partes uma prorrogação por prazo determinado, não poderão fazê-lo. Só poderão "prorrogá-lo" por prazo determinado se deixarem transcorrer um prazo mínimo de 6 meses sem viger nenhum contrato depois do término do prazo do anterior, como se infere da interpretação *a contrario sensu* do § 3º do art. 27 da Lei nº 4.886/65.[79]

A Lei, então, proíbe a sucessão, por prorrogação, de contratos por prazo determinado. Trata-se de mais uma norma protetiva do representante comercial, uma vez que, sendo o contrato por prazo indeterminado, não há um termo para a extinção do vínculo, e sua rescisão levará, em regra, ao dever de indenizá-lo, salvo nas hipóteses de justa causa, como previsto na lei de regência.

No contrato por prazo determinado, a sua extinção, a sua morte natural ocorre com o advento do termo, que é a data final prevista no con-

77 REQUIÃO, Rubens Edmundo. Op. cit. p. 66.

78 "Art. 27. [...] § 2º O contrato com prazo determinado, uma vez prorrogado o prazo inicial, tácita ou expressamente, torna-se a prazo indeterminado."

79 "Art. 27. [...] § 3º Considera-se por prazo indeterminado todo contrato que suceder, dentro de seis meses, a outro contrato, com ou sem determinação de prazo."

trato para a sua vigência. Neste caso, não haverá dever de indenizar, salvo se o representante comercial for obrigado a fazer, no curso do contrato, investimentos não previstos quando da sua celebração, investimentos esses que não tenham sido recuperados quando do término do vínculo.

Caso o representado exija do representante comercial, no curso do contrato, investimentos para o exercício da sua atividade de intermediação maiores do que aqueles previstos originariamente, quando do término do prazo do contrato fará jus o profissional ao reembolso dessas despesas extraordinárias, isto é, aquelas que não foram previstas quando da celebração do vínculo.

Trata-se, todavia, de hipótese excepcional, uma vez que a regra é não haver direito à indenização quando do término do prazo do contrato por prazo determinado, haja vista que, "tratando-se de contrato com prazo certo, as partes sabem exatamente o momento em que seus efeitos se extinguirão e, naturalmente, ajustarão seus esforços, isto é, seus investimentos, considerando o evento certo que está previsto. Os investimentos, se exigidos e aplicados, deverão levar em consideração o fato real do termo previsto do contrato.

O termo que determina o prazo contratual deve ser negociado. Se o prazo for exíguo diante do vulto do investimento exigido, não garantindo o retorno do capital que for investido, o contrato não deve ser celebrado. Se o for, o agente deverá meditar sobre sua inconsequência, ao final, quando verificar o prejuízo que sofrer.

Se, todavia, não foram previstos, na fase de negociação do contrato, investimentos que passaram a ser exigidos pelo proponente ou que a técnica de operação do contrato veio a exigir, e sendo esta naturalmente do conhecimento e do domínio do proponente, surge neste passo um direito à recuperação do valor dos investimentos afinal realizados e não amortizados".[80]

O contrato por prazo determinado pode, ainda, ter sua extinção de forma imprópria, ou seja, antes do termo previsto no instrumento. O rompimento do vínculo de forma anômala pode se dar imotivadamente – sem justa causa –, ou motivadamente – com justa causa.

Na rescisão por justa causa, a parte que invocou o motivo para o rompimento do vínculo não terá o dever de indenizar. Todavia, a parte que der causa à rescisão terá que indenizar, incumbindo a outra demonstrar os danos sofridos.

Ocorre que, no caso de rompimento por culpa do representado, deverá ele pagar ao representante comercial, no mínimo, o montante

80 REQUIÃO, Rubens Edmundo. Op. cit. p. 62.

previsto no art. 27, *j*, da Lei nº 4.886/65,[81] presumindo a lei essa lesão mínima sofrida pelo profissional.

Já na hipótese de rescisão por culpa do representante comercial, deverá o representado comprovar o dano sofrido, não havendo na lei nenhum montante mínimo previsto para reparação do fornecedor.

Não obstante, entendemos que, mesmo dando o representante comercial causa ao rompimento do contrato, ainda assim lhe serão devidas as comissões pelos serviços efetivamente prestados ao representado, regra essa prevista expressamente no art. 717 do Código Civil para os agentes,[82] mas também aplicável aos representantes.

Apesar disso, poderá o representado, por força do que dispõe o art. 37 da Lei nº 4.886/65,[83] reter as comissões devidas ao representante comercial a fim de se ressarcir dos prejuízos sofridos, hipótese em que poderá o representado compensar os créditos do profissional com os seus créditos decorrentes das perdas e danos sofridos.

As hipóteses que autorizam a rescisão do contrato por justa causa estão previstas nos arts. 35 e 36 da Lei nº 4.886/65. O primeiro questionamento a ser feito é se o rol previsto nos dispositivos é taxativo ou meramente exemplificativo.

Parcela da doutrina entende que o rol previsto nos mencionados dispositivos é taxativo, uma vez que arrola causas que autorizam a rescisão do contrato sem o dever de indenizar a parte contrária,[84] de modo que devem sofrer interpretação restritiva. Então, "pela sua natureza, o elenco de *motivos justos* indicados no artigo constitui *enumeração taxativa*. Nessa lista, a lei *esgotou* a enumeração. Os atos que não se comportarem dentro das características apontadas nas diversas alíneas não constituem motivos justos para a rescisão contratual".[85]

---

81 "Art. 27. [...] j) indenização devida ao representante pela rescisão do contrato fora dos casos previstos no art. 35, cujo montante não poderá ser inferior a 1/12 (um doze avos) do total da retribuição auferida durante o tempo em que exerceu a representação."

82 "Art. 717. Ainda que dispensado por justa causa, terá o agente direito a ser remunerado pelos serviços úteis prestados ao proponente, sem embargo de haver este perdas e danos pelos prejuízos sofridos."

83 "Art. 37. Somente ocorrendo motivo justo para a rescisão do contrato, poderá o representado reter comissões devidas ao representante, com o fim de ressarcir-se de danos por êste causados e, bem assim, nas hipóteses previstas no art. 35, a título de compensação."

84 É essa a opinião do saudoso Prof. Rubens Requião (REQUIÃO, Rubens. Op. cit. p. 253 e 265). No mesmo sentido do saudoso comercialista, Marcelo Bertoldi (BERTOLDI. Op. cit. p. 415).

85 REQUIÃO, Rubens. Op. cit. p. 253.

De modo contrário, outra parcela da doutrina, à qual nos filiamos, sustenta que o rol é exemplificativo, podendo o contrato prever outras hipóteses, além daquelas arroladas nos mencionados dispositivos, não havendo qualquer violação à lei.[86] Ora, como em qualquer contrato, os contratos de representação comercial e de agência reclamam um comportamento probo, leal, com lisura. Impera, induvidosamente, a boa-fé. No caso da representação comercial, ainda se vislumbra um *plus*, haja vista que o representante comercial atua para promover negócios para o representado.

Desta forma, e por tais motivos, exige-se de ambas as partes um comportamento exemplar. Havendo violação a esse dever, e aí também se incluem os deveres anexos à boa-fé, justo será o motivo para o rompimento do vínculo contratual sem dever de indenizar, ou seja, a parte vitimada, por causas diversas daquelas previstas na lei, poderá romper o vínculo sem ter o dever de indenizar. Por isso, compartilhamos do entendimento de que o rol previsto nos arts. 35 e 36 não é taxativo.

Passaremos, agora, ao exame das hipóteses exemplificativamente tratadas na lei, as quais também se aplicam ao contrato de agência, ante a omissão do Código Civil. Iniciaremos com o exame do art. 35, que arrola as causas de rompimento do vínculo pelo representado.

### *1.5.1. Causas de extinção pelo representado ou agenciado*

O art. 35, *a*, da Lei nº 4.886/65 prevê que é motivo justo para a rescisão do contrato, pelo representado, a desídia do representante comercial. Desídia é o descaso, a indolência, a displicência no cumprimento de suas obrigações. Então, agindo o representante comercial com descaso, sem levar a sério o seu compromisso de promover negócios no interesse do representado, legítimo será para este rescindir o contrato sem indenizar o representante comercial.

O art. 35, *b*, da Lei nº 4.886/65 prevê como causa de rompimento do vínculo sem dever de indenizar a prática de atos que importem em descrédito comercial do representado.

Como cediço, um dos maiores bens de um empresário é a sua imagem, o seu bom nome na praça. Aquilo que se convencionou chamar de honra objetiva, ou seja, é aquele sentimento que os terceiros têm acerca da pessoa. A honra objetiva, inclusive, é reconhecida como um dos direitos da personalidade aptos a serem titularizados pelas pessoas jurídicas.

86 É essa a opinião do Prof. Rubens Edmundo Requião, em discordância com as lições de seu saudoso pai (REQUIÃO, Rubens Edmundo. Op. cit. p. 156).

Assim, se o representante comercial passa a praticar atos que maculem essa honra objetiva do empresário-fornecedor, como, por exemplo, afirmando aos clientes que os produtos por ele comercializados são de má-qualidade, ou que ele não cumpre com os prazos de entrega das mercadorias, é induvidoso que terá o representado o direito de romper o vínculo com o representante comercial, isentando-se do dever de indenizar.

A terceira hipótese de rompimento motivado do contrato está prevista no art. 35, *c*, da Lei nº 4.886/65, e consiste na falta de cumprimento de quaisquer obrigações inerentes ao contrato de representação comercial.

As partes contratantes assumem, ao celebrar o contrato, obrigações uma perante a outra. O descumprimento dessas obrigações acarreta a possibilidade de resolução do contrato sem dever de indenizar.

Ocorre que a lei utilizou um termo mais amplo ao definir essa causa de rompimento contratual.[87] Não disse a lei que apenas o descumprimento de obrigações previstas no contrato autoriza a sua rescisão, mas sim que o descumprimento de *qualquer obrigação inerente* ao contrato admite o rompimento do vínculo. Portanto, não só aquelas obrigações previstas expressamente no contrato, mas também todas as demais a ele inerentes, autorizam a rescisão caso sejam descumpridas.[88]

São exemplos de obrigações inerentes ao contrato de representação comercial, por parte do representante: buscar angariar negócios no interesse do representado, dedicando-se à representação de modo a expandir os negócios do fornecedor e promover seus produtos;[89] fornecer ao representado informações sobre o andamento dos negócios;[90] manter sigilo sobre as atividades da representação;[91] e prestar contas ao representado, entregando recibos de quantias ou quaisquer outros documentos que tiverem lhe sido entregues.[92]

---

87 REQUIÃO, Rubens. Op. cit. p. 257.

88 É essa também a opinião de Marcelo Bertoldi. BERTOLDI. Op. cit. p. 418.

89 É isso o que dispõe o art. 28 da Lei nº 4.886/65: "Art. 28. O representante comercial fica obrigado a fornecer ao representado, segundo as disposições do contrato ou, sendo êste omisso, quando lhe fôr solicitado, informações detalhadas sôbre o andamento dos negócios a seu cargo, devendo dedicar-se à representação, de modo a expandir os negócios do representado e promover os seus produtos."

90 Obrigação também inserida no art. 28 da Lei nº 4.886/65.

91 É o que se infere da interpretação *a contrario sensu* do art. 19, *d*, da Lei nº 4.886/65: "Art. 19. Constituem faltas no exercício da profissão de representante comercial: [...] d) violar o sigilo profissional."

92 É o que se extrai da interpretação *a contrario sensu* do art. 19, *e*, da Lei nº 4.886/65: "Art. 19. Constituem faltas no exercício da profissão de representante comercial: [...] e) negar ao representado as competentes prestações de contas, recibos de quantias ou documentos que lhe tiverem sido entregues, para qualquer fim."

Por outro lado, podem ser citadas como obrigações do representado as seguintes: efetuar o pagamento das comissões devidas ao representante comercial; observar a exclusividade de zona do representante comercial; e conceder condições mínimas para o exercício da atividade do representante comercial, não lhe omitindo nenhuma informação acerca dos produtos – daí o porquê do dever de sigilo do profissional, uma vez que ele tem conhecimento dos segredos do representado –, e entregando todos os documentos necessários à sua apresentação aos clientes, como, por exemplo, *folders*, amostras grátis etc.

A quarta hipótese de rompimento do contrato sem dever de indenizar está prevista na alínea *d* do art. 35, que é a condenação definitiva por crime infamante.

Por sua imprecisa redação, que impede a definição acerca do que é crime infamante – o que leva parcela da doutrina a sustentar a sua inexistência no ordenamento pátrio –,[93] sustenta-se que os crimes que admitem rompimento do vínculo contratual são aqueles previstos na alínea *c* do art. 4º da Lei nº 4.886/65, como ensejadores do descredenciamento do profissional como representante comercial autônomo,[94] que são os crimes de falsidade, estelionato, apropriação indébita, contrabando, roubo, furto, lenocínio e outros crimes que acarretam a perda de cargo público.

A última hipótese de rompimento do vínculo contratual que não impõe o dever de indenizar pelo representado está prevista no art. 35, *e*, da Lei nº 4.886/65, que é a força maior. Sustenta a doutrina que se estende a essa hipótese também o caso fortuito,[95] com o que concordamos, uma vez que ambos são casos de fatos imprevistos que o homem não pode impedir.

No caso da força maior – e do caso fortuito –, prevista na alínea *e* do art. 35, o representado não pode mais manter o vínculo contratual por circunstâncias alheias à sua vontade. E por ser uma causa de rompimento do nexo causal, nenhuma parte terá o dever de indenizar a outra.

Após o exame dessas hipóteses, passaremos àquelas previstas no art. 36 da Lei nº 4.886/65, que tratam das causas de rompimento do contrato, por justo motivo, pelo representante comercial.

---

93 BERTOLDI. Op. cit. p. 419.

94 REQUIÃO, Rubens. Op. cit. p. 259.

95 É essa a opinião, por exemplo, dos Profs. Rubens Requião (REQUIÃO, Rubens. Op. cit. p. 259), Rubens Edmundo Requião (REQUIÃO, Rubens Edmundo. Op. cit. p. 166) e Marcelo Bertoldi (BERTOLDI. Op. cit. p. 419).

### *1.5.2. Causas de extinção pelo representante ou agente*

A primeira hipótese, prevista na alínea *a* do dispositivo em comento, é a da redução da esfera de atividade do representante comercial em desacordo com as cláusulas do contrato. Nesse caso, o representado diminui a atuação do representante, fazendo com que ele intermedeie menos negócios e, consequentemente, diminua suas comissões, ou seja, seus ganhos.

Um exemplo é aquele em que o representado restringe ou diminui o número de produtos objeto dos negócios a serem intermediados pelo representante comercial, ao seu alvedrio. Como consequência, o representante comercial terá menos negócios a intermediar e, em decorrência disso, auferirá menos rendimentos.

Há que se observar, no tocante a essa questão, que o Superior Tribunal de Justiça já se manifestou no sentido de que o representante comercial que manteve por mais de uma década relação contratual com o representado, em que este impôs progressivas reduções na área de representação do profissional sem que ele tivesse formulado reclamação, não faz jus à indenização, reconhecendo-se a perda do seu direito de reclamar por perdas e danos ante a ocorrência da *supressio*.

Segundo o entendimento da Corte Superior, pelo princípio da boa-fé objetiva, se o credor de uma obrigação contratual mantém-se inerte e não exerce seu direito por longo tempo, gera-se no devedor a expectativa de que tal direito jamais será exercido, mantendo-se a situação de inércia indefinidamente. Assim, há que se considerar como suprimida a obrigação contratual, de modo que o credor nada poderá reclamar.

Como consequência, não poderá também o representante comercial reclamar a rescisão do contrato por justo motivo, uma vez que por conta da *supressio* o direito de reclamar pela redução da área de atuação, bem como a obrigação contratual de respeito a essa área, ficam suprimidos.[96]

A segunda hipótese de rompimento, pelo representante comercial, motivado pelo representado, é a de quebra, direta ou indireta, da exclusividade, caso esteja prevista no contrato.[97]

Assim, caso o representado passe a atuar ele próprio, ou através de prepostos, ou através de outro representante, na mesma zona de atuação do representante comercial, poderá este último rescindir o contrato.

---

96 Ver REsp 1323404/GO. Rel. Min. Nancy Andrighi. Terceira Turma. *DJe* 05/09/2013.

97 Já decidiu o STJ, inclusive, que a violação à exclusividade em contrato de representação comercial, ainda que verbal, garante indenização ao representante comercial: REsp 846.543/RS. Rel. Min. Paulo de Tarso Sanseverino. Terceira Turma. *DJe* 11/4/2011.

Com esse comportamento, impede o representado que o representante comercial angarie mais clientes e intermedeie mais negócios, fazendo-lhe concorrência e diminuindo seus rendimentos.

Trata-se, assim como na hipótese anterior, de caso em que o representado tenta restringir a atuação do representante comercial, sonegando-lhe clientes e causando, por consequência, uma redução de seus ganhos.

A terceira causa de rompimento motivado do contrato por iniciativa do representante comercial é a fixação, pelo representado, de preços abusivos em relação à zona de atuação do representante comercial, com o exclusivo escopo de impossibilitar-lhe uma atuação regular e impedir que angarie clientes dada a alta dos valores.

Uma das obrigações do representante comercial é observar os preços fixados pelo representado. No caso em questão, o representado, dolosamente, aumenta abusivamente os preços dos produtos a serem comercializados pelo representante comercial em sua zona de atuação, impedindo que tais produtos possam competir com outros semelhantes, ou que os possíveis clientes se interessem em adquiri-los. Mais uma vez, é possível inferir uma atuação do representado visando fazer uma restrição econômica sobre o representante comercial, levando-o a uma crise financeira.

A quarta hipótese, também de ordem econômica e que justifica o rompimento do vínculo pelo representante comercial, é o não pagamento, pelo representado, das comissões devidas.

Ora, é inegável que, neste caso, pretende o representado prejudicar financeiramente o representante comercial, descumprindo uma obrigação inerente ao contrato, obrigação essa que deve ser considerada a principal do representado em relação ao representante comercial.

Em todas essas quatro hipóteses anteriormente mencionadas, além de reclamar a rescisão contratual, fará jus o representante comercial à indenização prevista na alínea *j* do art. 27 da Lei nº 4.886/65, cujo montante não poderá ser inferior a 1/12 (um doze avos) do total da retribuição auferida pelo representante comercial durante o tempo em que exerceu a representação, ou seja, a indenização não poderá nunca ser inferior a 1/12 (um doze avos) da soma de todas as comissões recebidas pelo representante durante todo o período do contrato.

A quinta e última hipótese de rompimento pelo representante, motivado pelo representado, é o da força maior e do caso fortuito, aos quais se aplicam todos os comentários feitos por nós quando do exame dessa causa de rompimento também prevista no art. 35 da Lei nº 4.886/65.

Aqui, o representante comercial não pode continuar vinculado contratualmente ao representado por um fato imprevisível, alheio às suas forças e à sua vontade. Também nesse caso não será devida nenhuma indenização por nenhuma das partes.

### *1.5.3. Extinção do contrato por prazo determinado sem justa causa*

O contrato por prazo determinado também pode ser rescindido imotivadamente, ou seja, sem justa causa. Todavia, neste caso, aquele que denunciar o contrato será devedor de uma indenização à outra parte.

Se o denunciante for o representado, dispõe o § 1º do art. 27 da Lei nº 4.886/65 que a indenização corresponderá à importância equivalente à média mensal de retribuição auferida até a data da rescisão, multiplicada pela metade dos meses resultantes do prazo contratual.

Para uma parcela da doutrina, da qual discordamos, a hipótese legal trata de uma lícita indenização tarifada, em que o representante comercial só poderá receber, a título de indenização, aquele valor certo, fruto do cálculo estabelecido pelo legislador. Isso significa que o representante comercial não poderá fazer jus a uma indenização menor, e tampouco maior, do que aquela arbitrada pela lei.[98]

Entendemos, no entanto, que a tarifação de indenização não se coaduna com os ditames constitucionais. A Constituição Federal, em seu art. 5º, V e X, assegurou o princípio da *restitutio in integrum*,[99] ou seja, qualquer um que venha a sofrer dano material ou moral faz jus à reparação integral da lesão sofrida, devendo retornar, quando possível, ao estado original antes da lesão.

Portanto, o dispositivo legal deve sofrer uma interpretação conforme a Constituição para entender como constitucional apenas a interpretação que conclua que a indenização prevista no § 1º do art. 27 da Lei nº 4.886/65 é apenas um mínimo assegurado ao representante, sendo possível arbitrar um maior montante se comprovado que os danos sofridos foram superiores ao *quantum* fixado a partir dos parâmetros previstos na legislação infraconstitucional.

A lei, todavia, não fixou um critério de arbitramento de indenização para o representado no caso de rompimento imotivado do vínculo pelo representante comercial. Neste caso, "os contratantes podem desde logo definir a indenização para ambas as partes ou caso a situação venha a ser resolvida judicialmente, o magistrado arbitrará, diante das circunstâncias do caso concreto, um valor razoável a ser pago pelo representante pelo rompimento do contrato, sempre dentro do equilíbrio e da razoabilidade que o caso exigir".[100]

98 REQUIÃO, Rubens Edmundo. Op. cit. p. 88.

99 A expressão *restitutio in integrum* significa restaurar a situação original, ou seja, o *status quo ante* da lesão.

100 NOGUEIRA. Op. cit. p. 435.

Portanto, rescindido o contrato imotivadamente pelo representante comercial, a indenização devida ao representado deverá observar a regra geral da responsabilidade civil.

### *1.5.4. Extinção do contrato por prazo indeterminado*

No caso do contrato de representação comercial, e também o de agência, por prazo indeterminado, o rompimento do vínculo dependerá de prévia denúncia das partes contratantes.

Se a rescisão for motivada, ou seja, por justa causa, caberá à parte prejudicada notificar à outra do fato ensejador do rompimento do vínculo, aplicando-se tudo o que foi dito acerca dos motivos justos a serem invocados pelas partes como causadores da rescisão, bem como no que tange à indenização, ou seja, se o representado der causa à rescisão, fará jus o representante comercial, no mínimo, à indenização prevista no art. 27, *j*, da Lei nº 4.886/65. No caso do representado, fará ele jus à indenização segundo as regras da responsabilidade civil, devendo comprovar os danos sofridos.

Sendo imotivada a rescisão, serão distintas as questões quando se tratar de contrato de representação comercial, e de contrato de agência.

No caso do contrato de representação comercial, dispõe o art. 34 da Lei nº 4.886/65 que "a denúncia, por qualquer das partes, sem causa justificada, do contrato de representação, ajustado por tempo indeterminado e que haja vigorado por mais de seis meses, obriga o denunciante, salvo outra garantia prevista no contrato, à concessão de pré-aviso, com antecedência mínima de trinta dias, ou ao pagamento de importância igual a um têrço (1/3) das comissões auferidas pelo representante, nos três meses anteriores".

A primeira observação a ser feita é que, no caso do contrato de representação comercial por prazo indeterminado, com menos de seis meses de vigência, a denúncia independe de aviso prévio.

Questiona-se, então, se seria aplicável à hipótese a regra prevista no art. 473, parágrafo único, do Código Civil, expressamente prevista para o contrato de agência no art. 720 do diploma civil, de que se a parte tiver feito investimentos consideráveis para a execução do contrato, a denúncia unilateral só produzirá efeito depois de transcorrido prazo compatível com a natureza e o vulto dos investimentos.

Para o já exaustivamente citado Prof. Rubens Edmundo Requião, "no contrato de representação comercial, o aviso prévio não fica condicionado à amortização dos investimentos".[101]

101 REQUIÃO, Rubens Edmundo. Op. cit. p. 44.

A nosso sentir, todavia, a regra geral prevista no art. 473, parágrafo único, do Código Civil é aplicável a todos os contratos, em nome da boa-fé e da função social do contrato.

As relações jurídicas, no tempo presente, devem ser interpretadas a partir de outros paradigmas como a eticidade e a socialidade, que devem ser aplicados a todos os atos e negócios jurídicos, o que inclui o contrato de representação comercial.

Então, sem prejuízo de expressa previsão legal, entendemos que a denúncia do contrato de representação comercial por prazo indeterminado só tem eficácia depois de transcorrido prazo suficiente para o retorno dos investimentos feitos pelo representante comercial, sendo facultado ao representado reembolsar o representante por esses investimentos, hipótese em que a denúncia produzirá todos os seus efeitos de imediato.

A segunda observação é que a lei exige um aviso prévio de 30 dias, ou seja, o representado deve conceder um prazo de 30 dias ao representante comercial antes da extinção do vínculo.

Então, denunciado o contrato, terá o representante comercial um prazo de 30 dias para o encerramento de suas atividades, salvo se o representado pagar indenização em montante igual a 1/3 das comissões auferidas pelo representante comercial nos três meses anteriores à denúncia do contrato, caso em que o representante encerrará imediatamente suas atividades.

No caso do contrato de agência, sendo ele por prazo indeterminado, dispõe o art. 720 do Código Civil que a denúncia deve ser precedida de aviso prévio de 90 dias, condicionando-se a eficácia da denúncia ao transcurso do prazo compatível com a natureza e o vulto do investimento exigido do agente, ou seja, a denúncia só produzirá efeitos após o transcurso desse prazo.

Frise-se que, em qualquer caso de rompimento do contrato por prazo indeterminado, sem justa causa, o representante comercial e o agente são credores da indenização prevista no art. 27, *j*, da Lei nº 4.886/65.

### *1.5.5. Juízo competente para a discussão da extinção do vínculo*

Por derradeiro, impõe-se examinar a regra prevista no art. 39 da Lei nº 4.886/65. Os conflitos envolvendo o encerramento do vínculo contratual entre o representante comercial e o representado acabam por desaguar no Judiciário. Então, impõe-se definir qual é o juízo competente para a apreciação do litígio.

Segundo o dispositivo em exame, o juízo competente é o do foro do domicílio do representante comercial, sendo a comum a Justiça competente. Não obstante a previsão legal, questiona-se se essa regra poderia ser afastada pela vontade das partes.

Para parcela da doutrina, "não poderiam as partes, através de uma cláusula de eleição de foro, derrogar a competência do foro do domicílio do representante, a não ser que o próprio representante renuncie ao seu foro privilegiado".[102]

Todavia, prevalece na jurisprudência do Superior Tribunal de Justiça o entendimento de que é possível cláusula de eleição de foro em contrato de representação comercial, desde que não haja hipossuficiência das partes, e tampouco dificuldade de acesso à Justiça.[103]

Quanto à Justiça competente, consoante dispõe o art. 39 da Lei nº 4.886/65, é ela a comum. Não há, como já examinamos anteriormente, relação trabalhista entre o representante comercial e o representado, estando afastada, pois, a competência da Justiça especializada do Trabalho, como também já decidiu o Superior Tribunal de Justiça.[104]

## 2. CONTRATO DE DISTRIBUIÇÃO

A conceituação, a natureza e as características do contrato de distribuição são objeto de grande divergência. Pela dicção do art. 710 do Código Civil, o contrato de distribuição é o contrato de agência em que o agente-distribuidor tem à sua disposição a coisa a ser negociada. Então, pela redação do dispositivo em comento, é possível perceber que o contrato de distribuição é uma espécie de contrato de agência em que o agente-distribuidor não apenas faz a mediação, mas também exaure o negócio entregando a coisa de propriedade do agenciado ao cliente-adquirente.

Tal característica deve ser ressaltada: o distribuidor não adquire a coisa para revenda, ou seja, ele não se torna titular, proprietário, do bem objeto do negócio. Ele apenas detém a coisa para entregá-la ao cliente. Ele apenas a mantém em seu poder em depósito, de maneira que o negócio é celebrado entre o cliente-adquirente e o agenciado-distribuído, mas, para facilitar o cumprimento do contrato, o agente-distribuidor,

---

102 LEE, João Bosco. Da aplicação da arbitragem ao contrato de Representação Comercial Internacional. In: BUENO, J. Hamilton; MARTINS, Sandro G. (Coord.). Op. cit. p. 317.

103 Ver, por exemplo, o AgRg no CC 128789 / SP. Rel. Min. Paulo de Tarso Sanseverino. Segunda Seção. *DJe* 17/06/2014; AgRg no AREsp 201904 / MS. Rel. Min. Maria Isabel Gallotti. Quarta Turma. *DJe* 30/05/2014; AgRg no REsp 1230286 / SC. Rel. Min. Paulo de Tarso Sanseverino. Terceira Turma. *DJe* 29/05/2014; AgRg no REsp 992.528/RS. Rel. Min. João Otávio de Noronha. Quarta Turma. *DJe* 17/5/2010.

104 CC 96851/SC. Rel. Min. Carlos Fernando Mathias (Juiz Federal convocado do TRF 1ª Região). Segunda Seção. *DJe* 20/3/2009.

que é quem mantém contato direto com o cliente-adquirente, já tem a coisa em suas mãos para entregá-la.[105]

A expressão utilizada pelo art. 710, parte final, do Código Civil – *ter a coisa à disposição* – não significa o exercício de uma das faculdades inerentes à propriedade, ou seja, não quis o legislador dizer que o agente-distribuidor tem o poder de dispor da coisa. Em verdade, ele tem a coisa à sua disposição para que possa entregá-la ao cliente, mas por ordem do agenciado-distribuído.

Então, o agente-distribuidor tem a coisa à sua disposição por força do contrato, só podendo entregá-la ao cliente depois de o negócio ter sido concretizado entre o cliente e o agenciado-distribuído. Não há que se falar em aquisição da propriedade do bem para posterior revenda.

Caso o agente-distribuidor adquira a propriedade da coisa, deixará de ostentar a condição de intermediário, tornando-se um comerciante do ramo de compra e venda de bens e, assim, deixará de existir o contrato de distribuição.[106]

Portanto, assim como ocorre no contrato de agência, o agente-distribuidor não celebra o negócio em seu nome. Ele intermedeia a relação entre o agenciado-distribuído e o cliente-adquirente, e, uma vez concretizado, concluído o negócio, está ele apto a, em nome do agenciado-distribuído, cumprir o objeto do contrato mediante a entrega da coisa que já está em seu poder.

Não há, pois, na distribuição, uma revenda. Se isso ocorrer, ou seja, se o agente adquirir a coisa para revender, ter-se-á, em verdade, o contrato de concessão mercantil, e não de distribuição.[107]

Vê-se, pois, que, assim como ocorre com o gênero contratual agência, na espécie distribuição o negócio também não é concluído, como

---

105 Rubens Edmundo Requião, em nota atualizadora da obra de Rubens Requião, assim também leciona: "A ideia de o agente, ou melhor, o distribuidor, ter 'à disposição' o objeto a ser negociado, como característica do contrato de distribuição, compreende o fato de o sujeito ativo ter a posse direta da coisa cuja venda deva intermediar (posse concedida pelo proponente) e tenha o poder, de modo imediato à celebração do negócio intermediado, de fazer, ele mesmo, a entrega ao comprador. O distribuidor terá, apenas, a posse direta da coisa, enquanto a sua propriedade ou posse indireta continuará a ser detida pelo proponente, até que se realize a tradição, que se processará por conta e ordem deste último (o proprietário da coisa), transferindo o bem ao comprador" (REQUIÃO, Rubens. Op. cit. p. 84).

106 Idem.

107 Tal entendimento, como veremos adiante, não é pacífico, pois parcela da doutrina sustenta, não obstante a redação do art. 710 do Código Civil, que o contrato de distribuição se confunde com o contrato de concessão mercantil e, portanto, se caracteriza como um contrato atípico.

regra, pelo agente-distribuidor. Ele apenas tem a possibilidade de cumpri-lo por já ter a coisa em mãos, em depósito.[108]

O que se infere, a partir do disposto no art. 710 do Código Civil, é que o contrato de distribuição é um contrato típico, ao qual se aplicam integralmente as regras do contrato de agência, apenas dele se diferenciando pelo fato de que no contrato de distribuição o agente-distribuidor pratica os atos de transmissão da coisa, dando cumprimento ao contrato celebrado pelo agenciado-distribuído.[109]

Ocorre que, esse entendimento por nós sustentado não é unívoco. Parcela da doutrina não reconhece o contrato de distribuição como espécie de contrato de agência. Segundo os Profs. Leandro Santos Aragão e Rodrigo R. Monteiro de Castro, o termo *distribuição* utilizado pelo legislador do Código Civil de 2002 é equivocado, de modo "que houve uma infelicidade do legislador ao colocar a palavra 'distribuição' na redação do artigo do Código Civil de 2002. Passou a impressão – falsa, é verdade – de que o contrato de distribuição ganhou a chancela de tipicidade contratual, o que, definitivamente, não aconteceu".[110]

Para eles, não obstante ter o legislador utilizado o termo *distribuição*, o aludido contrato continua sendo de agência. Ter a coisa à disposição não faz surgir um novo contrato,[111] uma vez que essa característica, de ter a coisa à disposição, não significa a aquisição da coisa para sua posterior revenda,[112] ao contrário do que ocorre – segundo o entendimento por eles exposto – com o verdadeiro contrato atípico de distribuição, em que se pressupõe a revenda, o que lhe identifica com o contrato de concessão mercantil,[113] inclusive no que toca à remuneração do dis-

108 Como leciona Rubens Requião, "essa modalidade decorre do depósito da mercadoria em mãos do agente produtor. Este não adquire a mercadoria para revendê-la. Fica ela depositada em seu poder, para distribuí-la, fazendo chegar às mãos dos compradores"REQUIÃO, Rubens. Op. cit. p. 37.

109 Nesse sentido é a lição de Rubens Edmundo Requião, em nota atualizadora da obra de seu pai, o saudoso Rubens Requião: "o contrato de distribuição, pela regra exposta, apresenta uma diferença do contrato de agência porque tem, ao menos de modo mediato, uma base física: a coisa, o bem móvel, cujos atos de transmissão ou destinados a sua circulação também compõem o conteúdo do contrato de distribuição, agregando-se o dever de proceder à intermediação" (REQUIÃO, Rubens. Op. cit. p. 37).

110 ARAGÃO; CASTRO. Op. cit. p. 263.

111 ARAGÃO; CASTRO. Op. cit. p. 266.

112 ARAGÃO; CASTRO. Op. cit. p. 262-265.

113 ARAGÃO; CASTRO. Op. cit. p. 274-275.

tribuidor, que consiste no lucro obtido entre a diferença do preço de aquisição do bem junto ao produtor, e aquele de revenda.[114]

A figura do distribuidor como comerciante-revendedor, identificado com o concessionário, e diferente da atividade de intermediação do agente, também é defendida por Orlando Gomes, para quem "o exercício da profissão de agente confunde-se, às vezes, com a do *distribuidor* ou *concessionário de venda*, mas as duas figuras são distintas. O *distribuidor* é comerciante autônomo. Negocia por sua conta e risco. Constitui categoria econômica correspondente ao exercício da atividade lucrativa peculiar.

Consiste essa atividade na revenda de produtos, mercadorias ou artigos que compra ao fabricante e distribui com exclusividade, comercializando-os em certa zona, região ou área".[115]

Então, segundo o mencionado professor, o distribuidor é um profissional do ramo de revenda de produtos, exercendo nítida atividade comercial, com habitualidade, havendo uma relação continuada entre ele e o fabricante do bem, diversamente do que ocorre com o contrato de agência, como também salienta Claudineu de Melo: "contrato de distribuição é aquele contrato mediante o qual o fabricante obriga-se a vender continuadamente ao distribuidor, que se obriga a comprar, com vantagens especiais, produtos de sua fabricação, para posterior revenda, em zona determinada".[116]

Portanto, é possível constatar que, para essa parcela da doutrina, impossível é a confusão entre as figuras do distribuidor e do agente.

Em linha semelhante de entendimento, Alfredo de Assis Gonçalves Neto sustenta que a espécie de agência denominada pelo Código Civil de distribuição não é o contrato de distribuição conhecido nos usos e costumes comerciais, aproximando-se este do contrato de concessão mercantil, e apenas dele se diferenciando pelo fato de que não vem agregada a prestação de serviços técnicos de pós-venda.[117]

Segundo ele, "a espécie de agência, agora denominada de **distribuição** na previsão do Código Civil de 2002 nada tem a ver com a figura jurídica que acaba de ser descrita, portanto. Trata-se de modalidade bastante conhecida de representação comercial – *rectius*, de modalidade de agência –, em que o representante ou agente recebe a mercadoria em depósito para comercializar em nome e por conta do representado ou proponente (uma espécie de **consignação**). Ou seja, os produtos ou

114 ARAGÃO; CASTRO. Op. cit. p. 263.

115 GOMES. Op. cit. p. 463.

116 MELO, Claudineu. *O contrato de distribuição*. São Paulo: Saraiva, 1987. p. 33.

117 GONÇALVES NETO. Op. cit. p. 215-216.

mercadorias do representado ou proponente são repassados às mãos do agente – que não os adquire, mas assume os riscos de sua guarda e conservação – para que os comercialize **por conta do consignante**, conforme as condições preestabelecidas, consistindo sua remuneração, normalmente, em uma percentagem sobre o valor do negócio, com a obrigação de devolver os bens que não lograr comercializar no prazo avençado".[118]

Então, para o citado professor, a distribuição mencionada no art. 710 do Código Civil, em verdade, é o contrato de agência sob a espécie consignação, uma vez que o contrato de distribuição em nada se confunde com o de agência, pois este, como dito por ele, apenas se aproxima do contrato de concessão mercantil, mas dele se diferencia pelo fato de que não agrega a prestação de serviços técnicos pós-venda.

Já Rubens Edmundo Requião, em obra doutrinária autônoma (sem relação com o seu encargo de atualizador da obra específica de seu pai sobre o contrato de representação comercial), sustenta que o Código Civil, de fato, tipificou o contrato de distribuição.[119] Todavia, ao utilizar o legislador a expressão *ter à disposição*, quis ele indicar a aquisição e revenda da coisa pelo distribuidor, de modo que a sua remuneração não é feita através de comissão, mas sim do lucro com a revenda.[120]

Para ele, "o contrato de *distribuição* centra sua eficácia na *continuada revenda de bens*. Neste contrato há transferência da propriedade do objeto para o distribuidor, para revenda, que assume integralmente o risco da operação mercantil de revenda, tanto que o próprio art. 710 do Código Civil, ao procurar caracterizar o contrato de distribuição, acentua que nele o operador terá *disposição* sobre a coisa.

E o *poder de dispor* é um dos atributos da propriedade (art. 1.228 do Código Civil: 'O proprietário tem a faculdade de usar, gozar e dispor da coisa, e o direito de reavê-la do poder de quem quer que injustamente a possua ou detenha'). Nos contratos de intermediação não ocorre o fenômeno de aquisição e perda da propriedade da mercadoria por parte do intermediário, em qualquer de suas formas.

Há, portanto, nítida diferença entre o contrato de distribuição e o contrato de agência e o contrato de representação comercial, em que pese o tratamento unificado imprimido pelo Código Civil, no art. 710 e seguintes às três espécies".[121]

---

118 GONÇALVES NETO. Op. cit. p. 216.

119 REQUIÃO, Rubens Edmundo. *Os contratos de agência...* Op. cit. p. 198.

120 Idem.

121 REQUIÃO, Rubens Edmundo. *Os contratos de agência...* Op. cit. p. 195-196

Então, para o mencionado professor, o contrato de distribuição, embora regulado no mesmo dispositivo que trata do contrato de agência, com ele não se confunde, tendo em vista que uma de suas características é a revenda da coisa, ou seja, sua aquisição diretamente do produtor com a sua posterior venda em nome próprio, o que não ocorre com o contrato de agência.

Vê-se, pois, que parcela considerável da doutrina identifica o contrato de distribuição com o contrato de concessão mercantil, e não o qualificando como espécie do contrato de agência.[122]

Há, ainda, quem veja dois contratos distintos de distribuição: o contrato típico previsto no Código Civil, como espécie de contrato de agência; e o contrato atípico de distribuição, que se confunde com o contrato de concessão mercantil.[123]

Sem prejuízo de toda a controvérsia apresentada, e em razão da existência de parcela considerável da doutrina identificando o contrato de distribuição como sinônimo de concessão mercantil, passaremos a examiná-lo como tal, ressalvando, neste caso, o nosso posicionamento de que o contrato de distribuição é, a partir do advento do Código Civil de 2002, uma espécie de contrato de agência, não se caracterizando pela revenda de bens, mas, tão somente, pela intermediação com a entrega da coisa ao cliente pelo agente-distribuidor. O contrato por meio do qual o "distribuidor" faz a revenda é, em verdade, o contrato atípico de concessão mercantil.

## 2.1. Contrato de distribuição como revenda (concessão mercantil)

Como dissemos anteriormente, grande parcela da doutrina identifica o contrato de distribuição com o contrato de concessão mercantil, de modo que a expressão utilizada pelo Código Civil, em seu art. 710, não

---

122 Essa também é a posição sustentada por Paula Andrea Forgioni em sua excelente obra *Contrato de Distribuição*: "A distinção entre as vendas efetuadas por um sujeito enquanto representante e distribuidor é patente: como distribuidor, adquire bens *em nome próprio*, que são em seu nome faturados. Com a revenda posterior, seu proveito econômico é a diferença entre o preço de aquisição e o preço de venda ao adquirente." FORGIONI. Op. cit. p. 97.

123 Esse é o entendimento de Ricardo Negrão: "Vemos, portanto, a distinção entre **agência** (promoção de negócios à conta de outrem *sem* que o agente disponha da coisa), **distribuição** (promoção de negócios à conta de outrem *com* disposição da coisa pelo agente) e **revenda** (os atos negociais se realizam em nome e por conta do revendedor)." NEGRÃO. Op. cit. p. 297.

teria o sentido técnico de atribuir à distribuição o regime do contrato de agência.[124]

Conforme lição de Ricardo Negrão, "o contrato de distribuição por conta própria (revenda) utilizado ordinariamente para a distribuição de diversos produtos, entre os quais revenda de bebidas e combustível, é contrato atípico e, como tal, não se reveste de características próprias, comuns, aplicáveis a todos os contratos. Entretanto, pode ser citada como essencial a cláusula de exclusividade recíproca na distribuição e de definição de territorialidade, em maior ou menor amplitude".[125]

Apesar de o mencionado professor apenas destacar as cláusulas de exclusividade e territorialidade, outras características do contrato de distribuição-concessão mercantil também são destacadas pela doutrina, como a atipicidade, a revenda de produtos e o lucro como forma de remuneração.[126]

A atipicidade decorre do fato de que o contrato de concessão mercantil não é regulado pelo ordenamento pátrio, não existindo legislação que trace as linhas gerais deste negócio jurídico.

Relembramos que, para essa parcela da doutrina, o contrato de distribuição previsto no Código Civil não é propriamente o contrato de distribuição, mas sim um contrato de agência erroneamente nomeado. Portanto, segundo esse entendimento, o contrato de distribuição, propriamente dito, é um contrato atípico, em nada se relacionando com aquele regulado pela lei civil, cujas regras não lhe são aplicáveis diretamente.

Há, todavia, exceções à atipicidade do contrato de distribuição-concessão mercantil. A revenda de automóveis, por exemplo, é regulada pela Lei nº 6.729/79, com as alterações promovidas pela Lei nº 8.132/90. Neste caso, tipificou o legislador esta espécie de contrato de concessão

124 O Prof. Iso Scherkerkewitz explicitamente se manifesta quanto à identidade dos dois contratos, afirmando peremptoriamente que "ousamos entender como sinônimos os contratos de distribuição e de concessão comercial, visto que é da essência do contrato de distribuição a ingerência do produtor nas atividades do distribuidor, sendo muito precária a eventual distinção entre os contratos ser efetuada na subjetiva apreciação do grau de ingerência existente em um e inexistente em outro". SCHERKERKEWITZ, Iso Chaitz. *Contratos de distribuição*. E o novo contexto do contrato de representação comercial. São Paulo: Revista dos Tribunais, 2011. p. 99.

125 SCHERKERKEWITZ. Op. cit. p. 300.

126 Tais características são destacadas por Leandro Santos de Aragão e Rodrigo R. Monteiro de Castro. ARAGÃO; CASTRO. *O contrato de distribuição*... Op. cit. p. 274.

mercantil, aplicando-se a mencionada lei especial como regramento das relações entre as partes contratantes.[127]

Já quanto aos demais contratos de distribuição não tipificados, não nos parece ser aplicável analogicamente a lei especial, ante as peculiaridades da atividade de compra e revenda de veículos, e tampouco subsidiariamente, haja vista que essa aplicação subsidiária incumbe às leis gerais. Não é possível, pois, a nosso sentir, a aplicação da Lei nº 6.729/79 aos demais contratos de distribuição-concessão mercantil.

Em consonância com o nosso pensamento está a lição de Paula Forgioni, para quem o contrato de distribuição é um contrato atípico misto, pois implica o concurso de um conjunto de prestações típicas de diversos contratos, reunidos em um só contrato, de maneira que são regulados pelas normas legais relativas às espécies contratuais cujos elementos são extraídos para a formação da nova espécie contratual, devendo os conflitos ser eliminados pela doutrina e jurisprudência.[128]

Esse entendimento corrobora o nosso pensamento de que não é possível a aplicação da lei especial sobre revenda de veículos automotores aos demais contratos de distribuição. Não obstante, é possível a aplicação das regras que regem os contratos típicos cujas características são emprestadas ao contrato de concessão mercantil para a sua formação. Por exemplo, é possível aplicar, naquilo que for compatível, as regras da compra e venda quando da alienação da coisa pelo concedente ao concessionário.

A segunda característica de destaque do contrato de distribuição-concessão mercantil é a revenda.

Ao contrário do que ocorre com a agência, no contrato de concessão mercantil o concessionário adquire a propriedade da coisa, para depois aliená-la a terceiros em seu próprio nome e por sua conta e risco, pois, como salientam Leandro Santos de Aragão e Rodrigo R. Monteiro de Castro, "o contrato de distribuição, também denominado concessão comercial, acaba por representar verdadeira transferência de risco, pois efetuada a venda, o fornecedor afasta, em relação aos produtos vendidos, a ocorrência de fato que lhe imponha algum tipo de perda".[129]

127 É o que também defende Ricardo Negrão (NEGRÃO. Op. cit. p. 301), Iso Scherkerkewitz (SCHERKERKEWITZ. Op. cit. p. 99) e Orlando Gomes, ao afirmar que "a distribuição, no sentido de *revenda de bens por conta e risco do distribuidor*, permanece contrato atípico no direito brasileiro, à exceção da revenda de veículos automotores" (GOMES. Op. cit. p. 465).

128 FORGIONI. Op. cit. p. 68.

129 ARAGÃO; CASTRO. *O contrato de distribuição*... Op. cit. p. 276.

Há, portanto, na concessão mercantil, uma sucessão de contratos de compra e venda, em que o concessionário adquire os bens do produtor e, posteriormente, os aliena aos clientes-consumidores. É por essa razão que se aplicam a esses contratos, com destaque, as regras da compra e venda mercantil.

Como salienta Paula Forgioni, "o contrato de distribuição abarca *operações de compra e venda mercantil*, de caráter não eventual, mas sim habitual (estável). O adquirente *compra para revenda*: a propriedade transfere-se, inicialmente, do patrimônio do fornecedor para aquele do distribuidor e, posteriormente, para um terceiro estranho a essa primeira relação".[130] É por isso que uma das consequências dessas sucessivas relações de compra e venda é a aplicação das regras dos contratos de compra e venda à concessão mercantil.[131]

É, pois, o objeto do contrato a comercialização de bens produzidos e fornecidos pelo fabricante, podendo, ainda, aderir a esse objeto a prestação de assistência técnica aos bens revendidos.[132]

Todavia, como observa, novamente, Paula Forgioni, o fornecedor não precisa ser, necessariamente, um fabricante. Pode ele ser um industrial ou um intermediário do comércio, de forma que "devemos considerar contratos de distribuição tanto (a) aqueles celebrados entre o fabricante e o distribuidor máster, bem como (b) aqueles celebrados entre esse distribuidor e outros agentes econômicos, que também distribuirão o produto no mercado".[133]

O que caracteriza o contrato, portanto, não é a natureza do fornecedor, mas sim a do distribuidor-concessionário. Importa que ele seja um revendedor, ou seja, que adquira o bem, em seu nome, e o revenda na mesma condição, de modo que "*o bem passa do patrimônio do fornecedor para aquele do distribuidor e, posteriormente, para o terceiro adquirente.* Não é distribuidor quem adquire para uso próprio".[134]

Assim, o distribuidor-concessionário é um revendedor, e não um mero intermediário, de forma que ele se caracteriza como um comercian-

---

130 FORGIONI. Op. cit. p. 63.

131 O Superior Tribunal de Justiça, no que tange aos contratos atípicos, possui precedentes no sentido de que, havendo divergência entre os contratantes, e ausente um regramento específico para solucioná-la, há que se aplicar a analogia e os princípios gerais do direito, não necessariamente se aplicando as regras dos contratos cujas características são emprestadas aos contratos atípicos: ver REsp 5680/SC. Rel. Min. Sálvio de Figueiredo Teixeira. Quarta Turma. *DJ* 10/12/1990, p. 14812.

132 GOMES. Op. cit. p. 464.

133 FORGIONI. Op. cit. p. 58.

134 FORGIONI. Op. cit. p. 59.

te autônomo,[135] ou seja, um empresário do ramo de revendas, podendo ostentar a condição de empresário individual ou sociedade empresária.

Frise-se que o distribuidor-concessionário exerce a sua atividade com profissionalismo, habitualidade e organização, razão pela qual será sempre um empresário.[136] E como tal, assume o risco de sua atividade. Por isso que ele responde, pessoalmente, pelo seu insucesso, bem como, na qualidade de comerciante, junto com o fabricante/fornecedor, por eventuais vícios do produto vendido. Neste último caso, trata-se da aplicação, pura e simples, da teoria do risco proveito: quem tem o bônus há de arcar com o ônus. Há, inclusive, precedentes do Superior Tribunal de Justiça a esse respeito.[137]

Se o distribuidor-concessionário lucra, tem como remuneração exatamente a diferença obtida entre o preço de aquisição do produto junto ao fornecedor e aquele praticado na revenda, é induvidoso que deve arcar com o risco de o produto conter vícios que prejudiquem ou causem danos ao cliente-consumidor.

Este último, impende ressaltar, também não necessariamente será um consumidor, podendo ser, inclusive, um outro distribuidor[138] dentro de uma cadeia complexa de distribuição.

Como consequência do que foi explicitado, podemos inferir a terceira característica fundamental do contrato de distribuição-concessão mercantil, que é aquela que diz respeito à natureza da remuneração do distribuidor-concessionário: esta consiste no lucro obtido da diferença entre o preço pago pelo distribuidor-concessionário ao fornecedor, quando da aquisição do bem, e aquele praticado quando da revenda ao cliente-consumidor.

Portanto, a remuneração do distribuidor-concessionário não é auferida através de comissão, e sim pela diferença do preço quando da revenda do produto em relação àquele pago quando da sua aquisição junto ao fabricante.

---

135 GOMES. Op. cit. p. 463.

136 Consoante lição de Paula Forgioni, "*o concessionário é um comerciante que negocia o bem profissionalmente e em caráter não eventual*: em nossos dias, mais que comerciantes, o fabricante e o distribuidor são *empresários*, pois exercem profissionalmente atividade econômica organizada para a produção ou circulação de riquezas, com o intuito de obter *lucro* nessas operações, agindo consoante uma *racionalidade* própria à categoria a que pertencem. Portanto, o *contrato de distribuição é um negócio comercial, empresarial*". FORGIONI. Op. cit. p. 57-58.

137 Ver REsp 1.155.730-SP. Rel. Min. Sidnei Beneti, julgado em 16/8/2011 (ver Informativo nº 452).

138 FORGIONI. Op. cit. p. 58.

Por se tratar de uma atividade empresarial e, por conseguinte, profissional e habitual, o lucro depende de sucessivas operações de compra e revenda, não podendo se limitar a uma única e isolada operação. Como lecionam Leandro Santos de Aragão e Rodrigo R. Monteiro de Castro, "o proveito econômico, no contrato de distribuição, decorre de uma revenda, e não de mediação, e, para que não se limite a um único integrante do sistema, requer vendas sucessivas, do mesmo produto, acrescido de margem que, além de cobrir custos e encargos decorrentes da operação, permita o lucro, essencial a toda e qualquer sociedade empresária".[139]

Esta característica é, como se percebe, uma decorrência da própria natureza da atividade exercida pelo distribuidor-concessionário. É ele um comerciante do ramo de revenda de bens, e não um intermediador, como bem salienta Orlando Gomes, ao explicitar que "a contrapartida das vendas que faz não é como sucede com os *agentes*, uma *comissão* calculada sobre o preço, mas o *lucro* obtido com as revendas, feitas, que são, no interesse próprio, enquanto o agente, mesmo exclusivo, vende mercadoria de outrem, por conta e no interesse deste. O *agenciamento* supõe *representação*; a *distribuição* é incompatível com esta".[140]

Daí a diferenciação feita por parcela da doutrina entre o contrato de agência e distribuição, uma vez que o agente não é um comerciante, ao contrário do que ocorre com o distribuidor-concessionário.

Outra característica importante do contrato de distribuição-concessão mercantil é a exclusividade. Ela consiste na obrigação de o concedente conferir ao concessionário exclusividade na aquisição e revenda de seus produtos. Por força da exclusividade, ao concedente "não lhe é lícito nomear outro concessionário. Se viola o dever de não fazê-lo, o segundo concessionário deve ser compelido a fechar as portas, sem prejuízo do seu direito de pleitear do concedente a competente indenização".[141]

Contudo, tal restrição imposta ao concedente está limitada a determinada área territorial, ou seja, o concedente só tem a obrigação de conferir exclusividade ao concessionário em determinada zona territorial, sob pena de violar o próprio direito do concedente de explorar a sua marca e atingir o maior número de consumidores de seus produtos.[142]

---

139 ARAGÃO; CASTRO. *O contrato de distribuição*... Op. cit. p. 276.

140 GOMES. Op. cit. p. 463.

141 GOMES. Op. cit. p. 467.

142 Assim leciona Paula Forgioni ao afirmar que "*ao distribuidor é assegurado um monopólio de revenda*: para Champaud, o monopólio de revenda é o que conhecemos modernamente como *exclusividade territorial*. Assim, nos contratos de distribuição seria ela sempre garantida, de sorte que nenhum outro comerciante poder vender para os consumidores situados em certa área" (FORGIONI. Op. cit. p. 59).

Pensamos, no entanto, que se o concessionário exerce a sua atividade de forma ampla, atingindo várias localidades, não é possível o concedente autorizar a atuação de outro concessionário nessas áreas, concorrentemente com o primeiro, causando-lhe prejuízo. Se o fizer, terá que indenizá-lo, sendo admitida, inclusive, a imposição da cessação das atividades do segundo.

Entretanto, caso haja áreas territoriais não abarcadas pelo primeiro concessionário, é lícito que autorize o exercício da atividade por outro. Pensamos que a limitação à concessão da atuação por novo concessionário está vinculada à concorrência, não sendo possível o concedente permitir a concorrência entre dois ou mais concessionários, violando as suas expectativas legítimas de atingimento de mercado e ganho de lucros.

Tal característica, como é possível perceber no dia a dia, não se apresenta no contrato típico de concessão de venda de veículos automotores. Neste caso, o concedente não é obrigado a conferir exclusividade a determinado concessionário. No entanto, é possível demarcar determinada área para a atuação de determinado concessionário.

Como leciona Ricardo Negrão, no caso da revenda de automóveis, "a área demarcada poderá conter mais de um concessionário da mesma rede, devendo ser observadas distâncias mínimas entre eles, fixadas segundo critérios de potencial de mercado. O concedente poderá, ainda, realizar novas concessões se a área delimitada apresentar condições previamente ajustadas com sua rede de distribuição ou, ainda, para substituir concessionário que teve seu contrato extinto. Em ambos os casos as condições dessa nova contratação não poderão acarretar prejuízo aos concessionários da marca que terão direito de concorrer, em igualdade de condições, ao preenchimento de nova vaga".[143]

É possível inferir, pois, que no caso da concessão de venda de veículos, como regra, não pode o concessionário reclamar a cessação das atividades do novo concessionário, haja vista que a exclusividade de zona não é característica essencial do contrato, e tampouco cláusula a ser obrigatoriamente inserida no instrumento do negócio. Entretanto, é lícito reclamar perdas e danos se comprovar que a nova concessão lhe causou prejuízos, quando, por exemplo, a demanda não era suficientemente grande para acolher dois revendedores da mesma marca.

Há, todavia, quem defenda que a exclusividade também não é característica do contrato atípico de distribuição-concessão de um modo geral. Segundo Paula Forgioni, "nem sempre é assegurada exclusividade ao distribuidor. Lograr obter essa garantia dependerá, inclusive, do seu poder econômico em face do fornecedor. Este pode decidir (e geralmente

143 NEGRÃO. Op. cit. p. 302.

o faz) reservar no contrato a possibilidade de incitar a concorrência dentro de sua rede (indicando outro para atuar na área já ocupada por um distribuidor), ou mesmo efetuar vendas diretas. Posto isso, pergunta-se: por se ter garantido ao fabricante esse poder, estaria descaracterizado o contrato de distribuição? Entendemos que não; a exclusividade (ou o monopólio de venda, como quer Champaud), *não é elemento característico do contrato*, embora muitos deles apresentem essa particularidade.

A Lei 6.729, de 1979 (Lei Ferrari), teve que lidar com essa questão, equacionando-a da seguinte forma: determinou, em seu art. 5º, que '[s]ão inerentes à concessão: I – área operacional de responsabilidade do concessionário para o exercício de suas atividades; II – distâncias mínimas entre estabelecimentos de concessionários da mesma rede, fixadas segundo critérios de potencial de mercado'. Mas estabeleceu, no § 1º do mesmo artigo, que '[a] área poderá conter mais de um concessionário da mesma rede'. Assim, vemos que a própria Lei Ferrari não assegurou aos distribuidores de veículos automotores a exclusividade territorial, apesar de ter procurado arrefecer a concorrência entre eles, possibilitando a demarcação de distâncias mínimas entre os concessionários".[144]

Portanto, segundo a citada autora, o contrato de concessão de vendas de veículos automotores é um exemplo para afastar, como característica essencial do contrato atípico de distribuição-concessão mercantil, a exclusividade de atuação do concessionário.

Por esse entendimento, é possível o concedente autorizar a atuação de outro concessionário na mesma zona territorial em qualquer espécie de concessão mercantil; todavia, deve procurar minimizar a concorrência entre os concessionários, observando, por exemplo, a demanda do mercado na localidade.

144 FORGIONI. Op. cit. p. 59-61.

# 11

## Shopping Center

Templos de consumo. Esta é a definição mais simples para os centros de compras, empreendimentos que reúnem uma grande diversidade de empresários, oferecendo as mais variadas espécies de produtos e serviços para os consumidores.

São os *shopping centers* fruto do crescimento da sociedade de consumo e da massificação dos meios de comunicação, que sobrecarregam os indivíduos com propagandas que estimulam, e quase os constrangem, a adquirir uma multiplicidade de bens que, na maioria das vezes, sequer são necessários.

A sociedade, inclusive, por conta dos padrões impostos, também reclama a aquisição desses produtos e serviços pelos indivíduos que, se assim não fizerem, acabarão por ser excluídos do meio em que convivem.

É nesse cenário que o empreendimento em que se constitui o *shopping center* ganha cada vez mais fãs e adeptos. Mas não devem os centros de compras ser vistos apenas negativamente, pois possuem eles grandes atrativos para o público.

Os indivíduos encontram nesses empreendimentos não apenas uma variada gama de produtos e serviços, mas também comodidade, conforto, lazer e segurança, para si e para sua família.

São os *shopping centers* criados e aperfeiçoados para atrair cada vez mais público, oferecendo atrativos que os tornam quase irresistíveis, transformando-se, em verdade, em grandes centros de lazer.

Mas, os *shoppings centers* não se resumem a isso. Internamente, sua estrutura é complexa, envolvendo uma grande quantidade de sujeitos e de relações jurídicas que, reunidas, dão forma a esse peculiar negócio.

É esse empreendimento, também, um grande centro de comércio, gerando empregos, arrecadação de tributos, circulação de riquezas e desenvolvimento da economia.

Não há como se negar, então, a importância social que hoje detêm os centros de compras. Mas, por se tratar de um fenômeno social, essas relações jurídicas não estão alheias a conflitos, que na maioria das vezes desaguam no Poder Judiciário.

Por essas razões, é fácil perceber a necessidade do estudo dos aspectos jurídicos desse grande negócio, que é exatamente o que passaremos a fazer a partir desse instante.

## 1. CONCEITO

Não há, na doutrina, um conceito unívoco do contrato de *shopping center*. Costumam os doutrinadores apresentá-los a partir do empreendimento, ou seja, tendo como parâmetro o negócio em que se constitui o *shopping center*,[1] e não a relação jurídica propriamente dita.

Mas, obviamente, isso não é uma regra sem exceções. Há, nos diversos estudos sobre o tema, quem formule um conceito jurídico do instituto. Segundo o emérito Prof. Carlos Alberto Bittar, "caracteriza-se o empreendimento como associação de capitais para exploração própria, ou mediante locação comercial das unidades construtivas ou de espaços utilizáveis, através de prévia definição de parâmetros para a ação dos condôminos ou dos sócios. Resulta daí a instituição de condomínio, mediante convenção própria e edição de regulamento, ou a celebração de contrato de sociedade, conforme o caso, com a constituição de entidade administradora (do tipo associação de lojistas, ou mesmo especificamente de administração do *shopping*, sob a forma de sociedade anônima, ou outra comercial, podendo também ser esta confiada a empresas especializadas do ramo)".[2]

Trata-se, como se infere, de um conceito complexo, que, além de examinar a natureza da relação, ainda ingressa nos aspectos internos do empreendimento, o que, com a devida vênia, entendemos ser desnecessário em um conceito.

Nessa toada, procuramos conceituar o contrato de *shopping center* a partir de elementos que entendemos ser essenciais para a compreensão do instituto, explicitando, por exemplo, sua natureza jurídica,[3] os sujeitos principais e as finalidades e objetivos do contrato.

---

1 Como exemplo, podemos citar o conceito apresentado por Alexandre Belmonte em sua excelente obra dirigida ao estudo da natureza jurídica do contrato de *shopping center*. Segundo ele, "os *shopping centers* são complexos que concentram o mais variado tipo de comércio, numa estrutura aparentemente convencional" (BELMONTE, Alexandre de Souza Agra. *Natureza jurídica dos shopping centers*. Rio de Janeiro: Lumen Juris, 1989. p. 5). Em tópico próprio, o mesmo autor volta a conceituar o instituto, mas sempre tendo como parâmetro o negócio em que se constitui o *shopping center*: "pode o *shopping center* ser conceituado como o comércio reunido, geralmente, sob a forma de associação em participação, e peculiarmente organizado em infraestrutura destinada a uma rápida circulação de riquezas". (BELMONTE. Op. cit. p. 53).

2 BITTAR, Carlos Alberto. *Contratos comerciais*. 4. ed. Rio de Janeiro: Forense Universitária. 2005. p. 181.

3 A natureza jurídica por nós exposta no conceito reflete o nosso entendimento sobre o tema, uma vez que, como ficará demonstrado no item 4 deste capítulo, a questão é tormentosa, havendo grande divergência na doutrina.

Assim, conceituamos o contrato de *shopping center* como uma coligação contratual, ou a reunião de contratos celebrados entre os lojistas e o empreendedor, em que os primeiros recebem, em locação, espaços no empreendimento criado, organizado e administrado pelo segundo, para o exercício de sua atividade econômica, beneficiando-se os lojistas das vantagens proporcionadas pelo negócio do empreendedor, que é o centro de compras, ambos visando o bom funcionamento da empresa de conjunto para a aferição e o aumentos dos lucros, atendendo aos anseios dos consumidores.

De uma forma mais simples, podemos dizer que a relação contratual de *shopping center* é constituída por uma reunião de contratos em que os lojistas recebem em locação espaços destinados ao exercício da sua atividade empresarial, beneficiando-se da estrutura montada pelo empreendedor.

Como veremos adiante, a relação jurídica que dá origem e viabiliza o surgimento e funcionamento do *shopping center*, que nós chamaremos simplesmente de contrato de *shopping center*, não consiste em um único contrato, mas sim em diversos vínculos decorrentes dos mais variados interesses das partes.

Mas, apesar dessa diversidade de interesses, não são eles totalmente antagônicos. Na verdade, os interesses individuais de cada um só poderão ser atingidos se o interesse comum for alcançado. Os interesses dos lojistas e do empreendedor são, em verdade, interligados e interdependentes, uma vez que o interesse dos primeiros é que o *shopping center* dê certo para que os seus próprios negócios, inseridos no empreendimento, deem certo, assim como o interesse do empreendedor é que os negócios dos lojistas tenham sucesso, para que o seu próprio negócio prospere.

É induvidoso que o sucesso de um lojista, sob o aspecto individual, depende, salvo raras exceções, do êxito do empreendimento como um todo. Em sendo o *shopping center* um fracasso, consequentemente esse também será o resultado da atividade do lojista, bem como o fracasso dos lojistas acarretará o insucesso do empreendimento. Há, portanto, interesses individuais e comuns interdependentes.

Os contratos são firmados, conforme boa lição de Rodrigo Barcellos, "para que as lojas integrem o *shopping center* e, mais do que isso, para que os estabelecimentos, em conjunto, constituam o centro comercial".[4] Por essa razão, é imperiosa a conjunção dos diversos contratos, sem a qual o interesse comum não é atingido.

Como é possível perceber, há uma causa supracontratual que é mais relevante e se sobrepõe às causas individuais.

4 BARCELLOS, Rodrigo. *O contrato de shopping center e os contratos atípicos interempresariais.* São Paulo: Atlas, 2009. p. 91.

As causas individuais são as razões e os motivos que levam cada uma das partes a celebrar os diversos contratos para formar a relação de *shopping center*.

Mas, uma vez celebrados os contratos, passa a se sobrepor a causa supracontratual, haja vista que as finalidades dos lojistas – que é incluir o seu negócio no empreendimento, beneficiando-se da sua organização e estrutura para atrair mais consumidores e, consequentemente, maiores lucros – e do próprio empreendedor – que é implementar o empreendimento, oferecendo uma melhor estrutura e maior organização, atraindo, assim, mais lojistas e, também, mais consumidores que levarão a uma maior lucratividade daqueles e, desta forma, participar dos seus rendimentos levando ao aumento do seu próprio lucro – só podem ser alcançadas se atingida a finalidade da empresa de conjunto.[5]

Dessa breve explanação já é possível inferir a complexidade com que se estrutura essa relação tipicamente empresarial, em que ambas as partes objetivam ter sucesso na sua empreitada no mundo dos negócios, e a qual passaremos a examinar com maior profundidade.

## 2. SUJEITOS

O contrato de *shopping center* tem dois sujeitos principais e indispensáveis para a sua celebração, que são o empreendedor e os lojistas. São eles os sujeitos contratantes, as partes do contrato, aqueles que celebram o negócio jurídico propriamente dito.

Há, no entanto, um sujeito acidental, embora essencial, que é o consumidor, que não é parte do contrato de *shopping center*, mas participa da relação que circunda o empreendimento.

É possível, ainda, falarmos de outro sujeito cuja participação é facultativa, que é o administrador, que uma vez existindo também será parte do contrato de *shopping center*. Vamos, agora, examiná-los.

---

5 Conforme Barcellos, "a causa dos contratos individualmente firmados está imbricada à causa supracontratual da rede de contratos: a função econômica do contrato firmado entre empreendedor e lojista é a criação, manutenção e desenvolvimento da empresa de conjunto. O resultado prático pretendido pelas partes é a integração do estabelecimento do empresário-lojista no *shopping*, para que ele pratique sua atividade empresarial beneficiado pelas vantagens de integrar o centro, estrutura criada e mantida pelo empreendedor, também na prática de sua atividade empresarial" (BARCELLOS. Op. cit. p. 111).

## 2.1. Empreendedor

O empreendedor é o dono do *shopping center*, ou seja, é o proprietário do empreendimento, é o empresário que cria, estrutura e organiza essa concentração empresarial.

O *shopping center* é um contrato empresarial, então, o empreendedor tem que ser, necessariamente, um empresário,[6] e um empresário do ramo de *shopping centers*, uma vez que a criação, estruturação e organização desse complexo empreendimento reclama uma gama de conhecimentos específicos de mercado, de infraestrutura e de organização. Precisa o empreendedor ter conhecimento sobre o mercado consumidor e imobiliário, uma vez que ele deve buscar a melhor localidade para estabelecer o seu negócio, conhecendo as necessidades e os anseios dos potenciais consumidores da área de abrangência do centro empresarial.

Mesmo contando com a ajuda de colaboradores, profissionais habilitados e especialistas nessas questões, o dono do negócio deve conhecer o ramo dessa atividade complexa, não se satisfazendo em entregar, de "olhos fechados", tamanho investimento nas mãos de terceiros.

É imperioso que ele conheça as peculiaridades que envolvem um *shopping center*, possibilitando-lhe, assim, obter as possíveis soluções para os problemas e percalços que certamente surgirão no decorrer da empreitada, devendo, ainda, ter plena confiança nos próprios profissionais que o auxiliarão e que executarão os mais variados serviços, desde o início das construções até o funcionamento do empreendimento.

---

6 Aqui falamos em empresário em sentido amplo, abrangendo as figuras do empresário individual, da sociedade empresária e, hoje, também da EIRELI. Como leciona Fábio Ulhoa Coelho, "o proprietário de um terreno que nele constrói prédio destinado a abrigar um estabelecimento empresarial e, depois de concluída a obra, loca-o a pessoa interessada em explorar atividade econômica no local, dá ao seu bem certo fim rentável. Ele, proprietário, contudo, não é empresário. Se, no mesmo terreno, construir um prédio constituído de espaços relativamente autônomos, para fins de os alugar a quaisquer pessoas interessadas em explorar atividade econômica no lugar, ele ainda não pode ser considerado empresário. Continua apenas o titular de propriedade imobiliária (uma 'galeria'), de que extrai renda. Se, finalmente, o prédio é constituído de espaços relativamente autônomos, e o proprietário *organiza* a distribuição desses espaços, de forma a locá-los para pessoas interessadas em explorar determinadas atividades econômicas predefinidas, ele já se pode considerar empresário. Ele é titular de empresa do ramo *shopping center*" (COELHO, Fábio Ulhoa. *Curso de direito comercial*. Direito de empresa. 14. ed. São Paulo: Saraiva, 2010. v. 1, p. 114). Sobre a EIRELI, ler o nosso A empresa individual de responsabilidade limitada: memórias póstumas do empresário individual. *Revista da EMERJ*, v. 14, nº 56, out./dez. 2011, p. 215-234. Disponível em: <http://www.emerj.tjrj.jus.br/revistaemerj_online/edicoes/revista56/revista56_215.pdf>.

Por essa razão, deve o empreendedor ser um empresário do ramo, pois, ao organizar e estruturar um *shopping center*, deve fazê-lo de forma profissional, visando a produção de riquezas e a aferição de lucros, como consequência do bom funcionamento do empreendimento, e de maneira organizada, que é o que caracteriza a atividade empresarial, na forma do art. 966 do Código Civil.

Há que se frisar que, ao organizar o empreendimento, passará o empreendedor a explorar a atividade com seu próprio estabelecimento, do qual também fazem parte os fundos empresariais dos lojistas.

## 2.2. Lojista

O lojista é o empresário[7] que explora a atividade econômica de compra e venda de produtos ou de prestação de serviços por intermédio de seu próprio estabelecimento, que está localizado fisicamente no espaço cedido pelo empreendedor.

O lojista explora a sua atividade autonomamente, ou seja, não há interferência do empreendedor na sua atividade-fim, de modo que o empreendedor não interfere na administração do negócio do lojista, nem no exercício da sua atividade empresarial propriamente dita, não obstante participar, indiretamente, dos seus lucros.

Então, o lojista é que aquele que, efetivamente, exerce a atividade de fornecimento de produtos e serviços para os consumidores. E, aqui, cabem duas observações.

Primeiro, não cabe ao empreendedor exercer essa atividade em concorrência com os lojistas, isso porque a ele incumbe empreender todos os esforços para que o empreendimento cresça globalmente, o que só se dará com o fortalecimento e sucesso dos lojistas.

O exercício efetivo da atividade de fornecimento de produtos e serviços pelo empreendedor acarretará certo constrangimento aos lojistas, haja vista que o empreendedor, por ser o dono do *shopping*, teria algumas benesses em relação aos lojistas, que levariam, indiscutivelmente, a uma concorrência desleal.

Isso porque, ao ser dono do centro de compras, estaria dispensado, por exemplo, de pagar algumas verbas inerentes ao funcionamento do próprio empreendimento, uma vez que não poderia ser ele devedor e credor de si próprio. E isso lhe traria menos despesas na exploração da

7 Admite-se, excepcionalmente, que o lojista não seja um empresário, isto é, que exerça a sua atividade econômica sem a organização exigida para a caracterização de um empresário individual ou sociedade empresária. Frise-se, no entanto, que por ser o *shopping center* um centro de comércio, o lojista deve exercer uma atividade econômica de fornecimento de produtos e serviços.

sua atividade, o que lhe permitiria praticar preços inferiores aos dos demais lojistas nos produtos e serviços que eventualmente viesse a fornecer.

Ademais, por ser o empreendedor, geralmente, um grande empresário, com maior concentração de riquezas e capital em seu patrimônio, isso lhe permitiria explorar a atividade econômica também desenvolvida pelos lojistas com mais facilidade, até com uma menor margem de lucros – o que lhe asseguraria, também, a possibilidade de praticar preços mais baixos –, e através de lojas mais bem estruturadas, o que, consequentemente, atrairia mais consumidores.

Portanto, não deve o empreendedor ser titular de uma loja dentro do *shopping center* que é de sua propriedade.

A segunda observação é que o empreendedor também oferece alguns produtos e serviços, como, por exemplo, segurança, higiene – através dos sanitários – e espaço para estacionamento e guarda de veículos.

Ocorre que tais atividades são inerentes ao seu negócio, ou seja, ligadas ao próprio funcionamento e organização do empreendimento. O fornecimento desses produtos e serviços faz parte, em verdade, da estratégia para a atração de mais consumidores para o centro de compras, trazendo conforto e satisfação a aqueles que consumirão os produtos e serviços dos lojistas.

Esses produtos e serviços oferecidos pelo empreendedor, isto é, pelo próprio *shopping*, como é óbvio, não fazem concorrência com aqueles dos lojistas, mas, ao contrário, ajudam a atrair clientela para os donos das lojas, beneficiando-os.

## 2.3. Administrador

O administrador é um sujeito facultativo da relação, uma vez que pode ele existir ou não, ou seja, as relações jurídicas que envolvem o empreendimento não necessariamente reclamam a participação do administrador, de maneira que ele pode, ou não, ser parte no contrato. A sua presença, portanto, não é obrigatória.

O administrador é a pessoa contratada pelo empreendedor para gerir, organizar, estruturar o empreendimento. Muitas vezes, dada a complexidade da atividade econômica explorada pelo empreendedor, exige-se um alto grau de conhecimento e *know-how* que pode não ser do seu domínio. Por essa razão, alguns empreendedores contratam uma administradora especializada em gestão de *shopping centers*, passando a ser ela, então, a organizadora e estruturadora do negócio, passando a ter os mesmos poderes e a mesma importância do próprio empreendedor.

E isto é importante frisar: ao administrador são conferidos amplos poderes de gestão, de administração, para que ele possa exercer plenamente a atividade que seria de atribuição do empreendedor, inclusive com a submissão dos lojistas no que tange ao funcionamento do *shopping*.[8]

Como se vê, os lojistas, apesar de celebrarem o contrato com o empreendedor, devem manter uma relação direta com o administrador, submetendo-se às suas ordens no que toca à organização do empreendimento, cujos poderes foram outorgados pelo dono do *shopping center*, haja vista que será o administrador o responsável pela organização do centro de compras e sua condução ao sucesso.

## 2.4. Consumidor

O consumidor é aquele que adquire e usufrui os produtos e serviços oferecidos pelos lojistas e pelo empreendedor. Ele, contudo, não é parte do contrato de *shopping center*, não obstante ser essencial para o êxito dessa complexa relação.

É induvidosa a existência de uma relação de consumo entre ele e os lojistas, uma vez que, como já vimos, a atividade de fornecimento de produtos e serviços em um *shopping center* é exercida primordialmente pelos donos das lojas, se enquadrando ambos os sujeitos no conceito de consumidor e fornecedor segundo os exatos termos dos arts. 2º e 3º do Código de Proteção e Defesa do Consumidor.

Entretanto, no que tange à existência de uma relação jurídica de consumo entre os frequentadores do *shopping center* e o empreendedor, a questão é controvertida. É possível vislumbrarmos três correntes acerca dessa questão.

Para uma primeira parcela da doutrina, a relação entre os frequentadores do *shopping center* e o empreendedor/*shopping*, como regra, não é de consumo. Segundo o Prof. João Augusto Basilio, é possível "afirmar que em regra a atividade desempenhada por empreendedores de *shopping centers* não se situa dentro do conceito de serviço estabelecido pela Lei nº 8.078/90, salvo em hipóteses muito restritas, onde além da relação jurídica existente entre estes e os lojistas de *shopping*, o empreendedor presta serviços aos consumidores, que o remuneram de forma indireta, através da aquisição de bens e serviços postos à disposição pelos lojistas".[9]

---

8 Como salienta o Prof. João Augusto Basilio, "o papel do administrador é determinante para o sucesso do *shopping*, já que a ele são conferidos todos os poderes de administração do empreendimento, inclusive no que respeita à substituição de lojistas que prejudicam a comunidade varejista, bem como ao ingresso de novos comerciantes no *shopping*" (BASILIO, João Augusto. *Shopping center*. Rio de Janeiro: Renovar, 2005. p. 61).

9 BASILIO. Op. cit. p. 200.

Como é possível perceber, segundo esse entendimento não há, em princípio, relação de consumo entre os frequentadores do *shopping center* e o empreendedor. No entanto, há algumas hipóteses em que o empreendedor prestaria serviços aos frequentadores, mediante remuneração indireta feita pelos lojistas, caso em que passaria a ostentar o *status* de fornecedor, qualificando-se a relação como uma relação de consumo, como afirma o mesmo Prof. João Basilio: "Dentre os poucos serviços prestados pelo empreendedor diretamente aos lojistas, podemos exemplificar a conjugação de diversos ramos de atividades em um mesmo espaço físico, as várias promoções e sorteios que ocorrem em datas como o Natal, o conforto e a segurança oferecidos aos consumidores no interior dos *malls*, além dos serviços de parqueamento de veículos quando é feito diretamente pelo empreendedor, que é uma característica indissociável do fenômeno *shopping center*."[10]

Então, segundo esse entendimento, apenas nesses casos excepcionais se vislumbra uma relação de consumo, se subsumindo às regras dispostas pelo diploma consumerista.

Há, ainda, uma segunda corrente doutrinária que defende a inexistência, em qualquer hipótese, de relação de consumo entre o empreendedor e os frequentadores do *shopping center*, sob o argumento de que os frequentadores nada compram dos *shopping centers*, mas apenas dos lojistas.[11]

---

10 Idem.

11 Segundo o Prof. Luis Gastão Paes de Barros Leães, "ainda que se sustente que os *shopping centers* tenham a sua própria clientela, independente da freguesia de suas lojas, essa clientela *nada compra* dos *shoppings* – nem produtos, nem serviços – e, por consequência, não podem eles ser configurados como fornecedores no mercado de consumo, já que os fornecedores dessa clientela são os lojistas, esses sim, vendedores de bens e serviços no mercado de consumo. Por consequência, não sendo os *shopping center* fornecedores de bens e serviços para o mercado, não se instauram nunca 'relações de consumo' entre eles e os seus frequentadores, habituais ou eventuais". Por fim, conclui o precitado professor que "da mesma forma, se nos ativermos aos exatos termos da lei, e não nos perdermos em meras lucubrações, o simples frequentador que parqueia o seu automóvel no estacionamento (gratuito) de um *shopping center*, adentra em seu recinto e circula pelo *Mall*, percorrendo as suas galerias, praças e corredores para os quais se abrem as lojas, inclusive visitando-as, sem adquirir ou se utilizar de bens ou serviços, não se torna, *ipso facto*, um consumidor, pelo menos para efeito da lei protetora, que expressamente requer a realização desses atos de aquisição ou de uso para que uma pessoa assuma essa condição (art. 2, *caput*). A lei não agasalha, assim, os conceitos de 'consumidores virtuais', e quejandos, que vicejam em textos sociológicos, políticos ou literários" (LEÃES, Luís Gastão Paes de Barros. *Revista de Direito Mercantil*, nº 122, p. 221 apud BASILIO. Op. cit. p. 200-201).

Nesse caso, haveria relação de consumo apenas entre os frequentadores do *shopping* e os lojistas, excluído o empreendedor.

Já a nosso sentir, no que se poderia dizer como uma terceira corrente, há inegavelmente uma relação de consumo entre o empreendedor e os frequentadores do *shopping*.

O empreendedor é, induvidosamente, um fornecedor, nos termos do art. 3º do Código de Proteção e Defesa do Consumidor, isso porque ele sempre aufere lucros com a presença dos frequentadores, ainda que indiretamente, em razão dos serviços e comodidades que oferece, como boa organização, segurança, higiene, estacionamento, dentre outros, que atraem um maior número de pessoas.

Quanto maior for o número de frequentadores atraídos para o empreendimento, maior também será o lucro dos lojistas e, consequentemente, do próprio empreendedor.

Portanto, não há dúvidas de que o oferecimento desses serviços assegura ao dono do *shopping* um retorno financeiro, caracterizando-o como um fornecedor, bem como a fruição desses serviços pelos frequentadores do centro de compras, ainda que gratuitamente, os caracteriza como consumidores, na dicção do art. 2º do CDC, por serem destinatários finais daqueles serviços, daí exsurgindo uma relação de consumo.

A questão da ausência de remuneração do empreendedor também é irrelevante. Dispõe o § 2º do art. 3º do CDC que serviço é qualquer atividade fornecida no mercado de consumo, *mediante remuneração*, inclusive as de natureza bancária, financeira, de crédito e securitária, salvo as decorrentes das relações de caráter trabalhista.

Numa leitura fria do dispositivo, chegamos à conclusão de que para se caracterizar uma relação jurídica como uma relação de consumo, especialmente no que tange ao fornecimento de serviços, exige-se a remuneração por parte do consumidor ao fornecedor.

Ocorre que, em nosso entender, a remuneração não é um fator fundamental para a conceituação de fornecedor dentro de uma relação de consumo, admitindo-se, inclusive, para fins de definição de uma relação consumerista, que o fornecimento seja gratuito, como ocorre, por exemplo, nos casos de amostras grátis. Assim, ainda que não haja remuneração, ou que seja ela feita indiretamente,[12] isso não é suficiente para retirar a natureza consumerista da relação.

---

12 Esse, inclusive, é o entendimento já firmando pelo Superior Tribunal de Justiça, como, por exemplo, nos casos de serviço de provedores de internet, como se vê no seguinte precedente: REsp 1.444.008/RS. Rel. Min. Nancy Andrighi. Terceira Turma. *DJ* 25/10/2016.

No caso do *shopping center*, muitas vezes sequer é possível falar em ausência de remuneração do empreendedor, que em verdade é remunerado indiretamente pelos lojistas pelo maior movimento de pessoas que adquirem deles produtos e serviços. É inegável que o empreendedor atrai os frequentadores ao seu estabelecimento com a oferta dos mais variados serviços e de alguns produtos. O indivíduo, ao ingressar no *shopping*, já se torna um consumidor. O Código de Defesa do Consumidor o alcança, uma vez que o diploma protetivo assegura o *status* de consumidor desde a fase pré-contratual, antes mesmo da aquisição de produtos e serviços. A prova disso é a proteção dos consumidores contra propagandas abusivas e enganosas: mesmo aqueles que nada vieram a adquirir são protegidos, pois foram expostos àquela propaganda.

Na jurisprudência do Superior Tribunal de Justiça, inclusive, há inúmeros precedentes no sentido de que há relação de consumo entre o empreendedor e os frequentadores do *shopping*,[13] responsabilizando o empreendedor/*shopping* por fato do produto e do serviço, inclusive solidariamente com outros empresários que exercem sua atividade dentro do espaço físico do empreendimento.

Há, por fim, que se ressaltar a diferença entre a relação mantida pelo empreendedor com os frequentadores do *shopping center*, daquela travada entre o empreendedor e os lojistas que, induvidosamente, não é uma relação de consumo, tratando-se de uma relação interempresarial.

Como é possível perceber, ainda que se defenda que a prestação de serviços pelo empreendedor é excepcional, é inegável que ele ostenta o *status* de fornecedor.

Entretanto, como já vimos, não é isso que defende parcela da doutrina. Segundo o Prof. João Basilio, "via de regra os empreendedores não prestam serviços aos consumidores que transitam pelos *shopping centers*, pelo que inaplicável o CDC a essa relação, devendo a existência de prestação desses serviços ser examinada no caso a caso, eis que em determinadas hipóteses pode se verificar a prestação de serviço pelo empreendedor ao consumidor".[14]

Entende ele, pois, que a existência, ou não, de relação de consumo é casuística, com o que não concordamos, como já expusemos.

No que tange ao espaço de parqueamento de veículos, é necessário fazer uma observação. O imóvel utilizado para estacionamento de carros é, como regra, parte integrante do complexo comercial que envolve o empreendimento, sendo de propriedade do empreendedor. Nessas hi-

13 Ver, neste sentido, AgRg no AREsp 794.631/MG. Rel. Min. Marco Aurélio Bellizze. Terceira Turma. *DJe* 28/09/2017.

14 BASILIO. Op. cit. p. 201-202.

póteses, também nos parece induvidosa a existência de relação de consumo entre o empreendedor e os frequentadores do *shopping center*, especialmente no que toca ao serviço de guarda do veículo.

Inclusive, na maioria dos casos, o empreendedor contrata uma empresa especializada para administrar o estacionamento do *shopping center*, o que comprova o exercício profissional de uma atividade econômica organizada para a prestação desse serviço.

Por essa razão, dúvidas não há de que essa relação travada entre o consumidor-proprietário do veículo e o empreendedor é uma relação de consumo.

Há que se frisar que o fato de o estacionamento ser administrado por um terceiro não exclui a existência de relação de consumo entre o frequentador do *shopping center* e o empreendedor. No mínimo haverá, nessa hipótese, uma relação complexa, em que num polo estará o consumidor-proprietário do veículo, e no outro o *shopping center* e a administradora do estacionamento, que também não pode ter a sua responsabilidade excluída pelo fato de o espaço integrar e pertencer ao empreendedor.

O espaço, mesmo que esteja sendo administrado por terceiro, integra o empreendimento, sendo um atrativo para o público. O empreendedor se beneficia da boa organização e administração do estacionamento, podendo até se afirmar que essa transferência para uma empresa especializada, na verdade, é um investimento para a melhoria na prestação do serviço, a fim de atrair mais consumidores, profissionalizando-se a atividade.

Portanto, é induvidoso que há, nessa hipótese, uma relação de consumo entre o empreendedor e os frequentadores do *shopping center*.

Questão também tormentosa acerca do espaço para parqueamento de veículos diz respeito à cobrança pelo uso do estacionamento. Muito se discute se é legítima, ou não, tal cobrança.

Não obstante toda a indignação social, pensamos que é possível a cobrança pelo uso do estacionamento. E isso por um simples motivo: a área de parqueamento é de propriedade do empreendedor, que pode explorá-la da forma que melhor lhe convier.

Há, ainda, que se ressaltar que, como já afirmamos, o empreendedor presta, nesse espaço, um serviço de guarda de veículos, colocando seguranças, câmeras e até organizadores de tráfego, uma vez que nem dentro dos estacionamentos em *shopping centers* conseguimos nos livrar do malfadado trânsito, além, é claro, de ter gastos com a conservação do local.

A cobrança, em verdade, é uma contraprestação pelo serviço prestado aos frequentadores do empreendimento que utilizam o estacionamento.

É verdade que, mesmo sendo o espaço de parqueamento de propriedade do empreendedor, a sua exploração deve observar a função social da propriedade, bem como, no exercício da sua atividade econômica organizada de prestação de serviço de guarda de veículos, deve o dono do *shopping* observar a função social da empresa. Mas, em princípio, não há óbice a essa cobrança, sendo indevida, a nosso sentir, qualquer intervenção estatal nessa atividade eminente privada.[15, 16]

É óbvio, no entanto, que o que se tem visto, hodiernamente, é um abuso por parte dos empreendedores, fazendo cobranças abusivas, se aproveitando da sua condição de parte mais forte da relação e do fato de que na grande maioria das vezes só é viável a ida ao *shopping center* mediante a utilização do estacionamento por ele oferecido.

Nesses casos, há um flagrante abuso do direito de propriedade, em violação à sua função social, configurando-se também um verdadeiro abuso de poder econômico pelos grandes empreendedores, que se aproveitam da necessidade que os consumidores têm de utilizar a área de parqueamento para que possam frequentar o próprio *shopping center*.

É inegável que essa conduta deve ser coibida pelas autoridades, cabendo, a meu entender, uma severa intervenção do Ministério Público, que é responsável pela defesa dos interesses difusos, coletivos e individuais homogêneos, na forma do art. 127 da Constituição Federal, mediante a utilização dos eficazes instrumentos que possui, como o inquérito civil e a ação civil pública, conforme dispõe o art. 129 da Magna Carta.

Então, retomando a questão acerca da natureza da relação travada entre o empreendedor e os frequentadores do *shopping*, defendemos a existência de relação de consumo entre o empreendedor e os lojistas, mas não só pela existência da prestação de serviço de guarda de veícu-

---

15 O Tribunal de Justiça do Estado do Rio de Janeiro já foi, por duas vezes, provocado a se manifestar sobre essa questão, em razão da edição de leis, estadual e municipal, que impunham a gratuidade nos estacionamentos de *shopping centers*. Em ambos os casos reconheceu-se a inconstitucionalidade formal das leis, uma vez que essa matéria reclama a edição de lei federal. Ver Representação de Inconstitucionalidade 0033317-14.2005.8.19.0000 (2005.007.00031). Rel. Des. Marcus Tullius Alves. Julgamento: 4/10/2007. Órgão Especial; e Representação de Inconstitucionalidade 0037457-28.2004.8.19.0000 (2004.007.00156). Rel. Des. J. C. Murta Ribeiro. Julgamento: 11/9/2006. Órgão Especial.

16 O Supremo Tribunal Federal também já examinou a questão, e sempre decidindo que não é possível a edição de lei estadual ou municipal para dispor sobre a questão, haja vista que se trata de questão que envolve direito de propriedade, ou seja, Direito Civil, razão pela qual apenas a União pode legislar sobre ela. Ver os precedentes: ADI 1623/RJ. Rel. Min. Joaquim Barbosa. Tribunal Pleno. Julgamento: 17/3/2011; e ADI 1472/DF. Rel. Min. Ilmar Galvão. Tribunal Pleno. Julgamento: 5/9/2002.

lo, como também pelo fato de o empreendedor prestar inúmeros outros serviços dentro do próprio empreendimento. Assim, ocorrendo qualquer evento danoso dentro do *mall*, o fato se subsumirá às normas do Código de Proteção e Defesa do Consumidor.[17]

## 3. NATUREZA JURÍDICA

A natureza jurídica do contrato de *shopping center* é questão que suscita grandes controvérsias. Nem mesmo o advento da Lei do Inquilinato de 1991 foi capaz de sepultar a divergência, ao contrário do que acreditou respeitável parcela da doutrina.[18]

Para uma primeira parcela da doutrina,[19] o contrato de *shopping center* tem natureza de contrato de locação, em razão da prevalência das características desse contrato, e pela previsão do § 2º do art. 52 e do art. 54 da Lei nº 8.245/91.[20]

Segundo essa parcela da doutrina, nem as peculiaridades que envolvem a relação de *shopping center* são capazes de desfigurar a sua natureza de contrato de locação.[21] O emérito Prof. Sylvio Capanema, inclusive,

---

17 Essa aplicação do CDC se viu no famoso caso do Osasco Plaza Shopping em São Paulo, cuja explosão matou 42 pessoas, entre pessoas que faziam compras e outras que apenas transitavam por ele sem nada adquirir. Em todos os casos entendeu o Tribunal da Cidadania haver relação de consumo. Ver REsp 279273/SP. Rel. Min. Ari Pangendler. Relatora para o acórdão Ministra Nancy Andrighi. Terceira Turma. *DJ* 29/3/2004.

18 O emérito Prof. Sylvio Capanema, em sua célebre *A lei do inquilinato comentada*, entende que com o advento da Lei do Inquilinato, mais especificamente com o que dispõe o § 2ª do seu art. 52, não há mais dúvidas quanto à natureza do contrato de *shopping center*: "a nova lei espancou as dúvidas e pacificou o dissídio, não deixando margem a qualquer divergência quanto à natureza jurídica do contrato, que é de locação". SOUZA, Sylvio Capanema de. *A nova lei do inquilinato comentada*. 6. ed. Rio de Janeiro: GZ, 2010. p. 227.

19 Sustentam esse entendimento os Profs. Caio Mário da Silva Pereira (PEREIRA, Caio Mário da Silva. *Shopping centers*. Organização econômica e disciplina jurídica. In: ARRUDA, José Soares; LÔBO, Carlos Augusto da Silveira (Coord.). *Shopping centers*. Aspectos jurídicos. São Paulo: Revista dos Tribunais, 1984. p. 82), Washington de Barros Monteiro (MONTEIRO, Washington de Barros. *Shopping centers*. In: ARRUDA; LÔBO. Op. cit. p. 165) e Sylvio Capanema de Souza (SOUZA. Op. cit. p. 227).

20 Dispõe o § 2º do art. 52 que "nas locações de espaço em *shopping centers*, o locador não poderá recusar a renovação do contrato com fundamento no inciso II deste artigo"; e prevê o art. 54 que "nas relações entre lojistas e empreendedores de *shopping center*, prevalecerão as condições livremente pactuadas nos contratos de locação respectivos e as disposições procedimentais previstas nesta lei".

21 É o que afirma o saudoso Prof. Caio Mário: "o fato de o 'contrato de locação' das lojas de *shopping center*, com toda a parafernália de dependências e acessórios, de

acreditou que com a entrada em vigor da Lei do Inquilinato acabariam as controvérsias sobre a natureza jurídica do contrato de *shopping center*. Segundo ele, "certa ou errada, a nova lei espancou as dúvidas e pacificou o dissídio, não deixando margem a qualquer divergência quanto à natureza jurídica do contrato, que é de locação.

E isso porque, além de se referir expressamente à relação jurídica criada entre empreendedores e lojistas, como sendo 'locação', incluiu-a entre aquelas que ficam abrangidas pelas suas regras, que, como se sabe, disciplinam 'a locação do imóvel urbano'".[22]

Portanto, para essa respeitabilíssima parcela da doutrina, o contrato de *shopping center* tem natureza de contrato de locação por força de lei. Nesse sentido, tem o Superior Tribunal de Justiça precedente afirmando ter o contrato de *shopping center* a natureza de contrato de locação.[23]

Para uma segunda parcela da doutrina,[24] o contrato de *shopping center* é um contrato de locação, no entanto, possui cláusulas especiais, atípicas, incomuns a um contrato de locação puro e simples. É, então, um contrato de locação com cláusulas atípicas.

Tal parcela da doutrina prestigia o legislador da Lei do Inquilinato, que teria firmado a natureza do contrato de *shopping center* como um contrato de locação, mas encontra nele, especificamente, cláusulas peculiares que o afastam, o diferenciam de um contrato comum de locação.[25]

---

tipo físico ou intelectual, exigir modelação específica às contingências mercadológicas do empreendimento não retira ao contrato a natureza de 'contrato de locação'" (PEREIRA. Op. cit. p. 82). No mesmo sentido é o entendimento de Washington de Barros Monteiro: "Esse contrato é, desenganadamente, o de *locação*, embora com algumas peculiaridades que, todavia, não chegam a descaracterizá-lo" (MONTEIRO. Op. cit. p.166).

---

22 SOUZA. Op. cit. p. 227.

23 Ver EREsp 331.365/MG. Rel. Min. Hamilton Carvalhido. Terceira Seção. *DJe* 6/8/2008.

24 É o que sustentam, por exemplo, Modesto Carvalhosa, ao afirmar que o contrato de *shopping center* se trata, "pois, de um *contrato de locação com cláusulas atípicas*" (CARVALHOSA, Modesto. Considerações sobre as relações jurídicas em shopping center. In: PINTO, Roberto Wilson Renault; OLIVEIRA, Fernando A. Albino de. *Shopping centers*. Questões jurídicas (doutrina e jurisprudência). São Paulo: Saraiva, 1991. p. 168); Ives Gandra Martins (MARTINS, Ives Gandra. A natureza jurídica das locações comerciais dos "shopping centers". In*:* PINTO; OLIVEIRA. Op. cit. p. 88-89); e Fábio Ulhoa Coelho (COELHO. Op. cit. p. 116).

25 Tal entendimento se extrai de forma clara da lição de Modestos Carvalhosa, segundo o qual "tal contrato possui todos os elementos essenciais à configuração de um contrato de locação, no entanto, peculiaridades que o diferenciam de um contrato

Portanto, para essa também respeitável parcela da doutrina, o contrato de *shopping center* é um contrato típico de locação com cláusulas especiais, atípicas.

Para uma terceira parcela da doutrina,[26] o contrato de *shopping center* é um contrato atípico, isso porque tal contrato configura uma unidade contratual autônoma não prevista em lei, ou seja, é ele um contrato autônomo, próprio, que não se assemelha e não se enquadra em nenhuma espécie contratual prevista no ordenamento.

Segundo Alfredo Buzaid, "as partes, ao concluírem o negócio jurídico, assinam *quatro instrumentos*, que se integram em uma unidade jurídica, expressando a sua declaração de vontade: *a*) um contrato de locação; *b*) um regimento interno de *shopping center*; *c*) uma convenção que estabelece normas gerais de locação, administração, funcionamento, fiscalização e outras; *d*) a participação na associação de lojistas. Como um desses instrumentos é designado contrato de locação, este *nomen iuris* deve ter exercido grande influência na conceituação do negócio jurídico celebrado pelas partes. Mas, a nosso ver, não se trata de um contrato de locação de imóvel, regido quer pelo Código Civil (arts. 1.188 ss), quer pela Lei nº 6.649, de 16 de maio de 1979, alterada pela Lei nº 6.698, de 15 de outubro de 1979, quer pelo Decreto nº 24.150, de 20 de abril de 1934. O contrato, celebrado entre o empresário do *shopping center* e o titular da unidade autônoma, é uma *figura nova* no direito brasileiro, que pode apresentar semelhanças com a locação do imóvel urbano, mas que dele se distingue por seus elementos constitutivos, por suas peculiaridades e por sua natureza jurídica".[27]

Como se vê, segundo esse entendimento, o contrato de *shopping center* possui tantas peculiaridades que não pode ser considerado como

---

de locação normal. Com efeito, tais contratos inevitavelmente contêm cláusulas especiais no sentido de estabelecer outras obrigações do locatário, além daquelas obrigações padrão de pagar o aluguel e conservar o imóvel" (CARVALHOSA. Op. cit. p. 168). No mesmo sentido é o entendimento do não menos destacado professor Fábio Ulhoa Coelho que afirma que "de minha parte, considero que entre o empreendedor e o lojista existe um contrato de locação, embora revestido de cláusulas especiais com vistas ao atendimento das características próprias do *shopping*" (COELHO. Op. cit. p. 116).

---

26 É esse o entendimento de Orlando Gomes (GOMES, Orlando. Traços do perfil jurídico de um "shopping center". In: ARRUDA; LOBO. Op. cit. p. 113), Alfredo Buzaid (BUZAID, Alfredo. Estudo sobre shopping center. In: PINTO; OLIVEIRA. Op. cit. p. 13) e Penalva Santos (SANTOS, J. A. Penalva. Regulamentação jurídica do "shopping center". In: PINTO; OLIVEIRA. Op. cit. p. 109).

27 BUZAID. Op. cit. 12-13.

um mero contrato típico de locação com cláusulas especiais. Tamanhas especialidades fazem surgir, em verdade, um novo contrato, *atípico*,[28] pois a reunião de suas características forma uma nova unidade contratual, ou seja, um novo contrato, que não se enquadra em nenhuma espécie contratual prevista em nosso ordenamento.[29] O Superior Tribunal de Justiça também tem precedente nesse sentido, reconhecendo para os contratos de *shopping center* a natureza de contrato atípico.[30]

Já uma quarta corrente doutrinária[31] apresenta uma vertente ao entendimento anterior de que o contrato de *shopping center* é um con-

28 Como leciona Orlando Gomes: "Pelo exposto, sou levado a concluir que o contrato estudado não propriamente de *locação*, mas, sim, um *contrato atípico*. Não estou só no Brasil. Em sua conhecida monografia sobre a *Ação Renovatória*, o Prof. Alfredo Buzaid, em apêndice, trata da *cessão* do contrato translativo do uso de lojas de um *shopping center*, que ainda chama de 'locação', começa por distinguir a posição do locatário de prédio isolado destinado a fim comercial daquela do lojista do *shopping center*, para frisar que, no complexo funcionamento deste, há duas ordens de interesses – o interesse particular do dono do estabelecimento comercial e o interesse comum dos 'locatários' (aspei) – e para concluir que 'a peculiaridade do *shopping center* está na combinação das ideias que entendem, ao mesmo tempo, com o interesse particular do comerciante e com o interesse geral da pluralidade de comerciantes'. Reconhece, em seguida, o direito do proprietário do *shopping center* de disciplinar, através de um *regimento interno*, integrante dos contratos de 'locação' (aspei), não só condições especiais a estes como ônus impostos pela existência de partes comuns (sic) do edifício. A esse *regimento* denomina-se 'normas complementares'. Ditadas pelo dono do *shopping center*, a *adesão* de cada lojista o incorpora, como foi visto, ao conteúdo dos contratos que se justapõem, acrescento eu. Nesse ponto, o autor citado aproxima-se da minha posição, ao ponderar: 'O ideal seria que o legislador, conhecendo a importância dessa realidade no mundo econômico, regulasse a matéria de modo completo' [...] Ora, quem reclama regulação *própria* para um contrato, de cuja originalidade suspeita, e detecta no regulamento predisposto para a contratação pelo policitante normas que não são copiadas de modelo algum, tem na mente a ideia de que está diante de um *contrato inominado* ou *atípico*" (GOMES, Op. cit. p. 113-114).

29 Igualmente conclui Penalva Santos ao afirmar que "o campo jurídico dos contratos de *shopping center* está situado no âmbito do contrato normativo ou ato-regra, por ele próprio instituído. Entre eles, o contrato celebrado entre o empreendedor e o lojista que se pode classificar entre os *contratos atípicos*" (SANTOS. Op. cit. p. 109).

30 Ver, neste sentido, exemplificativamente, o AgRg no AREsp 243.186/PR. Rel. Min. Paulo de Tarso Sanseverino. Terceira Turma. DJe 13/02/2014, que assim reconheceu em seu voto a natureza jurídica de contrato de locação atípico, utilizando como razão de decidir o inteiro teor do Acórdão proferido pelo Tribunal paranaense. Ver, ainda, REsp 178908/CE. Rel. Min. Eliana Calmon. Segunda Turma. *DJ* 11/12/2000.

31 Tal posição é sustentada, por exemplo, por Álvaro Villaça Azevedo (AZEVEDO, Álvaro Villaça. Atipicidade mista do contrato de utilização de unidade em centros comerciais e seus aspectos fundamentais. In: PINTO; OLIVEIRA. Op. cit. p. 47), Ma-

trato atípico. Para essa outra parcela da doutrina, o contrato de *shopping center* é um contrato atípico misto, pois forma uma unidade contratual, ou seja, é um único contrato autônomo e independente, mas composto por elementos de outros contratos atípicos, bem como por elementos do contrato típico de locação.[32] Por esse entendimento, então, hão de se diferenciar os contratos meramente atípicos dos contratos atípicos mistos.

Para os defensores dessa corrente doutrinária, o que diferencia um contrato meramente atípico, ou atípico propriamente dito, de um contrato atípico misto, é que no primeiro forma-se um contrato a partir de características e elementos próprios até então não regulados pelo ordenamento. Trata-se, pois, de um contrato inteiramente novo. Já o contrato atípico misto é formado pela reunião de diversos outros contratos, típicos e atípicos, fazendo surgir, assim, um novo contrato autônomo e independente, que reclama regulação própria distinta daqueles contratos que o fizeram originar.[33]

---

ria Elisa Gualandi Verri (VERRI, Maria Elisa Gualandi apud BASILIO. Op. cit. p. 27) e Dinah Sonia Renault Pinto (PINTO, Dinah Sonia Renault. *Shopping Center*. Uma nova era empresarial. 3. ed. Rio de Janeiro: Forense, 2001. p. 43).

---

32 É isso que afirma expressamente o Prof. Álvaro Villaça de Azevedo: "Aproveitando tudo quanto exposto, e com fundamento na classificação dos contratos atípicos mistos, que ofereci em 1965 (conforme item VIII, *retro*), sempre entendi o contrato sob estudo como atípico misto, formado com elemento típico (contrato de locação) e com outros elementos atípicos. Acontece que, como deixei claro, o elemento típico, quando somado com outro elemento típico ou, mesmo, atípico, desnatura-se, compondo-se esse conjunto de elementos um novo contrato, uno e complexo, com todas as suas obrigações formando algo individual e indivisível" (AZEVEDO. Op. cit. p. 47).

33 Segundo Orlando Gomes, em sua magistral obra sobre os contratos, "os *contratos atípicos* formam-se de elementos originais ou resultam da fusão de elementos próprios de outros contratos. Dividem-se em *contratos atípicos propriamente ditos* e *mistos*. Ordenados a atender interesses não disciplinados especificamente na lei, os contratos atípicos caracterizam-se pela originalidade, constituindo-se, não raro, pela modificação de elemento característico de contrato típico, sob forma que o desfigura, dando lugar a um tipo novo. Outras vezes, pela eliminação de elementos secundários de um contrato típico. Por fim, interesses novos, oriundos da crescente complexidade da vida econômica, reclamam disciplina uniforme que as próprias partes estabelecem livremente, sem terem padrão para observar. Os *contratos mistos* compõem-se de prestações típicas de outros contratos, ou de elementos mais simples, combinados pelas partes. A conexão econômica entre as diversas prestações forma, por subordinação ou coordenação, nova unidade. Os elementos que podem ser combinados são *contratos completos, prestações típicas inteiras* ou *elementos mais simples*. Nesses arranjos cabem: um contrato completo e uma prestação típica de outro; prestações típicas de dois ou mais contratos; prestações típicas de contratos diversos e elementos simples de outros. Uma vez

Assim, segundo esse entendimento, apesar da confusão que possa causar, o contrato de *shopping center* tem natureza de contrato atípico misto, e não de um contrato meramente atípico, pois ele, além de possuir características de contratos não conhecidos pelo Direito pátrio, também é formado por elementos de um contrato típico de locação.

Há, ainda, uma parcela da doutrina que defende que o *shopping center* tem uma natureza inteiramente peculiar. Segundo essa corrente doutrinária, o contrato de *shopping center* tem natureza de contrato de sociedade em conta de participação,[34] uma vez que estão presentes, no relacionamento entre o empreendedor e os lojistas, os elementos que caracterizam essa espécie societária, como, por exemplo, a inexistência de *affectio societatis*, haja vista que, embora receba o nome de sociedade, não tem natureza jurídica societária, sendo um mero contrato de parceria, um contrato associativo; há uma atividade econômica exercida por uma pessoa; tem fim lucrativo; há participação de outrem nos lucros dessa atividade; e existe o planejamento de um empreendimento justamente para a participação nessa atividade.[35]

Pela presença de todos esses requisitos, conclui Alexandre Belmonte que no *shopping center* "o vínculo principal é o contrato de sociedade em conta de participação",[36] embora esse contrato possa estar coligado a outros contratos. Assim, segundo ele, nada obsta que se denomine "o citado contrato em conta de participação de contrato de *shopping center*, até bem sugestivo, coligado a outros contratos".[37]

Há, por fim, quem entenda, como nós, que o contrato de *shopping center* tem a natureza de uma coligação contratual,[38] uma vez que o vínculo que une o empreendedor e os lojistas não forma uma unidade contratual autônoma e independente, mas se origina da reunião de diversos

que os contratos mistos constituem subdivisão dos contratos atípicos, não se incluem na categoria os que se formam de elementos de outros contratos, mas já se tornam *típicos*" (GOMES, Orlando. *Contratos*. 26. ed. Rio de Janeiro: Forense, 2009. p. 120-121).

34 BELMONTE. Op. cit. p. 51.

35 BELMONTE. Op. cit. p. 36-37.

36 BELMONTE. Op. cit. p. 51.

37 Idem.

38 Esse é o entendimento sustentado, por exemplo, pelo saudoso Rubens Requião (REQUIÃO, Rubens. Considerações jurídicas sobre os centros comerciais ("shopping centers") no Brasil. In: ARRUDA; LÔBO. Op. cit. p. 130), João Carlos Pestana de Aguiar (AGUIAR, João Carlos Pestana de. O fundo de comércio e os "shopping centers". In: ARRUDA; LÔBO. Op. cit. p. 191) e João Augusto Basilio (BASILIO. Op. cit. p. 32).

contratos autônomos, em princípio independentes, mas que se tornam dependentes entre si para alcançar determinada finalidade econômica.

Nos contratos coligados não há uma fusão de contratos,[39] formando um novo contrato a partir de elementos extraídos de outros contratos. Na coligação contratual os contratos se unem com um único propósito, que é o atingimento de um fim econômico-social, embora permaneçam, cada um, com a sua individualidade. "Os contratos coligados são queridos pelas partes contratantes como um todo. Um depende do outro de tal modo que cada qual, isoladamente, seria desinteressante. Mas não se fundem."[40]

Há, pois, uma relação de dependência, de maneira que a inexistência de um dos contratos faz inexistir a relação. Existe, portanto, uma diversidade de contratos congregados voltados a um fim determinado. É isso o que ocorre no *shopping center*. Não há, nessa relação, um único contrato formado por características ou elementos de outros contratos, como salienta Rubens Requião: "No 'centro comercial' não vejo organização jurídica desse tipo. Os contratos que surgem em torno da organização não se fundem, nem resultam um novo contrato. Eles apenas se *congregam*, ou melhor, se *coligam*, a fim de disciplinar o empreendimento comum. Cada um permanece com a sua individualidade jurídica própria, embora unidos por laços econômicos de interesses entre seus componentes."[41]

Há que se frisar, mais uma vez, que nos contratos coligados propriamente ditos, e especialmente no caso do *shopping center*, há uma interdependência entre esses contratos, de modo que o todo – a coligação – não pode existir sem a presença de uma das partes que o compõe.

Portanto, todos os contratos são essenciais para a formação do conjunto, que é o sistema que forma o empreendimento, a ponto de o descumprimento de uma parte importar no rompimento do todo.[42]

E dentre esses contratos coligados está o de locação, que é, induvidosamente, um dos mais importantes da relação que envolve o *shopping center*, haja vista que, sem a cessão onerosa do espaço, não é possível o exercício da atividade empresarial dos lojistas, e sem o exercício dessa

---

39 Como leciona o saudoso Orlando Gomes, "da coligação de contratos não resulta *contrato unitário*" (GOMES. *Contratos*. Op. cit. p. 121).

40 Idem.

41 REQUIÃO. Op. cit. p. 130.

42 Como leciona o Prof. Ricardo Pereira Lira, "tais contratos e relações são *coligados*, nascem para viver juntos, de tal forma que o inadimplemento ocorrido em um deles justifica a rescisão dos demais" (LIRA, Ricardo Pereira apud BASILIO. Op. cit. p. 32).

atividade não há como existir o centro de compras, que é, na sua essência, a reunião organizada da atividade de diversos lojistas.[43]

Há quem veja nessa coligação contratual, na verdade, uma rede de contratos atípicos, isso porque, segundo esse entendimento, os contratos no *shopping center* não estão meramente agrupados, mas sim interligados como uma rede em que o ato de uma das partes de um dos contratos repercute nos demais, de modo que os contratos são entendidos como vasos comunicantes do sistema criado por eles.[44]

Ousamos discordar desse pensamento, uma vez que na rede contratual os contratos podem sobreviver isoladamente, autonomamente. A reunião, na rede, ocorre por mera conveniência, para a formação de um sistema, e não por necessidade ou dependência, como ocorre na coligação contratual clássica, aquela denominada de *união com dependência*.[45]

De toda sorte, é possível inferir que o *shopping center* não é um único contrato, seja de locação, seja atípico, ou até mesmo atípico misto. Em verdade, ele se origina a partir da reunião de diversos contratos, razão pela qual não é possível falar em contrato atípico ou atípico misto, e muito menos em locação, ainda que se afirmasse que tal relação também envolve uma locação com cláusulas peculiares.

E isso porque as obrigações do empreendedor e dos lojistas, que não estão previstas em um único instrumento, como ocorre com o contrato de locação, não se resumem àquelas obrigações meramente locatícias, como veremos no item 7 deste capítulo. Portanto, nos parece impróprio, com a devida vênia, sustentar tese diversa da que vislumbra no *shopping center* uma coligação contratual.

Também não há que se falar, a nosso sentir, em *shopping center* como uma sociedade em conta de participação que, tecnicamente, não é uma sociedade, e sim um contrato associativo ou de participação.[46]

---

43 É o que também entende o Prof. João Augusto Basilio: "Assim, embora o legislador tenha definido a natureza jurídica de apenas um (*talvez o mais importante*) dos contratos celebrados entre empreendedores e lojistas de *shopping* como sendo locação, não se pode deixar de mencionar que estão presentes no negócio jurídico *shopping center* inúmeros outros contratos não abrangidos pela tímida regulamentação legal realizada pelo legislador de 1991, fazendo com que a simples determinação legal de se tratar de mera locação não possa ser aceita." BASILIO. Op. cit. p. 33.

44 O Prof. Rodrigo Barcellos faz essa observação (BARCELLOS. Op. cit. p. 90), apesar de concluir que o contrato de *shopping center* tem, na verdade, a natureza de contrato atípico misto (Ibidem. p. 116).

45 GOMES. *Contratos*. Op. cit. p. 121.

46 Segundo o emérito Prof. Sérgio Campinho, "forma-se a sociedade em conta de participação por contrato, sendo despida, entretanto, de personalidade jurídica. Não está submetida às formalidades de constituição a que estão subordinadas as socie-

A sociedade em conta de participação, ainda que não ostente, tecnicamente, uma natureza societária, reclama a *affectio societatis*. Entre as partes desse contrato de participação, associativo, há uma comunhão de interesses, isto é, em suas relações internas "os sócios oculto e ostensivo envidam esforços conjuntos para o desenvolvimento das mais variadas atividades, de acordo com o objeto por eles previsto".[47] Apenas externamente os sócios da sociedade em conta de participação não se apresentam como uma sociedade, não tendo personalidade jurídica própria.

No caso da relação de *shopping center*, apesar das partes também buscarem um interesse comum, que é o sucesso do empreendimento como um todo, não há esse caráter associativo, pois as partes, em verdade, desejam o atingimento dos seus interesses particulares, que é o sucesso de seus próprios negócios, que não se confundem.

Por fim, também não há no *shopping center* as figuras do sócio ostensivo e do sócio oculto ou participativo, em que aquele é quem exerce a atividade econômica em seu próprio nome e responde pelo insucesso do negócio, e este é tão somente um investidor de capital que não responde pelas obrigações perante terceiros, como é na sociedade em conta de participação.

No *shopping center* ambos investem seu capital em sua própria atividade, exercendo-a ostensivamente, respondendo cada um, exclusivamente, pelas suas obrigações contraídas, bem como pelo insucesso de seu próprio negócio, enquanto que na sociedade em conta de participação o sócio oculto participa dos lucros do sócio ostensivo, e também suporta os seus prejuízos, na medida da sua participação. Portanto, não nos parece adequado sustentar que a relação do *shopping center* possui a natureza de sociedade em conta de participação.

Por essas razões, entendemos que o contrato de *shopping center* não se afigura como um contrato de locação, ou como um contrato atípico, ou muito menos como um contrato de sociedade em conta de participação, mas sim que se trata de uma coligação contratual, decorrente da reunião de diversos contratos interdependentes visando uma finalidade econômica comum.

---

dades. Não é tecnicamente falando, como temos sustentado, uma sociedade, mas sim um contrato associativo ou de participação. Negamos, pois, a sua natureza de sociedade no sentido técnico do termo". CAMPINHO, Sérgio. *O direito de empresa à luz do novo Código Civil*. 10. ed. Rio de Janeiro: Renovar, 2009. p. 86.

47 TEPEDINO, Gustavo; BARBOZA, Heloisa Helena; MORAES, Maria Celina Bodin de. *Código Civil interpretado conforme a Constituição da República*. Direito de empresa. Direito das coisas (art. 966 a 1.510). Rio de Janeiro: Renovar, 2011. v. III, p. 59.

# 4. ELEMENTOS DA COLIGAÇÃO CONTRATUAL

A relação jurídica do *shopping center*, como já vimos, é composta por diversos contratos. Dentre eles está o contrato de locação que, a nosso sentir, é o principal contrato, haja vista que, sem a cessão do espaço físico ao lojista, ficará ele impossibilitado de exercer a sua atividade, isto é, sem ter o lojista uma loja, jamais poderá ele exercer, no *shopping center*, a atividade econômica. E, como consequência, se não houver a atividade do lojista, impossível é a formação do centro de compras.

Além da locação, a relação jurídica do *shopping center* também é integrada por outros contratos, chamados de normativos, celebrados com o fim de organizar as relações de uma determinada comunidade privada, sendo fontes de produção de normas contratuais obrigatórias para as partes, nos quais se impõem deveres e se criam direitos subjetivos, como ocorre com a escritura de normas gerais e o regulamento interno, através dos quais "o empreendedor define as normas que deverão ser obedecidas por todos os integrantes do *shopping*, viabilizando a prática das atividades empresariais de maneira integrada no centro".[48]

Por fim, além do contrato de locação e dos contratos normativos, há ainda um contrato de associação que visa estabelecer um vínculo associativo entre as partes integrantes da relação jurídica complexa que envolve o *shopping center*. Vamos, agora, examiná-los.

## 4.1. Locação

Um dos contratos integrantes da coligação contratual é o de locação. Trata-se, obviamente, de um contrato de locação de imóvel urbano não residencial, através do qual o empreendedor loca um determinado espaço físico ao lojista para que ele exerça a sua atividade empresarial, mediante o pagamento de um aluguel e de outras verbas inerentes ao vínculo especial do *shopping center*.

O contrato de locação costuma ser simples, contendo apenas a definição do imóvel, o valor do aluguel, e o prazo da locação, além de outras cláusulas referentes às remunerações devidas pelo locatário-lojista ao empreendedor, como, por exemplo, o aluguel dobrado e a *res sperata*, que também pode ser prevista em instrumento autônomo ao do contrato em comento.

Também estão inseridas no contrato de locação outras cláusulas, como, por exemplo, a de cessão de uso de marca do *shopping* ao lojista; a obrigatoriedade do lojista de pagar as despesas referentes à ocupação

---

48 BARCELLOS. Op. cit. p. 118.

do espaço, como tributos, água, gás, telefone, energia elétrica, dentre outras; e o rateio das despesas ordinárias e extraordinárias. Todas essas cláusulas, cabe mencionar, serão mais bem examinadas no item 7 deste capítulo.

Por derradeiro, há que se frisar que a Lei nº 8.245/91 conferiu ampla liberdade na estipulação das cláusulas contratuais do contrato de locação de espaço em *shopping center*, como se infere do disposto no *caput* do seu art. 54. Tal previsão confere a este contrato um caráter peculiar, pois permite afastar disposições imperativas da lei do inquilinato sobre os contratos de locação.

A abertura conferida pelo legislador autoriza a inserção de certas cláusulas que, em um contrato comum de locação empresarial, poderiam até mesmo ser consideradas leoninas, dado o favorecimento conferido ao locador.

Sem prejuízo dessa liberdade, o legislador conferiu alguns limites, particularmente no que toca a valores passíveis de serem cobrados do locatário. Deste modo, não é possível afastar as proibições previstas na própria Lei de Locações, como aquelas constantes nos §§ 1º e 2º do art. 54,[49] bem como as demais limitações impostas pelo ordenamento.

Então, apesar da liberdade conferida pela lei, o contrato de locação em estudo não poderá contrariar as normas gerais de validade dos negócios jurídicos previstas no Código Civil,[50] uma vez que são de ordem pública, de observância obrigatória, como a boa-fé, a capacidade dos agentes, a licitude do objeto do contrato e a observância das formas prescritas ou não vedadas pela lei.

## 4.2. Escritura declaratória de normas gerais

O contrato de locação em *shopping center*, como vimos, não exaure todos os direitos e obrigações das partes contratantes. Isso porque, o empreendedor guarda para a Escritura Declaratória de Normas Gerais e o Regimento Interno – o qual existirá especialmente nos casos em que o *shopping center* se estruture sob a forma de condomínio – as normais gerais e as minúcias referentes à organização e ao funcionamento do

49 Art. 54. [...] 1º O empreendedor não poderá cobrar do locatário em *shopping center*: a) as despesas referidas nas alíneas *a* , *b* e *d* do parágrafo único do art. 22; e b) as despesas com obras ou substituições de equipamentos, que impliquem modificar o projeto ou o memorial descritivo da data do habite - se e obras de paisagismo nas partes de uso comum. 2º As despesas cobradas do locatário devem ser previstas em orçamento, salvo casos de urgência ou força maior, devidamente demonstradas, podendo o locatário, a cada sessenta dias, por si ou entidade de classe exigir a comprovação das mesmas.

50 BARCELLOS. Op. cit. p. 41.

empreendimento, tais como: horário de funcionamento; uso das partes comuns e privativas; e as obrigações e deveres dos lojistas e do empreendedor na utilização do espaço.

Tal forma de fixação de regras nos parece ser a mais adequada, pois aqui estarão previstas as regras gerais aplicáveis a todos os lojistas, as quais não podem ser negociadas pelas partes, ou seja, as cláusulas são inalteráveis, haja vista que se trata de cláusulas operacionais, "que estabelecem obrigações uniformes para todos os lojistas, objetivando a prática integrada das atividades empresariais, as quais os lojistas aderiram",[51] ao contrário das cláusulas financeiras presentes no contrato de locação, que são negociáveis, pois devem se adequar às peculiaridades de cada lojista, como a atividade por ele exercida, a sua localização dentro do empreendimento, o prazo da locação, dentre outras.

A Escritura Declaratória de Normas Gerais tem função normativa, uma vez que regulamenta a conduta de toda a comunidade interna do *shopping*.[52] Por essa razão, é de observância obrigatória, e o descumprimento de alguma das suas cláusulas acarreta o rompimento da relação como um todo.

O contrato normativo em estudo tem a natureza de ato-regra, consistindo em um conjunto de normas jurídicas de comportamento, pois emanado de um grupo que pretende ver regulamentadas as suas normas de conduta dentro daquela comunidade.

As normas jurídicas, como cediço, não emanam apenas da lei, mas também da vontade das partes emitida em um instrumento particular, como, por exemplo, um contrato.[53] É por essa razão que as normas constantes da Escritura Declaratória das Normas Gerais têm caráter vinculante e obrigatório, pois vinculam todos aqueles que convivem dentro daquela comunidade que é o *shopping*, inclusive terceiros que dela não façam parte, mas que por ali transitam.[54]

## 4.3. Regimento Interno

O Regimento Interno não é um elemento obrigatório do contrato de *shopping center*, salvo se o empreendimento adotar a estrutura jurídica de um condomínio especial.[55]

---

51 BARCELLOS. Op. cit. p. 121.

52 PEREIRA. Op. cit. p. 80.

53 Idem.

54 Pactuando do mesmo entendimento, João Augusto Basilio. BASILIO. Op. cit. p. 46.

55 Segundo João Basilio, "tal instrumento somente será obrigatório na hipótese de o *shopping center* adotar a estrutura de um condomínio especial, caso em que há

A Escritura Geral de Normas Gerais poderá prever a existência do Regimento Interno que, uma vez elaborado, trará as minúcias acerca do funcionamento do empreendimento, deixando para a Escritura Geral o estabelecimento das regras gerais de estruturação e organização do centro de compras.

Como ocorre com os demais contratos integrantes da coligação, o Regimento Interno, uma vez existente, é de observância obrigatória, e o descumprimento de alguma de suas regras importará no rompimento do vínculo contratual como um todo.

## 4.4. Contrato de Adesão à Associação de Lojistas do Shopping Center e o Fundo de Promoções

A Associação de Lojistas é criada quando da própria criação do empreendimento, e sua adesão pelos lojistas e pelo empreendedor é obrigatória.

É ela, pois, uma associação e, por essa razão, não tem fins lucrativos. Visa ela atender aos interesses de todos aqueles que participam do empreendimento, adotando medidas e fazendo campanhas promocionais,[56] tudo em benefício do conjunto.

Para tomar essas medidas e realizar as campanhas, ela precisa de autonomia e independência administrativa e financeira. Por isso, ela se constitui em uma pessoa jurídica autônoma em relação ao empreendedor e aos lojistas, com personalidade jurídica própria.

Esta autonomia, por óbvio, não pode ser alcançada com a mera existência de uma personalidade jurídica própria. Para que ela possa, de fato, ser independente, é preciso que ela tenha patrimônio e recursos próprios, a fim de alcançar as finalidades a que se destina.

E esses recursos são obtidos através do pagamento de uma contribuição compulsória periódica dos lojistas e do empreendedor em benefício do Fundo de Promoções do *shopping center*, que será gerido pela própria Associação.

determinação legal acerca da necessidade de elaboração de Regimento Interno" (BASILIO. Op. cit. p. 49). Já o saudoso Prof. Orlando Gomes, como se verá em tópico próprio, rejeita a possibilidade de o *shopping center* adotar a forma condominial (GOMES. Op. cit. p. 91).

56 Essas campanhas, há que se observar, não visam o atendimento dos interesses particulares de nenhum associado, mas sempre serão dirigidas ao público do *shopping center*, ou seja, tais campanhas são feitas em prol do conjunto, como, por exemplo, as campanhas promocionais de Natal, dia das mães, dia dos pais, ou aquelas que anunciam liquidações dentro das lojas do *shopping*.

Há que se frisar que a adesão à Associação, bem como o pagamento da contribuição para o Fundo de Promoções, é obrigatória, tanto para os lojistas, quanto para o empreendedor,[57] não havendo inconstitucionalidade nessa obrigatoriedade dos lojistas e do empreendedor em se associar.

A obrigação de se associar, nessa hipótese, decorre do contrato de *shopping center*, ou seja, é uma obrigação contratual a que o empresário pode, ou não, aderir. O empresário não é obrigado a ingressar no empreendimento, mas, uma vez tendo livremente optado por se tornar um lojista do *shopping*, ele assume a obrigação de ingressar na Associação de Lojistas, cuja adesão é imprescindível ao funcionamento e êxito do empreendimento. Portanto, como a sua adesão decorre da autonomia privada, não há qualquer violação ao art. 5º, XX, da Constituição Federal.[58]

## 5. ESTRUTURA JURÍDICA DO SHOPPING CENTER

O empreendimento pode ser estruturado sob a forma de um condomínio edilício, ou de um condomínio *pro indiviso* – condomínio ordinário –, ou ainda sob a forma de sociedade.

O empreendedor, quando da construção do empreendimento, deve optar sob qual forma irá estruturá-lo. Muitas das vezes, dado o elevado investimento para o desenvolvimento e implementação do negócio, pode o empreendedor optar por ratear os seus gastos, abrindo a possibilidade de investidores aplicarem o seu capital no *shopping*. Por outro lado, os investidores, atraídos pelo bom planejamento daquele que idealiza o empreendimento, podem vislumbrar nele um investimento seguro e que lhes traga bons rendimentos.

Assim, a propriedade do empreendimento pode ser dividida, seja com a adoção de uma estrutura condominial, ou através da constituição de uma sociedade com a distribuição de cotas sociais, como veremos a seguir.

### 5.1. Condomínio edilício

O condomínio edilício, também chamado de condomínio especial, ou condomínio de edifício em plano horizontal, tem por essência a constituição de partes que são de utilização exclusiva, que consistem, como

57 Segundo João Basilio, "além dos lojistas, o empreendedor também faz parte da associação, já que este, em última análise, é um técnico do comércio varejista, cabendo a ele determinar as diretrizes e estratégias das campanhas publicitárias necessárias ao desenvolvimento e à integração do empreendimento junto à comunidade local" (BASILIO. Op. cit. p. 50).

58 Segundo o art. 5º, XX, da Constituição, "ninguém poderá ser compelido a associar-se ou a permanecer associado".

regra, no direito de propriedade sobre as unidades particulares, bem como por partes comuns de propriedade de todos os coproprietários, que são os condôminos.

Então, o condomínio se constitui a partir da existência de duas propriedades: a propriedade particular, individual, sobre determinado bem imóvel delimitado – uma unidade, um apartamento, uma loja, uma sala comercial – e a propriedade comum das partes fundamentais do prédio.

É essencial para a caracterização do condomínio edilício que existam unidades autônomas de propriedade individual e exclusiva, e partes comuns que são de propriedade de todos os condôminos.

Adotando o empreendimento a forma de um condomínio edilício, cada condômino será proprietário exclusivo de determinadas unidades, ou seja, exercerá ele a propriedade plena e exclusiva de determinados espaços correspondentes às lojas, que serão locados aos empresários-lojistas, bem como será coproprietário das áreas comuns.

Este condomínio poderá ser formado entre os diversos empreendedores do *shopping*, ou entre o empreendedor e os próprios lojistas, pois há casos em que o lojista é proprietário do espaço, como ocorre com algumas lojas âncoras.[59]

Contudo, há que se ressaltar que se a maioria das unidades, ou se uma parcela considerável delas, for alienada aos lojistas, descaracterizado estará o empreendimento como um *shopping center*, isso porque o *shopping* necessita de uma organização, de uma submissão a determinadas regras que certamente não serão observadas pelos lojistas caso sejam eles proprietários do espaço.

Como exemplo de elemento essencial à organização do *shopping*, e que pode ser perdido com a alienação das unidades aos lojistas, é o *tenant mix*, que consiste na mistura organizada das lojas, em que o empreendedor, especialmente através do administrador, escolhe os ramos de comércio que serão explorados em cada setor do *mall*.

A partir disso, ele pode até recusar que um empresário de um determinado ramo se estabeleça em um determinado espaço do *shopping*, ante o risco de prejudicar a organização do empreendimento. É o caso, pois, da praça de alimentação. No seu *mix* de restaurantes e lanchonetes é induvidoso que não pode ali se estabelecer uma loja de roupas, e vice-versa.

---

59 Nesses casos excepcionais, o coproprietário do empreendimento utilizará um dos espaços para a exploração da sua atividade econômica. Mas, frise-se, não ocorrerá, nessa hipótese, concorrência desleal com os demais lojistas, uma vez que o titular do espaço será uma loja-âncora, que possui produtos e serviços específicos, inclusive com preços uniformes em todas as suas lojas.

Mas, se o próprio lojista for dono do espaço, quem poderá exercer esse controle, impondo ao proprietário do imóvel que ali exerça uma determinada atividade que não é de seu interesse? Tendo ele a propriedade plena do imóvel, é mais difícil a sua submissão a um administrador, na medida em que ele também será dono do *shopping*, na medida em que integra o condomínio na qualidade de condômino-proprietário da unidade. Vê-se que tal situação acabará trazendo conflitos à relação, desorganizando o empreendimento que estará, induvidosamente, fadado ao fracasso.

Portanto, entendemos que, na hipótese de se admitir a copropriedade de lojas, deverá haver uma limitação, não se admitindo que haja a livre alienação dos espaços, ou *boxes*, ou lojas, sob pena de contrariar a própria finalidade do negócio.[60]

Há, ainda, que se trazer a lume o posicionamento do Prof. Sylvio Capanema acerca desta questão. Ao tratar da estrutura condominial dos *shoppings*, afirma o autor que "já há alguns em que as lojas são alienadas a terceiros, o que importa no surgimento de um condomínio edilício que se submete a todas as suas regras.

Nesses casos, se um dos condôminos aluga a unidade que lhe pertence, a relação jurídica é de locação típica, não se aplicando aquelas disposições especiais criadas para os *shopping centers*".[61]

Irretocável é a lição do Prof. Sylvio Capanema. De fato, se o lojista é proprietário do espaço, ele não se submete às cláusulas especiais dos contratos de locação em *shopping center*, o mesmo ocorrendo com aquele que vier a alugar a sua loja.

Não se estabelecerá, nesse último caso, uma relação de *locação especial* como o é nos casos de locação em *shopping center*. Será, nesta hipótese, um contrato comum de locação comercial, e isso porque o regime especial apenas se justifica pelas peculiaridades de uma locação de espaço em um empreendimento estruturado e organizado como o é o centro de compras.

Se a aquisição de lojas pelos próprios lojistas acaba com essa organização, eventual contrato de locação do espaço que vier a ser celebrado com terceiro não poderá ostentar as cláusulas especiais de um contrato de locação em *shopping center*, admitidas pelo art. 54 da Lei nº 8.245/91.

60 Segundo João Basilio, "o fato de a totalidade das lojas ou espaços serem vendidos para os lojistas afasta a existência do fenômeno *shopping center*, transformando este empreendimento tão-somente em um centro comercial ou uma galeria de lojas, porém jamais em um *shopping*, que é um empreendimento que tem, como demonstrado acima, elementos peculiares essenciais à sua existência e caracterização" (BASILIO. Op. cit. p. 69).

61 SOUZA. Op. cit. p. 229.

Pensamos, no entanto, que se a propriedade das unidades for exercida por diferentes empresários-empreendedores, que se uniram para a construção e desenvolvimento do *shopping* mediante a locação dos espaços a terceiros-lojistas, tais contratos de locação deverão observar o regime próprio previsto no art. 54 da Lei do Inquilinato, ou seja, com a previsão de cláusulas especiais.

Isso porque, nesta hipótese, esse condomínio se assemelha a uma sociedade, haja vista que esses empreendedores estarão reunidos em prol de uma finalidade, que é o sucesso do empreendimento, o que lhes trará, induvidosamente, um retorno financeiro maior do que teriam com o mero aluguel de lojas em um centro comercial ou galeria, embora, sob esta estrutura, a remuneração deles decorrerá, essencialmente, dos aluguéis das lojas das quais cada um dos condôminos for proprietário.

Assim, concordamos com o entendimento de que o sistema de condomínio em plano horizontal somente tem eficiência naqueles casos em que a quase totalidade das unidades pertençam a um mesmo empresário do ramo de *shopping centers*, pois ele poderá dar às unidades a planificação própria de um centro de compras.[62]

## 5.2. Condomínio ordinário pro indiviso

O condomínio ordinário *pro indiviso* se caracteriza pela pluralidade subjetiva sobre a mesma coisa, ou seja, todos os condôminos são proprietários da mesma coisa. Cada condômino não exerce a propriedade exclusiva sobre uma parte determinada do bem – e tampouco sobre uma unidade autônoma –, mas sim exerce o poder jurídico sobre a integralidade dele. Não há, pois, divisão entre unidades autônomas e partes comuns, sendo uma comunhão de fato e de direito.

Ao adotar no *shopping center* a estrutura de um condomínio ordinário *pro indiviso*, cada proprietário-empreendedor é titular de frações ideais no empreendimento, estabelecendo-se entre eles um condomínio voluntário, cujas regras estão previstas nos arts. 1.314 a 1.326 do Código Civil.[63] Como consequência, os frutos decorrentes da exploração da coisa, como os aluguéis dos espaços destinados aos lojistas e outros rendimentos, é dividido entre os condôminos proporcionalmente às frações ideais da propriedade que lhes é comum.

A indivisibilidade deste condomínio é evidente, podendo ser vista de forma clara no *shopping center*. Adotando-se tal estrutura, em que os proprietários detêm o domínio de frações ideais, a divisão do em-

---

62 FONSECA, Priscila M. P. Corrêa da. Apud BASILIO. Op. cit. p. 67.

63 SOUZA. Op. cit. p. 229.

preendimento, com a sua alienação a terceiros, importaria no seu fim. É aplicável plenamente ao caso o art. 87 do Código Civil, cuja interpretação *a contrario sensu* nos traz a conclusão de que a coisa será indivisível quando a sua divisão importar no comprometimento da sua destinação econômica. É essa, pois, a hipótese por nós enfrentada.

Conforme lição de James Eduardo de Oliveira, "são juridicamente indivisíveis os bens cujo fracionamento resulta na criação de bens cuja existência conflita com a legislação vigente (*v. g.*, divisão de lote em porções inferiores à dimensão mínima estipulada em lei) ou em diminuição considerável de valor apto a comprometer sua destinação econômica".[64]

No caso, a divisão do *shopping*, atribuindo-se, por exemplo, determinados espaços a cada condômino, com a possibilidade de alienação dessas partes a terceiros, ou mesmo um desmembramento delas, poderá levar à descaracterização do empreendimento como negócio de conjunto, risco este idêntico àquele nos casos de estruturação sob o regime do condomínio edilício, em que a alienação de unidades autônomas a terceiros pode descaracterizar a natureza do negócio.

Assim, em sendo indivisível a coisa, a extinção do condomínio só poderá ocorrer na forma do art. 1.322 do Código Civil, ou seja, com a venda do bem comum e a repartição proporcional do preço obtido, salvo se houver o consenso quanto à adjudicação do bem por um dos consortes, que deverá indenizar os demais.

## 5.3. Sociedade

A terceira forma comum de estruturação de um *shopping center* é a sociedade. Há que salientar, de imediato, que aqui não estamos tratando da relação entre empreendedor e lojistas, mas sim da forma como os donos do empreendimento se organizam para a criação e funcionamento do *shopping center*.

Optando por esta estruturação, os empreendedores se reunirão sob a forma de uma sociedade empresária, sendo o objeto da atividade a exploração do empreendimento. A exploração do próprio *shopping center* será a atividade empresarial dessa sociedade.

Cada empreendedor não será titular de um quinhão de uma propriedade em comum, e tampouco titular exclusivo de unidades autônomas combinadas com uma copropriedade das partes comuns. Serão os empreendedores titulares de cotas sociais, ou ações, cujo terreno, bem como o prédio que for construído, integrará o patrimônio da sociedade,

---

64 OLIVEIRA, James Eduardo. *Código civil anotado e comentado*. Doutrina e jurisprudência. Rio de Janeiro: Forense, 2009. p. 84.

da pessoa jurídica criada para a exploração da atividade. Os rumos dessa sociedade, do empreendimento, serão decididos em assembleias em que cada um exercerá o seu direito de voto proporcionalmente ao número de cotas ou ações titularizadas.

Do mesmo modo, os lucros da atividade serão repartidos entre os sócios na proporção das cotas ou ações que titularizarem.

Há, ainda, outra diferença entre esta estrutura e as demais que é o fato de que no condomínio a causa da comunhão é o uso comum da coisa em si, não havendo referência a uma finalidade coletiva nesse uso. Cada um utiliza a coisa com suas próprias finalidades e interesses. Já na sociedade a coisa é um mero instrumento para o atingimento do objetivo comum, que é a geração de lucros para a sociedade, os quais serão posteriormente partilhados entre os sócios.[65]

Vê-se, pois, que a estruturação do empreendimento como uma sociedade é bem diferente das demais formas, havendo, aqui, um maior interesse no desenvolvimento e funcionamento da atividade econômica do centro de compras, pois essa é a finalidade da pessoa jurídica criada pelos empreendedores. Em verdade, a pessoa jurídica é que passa a ser a empreendedora do *shopping*, sendo todas as demais relações travadas com ela.

Há, ainda, quem defenda que a adoção da forma de sociedade anônima seria a melhor opção para o *shopping center*, pois não haveria a figura soberana do síndico, os acionistas teriam os seus direitos assegurados por lei - a Lei nº 6.404/76 -, os sócios poderiam elaborar um acordo de acionistas para regular os seu direitos e deveres, e, por fim, o poder estaria distribuído nas mãos dos diversos sócios, além da estruturação em diversos órgãos administrativos, deliberativos e fiscalizatórios, com uma repartição de responsabilidades.[66]

Mas há quem, em contrapartida, aponte dificuldades em se optar por esta espécie societária para a estruturação do *shopping center*, como, por exemplo, a impossibilidade de distribuição imediata dos lucros entre os acionistas, razão pela qual essa não seria a melhor espécie de sociedade a ser utilizada na estruturação do centro de compras.[67]

Quanto a este aspecto, pensamos que a escolha da estrutura caberá aos empreendedores, que, de acordo com seus interesses e as peculiaridades de cada empreendimento, deverão verificar qual é a melhor forma a ser adotada para o sucesso do negócio de conjunto.

---

65 COMPARATO, Fábio Konder apud BASILIO. Op. cit. p. 78.

66 FONSECA. Op. cit. p. 80.

67 BASILIO. Op. cit. p. 81.

# 6. CARACTERÍSTICAS

O negócio de *shopping center* possui algumas características peculiares que o diferenciam dos demais negócios jurídicos, especialmente dos centros comerciais e galerias existentes nas cidades. O próprio *shopping* se caracteriza como um grande negócio, enquanto os demais centros de compras têm como objetivo a mera reunião de lojas dentro do mesmo espaço. Por essa razão, faz-se necessário examinar essas características especiais dos *shopping centers*, o que passaremos a fazer a partir de agora.

## 6.1. Organização do empreendimento

O *shopping center* é caracterizado pela sua organização, diferentemente do que ocorre com os centros comerciais comuns e galerias. Mas esta organização não está apenas na distribuição ordenada de lojas, ou, como prefere Fábio Ulhoa,[68] na distribuição planejada do espaço, que é conhecida como *tenant mix*. A organização existe desde a fase preliminar à implementação do projeto e construção do empreendimento. Portanto, não se resume apenas à organização que diz respeito ao funcionamento do *shopping*, sendo ela exigida desde o momento em que se projeta o empreendimento.

Num primeiro momento, deverá o empreendedor procurar o local a ser instalado o *shopping center* a partir de estudos de viabilidade do mercado de consumo, decidindo, também neste instante, o perfil do *mall*, os ramos de atividade que irão prevalecer, bem como quais serão os lojistas convidados a integrar o empreendimento, a partir do público-alvo anteriormente definido, devendo estar em consonância com os anseios e possibilidade econômicas e sociais da comunidade local.

Já neste instante o empreendedor deverá ter elaborado um projeto de organização das lojas dentro do empreendimento, o *tenant mix*, exibindo o projeto aos futuros lojistas a fim de lograr êxito em atraí-los a integrar o *shopping*.

É nesta fase que são convidadas a integrar o *mall* as lojas-âncoras, que poderão adquirir o espaço que ocuparão dentro do empreendimento, cujo valor pago para aquisição contribuirá para a construção do prédio. Também é nesta fase em que se buscam investidores para a concretização do projeto, além de ser definida a estrutura jurídica a ser adotada.

Neste momento também se convidam outros lojistas a integrar o empreendimento, que se constituirão em lojas-satélites. Aqueles que aderirem ao empreendimento também contribuirão para a implantação

68 COELHO. Op. cit. p. 115.

do *shopping*, uma vez que para integrar o *mall* deverão pagar uma verba pecuniária denominada de *res sperata*, a qual será examinada no item 7 deste capítulo, onde estudaremos as cláusulas especiais.

Após todas essas etapas se inicia a fase de construção do prédio que abrigará o *shopping*. Uma vez construído o *shopping*, passa-se à fase de utilização, em que os lojistas estarão distribuídos a partir do *mix* estabelecido, devendo eles também observar as normas gerais estabelecidas na Escritura Declaratória de Normas Gerais e, se houver, o Regimento Interno, acerca do funcionamento do *mall*, além de serem eles obrigados a pagar os valores determinados no contrato de locação, bem como a contribuição para o fundo de promoções.

Também o empreendedor tem inúmeras atribuições após a inauguração do centro de compras. Como salienta Rodrigo Barcellos, o empreendedor, "longe de ficar de forma passiva auferindo os rendimentos decorrentes da cessão de uso, deve, diretamente ou por terceiro contratado, administrar o *shopping*, tendo uma visão global do negócio, mantendo o *mix* projetado – que somente será alterado de acordo com as exigências dos consumidores – e promovendo o centro como um todo, sem injustificadamente privilegiar um ramo de atividade em detrimento dos demais".[69]

Portanto, incumbe ao empreendedor administrar o *shopping*, seja diretamente, seja através de um administrador.

Assim, é essa a organização que caracteriza o empreendimento. Por isso, os centros comerciais comuns, as galerias, e também os hipermercados, que igualmente possuem lojas em suas dependências, jamais poderão ser caracterizados como *shopping centers*, por lhes faltar essa estrutura e esse planejamento.

## 6.2. Duplicidade de estabelecimentos

O *shopping center* também se caracteriza pela existência de dois estabelecimentos: o primeiro titularizado pelo empreendedor, também chamado de superfundo ou sobrefundo;[70, 71] e o segundo pertencente aos lojistas.

---

69 BARCELLOS. Op. cit. p. 78.

70 Conforme lição de Sylvio Capanema de Souza acerca da existência de múltiplos fundos empresariais, "uma corrente admitia a existência de fundo empresarial exlcusivo do locatário, empresário; outra sustentava que o fundo empresarial era do empreendedor, já que a clientela é atraída pelo *shopping center*, como um todo, e uma terceira vislumbrava a coexistência de dois fundos empresariais, um do locatário, e outro, curiosamente denominado de 'sobrefundo' ou 'superfundo', que seria do empreendedor" (SOUZA. Op. cit. p. 227).

71 Segundo Ives Gandra Martins, os *shopping centers* são "para todos os estabelecimentos que os compõem, uma espécie de sobreestabelecimento de onde recebem

Essa peculiar característica, contudo, não é pacífica na doutrina. Há quem entenda que no *shopping center* há apenas um estabelecimento, um único fundo de comércio, que é da titularidade do empreendedor. Segundo este entendimento, o lojista que abre o seu estabelecimento no *mall* produz riquezas e aufere lucros, para si e para o próprio empreendimento, "mas o *shopping center*, em si mesmo, já é uma força de produção de riqueza. O que atrai a clientela não é uma loja em particular, mas o *shopping center* como um todo".[72]

Então, segundo esse entendimento, há apenas um estabelecimento relevante, que é o do próprio *shopping center*, cuja organização e estrutura é capaz, por si só, de atrair o público e produzir lucros, independentemente dos lojistas.

Há quem entenda, todavia, que este único fundo empresarial existente no *shopping center* é titularizado não pelo empreendedor, mas sim pelos lojistas. Segundo esse entendimento, "não obstante a composição do *shopping center*, a atividade, a eficiência, o tratamento, a qualidade da mercadoria, a variedade da mesma, o arranjo do mostruário, todo um conjunto atribuído às qualidades do usuário firma o seu conceito, atrai e cultiva clientela e concorre para, independentemente dos fatores lojísticos materiais, criar elementos imponderáveis que permitem a uma clientela certa procurar 'aquela loja' e não outra, não obstante a aparente igualação de todas no conjunto comercial. Apesar de todo o esquema padronizado do *shopping center* e das campanhas publicitárias que o projetam como um todo, é jurídico aludir ao fundo de comércio, ligado à atividade de um lojista, merecedor de proteção".[73]

Como é possível perceber, para aqueles que defendem este entendimento, o estabelecimento de destaque, ou seja, aquele que efetivamente atrai a clientela, é o dos lojistas, razão pela qual é ele que tem relevância jurídica, que deve ser considerado e que merece ser tutelado.

E há, ainda, quem defenda a existência de um único estabelecimento titularizado pelo empreendedor e pelos lojistas conjuntamente, pois é formado pelo esforço de ambos. Segundo Modesto Carvalhosa, "não há, na hipótese, dois fundos de comércio, mas *um único fundo com dois titulares*".[74]

---

o principal fator de força mercantil, mesmo que sejam famosas as marcas ou renomadas as sociedades que se unam em suas dependências" (MARTINS. Op. cit. p. 81).

---

72 BUZAID. Op. cit. p. 13.

73 PEREIRA. Op. cit. p. 84-85.

74 CARVALHOSA. Op. cit. p. 173.

Portanto, é possível perceber que grande parcela da doutrina sustenta, no *shopping center*, a existência de um único fundo de comércio, divergindo-se apenas sobre quem é o titular deste estabelecimento.

Apesar do que foi exposto, e como já mencionamos anteriormente, entendemos que há dois estabelecimentos empresariais no centro de compras, sendo um titularizado pelo empreendedor e outro pelos lojistas. Na verdade, cada lojista titulariza o seu próprio estabelecimento. Então, quando afirmamos que há dois estabelecimentos, estamos querendo dizer que há, no *shopping center*, duas espécies de fundo empresarial: a do empreendedor e a dos lojistas.

Mas, antes de adentrarmos nas razões que nos levam a entender que há dois fundos de empresa, é imperioso verificarmos, rapidamente, o que é o estabelecimento e quais são as suas características principais.

O estabelecimento – também chamado de fundo de empresa, fundo de comércio ou azienda – é o conjunto de bens, corpóreos e incorpóreos, organizados pelo empresário para o exercício da sua atividade econômica.

Não obstante existir controvérsia sobre a questão, a qual não será por nós aqui examinada, é amplamente majoritário o entendimento de que a natureza jurídica desse complexo de bens é de uma universalidade de fato, uma vez que a reunião desses elementos é feita pela vontade e por livre escolha do empresário, e não por força de lei.

Outra questão divergente é sobre a clientela, se ela consiste, ou não, em elemento do estabelecimento. Apesar de ser possível falar em direito à clientela, bem como em ser ela protegida contra concorrência desleal, prevalece o entendimento de que ela não é um elemento do estabelecimento, não integrando, pois, o patrimônio do empresário.

A clientela, em verdade, decorre do aviamento, que é um atributo do fundo de empresa. O aviamento é o sobrevalor do estabelecimento, sua *mais-valia*, é a organização dos elementos integrantes do estabelecimento que o torna mais valioso.

O valor do estabelecimento não é apenas a soma do valor individual dos bens materiais e imateriais que o integram, mas sim a soma desses valores acrescida da organização e da maior aptidão para a obtenção de clientela, ou seja, o aviamento.

E, quanto maior for essa valorização, quanto melhor for essa organização, maior será a capacidade de atração da clientela, que consiste no conjunto de pessoas que mantêm com o empresário relações jurídicas constantes, em razão do esforço dele, conjugado com o emprego de técnicas para conquistá-las.

Tem, portanto, o aviamento com a clientela uma íntima relação, de modo que esta é uma decorrência natural daquele.

Como se vê, o que caracteriza um estabelecimento não é a existência, ou não, de clientela, e tampouco de aviamento, mas sim a reunião de elementos corpóreos e incorpóreos para o exercício da sua atividade empresarial, sendo o aviamento apenas um atributo do fundo, e a clientela uma decorrência dele.

E isso é importante para entendermos, com a devida vênia àqueles que defendem a existência de apenas um único estabelecimento, o porquê de existirem, em verdade, dois fundos empresariais. Os defensores de entendimento contrário, o fazem com fundamento, principalmente, na existência ou capacidade de atração de clientela, o que não é, propriamente, um requisito para a caracterização do estabelecimento.

É certo que a clientela é atraída tanto pela organização do empreendimento, quanto pela organização do lojista. No entanto, como já observamos, não é essa capacidade de atrair mais ou menos clientes que faz existir um fundo de comércio, haja vista que a clientela não é elemento dele.

Tanto o empreendedor quanto o lojista são empresários,[75] e ambos reúnem diversos elementos para o exercício da sua atividade. Ninguém duvida que ambos reúnem bens corpóreos e incorpóreos para o exercício da sua própria atividade.[76] Todo empreendimento da natureza de um *shopping center* possui móveis e imóveis para a sua estruturação, para sua organização, e para oferecer, inclusive, conforto e atrativos aos consumidores.

Portanto, para o exercício da sua atividade empresarial, o empreendedor deve reunir bens móveis, assim como o próprio imóvel em que está a estruturado o *mall*. Mas, além desses bens corpóreos, o empreendedor também emprega bens imateriais na sua atividade, como o próprio nome empresarial, o seu ponto – que é um dos elementos cruciais do negócio –, além da marca.

A existência de todos esses elementos comprova a existência de um estabelecimento de titularidade do empreendedor.

Por outro lado, o lojista também reúne esses mesmos elementos corpóreos e incorpóreos para exercer a sua atividade, sendo despiciendo, a nosso sentir, arrolar todos os bens móveis, imóveis e imateriais empregados pelo lojista. Se o estabelecimento se caracteriza pela reunião de bens corpóreos e incorpóreos para o exercício da atividade empresarial, percebe-se que o lojista também tem um estabelecimento próprio.

O fato de a clientela ser atraída por apenas um deles, ou por ambos, é um fator extrínseco que decorre da maior ou menor organização desses estabelecimentos. É inegável que o *shopping center* possui a sua própria clientela, ou seja, dúvidas não há de que o *mall* possui os seus

75 Quando do exame dos sujeitos da relação, vimos que, excepcionalmente, admite-se o lojista não empresário.

76 Como exemplo de bens incorpóreos é possível citar o nome empresarial, o ponto e a marca.

próprios clientes, que são atraídos pelos produtos e serviços oferecidos pelo empreendedor, e pela própria reunião organizada de lojistas. Mas, também acreditamos que ninguém duvida de que cada lojista também possui a sua clientela.

Portanto, a clientela, em si, não é o fator determinante para afirmar que existe um ou mais estabelecimentos.

É por essa razão que sustentamos que existem dois estabelecimentos, pois há duas universalidades de fato constituídas por diferentes empresários. Há o estabelecimento dos lojistas, e outro titularizado pelo empreendedor, também chamado de sobrefundo, ou superfundo, porque é um grande fundo empresarial, maior e mais complexo que compreende, inclusive, os estabelecimentos individuais dos lojistas.

## 7. CLÁUSULAS ESPECIAIS DO CONTRATO DE SHOPPING CENTER

O contrato de locação de espaço em *shopping center* possui diversas cláusulas especiais, peculiares aos demais contratos de locação de imóvel para fins empresariais. Vamos, nesse momento, examiná-las.

### 7.1. Aluguel mínimo e aluguel faturamento ou percentual

O aluguel mensal devido pelo lojista ao empreendedor é composto por uma parte fixa e outra variável, cuja incidência é alternativa, isto é, os dois valores não são cobrados simultaneamente. Trata-se, pois, do aluguel mínimo e do aluguel variável, faturamento ou percentual.

O contrato de locação prevê duas possibilidades de cobrança do aluguel. Estabelece-se a obrigação do pagamento de uma remuneração mensal variável, correspondente a um percentual, que varia entre 5% a 10%, incidente sobre o faturamento bruto mensal do lojista, desde que este valor seja superior a um mínimo prefixado.

O empreendedor, então, fixa um valor mínimo de aluguel, que apenas será devido se o valor correspondente a aquele percentual sobre o faturamento do lojista, no período de um mês, for inferior a esse mínimo prefixado.

Nessa esteira, se o valor apurado a partir do percentual sobre o faturamento for inferior ao mínimo fixado no contrato, o lojista pagará, de aluguel, esse valor mínimo, pois será maior que o aluguel percentual. De outro modo, se o percentual incidente sobre o faturamento for maior que o valor mínimo, será devida a quantia referente ao valor percentual. Então, há que se ter em mente que o aluguel devido será sempre o de maior valor. Se o mínimo for maior que o variável, devido será o primeiro. Ao contrário, se o aluguel percentual for maior do que o mínimo prefixado, devido será aquele.

Aí reside o interesse do empreendedor no sucesso do lojista, uma vez que, quanto maior for o faturamento dele, maior será o valor do aluguel a ser pago. Caso contrário, se o faturamento for baixo, devido será o aluguel mínimo, cujo valor não é tão atrativo para o empreendedor em relação à possibilidade de incidência de um percentual sobre o faturamento do lojista.

O lojista também tem interesse no sucesso do empreendimento, pois isso lhe traz mais consumidores e, consequentemente, maiores lucros. Mas, não é só por isso. Se seu faturamento for sempre baixo, jamais incidirá o aluguel percentual, e ele pagará apenas o aluguel mínimo, o que lhe será muito oneroso, pois essa espécie de aluguel não leva em conta o seu faturamento.

Sendo baixos os seus rendimentos, ainda assim ele terá a obrigação de pagar o aluguel mínimo que, apesar do nome, não é irrisório, ao contrário, como regra é um aluguel muito superior a um aluguel comum de imóvel comercial, ante a valorização decorrente do fato de estar o imóvel localizado dentro de um *shopping*.

Por essas razões, entendemos que não é abusiva a cláusula que impõe o pagamento do aluguel percentual, pois isso estimula ambas as partes a desenvolver o seu negócio. Como já vimos, o sucesso do lojista tem a participação e colaboração do empreendedor, assim como o sucesso do empreendedor depende da atuação dos lojistas. Em verdade, não deixa de haver entre eles uma parceria. Portanto, é justo que o empreendedor participe dos lucros dos lojistas, pois na grande maioria das vezes o sucesso deste decorre da atuação daquele.

No que toca ao montante, o valor do aluguel mínimo é reajustável, bastando para tal a demonstração de que houve a valorização do empreendimento, o que traz, como consequência, a valorização do espaço ocupado pelo lojista. Se não houver o reajuste, estará defasado o aluguel mínimo, trazendo prejuízo para o empreendedor e enriquecimento ilícito para o lojista.

Quanto ao *valor* do aluguel sobre o faturamento, a possibilidade do seu *reajuste* deve ser vista com cuidado. Em verdade, essa alteração consiste em uma revisão do contrato, pois não será uma mera atualização ou reajuste do valor, mas sim uma modificação de cláusula que importará na alteração do percentual fixado.

A mudança do percentual só deve ser admitida se ficar evidenciado que o empreendimento obteve um *gigantesco* sucesso, trazendo lucros exorbitantes para o lojista através de uma enorme clientela, de modo que aquele percentual se tornou injusto e insuficiente para o empreendedor, causando um desequilíbrio econômico e financeiro na relação contratual.

## 7.2. Cláusula degrau

A cláusula *degrau*, assim denominada pelo mercado, é uma cláusula inserida no contrato de locação de espaço em *shopping center* que estabelece um reajuste sobre o valor do aluguel mínimo dentro de uma determinada periodicidade que, geralmente, é de dois em dois anos. O índice de reajuste, conforme abalizada doutrina,[77] costuma ser de 10% sobre o valor do aluguel.

Há que se frisar que esse reajuste não se confunde com a correção monetária, que é a atualização do valor defasado pelas perdas inflacionárias aplicada anualmente aos contratos de locação, e que também incide sobre o valor do aluguel mínimo.

Esse reajuste comumente bienal, além da correção monetária, se justifica pela expectativa de sucesso do empreendimento que impulsiona a atividade do lojista, ou seja, acreditam as partes que o *shopping center* sempre atrairá cada vez mais público, aumentando o faturamento dos lojistas.

A realidade de quem frequenta os corredores dos *malls*, bem como as próprias estatísticas dos órgãos competentes,[78] evidencia o aumento anual e gradativo do público frequentador de *shoppings*, o que é normal ante o incontrolável aumento populacional e o número cada vez maior de pessoas ingressando no mercado de trabalho, tornando-se potenciais consumidores.

A verdade é que os *shopping centers* se tornaram um grande atrativo para a população, uma vez que oferecem conforto, segurança e comodidade, tanto para aqueles que desejam comprar, quanto para aqueles que apenas querem fazer um passeio com a família nos finais de semana.

Assim, visando restabelecer o equilíbrio econômico da relação existente neste negócio de conjunto, é inserida a cláusula *degrau* nos contratos de locação de espaço em *shopping center*.

Há que se ressaltar que se ficar demonstrado que não houve esse aumento do público frequentador, ou que o empreendimento não é um sucesso, ao contrário, que ele é um fracasso, é legítimo ao lojista ingressar em juízo para rever esta cláusula de reajuste, inclusive requerendo que ele não incida no período previsto contratualmente. Obviamente, o pleito só poderá ser acolhido se restar evidente que a inexistência de aumento do faturamento do lojista se deu por culpa do empreendedor, que não promoveu o bom desenvolvimento e organização do *shopping*.

---

77 BASILIO. Op. cit. p. 141; BARCELLOS. Op. cit. p. 123.

78 Como exemplo é possível citar a ABRASCE – Associação Brasileira de *Shopping Centers* –, que sempre divulga estatísticas comprovando o aumento da população frequentadora de *shopping centers*. Tais informações estão disponíveis em: <www.abrasce.com.br>.

Caso contrário, se ficar comprovado que houve esse aumento de público, mas não houve aumento do número de consumidores por culpa do próprio lojista, que não administra bem o seu negócio, ou que tem um produto ou serviço não atrativo, não poderá ser acolhido o pedido revisional.

Através desta cláusula também se pretende afastar o mau lojista, aquele que não é bom para o empreendimento, uma vez que com o aumento progressivo do aluguel mínimo, sem que haja o aumento do seu faturamento, a manutenção do negócio pelo lojista ficará dificultada, obrigando-o a se retirar do empreendimento, pois ele não terá condições financeiras de pagar o valor do aluguel mínimo que foi reajustado.

## 7.3. Aluguel desempenho

Trata-se de mais uma cláusula peculiar prevista em contratos de locação de espaço em *shopping center*, e que tem como um de seus objetivos afastar do empreendimento o lojista não atrativo ao público.

Em alguns contratos prevê-se que o lojista, dentro de um determinado período – que comumente é de seis meses –, deve ter pago, na soma dos alugueres nesse período, um valor superior à soma dos valores do aluguel mínimo dentro deste mesmo período, ou seja, estabelece-se que dentro de um determinado período, o locatário-lojista deverá ter pago um valor mínimo e predeterminado de aluguel, que corresponde, como regra, à soma dos valores do aluguel mínimo neste período, acrescida de um determinado percentual calculado sobre o valor de um aluguel mínimo.

A justificativa para esta cláusula é o fato de que o lojista que paga sempre o aluguel mínimo demonstra que seu faturamento tem sido aquém do esperado pelo empreendedor, e também pelos demais lojistas. Há sempre que se frisar que o *shopping center* é um negócio de conjunto, que deve ter a cooperação de todos.

Para evitar que este lojista permaneça no empreendimento com um negócio fracassado, e que prejudique o próprio *shopping*, insere-se no contrato de locação a cláusula de *aluguel de desempenho*, através da qual se estipula que o lojista deverá ter pago, na soma de valores dos aluguéis naquele período determinado, um valor superior ao da mera soma dos aluguéis mínimos.

A fim de ficar mais claro, vamos imaginar uma situação em que o valor do aluguel mínimo seja de R$ 1.000,00, e que o período de apuração do aluguel desempenho seja de seis meses. Neste exemplo que demos, se o lojista tivesse pagado durante seis meses apenas o aluguel mínimo, o montante dado ao empreendedor seria de R$ 6.000,00. Mas, no contrato há uma cláusula que prevê que nesse período de seis meses o montante de aluguéis que deveria ter sido pago deve ser acrescido de um determinado valor de desempenho.

O valor do aluguel de desempenho é geralmente obtido a partir do seguinte cálculo: a soma dos aluguéis mínimos no período + 75% do valor de um aluguel mínimo. No exemplo por nós dado, o valor correspondia a seis meses de aluguel mínimo – 6 × R$ 1.000,00 –, mais 75% do valor de um aluguel mínimo – R$ 750,00 –, atingindo, assim, a quantia total de R$ 6.750,00 (seis mil setecentos e cinquenta reais).

Desta forma, no exemplo ministrado, o lojista deveria ter pago ao empreendedor, no final do período de apuração de seis meses, uma quantia de, no mínimo, R$ 750,00 além da mera soma dos aluguéis mínimos, sob pena de sofrer uma ação de cobrança cumulada com despejo por falta de pagamento.

Tal previsão visa compelir o lojista a desenvolver sua atividade, não se contentando em apenas ter um faturamento mensal ínfimo que acarrete sempre na cobrança apenas do aluguel mínimo, e nunca do aluguel percentual.

O não atingimento do valor do *aluguel de desempenho* pode ensejar o rompimento do contrato por inadimplemento do lojista, que não está atendendo aos anseios do negócio de conjunto.

Todavia, se o lojista comprovar que o não atendimento dessa expectativa se deu por culpa do empreendedor, poderá ele afastar o rompimento do vínculo, revendo a cláusula contratual. Neste caso, o lojista não terá inadimplido o contrato, pois a impossibilidade de cumprimento se deu, em verdade, por culpa do empreendedor.

## 7.4. Décimo-terceiro aluguel ou aluguel mínimo dobrado

Esta cláusula é mais uma peculiaridade dos contratos de locação de espaço em *shopping center*. Por ela, os lojistas se obrigam, em razão do grande aumento de seu faturamento, a pagar, em um determinado mês do ano – geralmente em dezembro –, o aluguel mínimo com o seu valor dobrado.

Em verdade, esta cláusula prevê que em um mês previamente determinado no contrato, o valor do aluguel mínimo será o dobro daquele previsto, só sendo o lojista obrigado a pagar este montante se o valor do aluguel percentual, naquele mês, for inferior ao do aluguel mínimo dobrado.

Como regra, o mês previsto para essa dobra do aluguel mínimo é o de dezembro, por conta do aumento do faturamento dos lojistas ocasionado pelas festas natalinas. No entanto, é possível que seja em outro mês, observadas as peculiaridades do negócio do lojista.

Portanto, é equivocado pensar que sempre no mês do Natal o lojista inevitavelmente pagará dois aluguéis. Em verdade, como explicitado, o que ocorre é a dobra do valor do aluguel mínimo, sendo que o pagamento desse valor dobrado obedece às mesmas regras de alternatividade entre o pagamento do aluguel mínimo e do aluguel percentual.

Assim, se naquele mês previsto no contrato para a dobra do valor do aluguel mínimo o valor do aluguel percentual for superior àquele valor dobrado, o lojista deverá pagar o aluguel percentual. Caso contrário, deverá pagar o aluguel mínimo dobrado.

É imperioso frisar, novamente, que há casos em que o aluguel dobrado não incidirá no mês de dezembro, em que as vendas normalmente são alavancadas por conta do Natal. Pode ocorrer de o contrato de um determinado lojista prever que a dobra do valor do aluguel mínimo ocorrerá no mês da Páscoa, por exemplo, para aqueles lojistas que exploram a atividade de venda de chocolate. Existem, ainda, outros meses em que há um grande aumento do faturamento dos lojistas por outras razões, como é o caso das joalherias no mês de maio, como consequência do dia das mães. Nada impede, nesses casos, que seja esse o mês em que irá ocorrer a dobra do valor do aluguel mínimo. Portanto, não há nenhum empecilho para que esse aumento do aluguel mínimo ocorra em meses variados para diferentes lojistas.

O que é certo, no entanto, é que o aluguel mínimo dobrado estará previsto em todos os contratos, ainda que varie o mês da sua incidência. Justifica-se a sua previsão em razão da necessidade de manutenção do equilíbrio econômico do contrato, e por conta da existência de um negócio de conjunto. Se, por exemplo, no mês do Natal há uma enorme atração do público consumidor para os *shopping centers*, trazendo, como consequência, um grande aumento do faturamento dos lojistas, é justo que o empreendedor participe desses lucros, como salienta Dinah Sonia Renault Pinto: "Esse aumento no preço devido pelo lojista no último mês do ano não se constitui um aluguel a mais, mas deriva da forma organizacional dos *shopping centers*, que têm por finalidade uma cooperação intensa dos empreendedores e dos lojistas."[79]

Assim, como já pudemos observar, o equilíbrio econômico do contrato é importantíssimo, principalmente por se tratar o *shopping center* de um negócio conjunto, em que devem as partes atuar conjuntamente para o sucesso do empreendimento e dos seus respectivos negócios. É isso que justifica, então, a previsão desta cláusula.

## 7.5. *Res sperata*

A *res sperata* pode ser prevista através de uma cláusula inserida no contrato de locação de espaço em *shopping center*, bem como poderá estar prevista em um instrumento separado, consistindo, neste último

79 PINTO, Dinah Sonia Renault. Apud BASILIO. Op. cit. p. 120.

caso, em um verdadeiro contrato autônomo a compor a coligação contratual que representa a relação jurídica do *shopping center*.

Na doutrina há entendimentos divergentes acerca da causa jurídica da cobrança da *res sperata*.

Para uma parcela da doutrina,[80] a *res sperata* é a forma de remuneração do empreendedor por todo o trabalho por ele desempenhado na concepção do empreendimento, ou seja, é a remuneração por todo o trabalho desenvolvido pelo empreendedor antes e durante a inauguração do *shopping*.

Para uma segunda parcela da doutrina,[81] o pagamento da *res sperata* é uma mera garantia de que o futuro lojista terá seu lugar assegurado em uma das unidades do *shopping center*.

E, ainda, há quem entenda que a *res sperata* é uma cobrança dissimulada de luvas.[82] Segundo este entendimento, o que neste ponto pensamos ser correto, desde a Lei nº 1.521/51, em vigor até o advento da Lei nº 8.245/91, é proibida a cobrança de luvas, consistindo em uma infração penal, não sendo lícito ao locador cobrar, pela cessão de uso do imóvel, nenhum outro valor que não seja o aluguel, sendo ainda impossível que a cobrança deste seja antecipada, conforme vedação do art. 20 da Lei nº 8.245/91.

As luvas eram cobradas de duas formas: na locação comercial era um valor cobrado do comerciante para a compra de um ponto comercial, seja quando havia a cessão pura e simples de um contrato de locação já existente, seja quando havia a compra, por terceiros, das cotas sociais da sociedade empresária que naquele ponto já estava estabelecida; bem como era cobrada como adiantamento de aluguéis, o que fazia o valor do aluguel contratual cair, ocorrendo uma verdadeira fraude, pois se camuflava uma cobrança antecipada de aluguel.

A cobrança de luvas, entretanto, passou a ser vedada. Na esteira dessa vedação, parcela da doutrina passou a entender que a cobrança da *res sperata*, ou qualquer outro valor diferente do aluguel, também estaria vedada. Segundo Mario Cerveira filho, entendimento esse com o qual não concordamos, "o empreendedor, geralmente, mascara a cobrança de

---

80 BASILIO. Op. cit. p. 104-106).

81 É o entendimento, por exemplo, dos Profs. Maria Elisa Gualandi Verri (VERRI apud BASILIO. Op. cit. p. 106) e José Carlos de Moraes Salles (SALLES, José Carlos de Moraes. *Ação renovatória de locação empresarial*. Locações comerciais, industriais e para sociedades civis com fins lucrativos. 2. ed. São Paulo: Revista dos Tribunais, 2002. p. 299).

82 CERVEIRA FILHO, Mario. *Shopping center*. Direito dos lojistas. 5. ed. São Paulo: Saraiva, 2009. p. 72.

luvas sob as mais variadas denominações, tais como: contrato de cessão de direitos de uso de espaço, contrato de participação na estrutura técnica de empreendimento e até como instrumento particular de compra de ações.

Não há dúvida de que o intuito primordial desse procedimento é o de dar uma aparência de legalidade àquilo que é ilegal.

Ora, se o lojista paga altos custos de aluguel, condomínio, fundo de promoção, taxa de administração e até uma percentagem sobre o seu faturamento, em determinados casos previstos contratualmente, a cobrança dissimulada de luvas caracteriza-se um excesso".[83]

Então, segundo esse entendimento, apenas as cobranças mencionadas seriam lícitas, caracterizando-se como indevidas as demais, e nestas últimas, obviamente, também estaria incluída a *res sperata*.

Já para uma quarta e última parcela da doutrina, à qual nos filiamos, a *res sperata* é uma quantia cobrada do futuro lojista como contrapartida da clientela que o empreendimento atrairá, e da qual o lojista se beneficiará.[84]

Segundo o Prof. Sylvio Capanema, a *res sperata* não se confunde com as luvas. Conforme bem explicitado em sua *Lei do Inquilinato comentada*, "é absolutamente pacificado o entendimento no sentido de ser cobrado do futuro locatário uma quantia em dinheiro, como contrapartida da clientela que o empreendedor atrairá, e da qual o beneficiário será o lojista.

Não se pode duvidar que o *shopping* é um irresistível polo de atração de consumidores, que acorrem aos milhares, seduzidos pelas vantagens por ele oferecidas, tais como, maior segurança, estacionamento, área de lazer, cinemas, teatros, praças de alimentação e, sobretudo, maior variedade de oferta de produtos.

Ao se inaugurar o empreendimento, o lojista, em geral, ainda não dispõe de um fundo empresarial próprio, absorvendo os benefícios do chamado 'sobrefundo', que é do próprio *shopping* como um todo.

E é isso que se cobra do lojista, não como luvas ou adiantamento de aluguéis, e sim como contribuição para a complementação do empreendimento".[85]

Assim também entendemos. A *res sperata* é a quantia paga pelo lojista em razão da grande expectativa de sucesso do seu negócio decorrente do ingresso no empreendimento, expectativa essa que é incutida na mente do lojista pelo próprio empreendedor ao oferecer o espaço no *shopping*. E tanto isso é verdade que o valor da *res sperata* varia de acordo com a maior ou menor chance de sucesso do negócio do lojis-

83 Idem.

84 SOUZA. Op. cit. p. 237.

85 Idem.

ta, havendo uma variação a partir, por exemplo, da localização da loja no *shopping*, da qualidade do próprio empreendimento, dentre outros aspectos.

Por isso discordamos do entendimento de que a *res sperata* é uma mera remuneração ao empreendedor pelo seu trabalho de implantação do *shopping*, e que, por esta razão, só seria devida uma única vez. Se entendermos desta forma, ficaríamos obrigados a defender que a *res sperata* só poderia ser cobrada uma única vez, quando houvesse a primeira cessão do espaço no *mall*, ou seja, só poderia ser cobrada na primeira locação das lojas, de modo que todo novo lojista que viesse a locar um espaço que fora alugado por outro lojista anteriormente, não poderia ser obrigado a pagar esta verba.

Em verdade, a *res sperata* é a remuneração devida pelo lucro esperado pelo lojista ao ingressar no *shopping*. Deste modo, cada novo lojista que ingressar no *mall* pode ter cobrada a quantia, pois ela consiste em uma contraprestação devida ao empreendedor pelo benefício de se integrar ao empreendimento, o qual tem, por si só, um potencial atrativo de clientela.

Sem prejuízo, aquele que já se estabeleceu no *shopping* não ser compelido a pagar mais de uma vez a *res sperata*, como, por exemplo, quando da renovação do contrato, pois ele já terá remunerado o empreendedor pelo seu ingresso no empreendimento. Caso haja uma nova cobrança, esta se revelará inequivocamente abusiva, pois o empreendedor estaria recebendo duas vezes pela mesma causa. Seria induvidoso, nesta hipótese, o enriquecimento ilícito.

Por essa razão, entendemos não ser possível compreender a *res sperata* como uma mera garantia de cessão futura do espaço no *shopping*, pois uma vez entregue o imóvel ao lojista, o contrato ou a cláusula que fundamentaria a *res sperata* já teria sido adimplida, não podendo o lojista reclamar a sua restituição em nenhuma hipótese, ainda que seu negócio fracassasse por culpa do empreendedor.[86]

Por essa razão, entendemos que a *res sperata* é valor pago pelo lojista em contrapartida aos benefícios que terá com o ingresso no negócio do empreendedor, razão pela qual se essa expectativa for frustrada ou infundada, se o insucesso do negócio do lojista e do próprio empreendimento decorrer de uma má organização e administração do *shopping*, terá o lojista o direito à restituição do valor pago de *res sperata*, se não

86 Também rejeita que a *res sperata* tem natureza de mera garantia de cessão futura do espaço, o professor Rodrigo Barcellos (BARCELLOS. Op. cit. p. 126).

integralmente, ao menos parcialmente,[87] como tem sido reconhecido, inclusive, na jurisprudência do Superior Tribunal de Justiça.[88]

Exemplo comum é aquele em que o empreendedor se compromete a angariar determinadas lojas-âncora para o *shopping center*, aumentando a atratividade do empreendimento e, consequentemente, atraindo mais clientela. A hipótese é de inequívoca promessa de fato de terceiro, em que o devedor se compromete a obter a anuência do terceiro – a loja-âncora – em ingressar no *mall*. Caso o empreendedor descumpra com a sua obrigação, e frustre a expectativa dos demais lojistas, no sentido de não conseguir a adesão daquela loja-âncora e, assim, não traga os retorno esperado para os demais lojistas, é cabível a sua condenação em restituir o valor percebido, ainda que parcialmente, como também já se reconheceu em precedentes do STJ.[89]

## 7.6. Fiscalização da receita do lojista

Outra cláusula especial prevista no contrato de locação de espaço em *shopping center* é aquela que autoriza o empreendedor a fiscalizar o faturamento do lojista, a fim de controlar o correto pagamento do aluguel, se deverá ser o mínimo ou percentual, ou, no caso deste último, se a base de cálculo foi correta, isto é, se o montante sobre o qual incidiu a alíquota, ou percentual, está correto ou não.

O controle é feito, inicialmente, através do envio de um formulário, de um balancete padronizado, pelo lojista ao empreendedor, de modo que este poderá verificar, mensalmente, se o lojista está ocultando, ou não, o seu faturamento para fins do correto pagamento do aluguel.

87 Assim também entende o mestre Sylvio Capanema: "Uma outra questão que tem desaguado nos Tribunais diz respeito à pretensão de devolução da *res sperata*, quando alega o locatário que não se tornaram realizadas as justas expectativas de sucesso comercial anunciadas pelo empreendedor e administrador do *shopping*. O chamado *tenant mix* não se revelou equilibrado, ou as lojas âncoras não se instalaram, não se atraindo a clientela esperada, tornando o contrato excessivamente oneroso. No nosso entender, trata-se de uma *quaestio facti*, a ser apreciada pelo juiz diante do caso concreto e após exauriente instrução probatória. Convencendo-se o julgador de que o locatário foi induzido a erro, sendo fora da realidade o anunciado projeto e as alegadas pesquisas de mercado, entendemos merecer acolhida a pretensão de resolução do contrato, deduzida pelo lojista, com a devolução, ainda que proporcional, da *res sperata*" (SOUZA. Op. cit. p. 237-238).

88 Este é o entendimento firmado no STJ, por exemplo, no julgamento do REsp 764.901/RJ. Rel. Min. Nancy Andrighi. Terceira Turma. *DJ* 30/10/2006.

89 Ver REsp 152.497/SP. Rel. Min. Ruy Rosado de Aguiar. Quarta Turma. *DJ* 30/09/2002.

Não obstante, é facultado ao empreendedor, principalmente quando há suspeita de fraude nas informações prestadas pelo lojista, fiscalizar diretamente as vendas mediante a colocação de um preposto do *shopping* na *boca do caixa* da loja, o que é muito comum no final de ano, quando há um grande aumento no movimento do empreendimento e, consequentemente, nas vendas, e o controle se torna mais difícil.

Frise-se que essa fiscalização não pode causar constrangimentos ao lojista perante os clientes, o que normalmente não ocorre, incumbindo ao empreendedor orientar o preposto a agir de forma discreta, inclusive confundindo-se com os demais funcionários da loja, sob pena de se caracterizar como um abuso de direito, passível, inclusive, de indenização por perdas e danos.

## 7.7. Cláusula de raio

Outra cláusula comumente inserida nos contratos de locação em *shopping center*, ou mesmo na Escritura Declaratória de Normas Gerais, é a cláusula de raio, de exclusividade territorial ou de restrição por exclusividade. Trata-se de cláusula que visa proteger o empreendedor contra práticas de concorrência desleal pelos lojistas.

Através dela, o empreendedor impõe um limite territorial de atuação sobre o lojista, impedindo que ele venha iniciar, em local próximo ao *shopping center*, atividade idêntica ou semelhantes àquela explorada por ele dentro do empreendimento, assim concorrendo com a loja do *mall*. Através desta cláusula, então, fica o lojista impedido de se estabelecer em outro local dentro de um determinado raio de alcance preestabelecido no contrato.

A cláusula de raio muitas vezes é questionada por consistir em uma violação à livre concorrência, impedindo que um empresário inicie outra atividade econômico-empresarial em outra localidade, o que em princípio seria lícito.

Ocorre que, o princípio constitucional da livre iniciativa, previsto no art. 170, *caput*, da Lei Fundamental, não é absoluto, e pode conflitar com outro princípio também de natureza constitucional, que é o da livre concorrência, assegurado no art. 170, IV, da Constituição Federal, que impede práticas de concorrência desleal, isto é, condutas praticadas no exercício das atividades econômicas que venham afetar, de modo abusivo e desleal, a concorrência, usurpando a clientela de outro empresário ilicitamente.

Quando isso ocorre, há que se fazer uma ponderação a fim de examinar, no caso concreto, qual destes princípios deve prevalecer. Se o limite territorial estabelecido for razoável, isto é, efetivamente caracterizar-se como uma forma de proteção do empreendedor e, consequentemente, do próprio centro comercial, não será ela abusiva, como já decidiu, inclusive, o STJ.[90] De modo contrário, se o raio de alcance for exagerado, abrangendo uma localidade que, inequivocamente, não levaria a nenhuma concorrência com a loja do *mall*, será ela ilícita por violação à livre iniciativa.

Sobre esta cláusula, até mesmo o CADE – Conselho Administrativo de Defesa Econômica já foi instado a se manifestar em algumas oportunidades, já tendo reconhecido que a cláusula de raio, por si só, não viola a livre iniciativa, sendo um importante instrumento de proteção contra práticas de concorrência desleal, desde que fixado o raio de alcance com razoabilidade.[91]

## 7.8. Funcionamento regular das lojas

Por esta cláusula é vedado ao lojista manter a sua loja fechada por um determinado período, que comumente não pode ser superior a 30 dias. Visa esta cláusula resguardar o *tenant mix* do *shopping*, ou seja, resguardar aquela distribuição ordenada das lojas feita pelo empreendedor, que é tão importante para o sucesso do empreendimento. O *tenant mix* tem tanta relevância que para ser feito exige do empreendedor a realização de inúmeras pesquisas de mercado, por meio das quais o dono do empreendimento constata quais são os anseios da comunidade local e das redondezas, bem como as expectativas do seu público-alvo, criando uma competição saudável entre os lojistas, evitando, pois, uma guerra de mercado dentro do próprio *shopping*.

Para proteger esse elemento essencial do empreendimento, inclui-se esta cláusula especial no contrato de locação do espaço em *shopping center*. Isso porque, uma vez fechada uma determinada loja por um longo período, é induvidosa a quebra dessa organização implementada pelo empreendedor, sendo prejudicial ao negócio de conjunto.

Porém, essa cláusula não visa apenas resguardar o *tenant mix*. Pretende ela também assegurar a confiabilidade do empreendimento perante os consumidores, haja vista que a existência de lojas fechadas por um longo período de tempo afasta os frequentadores do *shopping*, que se sentem desestimulados a ingressar no *mall* pelo fato das lojas não estarem abertas, gerando um sentimento de desconfiança por parte dos clientes, ante a flagrante desorganização e má administração do empreendimento.

---

90 Neste sentido, ver REsp 1.535.727/RS. Rel. Min. Marco Buzzi. Quarta Turma. *DJe* 20/06/2016.

91 Ver, a título de exemplo, o procedimento administrativo 08012.002841/2001-13, disponível em http://anexos.radaroficial.com.br/9b49c38939280e3b060601f0ac15fc19.pdf.

## 7.9. Proibição de cessão da locação e mudança da atividade

Por esta cláusula fica vedado ao lojista, ao menos sem a anuência do empreendedor, ceder a locação do espaço a um terceiro, ou alterar a sua atividade.

Isso se justifica também por força do *tenant mix*, haja vista que a cessão da locação com o ingresso de um terceiro no imóvel pode trazer o risco de o cessionário passar a explorar uma atividade diversa daquela anteriormente exercida pelo cedente, causando, assim, uma verdadeira desordem naquele *mix* elaborado pelo empreendedor.

A alteração do *mix*, conforme lição do Prof. João Augusto Basilio, é de exclusividade do dono do *shopping*, que é quem detém o "*know-how* e *expertise* para tornar o centro de comércio um local capaz de induzir o consumidor a adquirir cada vez mais produtos e serviços postos à sua disposição, otimizando dessa forma o potencial individual de venda de cada lojista do *shopping*".[92]

Questão que decorre da inclusão desta cláusula diz respeito aa eventual possibilidade de se vedar o lojista de alienar a sua participação na empresa individual ou na sociedade empresária.

Entende parcela da doutrina[93] que é possível a vedação, uma vez que a alienação da participação societária, ou na EIRELI, pode ser utilizada como uma burla à proibição da cessão do contrato. Sustenta, inclusive, o saudoso Prof. Rubens Requião, que o contrato de *shopping center* se assemelha a um *contrato personalista*, "no qual as qualidades pessoais do locador são condições da sua realização".[94]

Entendemos, no entanto, que eventual proibição de alienação da participação societária, em princípio, não é válida, isso porque seria, tal hipótese, uma verdadeira ingerência nos negócios do lojista, bem como no seu livre direito constitucional de não se manter associado a ninguém, ou de não mais vir a exercer aquela determinada atividade, passando-a a terceiros.

A cessão de uma cota, ou ação, de uma sociedade empresária ou de uma EIRELI importa, tão somente, na alteração do quadro social, e não da pessoa jurídica em si e da sua atividade. A pessoa jurídica, com a mera alteração dos sócios, continuará a mesma, inclusive com o mesmo objeto. Há que se frisar que é a sociedade quem exerce a atividade eco-

---

92 BASILIO. Op. cit. p. 123.

93 É opinião, por exemplo, dos professores João Augusto Basilio (BASILIO. Op. cit. p. 124-125) e Rubens Requião (REQUIÃO. Op. cit. p. 151).

94 REQUIÃO. Op. cit. p. 151.

nômica organizada, ou seja, é a pessoa jurídica que exerce a empresa, e não o sócio.

Não há, em princípio, com essa mudança do quadro social, risco de ofensa ao *mix* estabelecido pelo empreendedor, ou mesmo violação à pessoalidade inerente aos contratos de locação. Entretanto, se restar configurada essa violação, trazendo riscos ao negócio de conjunto, é admissível a intervenção judicial, a requerimento do empreendedor, ou da própria Associação dos Lojistas, a fim de restabelecer a organização do empreendimento.

Entendemos, por essas razões, que essa vedação pura e simples à alienação da participação societária não é válida, sendo admissível apenas a inserção da cláusula que proíba a alteração do objeto social da pessoa jurídica, do empresário individual, ou da EIRELI, bem como da cessão de locação, por violação, neste último caso, ao caráter personalista do contrato, na medida em que o contrato de locação também tem fundamento na confiança existente entre locador e locatário.

## 7.10. Licença de uso da marca do shopping

É também peculiar ao contrato de locação de espaço em *shopping center* a cláusula contratual que prevê a licença do uso da marca do *shopping* pelo empreendedor ao lojista, por meio da qual o dono da loja poderá explorar a marca do empreendimento para atrair uma maior clientela para si.

Essa concessão é deveras importante quando da realização de propagandas efetuadas pelo lojista individualmente, permitindo a ele mencionar, em sua publicidade, a sua localização dentro do *shopping*, podendo, inclusive, utilizar a marca do empreendimento, a logomarca do *shopping*, na propaganda, assim atraindo mais consumidores para a sua loja e, consequentemente, também para o *mall* e demais lojistas, que se beneficiam deste público frequentador.

É bom salientar que a propaganda individual do lojista não se confunde com a propaganda institucional, que fica a cargo da Associação de Lojistas. Esta última visa promover o empreendimento como um todo, enquanto a propaganda individual visa promover o próprio lojista individualmente.

## 7.11. Das cobranças indevidas ou dos valores não passíveis de serem cobrados pelo empreendedor

Até agora mencionamos cláusulas peculiares ao contrato de locação de espaço em *shopping center*, em que é lícito ao empreendedor exigir o cumprimento de inúmeras obrigações pecuniárias dos lojistas.

Devemos observar, acerca dessas cobranças, que a licitude da sua previsão no contrato de locação decorre da expressa previsão do art. 54, *caput*, da Lei do Inquilinato,[95] que prevê que nas relações entre os lojistas e o empreendedor prevalecerão as condições livremente pactuadas pelas partes.

Porém, há que se frisar que essa liberdade não é irrestrita. É induvidoso que os novos paradigmas trazidos pela nova ordem constitucional, e confirmados nas relações privadas pelo Código Civil de 2002, devem permear esta relação. Assim, o contrato deve observar a boa-fé objetiva, que impõe às partes o dever de agir de forma proba e leal, bem como a sua função social, que "determina que os interesses individuais das partes do contrato sejam exercidos em conformidade com os interesses sociais, sempre que estes se apresentem".[96]

Portanto, é possível constatar que, apesar de se prestigiar a autonomia privada nas relações contratuais de *shopping center*, a inclusão dessas cláusulas, ainda que de puro conteúdo econômico, não é de irrestrita liberdade. Há que se fazer, então, uma interpretação sistemática do dispositivo legal, ou seja, a liberdade de contratar deve ser lida a partir das possibilidades admitidas pelo ordenamento, e pela própria lei, para a celebração dos contratos em geral.[97]

Note-se, contudo, que em que pese a existência do permissivo legal acerca da liberdade das cláusulas, e das limitações já existentes a partir de uma interpretação sistemática da norma do art. 54 da Lei nº 8.245/91, há vozes na doutrina que afirmam que é ilícita a inserção, no contrato de locação em *shopping center*, de cláusulas prevendo a cobrança dos valores mencionados nos itens anteriores, por se caracterizarem

---

95 SOUZA. Op. cit. p. 236.

96 GAMA, Guilherme Calmon Nogueira da; PEREIRA, Daniel Queiroz. Função social do contrato. In: GAMA, Guilherme Calmon Nogueira da (Coord.). *Função social no direito civil*. São Paulo: Atlas, 2008. p. 83.

97 Segundo lição do emérito Prof. Sylvio Capanema de Souza, "são essas condições especiais, de conteúdo puramente econômico, que o artigo 54 preserva, até para que o próprio empreendimento sobreviva. É evidente que não poderia prevalecer uma cláusula que afrontasse os objetivos fundamentais da lei, especialmente o que permite a ação renovatória. O que a lei admite, ainda que fugindo do sistema comum, são as disposições atípicas, mas de índole econômica, que as partes livremente pactuam, de acordo com a realidade e a experiência do mercado. Será preciso, entretanto, cuidado para que não sejam estas cláusulas atípicas, que restringem direitos dos locatários, confundidas com cláusulas abusivas, que os ponham em manifesta desvantagem, e que são fulminadas pela sanção da nulidade" (SOUZA. Op. cit. 236).

como leoninas, uma vez que o locatário é forçado a aderir a elas, sob pena de não poder ingressar, ou se manter, no empreendimento.[98]

Com a devida vênia, entendemos que, por todos os motivos já expostos - permissivo legal, existência de um negócio de conjunto em que deve haver parceria e cooperação, e a preservação do *mix* e do equilíbrio econômico-financeiro do contrato -, todas as cláusulas previstas no contrato, à exceção da que proíbe a alienação da participação societária do sócio de sociedade, são válidas.

E isso porque, como já vimos, embora o legislador tenha prestigiado a autonomia privada, ele estabeleceu alguns limites à liberdade das partes, vedando a cobrança de determinados valores pelo empreendedor em proteção ao lojista.

O art. 54 da Lei do Inquilinato, em seu § 1º, proíbe que o dono do empreendimento exija do lojista o pagamento das despesas previstas nas alíneas *a*, *b*, e *d* do art. 22 da própria lei, bem como das despesas com obras ou substituição de equipamentos que impliquem a modificação do projeto ou do memorial descritivo da data do habite-se, e obras de pagamento nas partes de uso comum.

Assim, é defeso ao empreendedor exigir do lojista a cobrança ou reembolso com as despesas com obras de reforma ou acréscimos que interessem à estrutura integral do imóvel, o que é de interesse exclusivo do empreendedor, haja vista que essas obras ou acréscimos vêm a incrementar apenas o seu patrimônio.[99]

Também não é admissível a cobrança, pelo empreendedor, das despesas com pintura das fachadas, empenas, poços de aeração e iluminação, além daquelas necessárias à colocação das esquadrias externas,[100] uma vez que igualmente são serviços de melhoramento e conservação do patrimônio do dono do *shopping*, não contribuindo os lojistas para o desgaste dessas áreas exteriores, pois eles ocupam tão somente a área interna do *mall*.

E, por fim, também não se admite que o empreendedor exija do lojista o pagamento das despesas com indenizações trabalhistas e previdenciárias em razão da dispensa de empregados do *shopping* ocorrida

---

98 CERVEIRA FILHO. Op. cit. p. 17.

99 Lei nº 8.245/91. "Art. 22. O locador é obrigado a: [...] X – pagar as despesas extraordinárias de condomínio. Parágrafo único. Por despesas extraordinárias de condomínio se entendem aquelas que não se refiram aos gastos rotineiros de manutenção do edifício, especialmente: a) obras de reformas ou acréscimos que interessem à estrutura integral do imóvel; [...]."

100 Lei nº 8.245/91. "Art. 22. [...] Parágrafo único. [...] b) pintura das fachadas, empenas, poços de aeração e iluminação, bem como das esquadrias externas; [...]."

antes da vigência do contrato de locação do lojista,[101] uma vez que não possuía ele, à época da demissão dos aludidos empregados, vínculo com o empreendedor, e tampouco usufruiu o trabalho desses funcionários.

Sobre esta última verba, pouco importa que o pagamento prometido ao empregado seja a prazo, ou mesmo parcelado. Ocorrendo a demissão antes do ingresso do novo lojista, não poderá ele ser compelido a pagar valores futuros assumidos quando daquela demissão.

Diante dessas vedações expressas e *numerus clausus*, é possível, a partir de uma interpretação *a contrario sensu*, admitir que o empreendedor cobre dos lojistas as despesas com as "obras destinadas a repor as condições de habitalidade do edifício, pela instalação de equipamentos de segurança e de incêndio, de telefonia, de intercomunicação, de esporte e de lazer, e pela constituição do fundo de reserva",[102] valores esses que consistem em despesas extraordinárias que, conforme a regra geral da locação de imóvel urbano, são de responsabilidade do locador, mas que admitem a sua cobrança do locatário-lojista no caso de contrato de locação de espaço em *shopping center*.

## 8. RESPONSABILIDADE CIVIL

As questões e controvérsias mais relevantes acerca da responsabilidade por danos causados no *mall* decorrem, invariavelmente, da existência, ou não, de uma relação jurídica de consumo entre o lojista e o consumidor, e entre o empreendedor/*shopping center* e os frequentadores do *mall*.

No que tange à relação entre o lojista e o consumidor, dúvidas não há da existência de uma relação de consumo, devendo o lojista observar a qualidade e segurança dos produtos e serviços que oferece, atendendo às justas expectativas dos consumidores.

A responsabilidade, *in casu*, é objetiva, e somente se rompe o nexo causal com o afastamento da responsabilidade mediante a prova, pelo fornecedor, de inexistência de defeito do produto ou serviço, ou diante da ocorrência de fato exclusivo do próprio consumidor ou de terceiro, consoante dispõe o § 3º do art. 14 do Código de Defesa do Consumidor.

Quanto à relação entre o empreendedor e os frequentadores do *shopping*, como já tivemos a oportunidade de examinar, a questão é di-

---

101 Lei nº 8.245/91. "Art. 22. [...] Parágrafo único. [...] d) indenizações trabalhistas e previdenciárias pela dispensa de empregados, ocorridas em data anterior ao início da locação; [...]."

102 SOUZA. Op. cit. p. 238.

vergente, e as variadas opiniões da doutrina e da jurisprudência irão refletir diretamente no campo da responsabilidade civil.

Caso se entenda que não há relação de consumo, será ela regulada pelo Código Civil, e a responsabilidade do empreendedor será inegavelmente subjetiva, ou seja, dependerá da prova da culpa, uma vez que a sua atividade não é de risco, razão pela qual é inaplicável o disposto no parágrafo único do art. 927 do Código Civil.

Ao contrário, caso se entenda que há uma relação consumerista entre o empreendedor e os frequentadores do *shopping*, com o que concordamos, aplicável será o Código de Proteção e Defesa do Consumidor, com todas as suas benesses aos consumidores, como, por exemplo, a inversão do ônus da prova, mediante a aferição da presença dos requisitos cumulativos previstos no art. 6º, VIII, do diploma consumerista.[103]

Vamos, então, aos fatos passíveis de responsabilização.

## 8.1. Eventos ocorridos nas dependências internas do shopping center

No caso de eventos danosos ocorridos no interior do *mall*, como, por exemplo, furto ou roubo, incêndio, danos causados por mau funcionamento das escadas rolantes, desabamento de teto ou paredes do prédio que venham a ferir os frequentadores, a responsabilidade do empreendedor é objetiva, devendo ser aplicado, inequivocamente, o Código de Defesa do Consumidor.

Entendemos que, nesses casos, sempre há relação de consumo entre os frequentadores do *shopping center* e o empreendedor, aplicando-se diretamente os arts. 12 e 14 do diploma consumerista, que tratam, respectivamente, do fato do produto e do fato do serviço.

Em contrapartida, ainda que se entendesse que os meros frequentadores não seriam consumidores, ainda assim seria aplicável o CDC nesses casos descritos, conjugando-se os arts. 12 e 14 do diploma consumerista com a norma de extensão do art. 17 do mesmo código, que equipara aos consumidores todas as vítimas do evento lesivo.

Entretanto, e a nosso sentir, como já tivemos a oportunidade de explicitar, é despicienda a aplicação do disposto no art. 17 do CDC, pois entendemos que há efetivamente uma relação de consumo entre os frequentadores do *shopping center* e o empreendedor, ainda que, em princípio, pareça não remunerada a relação.

---

103 Para o estudo mais aprofundado da inversão do ônus da prova no Direito do Consumidor, ver o nosso Sobre a inversão do ônus da prova no direito do consumidor. *Revista da Emerj*, v. 14, nº 55, p. 21-40, jul./set. 2011.

É induvidoso, como já salientamos, que o empreendedor exerce uma atividade empresarial de circulação de bens e serviços visando alcançar consumidores para o seu empreendimento, ainda que aqueles que transitam nos corredores nada venham a adquirir. Entender de forma contrária pode nos levar, na prática, a situações esdrúxulas.

Basta recordarmos o caso por nós já citado do *shopping center* de Osasco, em São Paulo. Houve naquele empreendimento uma grande explosão que levou a óbito dezenas de pessoas, dentre elas meros transeuntes, que utilizavam o *shopping* quase que como uma passagem, para alcançar outros locais vizinhos, aos quais o *mall* dava acesso.

Imaginemos que para decidir sobre a existência, ou não, de uma relação de consumo, tivéssemos que verificar, um a um, quem efetivamente consumiu um produto ou serviço do *shopping*. É induvidoso que essa prova é diabólica, ou seja, impossível ou muito difícil de ser produzida, por exemplo, pelos familiares das vítimas que ingressaram em juízo em face do empreendedor/*shopping center*.

Por essas razões entendemos que o indivíduo, ao ingressar no *shopping*, já está usufruindo os serviços oferecidos pelo empreendedor, como, por exemplo, higiene e segurança, além do conforto como ar-condicionado, sofás, cadeiras, mesas e demais facilidades ofertadas, como escadas rolantes, elevadores e banheiros, que podem inegavelmente causar danos aos frequentadores do *mall*.

Além do mais, todo aquele que ingressa no *shopping* é um potencial consumidor dos lojistas, assim remunerando, ainda que indiretamente, o empreendedor, de modo que não há dúvidas do seu *status* de consumidor.

No caso emblemático, por nós já citado, da explosão ocorrida no *Plaza Shopping Osasco*, o Superior Tribunal de Justiça, no julgamento do Recurso Especial nº 279.273/SP, reconheceu a existência de relação de consumo entre os meros frequentadores do *shopping* e o empreendedor.

E essa tem sido a tônica dos precedentes do Tribunal da Cidadania, como também é possível inferir no Agravo Regimental no Agravo nº 1.113.293/MG, em que a Terceira Turma entendeu que a prestação de segurança devida por este tipo de estabelecimento – o *shopping center* – é inerente à atividade comercial exercida por ele, pelo quê há relação de consumo pela prestação desse serviço.[104]

Entretanto, por se tratar de relação de consumo e, consequentemente, a responsabilidade ser objetiva, admite-se a isenção do dever de indenizar mediante a comprovação de inexistência de nexo de causali-

---

104 AgRg no Ag 1113293/MG. Rel. Min. Paulo Furtado (Desembargador convocado do TJBA). Terceira Turma. *DJe* 28/9/2009.

dade, como já decidiu o próprio Superior Tribunal de Justiça em outro emblemático caso em que um jovem, dentro do cinema estabelecido no *shopping center*, durante a exibição de um filme de violência, sacou de suas armas e começou a disparar contra as demais pessoas que assistiam à película.[105]

Entendeu o eminente relator que não se pode atribuir ao empreendedor uma vigilância que não existe nem nos cinemas norte-americanos.

Entretanto, com a devida vênia ao entendimento exarado pelo Superior Tribunal de Justiça neste precedente, entendemos que a solução dada ao caso foi equivocada. Apesar de entendermos que, de fato, é possível excluir a responsabilidade objetiva do empreendedor ante a demonstração de inexistência do nexo causal, esta não é a hipótese aplicável ao caso.

Isso porque, especialmente no caso do serviço de segurança, se o empreendedor adota uma determinada forma de vigilância, ao invés de outra mais rigorosa, ele assume a responsabilidade pela ocorrência de um evento lesivo, estando inserido na própria administração e nos riscos do seu negócio.

Se é franqueada a entrada de pessoas armadas no grande estabelecimento do empreendedor, é induvidoso que ele deve assumir o risco por eventual dano que o indivíduo que porta a arma venha a causar a outrem. Nesse caso específico dos homicídios ocorridos dentro do cinema, a responsabilidade será solidária entre o empresário dono daquele estabelecimento e o empreendedor, uma vez que só foi possível o indivíduo entrar no cinema armado porque já tinha ingressado no próprio *shopping* portando as armas.

Portanto, defendemos a tese de que o *shopping center* responde plenamente pelo pelos eventos ocorridos em sua parte interna.

## 8.2. Eventos ocorridos na área destinada para estacionamento de veículos

A questão envolvendo fatos danosos dentro do espaço destinado ao parqueamento de veículos é mais controvertida e tem ocupado os noticiários diuturnamente.

A ABRASCE, em seu sítio eletrônico na Internet, informa que um dos elementos essenciais de um *shopping center* é a existência de um estacionamento.[106]

---

105 Ver REsp 1164889. Rel. Min. Honildo Amaral de Mello Castro (Desembargador convocado do TJAP. Quarta Turma. *DJe* 19/11/2010.

106 A informação pode ser conferida em: <http://www.portaldoshopping.com.br/index.asp>.

Assim, se a oferta de um espaço destinado ao parqueamento é determinante para a qualificação de um *shopping center*, e se essa área integra o empreendimento, é induvidoso que o empreendedor deve prestar, no mínimo, um serviço de segurança no local, haja vista que ali ficarão depositados bens de propriedade de terceiros.

Vê-se, pois, que há um dever de guarda e vigilância do empreendedor, bem como a prestação de serviços para aquele que estaciona o seu veículo naquele espaço, independentemente da cobrança de algum valor, uma vez que mesmo não havendo a cobrança direta do dono do veículo, a remuneração do empreendedor será indireta, através do consumo de bens e serviços oferecidos pelos lojistas. Então, é inegável que o empreendedor ostenta, neste caso, a condição de fornecedor, e aquele que estaciona o seu veículo caracteriza-se como um consumidor.

Por essa razão, entendemos que o *shopping center*, enquanto pessoa jurídica representada pelo empreendedor, deve responder por furto ou roubo dos veículos, ou ainda por furtos ou roubos de objetos que se encontravam dentro do veículo, além de eventuais danos causados aos veículos, por outros motoristas, pela inobservância das regras inerentes à utilização do espaço, cujo cumprimento deve ser fiscalizado pelo empreendedor,[107] como vem decidindo reiteradamente o Superior Tribunal de Justiça.[108]

---

107 Com relação à responsabilidade do *shopping center* por furtos, roubos ou danos causados a veículos que estejam dentro da área destinada ao parqueamento, é imperioso transcrevermos as lições do respeitável Prof. Yussef Said Cahali, que defende que "no caso específico do *shopping center*, a sua responsabilidade pelo furto de veículo ocorrido em seu estacionamento mais se robustece quando se considera que a existência de estacionamento participa da própria definição conceitual e empresarial do empreendimento, conforme se depreende de enunciado expresso da Associação que os congrega, ao referir-se a 'centro comercial planejado... que ofereça aos usuários estacionamento permanente e tecnicamente bastante'. E todos os juristas que analisam a natureza jurídica desta nova entidade do comércio moderno põem em destaque a existência do estacionamento, o que se mostra evidente na medida em que a concepção do *shopping center* vincula-se ontologicamente à existência de uma clientela potencial dotada de meio próprio de locomoção. Na oferta do estacionamento, a que propõe o *shopping center* em circunstâncias tais, está implícita a obrigação de vigilância dos veículos dos usuários atraídos pelo empreendimento, *visto que configurado um fato idôneo capaz de produzir essa obrigação, em conformidade com os princípios insertos no ordenamento jurídico*" (CAHALI, Yussef Said. Furto de veículos em estacionamento de "shopping center". In: PINTO; OLIVEIRA. Op. cit. p. 242).

108 Neste sentido, ver o REsp 1.431.606/SP. Rel. Min. Paulo de Tarso Sanseverino. Rel. p/ Acórdão Min. Ricardo Villas Bôas Cueva. Terceira Turma. DJe 13/10/2017, divulgado no informativo nº 613 do STJ.

Com relação aos objetos deixados dentro dos veículos por seus proprietários, é comum encontrarmos, nos *tickets* entregues pelo *shopping center* no momento do ingresso do veículo no estacionamento, a afirmação de que o *shopping* não se responsabiliza por objetos deixados dentro do veículo.

Tal cláusula exonerativa, ante a existência de uma relação de consumo entre as partes, é abusiva, nos termos do art. 51, I, do diploma consumerista,[109] portanto, é nula de pleno direito, podendo ser reconhecida de ofício pelo juiz.

Isso porque é induvidosa a sua responsabilidade por arrombamentos de veículos para a subtração de objetos nele guardados, uma vez que é dever do empreendedor oferecer a adequada segurança no espaço destinado ao estacionamento de automóveis.

Portanto, é ampla a responsabilidade do *shopping center* por fatos danosos ocorridos em seu estacionamento em decorrência de falha no seu dever de segurança e guarda dos veículos, mesmo na hipótese do estacionamento ser administrado por terceiros, sendo, neste caso, solidária a responsabilidade, nos exatos termos do art. 14 do CDC, sendo inequívoca a falha na prestação de serviço de ambos. Esse entendimento, inclusive, encontra guarida em farta jurisprudência do Superior Tribunal de Justiça que admite a obrigação de guarda em estacionamento em *shopping center*.[110]

Vale, ainda, transcrever o Enunciado nº 130 da súmula de jurisprudência dominante do Superior Tribunal de Justiça, a qual prevê que "a empresa responde, perante o cliente, pela reparação de dano ou furto de veículo ocorridos em seu estacionamento".

Este, então, é o entendimento predominante na doutrina, bem como na jurisprudência do STJ.

Ocorre que, apesar de predominante, não se trata de posicionamento unânime, havendo respeitável entendimento em contrário na doutrina. Segundo o emérito Prof. Ricardo Pereira Lira, em relação ao parqueamento de veículos em *shopping center*, duas situações podem

---

109 "Art. 51. São nulas de pleno direito, entre outras, as cláusulas contratuais relativas ao fornecimento de produtos e serviços que: I – impossibilitem, exonerem ou atenuem a responsabilidade do fornecedor por vícios de qualquer natureza dos produtos e serviços ou impliquem renúncia ou disposição de direitos. Nas relações de consumo entre o fornecedor e o consumidor pessoa jurídica, a indenização poderá ser limitada, em situações justificáveis;"

110 Ver REsp 1.269.691/PB. Rel. Min. Maria Isabel Gallotti. Rel. p/ Acórdão Min. Luis Felipe Salomão. Quarta Turma. *DJe* 05/03/2014..

ser vislumbradas, sendo que em cada uma delas haverá uma diferente solução.

Numa primeira hipótese não há a entrega do *ticket* pelo *shopping center*, e tampouco qualquer ato de prepostos do empreendimento para orientar os motoristas, que ingressam e se retiram livremente do espaço destinado ao estacionamento. Neste caso, não exsurge nenhuma relação entre as partes e, portanto, não há dever de guarda.

Para o Prof. Ricardo Lira, "nas condições agora estudadas em que se opera o estacionamento, existindo absoluta liberdade de ingresso e saída do usuário, com o seu veículo, sem qualquer processo de controle através de *tickets*; sem necessidade de que o usuário em algum momento se dirija a qualquer preposto do *shopping*; sem entrega do veículo, ou de suas chaves, a qualquer preposto do *shopping*; sem qualquer promessa de segurança ou incolumidade através de policiamento, ou fixação de avisos ou cartazes; sem o pagamento de qualquer importância na entrada ou na saída; com a evidente e ostensiva possibilidade de acesso de qualquer do povo ao estacionamento, como se fora um prolongamento do logradouro público – é evidente que o empreendedor, dono do *shopping*, não está a declarar, expressa ou tacitamente, ativa ou omissivamente, que se obriga a vigiar o veículo estacionado.

Não se pode inferir qualquer declaração de vontade nesse sentido, inexistindo, assim, qualquer negócio jurídico entre o usuário do estacionamento e o empreendedor.

Ficou demonstrado que, na espécie, não se configura contrato algum".[111]

Assim, nesta situação, não há relação jurídica alguma entre as partes e, como consequência, não haverá dever de indenizar se houver dano ao patrimônio do frequentador do *shopping*.

Há, ainda, uma segunda situação, em que há uma evidente relação contratual entre as partes, na qual o empreendedor se obriga perante o proprietário do veículo. Nestes casos, "em cujo estacionamento exista sistema de controle de acesso e saída, mediante *tickets*, com remuneração pelo parqueamento, *existindo essas características isolada ou cumulativamente*, haverá desenganadamente uma relação contratual inominada, que não chega sequer a consubstanciar um depósito tácito, por isso que não há a entrega efetiva do veículo por parte do motorista à outra parte, mas se cria contratualmente um vínculo do qual surge para o *shopping* um dever de vigilância.

111 LIRA, Ricardo Pereira. Os "shopping centers" e alguns aspectos da responsabilidade civil. In: PINTO; OLIVEIRA. Op. cit. p. 209.

O *shopping* não chega a ter a guarda ou custódia do veículo – que pressupõe a tradição efetiva da coisa –, mas existe indubitavelmente um *contrato inominado, gratuito ou não, consensualmente instrumentalizado pelos 'tickets' manipulados*, do qual flui uma *obrigação de vigiar*, de garantir a incolumidade do veículo contra furtos, e também contra colisões e danos provocados por terceiros, salvo se, nesse último caso, provada a culpa exclusiva de terceiro".[112]

Então, para o emérito professor da UERJ, não são todas as situações em que haverá o dever de guarda e vigilância do empreendedor sobre o patrimônio do frequentador do *shopping*, dependendo a solução da controvérsia de um exame casuístico.

Se em um caso ficar evidenciada a existência de uma relação jurídica entre as partes, da qual se extraia a intenção do empreendedor de se obrigar a guardar e vigiar o veículo, como, por exemplo, mediante a emissão de *tickets* e colocação de prepostos ou câmeras no espaço destinado ao estacionamento, responderá ele por eventuais danos que venham a ser causados. Caso contrário, se não houver qualquer interferência do empreendedor no local destinado ao parqueamento de veículos, não nascerá vínculo jurídico entre ele e o frequentador do *shopping*, o que trará, como consequência, a isenção de toda e qualquer responsabilidade sobre eventuais danos ao patrimônio alheio.

Não obstante o brilhante raciocínio, ousamos dele discordar. Ora, se o empreendimento oferece uma área de parqueamento de veículos, seja mediante a entrega de um *ticket*, ou através de entradas livres, seja mediante, ou não, o pagamento de algum valor, o empreendedor se beneficia com o ingresso do consumidor no *mall*, que é atraído por esse conforto e comodidade de ter um estacionamento à sua disposição.

Assim, se o empreendedor consegue atrair o consumidor para o seu empreendimento e, consequentemente, tem um aumento dos lucros pela maior quantidade de frequentadores do *shopping*, pois serão mais pessoas adquirindo produtos e serviços do próprio *shopping* e dos lojistas, é induvidoso que o dono do empreendimento deve arcar com o ônus. Trata-se da aplicação pura da teoria do risco-proveito, ou seja, quem tem o bônus deve arcar com o ônus.

É imperioso mencionarmos, ainda, a observação feita pelo Prof. João Augusto Basilio, segundo o qual, com o advento da Lei Estadual do Rio de Janeiro nº 1.748/90, e a Lei Municipal de São Paulo nº 10.927/91, não há mais controvérsias sobre essa matéria no âmbito territorial desses entes federativos que editaram as mencionadas leis. Isso porque tais leis estipulam expressamente a responsabilidade dos proprietários dos

112 LIRA. Op. cit. p. 205-206.

estabelecimentos comerciais que oferecem área de estacionamento de veículos para seus clientes.

Entendemos, contudo, que tais previsões não são suficientes para pôr fim à controvérsia, uma vez que, a nosso sentir, padecem tais normas do vício da inconstitucionalidade formal.

Segundo dispõe o art. 22, I, da Constituição Federal, compete privativamente à União Federal legislar sobre Direito Civil. E é induvidoso que a responsabilidade civil é matéria afeta ao Direito Civil, não se resumindo a questão à competência concorrente para legislar sobre responsabilidade por dano ao consumidor prevista no art. 24, VIII, da Constituição Federal. Frise-se que na competência concorrente, compete à União estabelecer normas gerais, e aos Estados suplementar estas normas. A competência plena dos Estados para legislar decorre da omissão da União, o que não é a hipótese, pois o CDC regulamenta o regime da responsabilidade dos fornecedores de serviços. Portanto, os entes federativos que editaram tais leis exorbitaram os limites da sua competência constitucional legislativa, levando à inconstitucionalidade formal desses atos normativos.

Assim, sustentamos que o Estado do Rio de Janeiro e o Município de São Paulo não poderiam ter tratado dessa matéria em suas legislações locais, não podendo essas leis produzir nenhum efeito, uma vez que toda lei inconstitucional é um ato normativo nulo.[113]

Resta-nos, por fim, examinar com mais acuidade as questões sobre furto de objetos deixados dentro dos veículos, a dos danos causados por outros motoristas nos veículos estacionados nas áreas de parqueamento do *shopping*.

Quanto à primeira questão, já tivemos a oportunidade de afirmar a abusividade da cláusula que exonera o *shopping* de responsabilidade sobre o furto ou roubo de tais objetos deixados no interior dos veículos.

O *shopping center*, ao oferecer o estacionamento aos consumidores, seja mediante remuneração direta, seja ela indireta, tem o dever de oferecer segurança em decorrência do dever de vigilância existente nesta relação.

Isso porque, ao oferecer a área de parqueamento, o empreendedor o faz visando facilitar a vinda dos consumidores, atraindo um maior nú-

113 Na lição de Luís Roberto Barroso, "nenhum ato legislativo contrário à Constituição pode ser válido. E a falta de validade traz como consequência a nulidade ou anulabilidade. No caso da lei inconstitucional, aplica-se a sanção mais grave, que é a de nulidade. Ato inconstitucional é ato nulo de pleno direito" (BARROSO, Luís Roberto. *O controle de constitucionalidade no direito brasileiro*. 5. ed. São Paulo: Saraiva, 2011. p. 37).

mero de pessoas para o seu empreendimento, o que o faz, direta e indiretamente, auferir mais lucros.

Assim, a cláusula que exonera o *shopping* de responder por objetos deixados dentro dos veículos é abusiva, pois importa em um desequilíbrio injustificável da relação, em que apenas o empreendedor tem benefícios. Tal abusividade é reconhecida no inciso I do art. 51 do Código de Proteção e Defesa do Consumidor.

Essa responsabilidade do *shopping* também decorre da teoria do risco-proveito, segundo a qual, na lição do saudoso Ministro do Supremo Tribunal Federal Carlos Alberto Menezes Direito, e do emérito Prof. Sergio Cavalieri Filho, "responsável é aquele que tira proveito da atividade danosa, com base no princípio de que, onde está o ganho, aí reside o encargo, *ubi emolumentum, ibi onus*".[114]

Então, se o *shopping*/empreendedor se beneficia com o oferecimento desse espaço, é inegável que ele deve responder por danos causados àqueles que dele se utilizam.

Igualmente deve responder o *shopping* por danos causados aos veículos dentro da área de parqueamento, mesmo que estes sejam causados por terceiros. Uma vez que o empreendedor oferece o estacionamento e nele exerce vigilância, se falhar no cumprimento desse dever é imperiosa a sua responsabilização pelos danos causados por sua omissão, tratando-se, pois, de reponsabilidade civil por omissão específica. Se optar, por exemplo, por não instalar câmeras, ou não colocar vigilantes no local, ainda assim assume o risco de responder pelo resultado lesivo causado por terceiros, por se omitir no seu dever de guarda e vigilância, sendo este um dos objetos do próprio contrato de prestação de serviço, de modo que a falha no seu cumprimento caracteriza-se como um inadimplemento.

Apenas deixará de responder se o dano for causado exclusivamente pelo terceiro, em situação na qual o *shopping* não teria meios de evitá-lo, ainda que tivesse adotado todas as cautelas, pois também não se admite, na hipótese, a aplicação da teoria do risco integral.[115]

---

114 DIREITO, Carlos Alberto Menezes; CAVALIERI FILHO, Sergio. In: TEIXEIRA, Sálvio de Figueiredo (Coord.). *Comentários ao novo Código Civil*. Da responsabilidade civil. Das preferências e privilégios creditórios. Arts. 927 a 965. 2. ed. Rio de Janeiro: Forense, 2007. v. XIII, p. 12.

115 Segundo o emérito Prof. Sergio Cavalieri Filho, "a *teoria do risco integral*, como já enfatizamos, é modalidade extremada da doutrina do risco para justificar o dever de indenizar mesmo nos casos de culpa exclusiva da vítima, fato de terceiro, caso fortuito ou força maior. É o que ocorre, por exemplo, no caso de acidente de trabalho, em que a indenização é devida mesmo que o acidente tenha decorrido de culpa exclusiva da vítima ou caso fortuito" (CAVALIERI FILHO, Sergio. *Programa de responsabilidade civil*. 10. ed. São Paulo: Atlas, 2012. p. 258).

É esse, inclusive, o entendimento que parece prevalecer na doutrina, qual seja, o de que o empreendedor só deve responder por danos causados por terceiros se deixar de tomar as medidas de segurança e orientação necessárias para o bom funcionamento do estacionamento, como, por exemplo, deixar de apresentar adequadas sinalizações. Caso contrário, isto é, caso demonstre que adotou todas as medidas de cautela necessárias, estará isento o *shopping*/empreendedor de qualquer responsabilidade, recaindo ela exclusivamente sobre os motoristas envolvidos no acidente.[116]

## 9. AÇÕES LOCATÍCIAS

As ações locatícias foram plenamente analisadas no capítulo 9, inerente ao contrato de locação de imóveis para fins empresariais, ao qual remetemos o nosso querido leitor.

No entanto, há algumas peculiaridades que envolvem a ação renovatória de contrato de locação de espaço em *shopping center* que devemos examinar neste momento.

Dispõe o art. 52, § 2º, da Lei nº 8.245/91 que nas locações de espaço em *shopping center* o locador não poderá recusar a renovação do contrato com fundamento no inciso II do próprio art. 52.

Vedou o legislador, desta forma, a retomada do imóvel pelo empreendedor para uso próprio, ou de seu cônjuge, ascendente ou descendente, o que nos parece correto, pois, como já observamos, não é lícito ao empreendedor exercer uma atividade empresarial, dentro do empreendimento em concorrência com os demais lojistas, e tampouco poderá fazê-lo beneficiando seu cônjuge, companheiro em união estável, ou familiares e parentes, colocando-os no *mall* mediante o despejo de um lojista já ali estabelecido e com sua clientela formada.

Tal vedação, como bem ressalta o Prof. Sylvio Capanema, não viola o direito constitucional de propriedade do locador, uma vez que esse direito "jamais foi absoluto, estando sempre limitado pelo interesse social e o bem comum, como no-lo diz a própria Carta Magna. Esta seria, portanto, mais uma restrição, entre tantas, ao exercício pleno do domínio, o que, por si só, não significa estar em colisão com a Constituição, mas, ao contrário, submeter-se aos seus ditames.

Como se não bastasse, a lei inibiu a retomada com base no inciso II, ou seja, para uso do próprio locador ou de cônjuge, ascendente ou descendente, no que fez muito bem, pois não é da vocação do empreendedor o exercício do direto da atividade empresarial, seja por ele ou

116 BASILIO. Op. cit. p. 212-213.

pelos parentes, o que poderia, inclusive, romper o equilíbrio do *mix*, que é a base do funcionamento do conjunto".[117]

Por essas razões, entendemos que agiu corretamente o legislador ao obstar a retomada do imóvel por este fundamento. *A contrario sensu*, conclui-se que o locador poderá retomar o espaço nas hipóteses previstas nos demais incisos do art. 52 da Lei do Inquilinato.

A previsão do § 2º do art. 52 da Lei nº 8.245/91, no geral, é positiva, pois põe fim à discussão sobre o direito do lojista à renovação do contrato, deixando claro que ele poderá postulá-la em juízo. Reconheceu-se, portanto, que o lojista tem um estabelecimento próprio, bem como que tem ele direito ao ponto dentro do empreendimento.

Ocorre que, no que toca ao direito ao ponto, há quem entenda que o lojista não o tem, apesar de ter direito à ação renovatória. Segundo João Augusto Basilio, "embora não haja mais discussão em relação ao direito de o lojista propor ação renovatória, entendemos que a referida ação somente poderá se ater ao renovamento em si do contrato, ao valor do aluguel mínimo reajustável a vigorar para o novo quinquênio, ao índice que irá corrigir o aluguel mínimo reajustável e a periodicidade de reajustamento do aluguel, nada mais podendo ser decidido pelo juiz da causa, sob pena de intromissão indevida no contrato, em ofensa frontal ao disposto no art. 54 da Lei nº 8.245/91, que em relação aos *shopping centers* fez questão de privilegiar o princípio da autonomia da vontade".[118]

Ousamos, com a devida vênia, discordar das lições transcritas. Não obstante a modificação de uma loja dentro do *shopping* poder ser necessária em razão, por exemplo, de uma nova organização do *tenant mix*, a fim de adequar o lojista a uma nova formatação do empreendimento, entendemos que essa alteração pode trazer prejuízos ao lojista, uma vez que não há dúvidas de que, em um *shopping center*, há locais, corredores, ou espaços privilegiados, em que há uma maior movimentação de pessoas.

Nesses casos, defendemos que poderá o lojista reclamar indenização por perdas e danos, bem como eventual devolução parcial da *res sperata*, caso fique demonstrado que o novo ponto fez diminuir o seu faturamento.

117 SOUZA. Op. cit. p. 228.

118 BASILIO. Op. cit. p. 182.

## 10. ESPÉCIES DE SHOPPING CENTERS

Segunda a ABRASCE - Associação Brasileira de *Shopping Centers* -, existem seis espécies de *shopping*, quais sejam, *Shopping* Regional, *Shopping* Comunitário, *Shopping* de Vizinhança, *Shopping* Especializado, *Outlet Center*, *Festival Center*. São as espécies que passaremos a examinar. Mas, antes de ingressarmos no exame minucioso de cada uma delas, é imperioso fazer algumas observações.

Nenhuma dessas espécies mencionadas se confunde com outras formas de exercício centralizado de atividades comerciais. As espécies acima mencionadas dizem respeito às atividades empresariais sob contratos de *shopping center*, com todas as características a ele inerentes.

Existem, no entanto, espécies de centros comerciais que não se confundem com o empreendimento que estamos estudando. São elas, por exemplo, as galerias de lojas, as grandes lojas de departamento, e os hipermercados, além dos centros comerciais, como, por exemplo, os edifícios comerciais e pequenos centros com lojas e salas comerciais.

As galerias e os centros comerciais se assemelham aos *shopping centers* pelo exercício diversificado de atividades empresariais em um mesmo local. Ocorre que nessa centralização comercial há quase uma total e irrestrita independência daquele que exerce a atividade.

Em alguns desses casos o lojista até adquire o próprio espaço, tornando-se seu proprietário, exercendo seu direito de propriedade livremente, sem a ingerência de um empreendedor. E, ainda nas hipóteses em que o espaço pertence ao dono do centro comercial, que o loca ao lojista, há uma mera relação de locação de imóvel para fins empresariais.

Neste último caso, ao locador incumbe apenas ceder o espaço, não tendo qualquer ingerência sobre o negócio do locatário, cabendo a este último pagar apenas os alugueres e demais encargos inerentes ao imóvel, como luz, água, IPTU, taxa de incêndio, dentre outras.

Ainda nessa hipótese, não há, também, nenhum vínculo empresarial que une os empresários que exercem as atividades nesses centros, ou seja, não há um negócio de conjunto.

Quanto às grandes lojas de departamento e os hipermercados, conforme prestimosa lição de Rodrigo Barcellos, "diferenciam-se dos *shopping centers* por serem explorados diretamente pela sociedade empresária que é titular do estabelecimento. Mesmo que terceiros aluguem parte do espaço para praticar outra atividade - como salões de cabeleireiro, farmácias, lanchonetes e restaurantes - o que sobressai é a entidade de conjunto, exercendo diretamente a sua atividade empresarial".[119]

119 BARCELLOS. Op. cit. p. 79.

Portanto, assim como ocorre nos centros comerciais comuns e nas galerias, também nas grandes lojas de departamento, e nos hipermercados, em que se admite a locação de espaço para terceiros, estes últimos exploram sua atividade de forma livre, sem a interveniência dos grandes empreendedores.

Mas, nesse caso, o que se destaca é a atividade do grande empreendedor, que por si só atrai a clientela. As demais lojas, é possível afirmar, são meros satélites daquela atividade principal.

Ademais, é forçoso relembrar que em um *shopping center* não deve o empreendedor exercer uma dupla atividade de empreendedor-lojista. O dono do empreendimento não deve exercer atividade empresarial, de fornecimento de produtos e serviços, em concorrência com os demais lojistas, pois seria ela desleal, como já exaustivamente por nós estudado.

Já nas grandes lojas de departamento e hipermercados, os titulares desses empreendimentos exploram a atividade econômica organizada de circulação de bens e serviços, ainda que os lojistas nele integrados também explorem a mesma atividade, ainda que em menor grau, ou com produtos de outras marcas.

Assim, dessas observações é possível inferir que é nítida a diferenciação entre os regimes jurídicos aplicáveis aos *shopping centers* e aos demais centros de comércio, de maneira que estes últimos jamais terão a estrutura de um *shopping*.

Passaremos, agora, ao exame das características de cada uma das espécies de *shopping centers* conhecida.

## 10.1. Shopping regional

Esta espécie de *shopping* fornece mercadorias em geral – uma boa porcentagem de vestuário – e serviços completos e variados. Suas atrações principais são as lojas-âncoras tradicionais, lojas de departamento de desconto, ou ainda hipermercados. Um *shopping* regional típico é geralmente fechado, com suas lojas voltadas para um *mall* interno.

## 10.2. Shopping comunitário

O *shopping* comunitário geralmente oferece um sortimento amplo de vestuário e outras mercadorias. Entre as âncoras mais comuns estão os supermercados e lojas de departamento de descontos. Entre os lojistas do *shopping* comunitário, algumas vezes encontram-se varejistas de *off-price* vendendo itens como roupas, objetos e móveis para casa, brinquedos, artigos eletrônicos ou para esportes.

## 10.3. Shopping de vizinhança

Esta espécie de *shopping* é projetada para fornecer conveniência na compra de necessidades do dia a dia dos consumidores. Tem como âncora um supermercado, que tem o apoio de lojas oferecendo outros artigos de conveniência.

## 10.4. Shopping especializado

É um *shopping* voltado para um *mix* específico de lojas que exploram determinados ramos de comércio, como, por exemplo, *shopping* composto exclusivamente por lojas que vendem materiais náuticos, materiais esportivos, ou até automóveis.

## 10.5. Outlet center

Este empreendimento é composto, em sua maior parte, por lojas de fabricantes que vendem suas próprias marcas com descontos, com preço quase de custo, seja porque vendem, por exemplo, coleções antigas já substituídas por novas em lojas de outros *shoppings*, ou até peças com pequenos defeitos que não foram aproveitadas nessas outras lojas. Há, ainda, lojas varejistas *off-price*, que já vendem, em sua rotina, com descontos.

## 10.6. Festival center

São *shoppings* que estão quase sempre localizados em áreas turísticas, e são basicamente voltados para atividades de lazer, com restaurantes, *fast foods*, cinemas e outros estabelecimentos que oferecem entretenimento.

# 12

## Know-How

O segredo é a alma do negócio. Expressão da sabedoria popular, tem ela inequívoca relação com a realidade, uma vez que, de fato, o sucesso de um empreendimento depende, na grande maioria dos casos, do seu segredo. O segredo em conduzi-lo, em administrá-lo e em explorá-lo.

Mas, em inúmeros casos, o segredo é o principal elemento da atividade, embora não pertença àquele que a exercitará, e sim a um terceiro que desenvolveu as técnicas e as experimentou. Negócios que muitas vezes envolvem tecnologias pouco difundidas e exploradas e que, por isso, não são de domínio público.

Nesses casos, faz-se necessário, para o próprio exercício da atividade, que haja a transferência desse conhecimento, o que se formalizará por um negócio jurídico, em regra, oneroso. É nesse ambiente que se situa o contrato de *know-how*, em que se permitirá o compartilhamento das técnicas de produção e exploração.

Nos tempos atuais, com a profusão de novas tecnologias, o domínio de certas técnicas fica adstrito a poucas pessoas, impedindo o seu acesso pelo grande público. Nesse cenário, o contrato de *know-how* revela-se importantíssimo, na medida em que permite a difusão de inúmeros produtos e serviços, barateando o seu custo e retirando, da mão de poucos, a sua exploração exclusiva.

Vê-se, portanto, a grande importância do estudo do tema, que se revela atualíssimo, mas ainda pouco explorado na manualística. Trata-se de um desafio que não podemos nos furtar. Vamos, então, enfrentá-lo nos próximos itens.

### 1. CONCEITO

A definição do contrato de *know-how* passa, necessariamente, pela identificação da própria expressão *know-how*. Ela nada mais é do que uma simplificação da frase *the know-how to do it*,[1] ou seja, saber como fazer. Então, *know-how* significa *saber fazer algo*.

---

1 Cf. MARTINS, Fran. *Contratos e obrigações comerciais*. 17. ed. Revista e atualizada por Gustavo Saad Diniz. Rio de Janeiro: Forense, 2017. p. 405.

Disso se extrai uma pequena noção do que seja o contrato *know-how*. Por ele, transfere-se a uma pessoa, natural ou jurídica, o conhecimento sobre como fazer algo. Por se tratar de um contrato que, como regra, tem como sujeitos pessoas empresárias, o que se transfere geralmente através do contrato de *saber-fazer* é o conhecimento acerca de um negócio, da produção e/ou circulação de um produto e/ou serviço.

Através deste contrato, uma pessoa que detém o conhecimento secreto e original acerca da produção de um produto, da execução de um serviço ou até mesmo da exploração de um negócio, transfere esse conhecimento e a aplicação dessas técnicas a um terceiro, a fim de este as empregue e obtenha proveito econômico.

Sob essa perspectiva, vê-se que o contrato de *know-how* não se confunde, embora possa abrangê-la, com a assistência técnica.[2] No contrato de *know-how* o cedente transfere ao cessionário apenas o conhecimento, isto é, um bem imaterial, enquanto que na assistência técnica há a prestação de um serviço em que o prestador exerce uma atividade em favor do cliente, como o desenvolvimento do serviço a ser prestado a terceiro ou a própria fabricação do produto através de técnicos habilitados, ou até a ministração de cursos técnicos para assessorar o cliente.[3]

Outro aspecto importante a ser observado na identificação do contrato de *know-how* é que ele pode ter como objeto qualquer conhecimento ou técnica, desde que seja inovadora e sigilosa, de domínio de apenas uma pessoa ou de um determinado grupo determinado de pessoas.

Sem prejuízo, atualmente os contratos de *know-how* têm sido utilizados, de um modo geral, na transferência de tecnologia,[4] sendo essa a razão pela qual parcela da doutrina o tem chamado de *contrato de transferência de tecnologia*[5] ou de *importação de tecnologia*[6], nos casos em que o cessionário obtém determinada tecnologia de um *player* estrangeiro, que importará essa tecnologia.

---

2 Orlando Gomes bem resume a questão: "O *know-how* admite um pacto de assistência técnica, mas com esta não se confunde. A assistência técnica consiste numa prestação de serviços, enquanto o *know-how* é uma locação do bem incorpóreo em que se define". GOMES, Orlando. *Contratos*. 26. ed. Rio de Janeiro: Forense, 2009. p. 577.

3 A diferenciação é feita por Fran Martins a partir das lições de Héctor Masnatta e Paul Démin. MARTIS. Op. cit. p. 408.

4 Tal constatação é feita, há tempos, pelos saudosos professores Fran Martins (MARTINS. Op. cit. p. 407) e Orlando Gomes (GOMES. Op. cit. p. 577).

5 Nesse sentido, Vera Helena de Mello Franco. FRANCO, Vera Helena de Mello. *Contratos*: direito civil e empresarial. 4. ed. São Paulo: RT, 2013. p. 421 ss.

6 Maria Helena Diniz. DINIZ, Maria Helena. *Curso de direito civil brasileiro*: teoria das obrigações contratuais e extracontratuais. v. 3. 26. ed. São Paulo: Saraiva, 2010. p. 746 ss.

Outro elemento essencial caracterizador do *know-how* diz respeito à sua onerosidade. O contrato de *know-how* é, na grande maioria dos casos, oneroso, pelo o quê deve o cessionário remunerar o cedente pelo uso dos conhecimentos e das técnicas cedidas através do pagamento de *royalties*.

Contudo, excepcionalmente admite-se a cessão gratuita do *know-how* quando, por óbvio, o cedente não desejar obter nenhuma contraprestação.[7]

Por fim, o último aspecto a ser desenvolvido para a conceituação diz respeito à temporariedade, ou não, do contrato.

Em sua essência, o contrato de *know-how* deve ser temporário, compreendendo, portanto, uma licença de uso do conhecimento, da técnica ou da tecnologia. Nesse caso, cessando o prazo do contrato, fica proibido o cessionário de prosseguir com o seu emprego.

Por outro turno, poderá o contrato de *know-how* ser por prazo definitivo, hipótese em que se terá uma verdadeira cessão do bem imaterial que compreende o seu objeto. Não obstante esse caráter de definitividade, defende-se que, ainda assim fica vedado ao cessionário transferir este conhecimento a terceiro sem a prévia anuência do cedente,[8] de modo que essa cessão é apenas relativa, tendo apenas o significado de uma *licença sem prazo*.

A partir de todas essas observações introdutórias, podemos, então, conceituar o contrato de *know-how* como aquele em que uma pessoa transfere a outra os conhecimentos acerca de um produto ou serviço, ou do próprio negócio, por prazo determinado ou não, mediante uma remuneração.

A essência do contrato, portanto, é a transferência do conhecimento, que pode se dar de várias formas, desde a informação acerca do processo de produção de um bem, assim como informações acerca de práticas inovadoras e originais que sejam de conhecimento exclusivo do transmitente.

Nessa esteira, o contrato de *know-how* não pode ser confundido com a cessão de patente de invenção, na medida em que os objetos são distintos.

Na cessão de patente de invenção tem-se a transferência sobre os direitos à invenção, que é nada mais é do que um bem de propriedade industrial fruto de atividade inventiva do homem, ou seja, é a criação de algo a partir do nada e, assim, não se confundindo com a descoberta ou qualquer outra técnica que pode ser desenvolvida por uma pessoa

---

7 Cf. Fran Martins (MARTINS. Op. cit. p. 410).

8 Cf. Fran Martins (MARTINS. Op. cit. p. 410) e Maria Helena Diniz (DINIZ. Op. cit. p. 747-748).

através da prática, de estudos ou de pesquisa. É obra exclusiva da mente criativa do homem.[9]

Por essa razão, e como se verá, a seguir, quando do exame dos elementos do *know-how*, esse pressupõe uma atividade de desenvolvimento de habilidades e técnicas, experimentadas a partir de técnicas dominadas pelo titular, que as emprega em um processo.

## 2. NATUREZA JURÍDICA

No que toca à natureza do contrato de *know*-how, dúvidas não há de que se trata de um contrato atípico, tendo em vista a ausência de regulamentação legal.

Nessa esteira, o contrato de *know-how* é fruto da autonomia negocial, que representa parcela da autonomia privada, decorrente do art. 421 do Código Civil.

O mencionado dispositivo assegura às partes a livre possibilidade de contratar o que quiserem, com quem quiserem, do modo que quiserem e no tempo em que quiserem. Assim sendo, o contrato será regulado exclusivamente pelas cláusulas estabelecidas livremente pelas partes.

Note-se, contudo, que essa liberdade de firmar as condições do contrato não é absoluta, de modo que devem as partes, no seu exercício, observar os limites da função social do contrato.

Isso significa que na celebração e na execução do contrato de *know-how* têm as partes a obrigação de cumprir deveres extracontratuais e socialmente relevantes, merecedores de tutela[10], fomentando

---

9 Como observa Fran Martins, essa diferença importa numa relevante consequência prática: enquanto que a invenção pode ser patenteada e, assim, explorada economicamente de modo exclusivo por um período de tempo que, uma vez cessado cai em domínio público, podendo ser explorada por qualquer pessoa, no caso do *know-how* o conhecimento mantem-se em segredo, jamais caindo em domínio público se não for essa a vontade do titular. MARTINS. Op. cit. p. 407.

10 Nesse sentido TEPEDINO, Gustavo. *Notas sobre a função social do contrato*. p. 4. Disponível em http://www.tepedino.adv.br/wp/wp-content/uploads/2012/09/biblioteca12.pdf. Acessado em 24/05/2017. Conforme leciona Gustavo Tepedino, a função social do contrato deve ser entendida como "princípio que, informado pelos princípios constitucionais da dignidade da pessoa humana (art. 1º, III) e do valor social da livre iniciativa (art. 1º, IV) – fundamentos da República –, bem como da igualdade substancial (art. 3º, III) e da solidariedade social (art. 3º, I) – objetivos da República –, impõe às partes o dever de perseguir, ao lado de seus interesses individuais, interesses extracontratuais socialmente relevantes, dignos de tutela jurídica, que se relacionam com o contrato ou são por ele atingidos". TEPEDINO, Gustavo. O princípio da função social no direito civil contemporâneo. In: NEVES, Thiago Ferreira Cardoso. *Direito & Justiça social*: por uma sociedade mais justa, livre e solidária. Estudos em homenagem ao Professor Sylvio Capanema de Souza. São Paulo: Atlas, 2013. p. 259.

e promovendo a dignidade da pessoa humana, fundamento do Estado Democrático de Direito.

Desse modo, apenas será válida essa modalidade contratual e, consequentemente, passível de tutelar os interesses das partes se for celebrada e executada em observância à função social do contrato.

Sem prejuízo dessa liberdade contratual, há hipóteses em que o contrato de *know-how* será regulamentado, embora não pela lei. Quando o contrato envolver transferência de tecnologia, será ele regulado pela Instrução Normativa nº 16/2013, a qual dispõe sobre a normalização para a averbação e o registro do contrato de transferência de tecnologia e de franquia.

Ainda sobre a natureza jurídica, é preciso diferenciar o contrato de *know-how* do próprio *know-how*. O *know-how* é o objeto do contrato, isto é, é o próprio conhecimento que será transferido através da celebração do negócio jurídico, o qual tem a natureza de um bem imaterial.[11]

Assim, enquanto o contrato de *know-how* se caracteriza por ser um contrato atípico, o *know-how* é um bem móvel imaterial, o qual engloba 04 elementos essenciais, que são a habilidade, a experiência, o conhecimento técnico e o processo.[12]

A habilidade é um elemento subjetivo consistente na capacidade da pessoa de praticar determinada conduta, de aplicar certa técnica. Trata-se, pois, de uma qualidade da pessoa, e que só poderá estar inserida, verdadeiramente, como um elemento do *know-how* se for passível de transmissão a terceiro. Desse modo, caso essa qualidade consista em um verdadeiro dom, pessoal e intransferível, não se caracterizará como elemento do *know-how*.

Por isso que umbilicalmente ligada à habilidade está a experiência. Essa habilidade deve decorrer do conhecimento e da prática reiterada e prolongada da conduta pelo sujeito, a demonstrar que qualquer outra pessoa, repetindo reiteradamente o ato – como em um treinamento, por exemplo –, também possa obtê-la.

O conhecimento técnico também é imprescindível, na medida em que, sem ele é impossível desenvolver a habilidade e a experiência. Ser hábil e experiente sem o conhecimento da técnica a ser empregada, por certo, é inócuo. Esse elemento, por óbvio, tem nítido caráter objetivo, uma vez que pode ser facilmente transmitido a outrem, não sendo um valor intrínseco do sujeito.

11 Cf. Maria Helena Diniz (DINIZ. Op. cit. p. 746), Fran Martins (MARTINS. Op. cit. p. 408) e Orlando Gomes (GOMES. Op. cit. p. 577).

12 Nesse sentido, MARTINS. Op. cit. p. 407.

Por fim, o último elemento componente do *know-how* é o processo, que nada mais é do que o caminho percorrido pelo sujeito para chegar àquele fim, ou seja, é a sequência ordenada de atos em que o dono do conhecimento emprega sua habilidade, experiência e conhecimento técnico para obter o resultado. Portanto, é essencial o domínio deste para o êxito da empreitada.

Última questão correlata à natureza jurídica do contrato de *know--how* diz respeito à questão do registro. Embora se revele como um contrato atípico, vimos que, na hipótese de ter como objeto a transferência de tecnologia, sofre ele regulação através da Instrução Normativa nº 16/2013 do INPI.

Tal norma, como já mencionado, trata da normalização para averbação e registro dos contratos de tecnologia, visando, deste modo, regulamentar o art. 211 do Código de Propriedade Industrial.

O art. 211 da Lei nº 9.279/96 dispõe que o *INPI fará o registro dos contratos que impliquem transferência de tecnologia, contratos de franquia e similares para produzirem efeitos em relação a terceiros.*

Nessa esteira, questiona-se se esse registro se limita aos contratos de *know-how* que importem transferência de tecnologia, ou se é exigível em todo e qualquer contrato de transferência de conhecimentos e técnicas sigilosas.

A leitura do art. 211 do CPI, associados a outros dispositivos da lei, em uma verdadeira interpretação sistemática, leva à conclusão de que esse registro deve ser feito em todo e qualquer caso.

Como se infere da parte final do dispositivo, o registro é exigível nos contratos que importem transferência de tecnologia, contratos de franquia e *similares*. O objetivo da lei, por certo, é a proteção do trabalho intelectual do indivíduo, daquele conhecimento inovador e sigiloso que, uma vez empregados, levam ao sucesso da empreitada.

Isso se reforça pelo disposto no art. 195, XI e XII da Lei nº 9.279/96[13], cujos incisos preveem como crime a utilização, divulgação e exploração, sem autorização, de técnicas, conhecimentos, informações ou dados confidenciais que possam ser utilizados na indústria, comércio e na prestação de serviço.

13 Art. 195. Comete crime de concorrência desleal quem: [...] XI - divulga, explora ou utiliza-se, sem autorização, de conhecimentos, informações ou dados confidenciais, utilizáveis na indústria, comércio ou prestação de serviços, excluídos aqueles que sejam de conhecimento público ou que sejam evidentes para um técnico no assunto, a que teve acesso mediante relação contratual ou empregatícia, mesmo após o término do contrato; XII - divulga, explora ou utiliza-se, sem autorização, de conhecimentos ou informações a que se refere o inciso anterior, obtidos por meios ilícitos ou a que teve acesso mediante fraude;

Vê-se, portanto, que a *mens legis* é de proteção desses dados confidenciais que, empregados nas práticas econômicas, levam ao seu sucesso. E nessa esteira, todo contrato que tiver esse objeto deve ser registrado.

## 3. SUJEITOS

Os sujeitos do contrato de *know-how* são dois: o cedente e o cessionário do conhecimento que será transferido.

### 3.1. Cedente

O cedente é a pessoa natural ou jurídica titular do conhecimento que será transferido.

Vê-se, portanto, que tanto uma pessoa natural, quanto uma pessoa jurídica, podem ser titulares do conhecimento, não se restringindo às pessoas humanas. E isso porque determinado conhecimento ou técnica pode ter se desenvolvido no seio do ente ficcional, através de seus sócios ou associados, ou até mesmo prepostos, não sendo atribuível a uma única pessoa.

Nesse caso, será a pessoa jurídica a cedente do *know-how* transferindo-o ao terceiro.

### 3.2. Cessionário

O segundo sujeito a integrar a relação contratual é o cessionário, que é a pessoa natural ou jurídica que adquire as técnicas ou conhecimento que serão empregados em sua atividade.

Este, como já visto, poderá empregar o conhecimento cedido de modo temporário ou definitivo, mas sempre em respeito aos termos e limites impostos no contrato, ainda que ocorra a cessão do *know-how*.

## 4. CARACTERÍSTICAS

### 4.1. Originalidade ou novidade

Aspecto importantíssimo do contrato de *know-how* diz respeito à originalidade do conteúdo que será transferido. Isso significa que o conhecimento ou técnica que será objeto do contrato deve ser nova, preferencialmente criada e desenvolvida pelo cedente, e que não seja do conhecimento ou do domínio público[14] ou do cessionário.

---

14 FRANCO. Op. cit. p. 427.

Parcela da doutrina, contudo, vê a possibilidade de a novidade da técnica ou do conhecimento poder ter um caráter relativo, ou seja, ser um processo original apenas para o cessionário.[15]

Tal conclusão, com a devida vênia, nos parece equivocada na medida em que, como se verá no tópico seguinte, associado à originalidade está o segredo do conteúdo, de modo que, sendo conhecida a técnica por outras pessoas, desnaturado estará o contrato pela própria ausência do objeto, que é o *know-how*, o qual pressupõe também o segredo.

Assim, o *know-how* deve se limitar ao seu titular, sendo sua a criação das técnicas e do conhecimento a ser transmitidos, com absoluto caráter de novidade em relação aos demais conhecimentos, gozando, assim, de verdadeira originalidade, de modo a não haver igual no mercado.

Frise-se que, esse conhecimento, uma vez cedido ou licenciado para outras pessoas, ainda assim conserva a originalidade na medida em que não se trata de algo já existente e praticado no mercado por terceiros, mas apenas por aqueles envoltos na própria relação contratual do *know-how*.

## 4.2. Sigiloso

Aspecto fundamental do contrato de *know-how* é que o conhecimento ou a técnica a ser transferidos devem consistir em um verdadeiro segredo comercial. Nesse sentido, o *know-how* não pode ser de conhecimento ou domínio de terceiro, pertencendo unicamente ao cedente.

Nesse aspecto o *know-how* diferencia-se em absoluto da invenção, pois esta reclama a sua patente junto ao INPI, o que acarreta a sua publicização, caindo em domínio público após o término do prazo de vigência da patente.

Sendo, pois, essencial ao contrato, deve o segredo ser preservado e observado, na medida em que é assegurando a sua manutenção que o negócio se diferenciará dos demais, tendo um sucesso particular.

Por essa razão, isto é, por ser essencial ao negócio e às partes, a violação do segredo se caracteriza como crime pelo Código de Propriedade Industrial, como vimos no tópico 2 deste capítulo, ao tratarmos da natureza jurídica do contrato.

Outro aspecto é que o cessionário deve observar os limites e conteúdo do conhecimento e das técnicas sigilosas que lhe foram transferidas, de modo a cumprir fielmente com aquilo que lhe foi transmitido. Essa obrigação leva, por consequência, ao direito do cedente de fiscalizar a correta observância e respeito ao cumprimento das técnicas.

15 MARTINS. Op. cit. p. 408.

Mas, mais importante do que isso é o respeito ao próprio sigilo, o qual impõe responsabilidades pré e pós contratuais.

Antes da celebração do contrato de *know-how*, e durante as tratativas, é induvidoso que parcela desse conteúdo sigiloso deve ser transmitido ao futuro cessionário, a fim de que ele possa, de modo livre e consciente, se convencer das vantagens que auferirá com a transferência do conhecimento, bem como dos riscos e desvantagens existentes.

Desse modo, as próprias tratativas, por um dever de boa-fé e de proibição de práticas de concorrência desleal – ficam protegidas pelo sigilo, de modo que, mesmo não sendo celebrado o contrato, deverá aquele que se candidatou a cessionário guardar o segredo, sob pena de responsabilização cível e criminal.

Note-se que é muito comum, para uma maior segurança da manutenção desse segredo, as partes formalizarem um acordo preliminar, chamado de contrato de opção, em que os envolvidos se comprometem a manter o sigilo caso não seja celebrado o negócio.

Igualmente, e sempre visando a proteção do segredo titularizado pelo cedente, tutelando-o contra práticas de concorrência desleal, deve ele ser mantido mesmo após o fim do vínculo da relação contratual.

Independentemente da forma como se dê a extinção do contrato, fica o cessionário fica proibido de revelar o segredo ou de permanecer empregando o conhecimento ou técnicas apreendidas.

A inobservância dessas proibições, como visto, sujeitará o cessionário à responsabilização civil e criminal.

## 5. ESPÉCIES DE *KNOW-HOW*

### 5.1. *Know-how* puro ou simples

É contrato comum, tradicional, simples de *know-how*, em que apenas são transferidos os conhecimentos e as técnicas ao cessionário que, por conta própria, os empregará em sua atividade.

### 5.2. *Know-how* misto ou combinado

Nessa espécie há uma conjugação da transferência do conhecimento com outros objetos, como a assistência técnica, a transferência de patente de invenção ou modelo de utilidade, o fornecimento de materiais, dentre outros.

Há que se observar que, essa combinação pode levar à caracterização de outro contrato, quando o conhecimento perder a sua centralidade, de modo que o *know-how* será apenas um dos elementos dentre muitos, como ocorre com os contratos de franquia.

# Bibliografia


ABRÃO, Nelson. *Direito Bancário*. 13. ed. São Paulo: Saraiva, 2010.

AGUIAR, João Carlos Pestana de. *O Fundo de Comércio e os "Shopping Centers"*. In: ARRUDA, José Soares; LÔBO, Carlos Augusto da Silveira (Coord.). *Shopping Centers*. Aspectos jurídicos. São Paulo: RT, 1984.

ALVES, José Carlos Moreira. *Da alienação fiduciária em garantia*. 2. ed. Rio de Janeiro: Forense, 1975.

ANDRIGHI, Fátima Nancy. *Comentários à nova lei de falência e recuperação de empresas: Lei nº 11.101 de 09 de fevereiro de 2005*. Coordenadores Oscar Brina Corrêa Lima e Sérgio Mourão Corrêa Lima. Rio de Janeiro: Forense, 2009.

ARAGÃO, Leandro Santos de; CASTRO, Rodrigo R. Monteiro de. *O contrato de distribuição do art. 710, caput, parte final do Código Civil de 2002*. *In*: BUENO, J. Hamilton e MARTINS, Sandro G. (Coordenadores). *Representação Comercial e Distribuição*. 40 anos da Lei nº 4.886/65 e novidades do CC/02 (Arts. 710 a 721). EC 45/04. Estudos em Homenagem ao Prof. Rubens Requião. São Paulo: Saraiva, 2006.

ASSIS, Araken de. *Contratos Nominados*. Mandato, comissão, agência e distribuição, corretagem, transporte. Biblioteca de Direito Civil. Estudos em homenagem ao Professor Miguel Reale. vol. 2. 2. ed. São Paulo: RT, 2009.

AZEVEDO, Álvaro Villaça. *Atipicidade Mista do Contrato de Utilização de Unidade em Centros Comerciais e seus Aspectos Fundamentais*. In: PINTO, Roberto Wilson Renault; OLIVEIRA, Fernando A. Albino de. *Shopping Centers*. Questões jurídicas (doutrina e jurisprudência). São Paulo: Saraiva, 1991.

BARCELLOS, Rodrigo. *O Contrato de Shopping Center e os Contratos Atípicos Interempresariais*. São Paulo: Atlas, 2009.

BARROSO, Luís Roberto. *Constituição, Democracia e Supremacia Judicial: Direito e Política no Brasil Contemporâneo*. In: *Revista de Direito do Estado*. v. 16. Rio de Janeiro: Renovar.

BARROSO, Luís Roberto. Liberdade de expressão *versus* direitos da personalidade. Colisão de direitos fundamentais e critérios de ponderação. In: *Temas de Direito Constitucional*. t. III. Rio de Janeiro: Renovar, 2005.

BARROSO, Luís Roberto. *O Controle de Constitucionalidade no Direito Brasileiro*. 5. ed. São Paulo: Saraiva, 2011.

BARROSO, Luiz Felizardo. *Franchising & Direito*. 2. ed. Rio de Janeiro: Lumen Juris, 2002.

BASILIO, João Augusto. *Shopping Center*. Rio de Janeiro: Renovar, 2005.

BELMONTE, Alexandre de Souza Agra. *Natureza Jurídica dos Shopping Centers*. Rio de Janeiro: Lumen Juris, 1989.

BENJAMIN, Antônio Herman V.; MARQUES, Claudia Lima; BESSA, Leonardo Roscoe. *Manual de Direito do Consumidor*. São Paulo: RT, 2007.

BERTOLDI, Marcelo M. *Hipóteses de rompimento do contrato de representação comercial*. In: BUENO, J. Hamilton e MARTINS, Sandro G. (Coordenadores). *Representação Comercial e Distribuição*. 40 anos da Lei nº 4.886/65 e novidades do CC/02 (Arts.

710 a 721). EC 45/04. Estudos em Homenagem ao Prof. Rubens Requião. São Paulo: Saraiva, 2006.

BITENCOURT, Cezar Roberto. *Tratado de Direito Penal.* Parte Geral. v. 1. 13. ed. São Paulo: Saraiva, 2008.

BITTAR, Carlos Alberto. *Contratos Comerciais.* 4. ed. Rio de Janeiro: Forense Universitária, 2005.

BOITEUX, Fernando Netto. *Contratos Mercantis.* São Paulo: Dialética, 2001.

BULGARELLI, Waldírio. *A Regulamentação dos Cartões de Crédito. In*: Revista de Direito Mercantil, Industrial, Econômico e Financeiro. v. 14. n. 19. 1975.

BUZAID, Alfredo. *Estudo Sobre Shopping Center.* In: PINTO, Roberto Wilson Renault; OLIVEIRA, Fernando A. Albino de. *Shopping Centers.* Questões jurídicas (doutrina e jurisprudência). São Paulo: Saraiva, 1991.

BUZZAID, Alfredo. *Da Ação Renovatória.* v. 1. São Paulo: Saraiva, 1981.

CAHALI, Yussef Said. *Furto de Veículos em Estacionamento de "Shopping Center".* In: PINTO, Roberto Wilson Renault; OLIVEIRA, Fernando A. Albino de. *Shopping Centers.* Questões jurídicas (doutrina e jurisprudência). São Paulo: Saraiva, 1991.

CÂMARA, Alexandre Freitas. *Lições de Direito Processual Civil.* v. I. 18. ed. Rio de Janeiro: Lumen Juris, 2008.

CÂMARA, Alexandre Freitas. *Lições de Direito Processual Civil.* v. I. 23. ed. São Paulo: Atlas, 2012.

CÂMARA, Alexandre Freitas. *Lições de Direito Processual Civil.* v. III. Rio de Janeiro: Lumen Juris, 2006.

CÂMARA, Alexandre Freitas. *O novo processo civil brasileiro.* 2. ed. São Paulo: Atlas, 2016.

CAMPINHO, Sérgio. *O Direito de Empresa.* 10. ed. Rio de Janeiro: Renovar, 2009.

CAPEZ, Fernando. *Prisão Civil – O Pacto de São José da Costa Rica e a Emenda Constitucional nº 45.* Disponível em http://jus.uol.com.br/revista/texto/7708/prisao-civil. Acessado em 08/04/2010.

CARVALHO DE MENDONÇA, J. X. *Tratado de Direito Comercial Brasileiro.* Dos atos do comércio. v. 1. Atualizado por Ricardo Rodrigues Gama. Campinas: Russel, 2006.

CARVALHOSA, Modesto. *Comentários à Lei de Sociedades Anônimas.* Vol. IV. Tomo II. 3. ed. São Paulo: Saraiva, 2009.

CARVALHOSA, Modesto. *Considerações Sobre as Relações Jurídicas em Shopping Center.* In: PINTO, Roberto Wilson Renault; OLIVEIRA, Fernando A. Albino de. *Shopping Centers.* Questões jurídicas (doutrina e jurisprudência). São Paulo: Saraiva, 1991.

CASES, José Maria Trepat. *Código Civil Comentado.* Várias espécies de contrato. Comissão. Agência e distribuição. Corretagem. Transporte. Seguro. Constituição de renda. Jogo e aposta. v. VIII. São Paulo: Atlas, 2003.

CASTRO, Carlos Roberto Siqueira. *O Devido Processo Legal e os Princípios da Razoabilidade e da Proporcionalidade.* 4. ed. Rio de Janeiro: Forense, 2006.

CAVALIERI FILHO, Sérgio. *Programa de Direito do Consumidor.* São Paulo: Atlas, 2008

CERVEIRA FILHO, Mario. *Shopping Center.* Direito dos lojistas. 5. ed. São Paulo: Saraiva, 2009.

CHALHUB, Melhim Namem. *Negócio Fiduciário.* 4. ed. Rio de Janeiro: Renovar, 2009.

CLARO, Carlos Roberto. *O crédito do representante comercial na nova Lei de Falências e Recuperação de Empresas.* In: BUENO, J. Hamilton e MARTINS, Sandro G.

(Coordenadores). *Representação Comercial e Distribuição*. 40 anos da Lei nº 4.886/65 e novidades do CC/02 (Arts. 710 a 721). EC 45/04. Estudos em Homenagem ao Prof. Rubens Requião. São Paulo: Saraiva, 2006.

COELHO, Fábio Ulhoa. *Curso de Direito Comercial*. Direito de empresa - contratos; recuperação de empresas. v. 3. 11. ed. São Paulo: Saraiva, 2010.

COELHO. *Curso de Direito Comercial*. Direito de empresa. Empresa e estabelecimento/ Títulos de crédito. 14. ed. São Paulo: Saraiva, 2010.

COLTRO, Antônio Carlos Mathias. *Contrato de Corretagem Imobiliária*. Doutrina, jurisprudência e regulamentação. 2. ed. São Paulo: Atlas, 2007.

COSTA, Geraldo de Faria Martins da. *Superendividamento - A Proteção do Consumidor de Crédito em Direito Comparado Brasileiro e Francês*. São Paulo: RT, 2002.

COSTA, Wille Duarte. *Títulos de Crédito*. 2. ed. Belo Horinzonte: Del Rey, 2006.

CRETELLA NETO, José. *Manual Jurídico do Franchising*. São Paulo: Atlas, 2003.

DE LUCCA, Newton. *A faturização no direito brasileiro*. São Paulo: RT, 1986.

DIDIER Jr., Fredie; BRAGA, Paula Sarna; OLIVEIRA, Rafael. *Curso de Direito Processual Civil*. Direito probatório, decisão judicial, cumprimento e liquidação da sentença e coisa julgada. vol. 2. Salvador: Jus Podivm, 2007.

DINIZ, Maria Helena. *Curso de Direito Civil Brasileiro*. Teoria das Obrigações Contratuais e Extracontratuais. v. 3. 26. ed. São Paulo: Saraiva, 2010.

DINIZ, Maria Helena. *Lei de Introdução ao Código Civil Brasileiro Interpretada*. 14. ed. São Paulo: Saraiva, 2009.

DINIZ, Maria Helena. *Lei de Locações de Imóveis Urbanos Comentada*. 11. ed. São Paulo: Saraiva, 2010.

DIREITO, Carlos Alberto Menezes; CAVALIERI FILHO, Sérgio. *Comentários ao Novo Código Civil*. Da responsabilidade civil; das preferências e privilégios creditórios - arts. 927 a 965. v. XIII. 2. ed. Rio de Janeiro: Forense, 2007.

FARIAS, Cristiano Chaves de; ROSENVALD, Nelson. *Direitos Reais*. 4. ed. Rio de Janeiro: Lumen Juris, 2007.

FAZZIO JÚNIOR, Waldo. *Cartão de Crédito, Cheque e Direito do Consumidor*. São Paulo: Atlas, 2011.

FAZZIO JUNIOR, Waldo. *Manual de Direito Comercial*. 9 ed. São Paulo: Atlas, 2008.

FÉRES, Marcelo Andrade. *Estabelecimento Empresarial*. Trespasse e efeitos obrigacionais. São Paulo: Saraiva, 2007.

FÉRES, Marcelo Andrade. *Estabelecimento empresarial*: trespasse e efeitos obrigacionais. São Paulo: Saraiva, 2007.

FIGUEIRA JÚNIOR, Joel Dias. *Ação de Busca e Apreensão em Propriedade Fiduciária*. São Paulo: RT, 2005.

FIGUEIREDO, Alcio Manoel de Sousa. *Cartão de Crédito*. Questões controvertidas. Curitiba: Juruá, 2010.

FLORENZANO, Zola. *Leasing Arrendamento Mercantil*. Lei e regulamento comentados. São Paulo: IOB - Informações Objetivas, 1976.

FORGIONI, Paula Andrea. *Contrato de Distribuição*. 2. ed. São Paulo: RT, 2008.

FUX, Luiz. *Locações Processo e Procedimentos*. Doutrina. Jurisprudência. Legislação. Formulários. Quadro sinótico de prazos. 5. ed. Niterói: Impetus, 2008.

GAGLIANO, Pablo Stolze; PAMPLONA FILHO, Rodolfo. *Novo Curso de Direito Civil.* Contratos. Vol. IV. Tomo 2. São Paulo: Saraiva, 2008.

GAMA, Guilherme Calmon Nogueira da; PEREIRA, Daniel Queiroz. *Função Social do Contrato.* In: GAMA, Guilherme Calmon Nogueira da (coord.). *Função Social no Direito Civil.* São Paulo: Atlas, 2008.

GOMES, Orlando. *Alienação Fiduciária em Garantia.* 2. ed. São Paulo: RT, 1971.

GOMES, Orlando. *Contratos.* 26. ed. Rio de Janeiro: Forense, 2009.

GOMES, Orlando. *Introdução ao Direito Civil.* 18. ed. Rio de Janeiro: Forense, 2001.

GOMES, Orlando. *Traços do Perfil Jurídico de um "Shopping Center".* In: ARRUDA, José Soares; LÔBO, Carlos Augusto da Silveira (Coord.). *Shopping Centers.* Aspectos jurídicos. São Paulo: RT, 1984.

GONÇALVES NETO, Alfredo de Assis. *O contrato de representação comercial no contexto do Código Civil de 2002.* In: BUENO, J. Hamilton e MARTINS, Sandro G. (Coordenadores). *Representação Comercial e Distribuição.* 40 anos da Lei nº 4.886/65 e novidades do CC/02 (Arts. 710 a 721). EC 45/04. Estudos em Homenagem ao Prof. Rubens Requião. São Paulo: Saraiva, 2006.

GONÇALVES, Carlos Roberto. *Direito Civil Brasileiro.* Contratos e atos unilaterais. v. III. São Paulo: Saraiva, 2004.

GONÇALVES, Carlos Roberto. *Direito Civil brasileiro.* Obrigações. v. II. São Paulo: Saraiva, 2004.

IBRAHIM, Marco Antonio. *Cartão de Crédito. Ações Propostas Contra as Empresas Titulares das Marcas (Bandeiras). Ilegitimidade Passiva. In:* Revista de Direito do Tribunal de Justiça do Estado do Rio de Janeiro. n. 80. Rio de Janeiro: Espaço Jurídico, 2009.

KONDER, Carlos Nelson. *Contratos Conexos.* Grupos de contratos, redes contratuais e contratos coligados. Rio de Janeiro: Renovar, 2006.

KONDER, Carlos Nelson. *Contratos Conexos*: Grupos de Contratos, Redes Contratuais e Contratos Coligados. Rio de Janeiro: Renovar, 2006.

LEE, João Bosco. Da aplicação da arbitragem ao contrato de Representação Comercial Internacional. In: BUENO, J. Hamilton e MARTINS, Sandro G. (Coordenadores). *Representação Comercial e Distribuição.* 40 anos da Lei nº 4.886/65 e novidades do CC/02 (Arts. 710 a 721). EC 45/04. Estudos em Homenagem ao Prof. Rubens Requião. São Paulo: Saraiva, 2006.

LEITE, Luiz Lemos. *Factoring no Brasil.* 11. ed. São Paulo: Atlas, 2007.

LEONARDO, Rodrigo Xavier. *Redes Contratuais no Mercado Habitacional.* São Paulo: RT, 2003.

LIRA, Ricardo Pereira. *Os "Shopping Centers" e Alguns Aspectos da Responsabilidade Civil.* In: PINTO, Roberto Wilson Renault; OLIVEIRA, Fernando A. Albino de. *Shopping Centers.* Questões jurídicas (doutrina e jurisprudência). São Paulo: Saraiva, 1991.

LOBO, Jorge. *Contrato de "Franchising".* 3. ed. Rio de Janeiro: Forense, 2003.

MARIANI, Irineu. *Contratos Empresariais.* Porto Alegre: Livraria do Advogado, 2007.

MARINO, Francisco Paulo De Crescenzo. *Contratos Coligados no Direito Brasileiro.* São Paulo: Saraiva, 2009.

MARQUES, Cláudia Lima Marques; BENJAMIN, Antônio Herman V.; MIRAGEM, Bruno. *Comentários ao Código de Defesa do Consumidor.* 2. ed. São Paulo: RT, 2006.

MARQUES, Claudia Lima. *Contratos no Código de Defesa do Consumidor:* o novo regime das relações contratuais. 5. ed. São Paulo: RT, 2006.

MARTINS E SCHEER, Eunice Fumagalli. *A representação comercial e a cláusula del credere*. In: BUENO, J. Hamilton e MARTINS, Sandro G. (Coordenadores). *Representação Comercial e Distribuição*. 40 anos da Lei nº 4.886/65 e novidades do CC/02 (Arts. 710 a 721). EC 45/04. Estudos em Homenagem ao Prof. Rubens Requião. São Paulo: Saraiva, 2006.

MARTINS, Fran. *Contratos e Obrigações Mercantis*. 15. ed. Rio de Janeiro: Forense, 2001.

MARTINS, Ivanise Maria Tratz. *A responsabilidade do representante comercial perante o Código de Defesa do Consumidor*. In: BUENO, J. Hamilton e MARTINS, Sandro G. (Coordenadores). *Representação Comercial e Distribuição*. 40 anos da Lei nº 4.886/65 e novidades do CC/02 (Arts. 710 a 721). EC 45/04. Estudos em Homenagem ao Prof. Rubens Requião. São Paulo: Saraiva, 2006.

MARTINS, Ives Gandra da Silva. As operações de arrendamento mercantil e a natureza jurídica do instituto à luz do Direito Tributário - As garantias para aquisição futura do bem por valor residual - Desnecessidade de ser tal valor correspondente ao do valor residual - Parecer. Revista LTr 59/132, 1988.

MARTINS, Ives Gandra. *A Natureza Jurídica das Locações Comerciais dos "Shopping Centers"*. In: PINTO, Roberto Wilson Renault; OLIVEIRA, Fernando A. Albino de. *Shopping Centers*. Questões jurídicas (doutrina e jurisprudência). São Paulo: Saraiva, 1991.

MAZZUOLI, Valério de Oliveira. *O Controle Jurisdicional da Convencionalidade das Leis*. 2. ed. São Paulo: RT, 2011.

MELLO, Celso de Albuquerque. *O § 2º do Art. 5º da Constituição Federal. In:* TORRES, Ricardo Lobo (Organizador). *Teoria dos Direitos Fundamentais*. 2. ed. Rio de Janeiro: Renovar, 2001.

MELO, Marco Aurélio Bezerra de. *Direito das coisas*. Rio de Janeiro: Lumen Juris, 2007.

MENDES, Gilmar. *Estado de Direito e Jurisdição Constitucional - 2002 - 2010*. Decisões relevantes em 9 anos de atuação no STF. São Paulo: Saraiva, 2011.

MIRANDA, Pontes de. *Tratado de Direito Privado*. Parte especial, tomo XLIII. Rio de Janeiro: Borsoi, 1963.

MIRANDA, Pontes. *Tratado de Direito Privado*. v. XLVI. Campinas: Bookseller, 2010.

MONTEIRO, Washington de Barros. *Shopping Centers*. In: ARRUDA, José Soares; LÔBO, Carlos Augusto da Silveira (Coord.). *Shopping Centers*. Aspectos jurídicos. São Paulo: RT, 1984.

NADER, Paulo. *Curso de Direito Civil*. Contratos. vol. 3. 6. ed. Rio de Janeiro: Forense, 2012.

NEGRÃO, Ricardo. *Manual de Direito Comercial & de Empresa*. Títulos de Crédito e Contratos Empresariais. vol. 2. São Paulo: Saraiva, 2010.

NEGRÃO, Theotonio; GOUVÊA, José Roberto F.; BONDIOLI, Luis Guilherme A. *Código Civil e Legislação Civil em Vigor*. 29. ed. São Paulo: Saraiva, 2010.

NERY JUNIOR, Nelson. *Código de Defesa do Consumidor: comentado pelos autores do anteprojeto*. Ada Pellegrini Grinover [*et al*]. 7. Ed. Rio de Janeiro: Forense Universitária, 2001.

NEVES, Daniel Amorim Assumpção. *Manual de Direito Processual Civil*. 2. ed. São Paulo: Método, 2012.

NEVES, Thiago Ferreira Cardoso (coord.). *Direito & Justiça Social*. Por uma sociedade mais justa, livre e solidária. Estudos em homenagem ao Professor Sylvio Capanema de Souza. São Paulo: Atlas, 2013.

NEVES, Thiago Ferreira Cardoso. *A Nova Empresa Individual de Responsabilidade Limitada: Memórias Póstumas do Empresário Individual*. In: Revista da EMERJ. v. 14. n. 56. 2011.

NEVES, Thiago Ferreira Cardoso. *A Transmissão das Obrigações no Contrato de Trespasse*. In: Revista da EMERJ, v. 13, n. 52, 2010.

NEVES, Thiago Ferreira Cardoso. *Sobre a Inversão do Ônus da Prova no Direito do Consumidor*. *In*: Revista da Emerj, v. 14, nº 55, jul.-set. 2011.

NOGUEIRA, Ramon de Medeiros. *A indenização que faz jus o Representante Comercial*. In: BUENO, J. Hamilton e MARTINS, Sandro G. (Coordenadores). *Representação Comercial e Distribuição*. 40 anos da Lei nº 4.886/65 e novidades do CC/02 (Arts. 710 a 721). EC 45/04. Estudos em Homenagem ao Prof. Rubens Requião. São Paulo: Saraiva, 2006.

OLIVA, Milena Donato. *Patrimônio separado* – herança, massa falida, securitização de créditos imobiliários, incorporação imobiliária, fundos de investimento imobiliário, trust. Rio de Janeiro: Renovar, 2009.

OLIVEIRA, Carlos Alberto Hauer de. *Agência e representação comercial: a necessidade de harmonização da disciplina jurídica*. In: BUENO, J. Hamilton e MARTINS, Sandro G. (Coordenadores). *Representação Comercial e Distribuição*. 40 anos da Lei nº 4.886/65 e novidades do CC/02 (Arts. 710 a 721). EC 45/04. Estudos em Homenagem ao Prof. Rubens Requião. São Paulo: Saraiva, 2006.

OLIVEIRA, James Eduardo. *Código Civil anotado e comentado*. Doutrina e jurisprudência. Rio de Janeiro: Forense, 2009.

PEREIRA, Caio Mario da Silva. *Instituições de Direito Civil*. Contratos. v. III. 11. ed. Rio de Janeiro: Forense, 2004.

PEREIRA, Caio Mário da Silva. *Instituições de Direito Civil*. Direitos Reais. v. IV. Rio de Janeiro: Forense, 2004.

PEREIRA, Caio Mário da Silva. *Instituições de Direito Civil*. v. II. Teoria geral das obrigações. 20. ed. Rio de Janeiro: Forense, 2004.

PEREIRA, Caio Mário da Silva. *Shopping Centers*. Organização econômica e disciplina jurídica. In*:* ARRUDA, José Soares; LÔBO, Carlos Augusto da Silveira (Coord.). *Shopping Centers*. Aspectos jurídicos. São Paulo: RT, 1984.

PINTO, Dinah Sonia Renault. *Shopping Center*. Uma nova era empresarial. 3. ed. Rio de Janeiro: Forense, 2001.

PIOVESAN, Flávia. *Direitos Humanos e o Direito Constitucional Internacional*. São Paulo: Max Limonad, 1996.

RAMOS. André Luiz Santa Cruz. *Curso de Direito Empresarial*. 2. ed. Salvador: JusPodivm, 2008.

REQUIÃO, Rubens Edmundo. *Nova Regulamentação da Representação Comercial Autônoma*. O contrato de agência e de distribuição no Código Civil de 2002. 3. ed. São Paulo: Saraiva, 2007.

REQUIÃO, Rubens. *Considerações Jurídicas Sobre os Centros Comerciais ("Shopping Centers") no Brasil*. In: ARRUDA, José Soares; LÔBO, Carlos Augusto da Silveira (Coord.). *Shopping Centers*. Aspectos jurídicos. São Paulo: RT, 1984.

REQUIÃO, Rubens. *Curso de Direito Comercial*. 1º volume. 27. ed. São Paulo: Saraiva, 2007.

REQUIÃO, Rubens. *Do Representante Comercial*. Comentários à Lei nº 4.886, de 9 de dezembro de 1965, à Lei nº 8.420, de 8 de maio de 1992, e ao Código Civil de 2002. 9. ed. Rio de Janeiro: Forense, 2005.

RESTIFFE NETO, Paulo. *Locação – questões processuais*. 3. ed. São Paulo: RT, 1985.

RESTIFFE NETO, Paulo; RESTIFFE, Paulo Sérgio. *Garantia Fiduciária: Direito e ações*. Manual teórico e prático com jurisprudência. 3. ed. São Paulo: RT, 2000.

RESTIFFE, Paulo Sérgio; RESTIFFE NETO, Paulo. *Locações*. Questões Processuais e Substanciais. 5. ed. São Paulo: Malheiros, 2009.

REZEK, Franciso. *Direito Internacional Público*. Curso elementar. 12. ed. São Paulo: Saraiva, 2010.

RIZZARDO, Arnaldo. *Contratos*. 9. ed. Rio de Janeiro: Forense, 2009.

RIZZARDO, Arnaldo. *Factoring*. 3. ed. São Paulo: Revista dos Tribunais, 2004.

RIZZARDO, Arnaldo. *Leasing*. 4. ed. São Paulo: Revista dos Tribunais, 2000.

RIZZARDO, Arnaldo. *Leasing*. Arrendamento mercantil no direito brasileiro. 5. ed. São Paulo: RT, 2009.

ROCHA, Amélia Soares da; JEREISSATI, Régis Gurgel do Amaral. O adimplemento substancial em contrato de alienação fiduciária em relação de consumo e a (im)possibilidade de ação de busca e apreensão. *Revista de Direito do Consumidor – RDC*. São Paulo, a. 25, v. 104, p. 445-470, mar.-abr./2016.

RODRIGUES, Silvio. *Direito Civil*. Dos contratos e das declarações unilaterais da vontade. v. 3. 30. ed. São Paulo: Saraiva, 2004.

ROSA JR, Luiz Emygdio Franco. *Títulos de Crédito*. 9. ed. Rio de Janeiro: Renovar, 2009.

SALLES, José Carlos de Moraes. *Ação Renovatória de Locação Empresarial*. Locações comerciais, industriais e para sociedades civis com fins lucrativos. 2. ed. São Paulo: RT, 2002.

SANTOS, Gildo dos. *Locação e Despejo*. Comentários à Lei 8.245/91. 6. ed. São Paulo: RT, 2010.

SANTOS, J. A. Penalva. *Regulamentação Jurídica do "Shopping Center"*. In: PINTO, Roberto Wilson Renault; OLIVEIRA, Fernando A. Albino de. *Shopping Centers*. Questões jurídicas (doutrina e jurisprudência). São Paulo: Saraiva, 1991.

SCAVONE JUNIOR, Luiz Antonio. *Direito Imobiliário*. Teoria e prática. 4. ed. Rio de Janeiro: Forense, 2012.

SCHERKERKEWITZ, Iso Chaitz. *Contratos de Distribuição*. E o novo contexto do contrato de representação comercial. São Paulo: RT, 2011.

SCHONBLUM, Paulo Maximilian W. Mendlowicz. *Contratos Bancários*. 3. ed. Rio de Janeiro: Freitas Bastos, 2009.

SCHREIBER, Anderson. *A Proibição de Comportamento Contraditório*. Tutela da confiança e *venire contra factum proprium*. 2. ed. Rio de Janeiro: Renovar, 2007.

SLAIBI FILHO, Nagib; SÁ, Romar Navarro de. *Comentários à Lei do Inquilinato*. 10. ed. Rio de Janeiro: Forense, 2010.

SOARES, Marcelo Negri. *Contrato de Factoring*. São Paulo: Saraiva, 2010.

SOUSA, José Augusto Garcia de. *Comentários ao novo código de processo civil*. Coordenação Antonio do Passo Cabral e Ronaldo Cramer. Rio de Janeiro: Forense, 2015.

SOUZA, Sylvio Capanema de. *A Lei do Inquilinato Comentada*. 5. ed. Rio de Janeiro: GZ, 2009.

SOUZA, Sylvio Capanema de. *Da Locação do Imóvel Urbano*. Direito e Processo. Rio de Janeiro: Revista Forense, 1999.

SOUZA, Sylvio Capanema. *A Lei do Inquilinato Comentada*. Artigo por artigo. 8. ed. Rio de Janeiro: Forense, 2013.

SOUZA, Sylvio Capanema. *Coletânea de textos CEPAD: Direito das Obrigações*. Rio de Janeiro: Espaço Jurídico, 2003.

SOUZA, Sylvio Capanema. *Considerações sobre a cumulação das garantias pessoais e reais na alienação fiduciária*. In: Revista da EMERJ. v. 5. nº 17, 2002.

SOUZA, Sylvio Capanema de; WERNER, J. G. Vasi; NEVES, Thiago F. Cardoso. *Direito do consumidor*. Rio de Janeiro: Forense, 2018.

STOLZE, Pablo; FILHO, Rodolfo Pamplona. *Novo Curso de Direito Civil*. Contratos. vol. IV. Tomo 2. São Paulo: Saraiva, 2008.

TARTUCE, Flávio; *Direito Civil*. Teoria Geral dos Contratos e Contratos em Espécie. vol. 3. 5. ed. Rio de Janeiro: Forense - São Paulo: Método, 2010.

TARTUCE, Flávio; SIMÃO, José Fernando. *Direito Civil*. Direito das Coisas. v. 4. 2. ed. Rio de Janeiro: Forense - São Paulo: Método, 2010.

TEPEDINO, Gustavo. *Comentários ao Novo Código Civil*. Das várias espécies de contrato. Do mandato. Da comissão. Da agência e distribuição. Da corretagem. Do Transporte. Arts. 653 a 756. vol. X. Sálvio de Figueiredo (coord.). Rio de Janeiro: Forense, 2008.

TEPEDINO, Gustavo; BARBOZA, Heloisa Helena; MORAES, Maria Celina Bodin de. *Código Civil Interpretado Conforme a Constituição da República*. v. III. Direito de empresa. Direito das coisas (art. 966 a 1.510). Rio de Janeiro: Renovar, 2011.

TEPEDINO. *Questões Controvertidas Sobre o Contrato de Corretagem*. In: TEPEDINO, Gustavo. *Temas de Direito Civil*. 4. ed. Rio de Janeiro: Renovar, 2008.

VENOSA, Sílvio de Salvo. *Direito Civil*. v. 3. 8. ed. São Paulo: Atlas, 2008.

VENOSA, Sílvio de Salvo. *Lei do Inquilinato Comentada*. Doutrina e Prática: Lei 8.245, de 18-10-1991. 10. ed. São Paulo: Atlas, 2010.

WALD, Arnoldo. *Direito Civil*. Contratos em espécie. 18. ed. São Paulo: Saraiva, 2009.

WALD, Arnoldo. *Inexistência de direito líquido e certo à restituição do valor residual garantido no contrato de arrendamento mercantil*. Princípio da boa-fé objetiva. *In:* Revista de Direito Bancário e de Mercado de Capitais, n. 31.

XAVIER, Alberto. *Direito Internacional Tributário*. 4. ed. Rio de Janeiro: Forense, 1997.